数量经济学系列丛书

宏观经济政策模拟与政策实验

原理及应用

张同斌　主编

U0366463

清华大学出版社
北京

内 容 简 介

本书以现代宏观经济理论为基础，以宏观经济模型的应用为目标，系统梳理、构建了宏观经济政策模拟的方法体系，将最优化方法、一般均衡模型、政策模拟与应用的相关知识进行了综合。全书的内容安排遵循提出问题—分析问题—解决问题的逻辑顺序，注重理论基础与实践应用相结合，详细说明了一般均衡模型的设定和求解步骤，对于模型的构建思路、参数校准以及程序设计等内容进行了全面且条理的讲解，并列举了模型在中国现实经济政策模拟中的应用实例。

本书对于从事宏观经济学和数量经济学研究的学者、经济运行调控相关政府部门的管理人员都具有较高的参考价值，可供金融机构和企事业单位的宏观经济研究人员进行定量分析时使用，也可以作为经济类博士研究生、硕士研究生和高年级本科生的专业课教材。

图书在版编目(CIP)数据

宏观经济政策模拟与政策实验：原理及应用/张同斌主编. —北京：清华大学出版社，2022.1
(数量经济学系列丛书)
ISBN 978-7-302-59399-7

Ⅰ. ①宏…　Ⅱ. ①张…　Ⅲ. ①宏观经济－经济政策－教材　Ⅳ. ①F015

中国版本图书馆 CIP 数据核字(2021)第 212821 号

责任编辑：张　伟
封面设计：常雪影
责任校对：王荣静
责任印制：曹婉颖

出版发行：清华大学出版社
网　　址：http://www.tup.com.cn，http://www.wqbook.com
地　　址：北京清华大学学研大厦 A 座　　**邮　　编**：100084
社 总 机：010-62770175　　**邮　　购**：010-62786544
投稿与读者服务：010-62776969，c-service@tup.tsinghua.edu.cn
质量反馈：010-62772015，zhiliang@tup.tsinghua.edu.cn
课件下载：http://www.tup.com.cn，010-83470332
印 装 者：三河市铭诚印务有限公司
经　　销：全国新华书店
开　　本：185mm×260mm　　**印　　张**：21.5　　**字　　数**：481 千字
版　　次：2022 年 1 月第 1 版　　**印　　次**：2022 年 1 月第 1 次印刷
定　　价：85.00 元

产品编号：089269-01

前　言

宏观经济政策是经济增长和社会发展中不可或缺的调节工具，对于实现经济稳定增长、物价稳定和充分就业具有十分重要的作用。长期以来，由于缺乏科学合理的研究方法，宏观经济政策的制定与调整存在一定的盲目性，进而不利于经济的可持续发展和社会的稳定运行。随着数量经济方法引入中国，以计量经济学、投入产出分析等为主要组成部分的经济科学方法体系开始建立并不断完善，其中一般均衡模型及其扩展形式是当前学术界和实务部门进行宏观经济政策模拟与政策实验的主流方法。

一般均衡模型从微观基础解析宏观结构，即根据微观层面的代表性家庭、企业部门等经济主体的行为构建方程，加入政府部门及各类宏观经济政策，进而可以分析政策变动的经济增长效应与社会福利增进效应。该类模型不仅在理论上能够进行严格的推导和证明，而且在实际中可以更好地模拟现实情形，具有其独特的优势。随着宏观经济理论与模型的持续发展，一般均衡模型的形式更加丰富，设定也更为科学，微观经济理论与宏观经济现实的结合度不断提高。

然而，一般均衡模型毕竟是一个理论框架，其要成为政府部门和研究机构采用的实际研究工具，就必须进行数值求解与模拟，方可应用于现实的政策分析与评价中。换言之，在模型构建、求解、编程、模拟的过程中，需要系统地学习或熟悉宏观经济学、最优化理论、程序设计软件、情景模拟方法等知识，这对于数学基础或编程能力略有不足的学者或学生而言，往往是一个不易克服的困难，因而也导致他们对宏观经济政策模拟方法望而却步。

中国经济已经由高速增长时期转入高质量发展阶段，供给侧结构性改革不断深化，经济运行中面临着许多新问题和新挑战，许多经济问题的实证研究缺乏数据支持，经济政策制定和实施中面临的不确定性迫切需要提高政策精度，这对进行宏观经济政策模拟与政策实验提出了更为紧迫的需求和更为严格的要求。国内外一些教材中对于复杂动态随机一般均衡模型的求解方法和程序设计等内容做了较为全面的介绍，但是难度较大、不易理解，以适宜难度清楚、简明地介绍宏观经济政策模拟方法，让更多的经济研究学者和学生了解这一类方法的基本原理和基本过程，已经成为一项必要的工作。

基于此，本书以宏观经济政策模拟与政策实验为主题，以现代宏观经济学理论为基础，以宏观经济模型的应用为目标，分基础篇、经济增长篇、经济波动篇、扩展篇共四篇 14 章进行讲述，具体而言：

第 1 章为数学基础，主要介绍了在宏观经济模型求解中所用到的微积分、微分方程与线性代数的相关知识；

第 2 章为 MATLAB 软件应用与 Dynare 基本内容，分 MATLAB 软件基本命令、Dynare 软件包的基本操作两部分进行了简单的讲述；

第 3 章是一般均衡模型与最优化求解方法，其中包括静态最优化与拉格朗日函数求解，用于求解离散型经济模型的贝尔曼方程与动态规划方法，用来求解连续型经济模型的汉密尔顿方程与最优控制方法等；

第 4 章给出了基础的经济增长模型即索洛(Solow)模型的形式，在经典高级宏观经济学教材的基础上，本章对考虑技术进步、加入政府部门、加入人力资本和包含资源要素的索洛模型形式进行了简要分析；

第 5 章为基本的新古典一般均衡模型即拉姆齐(Ramsey)模型，包括中央计划者形式、代表性家庭和企业两部门竞争均衡形式模型的设定、求解等内容，并分析了经济的动态学和鞍点路径特征；

第 6 章在第 5 章的基础上，进一步将模型中的企业部门拆分为两个行业或多个行业，如模型中含有两类显著不同的行业，可以研究产业结构变迁、空间经济结构变化等问题；若模型中包括多个存在显著差异的行业，则可以在一般均衡的框架下纳入投入产出结构，实现更为丰富和符合现实的经济问题研究；

第 7 章主要列举了两类重要的经济增长模型形式，即世代交叠(OLG)模型和内生增长模型，本章对两类模型的结构进行了解析，例如世代交叠模型的两期特征、基于研发的内生增长模型等；

第 8 章介绍了动态随机一般均衡(DSGE)模型求解方法，按照"对数线性化—模型求解方法—参数校准和估计"的顺序进行说明，其中模型求解方法包括 B&K 方法、Schur 方法、Uhlig 方法等；

第 9 章是真实经济周期(RBC)模型，主要介绍了真实经济周期模型中随机冲击的设定，并以经典文献中的 RBC 模型为例进行了模型结构的解析和求解思路的描述；

第 10 章为新凯恩斯(NK)模型，通过加入垄断竞争、价格黏性等因素使得其相对复杂，并且能够更好地描述现实情形，新凯恩斯模型和真实经济周期模型是构建动态随机一般均衡模型的重要模型基础；

第 11 章介绍了结构向量自回归(SVAR)模型的基本内容，作为经验证据，SVAR 模型能够为机制分析提供现实证据，也可以作为理论模型模拟结果的佐证，本章主要包括 SVAR 模型的基本形式与估计过程等；

第 12 章为各种形式的一般均衡模型，无论是在家庭部门、企业部门，还是在政府部门或其他部门，都可以设定丰富多样的方程形式，在这一章中将进行较为详细的讲述；

第 13 章为投入产出方法与应用，与一般均衡模型不同，投入产出模型是另一类政策分析与建模的实用工具，本章在介绍投入产出表基本形式的基础上，选取一个具体实例对其应用进行简述；

第 14 章是最后一章，主要介绍了实证研究中的数据处理相关问题，很多学生在进行理论模型参数校准与计量模型估计时不能对数据进行准确的处理，导致结果出现偏差，本章从价格平减指数计算、季节调整方法、趋势分解方法等多个方面进行了简要介绍，并给出了应用软件进行方法实现的基本步骤。此外，本章还对计量经济模型体系进行了简要介绍。

本书有两个典型特点：第一，完整性，从基础理论到实践应用系统梳理、构建了宏观经济政策模拟的方法体系，实际上是将最优化方法、一般均衡模型、政策模拟与应用的相关知识综合到了一本书中，将离散的知识连续化、系统化，形成了独特的体系；第二，条理性，本书的内容组织符合层层递进的顺序，遵循学生易于理解、教师易于讲授的思路，沿着从数学和 MATLAB 软件基础，到最优化求解方法，再到一般均衡模型的设定和求解，最后到模型的应用这一逻辑线条，体现了提出问题—分析问题—解决问题的学习路径。

写教材特别是专业性教材并不是一项高收益的工作，然而，在我们学习和研究的过程中，当需要对某些知识进行系统学习和深入了解时，却常常因为没有合适的教科书或参考书而颇费周折、百思不得其解。教书育人是高校教师的首要职责，也是第一任务，学术大家往往也是教育大家，他们不求名利、一心为公的高尚精神，鞭策着我们不忘初心、潜心向学，在创新知识和传播知识中实现自己的价值。本着这样一种想法，我们搜索了大量的国内外文献和资料，历时两年，才将这本《宏观经济政策模拟与政策实验：原理及应用》呈现在广大读者面前。

在教材的写作过程中，作者与首都经济贸易大学范庆泉博士进行了充分的讨论与学习，获益良多，且书中有很多材料来自他，我们深表谢意。教材的写作还大量学习和参考了上海财经大学郭长林博士、上海交通大学许志伟博士、上海海关学院李向阳博士的课件、教材等内容，他们的部分授课材料已经近乎完美，我们在学习中受益匪浅。东北财经大学李媛、陈婷玉、鲍昱君、许志多、付婷婷、潘欣、黄冰洁、欧阳帆参与了部分内容的研究、整理和撰写工作，刘琳、王树贞参与了一些公式和文字的录入工作。作者在东北财经大学为经济类专业硕士研究生开设“宏观经济政策模拟与政策实验”课程已经有 6 年了，其间也得到了很多学生的认可、质疑和指正。“择天下英才而教育之，一乐也”，能够与很多优秀的学生一起从事知识学习与科学研究工作，是一位教师莫大的荣幸。

本书主要是作者获批辽宁省“兴辽英才计划”青年拔尖人才项目（XLYC1907115）期间编写完成的，是该项目的教学和研究成果之一，受到了东北财经大学经济学院学科建设专项和教材建设项目的资助，特此致谢。在本书的出版之际，作者还要感谢一直以来给予我们指导、帮助，特别是对本书中的内容提出宝贵修改意见和建议的专家、学者、同行、同事和学生们，非常感谢清华大学出版社的张伟编辑，她细致认真的工作使得本书得以顺利出版。我们无以为报，只能以更加认真的态度做好每一项工作。虽然作者以“工匠精神”自我要求，致力于在中国宏观经济分析教学、研究和社会服务的过程中有所进取，为宏观经济政策的评价、制定和优化做出一点努力，但是由于作者学识水平有限，疏漏之处在所难免，恳请各位读者不吝赐教。

张同斌

2021 年 7 月

目　　录

第 1 章　微积分和线性代数基本知识

数学已经成为经济学问题研究中不可或缺的工具，为理解、掌握及运用模型进行经济分析，需要具备一定的数学基础。本章在参考国内外数学教材、数理经济学教材如刘树林等教材的基础上[①]，对动态随机一般均衡模型中涉及的微积分和线性代数知识进行简要介绍，并省略了复杂的数学推导，便于读者尽快回顾相关的数学知识。在本章部分内容的组织中，还参考了巴罗和萨拉-伊-马丁数学方法附录的内容[②]。

1.1　微积分基础

1.1.1　导数与微分

1. 导数的定义

在进行比较静态分析时，需要对不同参数值或外生变量情形下的两种均衡状态进行比较。为便于对比，通常假设给定的初始均衡状态为起始点，令某些参数或外生变量发生变化，因而模型均衡做出改变并达到新的均衡。我们关注的问题之一是求变化率的问题，即在特定参数或外生变量变化时分析内生变量均衡值的变动特征。

例如，因变量 y 为自变量 x 的函数，即 $y=f(x)$，当变量 x 由初始值 x_0 变为 $x_0+\Delta x$ 时，函数值由 $f(x_0)$变为 $f(x_0+\Delta x)$，则由每单位 x 的变化引致 y 的变化可表示为

$$\frac{\Delta y}{\Delta x}=\frac{f(x_0+\Delta x)-f(x_0)}{\Delta x} \tag{1-1}$$

式(1-1)度量的是 x 变化 Δx 单位时 y 的平均变化率，根据 Δx 很小时 y 的变化特征可以得到导数的定义式(1-2)。设函数 $y=f(x_0)$在 x_0 的某邻域内有定义，如果存在极限

$$\lim_{\Delta x\to 0}\frac{\Delta y}{\Delta x}=\lim_{\Delta x\to 0}\frac{f(x_0+\Delta x)-f(x_0)}{\Delta x} \tag{1-2}$$

则称函数 $y=f(x)$在点 x_0 处可导，并称此极限值为函数 $f(x)$在 x_0 处的导数，记为 $f'(x_0)$，$y'\big|_{x=x_0}$，$\dfrac{\mathrm{d}y}{\mathrm{d}x}\bigg|_{x=x_0}$，$\dfrac{\mathrm{d}f(x)}{\mathrm{d}x}\bigg|_{x=x_0}$ 等；如果上述极限不存在，则函数 $y=f(x_0)$在点 x_0 处不可导。

2. 求导运算法则

(1) 函数四则运算的导数。假设函数 $u(x)$和 $v(x)$都在点 x 处可导，则两个函数的

---

① 刘树林. 数理经济学[M]. 北京：科学出版社，2008.

② 巴罗，萨拉-伊-马丁. 经济增长[M]. 夏俊，译. 2 版. 上海：格致出版社，2010.

和、差、积、商均在点 x 处可导，且有

$$[cu(x)]'=cu'(x)(c\text{ 为常数})$$

$$[u(x)+v(x)]'=u'(x)+v'(x)$$

$$[u(x)v(x)]'=u'(x)v(x)+u(x)v'(x)$$

$$\left[\frac{u(x)}{v(x)}\right]'=\frac{u'(x)v(x)-u(x)v'(x)}{v(x)^2}$$

(2) 复合函数求导数。设 $h(x)=f(g(x))$ 是函数 $y=f(u)$ 和 $u=g(x)$ 的复合函数，且函数 $u=g(x)$ 在点 x_0 处可导，函数 $y=f(u)$ 在点 $u_0=g(x_0)$ 处可导，则复合函数 $h(x)=f(g(x))$ 在点 x_0 处可导，且有

$$h'(x_0)=f'(u_0)g'(x_0)=f'[g(x_0)]g'(x_0)$$

一般地，当 x_0 为复合函数定义域中的任意点时，有

$$h'(x)\equiv[f(g(x))]'=f'(g(x))g'(x)$$

或可表示为链式法则式(1-3)。

$$\frac{\mathrm{d}y}{\mathrm{d}x}=\frac{\mathrm{d}y}{\mathrm{d}u}\frac{\mathrm{d}u}{\mathrm{d}x} \tag{1-3}$$

(3) 隐函数求导数。隐函数定理：设函数 $F(x,y)$ 在点 (x_0,y_0) 的某一邻域内具有连续偏导数，且有 $F_x(x_0,y_0)=0$，$F_y(x_0,y_0)\neq 0$，则方程 $F(x,y)=0$ 在 (x_0,y_0) 的某一邻域内能够唯一确定一个连续、可导的函数 $y=f(x)$，其满足条件 $y_0=f(x_0)$，并有

$$\frac{\mathrm{d}y}{\mathrm{d}x}=-\frac{F_x}{F_y} \tag{1-4}$$

例如，对于隐函数 $f(x,y)=3x^2-2y-10$，在计算导数 $\mathrm{d}y/\mathrm{d}x$ 的值时，按照隐函数定理可得

$$\frac{\mathrm{d}y}{\mathrm{d}x}=-\frac{\partial f(x,y)/\partial x}{\partial f(x,y)/\partial y}=-\frac{6x}{-2}=3x$$

3. 微分的定义

设函数 $y=f(x)$ 在点 x_0 的某邻域内有定义，点 x_0 和 $x_0+\Delta x$ 都在该邻域内，如果函数增量 $\Delta y=f(x_0+\Delta x)-f(x_0)$ 可表示为：$\Delta y=A\Delta x+o(\Delta x)$，其中，$A$ 是不依赖于 Δx 的常数，$o(\Delta x)$ 表示比 Δx 高阶的无穷小量，则称函数 $y=f(x)$ 在点 x_0 处可微，$A\Delta x$ 称为函数 $y=f(x)$ 在 x_0 处相应于自变量增量 Δx 的微分，记作

$$\mathrm{d}y\mid_{x=x_0}=A\Delta x \quad \text{或} \quad \mathrm{d}y\mid_{x=x_0}=A\mathrm{d}x \tag{1-5}$$

一般地，若函数 $f(x)$ 处处可微，则函数 $f(x)$ 在任意点 x 处的微分为：$\mathrm{d}y=\mathrm{d}f(x)=f'(x)\Delta x$ 或 $\mathrm{d}y=\mathrm{d}f(x)=f'(x)\mathrm{d}x$。

4. 微分运算法则

(1) 函数四则运算的微分法则。设函数 $u(x)$ 和 $v(x)$ 都在点 x 处可微，则两个函数的和、差、积、商均在点 x 处可微，且有

$$\mathrm{d}(cu)=c\mathrm{d}u(c\text{ 为常数})$$

$$\mathrm{d}(u\pm v)=\mathrm{d}u\pm \mathrm{d}v$$

$$\mathrm{d}(uv)=v\mathrm{d}u+u\mathrm{d}v$$

$$\mathrm{d}\left(\frac{u}{v}\right)=\frac{v\mathrm{d}u-u\mathrm{d}v}{v^2}$$

（2）复合函数的微分法则。假设 $y=f[g(x)]$是两个可微函数 $y=f(u)$和 $u=g(x)$的复合函数，则其微分为

$$\mathrm{d}y\equiv \mathrm{d}f[g(x)]=f'[g(x)]g'(x)\mathrm{d}x \tag{1-6}$$

其中，$f'[g(x)]$表示函数 $f(u)$在 $g(x)$处的导数。

（3）微分形式的不变性。设函数 $y=f(u)$可导，无论 u 是自变量，还是某一自变量的可导函数（u 为中间变量），总有

$$\mathrm{d}y=f'(u)\mathrm{d}u \tag{1-7}$$

（4）全微分。如果将微分的定义推广至具有两个或两个以上自变量的函数，例如函数 $y=y(x_1,x_2)$，由 x_1 变化所引致的 y 的变化、由 x_2 变化所引致的 y 的变化可分别表示为$(\partial y/\partial x_1)\mathrm{d}x_1$ 和$(\partial y/\partial x_2)\mathrm{d}x_2$，则由 x_1 和 x_2 共同引致的 y 的变化为式(1-8)或式(1-9)。

$$\mathrm{d}y=\frac{\partial y}{\partial x_1}\mathrm{d}x_1+\frac{\partial y}{\partial x_2}\mathrm{d}x_2 \tag{1-8}$$

$$\mathrm{d}y=y_{x_1}\mathrm{d}x_1+y_{x_2}\mathrm{d}x_2 \tag{1-9}$$

在式(1-8)或式(1-9)中，等式左端的 $\mathrm{d}y$ 称为函数的全微分，求解 $\mathrm{d}y$ 的过程称为全微分法；等式右端的两项称为函数的偏微分。

例如，在求函数 $U(x_1,x_2)=x_1{}^2+x_2{}^2+3x_1x_2$ 的全微分时，首先分别求出函数对 x_1 与 x_2 的偏导数：

$$\frac{\partial U}{\partial x_1}=2x_1+3x_2 \quad 和 \quad \frac{\partial U}{\partial x_2}=2x_2+3x_1$$

将两个偏导数代入式(1-8)或式(1-9)中，得到

$$\mathrm{d}U=\frac{\partial U}{\partial x_1}\mathrm{d}x_1+\frac{\partial U}{\partial x_2}\mathrm{d}x_2=(2x_1+3x_2)\mathrm{d}x_1+(2x_2+3x_1)\mathrm{d}x_2$$

1.1.2　导数的应用

1. 泰勒定理

任意给定一个连续可微的函数 $f(x)$，则围绕点 x_0 或在 x_0 处的泰勒展开为

$$f(x)=f(x_0)+f'(x_0)(x-x_0)+\frac{f''(x_0)}{2!}(x-x_0)^2+\cdots+\frac{f^{(n)}(x_0)}{n!}(x-x_0)^n+R_n \tag{1-10}$$

其中，R_n 是余项，为 x 的函数，例如佩亚诺余项可以写为：$R_n(x)=o[(x-x_0)^n]$，$x\to x_0$，拉格朗日余项形式则为

$$R_n(x)=f^{(n+1)}(\xi)\frac{(x-x_0)^{n+1}}{(n+1)!}$$

其中，ξ 位于 x_0 与 x 之间，可写为：$\xi=[x_0+\theta(x-x_0)]$，$\theta\in(0,1)$。

例如，将函数 $f(x)=x^3$ 在 $x=1$ 处进行泰勒展开的形式为

$$f(x)=f(1)+3(x-1)+6(x-1)^2\frac{1}{2!}+6(x-1)^3\frac{1}{3!}+R_3$$

当函数中存在两个自变量时，如函数 $f(x,y)$ 在 (x_0,y_0) 处的 n 阶泰勒展开式为

$$\begin{aligned}f(x,y)=&f(x_0,y_0)+f_x(x_0,y_0)(x-x_0)+f_y(x_0,y_0)(y-y_0)\\&+\frac{1}{2!}[f_{xx}(x_0,y_0)(x-x_0)^2+2f_{xy}(x_0,y_0)(x-x_0)(y-y_0)\\&+f_{yy}(x_0,y_0)(y-y_0)^2]+\cdots+R_n\end{aligned}\tag{1-11}$$

根据式(1-10)和式(1-11)可得，函数在某一点处的泰勒展开均可表示为该点的函数值、导数或偏导数、自变量与该点的距离之差三类元素的组合形式。在动态随机一般均衡模型中，经常使用泰勒展开方法将非线性微分方程或方程组线性化后，再进行模型的求解。

2. 洛必达法则

洛必达法则是求解 0/0 型未定式时十分有效的方法。假设函数 $f(x)$ 和 $g(x)$ 满足条件：① $x\to a$ 时，$\lim f(x)=0$ 且 $\lim g(x)=0$；② 在点 a 的某去心邻域内，$f(x)$ 与 $g(x)$ 均可导，且 $g(x)$ 的导数不等于 0；③ $x\to a$ 时，$\lim[f'(x)/g'(x)]$ 存在或为无穷大，则有

$$\lim_{x\to a}\frac{f(x)}{g(x)}=\lim_{x\to a}\frac{f'(x)}{g'(x)}\tag{1-12}$$

式(1-12)即为洛必达法则。当等式右侧的极限存在时，等式左侧极限也存在且等于等式右侧的极限；当等式右侧的极限为无穷大时，左侧的极限也为无穷大。将式(1-12)中的 $x\to a$ 替换成 $x\to\infty$，得到对应于 $x\to\infty$ 时的洛必达法则。

3. 函数的单调性和凹凸性

在动态一般均衡模型设定中，函数的单调性和凹凸性等性质对于其求导以及模型的求解至关重要，对函数单调性和凹凸性的了解十分必要。

(1) 单调性。对于单调性而言，设函数 $f(x)$ 在区间 $[a,b]$ 上连续，在区间 (a,b) 上可导，则 $f(x)$ 在 $[a,b]$ 上单调增大的充要条件是在 (a,b) 上恒有 $f'(x)\geqslant 0$；$f(x)$ 在 $[a,b]$ 上单调减少的充要条件是在 (a,b) 上恒有 $f'(x)\leqslant 0$。另外，在区间 (a,b) 上，$f'(x)>0$ 对应于 $f(x)$ 在 $[a,b]$ 上严格单调增大，$f'(x)<0$ 对应于 $f(x)$ 在 $[a,b]$ 上严格单调减少。

(2) 凹凸性的定义。凹凸性方面，若对任意 $\lambda\in[0,1]$，对于定义域 (a,b) 中给定的任意点 u 和 v，恒有

$$f(\lambda u+(1-\lambda)v)\leqslant\lambda f(u)+(1-\lambda)f(v)\tag{1-13}$$

则称函数 $f(x)$ 在 (a,b) 上是凸的，若有

$$f(\lambda u+(1-\lambda)v)\geqslant\lambda f(u)+(1-\lambda)f(v)\tag{1-14}$$

则称函数 $f(x)$ 在 (a,b) 上是凹的。将式(1-13)、式(1-14)中不等号分别换为严格不等号，即小于号"<"、大于号">"，则得到了函数严格凸性和严格凹性的定义。

当函数具有可微性时，也可以采用一阶导数的方式定义函数的凹凸性。对于定义域

中给定的任意点 u 和 v，可微凹函数、凸函数 $f(x)$ 的定义分别如式(1-15)和式(1-16)所示。

$$f(v) \leqslant f(u) + f'(u)(v-u) \tag{1-15}$$

$$f(v) \geqslant f(u) + f'(u)(v-u) \tag{1-16}$$

同样地，式(1-15)、式(1-16)中的不等号"$\leqslant$"与"$\geqslant$"分别换成严格不等号"$<$"与"$>$"，则得到严格凸性和严格凹性的定义。

(3) 凹凸函数定义的图形解释。在几何上，将凹(凸)函数描绘成一条与其切线重合或者位于其切线下方(上方)的曲线，而严格凹曲线(严格凸曲线)必须位于所有切线的下方(上方)，切点除外。以凹函数为例，其图形如图 1-1 所示。

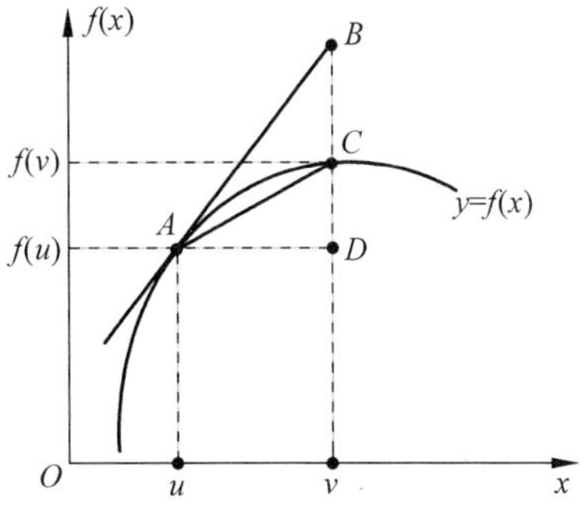

图 1-1　凹函数图形

在图 1-1 中，A 为曲线上的任意一点，其高度为 $f(u)$，过该点的切线为 AB。当 x 自 u 开始递增时，凹曲线应形成一个峰形，即严格凹曲线必须逐渐向下弯曲，远离切线 AB，从而使得点 C 位于点 B 之下，此时线段 AC 的斜率小于切线 AB 的斜率。若曲线为非严格凹曲线，弧线 AC 可能变成一个线段并与 AB 重合，成为曲线中的一个直线部分，AC 的斜率等于 AB 的斜率。在描述函数的凹凸性时，还可以将原点作为基准，将凹向原点的曲线视为凹函数，将凸向原点的曲线视为凸函数。

(4) 函数凹凸性的判别准则。凹凸性的判别准则包括一阶微分判别标准和二阶微分判别标准。

在一阶微分判别标准中，设函数 $f(x)$ 在 $[a,b]$ 上连续，在 (a,b) 上可导，则：

$f(x)$ 在 $[a,b]$ 上为凸函数的充要条件是：对任意 x_1 和 $x_2 \in (a,b)$，有 $f(x_2) \geqslant f(x_1)+f'(x_1)(x_2-x_1)$；

$f(x)$ 在 $[a,b]$ 上为凹函数的充要条件是：对任意 x_1 和 $x_2 \in (a,b)$，有 $f(x_2) \leqslant f(x_1)+f'(x_1)(x_2-x_1)$；

将不等号"$\geqslant$""$\leqslant$"分别换为严格不等号"$>$"与"$<$"，得到 $f(x)$ 在 $[a,b]$ 上为严格凸函数、严格凹函数的充要条件。

在二阶微分判别标准中，若函数 $f(x)$ 在 $[a,b]$ 上连续，在 (a,b) 上二阶连续可导，则：

$f(x)$ 在 $[a,b]$ 上为凸函数的充分条件是：对任意 $x_1 \in (a,b)$，有 $f''(x_1) \geqslant 0$；

$f(x)$ 在 $[a,b]$ 上的凹函数的充分条件是：对任意 $x_1 \in (a,b)$，有 $f''(x_1) \leqslant 0$。

同理，$f(x)$ 在 $[a,b]$ 上为严格凸函数、严格凹函数的充分条件分别是 $f''(x_1)>0$ 和 $f''(x_1)<0$。

4. 极值条件

(1) 极值的定义。设函数 $f(x)$ 在 (a,b) 内有定义，x_0 是 (a,b) 内的某一点，如果存在一个点 x_0 的邻域，使得对邻域内的任一点 $x(x \neq x_0)$，总有 $f(x)<f(x_0)$($f(x)>f(x_0)$)，则称 $f(x_0)$ 为函数 $f(x)$ 的一个极大(小)值，称 x_0 为函数 $f(x)$ 的一个极大(小)值点。

函数的极大值与极小值统称为极值，极大值点与极小值点统称为极值点。

(2) 极值存在的必要条件。必要条件为：设函数 $f(x)$在点 x_0 可导，且 x_0 为函数 $f(x)$的一个极值点，则 $f'(x_0)=0$。

需要注意的是，满足 $f'(x_0)=0$ 的 x_0 称为 $f(x)$的驻点，可导函数的极值点一定是驻点，反之不一定成立。典型的一个例子是，对于函数 $f(x)=x^3$ 而言，$x=0$ 是该函数的驻点但非极值点。此外，导数不存在的点也可能是极值点，例如函数 $f(x)=|x|$ 在点 $x=0$ 处导数不存在，但点 $x=0$ 是函数的极小值点。可以认为，函数的极值点一定是其驻点或导数不存在的点。

(3) 极值存在的充分条件。充分条件分为两类：一类是一阶充分条件，另一类是二阶充分条件。

一阶充分条件：设 $f(x)$在点 x_0 的一个邻域内可导且 $f'(x_0)=0$。

如果在点 x_0 的左邻域$(x_0-\delta, x_0)$内的任一点 x 处，恒有 $f'(x)>0$，而在其右邻域$(x_0, x_0+\delta)$内的任一点 x 处，恒有 $f'(x)<0$，则 $f(x)$在点 x_0 处取得极大值；

如果在点 x_0 的左邻域$(x_0-\delta, x_0)$内的任一点 x 处，恒有 $f'(x)<0$，而在其右邻域$(x_0, x_0+\delta)$内的任一点 x 处，恒有 $f'(x)>0$，则 $f(x)$在点 x_0 处取得极小值。

二阶充分条件：设 $f(x)$在点 x_0 处具有二阶导数，且 $f'(x_0)=0$，$f''(x_0)\neq 0$，则：

当 $f''(x_0)<0$ 时，$f(x)$在点 x_0 处取得极大值；

当 $f''(x_0)>0$ 时，$f(x)$在点 x_0 处取得极小值。

1.1.3　积分法则

1. 积分的定义与类型

积分是微分的逆过程，设函数 $F(x)$和 $f(x)$在区间 I 上有定义，若给定原函数 $F(x)$，对其微分得到导数 $f(x)$，即 $F'(x)=f(x)$；假设可以得到适当信息确定在积分过程中产生的任意常数，则可通过对 $f(x)$积分以得到原函数 $F(x)$，函数 $F(x)$被称为 $f(x)$的积分。一般而言，积分可以分为不定积分和定积分两类。

不定积分的概念为，$f(x)$在区间 I 上的全体原函数称为 $f(x)$在区间 I 上的不定积分，记作$\int f(x)\mathrm{d}x$，其中，$\int$ 称为积分号，x 为积分变量，$f(x)$为被积函数，$f(x)\mathrm{d}x$ 为被积表达式。若 $f(x)$的一个原函数是 $F(x)$，则不定积分可表示为

$$\int f(x)\mathrm{d}x=F(x)+C \tag{1-17}$$

不定积分没有确定的数值，由于它等于 $F(x)+C$，其值随着 x 的变化而变化。因此，同导数一样，不定积分本身是 x 的函数。实际上，积分结果的正确性可以通过微分来检验，若积分是正确的，则积分的导数必然等于被积函数。

一个简单的例子是求不定积分 $\int \frac{1}{x^4}\mathrm{d}x, x\neq 0$，由于$\frac{1}{x^4}$ 的一个原函数为 $-\frac{1}{3x^3}$，不定

积分结果可写为：$\int \frac{1}{x^4}\mathrm{d}x = -\frac{1}{3x^3} + C$。

对于连续函数 $f(x)$的已知不定积分(1-17)，若选择 x 定义域中的两个值 a 和 $b(a<b)$，依次将其代入方程的右边，并计算差值$[F(b)+C]-[F(a)+C]=F(b)-F(a)$，则得到一个不再包含自变量 x 的具体数值，这一数值称为 $f(x)$从 a 到 b 的定积分，记作

$$\int_a^b f(x)\mathrm{d}x \tag{1-18}$$

式中，a 为积分下限；b 为积分上限。定积分的计算公式为

$$\int_a^b f(x)\mathrm{d}x = F(x)\Big|_a^b = F(b) - F(a) \tag{1-19}$$

2. 分部积分法

设 $u(x)$，$v(x)$均有连续的导数，根据求导法则，对函数 $u(x)$与 $v(x)$的乘积求导数，有

$$[u(x)v(x)]' = u'(x)v(x) + v'(x)u(x)$$

对两边同时积分，得到

$$u(x)v(x) = \int u'(x)v(x) + \int v'(x)u(x) = \int v(x)\mathrm{d}u(x) + \int u(x)\mathrm{d}v(x)$$

整理得到分部积分法公式

$$\int u(x)\mathrm{d}v(x) = u(x)v(x) - \int v(x)\mathrm{d}u(x) \tag{1-20}$$

例如，求不定积分 $\int \ln(x)\mathrm{d}x$，$x>0$ 时，可令 $v=\ln(x)$，$u=x$，从而有 $\mathrm{d}v=(1/x)\mathrm{d}x$，$\mathrm{d}u=\mathrm{d}x$，求得$\int \ln(x)\mathrm{d}x = \int v\mathrm{d}u = vu - \int u\mathrm{d}v = x\ln(x) - x + C = x(\ln(x) - 1) + C$。

3. 积分的微分法则

设 $F(t)$是 $f(t)$的一个原函数，即 $F'(t)=f(t)$，则有

$$\frac{\partial\left[\int f(t)\mathrm{d}t\right]}{\partial t} = \frac{\partial F(t)}{\partial t} = F'(t) = f(t) \tag{1-21}$$

令 $F(a,b,c) = \int_a^b f(c,t)\mathrm{d}t$，其中 a 和 b 分别代表积分下限和积分上限，c 为函数 $f(c,t)$中的一个参数，则有

$$\frac{\partial F(\cdot)}{\partial c} = \int_a^b f_c(c,t)\mathrm{d}t \tag{1-22}$$

$$\frac{\partial F(\cdot)}{\partial b} = \frac{\partial\left[\int_a^b f(c,t)\mathrm{d}t\right]}{\partial b} = f(c,t)\mid_{t=b} = f(b) \tag{1-23}$$

$$\frac{\partial F(\cdot)}{\partial a} = \frac{\partial\left[\int_a^b f(c,t)\mathrm{d}t\right]}{\partial a} = -f(c,t)\mid_{t=a} = -f(a) \tag{1-24}$$

1.1.4 微分方程

1. 基本概念

含有自变量 t、因变量 y 或未知函数 $y=f(t)$、未知函数各阶导数的等式称为微分方程，若未知函数是一元函数则称为常微分方程；微分方程中未知函数最高阶导数的阶数称为微分方程的阶；一阶导数如 $\mathrm{d}y/\mathrm{d}t$ 是在一阶微分方程中出现的唯一导数，但是其可能以不同的幂次出现，即 $\mathrm{d}y/\mathrm{d}t$、$(\mathrm{d}y/\mathrm{d}t)^2$、$(\mathrm{d}y/\mathrm{d}t)^3$ 等，方程中导数的最高幂次称为微分方程的次。

当导数 $\mathrm{d}y/\mathrm{d}t$ 仅为一次，因变量 y 也是一次，并且没有 $y(\mathrm{d}y/\mathrm{d}t)$ 乘积项等形式的情况下，此微分方程称为线性的。一阶线性微分方程的一般形式如式(1-25)所示。

$$\frac{\mathrm{d}y}{\mathrm{d}t}+u(t)y=x(t) \tag{1-25}$$

其中，函数 u 和 x 与 y 一样，都是 t 的函数，可以表示为如 t^2、e^t、t 的复杂函数，或是代表常数。当 u 和 x 表示常数，且 x 是一个可加性常数项时，式(1-25)简化为具有常数系数和常数项的一阶线性微分方程的情况。

若 x 恰好恒为零，则式(1-25)变为

$$\frac{\mathrm{d}y}{\mathrm{d}t}+ay=0 \tag{1-26}$$

其中，a 为一常数，考虑到常数项为 0，则此时的微分方程被称为齐次方程。

若 x 为一不为零的常数，式(1-25)变为非齐次方程，即

$$\frac{\mathrm{d}y}{\mathrm{d}t}+ay=b \tag{1-27}$$

如果把已知函数及其导数或微分代入微分方程后能够使其成为恒等式，则称该函数为微分方程的一个解，微分方程的解通常有两种形式：若是这个解中任意常数的个数等于方程的阶数，则此解称为通解；若解中不含任意常数，则称为微分方程的特解。

2. 一阶常微分方程

一阶常微分方程的求解方法主要有两种：图解法和解析法。

(1) 图解法。在一阶常微分方程中，一阶导数 $\mathrm{d}y/\mathrm{d}t$ 可以表示成为 y 的函数，即

$$\dot{y}(t)=f[y(t)] \tag{1-28}$$

基于式(1-28)，可根据函数 $f(y)$ 得到不同形式的常微分方程。一个典型的常微分方程是

$$\dot{y}(t)=f[y(t)]=ay(t)-x \tag{1-29}$$

式中，a 为常系数；x 为任一常数值。求解一阶常微分方程的示例如图 1-2 和图 1-3 所示。

当 $a>0$ 时，可将式(1-29)表示的常微分方程绘制成图 1-2，其中 y^* 称为均衡值或稳态值，当 $y>y^*$ 时，$ay-x>0$，即 $\dot{y}>0$，y 为增函数；当 $y<y^*$ 时，$ay-x<0$，即 $\dot{y}<0$，y 为减函数，此时，$y(t)$是发散的；若 $a<0$，则常微分方程解的图形如图 1-3 所示，当 $y>y^*$

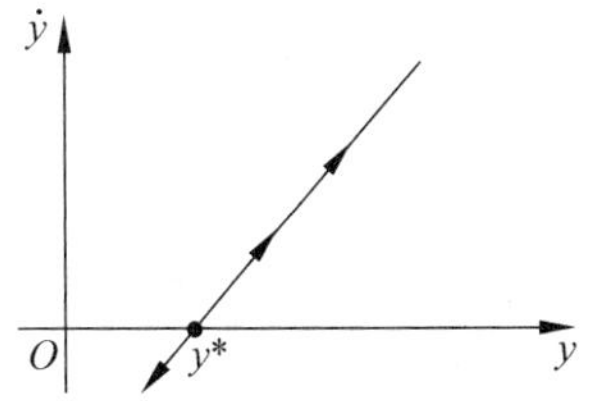

图 1-2　$a>0$ 情形下的微分方程求解图

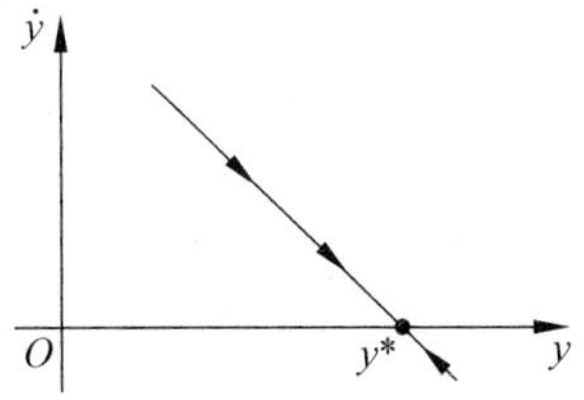

图 1-3　$a<0$ 情形下的微分方程求解图

时，$ay-x<0$，即 $\dot{y}<0$，y 为减函数；当 $y<y^*$ 时，$ay-x>0$，即 $\dot{y}>0$，y 为增函数，此时 $y(t)$ 收敛到 y^*。

当常微分方程中存在两个函数时，即一阶导数 $\dot{y}$ 用两个函数进行表示时，如式(1-30)所示。

$$\dot{y}(t)=f[y(t)]-g[y(t)] \tag{1-30}$$

微分方程式(1-30)的求解图形如图 1-4 所示。

在图 1-4 中，y^* 为该方程均衡点，当 $y<y^*$ 时，$\dot{y}>0$，y 为增函数；当 $y>y^*$ 时，$\dot{y}<0$，y 为减函数。A 点位于两条线之间，一定会收敛到 y^*，而 B 点则可能会发散。

当常微分方程如式(1-31)所示形式时，即

$$\dot{y}(t)=sy^{\alpha}(t)-\delta y(t) \tag{1-31}$$

式中，$s,\alpha,\delta>0$，且 $0<\alpha<1$。

式(1-31)均衡点的求解对应于图 1-5。显然，y^* 为均衡点，当 $y<y^*$ 时，$\dot{y}>0$，y 为增函数；当 $y>y^*$ 时，$\dot{y}<0$，y 为减函数，因此函数收敛到 y^*。

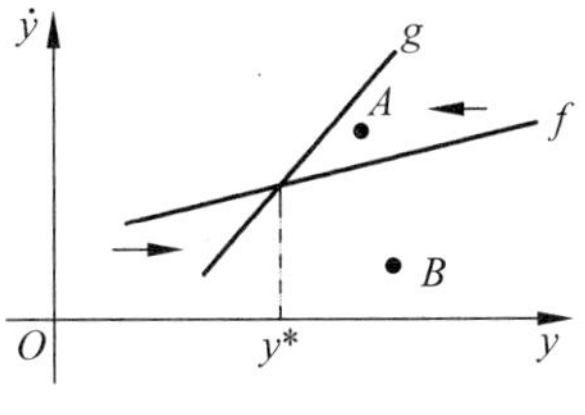

图 1-4　微分方程式(1-30)求解示例

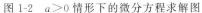

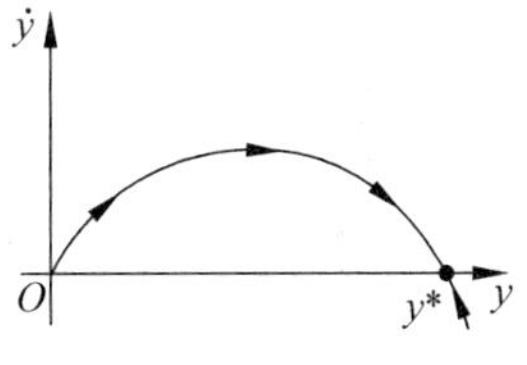

图 1-5　微分方程式(1-31)求解示例

(2) 解析法。对于变量可分离方程，形如

$$\frac{\mathrm{d}y}{\mathrm{d}x}=f(x)g(y) \tag{1-32}$$

式中，$f(x)$ 与 $g(y)$ 分别是 x 与 y 的连续函数。

若 $g(y)\neq 0$，则式(1-32)可写为

$$\frac{\mathrm{d}y}{g(y)}=f(x)\mathrm{d}x \tag{1-33}$$

式(1-33)称为变量已分离的方程，应用不定积分的换元积分法，对式(1-33)两边积分可得

$$\int\frac{\mathrm{d}y}{g(y)}=\int f(x)\mathrm{d}x+C \tag{1-34}$$

式中，C 为积分常数。式(1-34)中两个不定积分分别是 $1/g(y)$ 和 $f(x)$ 的原函数，将式(1-34)理解为函数关系式 $y=y(x,C)$，对任意常数 C 所确定的函数关系式 $y=y(x,C)$ 满足式(1-32)，故式(1-34)是式(1-32)的通解。

需要注意的是，式(1-33)不适合 $g(y)=0$ 的情形，若存在 y_1，使得 $g(y_1)=0$ 是方程的解，则 $y=y_1$ 为方程的特解，在求解方程时也应将特解包含在其中。

例如，求解方程 $\frac{\mathrm{d}y}{\mathrm{d}x}=-\frac{x}{y}$ 时，首先应将变量分离，得到 $y\mathrm{d}y=-x\mathrm{d}x$；然后，对两边积分，得到 $\frac{y^2}{2}=-\frac{x^2}{2}+\frac{C}{2}$，因此通解为 $x^2+y^2=C$，C 是任意正常数。为表示清楚起见，也可以解出 y，写成显函数形式 $y=\pm\sqrt{C-x^2}$。

齐次微分方程：形如 $\frac{\mathrm{d}y}{\mathrm{d}x}=g\left(\frac{y}{x}\right)$ 的方程称为齐次微分方程，在求解齐次微分方程时，设 $u=\frac{y}{x}$，$g(u)$ 是 u 的连续函数，则 $y=ux$，可得 $\frac{\mathrm{d}y}{\mathrm{d}x}=x\frac{\mathrm{d}u}{\mathrm{d}x}+u$；进一步整理得到变量可分离的方程 $\frac{\mathrm{d}u}{\mathrm{d}x}=\frac{g(u)-u}{x}$；在此基础上，按照变量可分离的方法求解得到未知函数 $u=u(x)$，进而得到函数 $y(x)=xu(x)$。

一阶线性微分方程：其基本形式如式(1-35)所示。

$$\frac{\mathrm{d}y}{\mathrm{d}x}=P(x)y+Q(x) \tag{1-35}$$

式中，$P(x)$ 和 $Q(x)$ 是 x 的连续函数。若 $Q(x)=0$，则式(1-35)为

$$\frac{\mathrm{d}y}{\mathrm{d}x}=P(x)y \tag{1-36}$$

式(1-36)称为一阶齐次线性微分方程，为变量可分离方程，易于得到其通解为

$$y=C\mathrm{e}^{\int P(x)\mathrm{d}x} \tag{1-37}$$

式中，C 为任意常数。

一阶非齐次线性微分方程：齐次线性微分方程是非齐次线性微分方程的特殊情形。若 $Q(x)\neq 0$，则式(1-35)称为一阶非齐次线性微分方程。在式(1-37)中，将常数 C 更换为 x 的待定函数 $C(x)$，即

$$y=C(x)\mathrm{e}^{\int P(x)\mathrm{d}x} \tag{1-38}$$

对式(1-38)求微分得到

$$\frac{\mathrm{d}y}{\mathrm{d}x}=\frac{\mathrm{d}C(x)}{\mathrm{d}x}\mathrm{e}^{\int P(x)\mathrm{d}x}+C(x)P(x)\mathrm{e}^{\int P(x)\mathrm{d}x} \tag{1-39}$$

将式(1-38)、式(1-39)代入式(1-35)，得到

$$\frac{\mathrm{d}C(x)}{\mathrm{d}x}\mathrm{e}^{\int P(x)\mathrm{d}x}+C(x)P(x)\mathrm{e}^{\int P(x)\mathrm{d}x}=P(x)C(x)\mathrm{e}^{\int P(x)\mathrm{d}x}+Q(x) \tag{1-40}$$

整理得到

$$\frac{\mathrm{d}C(x)}{\mathrm{d}x}=-Q(x)\mathrm{e}^{-\int P(x)\mathrm{d}x} \tag{1-41}$$

将式(1-41)两边积分后得到一阶非齐次线性微分方程的通解为

$$y=\mathrm{e}^{\int P(x)\mathrm{d}x}\left(\int Q(x)\mathrm{e}^{-\int P(x)\mathrm{d}x}\mathrm{d}x+c\right) \tag{1-42}$$

在求解一阶非齐次线性微分方程时将常数变易为待定函数的方法，简称为常数变易法。实际上，常数变易法也是一种变量变换的方法，其通过变换式(1-38)可将方程(1-35)化为变量可分离方程进行求解。

3. 线性常微分方程组

线性微分方程组的一般形式为

$$\boldsymbol{y}'(t)=\boldsymbol{A}\boldsymbol{y}(t)+\boldsymbol{x}(t) \tag{1-43}$$

其中，$\boldsymbol{y}(t)$为向量，$\boldsymbol{A}$ 为系数矩阵。在式(1-43)中，如果向量 $\boldsymbol{x}(t)\neq 0$，则方程组为非齐次线性方程组；如果 $\boldsymbol{x}(t)=0$，则方程的形式为齐次线性方程组

$$\boldsymbol{y}'(t)=\boldsymbol{A}\boldsymbol{y}(t) \tag{1-44}$$

式(1-43)、式(1-44)通常设置为时间 t 的函数，用于分析在某些参数变动情况下系统的动态稳定性，即其随时间变动的路径。

在动态随机一般均衡模型中，经常采用微分方程组表示复杂的宏观经济系统。在微分方程组中，高阶微分方程常常通过化为一阶微分方程组的形式求解，非线性微分方程组需化为线性微分方程组来求解，因此，一阶线性微分方程组的求解至关重要。一阶线性微分方程组的求解方法也有图解法与解析法两类。

(1) 图解法。设一个简单的微分方程组为

$$\begin{cases}\dot{y}_1(t)=a_{11}y_1(t)\\ \dot{y}_2(t)=a_{22}y_2(t)\end{cases} \tag{1-45}$$

其中，a_{11}、a_{22} 为系数，(0,0)为均衡点。其解的图形如图 1-6 和图 1-7 所示。

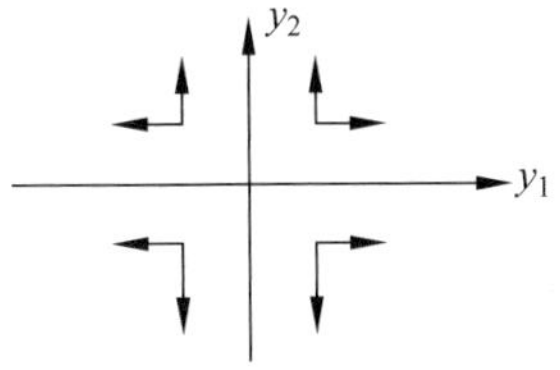

图 1-6　$a_{11}>0$，$a_{22}>0$ 时的微分方程组求解

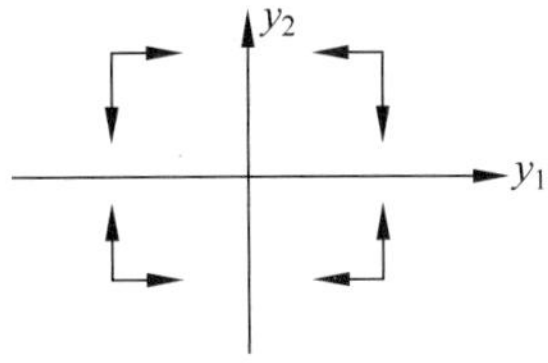

图 1-7　$a_{11}<0$，$a_{22}<0$ 时的微分方程组求解

如图 1-6 所示，当 $a_{11}>0$ 且 $a_{22}>0$ 时，若 $y_1>0$，则 $\dot{y}_1>0$，此时 y_1 增加；若 $y_2>0$，则 $\dot{y}_2>0$，此时 y_2 增加，同理可分析其他三个象限的情形。显然，该情形下该方程组是发散的。

图 1-7 则显示，当 $a_{11}<0$ 且 $a_{22}<0$ 时，若 $y_1>0$，则 $\dot{y}_1<0$，此时 y_1 减少；若 $y_2>0$，则 $\dot{y}_2<0$，此时 y_2 减少，同理可分析其他三个象限。可以得出，此情形下该方程组收敛于均衡点(0,0)。实际上，在采用图形法进行微分方程组的求解时，最重要的是观察 $\dot{y}_1=0$

曲线和 $\dot{y}_2=0$ 曲线。

例如，采用图形法求解方程组：

$$\begin{cases}\dot{k}(t)=k(t)^{0.3}-c(t)\\ \dot{c}(t)=c(t)(0.3k(t)^{-0.6}-0.03)\end{cases}\tag{1-46}$$

应画出 $\dot{k}(t)=0$ 和 $\dot{c}(t)=0$ 两条线，令 $\dot{c}(t)=0$，求得 $k(t)^{-0.6}=0.1$；令 $\dot{k}(t)=0$，推导得出 $c(t)=k^{0.3}(t)$，如图 1-8 所示。

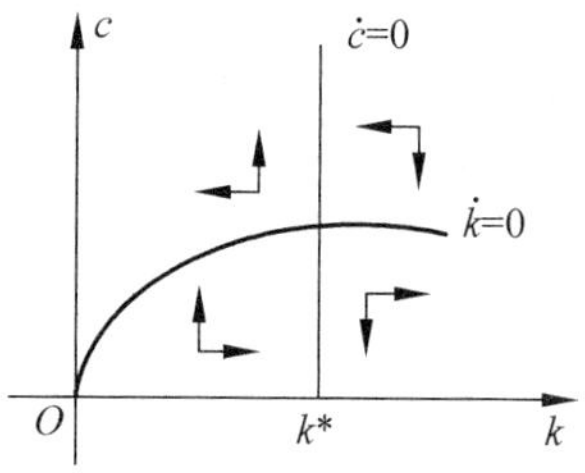

图 1-8　微分方程组式(1-46)求解示例

当 $k>k^*$ 时，$\dot{c}(t)<0$，$c(t)$为减函数；在 $\dot{k}(t)=0$ 的上方，$\dot{k}(t)<0$，$k(t)$为减函数。图 1-8 中两线交点为稳定点，系统在稳定点处局部收敛，即第一象限和第三象限中的部分点能够达到局部稳定或局部均衡，能够达到局部均衡的点组成的路径称为鞍点路径。

(2) 解析法。解析法可以用于求解齐次、非齐次线性微分方程组。

齐次线性微分方程组。对于齐次线性微分方程组，其一般形式为

$$\boldsymbol{y}'(t)=\boldsymbol{A}\boldsymbol{y}(t)\tag{1-47}$$

式中，$\boldsymbol{y}(t)$为 $n\times1$ 阶向量；n 为方程的个数；$\boldsymbol{A}$ 为 $n\times n$ 阶系数矩阵。

定义

$$\boldsymbol{z}(t)=\boldsymbol{V}^{-1}\boldsymbol{y}(t)\tag{1-48}$$

$$\boldsymbol{z}'(t)=\boldsymbol{V}^{-1}\boldsymbol{y}'(t)\tag{1-49}$$

综合式(1-47)～式(1-49)，可得

$$\boldsymbol{z}'(t)=\boldsymbol{V}^{-1}\boldsymbol{y}'(t)=\boldsymbol{V}^{-1}\boldsymbol{A}\boldsymbol{y}(t)=\boldsymbol{V}^{-1}\boldsymbol{A}\boldsymbol{V}\boldsymbol{V}^{-1}\boldsymbol{y}(t)=\boldsymbol{D}\boldsymbol{z}(t)\tag{1-50}$$

式中，$\boldsymbol{V}$ 为矩阵 $\boldsymbol{A}$ 的特征向量构成的矩阵；$\boldsymbol{D}=\boldsymbol{V}^{-1}\boldsymbol{A}\boldsymbol{V}$，$\boldsymbol{D}$ 为矩阵 $\boldsymbol{A}$ 对角化的矩阵。

为便于理解，可将式(1-50)写为方程组的形式：

$$\begin{cases}z_1'(t)=\alpha_1z_1(t)\\ z_2'(t)=\alpha_2z_2(t)\\ \qquad\vdots\\ z_n'(t)=\alpha_nz_n(t)\end{cases}\tag{1-51}$$

其中，α_i 为对角矩阵 $\boldsymbol{D}$ 的第 i 行 i 列元素。对于方程组(1-51)中的各个方程分别求解，使用齐次线性微分方程的通解式(1-37)可得

$$\begin{cases}z_1(t)=c_1\mathrm{e}^{\alpha_1t}\\ z_2(t)=c_2\mathrm{e}^{\alpha_2t}\\ \qquad\vdots\\ z_n(t)=c_n\mathrm{e}^{\alpha_nt}\end{cases}\tag{1-52}$$

对于整个方程组而言，可将式(1-52)简写为

$$\boldsymbol{z}(t)=\boldsymbol{E}\boldsymbol{c} \tag{1-53}$$

式中，$\boldsymbol{E}$ 为对角线上元素分别为 $e^{\alpha_i t}$、其余元素为 0 的对角矩阵；$\boldsymbol{c}$ 为由常数 c_i 组成的列向量。

由式(1-48)与式(1-53)可得齐次线性微分方程组式(1-47)的通解为

$$\boldsymbol{y}(t)=\boldsymbol{V}\boldsymbol{E}\boldsymbol{c} \tag{1-54}$$

特别地，在构建微分方程组以代表经济系统时，需要密切关注系统的稳定性问题。系统的稳定性取决于特征根的符号，以两个方程组成的方程组为例，求解其特征根后，根据其为实数还是虚数分为两大类六小类情形。

若两个特征根均为实数且均大于 0，则系统不稳定；若两个特征根均为实数且均小于 0，则系统稳定；若两个特征根均为实数且符号各异，则系统鞍形稳定。

若两个特征根均为复数且实部均为正，则系统震荡发散；若两个特征根均为复数且实部均为负，则系统震荡收敛；若两个特征根均为复数且实部均为 0，则系统震荡循环。

非齐次线性微分方程组。非齐次线性微分方程组的求解相对复杂，其一般形式为

$$\boldsymbol{y}'(t)=\boldsymbol{A}\boldsymbol{y}(t)+\boldsymbol{x}(t) \tag{1-55}$$

非齐次线性微分方程组的求解方法与齐次线性微分方程组大致相同。首先仍采用式(1-50)定义 $\boldsymbol{z}(t)$，可得到

$$\boldsymbol{z}'(t)=\boldsymbol{V}^{-1}(\boldsymbol{A}\boldsymbol{y}(t)+\boldsymbol{x}(t))=\boldsymbol{V}^{-1}\boldsymbol{A}\boldsymbol{V}\boldsymbol{V}^{-1}\boldsymbol{y}(t)+\boldsymbol{V}^{-1}\boldsymbol{x}(t)=\boldsymbol{D}\boldsymbol{z}(t)+\boldsymbol{V}^{-1}\boldsymbol{x}(t) \tag{1-56}$$

式中，$\boldsymbol{V}$ 为矩阵 $\boldsymbol{A}$ 的特征向量构成的矩阵；$\boldsymbol{D}=\boldsymbol{V}^{-1}\boldsymbol{A}\boldsymbol{V}$，$\boldsymbol{D}$ 为矩阵 $\boldsymbol{A}$ 对角化的矩阵。

将式(1-56)写为方程组的形式：

$$\begin{cases} z_1'(t)=\alpha_1 z_1(t)+V_1^{-1}x_1(t) \\ z_2'(t)=\alpha_2 z_2(t)+V_2^{-1}x_2(t) \\ \quad\vdots \\ z_n'(t)=\alpha_n z_n(t)+V_n^{-1}x_n(t) \end{cases} \tag{1-57}$$

式中，α_i 为对角矩阵 $\boldsymbol{D}$ 的第 i 行 i 列元素。对于方程组式(1-57)中各个方程分别求解，使用非齐次线性微分方程的通解式(1-42)可得方程组中第 i 个方程的通解为

$$z_i(t)=e^{\alpha_i t}\int e^{-\alpha_i t}V_i^{-1}x_i(t)\mathrm{d}t+c_i e^{\alpha_i t} \tag{1-58}$$

因此，对整个方程组而言，有

$$\boldsymbol{z}(t)=\boldsymbol{E}\hat{\boldsymbol{x}}+\boldsymbol{E}\boldsymbol{c} \tag{1-59}$$

式中，$\boldsymbol{E}$ 为对角线上元素分别为 $e^{\alpha_i t}$ 而其余元素为 0 的对角矩阵；$\hat{\boldsymbol{x}}=\int e^{-\alpha_i t}V_i^{-1}x_i(t)\mathrm{d}t$；$\boldsymbol{c}$ 为由常数 c_i 组成的列向量。

由此可得非齐次线性微分方程组式(1-55)的通解为

$$\boldsymbol{y}(t)=\boldsymbol{V}(\boldsymbol{E}\hat{\boldsymbol{x}}+\boldsymbol{E}\boldsymbol{c}) \tag{1-60}$$

在实际求解中，方阵 $\boldsymbol{A}$ 的特征向量组成的矩阵 $\mathbf{V}$ 及其逆矩阵、对角化矩阵 $\boldsymbol{D}$，可使用

MATLAB 软件的 eig、inv 等命令分别求解。

4. 非线性微分方程组

非线性微分方程组的求解主要有图形解法即相位图分析法、将非线性方程组线性化两种方法。以双变量的一阶微分方程组为例，其一般形式为

$$\begin{cases} x'(t)=f(x,y) \\ y'(t)=g(x,y) \end{cases} \tag{1-61}$$

需要注意的是，时间导数 $x'(t)$ 与 $y'(t)$ 仅取决于 x 和 y，变量 t 并不作为独立变量进入 f 函数和 g 函数，这一特征使得方程组成为一个自治系统，同时这也是应用图解法即相位图分析方法进行方程组求解的前提条件。

(1) 图解法。对于自治微分方程组式(1-61)，时间导数 $x'(t)$ 与 $y'(t)$ 可简写为 x' 与 y'。两条分界线分别以 $x'=0$ 和 $y'=0$ 表示，则对应于 $x'=0$ 和 $y'=0$ 分别得到

$$f(x,y)=0 \tag{1-62}$$

$$g(x,y)=0 \tag{1-63}$$

如果 f 函数的具体形式已知，则可由式(1-62)求得 x 与 y 的关系表达式，在 xy 平面上绘制图形作为 $x'=0$ 曲线；如果 f 函数的形式未知，则可借助隐函数法则，确定 $x'=0$ 曲线的斜率为

$$\left.\frac{\mathrm{d}y}{\mathrm{d}x}\right|_{x'=0}=-\frac{f_x}{f_y},\quad f_y\neq 0 \tag{1-64}$$

对于式(1-64)而言，在求得偏导数 f_x 与 f_y 后，即可得到 $x'=0$ 曲线的斜率特征。同理，$y'=0$ 曲线的斜率可由式(1-65)得到。

$$\left.\frac{\mathrm{d}y}{\mathrm{d}x}\right|_{y'=0}=-\frac{g_x}{g_y},\quad g_y\neq 0 \tag{1-65}$$

若已知或假设

$$f_x<0,\quad f_y>0,\quad g_x>0,\quad g_y<0$$

则曲线 $x'=0$ 和曲线 $y'=0$ 的斜率均为正，若已知或进一步假定 $-\frac{f_x}{f_y}>-\frac{g_x}{g_y}$，即曲线 $x'=0$ 陡于曲线 $y'=0$，则微分方程解的图形如图 1-9 所示。

图 1-9 显示，曲线 $x'=0$ 和曲线 $y'=0$ 在点 E 处相交，并将相空间分成Ⅰ到Ⅳ四个区域，在除点 E 之外的其他点，x 和 y 都会随着时间而变化，变化的方向由时间导数 x' 和 y' 在该点的符号确定。在图 1-9 中，由于假定或已知

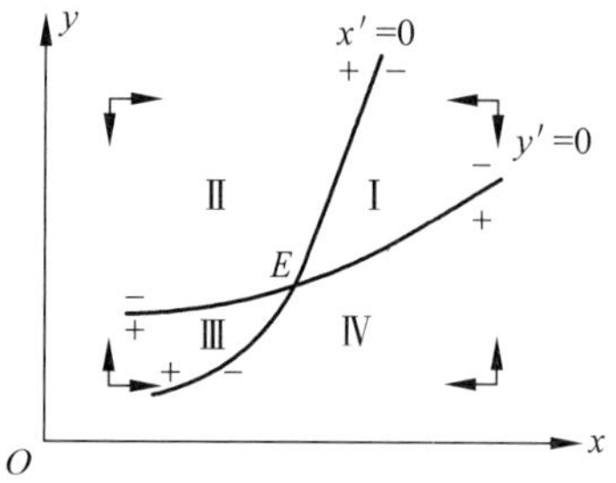

图 1-9　双变量相位图

$$\frac{\partial x'}{\partial x}=f_x<0$$

当 x 增加时，x' 的符号依次经过 $+$，0，$-$ 三个阶段。类似地，由于

$$\frac{\partial y'}{\partial y}=g_y<0$$

当 y 增加时，y' 的符号依次经过 $+$，0，$-$ 三个

阶段。

进一步分析可得，在区域Ⅰ中的任意点，x'与y'均为负，因而x'与y'必定随着时间而递减，如区域Ⅰ中的两个箭头所示；与区域Ⅰ相比，区域Ⅲ的情况则恰好相反；在区域Ⅱ中，x'与y'的符号不同，x'为正，y'为负；与区域Ⅱ相比，区域Ⅳ的情况则恰好相反。

(2) 线性化求解方法。分析非线性微分方程组的另一个方法是对其线性化，将函数进行泰勒展开后，舍弃阶数高于 1 的各项后可以得到线性近似，这一过程简称为线性化。例如，对于非线性方程组

$$\begin{cases} x' = f(x, y) \\ y' = g(x, y) \end{cases} \tag{1-66}$$

其围绕展开点(x_0, y_0)的线性化可以写成线性方程组，如式(1-67)所示。

$$\begin{aligned} x' &= f(x_0, y_0) + f_x(x_0, y_0)(x - x_0) + f_y(x_0, y_0)(y - y_0) \\ y' &= g(x_0, y_0) + g_x(x_0, y_0)(x - x_0) + g_y(x_0, y_0)(y - y_0) \end{aligned} \tag{1-67}$$

在局部稳定性分析中的均衡点处有$x' = y' = 0$，均衡点易于求出，可围绕均衡点进行线性展开。在已知函数f和函数g的具体形式时，式(1-67)可以被定量解出。

例如，求解方程组$\begin{cases} k' = k^{0.3} - c \\ c' = c(0.3k^{-0.6} - 0.03) \end{cases}$，初始条件为：$k(0) = 0$。该方程为非线性微分方程组，令$k' = c' = 0$可求出均衡点$(k^*, c^*)$。根据式(1-67)将其线性化，将非线性方程组在$(k^*, c^*)$处展开，舍弃阶数大于 1 的项之后即可化为线性微分方程组，进而使用线性微分方程组的求解方法进行求解即可。

1.2　线性代数知识

1.2.1　向量与矩阵

1. 向量

向量的定义：n 个数 $a_1, a_2, \cdots, a_n$ 构成的有序数组称为一个 n 维向量，记作 $\boldsymbol{a} = (a_1, a_2, \cdots, a_n)$，其中 a_i 称为 $\boldsymbol{a}$ 的第 i 个分量，写成上述形式的向量称为行向量，写成列的形式为列向量，即

$$\boldsymbol{a} = \begin{pmatrix} a_1 \\ a_2 \\ \vdots \\ a_n \end{pmatrix} = (a_1, a_2, \cdots, a_n)^{\mathrm{T}}$$

分量全为零的 n 维向量称为 n 维零向量，记作 $\mathbf{0}_n$ 或 $\mathbf{0}$。

向量的内积：对于向量 $\boldsymbol{x} = (x_1, x_2, \cdots, x_n)^{\mathrm{T}}$、$\boldsymbol{y} = (y_1, y_2, \cdots, y_n)^{\mathrm{T}}$，$(\boldsymbol{x}, \boldsymbol{y}) = \boldsymbol{x}^{\mathrm{T}}\boldsymbol{y} = \boldsymbol{y}^{\mathrm{T}}\boldsymbol{x} = x_1y_1 + x_2y_2 + \cdots + x_ny_n$ 为向量 $\boldsymbol{x}$ 与 $\boldsymbol{y}$ 的内积。

向量的模：设向量 $\boldsymbol{x} = (x_1, x_2, \cdots, x_n)^{\mathrm{T}}$，称 $\|\boldsymbol{x}\| = \sqrt{(\boldsymbol{x}, \boldsymbol{x})} = \sqrt{x_1^2 + x_2^2 + \cdots + x_n^2}$ 为

向量 $\boldsymbol{x}$ 的模，当 $\|\boldsymbol{x}\|=1$ 时，称 $\boldsymbol{x}$ 为单位向量。

向量的线性组合：对于向量组 $\boldsymbol{a}_1,\boldsymbol{a}_2,\cdots,\boldsymbol{a}_m$ 与向量 $\boldsymbol{b}$ 而言，如果存在一组数 $\lambda_1,\lambda_2,\cdots,\lambda_m$，使得 $\boldsymbol{b}=\lambda_1\boldsymbol{a}_1+\lambda_2\boldsymbol{a}_2+\cdots+\lambda_m\boldsymbol{a}_m$，则向量 $\boldsymbol{b}$ 是向量组 $\boldsymbol{a}_1,\boldsymbol{a}_2,\cdots,\boldsymbol{a}_m$ 的线性组合，称向量 $\boldsymbol{b}$ 可由向量组 $\boldsymbol{a}_1,\boldsymbol{a}_2,\cdots,\boldsymbol{a}_m$ 线性表示。

向量的相关性与无关性：如果对 m 个向量 $\boldsymbol{a}_1,\boldsymbol{a}_2,\cdots,\boldsymbol{a}_m$，有 m 个不全为零的数 $k_1,k_2,\cdots,k_m$，使得 $k_1\boldsymbol{a}_1+k_2\boldsymbol{a}_2+\cdots+k_m\boldsymbol{a}_m=0$ 成立，则称 $\boldsymbol{a}_1,\boldsymbol{a}_2,\cdots,\boldsymbol{a}_m$ 线性相关，否则称 $\boldsymbol{a}_1,\boldsymbol{a}_2,\cdots,\boldsymbol{a}_m$ 线性无关。

向量的极大无关组与秩：设向量组 $\boldsymbol{a}_1,\boldsymbol{a}_2,\cdots,\boldsymbol{a}_s$ 的部分组 $\boldsymbol{a}_1,\boldsymbol{a}_2,\cdots,\boldsymbol{a}_r$ 满足两个条件：第一，$\boldsymbol{a}_1,\boldsymbol{a}_2,\cdots,\boldsymbol{a}_r$ 线性无关；第二，$\boldsymbol{a}_1,\boldsymbol{a}_2,\cdots,\boldsymbol{a}_s$ 中的任一向量均可由 $\boldsymbol{a}_1,\boldsymbol{a}_2,\cdots,\boldsymbol{a}_r$ 线性表示，则称向量组 $\boldsymbol{a}_1,\boldsymbol{a}_2,\cdots,\boldsymbol{a}_r$ 为向量组 $\boldsymbol{a}_1,\boldsymbol{a}_2,\cdots,\boldsymbol{a}_s$ 的一个极大无关组，向量组极大无关组所含向量的个数称为向量组的秩，记为 $r(\boldsymbol{a}_1,\boldsymbol{a}_2,\cdots,\boldsymbol{a}_s)=r$。

2. 矩阵

一个 m 行 n 列的矩阵形如

$$\boldsymbol{A}=\begin{bmatrix} a_{11} & a_{12} & \cdots & a_{1n} \\ a_{21} & a_{22} & \cdots & a_{2n} \\ \vdots & \vdots & \ddots & \vdots \\ a_{m1} & a_{m2} & \cdots & a_{mn} \end{bmatrix}$$

矩阵的表示：记为 $\boldsymbol{A}=(a_{ij})$ 或 $\boldsymbol{A}=[a_{ij}]$，a_{ij} 是矩阵 $\boldsymbol{A}$ 中第 i 行第 j 列的元素，其中 $i=1,2,\cdots,m$，$j=1,2,\cdots,n$。显然，$\boldsymbol{A}$ 为 m 行 n 列的矩阵，其维数为 $m\times n$。当需要指明矩阵的行列数时，应记作 $\boldsymbol{A}=(a_{ij})_{m\times n}$ 或 $\boldsymbol{A}=[a_{ij}]_{m\times n}$。

实矩阵、复矩阵与零矩阵：当每个 a_{ij} 都是实数时，则称 $\boldsymbol{A}$ 是实矩阵，每个 a_{ij} 都是复数时，则称 $\boldsymbol{A}$ 是复矩阵；元素全为 0 的矩阵称为零矩阵，记作 $\boldsymbol{O}$ 或 $\boldsymbol{O}_{m\times n}$。

向量的组合：$\boldsymbol{A}=(a_{ij})_{m\times n}$ 可视为由 m 个 n 维行向量 $\boldsymbol{\alpha}_i$ 构成，也可看作由 n 个 m 维列向量 $\boldsymbol{\beta}_j$ 构成，其中 $\boldsymbol{\alpha}_i=(a_{i1},a_{i2},\cdots,a_{in})$ 是矩阵 $\boldsymbol{A}$ 的第 i 行，$\boldsymbol{\beta}_j=(a_{1j},\ a_{2j},\cdots,\ a_{mj})^{\mathrm{T}}$ 是矩阵 $\boldsymbol{A}$ 的第 j 列，即

$$\boldsymbol{A}=(a_{ij})_{m\times n}=\begin{bmatrix} \boldsymbol{\alpha}_1 \\ \boldsymbol{\alpha}_2 \\ \vdots \\ \boldsymbol{\alpha}_m \end{bmatrix}=(\boldsymbol{\beta}_1 \quad \boldsymbol{\beta}_2 \quad \cdots \quad \boldsymbol{\beta}_n)$$

对于行数和列数相等且均为 n 的矩阵，称为 n 阶矩阵，记为 $\boldsymbol{A}=(a_{ij})_{n\times n}$，矩阵 $\boldsymbol{A}$ 的部分特殊形式、性质如下：

(1) n 阶对角矩阵：对所有的 i 和 j，$i\neq j$ 有 $a_{ij}=0$，即非对角元素均为零的方阵，记作 $\mathrm{diag}(a_{11},a_{22},\cdots,a_{nn})$。

(2) n 阶单位矩阵：对所有的 i 和 j，$i\neq j$ 有 $a_{ij}=0$（对所有的 i 和 j，$i\neq j$），且对所有的 i 有 $a_{ii}=1$，即主对角线上的元素全为 1 而非主对角线上的元素全为 0 的 n 阶矩阵，记为 $\boldsymbol{I}_n$（或 $\boldsymbol{I}$），也记为 $\boldsymbol{E}_n$（或 $\boldsymbol{E}$）。

(3) 上三角矩阵：对所有的 i 和 j，$i>j$ 有 $a_{ij}=0$，即对角线下方的元素均为 0 的矩阵。

(4) 下三角矩阵：对所有的 i 和 j，$i<j$ 有 $a_{ij}=0$，即对角线上方的元素均为 0 的矩阵。

(5) 对称矩阵：对所有的 i 和 j 有 $a_{ij}=a_{ji}$，即矩阵的转置等于其本身，记为 $\boldsymbol{A}^{\mathrm{T}}=\boldsymbol{A}$ 或 $\boldsymbol{A}'=\boldsymbol{A}$。

(6) 非奇异矩阵：矩阵 $\boldsymbol{A}$ 是满秩的，或矩阵 $\boldsymbol{A}$ 对应的方程组 $\boldsymbol{Ax}=\boldsymbol{b}$ 有且仅有一个解，即 $r(\boldsymbol{A})=n$。

(7) 可逆矩阵：存在一个 n 阶矩阵 $\boldsymbol{B}$，使得 $\boldsymbol{AB}=\boldsymbol{BA}=\boldsymbol{E}$，则称矩阵 $\boldsymbol{B}$ 是矩阵 $\boldsymbol{A}$ 的逆矩阵，记为 $\boldsymbol{B}=\boldsymbol{A}^{-1}$。

(8) 正交矩阵：$\boldsymbol{A}$ 是实矩阵且满足 $\boldsymbol{A}^{\mathrm{T}}\boldsymbol{A}=\boldsymbol{AA}^{\mathrm{T}}=\boldsymbol{E}$，则称 $\boldsymbol{A}$ 是正交矩阵。

(9) 分块矩阵：将一个大型矩阵 $\boldsymbol{A}=(a_{ij})_{n\times n}$ 分成若干小块，则得到分块矩阵。在矩阵运算中将大型矩阵分为若干小型矩阵进行运算，使得运算更为简明。

例如，将一个 5 阶矩阵 $\boldsymbol{A}=\left(\begin{array}{cc:ccc}1&3&1&0&1\\1&2&2&2&0\\ \hdashline 0&0&1&0&0\\0&0&0&1&0\\0&0&0&0&1\end{array}\right)$ 用水平和垂直的虚线分为 4 块，记为

$\boldsymbol{A}=\begin{pmatrix}\boldsymbol{A}_1&\boldsymbol{A}_2\\\boldsymbol{A}_3&\boldsymbol{A}_4\end{pmatrix}$，其中，$\boldsymbol{A}_1=\begin{pmatrix}1&3\\1&2\end{pmatrix}$，$\boldsymbol{A}_2=\begin{pmatrix}1&0&1\\2&2&0\end{pmatrix}$，$\boldsymbol{A}_3=\begin{pmatrix}0&0\\0&0\\0&0\end{pmatrix}$，$\boldsymbol{A}_4=\begin{pmatrix}1&0&0\\0&1&0\\0&0&1\end{pmatrix}$。矩阵 $\boldsymbol{A}$ 由 $\boldsymbol{A}_1$，$\boldsymbol{A}_2$，$\boldsymbol{A}_3$，$\boldsymbol{A}_4$ 四个小矩阵所组成，也称 $\boldsymbol{A}=\begin{pmatrix}\boldsymbol{A}_1&\boldsymbol{A}_2\\\boldsymbol{A}_3&\boldsymbol{A}_4\end{pmatrix}$ 是 $\boldsymbol{A}$ 的一个 2×2 分块矩阵，每一个小矩阵称为矩阵 $\boldsymbol{A}$ 的一个子块。

一般地，将一个 m 行 n 列的矩阵 $\boldsymbol{A}$，在行的方向上分为 s 块，在列的方向上分为 t 块，则称其为 $\boldsymbol{A}$ 的 $s\times t$ 分块矩阵，记作 $\boldsymbol{A}=(\boldsymbol{A}_{kl})_{s\times t}$，$\boldsymbol{A}_{kl}$ 为 $\boldsymbol{A}$ 的子块，$k=1,2,\cdots,s$，$l=1,2,\cdots,t$。

此外，对于上述性质中涉及矩阵转置、求逆等运算的细节，将在后续部分进行介绍。

3. 行列式

行列式是取自不同行不同列的 n 个元素组成的数表，实质上是一个数值，为 $n!$ 项乘积的代数和。行列式是在解线性方程组时引入的一种记号或算式。

一阶行列式为

$$D_1=|a_{11}|=a_{11}$$

二阶行列式为

$$D_2=\begin{vmatrix}a_{11}&a_{12}\\a_{21}&a_{22}\end{vmatrix}=a_{11}a_{22}-a_{12}a_{21}$$

三阶行列式为

$$D_3=\begin{vmatrix} a_{11} & a_{12} & a_{13} \\ a_{21} & a_{22} & a_{23} \\ a_{31} & a_{32} & a_{33} \end{vmatrix}=a_{11}a_{22}a_{33}+a_{12}a_{23}a_{31}+a_{13}a_{21}a_{32}-a_{13}a_{22}a_{31}-a_{12}a_{21}a_{33}-a_{11}a_{23}a_{32}$$

n 阶行列式为

$$D_n=\begin{vmatrix} a_{11} & a_{12} & \cdots & a_{1n} \\ a_{21} & a_{22} & \cdots & a_{2n} \\ \vdots & \vdots & \ddots & \vdots \\ a_{n1} & a_{n2} & \cdots & a_{nn} \end{vmatrix}=\sum(-1)^{\tau(j_1j_2\cdots j_n)}a_{1j_1}\cdots a_{nj_n}=\sum(-1)^{\tau(j_1j_2\cdots j_n)}a_{j_11}\cdots a_{j_nn}$$

其中，τ 表示一组数的逆序数，如 231645 的逆序数为 4，即 $\tau(231645)=4$。一般地，在行列式中，$\tau(j_1,j_2,\cdots,j_n)$表示在乘积 $a_{1j_1}\cdots a_{nj_n}$（$a_{j_11}\cdots a_{j_nn}$）中，当行（列）序数是按从小到大的顺序排列时，元素的列（行）序数排列的逆序数。由 n 阶方阵 $\boldsymbol{A}$ 的元素所构成的行列式称为该方阵的行列式，记为$|\boldsymbol{A}|$或 $\det\boldsymbol{A}$。

(1) 行列式的性质。

第一，行列式的行与列互换，互换后的行列式称为行列式的转置，其值不变，即

$$\begin{vmatrix} a_{11} & a_{12} & \cdots & a_{1n} \\ a_{21} & a_{22} & \cdots & a_{2n} \\ \vdots & \vdots & \ddots & \vdots \\ a_{n1} & a_{n2} & \cdots & a_{nn} \end{vmatrix}=\begin{vmatrix} a_{11} & a_{21} & \cdots & a_{n1} \\ a_{12} & a_{22} & \cdots & a_{n2} \\ \vdots & \vdots & \ddots & \vdots \\ a_{1n} & a_{2n} & \cdots & a_{nn} \end{vmatrix}$$

第二，行列式的两行（列）互换，行列式的值反号，即

$$\begin{vmatrix} a_{11} & a_{12} & \cdots & a_{1n} \\ \vdots & \vdots & \ddots & \vdots \\ a_{i1} & a_{i2} & \cdots & a_{in} \\ \vdots & \vdots & \ddots & \vdots \\ a_{j1} & a_{j2} & \cdots & a_{jn} \\ \vdots & \vdots & \ddots & \vdots \\ a_{n1} & a_{n2} & \cdots & a_{nn} \end{vmatrix}=-\begin{vmatrix} a_{11} & a_{12} & \cdots & a_{1n} \\ \vdots & \vdots & \ddots & \vdots \\ a_{j1} & a_{j2} & \cdots & a_{jn} \\ \vdots & \vdots & \ddots & \vdots \\ a_{i1} & a_{i2} & \cdots & a_{in} \\ \vdots & \vdots & \ddots & \vdots \\ a_{n1} & a_{n2} & \cdots & a_{nn} \end{vmatrix}$$

根据这一性质可推出，如果行列式中有两行（列）完全相同，则此行列式等于零。

第三，行列式的某一行（列）元素中所有元素都乘以 k，等于用数 k 乘此行列式，这一性质可表示为

$$\begin{vmatrix} a_{11} & a_{12} & \cdots & a_{1n} \\ \vdots & \vdots & \ddots & \vdots \\ ka_{i1} & ka_{i2} & \cdots & ka_{in} \\ \vdots & \vdots & \ddots & \vdots \\ a_{n1} & a_{n2} & \cdots & a_{nn} \end{vmatrix}=k\begin{vmatrix} a_{11} & a_{12} & \cdots & a_{1n} \\ \vdots & \vdots & \ddots & \vdots \\ a_{i1} & a_{i2} & \cdots & a_{in} \\ \vdots & \vdots & \ddots & \vdots \\ a_{n1} & a_{n2} & \cdots & a_{nn} \end{vmatrix}$$

基于这一性质可推断出，行列式中如果有两行（列）元素成比例，此行列式等于零。

第四，如果行列式某行（列）元素皆为两数之和，则其行列式等于两个行列式之和，例

如第 i 行的元素是两数之和，行列式可分解为

$$\begin{vmatrix} a_{11} & a_{12} & \cdots & a_{1n} \\ \vdots & \vdots & \ddots & \vdots \\ a_{i1}+b_{i1} & a_{i2}+b_{i2} & \cdots & a_{in}+b_{in} \\ \vdots & \vdots & \ddots & \vdots \\ a_{n1} & a_{n2} & \cdots & a_{nn} \end{vmatrix} = \begin{vmatrix} a_{11} & a_{12} & \cdots & a_{1n} \\ \vdots & \vdots & \ddots & \vdots \\ a_{i1} & a_{i2} & \cdots & a_{in} \\ \vdots & \vdots & \ddots & \vdots \\ a_{n1} & a_{n2} & \cdots & a_{nn} \end{vmatrix} + \begin{vmatrix} a_{11} & a_{12} & \cdots & a_{1n} \\ \vdots & \vdots & \ddots & \vdots \\ b_{i1} & b_{i2} & \cdots & b_{in} \\ \vdots & \vdots & \ddots & \vdots \\ a_{n1} & a_{n2} & \cdots & a_{nn} \end{vmatrix}$$

第五，在行列式中，将某行(列)各元素分别乘以常数 k，再加到另一行(列)的对应元素上，行列式的值不变，即

$$\begin{vmatrix} a_{11} & a_{12} & \cdots & a_{1n} \\ \vdots & \vdots & \ddots & \vdots \\ a_{i1} & a_{i2} & \cdots & a_{in} \\ \vdots & \vdots & \ddots & \vdots \\ a_{j1} & a_{j2} & \cdots & a_{jn} \\ \vdots & \vdots & \ddots & \vdots \\ a_{n1} & a_{n2} & \cdots & a_{nn} \end{vmatrix} = \begin{vmatrix} a_{11} & a_{12} & \cdots & a_{1n} \\ \vdots & \vdots & \ddots & \vdots \\ a_{i1} & a_{i2} & \cdots & a_{in} \\ \vdots & \vdots & \ddots & \vdots \\ ka_{i1}+a_{j1} & ka_{i2}+a_{j2} & \cdots & ka_{in}+a_{jn} \\ \vdots & \vdots & \ddots & \vdots \\ a_{n1} & a_{n2} & \cdots & a_{nn} \end{vmatrix}$$

第六，n 阶方阵 $\boldsymbol{A}$ 的行列式满足运算律：$|\boldsymbol{A}^{\mathrm{T}}|=|\boldsymbol{A}|$；$|\lambda\boldsymbol{A}|=\lambda^n|\boldsymbol{A}|$；方阵 $\boldsymbol{A}$、方阵 $\boldsymbol{B}$ 的行列式满足：$|\boldsymbol{AB}|=|\boldsymbol{A}||\boldsymbol{B}|$。

(2) 行列式的展开定理。首先明确概念余子式与代数余子式：设 M_{ij} 是在行列式 D 中去掉第 i 行第 j 列全部元素后，按照原顺序排列的 $n-1$ 阶行列式，称 M_{ij} 为元素 a_{ij} 的余子式，A_{ij} 为元素 a_{ij} 的代数余子式，$A_{ij}=(-1)^{i+j}M_{ij}$。

行列式的展开定理为行列式等于它的任一行(列)的各元素与其对应的代数余子式乘积之和，即 $D=a_{i1}A_{i1}+a_{i2}A_{i2}+\cdots+a_{in}A_{in}$($D=a_{1j}A_{1j}+a_{2j}A_{2j}+\cdots+a_{nj}A_{nj}$)。

(3) 克莱姆法则。克莱姆法则是对于 n 个未知量 n 个方程的线性方程组，在系数行列式不等于零时的方程组解法。例如，设线性非齐次方程组

$$\begin{cases} a_{11}x_1+a_{12}x_2+\cdots+a_{1n}x_n=b_1 \\ a_{21}x_1+a_{22}x_2+\cdots+a_{2n}x_n=b_2 \\ \qquad\qquad\vdots \\ a_{n1}x_1+a_{n2}x_2+\cdots+a_{nn}x_n=b_n \end{cases}$$

其系数行列式 $D=\begin{vmatrix} a_{11} & a_{12} & \cdots & a_{1n} \\ a_{21} & a_{22} & \cdots & a_{2n} \\ \vdots & \vdots & \ddots & \vdots \\ a_{n1} & a_{n2} & \cdots & a_{nn} \end{vmatrix}\neq 0$，则方程组有唯一解 $x_j=\dfrac{D_j}{D}$，$j=1$，$2,\cdots,n$。其中 D_j 是用常数项 $b_1,b_2,\cdots,b_n$ 替换 D 中第 j 列所成的行列式，即

$$D_j=\begin{vmatrix} a_{11} & \cdots & a_{1j-1} & b_1 & a_{1j+1} & \cdots & a_{1n} \\ a_{21} & \cdots & a_{2j-1} & b_2 & a_{2j+1} & \cdots & a_{2n} \\ \vdots & \ddots & \vdots & \vdots & \vdots & \ddots & \vdots \\ a_{n1} & \cdots & a_{nj-1} & b_n & a_{nj+1} & \cdots & a_{nn} \end{vmatrix}$$

1.2.2 矩阵的基本运算

1. 矩阵的线性运算

(1) 矩阵的加法：设矩阵 $\boldsymbol{A}=(a_{ij})_{m\times n}$ 和矩阵 $\boldsymbol{B}=(b_{ij})_{m\times n}$，则

$$\boldsymbol{A}+\boldsymbol{B}=(a_{ij}+b_{ij})_{m\times n}=\begin{bmatrix} a_{11}+b_{11} & a_{12}+b_{12} & \cdots & a_{1n}+b_{1n} \\ a_{21}+b_{21} & a_{22}+b_{22} & \cdots & a_{2n}+b_{2n} \\ \vdots & \vdots & \ddots & \vdots \\ a_{m1}+b_{m1} & a_{m2}+b_{m2} & \cdots & a_{mn}+b_{mn} \end{bmatrix}_{m\times n}$$

称矩阵 $\boldsymbol{A}+\boldsymbol{B}$ 为 $\boldsymbol{A}$ 与 $\boldsymbol{B}$ 之和。

(2) 矩阵的数量乘法：设 k 是任意一个常数，$\boldsymbol{A}=(a_{ij})_{m\times n}$，则

$$k\boldsymbol{A}=(ka_{ij})_{m\times n}=\begin{bmatrix} ka_{11} & ka_{12} & \cdots & ka_{1n} \\ ka_{21} & ka_{22} & \cdots & ka_{2n} \\ \vdots & \vdots & \ddots & \vdots \\ ka_{m1} & ka_{m2} & \cdots & ka_{mn} \end{bmatrix}_{m\times n}$$

称矩阵 $k\boldsymbol{A}$ 为常数 k 与矩阵 $\boldsymbol{A}$ 的数量乘积。

2. 矩阵的乘法

假设 $\boldsymbol{A}$ 是一个 $m\times n$ 维的矩阵，$\boldsymbol{B}$ 是一个 $n\times s$ 维的矩阵，例如：

$$\boldsymbol{A}=\begin{bmatrix} a_{11} & a_{12} & \cdots & a_{1n} \\ a_{21} & a_{22} & \cdots & a_{2n} \\ \vdots & \vdots & \ddots & \vdots \\ a_{m1} & a_{m2} & \cdots & a_{mn} \end{bmatrix},\boldsymbol{B}=\begin{bmatrix} b_{11} & b_{12} & \cdots & b_{1s} \\ b_{21} & b_{22} & \cdots & b_{2s} \\ \vdots & \vdots & \ddots & \vdots \\ b_{n1} & b_{n2} & \cdots & b_{ns} \end{bmatrix}$$

则 $\boldsymbol{A}$ 与 $\boldsymbol{B}$ 的乘积为 $\boldsymbol{C}$，$\boldsymbol{C}=\boldsymbol{AB}$，$\boldsymbol{C}$ 为一个 $m\times s$ 矩阵，即 $\boldsymbol{C}=(c_{ij})_{m\times s}$，其第 i 行第 j 列元素 c_{ij} 的计算公式为

$$c_{ij}=a_{i1}b_{1j}+a_{i2}b_{2j}+\cdots+a_{in}b_{nj}=\sum_{k=1}^{n}a_{ik}b_{kj}$$

显然，c_{ij} 为 $\boldsymbol{A}$ 第 i 行的 n 个元素与 $\boldsymbol{B}$ 第 j 列 n 个元素分别对应相乘之和。

矩阵的乘法还满足运算律，如结合律：$(\boldsymbol{AB})\boldsymbol{C}=\boldsymbol{A}(\boldsymbol{BC})$；数乘结合律：$k(\boldsymbol{AB})=(k\boldsymbol{A})\boldsymbol{B}=\boldsymbol{A}(k\boldsymbol{B})$；左分配律：$\boldsymbol{C}(\boldsymbol{A}+\boldsymbol{B})=\boldsymbol{CA}+\boldsymbol{CB}$；右分配律：$(\boldsymbol{A}+\boldsymbol{B})\boldsymbol{C}=\boldsymbol{AC}+\boldsymbol{BC}$。

3. 矩阵的转置和对称矩阵

(1) 矩阵的转置。将一个 $m\times n$ 阶矩阵 $\boldsymbol{A}$ 的行列互换，得到的 $n\times m$ 阶矩阵称为 $\boldsymbol{A}$ 的转置矩阵，记作 $\boldsymbol{A}^{\mathrm{T}}$，矩阵 $\boldsymbol{A}$ 和 $\boldsymbol{A}^{\mathrm{T}}$ 的形式为

$$\boldsymbol{A}=\begin{bmatrix} a_{11} & a_{12} & \cdots & a_{1n} \\ a_{21} & a_{22} & \cdots & a_{2n} \\ \vdots & \vdots & \ddots & \vdots \\ a_{n1} & a_{n2} & \cdots & a_{nn} \end{bmatrix},\quad \boldsymbol{A}^{\mathrm{T}}=\begin{bmatrix} a_{11} & a_{21} & \cdots & a_{n1} \\ a_{12} & a_{22} & \cdots & a_{n2} \\ \vdots & \vdots & \ddots & \vdots \\ a_{1n} & a_{2n} & \cdots & a_{nn} \end{bmatrix}$$

矩阵的转置也是一种运算，满足运算律，如矩阵转置的转置：$(\boldsymbol{A}^{\mathrm{T}})^{\mathrm{T}}=\boldsymbol{A}$；矩阵加法

的转置：$(\boldsymbol{A}+\boldsymbol{B})^{\mathrm{T}}=\boldsymbol{A}^{\mathrm{T}}+\boldsymbol{B}^{\mathrm{T}}$；矩阵数量乘法的转置：$(k\boldsymbol{A})^{\mathrm{T}}=k\boldsymbol{A}^{\mathrm{T}}$；矩阵乘法的转置：$(\boldsymbol{AB})^{\mathrm{T}}=\boldsymbol{B}^{\mathrm{T}}\boldsymbol{A}^{\mathrm{T}}$。

(2) 对称矩阵与反对称矩阵。设 $\boldsymbol{A}$ 是一个 n 阶矩阵，若 $a_{ij}=a_{ji}(i,\ j=1,2,\cdots,n)$，则称 $\boldsymbol{A}$ 为对称矩阵，记为 $\boldsymbol{A}^{\mathrm{T}}=\boldsymbol{A}$；如果 $a_{ij}=-a_{ji}(i,j=1,2,\cdots,n)$，则称 $\boldsymbol{A}$ 为反对称矩阵，记为 $\boldsymbol{A}^{\mathrm{T}}=-\boldsymbol{A}$。

4. 伴随矩阵

设矩阵 $\boldsymbol{A}=\begin{bmatrix} a_{11} & a_{12} & \cdots & a_{1n} \\ a_{21} & a_{22} & \cdots & a_{2n} \\ \vdots & \vdots & \ddots & \vdots \\ a_{n1} & a_{n2} & \cdots & a_{nn} \end{bmatrix}$，由其行列式 $|\boldsymbol{A}|$ 中元素 a_{ij} 的代数余子式 A_{ij} 所构成的矩阵 $\boldsymbol{A}^{*}=\begin{bmatrix} A_{11} & A_{21} & \cdots & A_{n1} \\ A_{12} & A_{22} & \cdots & A_{n2} \\ \vdots & \vdots & \ddots & \vdots \\ A_{1n} & A_{2n} & \cdots & A_{nn} \end{bmatrix}$ 称为矩阵 $\boldsymbol{A}$ 的伴随矩阵，且有 $\boldsymbol{AA}^{*}=\boldsymbol{A}^{*}\boldsymbol{A}=|\boldsymbol{A}|\boldsymbol{E}_n$。

5. 矩阵求逆

(1) 可逆矩阵的定义。对于 n 阶方阵 $\boldsymbol{A}$，如果存在 n 阶方阵 $\boldsymbol{B}$，使得 $\boldsymbol{AB}=\boldsymbol{BA}=\boldsymbol{E}$，则称 $\boldsymbol{A}$ 为可逆矩阵，或称 $\boldsymbol{A}$ 可逆，并称 $\boldsymbol{B}$ 是 $\boldsymbol{A}$ 的逆矩阵，即 $\boldsymbol{A}^{-1}=\boldsymbol{B}$。

(2) 求矩阵的逆矩阵。求矩阵的逆矩阵主要有两种方法，第一种是利用行列式和伴随矩阵求矩阵的逆，第二种是通过初等变换的方法求逆。

在第一种方法中，首先确定矩阵的行列式 $|\boldsymbol{A}|\neq 0$，则矩阵 $\boldsymbol{A}$ 可逆，其逆矩阵为 $\boldsymbol{A}^{-1}=\dfrac{1}{|\boldsymbol{A}|}\boldsymbol{A}^{*}$。若 $\boldsymbol{A}$ 与 $\boldsymbol{B}$ 都是 n 阶矩阵，且 $\boldsymbol{AB}=\boldsymbol{E}$，则 $\boldsymbol{A}$ 与 $\boldsymbol{B}$ 可逆且互为逆矩阵。

在第二种方法中，初等变换有三类方式：①用非零常数 k 乘矩阵的某一行(列)；②互换矩阵某两行(列)的位置；③把某行(列)的 k 倍加到另一行(列)中。对于矩阵而言，上述三种变换均称为初等变换。将单位矩阵做一次初等变换所得到的矩阵称为初等矩阵，对矩阵实施一次初等行(列)变换，相当于左(右)乘相应的初等矩阵。例如：

设矩阵 $\boldsymbol{A}=\begin{bmatrix} a_{11} & a_{12} & \cdots & a_{1n} \\ a_{21} & a_{22} & \cdots & a_{2n} \\ \vdots & \vdots & \ddots & \vdots \\ a_{n1} & a_{n2} & \cdots & a_{nn} \end{bmatrix}$ 为可逆矩阵，其可以经过若干次初等行变换转化为单位矩阵。如果对可逆矩阵 $\boldsymbol{A}$ 与同阶单位阵 $\boldsymbol{E}$ 做同样的初等变换，那么当 $\boldsymbol{A}$ 变为单位阵 $\boldsymbol{E}$ 时，$\boldsymbol{E}$ 则变为 $\boldsymbol{A}^{-1}$，即矩阵组合 $(\boldsymbol{A},\boldsymbol{E})$ 经过初等行变换化为 $(\boldsymbol{E},\boldsymbol{A}^{-1})$。

1.2.3 矩阵的秩、特征值与特征向量

1. 矩阵的秩

如前所述，在一个矩阵中，若线性无关的最大行数为 r，则称该矩阵的秩为 r。秩也为

该矩阵线性无关的最大列数，一个 m 行 n 列矩阵秩的最大值等于 m 与 n 中较小的一个。

对于一个 2 行 2 列的矩阵，通过检查一行(列)是否为另一行(列)的倍数即可判断是否行(列)线性无关。然而，对于更高维度的矩阵，仅靠观察是不够的，需要使用正式的方法判断其秩的大小，其中一个方法是计算矩阵的秩，即确定 $\boldsymbol{A}$ 中无关的行数。由于初等变换不改变矩阵的秩，可以通过使用初等行变换将矩阵转化为阶梯矩阵，由阶梯矩阵的结构特征得到矩阵的秩。

例如，求矩阵 $\boldsymbol{A}=\begin{bmatrix}0 & -12 & -6\\ 2 & 6 & 2\\ 4 & 4 & 0\end{bmatrix}$ 的秩时，可以按照四个步骤进行计算：①首先将元素 0 所在的行移到矩阵底部，在矩阵 $\boldsymbol{A}$ 中，可通过将第一行与第三行互换，得到 $\boldsymbol{A}_1$；②然后，将 $\boldsymbol{A}_1$ 第一行的元素同时除以常数 4，得到 $\boldsymbol{A}_2$；③将 $\boldsymbol{A}_2$ 中第一行元素乘以 -2 加到第二行，得到 $\boldsymbol{A}_3$；④将矩阵 $\boldsymbol{A}_3$ 的第二行元素乘以 3 后加到第三行，并将第二行元素乘以 0.25，得到 $\boldsymbol{A}_4$。各个阶段的矩阵形式为

$$\boldsymbol{A}_1=\begin{bmatrix}4 & 4 & 0\\ 2 & 6 & 2\\ 0 & -12 & -6\end{bmatrix}\rightarrow \boldsymbol{A}_2=\begin{bmatrix}1 & 1 & 0\\ 2 & 6 & 2\\ 0 & -12 & -6\end{bmatrix}\rightarrow \boldsymbol{A}_3=\begin{bmatrix}1 & 1 & 0\\ 0 & 4 & 2\\ 0 & -12 & -6\end{bmatrix}\rightarrow$$

$$\boldsymbol{A}_4=\begin{bmatrix}1 & 1 & 0\\ 0 & 1 & 0.5\\ 0 & 0 & 0\end{bmatrix}$$

经过初等行变换，将矩阵 $\boldsymbol{A}$ 变换成为阶梯矩阵 $\boldsymbol{A}_4$ 的形式，由于初等变换不改变矩阵的秩，矩阵 $\boldsymbol{A}_4$ 中非零行的个数即为矩阵 $\boldsymbol{A}$ 的秩，因此 $r(\boldsymbol{A})=2$。

2. 矩阵的特征值与特征向量

设 $\boldsymbol{A}$ 为 $n\times n$ 阶方阵，若存在常数 λ 和非零 n 维列向量 $\boldsymbol{\alpha}$，使 $\boldsymbol{A\alpha}=\lambda\boldsymbol{\alpha}$，则称 λ 为 $\boldsymbol{A}$ 的特征值，满足 $(\lambda\boldsymbol{E}-\boldsymbol{A})\boldsymbol{\alpha}=\boldsymbol{0}$；$\boldsymbol{\alpha}$ 是对应于特征值 λ 的矩阵 $\boldsymbol{A}$ 的特征向量；行列式 $|\lambda\boldsymbol{E}-\boldsymbol{A}|$ 称为方阵 $\boldsymbol{A}$ 的特征多项式，满足 $|\lambda\boldsymbol{E}-\boldsymbol{A}|=0$，$|\lambda\boldsymbol{E}-\boldsymbol{A}|=0$ 也称为方阵 $\boldsymbol{A}$ 的特征方程。

特征值的求解方法为：求解特征方程 $|\lambda\boldsymbol{E}-\boldsymbol{A}|=0$，得到 $\boldsymbol{A}$ 的全部特征值 $\lambda_1,\cdots,\lambda_n$。

特征向量的求解方法为：对每个不同的特征值 λ_i，求解齐次线性方程组 $(\lambda_i\boldsymbol{E}-\boldsymbol{A})\boldsymbol{\alpha}=\boldsymbol{0}$，解得矩阵 $\boldsymbol{A}$ 的对应于特征值 λ_i 的特征向量。

3. 特征值与特征向量的基本运算性质

特征值与特征向量满足一些运算性质，设矩阵 $\boldsymbol{A}=(a_{ij})_{n\times n}$ 的 n 个特征值为 $\lambda_1,\cdots,\lambda_n$，则有：

(1) 特征值之和 $\sum_{i=1}^{n}\lambda_i=\sum_{i=1}^{n}a_{ii}$，$\sum_{i=1}^{n}a_{ii}$ 是矩阵 $\boldsymbol{A}$ 的主对角元素之和，称为矩阵的迹，记为 $\mathrm{tr}(\boldsymbol{A})$。

(2) 特征值之积 $\prod_{i=1}^{n}\lambda_i=|\boldsymbol{A}|$，$|\boldsymbol{A}|$ 为矩阵的行列式。

(3) 如果 $\boldsymbol{x}_1$ 和 $\boldsymbol{x}_2$ 都是矩阵 $\boldsymbol{A}$ 的属于特征值 λ_i 的特征向量，则 $k_1\boldsymbol{x}_1+k_2\boldsymbol{x}_2$ 也是矩

阵 $\boldsymbol{A}$ 的属于 λ_i 的特征向量，其中 k_1 与 k_2 是不全为0的任意常数。

(4) 不同特征值对应的特征向量线性无关。

(5) 如果 λ_i 是 n 阶矩阵 $\boldsymbol{A}$ 的 m 重特征值，则属于 λ_i 的线性无关的特征向量个数不超过 m 个。

4. 相似矩阵

相似矩阵的定义是，设 $\boldsymbol{A}$ 与 $\boldsymbol{B}$ 为 n 阶矩阵，若存在可逆矩阵 $\boldsymbol{P}$，使得 $\boldsymbol{B}=\boldsymbol{P}^{-1}\boldsymbol{AP}$，则称矩阵 $\boldsymbol{A}$ 与 $\boldsymbol{B}$ 相似，记为 $\boldsymbol{A}\sim\boldsymbol{B}$。

若矩阵 $\boldsymbol{A}\sim\boldsymbol{B}$，则有：

(1) $r(\boldsymbol{A})=r(\boldsymbol{B})$；$|\boldsymbol{A}|=|\boldsymbol{B}|$；$|\lambda\boldsymbol{E}-\boldsymbol{A}|=|\lambda\boldsymbol{E}-\boldsymbol{B}|$；$\mathrm{tr}(\boldsymbol{A})=\mathrm{tr}(\boldsymbol{B})$；

(2) $\boldsymbol{A}^{\mathrm{T}}\sim\boldsymbol{B}^{\mathrm{T}}$；$\boldsymbol{A}^{-1}\sim\boldsymbol{B}^{-1}$；$\boldsymbol{A}^{n}\sim\boldsymbol{B}^{n}$；$\boldsymbol{A}^{*}\sim\boldsymbol{B}^{*}$。

5. 矩阵的对角化

在经济模型的求解中，如果一个矩阵 $\boldsymbol{A}$ 能够与对角矩阵相似，则根据对角矩阵的行列式和迹等于原矩阵 $\boldsymbol{A}$ 的行列式和迹这一重要结论，可以得到矩阵 $\boldsymbol{A}$ 的大量信息。若矩阵 $\boldsymbol{A}$ 与对角阵$\boldsymbol{\Lambda}$ 相似，即 $\boldsymbol{P}^{-1}\boldsymbol{AP}=\boldsymbol{\Lambda}$，则称矩阵 $\boldsymbol{A}$ 可相似对角化，记为 $\boldsymbol{A}\sim\boldsymbol{\Lambda}$。其中，可逆矩阵 $\boldsymbol{P}$ 是由矩阵 $\boldsymbol{A}$ 的特征向量所组成的，n 阶方阵 $\boldsymbol{A}$ 可对角化的充要条件是 $\boldsymbol{A}$ 有 n 个线性无关的特征向量。

如果矩阵 $\boldsymbol{A}$ 不是实对称矩阵，判断矩阵 $\boldsymbol{A}$ 是否可相似对角化的一般步骤为：

第一步，由特征多项式求出矩阵 $\boldsymbol{A}$ 的特征值 $\lambda_1,\cdots,\lambda_n$。

第二步，若特征值 $\lambda_1,\cdots,\lambda_n$ 互异，即所有特征值都不同，则矩阵 $\boldsymbol{A}$ 可相似对角化。

第三步，若有重特征值 λ_i，计算 $\boldsymbol{A}-\lambda_i\boldsymbol{E}$ 的秩 $r(\boldsymbol{A}-\lambda_i\boldsymbol{E})$，对每个重特征值 λ_i 判断其重数 k_i 是否满足 $n-k_i=r(\lambda_i\boldsymbol{E}\lambda-\boldsymbol{A})$；若满足，则矩阵 $\boldsymbol{A}$ 可相似对角化，否则不可相似对角化。

第四步，若可相似对角化，求矩阵 $\boldsymbol{A}$ 的特征值 $\lambda_1,\cdots,\lambda_n$ 所对应的线性无关的特征向量 $(\boldsymbol{X}_1,\boldsymbol{X}_2,\cdots,\boldsymbol{X}_n)$。

第五步，将特征向量组合成为可逆矩阵，按特征值 λ_i 的顺序从左往右将特征值排列构造出可逆矩阵 $\boldsymbol{P}=(\boldsymbol{X}_1,\boldsymbol{X}_2,\cdots,\boldsymbol{X}_n)$；与特征向量相对应，按照自上而下的顺序将特征值 λ_i 写在矩阵的主对角线上构成对角矩阵$\boldsymbol{\Lambda}$，则有 $\boldsymbol{P}^{-1}\boldsymbol{AP}=\boldsymbol{\Lambda}$。

本章习题

1. 填空题：求导运算法则

假设函数 $u(x)$ 和 $v(x)$ 都在点 x 处可导，则两个函数的和、差、积、商均在点 x 处的导数为：

$[cu(x)]'=$________(c 为常数)

$[u(x)+v(x)]'=$________

$[u(x)v(x)]'=$________

$\left[\frac{u(x)}{v(x)}\right]'=$ ________

2. 填空题：泰勒定理

任意给定一个连续可微的函数 $f(x)$，则围绕点 x_0 或在 x_0 处的泰勒展开为：

$f(x)=$ ________

3. 综合题：采用图形法求解方程组

$$\begin{cases}\dot{k}(t)=k(t)^{0.3}-c(t)\\ \dot{c}(t)=c(t)(0.3k(t)^{-0.6}-0.03)\end{cases}$$

4. 计算题：求矩阵的秩

求矩阵 $\boldsymbol{A}=\begin{bmatrix}0 & -12 & -6\\ 2 & 6 & 2\\ 4 & 4 & 0\end{bmatrix}$的秩。

第 2 章　MATLAB 软件应用与 Dynare 基本操作

MATLAB 软件在数值计算中有着广泛的应用，其具有精准高效的计算能力，使得非数学专业人员可以不必掌握复杂算法的同时方便实现数学运算。此外，MATLAB 软件还具有操作简便、界面友好等特点，是求解经济模型的有效工具，在本书中也将 MATLAB 作为宏观经济政策实验与政策模拟的核心软件。本章参考了部分现有的例子和程序[①]，介绍这一软件的基本操作和编程基础。此外，国内外学者大量使用了基于 MATLAB 软件开发的 Dynare 软件包求解动态随机一般均衡模型，本章也将对其操作进行简要说明。

2.1　MATLAB 软件简介

2.1.1　MATLAB 软件特点和界面简介

MATLAB 软件最大的优点是语言简洁、编程效率高。MATLAB 定义了专门用于矩阵运算的运算符，使得矩阵运算如同标量计算一样简便。结合丰富的库函数，利用 MATLAB 语言编写的程序可以非常简短，减少了编程的工作量。MATLAB 中包含丰富的工具箱，如功能性工具箱和学科性工具箱等。功能性工具箱主要用于扩充其符号计算、建模仿真等功能，而专业性较强的学科性工具箱在各个细分领域得到了应用，如优化工具箱、统计工具箱、控制工具箱、图像处理工具箱等。

交互方式方面，在 MATLAB 软件命令窗口中输入命令语句后就能显示出执行结果，当程序有误时能够较为准确地定位具体的出错位置和原因，体现了良好的交互性，提高了使用效率。除此之外，MATLAB 软件有着强大的绘图能力，便于数据可视化。使用 MATLAB 软件能够绘制多种二维曲线、三维曲面，并且可以从线型、宽度、色彩等各个方面对图形进行修饰，形象地揭示数据之间的内在关系。

MATLAB 软件的开放性好、便于扩展。除内部函数外，其他的大部分 MATLAB 文件都是开源的，用户可在这些源文件的基础上修改并加入自己的内容。例如，建立在 MATLAB 语言之上的 Dynare 软件包，已经成为动态随机一般均衡模型计算和模拟的首选工具。近年来，MATLAB 软件在经济管理学科领域，特别是在经济模型构建、经济数据处理等方面发挥着越来越重要的作用。

---

① 参考资料：付文利，刘刚. MATLAB 编程指南[M]. 北京：清华大学出版社，2017；张志涌，杨祖樱. MATLAB 教程(R2018a)[M]. 北京：北京航空航天大学出版社，2019.

1. MATLAB 的桌面布局

以 MATLAB R2017b 为例，其操作桌面是高度集成的交互式工作界面，其默认形式如图 2-1 所示。该桌面最上方是工具栏，包括主页(HOME)、绘图(PLOTS)和应用程序(APPS)。桌面的中下部分包含三个功能窗口：命令行窗口(也称命令窗口，Command Window)、当前文件夹(Current Folder)、工作区(即基本工作内存，Workspace)，其中命令行窗口位于右下方，是最基本、最重要的窗口。

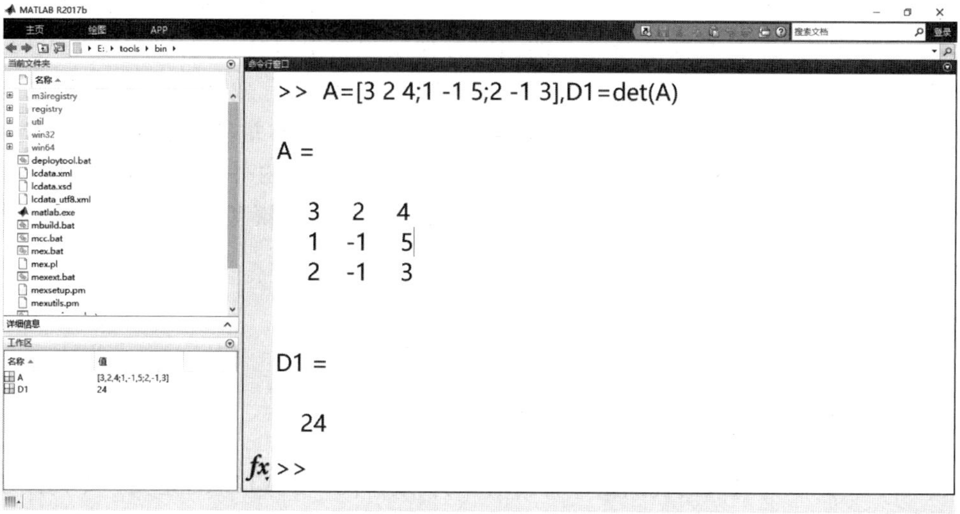

图 2-1 MATLAB 中文版操作桌面

此外，在桌面顶部右侧还有快捷工具条，在工具栏和功能窗口区之间有当前文件夹设置操作区。各功能窗口与工具栏上各部分的交互使用，可以便捷地完成许多功能。

2. 命令窗口简介

命令窗口，顾名思义就是接受命令输入的窗口。实际上，在命令窗口中可输入的对象除 MATLAB 命令外，还包括函数、表达式、语句和 m 文件名等，为叙述方便，这些输入的对象可以统称为语句。MATLAB 的工作方式之一是在命令行窗口输入语句，然后由 MATLAB 逐句解释执行并在命令窗口中给出结果。

命令窗口可以从主界面中分离出来，以便单独显示和操作，如图 2-2 所示。单击 MATLAB 桌面右上角的“功能卡最小化键”，使功能卡中的所有图标全部隐藏；再单击命令窗口右上角类似于下三角的键，在弹出的菜单中选择“最大化”，即可获得最大化的命令窗口。

用键盘在 MATLAB 命令窗口的“>>”提示符后输入命令或其他内容后，按回车键，则命令被执行并显示结果。

3. 工作区简介

工作区默认位于命令窗口左下方，如图 2-3 所示，该工作区用于显示内存中的变量名称(Name)与储存内容(也称为值，Value)等，变量的数据类型则用不同的图标和储存内容分类标识。

当选中工作区中包含两个及以上数值的变量后，MATLAB 菜单栏中包含 PLOTS 图

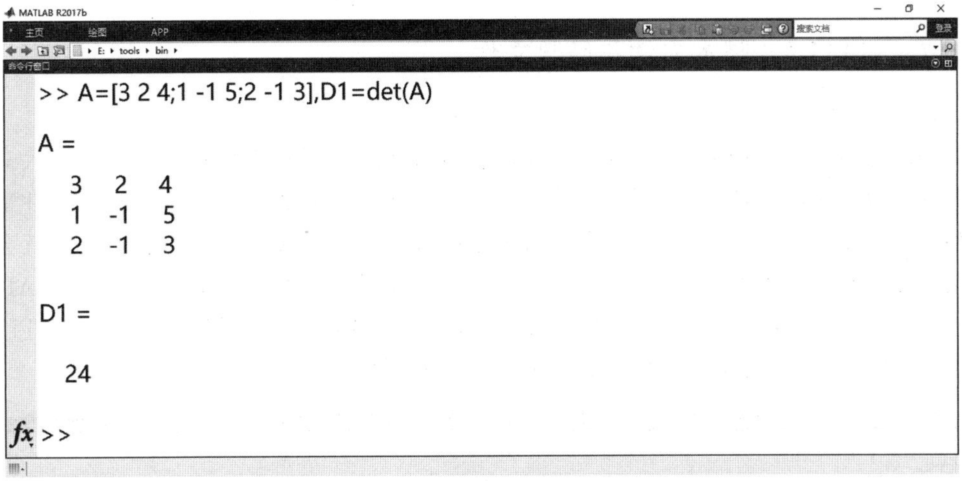

图 2-2　MATLAB 命令窗口最大化的界面

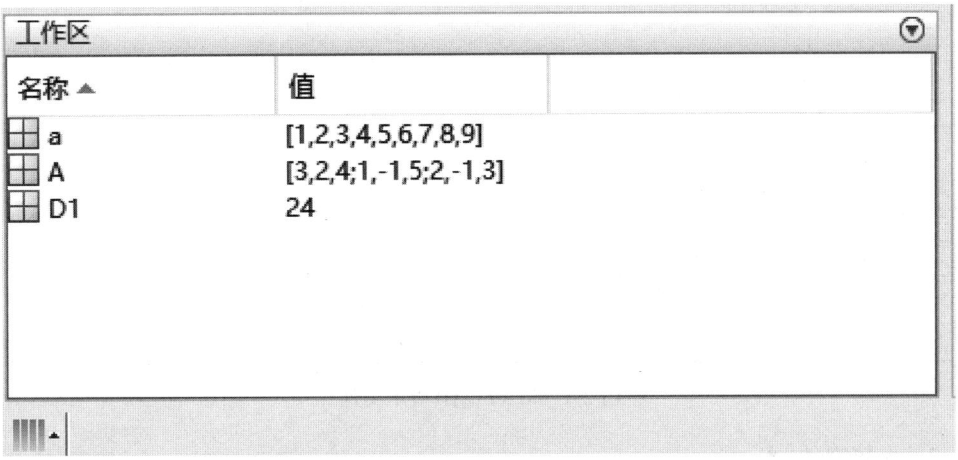

图 2-3　MATLAB 软件工作区

形选项菜单的组件将会被点亮，即出现绘制各种图形的快捷选项供用户选择。除快捷绘图功能外，工作区还有许多其他功能，比如内存变量的查阅、保存和编辑等。

4. 当前文件夹

MATLAB 每次启动后自动呈现的当前文件夹往往是 MATLAB 根目录下的 bin 文件夹，在 bin 文件夹及子文件夹中存放着许多重要的 MATLAB 文件。用户在使用 MATLAB 过程中所产生的 m 文件、数据文件等直接存放于当前文件夹，为保证 MATLAB 根文件夹的完整性，也为操作方便，应避免在 bin 文件夹下存放用户的任何文件，而是需要手动设置当前文件夹。设置当前文件夹的操作方式主要有以下两种。

借助历史记录表设置当前文件夹，单击"历史记录导出键"图标，就可引出"历史曾用的当前文件夹列表"，可从该列表中选择所需的文件夹作为当前文件夹。

借助文件夹浏览器设置当前文件夹，单击"文件夹浏览器"图标，就能引出标准的资源管理器对话窗，通过一系列单击选择等交互操作，可将所需的文件夹设置为当前文件夹。

2.1.2 MATLAB 脚本文件和函数文件

1. 脚本文件

随着命令行数的增加、复杂度的上升，或为重复计算方便，直接从命令窗口输入命令进行计算显得十分烦琐，因此可选择 MATLAB 脚本文件方式进行编程。脚本文件是一系列 MATLAB 命令的集合，扩展名为. m，运行时只需要输入文件名，MATLAB 就会自动按顺序执行文件中的命令。脚本文件运行后，产生的所有变量都暂存在 MATLAB 的基本工作空间中，当关闭 MATLAB 时，该基本空间中的内容会被删除。一个 MATLAB 脚本文件如图 2-4 所示，直接单击编辑器中的运行键即可运行。

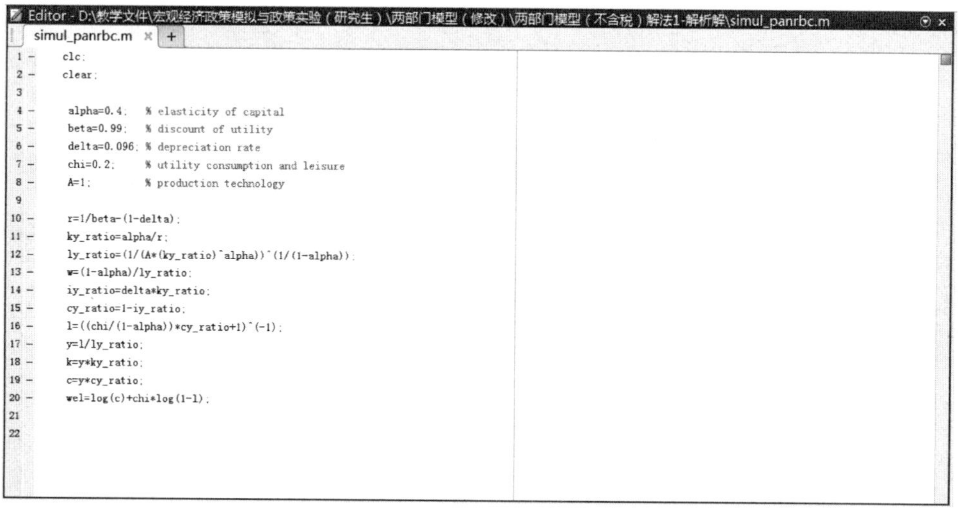

图 2-4 MATLAB 脚本文件

2. 函数文件

与脚本文件不同，MATLAB 函数文件如同一个只能从外面看到的“黑箱”。在调用 MATLAB 函数文件时，需要向其输入变量取值，运算后传送出计算结果，函数内部的执行是自动进行的。在形式上，函数文件的第一行总是以 function 开始，并列举出函数与外界交互的全部输入输出变量，每一个函数文件定义一个函数，当然函数中还可以再嵌套函数；在运行时，每运行一个函数文件，MATLAB 会为其开辟一个临时工作空间，所有的中间变量都会存放在临时工作空间中，当执行完文件最后一条命令或出现 return 命令时，则结束该函数文件的运行，并清空该临时工作空间中的所有中间变量。

通常，m 函数文件的首行为函数声明行，以 function 开头，包括函数名、函数的输入、输出等；紧随函数声明行后通常是以%开头的注释行，以简要描述函数的功能，其后连续以%开头的注释行构成整个在线帮助文本，包括函数输入输出的含义与调用格式说明等；接下来的函数体是主要部分，包含用于科学计算、为输出变量和参数赋值等全部语句，语句可以是交互项输入与输出、函数调用、流程控制、计算、赋值等。需要说明的是，函数声明行和函数体是 m 函数文件不可或缺的两个部分，中间的注释行和说明文档仅是为了方便阅读、理解程序内容而设置的。

调用函数的一般格式为：[输出参数]=函数名(输入参数)。当调用一个函数时，输入和输出参数的顺序应该与函数定义时的顺序一致，其数目也应相等。实际上，调用函数时参数的数目可以少于函数文件中所规定的输入和输出参数，但不能多于规定的输入输出参数。

例如，编写并调用计算向量元素平均值的函数 average。程序设计要点为

```
function y = average(x)
[a,b] = size(x);                 % 函数 size 返回矩阵的行数或列数
if a == 1 | b == 1               % 判断输入的是否为向量
y = sum(x)/length(x);            % 计算向量 x 中所有元素的均值
end
```

将函数保存为 m 文件，命名为 average. m，函数 average 接收一个参数并返回一个参数，在命令行窗口中给出输入向量，调用该函数，运行命令：

```
>> x = 1:10; average(x)
```

可求得并输出向量 $\boldsymbol{x}$ 的平均值，由于 $\boldsymbol{x}$ 后使用的是分号，所以向量不显示，显示结果为

```
ans =
     5.5
```

2.2　MATLAB 基本命令

2.2.1　MATLAB 命令的基本形式

1. MATLAB 命令及其执行方式

MATLAB 命令的基本形式为：[输出参数 1，输出参数 2，…]=命令名或函数名(输入参数 1，输入参数 2，…)。如果输出参数只有一个，可以不使用方括号。

MATLAB 命令的执行方式为，如前所述，在 MATLAB 命令窗口的"命令输入提示符"即"＞＞"后输入命令，按回车键执行命令并显示结果。

当输入多个命令，包括在编写 MATLAB 函数文件时，如果在语句后面加上分号，则表示不显示该条命令的执行结果；此外，如果将多条语句写在同一行中，应用逗号进行分开，如果由于语句太长，一条语句必须书写多行，可使用"续行输入法"，即在行尾加上"…"，在下一行继续撰写语句即可，"…"表示下一行是上一行的延续。

需要注意的是，在 MATLAB 中区分变量的大小写，ans 是计算结果默认的变量名。此外，ans、pi、eps、inf、NaN、nan 等有特殊的含义，不用作变量名，i 和 j 主要用于循环语句中，一般也不用作变量名。

2. MATLAB 中的运算符与常用命令

MATLAB 中的运算符主要包括矩阵运算符和数组运算符，两类运算符在数据形式

上十分近似，但是在计算时有所区别，区别在于是将矩阵、向量作为一个整体进行运算，还是对其中的对应元素进行计算，因而两类运算的结果会有所差别。MATLAB 软件中关于矩阵、向量的各种运算符如表 2-1 所示。

表 2-1　MATLAB 软件中的运算符

运算类型		运算符号					
算术运算	符号	+	*	\	/	^	
	运算	加	乘	左除	右除	幂	
	符号	−	.*	.\	./	.^	
	运算	减	点乘	点左除	点右除	点幂	
关系运算	符号	>	<	>=	<=	==	~=
	运算	大于	小于	大于等于	小于等于	等于	不等于
逻辑运算	符号	&	|	~	xor		
	运算	与	或	非	异或		

在表 2-1 中，需要注意的是：

（1）在 MATLAB 中，两个等号"=="为等号，一个等号"="为赋值。

（2）在算术运算中，乘"*"与点乘".*"的区别在于，乘是整体相乘，而点乘是对应元素相乘，以同阶矩阵 **A** 和 **B** 为例，**A** * **B** 代表两个矩阵求乘积，即按照矩阵乘积的运算法则求解，**A**.* **B** 则为矩阵的对应元素相乘，除法与求幂也与之类似。

（3）矩阵的左除"\"、右除"/"实际上与逆矩阵的乘积紧密相关，以同阶矩阵 **A** 和 **B** 为例：$\boldsymbol{A}\backslash\boldsymbol{B}=\boldsymbol{A}^{-1}\boldsymbol{B}$，$\boldsymbol{B}/\boldsymbol{A}=\boldsymbol{B}\boldsymbol{A}^{-1}$。

（4）关系运算和逻辑运算返回的值是 0 和 1，分别代表不成立和成立，即为假和真。

（5）各种运算按照从左往右的顺序依次进行。

（6）运算的优先级从高到低为：() ^ ~ * / \ + − > < >= <= == ~= & | *xor*。

除了运算符之外，*MATLAB* 中还有许多常用的命令与函数，后续会详细介绍，在此仅列出部分基础命令或函数：

```
clc          清除命令窗口
clear        清除工作区工作内存
abs(s)       计算变量 s 的绝对值(若 s 为复数,则计算 s 的模)
sqrt(s)      对变量 s 开平方根
sign(s)      返回变量 s 的符号,s > 0 时取 1; s = 0 时取 0; s < 0 时取 - 1
log(s)       对变量 s 取自然对数
log10(s)     对变量 s 取以 10 为底的对数
exp(s)       对变量 s 取指数
```

2.2.2　向量和矩阵的表示

本部分简要列举 MATLAB 中向量和矩阵的基本表示方法。在赋值方面，设一个空向量或矩阵的命令为 K=[]，则 K=[K;K0]表示将矩阵 $\boldsymbol{K}_0$ 赋值给矩阵 **K**。需要注意的是,在数组的表示中有三个要素。

(1) 输入的数组必须以方括号"[]"为其开始和结束的标识。

(2) 数组的行与行之间必须用分号";"或回车键隔离。

(3) 每行中各元素之间必须用逗号","或空格分隔。

基于上述要素,可以得到向量和矩阵的表示规范,例如:

行向量可表示为 $\boldsymbol{a}=[a1,a2,a3,\cdots,ak]$

列向量可表示为 $\boldsymbol{b}=[b1;\ b2;\ b3;\ \cdots;\ bk]$

矩阵可表示为(以三阶矩阵为例,四种表示方法):

$\boldsymbol{A}=[a11\ a12\ a13;\ a21\ a22\ a23;\ a31\ a32\ a33]$

$\boldsymbol{A}=[a11,a12,a13;\ a21,a22,a23;\ a31,a32,a33]$

$\boldsymbol{A}=[a11\quad a12\quad a13$

$\quad a21\quad a22\quad a23$

$\quad a31\quad a32\quad a33]$

$\boldsymbol{A}=[a11,a12,a13$

$\quad a21,a22,a23$

$\quad a31,a32,a33]$

2.2.3　向量和矩阵的运算

在线性代数中,矩阵的运算包括多个方面,本节仅就一些常用的矩阵运算在 MATLAB 软件中的实现进行描述,包括:求矩阵行列式的值,矩阵的加减、数乘与乘法,矩阵求逆,矩阵的除法,求矩阵的秩,求矩阵的特征值与特征向量等。

1. 求矩阵行列式的值

求矩阵行列式的值可由函数 det(**A**)实现。例如,求矩阵 $\boldsymbol{A}=\begin{bmatrix}3 & 2 & 1\\ 1 & 1 & 5\\ 2 & -1 & 3\end{bmatrix}$ 行列式的值。输入命令及 MATLAB 输出结果为

```
>> A = [3 2 1;1 1 5;2 -1 3];DA = det(A)
DA =
    35
```

如果在 $\boldsymbol{A}=[3\ 2\ 1;\ 1\ 1\ 5;\ 2\ -1\ 3]$后使用逗号而不是分号,则也会显示矩阵 **A** 的结果。

2. 矩阵的加减、数乘与乘法

矩阵的加减、数乘与乘法可采用简单运算符实现。例如,矩阵 $\boldsymbol{A}=\begin{bmatrix}1 & 3\\ 2 & 1\end{bmatrix}$,$\boldsymbol{B}=\begin{bmatrix}4 & 0\\ 1 & 2\end{bmatrix}$,求 $\boldsymbol{A}+\boldsymbol{B}$,$2\boldsymbol{A}$,$\boldsymbol{A}-3\boldsymbol{B}$,$\boldsymbol{AB}$。输入命令及 MATLAB 输出结果为

```
>> A = [1 3;2 1];B = [4 0;1 2];C = A + B,D = 2 * A,E = A - 3 * B,F = A * B
C =
     5     3
     3     3
D =
     2     6
     4     2
E =
   - 11    3
   - 1   - 5
F =
     7     6
     9     2
```

3. 矩阵求逆

在 MATLAB 中，求逆矩阵直接调用函数 inv($\boldsymbol{A}$)即可实现。例如，求矩阵 $\boldsymbol{A}=\begin{bmatrix}1 & 3\\2 & 1\end{bmatrix}$的逆矩阵。输入命令及 MATLAB 输出结果为

```
>> A = [1 3;2 1];G = inv(A)
G =
   - 0.2       0.6
     0.4     - 0.2
```

4. 矩阵的除法

实际上，设定矩阵求逆运算后，线性代数中不再定义矩阵的除法运算。但是，为了与其他语言中的标量运算保持一致，MATLAB 软件中保留了矩阵除法运算，并规定了矩阵除法的运算法则，根据不同线性方程的求解确定了左除和右除的概念。例如，求线性方程组的解：

$$\begin{cases}x_1+4x_2-5x_3+6x_4=3\\x_1+2x_3+x_4=-8\\x_1+x_2+3x_4=-2\\x_1+x_3+5x_4=1\end{cases}$$

上述方程组易于改写为矩阵方程的形式。假设方程的形式为 $\boldsymbol{AX}=\boldsymbol{B}$，$\boldsymbol{X}=(x_1,x_2,x_3,x_4)^{\mathrm{T}}$ 为变量列向量，矩阵 $\boldsymbol{A}=\begin{bmatrix}1 & 4 & -5 & 6\\1 & 0 & 2 & 1\\1 & 1 & 0 & 3\\1 & 0 & 1 & 5\end{bmatrix}$，$\boldsymbol{B}=(3,-8,-2,1)^{\mathrm{T}}$ 为列向量。使用 MATLAB 软件求解的过程中使用左除“\”，输入命令和输出结果为

```
>> A = [1 4 -5 6;1 0 2 1;1 1 0 3;1 0 1 5];B = [3; - 8; - 2;1];X = A\B
X =
        46
      - 36
```

```
 -25
 -4
```

或者，使用 $\boldsymbol{X}=\boldsymbol{A}^{-1}\boldsymbol{B}$ 方式计算也能得到相同结果。

```
>> X = inv(A) * B
X =
      46
     -36
     -25
     -4
```

因此，方程组的解向量为 $\boldsymbol{X}=(46,-36,-25,-4)^{\mathrm{T}}$。

5. 求矩阵的秩

在 MATLAB 中求秩运算由 rank($\boldsymbol{A}$)函数完成。例如，求矩阵 $\boldsymbol{A}=\begin{bmatrix}1 & 2 & 6\\3 & 6 & 8\\2 & 3 & 1\end{bmatrix}$ 的秩。输入命令及输出结果为

```
>> A = [1 2 6;3 6 8;2 3 1];r = rank(A)
r =
       3
```

可得矩阵 $\boldsymbol{A}$ 的秩等于 3。

6. 求矩阵的特征值与特征向量

在 MATLAB 中，求解矩的特征值与特征向量时，设 $\boldsymbol{X}$ 代表特征向量，$\boldsymbol{\lambda}$ 为特征值向量，则采用两个函数之一即可实现求解，分别是[$\boldsymbol{X}$,$\boldsymbol{\lambda}$]=eig($\boldsymbol{A}$)或[$\boldsymbol{X}$,$\boldsymbol{\lambda}$]=eigs($\boldsymbol{A}$)，其中 eigs 函数由于采用迭代法求解，在规模上最多给出 6 个特征值和特征向量，并且其特征根和特征向量的排序也可能与使用 eig 函数的运算结果不一致，因此 eig 函数较为常用。

例如，求矩阵 $\boldsymbol{A}=\begin{bmatrix}1 & 2 & 6\\3 & 6 & 8\\2 & 3 & 1\end{bmatrix}$ 的特征值和特征向量。输入命令及 MATLAB 输出结果为

```
>> A = [1 2 6;3 6 8;2 3 1]; [X,Lamda] = eig(A)
X =
     -0.3926        -0.8180        -0.7583
     -0.8519         0.5672        -0.2742
     -0.3466        -0.0961         0.5914
Lamda =
    10.6378          0              0
       0             0.3180         0
       0             0             -2.9558
```

Lamda 用对角线形式给出了矩阵 $\boldsymbol{A}$ 的特征值分别为 $\lambda_1=10.6378$，$\lambda_2=0.3180$，

$\lambda_3=-2.9558$。矩阵 **X** 的第1,2,3列分别是对应特征值 $\lambda_1,\lambda_2,\lambda_3$ 的特征向量。需要说明的是，矩阵的某个特征值对应的特征向量可能有多个，上述结果中仅是一个代表向量。

7. 矩阵的乘幂与开方

在MATLAB中，矩阵的乘幂由运算符“^”即 **A**^实现，矩阵开方由函数 sqrtm(**A**)实现。需要注意的是，若是对一个数或是矩阵中的各元素进行开方，需用函数 sqrt(**A**)实现。

例如，求矩阵 $\boldsymbol{A}=\begin{bmatrix}1 & 2 & 6\\3 & 6 & 8\\2 & 3 & 1\end{bmatrix}$ 的三次幂。输入命令及MATLAB输出结果为

```
>> A = [1 2 6;3 6 8;2 3 1];A^3
ans =
      171          314          398
      383          692          824
      162          287          315
```

对矩阵 **A** 中的各元素进行开方，输入命令及输出结果为

```
>> A = [1 2 6;3 6 8;2 3 1];sqrt(A)
ans =
      1.0000       1.4242       2.4495
      1.7321       2.4495       2.8284
      1.4142       1.7321       1.0000
```

8. 矩阵的指数与对数

与标量的运算相同，矩阵的求指数与取对数也是一对互逆的运算。需要明确的是，矩阵的指数与对数运算是以矩阵为整体而非针对其中单个元素的运算，矩阵的指数运算函数为 expm(**A**)，对数运算函数是 logm(**A**)。如果是对一个数或是矩阵中的各元素进行指数或对数运算，需分别采用函数 exp(**A**)、log(**A**)实现。

例如，对矩阵 $\boldsymbol{A}=\begin{bmatrix}1 & 2 & 1\\1 & 3 & 1\\1 & 4 & 3\end{bmatrix}$ 进行指数运算、对数运算。输入命令及MATLAB输出结果为

```
>> A = [1 2 1;1 3 1;1 4 3];Ae = expm(A), lA = logm(A)
Ae =
      35.7978      106.4579       53.2289
      42.2024      131.2291       64.2554
      75.2819      234.9687      120.2026
lA =
     - 0.6999        1.0465        0.5232
      0.7565         0.5799        0.2899
      0.0566         1.6263        0.8132
```

9. 矩阵的转置

在 MATLAB 中，矩阵的转置分为共轭转置与非共轭转置两大类，对于一般实矩阵而言，两类转置的效果没有区别，复矩阵则在转置的同时实现共轭。单纯的转置运算可以用函数 transpose(**A**)或者是符号"'"即 **A**'来实现。

例如，对矩阵 $\boldsymbol{A}=\begin{bmatrix}1 & 2 & 1\\1 & 3 & 1\\1 & 4 & 3\end{bmatrix}$ 进行转置。输入命令及输出结果为

```
>> A = [1 2 1;1 3 1;1 4 3]; transpose(A)
ans =
     1     1     1
     2     3     4
     1     1     3
```

10. 其他矩阵运算常用函数

在 MATLAB 软件中，其他常用的矩阵函数如表 2-2 所示。

表 2-2　其他常用的矩阵函数

函　　数	功　　能
max(**A**)	提取矩阵 **A** 中每列的最大值元素
min(**A**)	提取矩阵 **A** 中每列的最小值元素
trac(**A**)	求矩阵 **A** 的迹
sum(**A**,dim)	求矩阵 **A** 元素的和，dim=1 代表按列求元素和；dim=2 代表按行求元素和
mean(**A**,dim)	求矩阵 **A** 的平均值，dim=1 代表求列平均值；dim=2 代表求行平均值
median(**A**,dim)	求矩阵 **A** 的中位数，dim=1 代表求列中位数；dim=2 代表求行中位数
triu(**A**)	提取矩阵 **A** 的右上三角元素，其余元素补为 0
tril(**A**)	提取矩阵 **A** 的右下三角元素，其余元素补为 0
diag(**A**)	提取矩阵 **A** 的对角线元素
flipud(**A**)	矩阵 **A** 沿着水平轴上下翻转
fliplr(**A**)	矩阵 **A** 沿着垂直轴左右翻转
flipdim(**A**,dim)	矩阵 **A** 沿特定轴翻转，dim=1 代表按行翻转；dim=2 代表按列翻转
rot90(**A**)	矩阵 **A** 整体逆时针旋转 90°

2.3　MATLAB 图形绘制

2.3.1　二维图形绘制

MATLAB 提供了多种二维图形的绘图命令，其中最基本和最常用的命令是 plot。在准备好数据之后，使用 MATLAB 绘制二维图的过程可分为指定图形和子图的位置、绘制图形、设置坐标轴和图形注释等步骤。本节将按照这一步骤，简要介绍使用 MATLAB 软件绘制二维图形的基本要点，并进行绘图实例演示。

1. 数据准备

数据的准备即输入给定的数据或生成数据。对于二维图，需要准备横纵坐标数据；对于三维曲面，则要准备各个坐标轴及其对应的变量。

在输入数据中，最简单且常用的方法是逐个元素输入方式，例如运行以下命令，就能生成 5 个元素的行向量。

```
>> a = [0,1,2,3,4]
```

在生成数据中，对于递增、递减型行(列)数组的创建，常用的向量生成命令如下。

1) x=a:inc:b　线性等距行数组的定步长生成命令

其中，a 是数组的第一个元素，inc 是采样点之间的距离即步长，如果($b-a$)/inc 是整数，则生成的最后一个元素是 b，如果($b-a$)/inc 不是整数，MATLAB 将生成最后一个元素绝对值小于 b 绝对值的数；a:inc:b 之间必须使用英文标点冒号“:”进行分隔；inc 可以省略，默认 inc=1。

2) x=linspace(a,b,n)　线性等距行数组的定数生成命令

其中，对线性等距行数组的定数生成命令分析可得，x=linspace(a,b,n)等价于 x=a:(b-a)/(n-1):b。

3) x=logspace(a,b,n)　对数等距行数组的定数生成命令

其中，对数等距行数组的定数生成命令不常用。

除了递增、递减型数组的创建之外，MATLAB 软件中有许多特殊形式向量的生成函数，如生成随机均匀分布数组的 rand(1,n)，创建数值全为 1 数组的 ones(1,n)等，可用于各种类型行(列)数组的创建，例如生成 100 个数值为 1 的数组命令为：

```
>> a = ones(1,100)
```

2. 绘制图形

在 MATLAB 中，绘图命令 plot 的基本调用格式为平面绘线三元组，即 plot(x,y,'s')，其中，x 与 y 确定曲线的几何位置，字符串's'用于指定点型、线型和颜色等，如表 2-3 所示。

表 2-3　绘图数据点型、线型及颜色常用设置值

点型或线型				点线颜色	
离散数据点型可设置值		连续线型可设置值		颜色可设置值	
符号	代表点型	符号	代表线型	符号	代表颜色
d	菱形符	-	细实线	b	蓝色
p	五角星符	:	虚点线	g	绿色
o	空心圆圈符	-.	点划线	r	红色
.	实心黑点符	--	虚线	c	青色
s	方块符			y	黄色
x	叉字符			k	黑色
*	米字符				
+	十字符				

除了采用's'字符串设置之外，还可以直接采用属性名与属性值方式对图形进行设置，基本命令为：plot(x, y, 's', 'PropertyName', PropertyValue, …)。例如，使用属性名(PropertyName)和属性值(PropertyValue)对点、线对象的属性进行个性化设置时，常用设置值见表 2-4。

表 2-4　绘图属性名和属性值常用设置值

含　义	属 性 名	属 性 值	说　明
线宽	LineWidth	正实数	默认值为 0.5
点的大小	MarkerSize	正实数	默认值为 6.0
点边界色彩	MarkerEdgeColor	$[v_r, v_g, v_b]$，RGB 三元组中每个元素在[0,1]取值	
点域色彩	MarkerFaceColor	$[v_r, v_g, v_b]$，RGB 三元组中每个元素在[0,1]取值	

3. 坐标控制和图形标识

1）坐标轴的控制

坐标控制命令 axis 可用于控制坐标轴的取向、取值范围与轴宽比等，常用的命令形式与功能如：

```
axis off          取消轴背景
axis on           使用轴背景
axis ij           设置矩阵式坐标，原点在左上方
axis xy           设置普通直角坐标，原点在左下方
axis(V) V = [x1,x2,y1,y2]或 V = [x1,x2,y1,y2,z1,z2]      手动设定坐标范围，二维图设定值
为 4 个，三维图设定值为 6 个
axis equal        纵、横轴采用等长刻度
axis image        纵、横轴采用等长刻度，且坐标框紧贴数据范围
axis square       产生正方形坐标系
axis tight        将数据范围直接设为坐标范围
axis vis3d        保持高宽比不变，用于三维空间旋转时避免图形大小变化
```

2）网格线和坐标框

MATLAB 的默认设置是不画网格线，设置网格线和坐标的常用命令为

```
grid              是否画网格线的双向切换命令，分为画出 grid on 和不画 grid off
box               坐标形式在封闭式和开启式之间切换命令，分为 box on 和 box off
```

3）图形标识命令

图形标识包括图名(Title)、坐标轴名(Label)、图例(Legend)等，标识命令格式及作用为

```
title(S)          设置图名
xlabel(S)         横坐标轴名
ylabel(S)         纵坐标轴名
legend(S, … )     绘制曲线不同线型的图例
text(xt,yt,S)     在图面(xt,yt)坐标处进行字符注释
```

其中，S 为字符串，可以是中文、英文或特殊字符；legend 图例的默认位置在右上方，若要

改变其位置，可通过相应的属性进行控制，如采用 legend(S,'Location','SouthEast')命令将图例设置在图形右下方。

例如，绘制对数函数 $y=\ln(x)$，程序为

```
>> x = [0.1:0.01:4];
y = log(x);
plot(x,y)
axis([0,4, - 3,2])
title('y = ln(x)')
xlabel('x')
ylabel('y')
```

画图结果如图 2-5 所示。

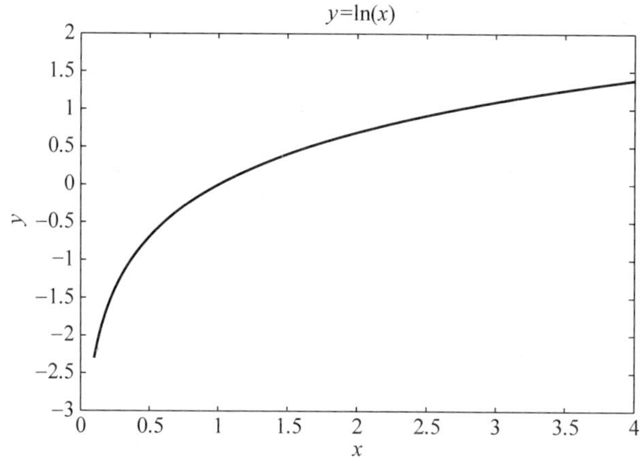

图 2-5 二维曲线图形绘制：对数函数

例如，绘制函数 $y=\sin(x)$在 $0\sim2\pi$ 范围内的图形，如图 2-6 所示。

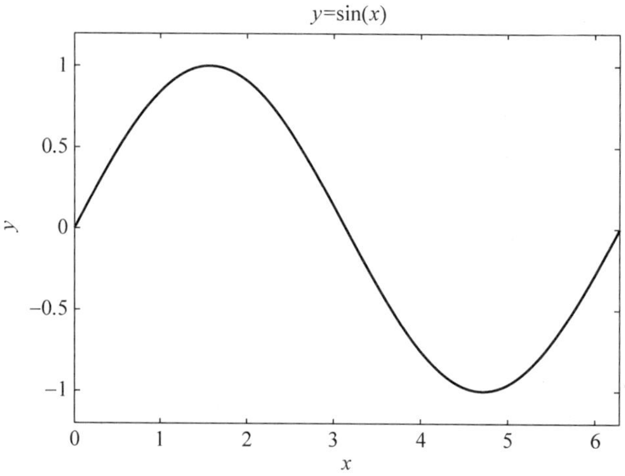

图 2-6 二维曲线图形绘制：正弦函数

程序为

```
>> x = 0:pi/100:2 * pi;
y = sin(x);
plot(x,y)
axis([0,2 * pi, - 1.2,1.2])
title('y = sin(x)')
xlabel('x')
ylabel('y')
```

2.3.2　三维图形绘制

与二维曲线图相比，三维网线图和曲面图在数据的准备、图形的色彩和类型调节等方面更为复杂，这一部分仅对基本的三维图形绘制命令进行介绍。在绘制函数 $z=f(x,y)$ 所代表的三维曲面图形时，可分为三个步骤。

第一步，确定自变量 x 和 y 的取值范围、取值间隔，命令为 x=x1:dx:x2; y=y1:dy:y2。

第二步，构建 xy 平面上自变量的“格点”矩阵，命令为[X,Y]=meshgrid(x,y)。

第三步，计算因变量在采样“格点”上的函数值，命令为 Z=f(X,Y)。

对于 $z=f(x,y)$，绘制三维网线图和曲面图的命令为

```
mesh(X,Y,Z)                  最常用的网线图调用格式
mesh(X,Y,Z,Color)            绘制 Color 颜色的网线图
surf(X,Y,Z)                  最常用的曲面图调用格式
surf(X,Y,Z,Color)            绘制 Color 颜色的曲面图
```

例如，绘制函数 $z=x^2+y^2$ 曲面图。输入命令

```
>> x = - 4:0.5:4;y = x;
[X,Y] = meshgrid(x,y)
Z = X.^2 + Y.^2;
surf(X,Y,Z)
xlabel('x'), ylabel('y'),zlabel('z')
```

结果图形如图 2-7 所示。

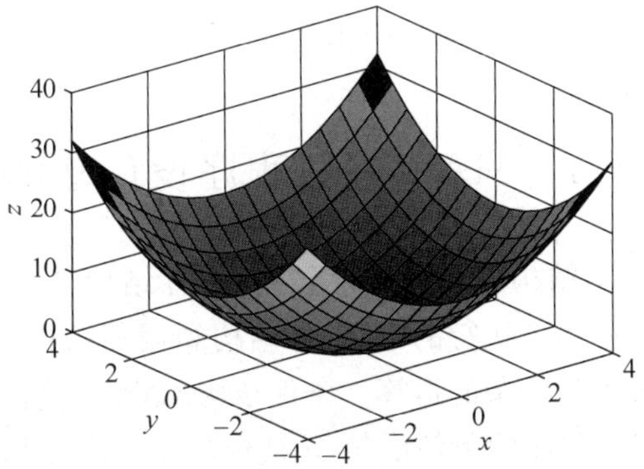

图 2-7　三维曲面图形绘制

2.3.3　组合图绘制

MATLAB 允许用户在同一图形窗中布置几幅独立的子图，具体命令是：subplot(m，n，p)，可使 $m \times n$ 幅子图中的第 p 幅成为当前图。采用 subplot(m，n，p)命令绘制组合图时，表示将各个子图排成 m 行 n 列，p 表示该子图从左到右、自上而下的顺序。subplot 产生的子图彼此独立，所有的绘图命令都可在子图中运用。在使用 subplot 命令时，还往往配合 hold on 命令使用，该命令表示在当前图轴中绘制了一幅图之后，再绘制另一幅图形的时候，上一幅图形还固定在原来的位置上。

例如，采用 subplot 命令绘制正弦函数、余弦函数及其他组合图形，输入命令为

```
>> x = 0:pi/100:2 * pi;
y1 = sin(x);y2 = cos(x);y3 = sin(x). * sin(x);y4 = cos(x). * cos(x)
subplot(2,2,1),plot(x,y1);axis([0,2 * pi, - 1,1])
subplot(2,2,2),plot(x,y2);axis([0,2 * pi, - 1,1])
subplot(2,2,3),plot(x,y3);axis([0,2 * pi,0,1])
subplot(2,2,4),plot(x,y4);axis([0,2 * pi,0,1])
```

组合图形的输出结果如图 2-8 所示。

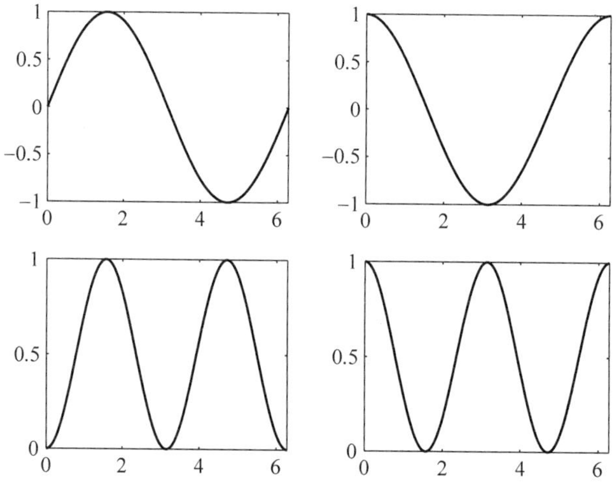

图 2-8　组合图形绘制

2.4　MATLAB 程序设计基础

MATLAB 程序的基本结构可分为顺序结构、条件结构、循环结构三种。顺序结构，顾名思义，是按照命令顺序逐条执行的，而条件结构和循环结构都有其特定的语句格式，可增强程序的功能，实现更为复杂的运算。条件结构、循环结构都属于控制程序流的结构或方式，本节以 MATLAB 程序的条件语句(if 结构和 switch 结构)、循环语句(for 循环和 while 循环)为例，介绍 MATLAB 程序设计的基础知识。

2.4.1　if-else-end 条件控制

if 结构是条件分支语句，若满足表达式的条件，则程序继续往下执行；若不满足表达式的条件，则跳出 if 结构，elseif 表达式与 else 为可选项，可依据情况进行多种选择或取舍。if 结构的基本形式为

```
if 表达式 1
  语句 1
  elseif 表达式 2(可选)
      语句 2
  else(可选)
      语句 3
  end
end
```

当表达式 1 为真（逻辑值为“1”）时，语句 1 才被执行；当表达式 1 为假（逻辑值为“0”）且表达式 2 为真时，则执行语句 2；如果表达式 1 和表达式 2 均为假，则执行语句 3。if 分支结构是非常灵活的，可以根据实际需要进行嵌套。在 if 结构程序设计中，需要注意的两点是：总框架只能有一个 if 句和一个对应的 end 语句；可以使用任意多个 elseif 语句，需要注意每一个 if 都对应一个 end。

为便于读者理解和使用 if 结构，本节以个人所得税纳税额的计算为例进行说明。根据 2019 年 1 月开始实施的个人所得税计税信息，在表 2-5 中列出了应纳税所得额(y)与税率(r)、速算扣除数(v)的对应关系。

表 2-5　个人所得税应纳税额计算表

级数	应纳税所得额	适用税率	速算扣除数
1	≤36000	3%	0
2	36 000～144 000	10%	2 520
3	144 000～300 000	20%	16 920
4	300 000～420 000	25%	31 920
5	420 000～660 000	30%	52 920
6	660 000～960 000	35%	85 920
7	>960 000	45%	181 920

假设个人所得税应纳税额＝应纳税所得额×适用税率－速算扣除数，使用 if 语句编写一个计算税额(t)的 m 函数文件 tax. m 内容为：

```
function t = tax(y)
if  y <= 36000
   r = 0.03;v = 0;
   elseif (y > 36000)&(y <= 144000)
          r = 0.1;v = 2520;
   elseif (y > 144000)&(y <= 300000)
          r = 0.2;v = 16920;
```

```
        elseif (y > 300000)&(y <= 420000)
                r = 0.25;v = 31920;
        elseif (y > 420000)&(y <= 660000)
                r = 0.3;v = 52920;
        elseif (y > 660000)&(y <= 960000)
                r = 0.35;v = 85920;
        else y > 960000
                r = 0.45;v = 181920;
        end
        t = r * y - v
    end
```

调用 tax.m，即可计算得到个人所得税应纳税额。

2.4.2 switch-case 条件控制

MATLAB 中的 switch-case 分支结构类似于一个数控的多个开关，适用于条件多且类型比较单一的情况，其调用方式为

```
switch 表达式
    case 常量表达式 1
    语句组 1
    case 常量表达式 2
    语句组 2
    …
    case 常量表达式 m
    语句组 m
    otherwise
    语句组 m + 1
end
```

当 switch 后表达式的值与 case 后常量表达式的值相等时，则执行 case 后面的语句组。若前 m 个常量表达式与 switch 后的表达式均不相等，则执行 otherwise 后的语句组 $m+1$。例如，当输入一个数并判断其是否 7 的倍数时，switch-case 分支结构为

```
>> n = input('输入 n = ')
switch mod(n,7)                % mod 求余函数,若 n/7 余数为 0,则值取 0,否则取 1
    case 0
        fprintf('%d 是 7 的倍数',n)  % 输出显示命令
    otherwise
        fprintf('%d 不是 7 的倍数',n)
end
```

需要说明的是，n=input('输入 n=')命令执行时，MATLAB 的控制权交给键盘，用户可以从键盘输入各种数字或其他信息，待输入结束后按下 Enter 键，控制权交还，将用户输入的内容赋给变量 n。这一命令的另一种类似形式是 n=input('message','s')，其中 message 是提示用的字符串，该命令则将用户输入的内容作为字符串赋给变量。

2.4.3　for 循环结构与 while 循环结构

循环结构一般用于有规律的重复运算，循环结构的两个基本要素是循环条件和循环体，其中控制循环流程的语句称为循环条件，被重复执行的语句称为循环体。在 MATLAB 软件中，常用的循环结构有 for 循环与 while 循环两种。

1. for 循环结构

设 i 为循环变量，for 循环的基本结构为

```
for  i = 数组
    命令语句组或循环体
end
```

在 for 循环的执行中，循环变量 i 依次取等号后数组中的元素，每取一个元素运行循环体中的语句命令组一次，直到 i 大于最后一个元素时，跳出该循环或循环终止。由于数组的取值是事先确定的，所以 for 循环的次数也是确定的。

例如，用户每年年底在银行存入一笔款项，假设年利率不变，求指定年份 n 时的银行存款数，使用 for 循环语句编写 MATLAB 函数并调用。首先，定义函数文件 deposit. m：

```
function z  =  deposit(x,r)
z = 0;
y = 1 + r;
for k = 1:length(x)
    z = z * y + x(k);
end
```

设三次分别存款 100 元、200 元与 300 元，年利率为 2%，调用函数文件 deposit. m，并求得在第三年底存入银行存款后的账户余额为 608. 04 元。调用命令和输出结果为

```
>> deposit([100,200,300],0.02)
ans =
608.04
```

再例如，使用 for 循环语句设计求 1～100 的偶数和，for 循环程序为

```
>> x = 0;sum = 0;
for x = 0:2:100
   sum = sum + x;
end
sum
```

运行后得到的结果为

```
sum =
      2550
```

2. while 循环结构

在 MATLAB 中，while 循环的基本结构为

```
while  逻辑表达式
       语句命令组或循环体
end
```

在 while 循环的执行中，首先判断逻辑表达式的值，若逻辑为真（逻辑值为“1”），则执行语句命令组或循环体；当语句命令组执行完成后，继续判断逻辑表达式的值，若表达式的值仍为真，则循环执行语句命令组，而当表达式的值为假（逻辑值为“0”）时，则结束循环，显然，while 循环的次数是不确定的。

例如，使用 while 循环语句设计求 1～100 的偶数和，while 循环程序为

```
>> x = 0;sum = 0;
while x < 101
    sum = sum + x;
    x = x + 2;
end
sum
```

运行后得到的结果为

```
sum =
      2550
```

在 MATLAB 中，还有控制程序流的其他常用命令，例如：

return：结束 return 命令所在函数的执行，将控制转至主调函数或者命令窗口；

continue：跳过位于其之后的循环体中的其他命令，执行循环的下一个迭代；

break：用于 for 循环结构和 while 循环结构中，终止最内层循环。

2.5 Dynare 基本操作

2.5.1 Dynare 的安装和配置

Dynare 是由法国经济研究与应用中心学者开发的，基于 MATLAB 软件和其他软件的软件包，程序的扩展名为.mod。Dynare 程序能够被 MATLAB 软件识别并运行，但是其毕竟不是 MATLAB 函数文件即 m 文件，导致注释等语法标记在 MATLAB 中并不能得到识别。由于 Dynare 集成了经典的数值求解和近似算法，如非线性方程组求解、矩阵分解、贝叶斯估计等，这使得 Dynare 的编程较为简单，即使是初学者也很容易编写 Dynare 程序，能够在短时间内完成一个复杂动态随机一般均衡模型的求解。本节仅介绍 Dynare 的基本操作，如有深入学习 Dynare 的需要，可以参考李向阳的教材①。

读者可以从 Dynare 官方网站上（https://www.dynare.org/）下载软件包，对于软件包的安装有明确的 MATLAB 软件版本要求，如 MATLAB7.3 或 R2006 及以上版本等。下载安装包后双击开始安装，按照步骤依次单击即可完成。

---

① 李向阳.动态随机一般均衡（DSGE）模型：理论、方法和 Dynare 实践[M].北京：清华大学出版社，2018.

Dynare 安装完成后，并未建立起 MATLAB 和 Dynare 的关联，因此，需要在 MATLAB 软件中进行路径的设置，即在 MATLAB 软件中配置 Dynare 之后，才能开始使用 Dynare，这时 MATLAB 才会从设置的路径中搜索命令并实现模型的计算和求解。假设 Dynare 的版本为 4.4.3，安装路径为：C:\dynare\4.4.3，配置的方法主要有两种。

第一种配置方法，打开 MATLAB 软件，在命令窗口输入

```
>> addpath C:\dynare\4.4.3\matlab
```

输入完成后按回车键，则路径设置完成。如果有多个 Dynare 版本，则最后设置的路径为当前使用路径，该方法也是单次配置方法，关闭 MATLAB 软件下次再启动时，本次添加的路径会丢失。

第二种配置方法，单击 MATLAB 软件左上角的 HOME 选项卡，选择 Set Path，打开对话框后，单击 Add Folder...，找到 Dynare 的安装目录，如 C:\dynare\4.4.3\matlab，选择保存即可，如图 2-9 所示。

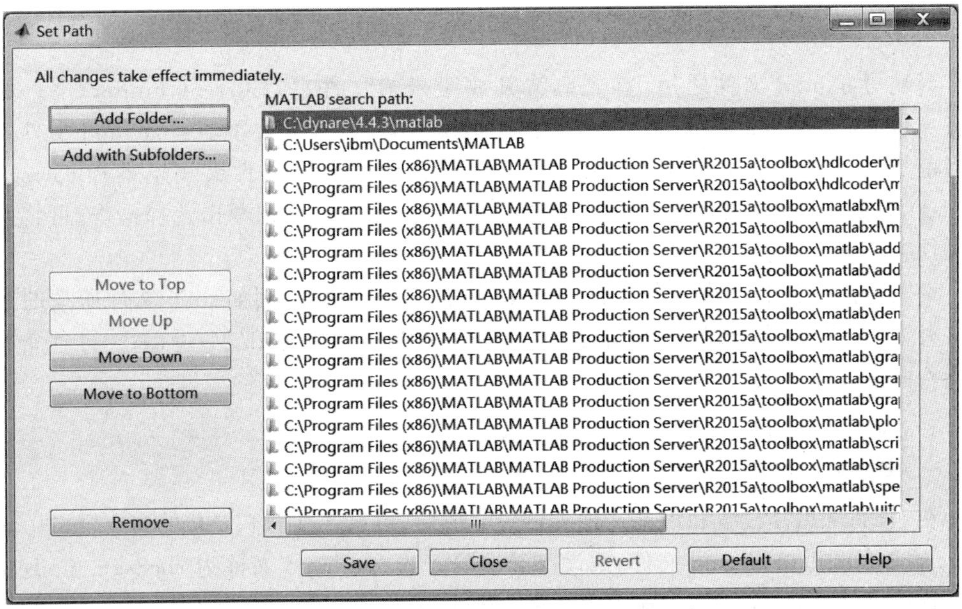

图 2-9　MATLAB 中 Dynare 的路径设置

采用“HOME→Set Path→Add Folder...→Save”方式设置的路径具有持久性，即使在关闭 MATLAB 软件再启动时，该路径仍然是有效的，这一配置方式也称为永久配置。

读者在使用 Dynare 软件包的过程中如果有任何问题，可以参考 Dynare 官方网站上的文档，如用户指南（User Guide）和参考手册（Reference Manual）等，也可以在官方网站的论坛上查看相关资料或发起提问等。

2.5.2　Dynare 的编辑和执行

如前所述，Dynare 程序的扩展名为.mod，在 MATLAB 软件中新建 mod 文件时，可

以采用在 MATLAB 软件中新建一个 m 文件，然后在保存文件时保存类型选择所有文件(＊.＊)，在输入文件名时加上后缀.mod，保存即可生成一个 mod 文件。新建 mod 文件的另一种方式是，在 MATLAB 软件的命令窗口中输入 edit 命令加一个不存在的 mod 文件名，如要新建 rbcdsge.mod 文件，直接在命令窗口输入

```
>> edit rbcdsge.mod
```

系统会弹出提示框，提示 rbcdsge.mod 不存在，是否新建，单击确定即可，如图 2-10 所示。

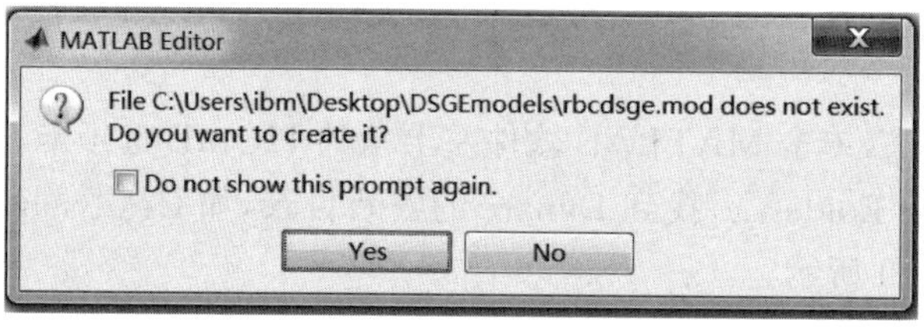

图 2-10　在 MATLAB 中使用 edit 命令新建 mod 文件提示框

当编写好 mod 文件之后，首先应将其放于当前文件夹(Current Folder)下。如果 mod 文件不在 Current Folder 中，则无法找到模型的文件，也就不能运行 mod 文件。设置当前文件夹的方式如前所述，在 MATLAB 软件中借助文件夹浏览器(Browse for Folder)设置当前文件夹，单击“文件夹浏览器”图标，通过一系列单击选择操作，可将所需的文件夹设置为当前文件夹。

设置当前文件夹还可以使用 userpath 和 savepath 命令，例如 mod 文件所在的当前文件夹为 C:\Users\ibm\Desktop\DSGEmodels，则可以通过在 MATLAB 的命令窗口中输入命令完成当前文件夹的设置，即

```
>> userpath('C:\Users\ibm\Desktop\DSGEmodels')
>> savepath
```

在 Dynare 路径设置和当前文件夹设置完成后，可以在 MATLAB 的命令窗口中输入 Dynare 命令调用执行 mod 文件，假设已经编写好的一个 mod 文件为 rbcdsge.mod，在调用并执行该文件时，采用两种输入方式之一即可：

```
>> dynare rbcdsge.mod
>> dynare rbcdsge
```

在当前文件夹中，双击打开 mod 文件，即可对其进行编辑，也可以使用命令方式打开文件进行编辑，例如在 MATLAB 的命令窗口中输入命令：

```
>> edit rbcdsge.mod
```

可以实现对 rbcdsge.mod 的打开和编辑操作。需要注意的是，输入编辑命令时，mod 文件 rbcdsge.mod 的后缀名不能省略，即不能写成 edit rbcdsge，如果写成 edit rbcdsge 则打开的是 MATLAB 预处理器将 mod 文件编译自动生成的同名 m 文件。

2.5.3 Dynare 文件的基本结构

1. mod 文件的结构

在撰写 mod 文件时，需要遵循一定的结构规范，mod 文件一般需要声明或设定的内容包括五个部分：变量和参数，模型，稳态值或初始值，外生冲击，模型计算和模拟，具体内容如表 2-6 所示。

表 2-6 mod 文件的结构说明

模块	命令	说明	示例或解释
变量和参数	var	var 命令后为内生变量列表	var y k c l A；
	varexo	varexo 命令加外生变量（主要是冲击项）列表	varexo epsilon；
	parameters	parameters 命令后加参数列表，并为参数赋值	parameters alpha beta；
模型	model	①定义模型中的每个方程，以“model;”开始，以“end;”结束；②可结合 # 替代字符串；③model 如果是线性的，应标记写为 model(linear)	应确保方程数等于变量数；标记为 model(linear)的模型，Dynare 将不再进行对数线性化处理
稳态值或初始值	initval	用于给出或设定变量的初值，以“initval;”开始，以“end;”结束	如果稳态值已知，可以将稳态值作为初始值
	steady	①steady 命令用于求解稳态值；②如果已有稳态值计算方法，并修改命令为 steady_state_model，以“steady_state_model;”开始，以“end;”结束，中间为稳态值的具体计算过程；③对于对数线性化之后的模型而言，稳态值全为 0	加入后计算脉冲响应函数或进行其他模拟时，模拟以稳态为基准，否则以初值为基准
	resid	求解模型中静态方程的残差，可用于校验	在稳态时使用该命令计算的残差为 0
外生冲击	shocks	以“shocks;”开始，以“end;”结束；包括暂时性冲击和永久性冲击两类	通常以变动标准差的方式设定冲击
模型计算和模拟	estimation	用于估计参数，例如以“estimated_params;”开始，以“end;”结束；在贝叶斯估计中需要给出参数名、先验形式、均值、标准差等	标准差的估计一般采用 inv_gamma 分布；自回归系数采用 Beta 分布；其他参数采用 normal 分布
	simul	确定性模拟命令	需给定外生变量及其对应数值信息
	stoch_simul	随机模拟命令，含有大量选项，如 Irf 设置脉冲响应期数；order 设置几阶泰勒展开，最高为 3 阶；periods 设置实际模拟期数等	需给定外生变量、标准差及其对应数值或表达式信息

在 mod 文件编辑修改完成后，保证 Dynare 路径和当前文件夹路径设定正确，则直接在 MATLAB 命令窗口中用 dynare 命令调用 mod 文件名，即可实现其运行，运行结果的主要说明有三个方面。

(1) 在命令窗口的显示结果中，需要注意稳态值是否收敛，B-K 条件是否满足等。

(2) 结构信息存储在 M_中，参数信息位于 options_中，运行结果保存在 oo_中，oo_中的 endo_simul 是内生变量模拟结果，exo_simul 是外生变量模拟结果。

(3) 在使用贝叶斯方法进行参数估计后，将使用后验分布的均值替代原来的参数，重新进行模型计算和模拟。

2. Dynare 程序设计中的一些细节问题

(1) Dynare 文件命名中应遵循 MATLAB 的命名规范，不应使用 MATLAB 和 Dynare 内置的函数名作为变量名或参数名，变量和参数名应是字母、数字、下划线的组合，且开头应是字母，也尽量不采用 i、j 等作为变量和参数名。

(2) Dynare 是区分大小写的，同一大写字母、小写字母代表的是不同的参数或变量。

(3) mod 文件中，每行或每句应以分号结束，即分号代表语句结束。

(4) 在时间下标方面，Dynare 采用加号表示超前，减号表示滞后，如变量 K 的第 $t+2$ 期、第 $t+1$ 期值分别写为：K(+2)、K(+1)，也可省略加号写为：K(2)、K(1)；对应地，变量 K 的第 $t-2$ 期、第 $t-1$ 期值分别写为：K(−2)、K(−1)，此时负号不能省略；变量 K 的当期值即第 t 期则直接写为：K。

(5) 由于变量(+1)往往与期望算子等一起出现，因此对于资本累积方程 $K_{t+1}=(1-\delta)K_t+I_t$，在 Dynare 编程时，通常按照 $K_t=(1-\delta)K_{t-1}+I_{t-1}$ 的形式，将其写为 K=(1−delta) * K(−1)+I(−1)。

(6) 对于技术等冲击，如 $\ln A_t=\rho\ln A_{t-1}+\varepsilon_t$，为参数设置和模拟的需要也经常将其写为：$\ln A_t=\rho\ln A_{t-1}+\sigma_\varepsilon\varepsilon_t$，设置参数 σ_ε 便于冲击调整，即：lnA = rho * lnA(−1) + sigma_ epsilon * epsilon。并且，$\ln A_t$ 写在 var 声明部分，ε_t 写在 varexo 部分。

(7) Dynare 中的注释方面，“//”或“%”可用于单行注释，“/ * ... * /”用于多行或段落的注释。

(8) Dynare 中内生变量有两种顺序，分别是声明顺序和决策顺序。声明顺序指的是采用 var 命令声明内生变量时，内生变量出现的顺序，是由用户自行设定的；决策顺序是 Dynare 指定的用于决策规制时的变量顺序，先后顺序依次为静态变量、后向变量、混合变量、前向变量，各类变量的基本特征为：

① 静态变量：时间下标仅出现 t 的变量，如产出(Y)、投资(I)等。

② 后向变量：时间下标仅出现 t、$t-1$ 的变量，如资本(K)、技术(A)等。

③ 混合变量：时间下标出现 t、$t-1$、$t+1$ 的变量。

④ 前向变量：时间下标仅出现 t、$t+1$ 的变量，如消费(C)、劳动(L)等。

关于变量顺序，读者简单了解即可，各类变量所属类型在后续建模时会详细介绍。

2.5.4 宏观经济模型数据库

宏观经济模型数据库(Macroeconomic Model Data Base，MMB)是由德国法兰克福大学人员开发，其官方网站（http://www.macromodelbase.com/）统一了经典经济学论文中各类动态随机一般均衡模型的 Dynare 程序，包括 150 多个宏观经济结构模型，并提供了对各类模型计算结果的对比、复制功能。特别是，MMB 提供的复制包（Replication Package），列出了每个模型的源代码和文档，便于读者进行学习和研究。

一般而言，读者在下载 MMB 安装后，可以进行模型的对比分析等，新版的 MMB 还提供了线上对比平台（Online Comparison Platform）功能，可以不用下载直接在线上选择模型、变量、冲击、政策设定等进行对比。

在 MMB 的网站上，还提供了详细的用户手册（User Manual）、现有模型的描述（Description of current models）、模型的简短列表（Short list of models）、政策规则描述（Description of policy rules）等内容，读者可以详细阅读。

本章习题

1. 采用 MATLAB 软件绘制函数 $z=x^2+y^2$ 曲面图，可随意设置 x 和 y 轴区间。
2. 采用 MATLAB 软件绘制组合图。
3. 采用 MATLAB 软件编写程序，求 1～100 内的奇数和。
4. 请简述 Dynare 中 mod 文件的结构。

扩展阅读 2-1　Dynare 使用指南（系统自带）

第 3 章　一般均衡模型框架与最优化求解方法

现代宏观经济学是在微观经济理论的基础上发展起来的，探寻宏观经济的微观基础应基于一般均衡的视角，对经济主体的行为特征进行描述，并分析产品、要素等多个市场的需求、供给和均衡特点。经济主体通常会面临优化选择的问题，即在一定的约束条件下如技术约束、资源约束、收入约束或无约束时，经济主体需要做出最优决策，以实现其目标函数的最大化，因此，最优化求解方法对于一般均衡模型的解析和模拟至关重要。本章将引入一般均衡模型的基本框架，参考蒋中一和温赖特①、蒋中一②等的资料简要介绍静态最优化问题和动态最优化问题的求解方法。

3.1　一般均衡模型的基本框架

3.1.1　什么是一般均衡

一般均衡理论是由法国经济学家瓦尔拉斯提出的，是在整个经济体系中解释产品生产、消费和价格的理论基础。在经济中价格系统的调节作用下，当达到均衡状态时，所有商品的产出、生产要素的供给都将是确定的均衡值。例如，在完全竞争的均衡条件下，提供全部生产要素的总收入和出售全部商品的总收入是相等的。

消费者和生产者是经济中两类最基础、最重要的经济主体，也是一般均衡框架中的基本元素。假设在消费者对产品的需求函数和对生产要素的供给函数、反映生产者技术状况的要素投入和产品生产函数为既定的条件下，通过生产要素市场、商品市场以及两类市场之间的相互联系和相互影响，每种商品、每种生产要素的供给量和需求量都会在某一价格体系下同时趋于相等，整体经济达到全面均衡即一般均衡状态，此时商品和生产要素价格为均衡价格，相应的供求数量为均衡数量。

一般均衡的含义可解释为完全竞争条件下经济可以达到稳定的均衡状态，在这一状态中消费者可以获得最大效用，生产者可以获取最大利润，生产要素实现优化配置，即资源配置是有效率的。资源配置效率是指在一定的技术水平条件下各投入要素在各经济主体之间的分配所产生的效益。相对于人们的需求而言，资源是相对稀缺的，从而需要对有限的资源进行合理配置以获取最佳的效益。资源配置合理时，将有效扩大经济产出规模和提升社会福利水平。需要说明的是，资源配置效率与生产效率是并存的，两者及其结合均能够在产出增长中发挥积极作用。

---

① 蒋中一，温赖特．数理经济学的基本方法[M]．刘学，顾佳峰，译．4 版．北京：北京大学出版社，2006.

② 蒋中一．动态最优化基础[M]．曹乾，译．北京：中国人民大学出版社，2015.

一般而言，资源配置有两种方式：计划配置和市场配置。在计划配置中，计划部门根据生产规模和社会需要，以行政命令等方式实现资源分配，这一方式能够从整体上协调经济社会发展，但是易于出现资源配置不当的现象；市场配置是依靠市场运行机制进行资源配置的方式，市场上产品价格是可以灵活调整的，产品、要素的需求方和供给方则根据市场中的价格信息在竞争中实现资源的合理配置和充分利用，市场配置方式也存在一定的不足，例如市场机制调节下可能会产生经济结构不合理等问题。

3.1.2　一般均衡的基本形式：竞争均衡

在最基本的一般均衡模型中，存在居民和企业两类主体，主体的特征分别为：

居民是产品的需求者，是劳动力、资本等要素的供给方；居民面临着预算约束，其目标是在预算约束下实现终生效用最大化。

企业是产品的生产者或供给者，是劳动力、资本等要素的需求方；企业没有面临约束，其目标是在一定的生产技术下实现当期利润最大化。

在给定的市场价格下，经济中每个市场的需求都等于供给，产品市场和要素市场均实现出清，这种状态也称为竞争性均衡(competitive equilibrium，CE)。在竞争均衡中，居民和企业都是价格接受者，两类主体的行为对市场价格没有影响，当居民和企业的行为一致时，即产品的需求量(D_C)等于产品的供给量(S_C)、要素的投入(D_F)等于要素的供给(S_F)时，经济就实现了一般均衡，如图 3-1 所示。

	居民		企业
产品市场	产品需求(D_C)	=	产品供给(S_C)
要素市场	要素供给(S_F)	=	要素需求(D_F)

图 3-1　竞争均衡示意图

具体而言，给定实际工资、资本租金，居民在预算约束下选择消费、劳动供给，使其实现效用最大化；给定生产技术、资本租金和实际工资时，企业选择劳动需求、资本投入以实现利润最大化。如果将消费、闲暇视为两种“产品”，则将居民的无差异曲线、企业的生产可能性边界曲线结合，即可得到竞争均衡点 E，如图 3-2 所示。

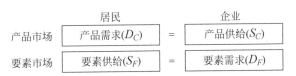

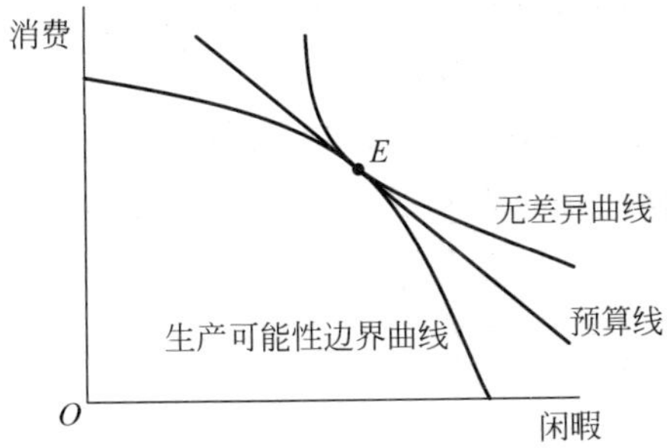

图 3-2　竞争均衡点示意图

在图 3-2 中，劳动的边际产出等于实际工资确定了企业在生产可能性边界上选择的生产点，在均衡中生产可能性边界曲线斜率的绝对值等于实际工资；无差异曲线与预算约束线相切，闲暇对消费的边际替代率等于实际工资，也等于劳动的边际产出。换言之，由于居民和企业在均衡中面临着相同的实际工资，因此，居民用闲暇交换消费的比率，与企业采用生产技术将闲暇转换为消费品的比率是相等的。

3.2 静态最优化问题的求解

3.2.1 静态最优化问题形式

静态最优化指的是决策行为只在当期或同一期内发生，不涉及跨期决策的情形。静态最优化包括无约束最优化和有约束最优化两类①。

1. 无约束最优化

(1) 一阶条件即必要条件：一阶导数为0。一元函数 $y=f(x)$ 存在极值点的一阶条件为 $f'(x^*)=0$，x^* 为一个临界点，且 x^* 应位于函数定义域的内部，不能为区间端点；对于含有 n 个解释变量的多元函数 $y=F(\boldsymbol{x})$，$\boldsymbol{x}=(x_1,x_2,\cdots,x_n)$ 而言，一阶条件同样适用，区别在于多元函数存在 n 个一阶条件即 n 个偏导数为0，如式(3-1)所示。

$$\frac{\partial F}{\partial x_i}(\boldsymbol{x}^*)=0,\quad i=1,2,\cdots,n \tag{3-1}$$

(2) 二阶条件即充分条件：二阶导数小于0或大于0。对于一元函数 $y=f(x)$ 而言，其存在极大值的二阶条件为 $f''(x^*)<0$，存在极小值的二阶条件为 $f''(x^*)>0$。对于 n 元函数 $y=F(\boldsymbol{x})$ 而言，在定义域中存在 $n\times n$ 个二阶偏导数，$n\times n$ 个二阶偏导数可构成对称的海塞矩阵

$$\boldsymbol{D}^2F(\boldsymbol{x}^*)=\begin{bmatrix}\dfrac{\partial^2 F}{\partial x_1^2}(\boldsymbol{x}^*) & \cdots & \dfrac{\partial^2 F}{\partial x_n\partial x_1}(\boldsymbol{x}^*)\\ \vdots & \ddots & \vdots \\ \dfrac{\partial^2 F}{\partial x_1\partial x_n}(\boldsymbol{x}^*) & \cdots & \dfrac{\partial^2 F}{\partial x_n^2}(\boldsymbol{x}^*)\end{bmatrix}$$

函数 $y=F(\boldsymbol{x})$ 取极大值的二阶条件是海塞矩阵 $\boldsymbol{D}^2F(\boldsymbol{x}^*)$ 在临界点 $\boldsymbol{x}^*$ 处为负定的，取极小值点的充分条件是海塞矩阵 $\boldsymbol{D}^2F(\boldsymbol{x}^*)$ 为正定的。如果海塞矩阵 $\boldsymbol{D}^2F(\boldsymbol{x}^*)$ 是一个不定矩阵，则 $\boldsymbol{x}^*$ 为鞍点。函数 $y=F(\boldsymbol{x})$ 取局部极大值、局部极小值点的二阶条件分别是海塞矩阵 $\boldsymbol{D}^2F(\boldsymbol{x}^*)$ 为负半定的和正半定的。

例如，在企业利润最大化问题的求解中，假设一个企业使用 n 种要素投入用于生产一种产品 y，$\boldsymbol{x}$ 表示投入束，$y=F(\boldsymbol{x})$ 为企业的生产函数，则企业的利润函数为

$$\Pi=R(\boldsymbol{x})-C(\boldsymbol{x})=py-w_1x_1-w_2x_2-\cdots-w_nx_n \tag{3-2}$$

式中，Π 为企业的利润；$R(\boldsymbol{x})$、$C(\boldsymbol{x})$ 为收益和成本；p 为产品的价格；$\boldsymbol{w}=(w_1,w_2,\cdots,w_n)$ 为对应于要素投入 $\boldsymbol{x}=(x_1,x_2,\cdots,x_n)$ 的价格向量。在利润最大化时，利润对 $x_1\sim x_n$ 的偏导数均为零，如式(3-3)和式(3-4)所示。

$$\frac{\partial \Pi}{\partial x_i}=\frac{\partial R}{\partial x_i}(\boldsymbol{x}^*)-\frac{\partial C}{\partial x_i}(\boldsymbol{x}^*)=0 \tag{3-3}$$

① 这一部分主要参考了蒋中一和温赖特的资料，蒋中一，温赖特. 数理经济学的基本方法[M]. 刘学，顾佳峰，译. 4版. 北京：北京大学出版社，2006.

$$\frac{\partial R}{\partial x_i}(\boldsymbol{x}^*) = p\frac{\partial F}{\partial x_i}(\boldsymbol{x}^*) = w_i \tag{3-4}$$

式(3-4)表明,在利润最大化时,增加一单位投入产生的边际收益等于购买一单位投入的边际成本。在二阶充分条件中,$\boldsymbol{D}^2\Pi$ 应为负定或负半定的,即$\partial F^2/\partial {x_i}^2, i=1,2,\cdots,n$ 在 $\boldsymbol{x}^*$ 处应小于 0 或小于等于 0。

2. 有约束最优化

由于资源是相对稀缺的,经济学的重要任务是实现资源配置,最优化问题通常是在有约束的条件下进行求解的。有约束条件最优化问题的一般形式为

$$\begin{aligned}&\max \mid \min f(x_1, x_2\cdots, x_n)\\&\text{s. t. } g_j(x_1, x_2, \cdots, x_n) \geqslant 0, \quad j=1,2,\cdots,k\\&\text{s. t. } \ h_l(x_1, x_2, \cdots, x_n) = 0, \quad l=1,2,\cdots,m\end{aligned}$$

式中,函数 $f(\cdot)$为目标函数;$g_j(\cdot)$为不等式约束,$h_l(\cdot)$为等式约束,两类约束可以单独出现,也可能同时存在。

当约束条件为等式时,最优化问题一般采取构造拉格朗日函数的方法进行求解;当约束条件为不等式时,最优化问题则需要利用库恩-塔克条件求解。在本章后续部分将对两种方法进行详细介绍,本节通过一个例子对有约束条件的最优化问题进行简要说明。

对于有约束条件的最大化问题:$\max f(x_1, x_2)$, s. t. $g(x_1, x_2)=0$,其临界值 x_1^* 和 x_2^* 满足

$$\frac{f_{x_1}(x_1^*, x_2^*)}{f_{x_2}(x_1^*, x_2^*)} = \frac{g_{x_1}(x_1^*, x_2^*)}{g_{x_2}(x_1^*, x_2^*)} \quad \text{和} \quad g(x_1^*, x_2^*)=0 \tag{3-5}$$

例如,居民效用最大化的目标函数为:$\max U(x_1, x_2)$,约束条件为:$p_1x_1+p_2x_2=I$,$U(\cdot)$为效用函数,x_1 和 x_2 为两种产品,p_1 和 p_2 分别为其对应价格,I 为居民收入。如前所述,当居民效用达到最大时,无差异曲线斜率与预算约束曲线斜率相等,实现最优化的一阶条件如式(3-6)所示。

$$\frac{U_{x_1}}{U_{x_2}} = \frac{p_1}{p_2} \tag{3-6}$$

3.2.2 静态最优化的求解方法:拉格朗日方法与库恩-塔克条件

1. 等式约束与拉格朗日求解方法

求解含有约束条件的最优化问题,可以通过引入一个新的变量即拉格朗日乘子以构造拉格朗日函数,将含有约束条件的最优化问题转化为无约束最优化问题。

例如,采用拉格朗日方法求解最优化问题:$\max f(x_1, x_2)$, s. t. $g(x_1, x_2)=0$ 时,构造拉格朗日函数为

$$L(x_1, x_2, \lambda) = f(x_1, x_2) - \lambda g(x_1, x_2) \tag{3-7}$$

在构造拉格朗日函数时,其形式为"目标函数+拉格朗日乘子×(等式约束条件右侧−左侧)",或者为"目标函数−拉格朗日乘子×(等式约束条件左侧−右侧)"。

求一阶条件：

$$\frac{\partial L}{\partial x_1}=f_{x_1}(x_1,x_2)-\lambda g_{x_1}(x_1,x_2)=0$$

$$\frac{\partial L}{\partial x_2}=f_{x_2}(x_1,x_2)-\lambda g_{x_2}(x_1,x_2)=0$$

$$\frac{\partial L}{\partial \lambda}=-g(x_1,x_2)=0$$

通过上述三个一阶条件，即可解出拉格朗日函数的最优解 x_1^*、x_2^* 和 λ^*。需要说明的是，拉格朗日乘子 λ 也为影子价格，是约束条件变动对目标函数的边际影响，λ 为一个变量。

以消费者问题为例，居民效用最大化的目标函数为：$\max U(x_1,\ x_2)$，约束条件仍然为：$p_1x_1+p_2x_2=I$，构造拉格朗日函数

$$L(x_1,x_2,\lambda)=U(x_1,x_2)+\lambda(I-p_1x_1-p_2x_2) \tag{3-8}$$

求得一阶条件可得：$U_{x_1}=\lambda p_1$，$U_{x_2}=\lambda p_2$，$I=p_1x_1+p_2x_2$。经过整理易于得到式(3-6)。在已知效用函数的形式时，可以得到 x_1^*、x_2^* 和 λ^* 具体表达式。

2. 不等式约束与库恩-塔克条件

当含有约束条件的最大化问题只包含不等式约束集和非负约束集时，其形式为

$$\max \mid \min f(x_1,x_2,\cdots,x_n)$$

$$\text{s.t. } g_j(x_1,x_2,\cdots,x_n)\geqslant 0,\quad j=1,2,\cdots,k$$

$$\text{s.t. } x_i\geqslant 0,\quad i=1,2,\cdots,n$$

类似的约束条件为库恩-塔克条件，需要注意的是，约束条件中的不等式约束与非负约束是分开的。对于含有库恩-塔克条件约束的最优化问题，应使用特定的拉格朗日函数进行求解，即首先构造包含不等式约束集但不包括非负约束集的库恩-塔克拉格朗日函数 $\widetilde{L}(\cdot)$，然后再加入非负约束集成为总的拉格朗日函数 $L(\cdot)$，即

$$L(\boldsymbol{x},\lambda_j,\mu_i)=\widetilde{L}(\boldsymbol{x},\lambda_j)+\sum_{i=1}^{n}\mu_i x_i=f(\boldsymbol{x})+\sum_{j=1}^{k}\lambda_j g_j+\sum_{i=1}^{n}\mu_i x_i,\quad \lambda_j,\mu_i\geqslant 0 \tag{3-9}$$

在构造总的拉格朗日函数时，将不等式约束条件统一为“≤”不等式的形式后，可得其形式为“目标函数＋拉格朗日乘子×(不等式约束条件右侧－左侧)”。

一阶条件为

$$\frac{\partial L}{\partial x_i}\leqslant 0,\quad x_i\geqslant 0,\quad x_i\frac{\partial L}{\partial x_i}=0,i=1,2,\cdots,n$$

$$\frac{\partial L}{\partial \lambda_j}=g_j(\boldsymbol{x})\geqslant 0,\quad \lambda_j\geqslant 0,\quad \lambda_j g_j(\boldsymbol{x})=0,j=1,2,\cdots,k$$

上述两组一阶条件可以根据总的拉格朗日函数对 x_i 和 λ_j 求导，并结合条件 $\mu_i\geqslant 0$、$\lambda_j\geqslant 0$ 得来。根据一阶条件可以求得最优解 $x_1^*\sim x_n{}^*$ 和 $\lambda_1^*\sim\lambda_k{}^*$。

仍以消费者问题为例，假设居民效用最大化的目标函数为：$\max U(x_1,\ x_2)$，约束条

件修改为：$p_1x_1+p_2x_2\leqslant I, x_1\geqslant 0, x_2\geqslant 0$，则该问题成为含有库恩-塔克条件的效用最大化问题，其中库恩-塔克拉格朗日函数为

$$\widetilde{L}(\boldsymbol{x},\lambda)=U(\boldsymbol{x})+\lambda\left(I-\sum_{i=1}^{n}p_ix_i\right) \tag{3-10}$$

一阶条件为

$$\frac{\partial \widetilde{L}}{\partial x_i}=\frac{\partial U}{\partial x_i}-\lambda p_i\leqslant 0,\quad x_i\geqslant 0,\quad x_i\left(\frac{\partial U}{\partial x_i}-\lambda p_i\right)=0,\quad i=1,2$$

$$\frac{\partial \widetilde{L}}{\partial \lambda}=I-(p_1x_1+p_2x_2)\geqslant 0,\quad \lambda\geqslant 0,\quad \lambda\frac{\partial \widetilde{L}}{\partial \lambda}=\lambda[I-(p_1x_1+p_2x_2)]=0$$

根据一阶条件可以求得最优解 x_1^*、x_2^* 和 λ^*。

在含有库恩-塔克条件约束的最优化问题中，对于每一个 x_i 而言，同时存在 $L_{x_i}(\boldsymbol{x})\leqslant 0$ 和 $x_i\geqslant 0$ 两类约束，上述两类约束是同时满足的。在实现均衡或优化选择时，至少有一个约束以等式的形式成立，即 $L_{x_i}(\boldsymbol{x}^*)x_i^*=0$。在少数情况下两类约束同时以等式的形式成立。类似于 $L_{x_i}(\boldsymbol{x})\leqslant 0$ 和 $x_i\geqslant 0$ 这样一对不能同时是严格不等式的组合，称为是互补松弛的。

互补松弛的解释为，对于不等式 $x_i\geqslant 0$ 而言，若其以等式 $x_i=0$ 的形式成立，则称之为紧的，即最优解 $x_i{}^*$ 处于其允许范围的边界上；若以严格不等式 $x_i>0$ 的形式成立，则称之为松的，在距离边界处尚有一些可调整的空间，此时，不等式组中的另一个式子 $L_{x_i}(\boldsymbol{x})\leqslant 0$ 应取 $L_{x_i}(\boldsymbol{x})=0$ 以补充式子 $x_i>0$ 的松弛性，即如果一个是松的，则另一个是紧的。

关于两类约束为什么不能同时为严格不等式的问题，基于经济视角的原因解释为实现最优化的要求在逻辑上排除了两类约束同时为严格不等式的可能性。例如，将居民的效用函数对产品的消费量进行求导时，如果边际效用不为0，产品数量不为0，就不能实现最优的消费，居民会继续消费产品，直至边际效用不为0但产品数量为0时，或边际效用为0但产品数量不为0时，才能够得到居民对产品的优化消费量。

对于含有约束最优化问题的二阶条件而言，应使用加边海塞矩阵表示。当目标函数为严格拟凹时，该二阶条件自动成立，不再赘述。

当存在多个约束条件包括不等式约束、等式约束条件时，最优化问题的一般形式为

$$\begin{aligned}&\max\mid\min f(x_1,x_2,\cdots,x_n)\\&\text{s.t. } g_j(x_1,x_2,\cdots,x_n)\geqslant 0,\quad j=1,2,\cdots,k\\&\text{s.t. } h_l(x_1,x_2,\cdots,x_n)=0,\quad l=1,2,\cdots,m\end{aligned}$$

构造拉格朗日函数

$$L(\boldsymbol{x},\lambda_i,\mu_j)=f(\boldsymbol{x})+\sum_{j=1}^{k}\lambda_jg_j(\boldsymbol{x})+\sum_{l=1}^{m}\mu_lh_l(\boldsymbol{x}) \tag{3-11}$$

一阶条件为

$$\frac{\partial L}{\partial x_i}(\boldsymbol{x},\lambda,\mu)=0,\quad i=1,2,\cdots,n$$

$$\lambda_j \geqslant 0;\ g_j(\boldsymbol{x}) \geqslant 0;\ \lambda_j g_j(\boldsymbol{x}) = 0, \quad j = 1,2,\cdots,k$$

$$h_l(\boldsymbol{x}) = 0, \quad l = 1,2,\cdots,m$$

在最优化问题中如果同时包括等式约束和对变量的非负不等式约束条件，应分别根据约束类型确定相应的一阶条件。

3.2.3 比较静态分析

1. 基本的比较静态分析

在经济模型中，存在内生变量、外生变量两类变量，分别由模型本身、模型之外确定其取值。当外生变量变化时，分析内生变量最优解随之变动的方法称为比较静态分析。假设模型中仅有一个内生变量 x 和一个外生变量或参数 a，均衡解满足：$f(x^*,a)=0$，x^* 为内生变量的均衡解或最优解，$f(\cdot)$ 为可微函数。在研究 x^* 随 a 的变动而变化时，主要的方式是求解 x^* 对 a 的导数，即分析 $\mathrm{d}x^*/\mathrm{d}a$ 的符号。

假设 x^* 可表示为 a 的可微函数，记为 $x^*(a)$，代入均衡方程 $f(x^*,a)=0$ 中，可得

$$f(x^*(a),a)=0 \tag{3-12}$$

将式(3-12)对 a 进行求导，得到

$$f_x \frac{\mathrm{d}x^*}{\mathrm{d}a} + f_a = 0 \tag{3-13}$$

在式(3-13)的基础上整理得到式(3-14)。

$$\frac{\mathrm{d}x^*}{\mathrm{d}a} = -\frac{f_a(x^*,a)}{f_x(x^*,a)} \tag{3-14}$$

如果模型中含有两个内生变量和两个外生变量，甚至更多内生变量和外生变量，比较静态分析的基本原理和求解方法是一致的，即求解内生变量对外生变量的偏导数并分析其符号，不再赘述。

2. 值函数与包络定理

在这一部分，通过一个实例对值函数与包络定理进行解释说明。在含有约束条件的最优化问题中，采用包络定理进行比较静态分析是较为简便和常用的。假设有两个内生变量、一个外生变量或参数的最优化问题为

$$\max_{x_1,x_2} f(x_1,x_2,a)$$

$$\text{s.t.}\ g(x_1,x_2,a)=0$$

构造拉格朗日函数

$$L(x_1,x_2,a,\lambda) = f(x_1,x_2,a) - \lambda g(x_1,x_2,a) \tag{3-15}$$

求解一阶条件为

$$f_{x_1}(x_1,x_2,a) - \lambda g_{x_1}(x_1,x_2,a) = 0$$

$$f_{x_2}(x_1,x_2,a) - \lambda g_{x_2}(x_1,x_2,a) = 0$$

$$g(x_1,x_2,a) = 0$$

假设函数 $f(\cdot)$、$g(\cdot)$ 为二阶连续可导的，利用隐函数定理，在最优点 x_1^*、x_2^* 和

λ^*处，可以将内生变量表示为外生变量的函数，即函数 $f(x_1,x_2,a)$ 的值为 $f(x_1^*(a),x_2^*(a),a)$，记为 $V(a)$，$V(a)$ 也称为最优化问题的值函数。显然，根据值函数的形式可得，函数 $f(\cdot)$ 的最大值仅依赖于外生变量或参数。

如果将拉格朗日函数也写成外生变量的值函数形式，如式(3-16)所示。

$$V(a)=f[x_1(a),x_2(a),a]-\lambda(a)g[x_1(a),x_2(a),a] \tag{3-16}$$

将值函数对 a 求导得到

$$\frac{\partial V}{\partial a}=(f_{x_1}-\lambda g_{x_1})\frac{\mathrm{d}x_1}{\mathrm{d}a}+(f_{x_2}-\lambda g_{x_2})\frac{\mathrm{d}x_2}{\mathrm{d}a}-g\frac{\mathrm{d}\lambda}{\mathrm{d}a}+(f_a-\lambda g_a) \tag{3-17}$$

在均衡点或最优点处，有

$$\frac{\mathrm{d}x_1^*}{\mathrm{d}a}=0,\quad \frac{\mathrm{d}x_2^*}{\mathrm{d}a}=0,\quad \frac{\mathrm{d}\lambda^*}{\mathrm{d}a}=0$$

因此，均衡时值函数对 a 的导数为

$$\frac{\partial V}{\partial a}=f_a-\lambda^* g_a=\frac{\partial L}{\partial a} \tag{3-18}$$

如式(3-18)所示的特征，也称为包络定理，其表明了在最优点处值函数关于 a 的导数与拉格朗日函数关于 a 的导数之间的关系。在最优点处，分析外生变量或参数 a 的变化对均衡状态的影响时，直接将值函数对 a 求导即可得到外生变量的变动对目标函数最优值的影响。换言之，在最优解处可以通过直接求拉格朗日函数关于外生变量的偏导数进行分析，不必关注内生变量与 a 的关系或函数形式。

一般化地，假设最优化问题为

$$\begin{aligned}&\max f(x_1,x_2,\cdots,x_n,a_1,a_2,\cdots,a_k)\\&\text{s.t. } g_j(x_1,x_2,\cdots,x_n,a_1,a_2,\cdots,a_k)=0,\quad j=1,2,\cdots,m\end{aligned}$$

记内生变量向量 $\boldsymbol{x}=(x_1,x_2,\cdots,x_n)$，外生变量向量 $\boldsymbol{a}=(a_1,a_2,\cdots,a_k)$，则值函数的形式为 $V=(\boldsymbol{a})$，拉格朗日函数的形式为 $L=(\boldsymbol{x},\boldsymbol{a})=f(\boldsymbol{x},\boldsymbol{a})-g(\boldsymbol{x},\boldsymbol{a})$。例如，将值函数、拉格朗日函数对外生变量或参数 a_k 求导，得到包络定理的表述为

$$\frac{\partial V}{\partial a_k}=f_{a_k}-\sum_{j=1}^{m}\lambda_j\frac{\partial g_j}{\partial a_k}=\frac{\partial L}{\partial a_k} \tag{3-19}$$

对于最优化问题的一种特殊情况，类似于

$$\begin{aligned}&\max f(x_1,x_2,\cdots,x_n)\\&\text{s.t. } g_j(x_1,x_2,\cdots,x_n)+a_j=0, j=1,2,\cdots,m\end{aligned}$$

外生变量 $a_1\sim a_m$ 仅作为约束常数出现在约束条件中，不出现在目标函数中。同样，记 $\boldsymbol{x}=(x_1,x_2,\cdots,x_n)$，$\boldsymbol{a}=(a_1,a_2,\cdots,a_m)$，值函数形式为 $V(\boldsymbol{a})$，拉格朗日函数为 $L=(\boldsymbol{x},\boldsymbol{a})=f(\boldsymbol{x})-g(\boldsymbol{x},\boldsymbol{a})$，假设将值函数、拉格朗日函数对外生变量 a_j 求导并应用包络定理可得

$$\frac{\partial V}{\partial a_j}=\lambda_j^*=\frac{\partial L}{\partial a_j} \tag{3-20}$$

通过包络定理，可以对最优化问题中的拉格朗日乘子进行解释。式(3-20)表明在最优解处，$\lambda_j^*>0$ 时，拉格朗日乘子度量了约束的微小变动对值函数的影响；$\lambda_j^*=0$ 时，约束在最优点处不起作用，约束的微小变动对值函数和最优解没有影响。

3.3 离散型动态最优化问题的求解：动态规划

3.3.1 离散型动态最优化问题形式

在现实中，经济主体通常需要对涉及现在和未来的问题做出跨期决策，最优化问题由同一期扩展到多期甚至是无穷期，即出现了动态最优化问题。按照时间特征和变量表示方式不同，动态最优化问题分为离散型动态最优化问题和连续型动态最优化问题，本节介绍离散型动态最优化问题。实际上，离散型动态最优化问题可以采用静态最优化求解方法中的拉格朗日方法进行求解，也可以采用动态最优化问题专门的求解方法即动态规划(dynamic programming，DP)方法进行求解。

离散型动态最优化问题还可以进一步细分为确定性情形和随机情形，其中确定性情形下的目标函数和约束条件为

$$\max_{\boldsymbol{u}}\sum_{t=0}^{\infty}\beta^t f(\boldsymbol{x}_t,\boldsymbol{u}_t)$$

$$\text{s. t. } \boldsymbol{x}_{t+1}=g(\boldsymbol{x}_t,\boldsymbol{u}_t)$$

式中，β 为贴现因子，$0<\beta<1$；$f(\boldsymbol{x}_t,\boldsymbol{u}_t)$为第 t 期的目标函数；$\boldsymbol{x}_t$ 为状态变量(或向量)；$\boldsymbol{u}_t$ 为控制变量(或向量)。对于离散型动态最优化问题，其目标函数是采用各期目标函数值贴现后加和的方式表示的。

随机情形的离散型动态最优化问题为

$$\max_{\boldsymbol{u}} E_0\sum_{t=0}^{\infty}\beta^t f(\boldsymbol{x}_t,\boldsymbol{u}_t)$$

$$\text{s. t. } \boldsymbol{x}_{t+1}=g(\boldsymbol{x}_t,\boldsymbol{u}_t,\boldsymbol{\varepsilon}_{t+1})$$

式中，E_0 为条件期望算子；$\boldsymbol{\varepsilon}_t$ 为服从独立同分布的随机扰动项(或向量)。

在最基本的两部门动态一般均衡模型中，假设市场是完全竞争的，经济中包括居民和企业两类经济主体。具体而言：居民在预算约束下，做出关于消费、劳动供给和投资的决策；企业则是在给定工资和租金率以及生产技术的情形下，选择租用多少资本、雇用多少劳动以实现其利润最大化。各个市场均出清时，经济达到均衡状态即稳态。

对于居民而言，其目标函数为

$$\max_{C,L,K_{t+1}}\sum_{t=0}^{\infty}\beta^t U(C_t,1-L_t)$$

式中，β 为贴现因子，$\beta=1/(1+\rho)$，ρ 为贴现率；$U(\cdot)$为第 t 期的效用函数；C_t 为消费；L_t 为劳动力投入或劳动时间，由于总的时间标准化为 1，因此，$1-L_t$ 代表闲暇。

将目标函数展开可得

$$\max U(C_0,1-L_0)+\beta U(C_1,1-L_1)+\beta^2 U(C_2,1-L_2)+\cdots+\beta^t U(C_t,1-L_t)+\cdots$$

效用函数也称为是相加可分离的。

居民面临的预算约束为

$$\text{s.t.}\ C_t+I_t=R_tK_t+W_tL_t$$

式中，I_t 为投资；K_t 为第 t 期的资本存量；R_t、W_t 分别为资本的租金率和劳动力的工资。

资本的动态累积方程是

$$K_{t+1}=(1-\delta)K_t+I_t$$

式中，K_{t+1} 为第 $t+1$ 期的资本存量；δ 为折旧率。

变量 K_t 连接两期，体现出模型的动态特征。在第 0 期，资本存量 K_0 是给定的，居民通过选择 C_0，L_0，I_0 可推出 K_1。其中，K_t 在每期期初是给定的，居民不能自由选择，属于状态变量(state variable)；变量 C_t，L_t，I_t 是通过选择可以改变下一期状态的变量，称为控制变量(control variable)。由于投资的选择主要影响下一期的资本存量，在一般的优化选择中通常将居民的优化选择变量设定为三个，分别是 C_t，L_t，K_{t+1}。

对于企业而言，其生产函数或技术约束为

$$Y_t=A_tK_t^{\alpha}L_t^{1-\alpha}$$

式中，Y_t 为产出水平；A_t 为技术水平或全要素生产率；α 为份额参数，为资本收入占总产出的比重，体现了资本的重要程度或生产的资本密集度。

企业的目标函数为

$$\max_{K_t,L_t} A_tK_t^{\alpha}L_t^{1-\alpha}-R_tK_t-W_tL_t$$

对资本、劳动求导，得到一阶条件为

$$R_t=A_t\alpha K_t^{\alpha-1}L_t^{1-\alpha}=A_t\alpha\left(\frac{K_t}{L_t}\right)^{\alpha-1}$$

$$W_t=A_t(1-\alpha)K_t^{\alpha}L_t^{-\alpha}=A_t(1-\alpha)\left(\frac{K_t}{L_t}\right)^{\alpha}$$

需要说明的是，当期产品的价格确定为基准价格，标准化为 1，产出、消费、投资的价格均为 1。生产函数通常设定为规模报酬不变的，以便于求解模型的稳态，如果是规模报酬递减或规模报酬递增的，模型难以求得均衡解。

在均衡时，产品市场、要素市场均满足出清条件，其中产品市场的出清方程为

$$Y_t=C_t+I_t$$

对于资本市场、劳动市场而言，由于没有区分 $K_t^{\,d}$ 和 $K_t^{\,s}$、$L_t^{\,d}$ 和 $L_t^{\,s}$，直接使用统一的资本变量 K_t、劳动变量 L_t 标识，隐含要素市场出清条件成立。

在包括居民和企业的两部门动态一般均衡模型中，企业的最优化问题是静态无约束问题，易于求解其优化方程。与之相比，居民的最优化问题是动态有约束问题，其求解相对复杂，一方面可以采用拉格朗日方法进行求解，另一方面也可以选用动态规划方法进行求解，两种求解方法得到的结果是一致的。

3.3.2 离散型动态最优化问题求解：贝尔曼方程与动态规划

动态规划方法求解的是动态系统的多阶段决策问题，例如居民在不同时期关于消费、投资等最优决策问题。其核心原理是，假如在某一期得到最优解，那么该最优解使得其余时期也一定是最优的策略。在动态规划中，一般首先将无穷期的问题转化为两期问题，写出贝尔曼(Bellman)方程，然后再采用值函数和包络定理的方法进行求解。

以居民的无限期最优化问题为例，即

$$\max_{C_t, L_t, K_{t+1}} \sum_{t=0}^{\infty} \beta^t U(C_t, 1-L_t)$$

$$\text{s.t. } C_t + I_t = R_t K_t + W_t L_t$$

$$K_{t+1} = (1-\delta) K_t + I_t$$

在每一期的期初，资本存量是确定的，因此当求得每一期的值函数时，可以将其视为资本存量的函数，即各期的值函数序列为：$V_0(K_0), V_1(K_1), V_2(K_2), \cdots, V_t(K_t), \cdots$。

如果将第 0 期到第∞期的整个时间区间划分为两期，则可以得到第 0 期的值函数及约束条件为

$$V_0(K_0) = \max_{C_0, L_0, K_1} \underbrace{U(C_0, 1-L_0)}_{\text{第0期效用函数}} + \underbrace{\beta V_1(K_1)}_{\text{第1期及之后所有最大值贴现}}$$

$$\text{s.t. } C_0 + K_1 = (1-\delta) K_0 + f(K_0, L_0)$$

值函数 $V_1(K_1)$ 的形式为

$$V_1(K_1) = \max_{C_s, L_s, K_{s+1}} \sum_{s=1}^{\infty} \beta^s U(C_s, 1-L_s)$$

在进行转换后，居民效用最大化求解的无穷期问题实际上就转化为了两期问题。将两期问题一般化，得到第 t 期的值函数及约束条件为

$$V_t(K_t) = \max_{C_t, L_t, K_{t+1}} \underbrace{U(C_t, 1-L_t)}_{\text{第}t\text{期效用函数}} + \underbrace{\beta V_{t+1}(K_{t+1})}_{\text{第}t+1\text{期及之后所有最大值贴现}} \tag{3-21}$$

$$\text{s.t. } C_t + K_{t+1} = (1-\delta) K_t + f(K_t, L_t) \tag{3-22}$$

其中，式(3-21)称为贝尔曼方程。值函数 $V_{t+1}(K_{t+1})$ 的形式为

$$V_{t+1}(K_{t+1}) = \max_{C_s, L_s, K_{s+1}} \sum_{s=t+1}^{\infty} \beta^s U(C_s, 1-L_s) \tag{3-23}$$

在贝尔曼方程式(3-21)和约束条件式(3-22)的基础上，构造拉格朗日函数

$$L = U(C_t, 1-L_t) + \beta V_{t+1}(K_{t+1}) + \mu_t [f(K_t, L_t) + (1-\delta) K_t - C_t - K_{t+1}] \tag{3-24}$$

将式(3-24)对消费 C_t、劳动 L_t 和第 $t+1$ 期的资本存量 K_{t+1} 求导，得到一阶条件为

$$U_C - \mu_t = 0 \tag{3-25}$$

$$-U_L + \mu_t f_L = 0 \tag{3-26}$$

$$\beta V'_K(K_{t+1}) - \mu_t = 0 \tag{3-27}$$

在效用函数 $U(\cdot)$ 和生产函数 $f(\cdot)$ 形式已知时，易于求得 U_C、U_L 和 f_L 的值。然而，式(3-27)中值函数对第 $t+1$ 期资本存量求导的结果 $V'_K(K_{t+1})$ 是未知的。

通过分析拉格朗日函数或第 t 期值函数的形式，即

$$V_t(K_t)=L=U(C_t,1-L_t)+\beta V_{t+1}(K_{t+1})+\mu_t[f(K_t,L_t)+(1-\delta)K_t-C_t-K_{t+1}] \tag{3-28}$$

应用包络定理，将式(3-28)对 K_t 求导得到

$$V'_K(K_t)=\mu_t[f_K+(1-\delta)] \tag{3-29}$$

在式(3-29)的基础上进行类推，得到在 $t+1$ 期值函数对资本存量的导数为

$$V'_K(K_{t+1})=\mu_{t+1}[f_K(K_{t+1},L_{t+1})+(1-\delta)] \tag{3-30}$$

将式(3-30)代入式(3-27)中，得到

$$\beta\mu_{t+1}[f_K(K_{t+1},L_{t+1})+(1-\delta)]-\mu_t=0 \tag{3-31}$$

即

$$\beta\mu_{t+1}[f_K(K_{t+1},L_{t+1})+(1-\delta)]=\mu_t \tag{3-32}$$

对于居民而言，其对当期消费、当期劳动力投入和下一期资本存量的优化选择行为可以分别由式(3-25)、式(3-26)和式(3-32)描述。

式(3-32)也称为欧拉方程或无套利条件。综合式(3-25)和式(3-32)，得到欧拉方程的更一般形式：

$$\beta U_C(C_{t+1},1-L_{t+1})[f_K(K_{t+1},L_{t+1})+(1-\delta)]=U_C \tag{3-33}$$

3.3.3　动态规划方法与拉格朗日方法求解结果的一致性

在离散型动态最优化问题的求解中，使用动态规划方法与拉格朗日函数方法得到的结果是完全一致的。本小节将对这一问题进行说明，并采用简单的经济学直觉方法进行验证。对于 3.3.1 小节中居民的无限期效用最大化问题，即

$$\max_{C_t,L_t,K_{t+1}}\sum_{t=0}^{\infty}\beta^t U(C_t,1-L_t)$$
$$\text{s.t. } C_t+I_t=R_tK_t+W_tL_t$$
$$K_{t+1}=(1-\delta)K_t+I_t$$

构造拉格朗日函数

$$L_t=\sum_{t=0}^{\infty}\beta^t\{U(C_t,1-L_t)+\mu_t[f(K_t,L_t)+(1-\delta)K_t-C_t-K_{t+1}]\} \tag{3-34}$$

将式(3-34)对消费 C_t、劳动 L_t 和第 $t+1$ 期的资本存量 K_{t+1} 求导，得到一阶条件为

$$U_C-\mu_t=0 \tag{3-25$'$}$$

$$-U_L+\mu_t f_L=0 \tag{3-26$'$}$$

$$\beta\mu_{t+1}[f_K(K_{t+1},L_{t+1})+(1-\delta)]=\mu_t \tag{3-32$'$}$$

显然，采用拉格朗日方法的求解结果式(3-25)′、式(3-26)′、式(3-32)′，与应用动态规划方法的求解结果式(3-25)、式(3-26)、式(3-32)是完全一致的。与拉格朗日方法相比，动态规划方法更适合于求解复杂问题和不确定性问题。

实际上，根据无套利条件的基本思想，可以采用一个简单的经济学直觉方法，验证拉格朗日方法和动态规划方法的求解结果。以居民在第 t 期、第 $t+1$ 期两期的选择为例，

假设居民在第 t 期减少消费 ΔC_t，用于第 $t+1$ 期的储蓄和投资，获得收益为$[f_{K,t+1}+(1-\delta)]\Delta C_t$，其中包括资本的边际产品收益以及折旧后返还给居民的剩余资本；对应地，居民在第 t 期减少的效用为 $U_C\Delta C_t$，将第 $t+1$ 期获得的收益用于消费，则可以获得效用增加为 $U_{C,t+1}[f_{K,t+1}+(1-\delta)]\Delta C_t$，第 $t+1$ 期增加的效用经贴现后应等于第 t 期减少的效用，整理得到

$$U_C\Delta C_t=\beta U_C(C_{t+1},1-L_{t+1})[f_K(K_{t+1},L_{t+1})+(1-\delta)]\Delta C_t \tag{3-35}$$

经化简后得到

$$U_C=\beta U_C(C_{t+1},1-L_{t+1})[f_K(K_{t+1},L_{t+1})+(1-\delta)] \tag{3-33$'$}$$

式(3-33)′与式(3-33)的形式一致。

3.4 连续型动态最优化问题的求解：最优控制

3.4.1 连续型动态最优化问题形式

本部分主要参考了 Barro 和 Sala-i-Martin 数学方法附录中连续时间下动态最优化的相关内容①。当时间可以无限细分时，如由第 t 期过渡到第 $t+\Delta t$ 期时，如果 Δt 是一个时间单位，则为离散型动态最优化问题；如果取右极限即 $\Delta t\to 0$，则成为连续型动态优化问题。连续型动态优化问题的求解可以采用最优控制理论，最优控制理论是变分法的推广和一般化，其求解过程更多体现了经济学直觉，有助于加深对经济问题的理解。

在最优控制理论中，同样存在状态变量或向量 $\boldsymbol{x}(t)$、控制变量或向量 $\boldsymbol{u}(t)$，也存在对状态变量和控制变量的约束条件，有限时间水平和自由端点的典型连续型动态最优化问题为

$$\max J=\int_{t_0}^{t_1}V(t,\boldsymbol{x}(t),\boldsymbol{u}(t))\mathrm{d}t \tag{3-36}$$

$$\text{s. t. } \dot{\boldsymbol{x}}(t)=g(t,\boldsymbol{x}(t),\boldsymbol{u}(t)) \tag{3-37}$$

$$\boldsymbol{x}(t_0)=\boldsymbol{x}_0,\quad \boldsymbol{x}(t_1)\text{ 为自由端点} \tag{3-38}$$

目标函数式(3-36)为在第 t_0 时期到第 t_1 时期上对函数 $V(\cdot)$积分的最大化，$V(\cdot)$是时间变量、状态变量、控制变量的函数；约束条件式(3-37)可以将控制变量视为对状态变量变化率的控制，也称为运动方程(或状态方程、转移方程)，$g(\cdot)$称为转移函数，用于描述系统的动态特征；在式(3-38)中，需要说明的是，$\boldsymbol{x}(t_0)$作为状态变量的初始值，一般是给定的；状态变量的终值 $\boldsymbol{x}(t_1)$是自由决定的，$\boldsymbol{x}(t_1)$也称为自由端点。

约束条件表示，给定状态变量值，任何时刻控制变量 $\boldsymbol{u}(t)$的选择将如何在时间上驱使状态变量 $\boldsymbol{x}(t)$变化，即如果知道最优控制变量路径，运动方程将构造出对应的最优状态变量路径。当存在多个运动方程时，其形式为

$$\dot{x}_n(t)=g^n(t,\boldsymbol{x}(t),\boldsymbol{u}(t)),\quad n=1,2,\cdots,N \tag{3-39}$$

① 巴罗，萨拉-伊-马丁. 经济增长[M]. 夏俊，译. 2 版. 上海：格致出版社，2010.

由于经济主体能够主导的只有控制变量，在转移函数中，至少应存在一个控制变量，否则转移方程不会受到经济主体选择的控制。

3.4.2 连续型动态最优化问题求解：汉密尔顿函数与最优控制

1. 共态变量与汉密尔顿函数

在最优控制理论中，核心的内容是最大值原理。最大值原理是一组仅在最优路径上成立的一阶必要条件，涉及汉密尔顿函数、共态变量等概念。在连续型动态最优化问题中，不仅包括时间变量 t、状态变量 $\boldsymbol{x}(t)$、控制变量 $\boldsymbol{u}(t)$，而且包括另一类新的变量，即共态变量或辅助变量 λ。由于共态变量也是时间 t 的函数，应表示为 $\lambda(t)$。共态变量类似于拉格朗日乘子，度量的是相应状态变量的影子价格，其通过汉密尔顿函数进入最优控制问题。

汉密尔顿函数 $H(\cdot)$通常定义为

$$H(t,x(t),u(t),\lambda(t))=V(t,x(t),u(t))+\lambda(t)g(t,x(t),u(t)) \tag{3-40}$$

式中，$V(\cdot)$为被积函数；$g(\cdot)$为转移方程中右侧部分即 $\dot{x}$ 的表达式；$\lambda(t)$为共态变量。汉密尔顿函数在连续型动态最优化问题的求解中至关重要。

2. 连续型动态最优化问题的求解过程

本节通过求解一个居民效用最大化问题，对连续型动态最优化问题求解的一阶条件即必要条件进行说明。假设连续型动态最优化问题为

$$\max J(0)=\int_0^T V(t,k(t),c(t))\mathrm{d}t$$

$$\text{s.t.}\ \dot{k}(t)=g(t,k(t),c(t))$$

$$k(0)=k_0,k(T)\mathrm{e}^{-\bar{r}(t)T}\geqslant 0$$

式中，$J(0)$为在初始时刻 $t=0$ 时的目标函数值；T 为有限或无限的最终时点；$V(\cdot)$为被积函数，其典型形式为 $V(t,k(t),c(t))=\mathrm{e}^{-\rho t}u(c(t))$；$\rho$ 为贴现率；$u(\cdot)$为效用函数。在本例中，$k(t)$是状态变量，$c(t)$是控制变量。转移方程表示了控制变量与状态变量的关系，$g(\cdot)$为转移函数。初始条件即 $k(0)=k_0$ 是给定的和已知的，$\bar{r}(t)$代表在第 0 期和第 T 期之间适用的平均贴现率，$k(T)\mathrm{e}^{-\bar{r}(t)T}\geqslant 0$ 表示在结束时状态变量的贴现为非负值，也就避免了连环式信贷骗局或庞氏骗局的问题。

对于该问题，可以构造拉格朗日函数

$$L=\int_0^T\{V(t,k(t),c(t))+\lambda(t)[g(t,k(t),c(t))-\dot{k}(t)]\}\mathrm{d}t+\mu k(T)\mathrm{e}^{-\bar{r}(t)T} \tag{3-41}$$

式中，$\lambda(t)$和 μ 分别为约束条件对应的拉格朗日乘子。

将拉格朗日函数式(3-41)写为

$$L=\int_0^T\{V(t,k(t),c(t))+\lambda(t)g(t,k(t),c(t))\}\mathrm{d}t-\int_0^T\lambda(t)\dot{k}(t)\mathrm{d}t+\mu k(T)\mathrm{e}^{-\bar{r}(t)T} \tag{3-42}$$

应用分部积分法，将式(3-42)改写为包含汉密尔顿函数的形式，如式(3-43)、式(3-44)所示。

$$L=\int_0^T\{V(t,k(t),c(t))+\lambda(t)g(t,k(t),c(t))\}\mathrm{d}t$$
$$+\int_0^T\dot{\lambda}(t)k(t)\mathrm{d}t+\lambda(0)k_0-\lambda(T)k(T)+\mu k(T)\mathrm{e}^{-\bar{r}(t)T} \tag{3-43}$$

$$L=\int_0^T H(t,k(t),c(t),\lambda(t))\mathrm{d}t+\int_0^T\dot{\lambda}(t)k(t)\mathrm{d}t+\lambda(0)k_0-\lambda(T)k(T)+\mu k(T)\mathrm{e}^{-\bar{r}(t)T} \tag{3-44}$$

其中，$H(t,k(t),c(t),\lambda(t))=V(t,k(t),c(t))+\lambda(t)g(t,k(t),c(t))$。

拉格朗日函数可进一步整理为

$$L=\int_0^T\{H(t,k(t),c(t),\lambda(t))+\dot{\lambda}(t)k(t)\}\mathrm{d}t+\lambda(0)k_0-\lambda(T)k(T)+\mu k(T)\mathrm{e}^{-\bar{r}(t)T} \tag{3-45}$$

令 $k^*(t)$、$c^*(t)$分别为状态变量和控制变量的最优时间路径，设任意一个扰动函数 $m_1(t)$对控制变量的最优路径 $c^*(t)$进行扰动，得到控制变量的相邻路径为

$$c(t)=c^*(t)+\varepsilon m_1(t) \tag{3-46}$$

式中，ε 为一个任意小的数。通过预算约束和边界条件，扰动函数也会对 $k(t)$、$k(T)$产生影响，如式(3-47)和式(3-48)所示。

$$k(t)=k^*(t)+\varepsilon m_2(t) \tag{3-47}$$

$$k(T)=k^*(T)+\varepsilon\mathrm{d}k(T) \tag{3-48}$$

式中，$m_2(t)$、$\mathrm{d}k(T)$分别为状态变量及其最终值的扰动函数。当 $\varepsilon\to 0$ 时，有 $c(t)\to c^*(t)$，$k(t)\to k^*(t)$，$k(T)\to k^*(T)$。

原拉格朗日函数为

$$L=\int_0^T\{H(t,k(t),c(t),\lambda(t))+\dot{\lambda}(t)k(t)\}\,\mathrm{d}t+\lambda(0)k_0-\lambda(T)k(T)+\mu k(T)\mathrm{e}^{-\bar{r}(t)T} \tag{3-45$'$}$$

将拉格朗日函数改写为 ε 的函数 $L(\cdot)$，其形式如式(3-49)所示。

$$L(\varepsilon)=\int_0^T\{H(t,k(\varepsilon),c(\varepsilon),\lambda(t))+\dot{\lambda}(t)k(\varepsilon)\}\,\mathrm{d}t$$
$$+\lambda(0)k_0-\lambda(T)k(T,\varepsilon)+\mu k(T,\varepsilon)\mathrm{e}^{-\bar{r}(t)T} \tag{3-49}$$

将拉格朗日函数式(3-49)对 ε 求导，并令其等于 0，可得

$$\frac{\partial L}{\partial\varepsilon}=\int_0^T\left\{\frac{\partial H}{\partial c}m_1(t)+\left[\frac{\partial H}{\partial k}+\dot{\lambda}(t)\right]m_2(t)\right\}\mathrm{d}t+[-\lambda(T)+\mu\mathrm{e}^{-\bar{r}(t)T}]\mathrm{d}k(T)=0 \tag{3-50}$$

由于 $m_1(t)$、$m_2(t)$和 $\mathrm{d}k(T)$为任意扰动项，只有当式(3-50)中各扰动前的每个分量都等于 0 时，方能使得拉格朗日函数式对 ε 求导为 0 恒成立，即

$$\frac{\partial H}{\partial c}=0 \tag{3-51}$$

$$\frac{\partial H}{\partial k}+\dot{\lambda}(t)=0 \tag{3-52}$$

$$\lambda(T)=\mu e^{-\bar{r}(t)T} \tag{3-53}$$

式(3-51)～式(3-53)也称为连续型动态最优化问题求解的一阶条件即必要条件。根据一阶条件可得,汉密尔顿函数对控制变量的偏导数为 0,这决定了控制变量的最优路径;汉密尔顿函数对状态变量的偏导数等于负的共态变量导数,式(3-52)与转移方程一起称为欧拉方程,欧拉方程决定了状态变量和共态变量的路径,两个方程的结合才能有效实现微分方程的求导;共态变量的期末值等于拉格朗日乘子 μ 的贴现值。式(3-51)、式(3-52)合在一起可以构成最大值原理的基本表述。

在被积函数和转移函数满足一定特征时,连续型动态最优化问题的必要条件式(3-51)～式(3-53)也成为充分条件。其中,被积函数 $V(t,k(t),c(t))$是可微的凹函数。转移函数 $g(t,k(t),c(t))$满足三种情况之一:转移函数是线性的;转移函数是凹的且 $\lambda(t)\geqslant 0$;转移函数是凸的且 $\lambda(t)\leqslant 0$。

3. 横截性条件的说明和求解步骤总结

在求解连续型动态最优化问题时,一阶条件即必要条件是最为重要的。同时,连续型动态最优化问题的求解还需要两个边界条件,分别为起始边界条件和横截性条件,起始边界条件一般是给定的。如 $k(0)=k_0$。

对于横截性条件 $k(T)e^{-\bar{r}(t)T}\geqslant 0$ 而言,意味着 $k(T)\geqslant 0$;在拉格朗日函数中,与横截性条件相关的条件要求 $\mu k(T)e^{-\bar{r}(t)T}=0$,其中 $\mu\geqslant 0$;一阶条件式(3-53)明确了 $\lambda(T)=\mu e^{-\bar{r}(t)T}$;综合上述信息,可以将互补松弛条件改写为

$$\lambda(T)k(T)=0 \tag{3-54}$$

该条件表明,如果第 T 期剩余的资本存量 $k(T)$大于 0,则其价格 $\lambda(T)$一定为 0。换言之,如果第 T 期资本的价格 $\lambda(T)$大于 0,则一定不会有剩余的资本存量,即 $k(T)$必定等于 0。

当将连续型动态最优化问题扩展到无限时域时,即 $T\to\infty$时,横截性条件 $\lambda(T)k(T)=0$ 随之变为

$$\lim_{t\to\infty}[\lambda(t)k(t)]=0 \tag{3-55}$$

如式(3-55)所示的横截性条件表明,当 $t\to\infty$时,如果资本存量仍趋近于正数,则其价格必定趋近于 0,反之亦然。

在本节中,主要通过最优控制方法求解连续型动态最优化问题的一阶条件,然后可以通过解微分方程组求得稳态值,对求解步骤进行总结可得:

第一步,构造汉密尔顿函数,其包括两个部分,分别是被积函数、拉格朗日乘子和转移函数乘积。

第二步,求解一阶条件之一:将汉密尔顿函数对控制变量求导数,并使其等于 0。

第三步,求解一阶条件之二:将汉密尔顿函数对状态变量求导数,并令其等于拉格朗日乘子关于时间导数的负数。

第四步，确定横截性条件，有限时域下的横截性条件为式(3-54)，无限时域下的横截性条件为式(3-55)。

第五步，根据第二步和第三步求得的一阶条件以及模型中的转移方程，构建控制变量和状态变量的微分方程组，求解其稳态值。

第六步，根据参数取值、边界条件和横截性条件，给出控制变量和状态变量的具体取值。

本章习题

1. 请解释什么是一般均衡。
2. 采用动态规划方法，对居民的无限期效用最大化问题进行求解。具体形式例如：

$$\max_{C_t, L_t, K_{t+1}} \sum_{t=0}^{\infty} \beta^t U(C_t, 1-L_t)$$

$$\text{s.t.} \quad C_t + I_t = R_t K_t + W_t L_t$$

$$K_{t+1} = (1-\delta) K_t + I_t$$

3. 在第 2 题的基础上，验证动态规划方法与拉格朗日方法求解结果的一致性。

第 4 章　索洛模型及其扩展形式

对于经济增长和分析的数理描述，最基本和最简化的应该是索洛模型。由于索洛模型的设定简明、逻辑清楚，几乎所有的高级宏观经济学教材中，都将索洛模型作为经济增长的入门部分进行介绍。同时，索洛模型也是更为一般化和复杂化经济模型的基础，理解索洛模型对于其他各类经济增长模型的学习十分重要。本章将在 Romer①、Sorensen 和 Whitta-Jacobsen②、Acemoglu③ 的基础上，对索洛模型的基本原理及其扩展形式进行简要介绍④。

4.1　基本的索洛模型

4.1.1　生产行为的基本特征

在封闭经济中，基本的索洛模型主要包括两类经济主体：代表性家庭即居民或消费者，企业即厂商或生产者。在产品市场上，供给是指企业生产的总产出，需求为消费和投资两者之和。因此，产出可以用于消费，或者通过储蓄投资转化为资本；在要素市场上，家庭部门拥有物质资本存量、劳动力并将其租赁或提供给企业使用。由于索洛模型的一个核心假设是储蓄率外生，因此，在该类模型中重点分析的是企业的行为特征。或者可以认为，在索洛模型中家庭行为和市场特征均被弱化，存在一个家庭和企业的复合体，其拥有要素、持有技术并将要素转化为产品。

1. 生产函数的规模报酬不变假设

假设经济中存在一个代表性的企业，所有生产活动都是在这个追求利润最大化的企业中进行的。在第 t 时期，企业投入资本要素 K_t、劳动力 L_t 进行产品的生产，产出水平为 Y_t，则企业的生产函数可表述为

$$Y_t = F(K_t, L_t) \tag{4-1}$$

式中，$F(\cdot)$为生产函数。需要注意的是，在式(4-1)中，时间因素不是以直接的方式，而是以间接的方式即通过资本、劳动进入生产函数中，产出、劳动和资本等变量均含有时间下标 t，模型为离散形式。

索洛模型中生产函数的基本假设为，生产函数对资本存量、劳动要素而言是规模报酬

① 罗默. 高级宏观经济学[M]. 王根蓓，译. 3 版. 上海：上海财经大学出版社，2009.

② 索伦森，惠特-雅各布森. 高级宏观经济学导论：增长与经济周期[M]. 王文平，赵峰，译. 2 版. 北京：中国人民大学出版社，2012.

③ 阿西莫格鲁. 现代经济增长导论：上册[M]. 唐志军，徐浩庆，谌莹，译. 北京：中信出版社，2019.

④ 需要说明的是，在本章以及其他章节中，主要采用离散形式进行模型特征和设定方式的描述。

不变的，如式(4-2)所示。

$$F(cK_t, cL_t) = cF(K_t, L_t), \quad c \geqslant 0 \tag{4-2}$$

规模报酬不变的假设说明两种投入都增加一定比例时，产出也会增加相同的比例。规模报酬不变的假设有利于模型稳态或均衡的求解。

2. 生产函数的凹性特征与稻田条件

在生产函数的其他特征方面，索洛模型中的其他假定为：

(1) 假设资本的边际产出和劳动的边际产出为正，记 $F_K(K_t, L_t)$ 为生产函数对资本 K_t 的偏导数，$F_L(K_t, L_t)$ 为生产函数对劳动力 L_t 的偏导数，则 $F_K(K_t, L_t)>0$ 和 $F_L(K_t, L_t)>0$。

(2) 随着要素投入的增加，其边际产出是递减的，即符合边际报酬递减规律，记 F_{KK} 为生产函数对资本 K 的二阶偏导数，F_{LL} 为对劳动力的二阶偏导数，则 $F_{KK}(K_t, L_t)<0$，$F_{LL}(K_t, L_t)<0$。

(3) 对于资本和劳动两种要素而言，当一种要素增加时，另一种要素的边际产出增加，即 $F_{KL}(K_t, L_t)=F_{LK}(K_t, L_t)>0$。

显然，生产函数应是凹函数。除了上述假定之外，还需要对生产函数 $F(\cdot)$ 做出一类重要的假定，即稻田条件(Inada conditions)，如式(4-3)和式(4-4)所示。

$$\lim_{K\to 0} F_K(K_t, L_t) = \lim_{L\to 0} F_L(K_t, L_t) = \infty \tag{4-3}$$

$$\lim_{K\to \infty} F_K(K_t, L_t) = \lim_{L\to \infty} F_L(K_t, L_t) = 0 \tag{4-4}$$

3. 利润最大化的求解

在生产函数假设下即生产技术水平给定时，完全竞争市场中的企业会选择资本和劳动要素投入使得利润最大化，其目标函数为

$$\Pi_t = Y_t - R_t K_t - W_t L_t = F(K_t, L_t) - R_t K_t - W_t L_t \tag{4-5}$$

式中，Π_t 为第 t 期企业的利润水平；R_t、W_t 分别为资本要素和劳动要素的价格，即租金率和工资。

将式(4-5)对资本要素、劳动要素分别求导，可得一阶条件或企业利润最大化的必要条件为

$$F_K(K_t, L_t) = R_t \tag{4-6}$$

$$F_L(K_t, L_t) = W_t \tag{4-7}$$

完全竞争市场中追求利润最大化的企业会按照要素的边际产出等于要素实际价格的原则选择要素的优化投入量。

满足索洛模型中规模报酬不变、一阶导数为正且二阶导数为负、稻田条件等假设的一种常用生产函数为柯布-道格拉斯生产函数，函数形式为

$$Y_t = K_t^{\alpha} L_t^{1-\alpha} \tag{4-8}$$

式中，α 为份额参数，代表资本在产品生产中的重要程度。

根据柯布-道格拉斯生产函数求得资本要素和劳动要素优化投入的一阶条件为

$$R_t = \alpha K_t^{\alpha-1} L_t^{1-\alpha} = \alpha \left(\frac{K_t}{L_t}\right)^{\alpha-1} \tag{4-9}$$

$$W_t = (1-\alpha)K_t^{\alpha}L_t^{-\alpha} = (1-\alpha)\left(\frac{K_t}{L_t}\right)^{\alpha} \tag{4-10}$$

4. 人均形式生产函数及其特征

除了产出水平之外，人均产出也是衡量一个经济体发展程度的重要指标，在国内外经典文献中也将索洛模型改写为人均形式，将生产函数式(4-1)两侧同时除以劳动力 L_t，结合生产函数规模报酬不变的假设，得到

$$\frac{Y_t}{L_t} = F\left(\frac{K_t}{L_t}, 1\right) \tag{4-11}$$

$$y_t = f(k_t) \tag{4-12}$$

式中，人均产出或平均产出 $y_t = Y_t/L_t$；$f(\cdot)$为人均形式的生产函数；人均资本 $k_t = K_t/L_t$。

对于生产函数式(4-12)而言，其满足 $f(0)=0$，$f'(k_t)>0$ 以及 $f''(k_t)<0$，人均资本的边际产出为正，并且人均资本的边际产出呈现递减趋势。此外，$f(\cdot)$满足稻田条件，即

$$\lim_{k\to 0} f_k(k_t) = \infty,\quad \lim_{k\to\infty} f_k(k_t) = 0 \tag{4-13}$$

一个典型的人均形式生产函数曲线如图 4-1 所示。

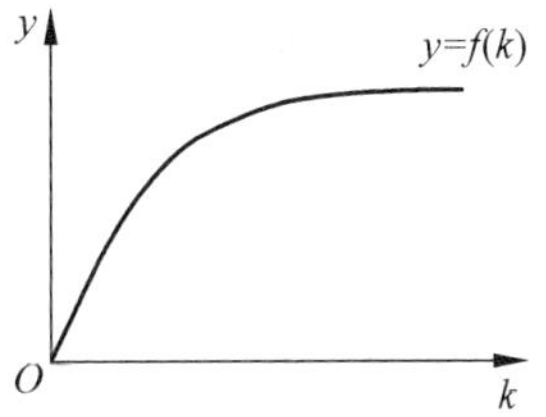

图 4-1　一个典型的人均形式生产函数曲线

4.1.2　基本索洛模型的动态分析

1. 资本的动态累积方程

对于资本而言，在每期资本存量折旧后的剩余资本，与新增投资相加可以得到资本的增量，资本的动态累积方程可表示为

$$K_{t+1} = (1-\delta)K_t + I_t \tag{4-14}$$

式中，K_{t+1}、K_t 分别为第 $t+1$ 期、第 t 期的资本存量；δ 为折旧率；I_t 为第 t 期的投资量。

如前所述，索洛模型的一个核心假设是储蓄率外生，设储蓄率为 s，则储蓄 $S_t = sY_t$，且投资 I_t 等于储蓄 S_t，即 $I_t = S_t$。根据储蓄、投资的表示方法，将式(4-14)改写为

$$K_{t+1} - K_t = I_t - \delta K_t = S_t - \delta K_t = sY_t - \delta K_t \tag{4-15}$$

式(4-15)表明，从第 t 期到第 $t+1$ 期的新增资本存量等于第 t 期的储蓄 S_t 减去折旧 $\delta K(t)$。

由于产品生产用于消费、投资两个方面，产品市场的出清条件可写为

$$Y_t = C_t + I_t \tag{4-16}$$

结合储蓄的表达式 $S_t = sY_t$，以及投资等于储蓄的条件 $I_t = S_t$，得到消费的表达式为

$$C_t = Y_t - I_t = Y_t - S_t = (1-s)Y_t \tag{4-17}$$

假设人口或劳动力数量的增长率为 n，n 是外生的，即 $L_{t+1} = (1+n)L_t$，或可表示为

$$L_t = (1+n)L_{t-1} \quad 或 \quad L_t = (1+n)^t L_0 \tag{4-18}$$

式中，L_{t-1} 为第 $t-1$ 期的劳动力；L_0 为第 0 期的劳动力，L_0 通常标准化为 1。

将资本的动态累积方程式(4-14)改写为人均形式，将等式两端同时除以第 t 期的劳动力 L_t，得到

$$(1+n)k_{t+1}=(1-\delta)k_t+i_t \tag{4-19}$$

经移项整理后，式(4-19)可近似写为

$$k_{t+1}\approx(1-\delta-n)k_t+i_t \tag{4-20}$$

结合投资与储蓄的表达式，如

$$i_t=s_t=sy_t=sf(k_t) \tag{4-21}$$

可以将式(4-20)写成如式(4-22)所示的形式。

$$k_{t+1}=sy_t+(1-\delta-n)k_t=sf(k_t)+(1-\delta-n)k_t \tag{4-22}$$

2. 资本积累的均衡特征：持平投资与实际投资

在索洛模型的两种重要生产要素中，劳动的变动是外生的，资本的变动是内生的，因此资本的动态变化对于经济增长十分重要，也应成为索洛模型动态分析的重点。在式(4-22)的基础上整理，得到索洛模型的核心方程为

$$k_{t+1}-k_t=sf(k_t)-(\delta+n)k_t \tag{4-23}$$

式(4-23)表明，人均资本存量的变动是两项之差：第一项是人均产出用于投资的比例，即人均储蓄或人均投资 $sf(k_t)$，为新增实际投资；第二项为劳动增长率和折旧率与人均资本存量的乘积 $(n+\delta)k_t$，也称为持平投资，其代表使人均资本存量保持现有水平所需的必要投资量。将式(4-23)表示为图形形式，如图 4-2 所示。

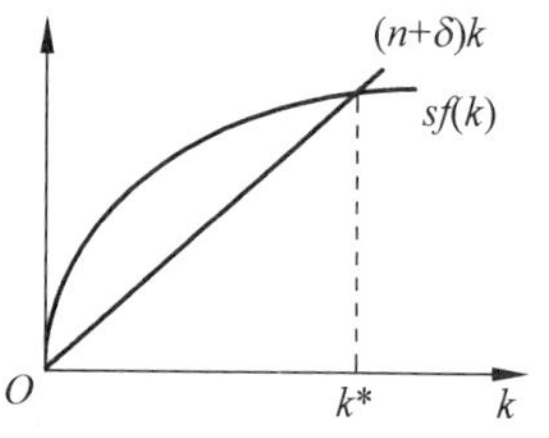

图 4-2 实际投资与持平投资

根据图 4-2，沿着人均资本存量横轴的方向分析得到三个方面的特征：①在 $k=0$ 处有 $f(0)=0$，实际投资和持平投资是相等的，同时基于稻田条件可得当 $k=0$ 时 $f'(k)$ 很大，因此在 k 值较小时，曲线 $sf(k)$ 比 $(n+\delta)k$ 更为陡峭，即实际投资大于持平投资；②随着 k 的增大，$f'(k)$ 会逐渐变小甚至趋向于零，在到达某一点后，实际投资曲线的斜率将会低于持平投资曲线的斜率，即曲线 $sf(k)$ 相比于 $(n+\delta)k$ 更为平缓，两条曲线相交；③生产函数凹向原点的特征 $f''(k)<0$ 意味着两条曲线在 $k>0$ 时只会相交一次，交点处确定均衡人均资本存量 k^*。

根据人均资本存量的变动特征可以进一步绘制图 4-3 和图 4-4。

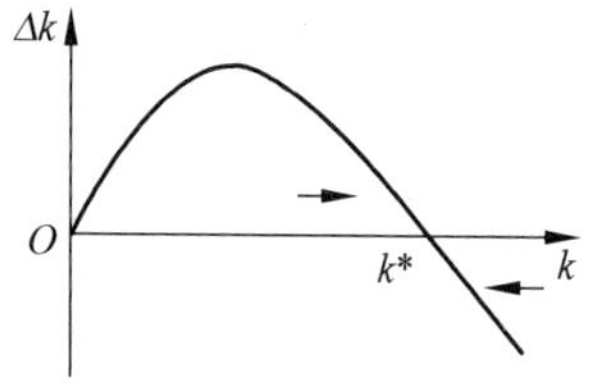

图 4-3 索洛模型中人均资本增量的变动

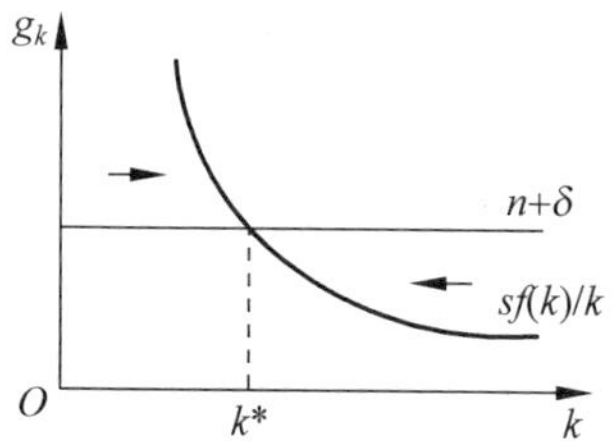

图 4-4 索洛模型中人均资本增速的变动

图 4-3 显示，在 k 值较小且 $k<k^*$ 时，实际投资会超过持平投资，$\Delta k>0$，k 呈现上升特征；相反，如果 $k>k^*$，则 $\Delta k<0$，即人均资本存量 k 会逐渐减少；当 $k=k^*$ 时，人均资本存量处于均衡点处，$\Delta k=0$，k 保持不变。因此，无论初始人均资本存量位于何处，其总是会收敛于均衡人均资本存量 k^*。

在人均资本的增速方面，如图 4-4 所示，由于生产函数具有凹性特征，新增实际投资的增速逐渐下降，持平投资的增速一直维持在 $n+\delta$ 的速度上，在均衡人均资本存量 k^* 的左侧，实际投资的增速高于持平投资的增速，人均资本存量的增速 g_k 大于 0，人均资本存量不断累积；而在 k^* 的右侧，实际投资的增速低于持平投资的增速，新增人均资本存量难以补偿其折旧量和人口增长所需量，g_k 小于 0，人均资本存量逐渐减少。

经济中的稳态指的是包括资本、产出在内的全部内生变量不随时间推移而变化的一种状态，即当 $k=k^*$ 时的状态。因此，可以认为 k^* 代表着人均资本的稳定特征，也代表着经济运行的稳定态势，对应地将 k^* 称为人均资本存量的稳态水平，将 y^* 或 $f(k^*)$ 称作人均产出的稳态水平，组合(k^*,y^*)为经济的稳态点或均衡点，在均衡处人均资本水平和人均产出水平都保持稳定不变。

虽然经济中人均资本水平 k 和人均产出水平 y 保持不变，但是总的资本存量 K、产出水平 Y 却不一定。当 $k=k^*$ 时，可以计算得到模型中各总量变量的变动情况。如前所述，假设劳动力 L_t 的外生增长率为 n，由于总资本存量 $K=kL$，总产出水平 $Y=yL$，因此当 $k=k^*$ 时，K、Y 的增长率分别为

$$g_K=g_k+g_L=0+n=n \quad 和 \quad g_Y=g_y+g_L=0+n=n \tag{4-24}$$

根据式(4-24)可知，在基本索洛模型中的均衡点处，人均资本和人均产出的增长率为 0，不依赖于人口增长率，而总资本存量和总产出以相同的速率 n 保持稳定增长。

在索洛经济中，存在唯一的一条稳态增长路径，无论经济从哪种初始水平启动，经济总是朝着这条稳态增长路径不断靠近。一旦某个时刻到达这条路径上，那么从这个时刻开始，经济中的人均资本水平、人均产出水平都将保持不变，总产出、总资本都将以相同的增长率保持稳定增长。

3. 资本积累的黄金律及动态无效率特征

如前所述，经济中总消费的表达式为

$$C_t=(1-s)Y_t=Y_t-sY_t \tag{4-25}$$

在式(4-25)的基础上，将两侧同除以 L_t，易于得到人均消费的形式为

$$c_t=(1-s)y_t=y_t-sy_t=f(k_t)-sf(k_t) \tag{4-26}$$

式中，c_t 为人均消费，$c_t=C_t/Y_t$。

当人均消费达到最大时，对应的储蓄率称为黄金储蓄率，对应的人均资本存量称为黄金资本存量，如图 4-5 所示。

图 4-5 显示，基于社会福利最大化的目标，资本积累黄金律下的人均消费 c_g 达到最大，对应的人均资本存量为 k_g。

将黄金律状态(采用下标 g 表示)与均衡状态(采用上标 * 表示)下的人均产出、实际投资、持平投资等绘制在同一图形中，如图 4-6 所示。

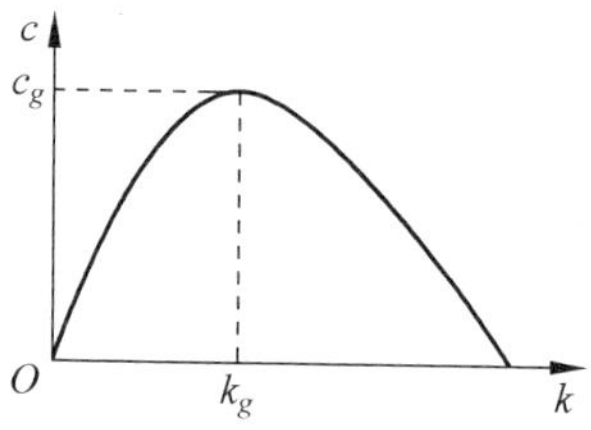

图 4-5　资本积累的黄金律

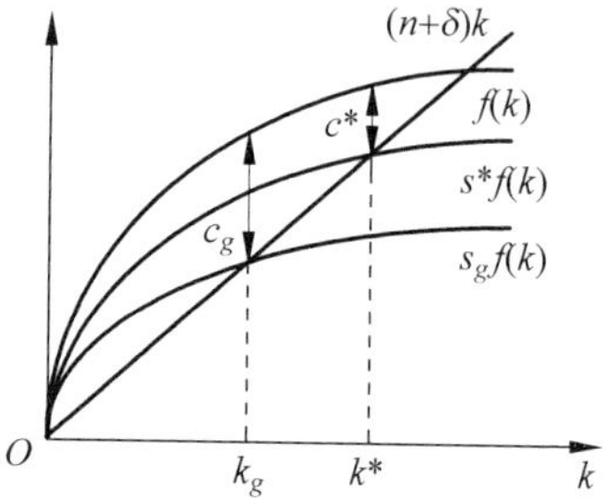

图 4-6　黄金律和均衡状态的对比

根据图 4-6 可得，黄金律下的人均消费和人均资本存量分别为 c_g、k_g，黄金储蓄率为 s_g；与之相对，在均衡时的人均消费为 c^*，均衡人均资本存量为 k^*，均衡储蓄率为 s^*；显然，均衡储蓄率 s^* 大于黄金储蓄率 s_g，均衡人均资本存量 k^* 大于黄金人均资本存量 k_g。

可以证明，超过黄金储蓄率 s_g 的储蓄率（$s>s_g$）均是无效率的。例如，在均衡时，通过降低储蓄率不仅可以获得更高的稳态人均消费，而且在整个转移过程中都将获得更高水平的人均消费，因此，均衡时的储蓄是过度的，在$(k_g,k^*]$区间内的区域为动态无效率区域。

4.1.3　基本索洛模型的比较静态分析

在索洛模型中，外生储蓄率的变化可以影响稳态时的人均资本水平，人均资本水平进而影响人均产出水平。由于产出可用于消费和储蓄两个方面，假设产出水平不变时，储蓄率越高，资本积累就越多，从而推动产出水平上升，反之亦然。本节主要探讨储蓄率变化对资本、产出和消费的影响。

1. 对资本和产出的影响

储蓄率 s 的上升会使实际投资曲线向上移动，从而使得均衡人均资本存量 k^* 上升，如图 4-7 所示。

基于图 4-7 可得，当储蓄率由 s 上升至 s' 时，均衡时的人均资本存量从 k^* 增长到 k'^*。需要说明的是，人均资本存量 k 不是瞬时变化的，当储蓄率增加时，实际投资超过持平投资，因此 Δk 为正数，人均资本存量会一直增长到新的 k'^*，随后一直保持不变。当人均资本存量上升时，人均产出水平 y 的增长率会大于 0，其增长来源于 k 的增加；当 k 到达新的稳态值点并保持不变时，人均产出水平 y 的增长率又回归到 0。因此，储蓄率的上升会导致人均产出水平暂时增加，当人均资本存量 k 到达更高水平并保持稳定时，增加的储蓄将用于维持 k 的这一较高水平。总之，

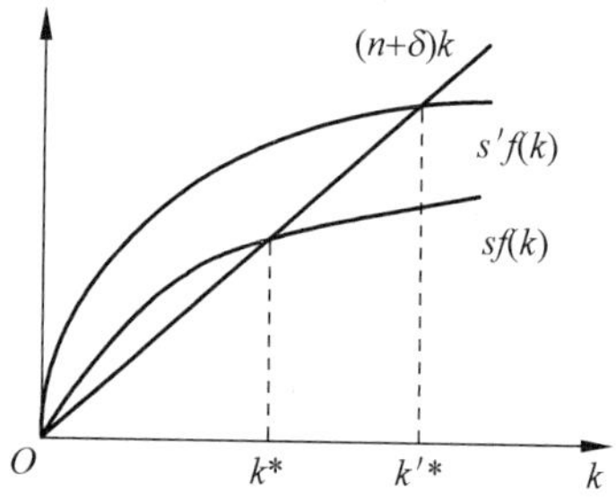

图 4-7　储蓄率上升对资本累积的影响

储蓄率的变化具有水平效应但没有产生增长效应，其改变了经济的稳态或均衡点，但不影响稳态时人均产出水平的增长率。

2. 对消费的影响

社会福利取决于消费水平，在索洛模型中的人均消费水平 c 等于 $(1-s)f(k)$。令 c^* 表示稳态时的人均消费水平，则

$$c^* = (1-s)f(k^*) = f(k^*) - sf(k^*) \tag{4-27}$$

在稳态时，有 $sf(k^*) = (\delta+n)k^*$，可得

$$c^* = f(k^*) - (\delta + n)k^* \tag{4-28}$$

基于式(4-28)，将 c^* 对 s 求导得到

$$\frac{\partial c^*}{\partial s} = f'(k^*)\frac{\partial k^*}{\partial s} - (n+\delta)\frac{\partial k^*}{\partial s} = [f'(k^*) - (n+\delta)]\frac{\partial k^*}{\partial s} \tag{4-29}$$

显然，稳态时储蓄率对人均消费水平的影响方向是不确定的，其取决于生产函数在稳态处切线的斜率 $f'(k^*)$ 与 $n+\delta$ 的相对大小关系，当 $f'(k^*)>n+\delta$ 时，储蓄率上升导致均衡人均消费水平提高，资本累积推动的产出水平上升大于维持更高资本存量所需的水平，因此人均消费会上升；当 $f'(k^*)<n+\delta$ 时，储蓄率上升则会使得均衡人均消费水平下降，资本增加导致的额外产出不足以维持其更高的资本存量，这时人均消费必须下降才能维持较高的资本存量。

令式(4-29)为 0，求得 c^* 最大时需要满足的条件为

$$f'(k^*) = (n+\delta) \tag{4-30}$$

根据式(4-30)可得，稳态时人均消费达到最大值时，需要满足生产函数切线的斜率等于 $n+\delta$，此时对应的储蓄率为图 4-6 中的黄金储蓄率、对应的人均资本存量为黄金资本存量。式(4-30)也是资本达到黄金律水平需要满足的条件，其表明如果使得稳态人均消费水平达到最大，则应选择使得资本边际产出等于劳动增长率和折旧率之和的人均资本存量。一般而言，一个经济体并不会自动趋向于资本的黄金律水平，其实现均衡时的资本存量高于资本的黄金律水平，因而会产生动态无效率的问题。

4.1.4 基本索洛模型的完整描述

通过对基本索洛模型的描述和分析可得，企业生产行为、资本积累、人口增长是模型的主要内容，因此索洛模型的主要内容可以采用 7 个方程进行完整描述。

(1) 生产函数：$Y_t = F(K_t, L_t)$。

(2) 资本的优化投入方程：$R_t = F_K(K_t, L_t)$。

(3) 劳动的优化投入方程：$W_t = F_L(K_t, L_t)$。

(4) 储蓄或投资方程：$S_t = sY_t = I_t$。

(5) 均衡方程：$Y_t = C_t + I_t$。

(6) 资本的动态累积方程：$K_{t+1} = (1-\delta)K_t + I_t$。

(7) 人口增长率方程：$L_{t+1} = (1+n)L_t$。

上述方程均可改写为人均形式。基于索洛模型的完整描述，可将各个变量之间的关

系表示为如图 4-8 所示的形式。

在索洛模型中，资本和劳动投入生产过程中进行产品生产，产品一方面用于消费，另一方面用于储蓄即投资，再投入资本积累和下一期资本形成的过程中。同时，劳动力按照一定的速度实现增长，形成下一期所需的劳动力投入，与下一期的资本相结合再次投入生产过程中，实现生产活动的再循环和产出水平的增长。

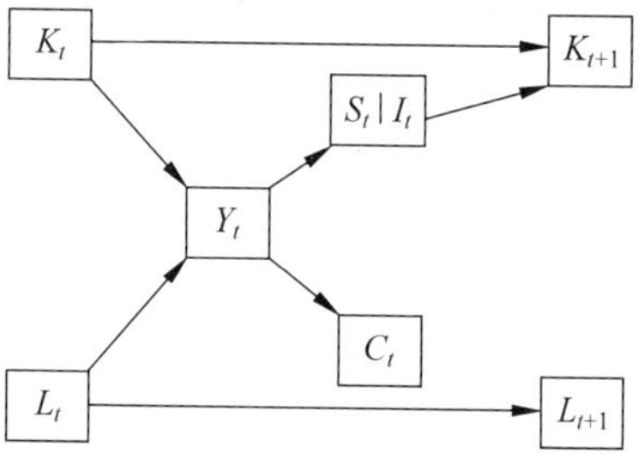

图 4-8　索洛模型中的变量关系描述

4.2　考虑技术进步的索洛模型

在基本的索洛模型中，当经济达到稳态时，人均产出是零增长的，这与现实存在一定的不符之处。到底什么是经济增长的源泉这一问题存在许多争论，无论如何，技术都是不可或缺的因素之一。本节在基本索洛模型的基础上加入技术进步，允许技术水平按照一定的时间路径逐渐提高。为简化起见，基本索洛模型中的假定如市场是完全竞争的、储蓄率是外生的等维持不变。

4.2.1　技术的类型和引入方式

在考虑技术因素之后，索洛模型中的生产函数应包括四个要素：产出 Y_t、资本 K_t、劳动 L_t、技术 A_t。在第 t 时期，存在一定量的资本、劳动和技术，将这些要素结合起来可以实现产品的生产，生产函数的一般形式为

$$Y_t = F(A_t, K_t, L_t) \tag{4-31}$$

式中，$F(\cdot)$为生产函数；A_t 为第 t 期的技术水平，也为全要素生产率。

对于生产函数式(4-31)而言，主要的问题在于技术以何种方式进入生产函数中，这实际上是技术进步的类型问题。一般而言，技术进步可以分为三种类型，分别为希克斯中性技术进步、资本增进型技术进步、劳动增进型技术进步。

当技术进步仅是生产函数的一个倍增项时，得到希克斯中性生产函数的形式为

$$Y_t = A_t F(K_t, L_t) \tag{4-32}$$

在希克斯中性技术进步中，对于不同的技术水平而言，其并不改变生产函数的形状，不同技术水平对应的是一组平行的等产量线。

与希克斯中性技术进步不同，资本增进型的技术进步会改变生产函数的形状，使得资本与劳动要素在生产中的相对重要性发生变化。资本增进型的技术进步也称为资本扩张型的技术进步或索洛中性技术进步，该类技术进步下的生产函数如式(4-33)所示。

$$Y_t = F(A_t K_t, L_t) \tag{4-33}$$

由式(4-33)可得，资本增进型技术进步中，更高水平的技术实际上相当于经济中拥有了更多的资本要素，即更高水平的技术对应于更高水平的有效资本。

与资本增进型的技术进步相对，劳动增进型技术进步是偏向于劳动要素的，劳动增进

型技术水平更高时，相当于经济中拥有了更多的劳动要素。劳动增进型技术进步也称为哈罗德中性技术进步，在该类技术作用下的生产函数如式(4-34)所示。

$$Y_t = F(K_t, A_t L_t) \tag{4-34}$$

式中，$A_t L_t$ 为有效劳动。

如式(4-32)～式(4-34)所示的三种类型生产函数，在不同的技术水平下对应的等产量曲线簇如图 4-9 所示。

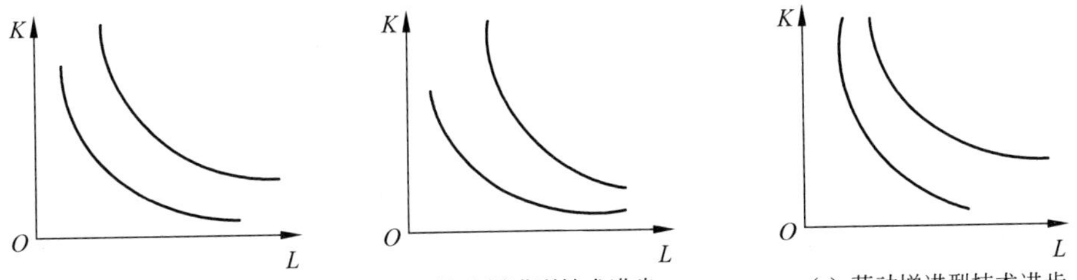

(a) 希克斯中性技术进步　(b) 资本增进型技术进步　(c) 劳动增进型技术进步

图 4-9　不同技术进步类型对应的等产量曲线簇

三种类型技术进步各有其合理性，但是只有当技术进步采用劳动增进型技术进步即哈罗德中性技术进步形式时，稳态的求解和长期平衡增长才有可能实现。Barro 和 Sala-i-Martin 对这一问题进行了详细的证明①，此处不再赘述。本小节将以劳动增进型技术进步为例，对考虑技术进步索洛模型的结构进行描述和分析。

对于生产函数式(4-34)而言，其仍满足规模报酬不变、一阶导数大于 0 且二阶导数小于 0、稻田条件等假定。假定技术与人口的增长特征类似，都是外生的，技术进步率为 g，即 $A_{t+1}=(1+g)A_t$，或可写为

$$A_t = (1+g)A_{t-1} \quad \text{或} \quad A_t = (1+g)^t A_0 \tag{4-35}$$

式中，A_{t-1} 为第 $t-1$ 期的技术水平；A_0 为第 0 期的技术水平，A_0 通常是给定的。

与基本索洛模型类似，可将考虑技术进步的索洛模型改写为人均形式，将生产函数式(4-34)两侧同时除以有效劳动 $A_t L_t$，结合生产函数规模报酬不变的假设，可以得到

$$\frac{Y_t}{A_t L_t} = F\left(\frac{K_t}{A_t L_t}, 1\right) \tag{4-36}$$

$$y = f(k) \tag{4-37}$$

式中，$y_t = Y_t / A_t L_t$ 为单位有效劳动的产出；$f(\cdot)$ 为单位有效劳动形式的生产函数；$k_t = K_t / A_t L_t$ 为单位有效劳动的资本存量。

4.2.2　考虑技术进步索洛模型的动态分析

1. 资本的动态累积特征

当考虑技术进步时，资本需要在折旧、弥补人口增长和技术进步的空缺三个方面进行

① 巴罗，萨拉-伊-马丁. 经济增长[M]. 夏俊，译. 2 版. 上海：格致出版社，2010.

"消耗"，从第 t 期到第 $t+1$ 期的实际资本存量增长可表示为

$$k_{t+1}=(1-\delta-n-g)k_t+i_t \tag{4-38}$$

结合投资与储蓄的表达式，即

$$i_t=s_t=sf(k_t) \tag{4-39}$$

可以将式(4-38)写成式(4-40)的形式。

$$k_{t+1}=sf(k_t)+(1-\delta-n-g)k_t \tag{4-40}$$

同样地，在式(4-40)的基础上整理得到索洛模型的核心方程式(4-41)。

$$k_{t+1}-k_t=sf(k_t)-(\delta+n+g)k_t \tag{4-41}$$

在式(4-41)中，第一项 $sf(k_t)$ 为新增实际投资，第二项为劳动增长率、折旧率和技术进步率与单位有效劳动资本存量的乘积 $(n+\delta+g)k_t$，也称为持平投资；代表使得单位有效劳动资本存量维持现有水平所需的必要投资量。将式(4-41)表示为图形形式，如图 4-10 所示。

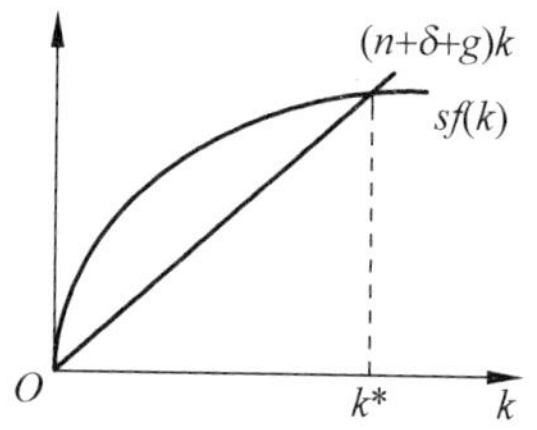

图 4-10　考虑技术进步索洛模型中资本变动

与图 4-2 相比，图 4-10 中持平投资曲线由 $(n+\delta)k$ 变成了 $(n+\delta+g)k$，其余内容均一致。实际投资和持平投资的交点处确定均衡单位有效劳动资本存量 k^*。与基本索洛模型分析相同，无论 k_t 开始处于哪个位置，最后总是收敛于 k^*。在考虑技术进步的索洛模型中，分析资本的增量和增速变化时，也仅将持平投资曲线斜率变为 $n+\delta+g$ 即可，其余特征类似。单位有效劳动资本存量的稳态水平 k^* 对应于单位有效劳动产出的稳态水平 y^* 或 $f(k^*)$。

在均衡时，单位有效劳动的资本水平 k_t 和单位有效劳动的产出水平 y_t 保持不变，对于总资本存量 K_t、总产出水平 Y_t 而言，根据其表达式 $K_t=k_tA_tL_t$，总产出水平 $Y_t=y_tA_tL_t$，可以计算得到模型中各总量变量的变动情况。假设劳动力 L_t 的外生增长率为 n，技术 A_t 的外生进步率为 g，得到 $k_t=k^*$ 时，K_t、Y_t 的增长率分别为

$$g_K=g_k+g_L+g_A=n+g \quad 和 \quad g_Y=g_y+g_L+g_A=n+g \tag{4-42}$$

根据式(4-42)，在考虑技术进步索洛模型中的均衡点处，单位有效劳动的资本增长率和单位有效劳动的产出增长率为 0，总资本存量、总产出以速率 $n+g$ 保持稳定增长。另外，还可以分析得到人均资本存量 K/L、人均产出 Y/L 以速率 g 保持增长。

在考虑技术进步索洛模型中，同样是当单位有效劳动的消费达到最大时，对应的储蓄率称为黄金储蓄率，对应的单位有效劳动资本存量称为黄金资本存量，记资本积累黄金律下的储蓄率为 s_g，对应单位有效劳动的资本存量为 k_g。与均衡状态下的储蓄率和单位有效劳动的资本 s^*、k^* 相比，均衡储蓄率 s^* 大于黄金 s_g，均衡单位有效劳动资本存量 k^* 大于黄金单位有效劳动资本存量 k_g。由于均衡时的储蓄率过高导致均衡时单位有效劳动的消费 c^* 低于黄金律下单位有效劳动的消费 c_g，超过黄金储蓄率 s_g 的部分仍然是动态无效率的。

2. 产出和消费的变动特征

在考虑技术进步的索洛模型中，储蓄率 s 的上升也会使实际投资曲线向上移动，从而使得均衡时单位有效劳动的资本存量 k^* 上升，进而推高单位有效劳动的产出水平。在储

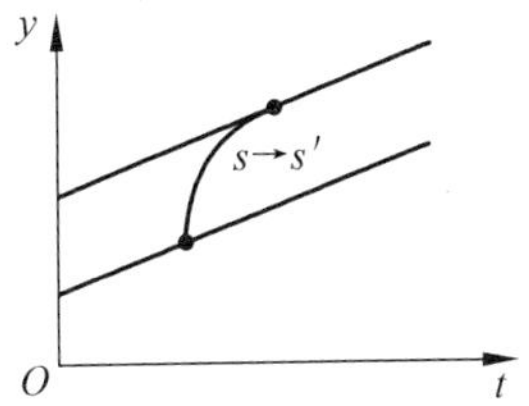

图 4-11　考虑技术进步索洛模型中的产出变动

蓄率上升的过程中,单位有效劳动的资本存量上升导致单位有效劳动产出的增长率大于 0,当单位有效劳动的资本存量到达新的稳态值点并保持不变时,单位有效劳动产出水平的增长率回归到 0。与基本的索洛模型中一致,储蓄率的变化具有水平效应但不能产生增长效应,其不影响稳态时单位有效劳动产出水平的增长率,储蓄率变动时单位有效劳动产出水平的增长特征如图 4-11 所示。

考虑技术进步索洛模型中,在稳态时单位有效劳动的消费为

$$c^* = f(k^*) - (\delta + n + g)k^* \tag{4-43}$$

将 c^* 对 s 求导得到式(4-44)。

$$\frac{\partial c^*}{\partial s} = f'(k^*)\frac{\partial k^*}{\partial s} - (\delta + n + g)\frac{\partial k^*}{\partial s} = [f'(k^*) - (\delta + n + g)]\frac{\partial k^*}{\partial s} \tag{4-44}$$

稳态时储蓄率对单位有效劳动消费水平的影响取决于 $f'(k^*)$ 与 $n+\delta+g$ 的大小关系,当 $f'(k^*)>n+\delta+g$ 时,储蓄率上升导致均衡消费水平提高;当 $f'(k^*)<n+\delta+g$ 时,储蓄率上升则会使得均衡消费水平下降;当 $f'(k^*)=n+\delta+g$ 时,稳态时单位有效劳动的消费 c^* 达到最大,此时的储蓄率为黄金储蓄率,对应的单位有效劳动资本存量为黄金资本存量。基于式(4-44)可得,如果使得稳态单位有效劳动的消费水平达到最大,则应选择使得资本边际产出等于折旧率、劳动增长率、技术进步率三者之和的单位有效劳动资本存量。

4.3　索洛模型的其他扩展形式

4.3.1　加入政府部门的索洛模型

政府在经济增长中具有重要的调节作用,在基本的索洛模型中可以加入政府部门,实现更为符合现实的分析。在政府部门的设定中,最为重要的问题在于政府支出是生产性的还是非生产性的,本节将对各类情形进行简要说明。

1. 非生产性政府支出

假设索洛模型中的生产函数为

$$Y_t = F(K_t, A_tL_t) \tag{4-34$'$}$$

在第 t 期,政府对总产出进行征税,税率为 τ,即

$$T_t = \tau Y_t = \tau F(K_t, A_tL_t) \tag{4-45}$$

其中,T_t 为税收收入,考虑到政府的预算平衡,政府收入应等于政府支出 G_t,即 $T_t=G_t$。在这一部分,假设政府支出不具有生产性,即政府支出不用于产品生产中。

整个经济中的平衡条件如式(4-46)所示。

$$Y_t = C_t + I_t + G_t \tag{4-46}$$

储蓄率仍为外生的 s,则得到消费和投资的表达式分别为

$$C_t=(1-s)(Y_t-G_t) \tag{4-47}$$

$$I_t=S_t=s(Y_t-G_t)=s(1-\tau)Y_t \tag{4-48}$$

考虑政府支出时，资本的动态累积方程如式(4-49)所示。

$$K_{t+1}=(1-\delta)K_t+Y_t-C_t-G_t \tag{4-49}$$

进一步地，可改写整理为

$$K_{t+1}=(1-\delta)K_t+s(1-\tau)Y_t \tag{4-50}$$

根据式(4-48)和式(4-50)可得，虽然政府支出不具有生产性，但是其影响投资和资本积累，降低了产出中用于投资和资本积累的比例。

2. 生产性政府支出

假设政府支出具有生产性，即政府对总产出进行征税后，将其支出用于产品生产中。在此情形下，索洛模型中的生产函数如式(4-51)所示。

$$Y_t=F(K_t,A_tL_t,G_t) \tag{4-51}$$

政府的预算平衡方程为

$$G_t=T_t=\tau Y_t \tag{4-52}$$

式中，τ 为税率；T_t 为税收收入。

综合式(4-51)和式(4-52)，在已知生产函数 $F(\cdot)$ 的形式时，可将 $G_t=\tau Y_t$ 代入式(4-51)中，整理得到新的生产函数形式。

根据经济中的平衡条件即市场出清条件 $Y_t=C_t+I_t+G_t$，以及储蓄率为 s、投资等于储蓄 $I_t=S_t$ 的假设，可以得到消费和投资的表达式为

$$C_t=(1-s)(Y_t-G_t)=(1-s)(1-\tau)Y_t \tag{4-53}$$

$$I_t=S_t=s(Y_t-G_t)=s(1-\tau)Y_t \tag*{(4-48)$'$}$$

资本的动态累积方程如式(4-50)′所示。

$$K_{t+1}=(1-\delta)K_t+s(1-\tau)Y_t \tag*{(4-50)$'$}$$

式(4-50)′同式(4-50)。在政府支出具有生产性时，税率几乎进入模型中的每个方程中，政府收支对产品生产、投资和资本积累等各个方面均产生了影响。

4.3.2 加入人力资本的索洛模型

人力资本是劳动力中蕴含的知识、技能等要素，是通过学习、培训等方式获得并逐渐累积的。在这一部分，基于人力资本理论，将人力资本加入索洛模型中，对模型的形式进行修改。含有人力资本的索洛模型与原索洛模型相比具有两个新特性：人力资本包含在生产函数中和人力资本的累积特征。

1. 加入人力资本的索洛模型基本结构

在第 t 时期，加入人力资本后，索洛模型中的生产函数为

$$Y_t=F(K_t,H_t,A_tL_t) \tag{4-54}$$

式中，产出 Y_t、资本 K_t、技术 A_t、劳动 L_t 均与之前的含义相同，A_tL_t 为有效劳动；技术水平 A_t 以不变的速率 g 增长，$A_t=(1+g)^tA_0$，劳动力 L_t 以不变的速率 n 增长，$L_t=(1+n)^tL_0$；人力资本存量为 H_t。对于资本、劳动、人力资本而言，生产函数仍满足规模

报酬不变、凹函数特征、稻田条件等假定。

将式(4-54)改写为单位有效劳动的形式，其两边同除以 A_tL_t，得到

$$\frac{Y_t}{A_tL_t}=\frac{1}{A_tL_t}F(K_t,H_t,A_tL_t)=F\left(\frac{K_t}{A_tL_t},\frac{H_t}{A_tL_t},1\right) \tag{4-55}$$

在式(4-55)的基础上，进一步整理得到式(4-56)。

$$y_t=f(k_t,h_t) \tag{4-56}$$

式中，$y_t=Y_t/A_tL_t$ 为单位有效劳动的产出；$f(\cdot)$为单位有效劳动形式的生产函数；$k_t=K_t/A_tL_t$、$h_t=H_t/A_tL_t$ 分别为单位有效劳动的物质资本和单位有效劳动的人力资本。

假设外生储蓄率仍为 s，则总储蓄为 sY_t，储蓄在物质资本的投资 I_t^K 和人力资本的投资 I_t^H 之间分配，总投资等于总储蓄，即

$$S_t=I_t^K+I_t^H=I_t \tag{4-57}$$

在式(4-57)的基础上，设物质资本投资、人力资本投资占产出的比例分别为 s_K 和 s_H，满足 $s_K+s_H=s$。为简化起见，假定两种资本分配结果是给定的，不考虑资本分配的动态最优化过程。

设物质资本和人力资本的折旧率分别为 δ_K、δ_H，得到两类资本的动态累积方程分别如式(4-58)和式(4-59)所示。

$$K_{t+1}-K_t=s_KY_t-\delta_KK_t=I_t^K-\delta_KK_t \tag{4-58}$$

$$H_{t+1}-H_t=s_HY_t-\delta_HH_t=I_t^H-\delta_HH_t \tag{4-59}$$

在式(4-58)和式(4-59)的基础上，整理可得单位有效劳动形式物质资本、人力资本的动态累积方程分别为

$$k_{t+1}-k_t=s_Ky_t-(\delta_K+n+g)k_t=s_Kf(k_t,h_t)-(\delta_K+n+g)k_t \tag{4-60}$$

$$h_{t+1}-h_t=s_Hy_t-(\delta_H+n+g)h_t=s_Hf(k_t,h_t)-(\delta_H+n+g)h_t \tag{4-61}$$

以式(4-60)为例，其最右端的两项分别为单位有效劳动物质资本的实际投资、持平投资，即实际投资为 $s_Kf(k_t,h_t)$，持平投资为$(\delta_K+n+g)k_t$。单位有效劳动形式人力资本累积方程与之类似，不再赘述。

2. 加入人力资本的索洛模型动态分析

在加入人力资本的索洛模型中，在单位有效劳动物质资本、单位有效劳动人力资本动态累积方程式(4-60)和式(4-61)基础上，分别令其等于0，即

$$\Delta k_{t+1}=s_Kf(k_t,h_t)-(\delta_K+n+g)k_t=0 \tag{4-62}$$

$$\Delta h_{t+1}=s_Hf(k_t,h_t)-(\delta_H+n+g)h_t=0 \tag{4-63}$$

根据上述条件，进而可以解出稳态时单位有效劳动的物质资本 k^* 和单位有效劳动的人力资本 h^*。

假定生产函数为凹函数形式，根据式(4-62)和式(4-63)可以求得 $\Delta k_{t+1}=0$ 和 $\Delta h_{t+1}=0$ 两条曲线的具体形式，即单位有效劳动的物质资本 k_t、单位有效劳动的人力资本 h_t 之间的关系式，将两条曲线绘制在同一张图中，得到图4-12。其中，$\Delta k_{t+1}=0$ 和 $\Delta h_{t+1}=0$ 两条曲线的交点确定了模型的均衡点或稳态(k^*,h^*)。

如图 4-12 所示，从初始点 k_0 和 h_0 开始，k 和 h 会沿着箭头轨迹移动，最终收敛到稳定状态（k^*，h^*）。假设物质资本投资占产出的比例 s_K 上升，同时人力资本投资占产出的比例 s_H 下降，可以得到稳态的比较静态分析，如图 4-13 所示。

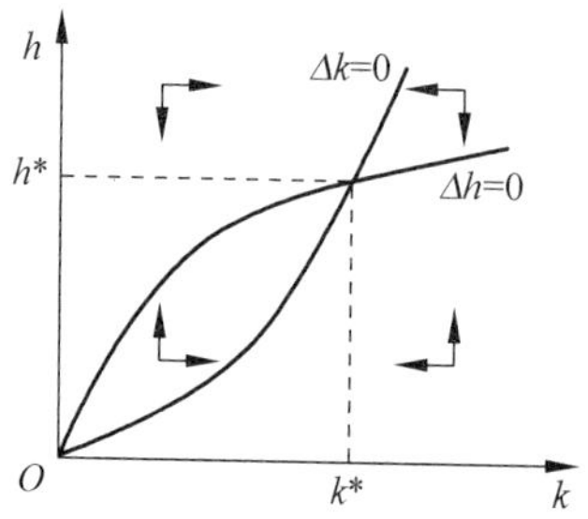

图 4-12 加入人力资本的索洛模型的相图

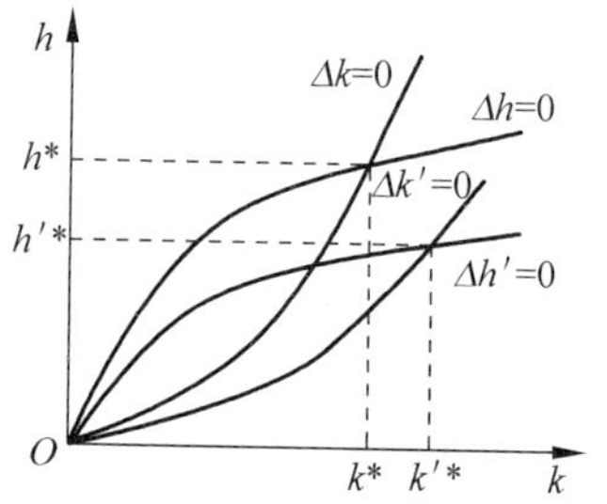

图 4-13 人力资本索洛模型的比较静态分析

根据图 4-13 可得，当外生参数 s_K 上升和 s_H 下降时，稳态点由（k^*，h^*）变动至（k'^*，h'^*），其中，单位有效劳动的物质资本上升，单位有效劳动的人力资本下降。

4.3.3 包含资源要素的索洛模型

1. 包含固定土地资源的索洛模型

在包含资源要素的索洛模型中，首先加入固定供给的土地要素，将生产函数修改为包括资本、有效劳动和土地三类要素的形式。在第 t 时期，生产函数表达式如式(4-64)所示。

$$Y_t = F(K_t, A_tL_t, X_t) \tag{4-64}$$

式中，X_t 为土地要素。现实中，土地资源的总量是固定不变的，其增长率可认为等于 0。

以柯布-道格拉斯生产函数为例，生产函数表达式为

$$Y_t = K_t^{\alpha}(A_tL_t)^{\beta}X_t^{\gamma} \tag{4-65}$$

式中，份额参数 α、β、γ 均大于 0，且满足规模报酬不变的假设，$\alpha+\beta+\gamma=1$。

将式(4-65)改写为单位有效劳动形式，如

$$\frac{Y_t}{A_tL_t} = \left(\frac{K_t}{A_tL_t}\right)^{\alpha}\left(\frac{X_t}{A_tL_t}\right)^{\gamma} \tag{4-66}$$

$$y_t = k_t^{\alpha}x_t^{\gamma} \tag{4-67}$$

式中，y_t 为单位有效劳动的产出；$x_t = X_t/A_tL_t$ 为单位有效劳动的土地资源。

资本积累、人口增长和技术进步方程与之前的索洛模型中完全一致，不再赘述。当经济达到稳态时，可以求解得到均衡点处的值。

2. 包含有限自然资源的索洛模型

与土地要素不同，自然资源中的不可再生资源如石油、天然气、煤炭、金属等随着使用而逐渐消耗，属于可耗竭性资源或有限自然资源。在考虑该类自然资源时，代表性企业的生产函数可表示为式(4-68)。

$$Y_t = F(K_t, A_tL_t, E_t) \tag{4-68}$$

式中，E_t 为有限自然资源或者不可再生资源。

假设有限自然资源为完全竞争市场，每个时期内自然资源的剩余存量仅按照某一固定比例用于生产，则该关系可表示为

$$E_t = s_E R_t \tag{4-69}$$

式中，R_t 为自然资源的剩余存量；s_E 为其用于生产的比例，$0<s_E<1$。

假设企业生产过程中使用的自然资源是不可再生的，资源消耗意味着从第 t 时期到第 $t+1$ 时期资源存量的减少量恰好为第 t 时期生产中的资源使用量，由此得到自然资源的消耗方程，如式(4-70)所示。

$$R_{t+1} = R_t - E_t = (1 - s_E)R_t \tag{4-70}$$

仍然以柯布-道格拉斯生产函数为例，可将包含不可再生自然资源的生产函数表达为

$$Y_t = K_t^{\alpha}(A_t L_t)^{\beta} E_t^{\gamma} = K_t^{\alpha}(A_t L_t)^{\beta}(s_E R_t)^{\gamma} \tag{4-71}$$

式中，生产函数满足规模报酬不变假设，即 $\alpha+\beta+\gamma=1$。

将式(4-71)改写为单位有效劳动形式，如

$$\frac{Y_t}{A_t L_t} = \left(\frac{K_t}{A_t L_t}\right)^{\alpha}\left(\frac{E_t}{A_t L_t}\right)^{\gamma} = \left(\frac{K_t}{A_t L_t}\right)^{\alpha}\left(\frac{s_E R_t}{A_t L_t}\right)^{\gamma} \tag{4-72}$$

$$y_t = k_t^{\alpha} e_t^{\gamma} = k_t^{\alpha}(s_E r_t)^{\gamma} \tag{4-73}$$

式中，$e_t = E_t / A_t L_t$ 为单位有效劳动的自然资源使用量；$r_t = R_t / A_t L_t$ 为单位有效劳动的自然资源存量。

根据式(4-73)可得，单位有效劳动的产出水平受到单位有效劳动的资本、单位有效劳动自然资源使用量的影响。由于自然资源的供应是有限的，随着其使用量增加和存量减少，即资源使用率 s_E 变大和资源存量 R_t 变小，自然资源的稀缺性不断凸显，其对经济将产生更大的“拖拽”作用。读者可以在本节包含资源要素的索洛模型基础上进一步深入拓展，更为深入地研究资源利用等问题。

在本章的结束，对索洛模型进行简单的总结和评论。在经济增长方面，无论从索洛模型中的任何一点出发，经济都向平衡增长路径收敛，且在平衡增长路径上，每个变量的增长率都是 0 或常数，例如人均产出的增长主要来源于技术进步。在外生的储蓄率方面，通过调节储蓄率可以实现人均消费最大的“黄金律”增长。此外，储蓄率的变化只具有水平效应，不具有增长效应。然而，索洛模型的不足之处在于仅将技术进步看成外生给定的，并且未能够真正解释长期经济增长的来源，即索洛模型是通过“假定或设定的增长”来解释增长；更为重要的是，索洛模型仅侧重于生产行为和资本累积特征的分析，淡化甚至忽略了消费者优化问题的分析，充分讨论消费者和企业优化行为特征的新古典经济增长模型应运而生。

本章习题

1. 请简述资本累积的黄金法则，并进行黄金律状态与均衡状态的对比。
2. 对索洛模型中的方程进行简单描述。

扩展阅读 4-1　索洛模型在分析中国经济问题时的困境和改进思路

第5章　新古典拉姆齐模型设定与求解

在索洛模型中，储蓄率是外生给定的，外生储蓄率的变动将影响稳态时人均产出和人均消费等变量的水平。储蓄率是如何决定的这一问题没有得到很好的解决，其应该是随着经济增长而逐渐变化的，也应由经济系统内生决定。为解决这一问题，新古典模型通过加入代表性家庭或居民部门，设定了其预算约束和目标函数并进行优化求解。一类典型的新古典模型是拉姆齐(Ramsey)模型，该模型由拉姆齐(Ramsey)创立后经卡斯(Cass)和库普曼斯(Koopmans)不断完善，因此该模型通常也被称为拉姆齐-卡斯-库普曼斯(Ramsey-Cass-Koopmans，RCK)模型。[①]

5.1　新古典一般均衡模型：竞争均衡形式

5.1.1　两部门一般均衡模型设定形式

与索洛模型相比，拉姆齐模型中引入消费者即代表性家庭，详细刻画了其行为特征并分析跨期预算约束条件下的消费和储蓄选择，实现了储蓄率的"内生化"。典型的新古典模型如拉姆齐模型描述了这样一种经济，在完全竞争市场假设下，企业租赁资本、雇用劳动力进行生产活动并出售产品；经济中存在一个存活无限期即永续生存的家庭，提供劳动力、持有资本并进行消费和储蓄。

本节描述封闭经济中竞争均衡模型的形式，存在代表性家庭和企业两类经济主体，后续将扩展加入政府部门。家庭和企业两类主体之间相互作用、相互影响，两者之间的关系如图5-1所示。

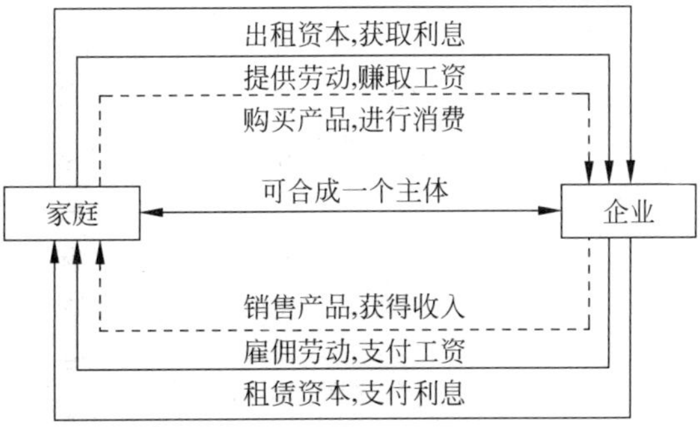

图5-1　一般均衡框架中代表性家庭与企业的关系

① 首都经济贸易大学的范庆泉副教授对本章内容的写作和程序设计给予了很大的帮助，特此致谢。

将图5-1中代表性家庭、企业两类经济主体之间的关系表述为模型形式，具体而言：

1. 企业

假设企业在生产过程中主要投入资本和劳动两类生产要素，并设定生产函数形式为柯布-道格拉斯生产函数，如式(5-1)所示。

$$Y_t = A_t K_t^{\alpha} L_t^{1-\alpha} \tag{5-1}$$

式中，Y_t 为企业的总产出；A_t 为技术水平即全要素生产率(TFP)；K_t、L_t 分别为资本要素和劳动要素；α 为资本的弹性系数或份额参数，代表资本在产出中的重要程度。显然，生产函数式(5-1)满足规模报酬不变的假设，除此之外，生产函数满足凹函数性质

$$F_K > 0, \quad F_L > 0, \quad F_{KK} < 0, \quad F_{LL} < 0 \tag{5-2}$$

式(5-2)表明生产函数 $F(\cdot)$ 关于资本、劳动力的一阶导数为正，即生产函数是资本、劳动力的增函数；生产函数 $F(\cdot)$ 对资本、劳动力的二阶导数小于零，说明两类要素的边际收益是递减的。

生产函数满足稻田条件，如式(5-3)所示。

$$\lim_{k\to 0} F_K = \infty, \quad \lim_{L\to 0} F_L = \infty, \quad \lim_{K\to\infty} F_K = 0, \quad \lim_{L\to\infty} F_L = 0 \tag{5-3}$$

在生产技术约束下，企业的目标是实现利润最大化。在完全竞争市场中，企业的利润为零，产出的总收入等于全部生产要素的总成本。企业的利润定义为总收入与总成本之差，即

$$\Pi_t = Y_t - R_t K_t - W_t L_t \tag{5-4}$$

在式(5-4)中，Π_t 为利润，R_t 为资本的租金率，W_t 为劳动力的工资。由于产品的价格标准化为1，总收入等于总产出(Y_t)，总成本为资本租金($R_t K_t$)和劳动力工资($W_t L_t$)之和。模型中假设代表性家庭是生产要素的所有者，因此企业不对投资进行决策，而仅对每期租用生产要素的数量进行决策，利润最大化为静态问题，可以采用静态最优化的求解方法实现其利润最大化问题的求解。企业的目标函数为

$$\text{Max } \Pi_t = Y_t - R_t K_t - W_t L_t \tag{5-5}$$

企业的生产函数式(5-1)代表了生产技术和生产条件，可以将其作为目标函数式(5-5)的一种约束，也可以将其代入式(5-5)中，将利润最大化目标函数改写为

$$\text{Max } \Pi_t = Y_t - R_t K_t - W_t L_t = A_t K_t^{\alpha} L_t^{1-\alpha} - R_t K_t - W_t L_t \tag{5-6}$$

对资本、劳动要素分别求导，得到利润最大化的一阶条件，分别如式(5-7)和式(5-8)所示。

$$\frac{\partial \Pi_t}{\partial K_t} = \alpha A_t k_t^{\alpha-1} L_t^{1-\alpha} - R_t = \alpha \frac{Y_t}{K_t} - R_t = 0 \tag{5-7}$$

$$\frac{\partial \Pi_t}{\partial L_t} = (1-\alpha) A_t k_t^{\alpha} L_t^{-\alpha} - W_t = (1-\alpha) \frac{Y_t}{L_t} - W_t = 0 \tag{5-8}$$

由于设定生产函数为凹函数，因此在最优化求解时，仅需求解一阶条件即可，不再求解二阶条件等。

2. 代表性家庭

在经济中，假设仅存在一个典型的消费者或者所有消费者是同质的、具有相同的消费

偏好，因此可以仅选取一个代表性家庭进行分析。通过分析一个经济主体的行为，然后进行加总可以得到总体行为。代表性家庭通过对商品和服务的消费以及闲暇获得效用，其效用函数可表示为

$$U(C_t, L_t) = U(C_t, 1 - L_t) \tag{5-9}$$

式中，$U(\cdot)$为效用函数，也称为瞬时效用函数、满意度函数等；C_t 为第 t 期代表性家庭的消费水平；L_t 为劳动力投入或劳动时间，通常而言，总的时间标准化为 1，则 $1-L_t$ 代表闲暇。

效用函数 $U(\cdot)$满足凹函数的性质，例如对于消费而言，有

$$U_C > 0, \quad U_{CC} < 0 \tag{5-10}$$

式(5-10)表明，效用函数关于消费的一阶导数为正，即消费越多，效用或幸福感就越高；效用函数对消费变量的二阶导数为负，说明随着消费水平的提高，边际效用不断减少即效用的增速在降低。这一假定使得代表性家庭有动力在时间轴上平滑其消费，相对于波动幅度较大的消费而言，代表性家庭更倾向于平稳或均匀的消费模式。

假设效用函数在时间上是相加可分离的，代表性家庭在某一时期的效用依赖于当期的消费与闲暇，并且可将某一期的效用与另一时期的效用进行加总。如前所述，假设代表性家庭是永续生存的，这一假设是合理的，原因在于虽然个体的生命是有限的，但是其会考虑到后代的福利水平，将其财富传递或转移给下一代，“子传孙、孙传子”，如此循环可将整个时间轴上无限延续的家庭视为一个永续存在的家庭。

基于上述假定，将无穷期中的全部效用求和，可以得到其终生效用最大化目标函数为

$$\underset{C_t, L_t}{\mathrm{Max}} \sum_{t=0}^{\infty} \beta^t [\ln C_t + \chi \ln(1 - L_t)] \tag{5-11}$$

式中，β 为贴现因子，$0<\beta<1$，其与贴现率 ρ 的关系为 $\beta=1/(1+\rho)$。基于目标函数式(5-11)可得，代表性家庭的目标是最大化其一生中每期效用的贴现之和，时期自第 0 期开始。在指数化贴现中，例如，以今天为基准，明天的效用贴现到今天需要乘以 β，后天的效用贴现到今天则应该乘上 β^2，以此类推。相对于当前期而言，时期延迟越晚获得的效用价值越低，因而其贴现到当前的效用值就越小，这符合理性人或经济人的基本设定。

代表性家庭是资本、劳动力生产要素的所有者，其收入对应地来源于资本的租金和劳动力的工资。代表性家庭拥有劳动力不言而喻，其还将每期收入中扣除消费的部分用于投资，投资逐渐累积转化为资本存量，由此储蓄等于投资。代表性家庭的预算约束可表示为

$$C_t + I_t \leqslant R_t K_t + W_t L_t \tag{5-12}$$

式中，R_t、W_t 分别为第 t 期代表性家庭所面临的市场中的资本租金率、工资。在式(5-12)中，$R_t K_t$ 与 $W_t L_t$ 之和为代表性家庭的总收入，并将其用于消费 C_t 和投资 I_t。

如前所述，投资累积形成资本，资本的动态累积方程如式(5-13)所示。

$$K_{t+1} = (1 - \delta) K_t + I_t \tag{5-13}$$

式中，K_{t+1} 为第 $t+1$ 期经济中的资本存量；δ 为资本的折旧率。

综合式(5-12)和式(5-13)，可以将预算约束方程改写为

$$C_t + K_{t+1} - (1-\delta)K_t \leqslant R_t K_t + W_t L_t \tag{5-14}$$

基于目标函数式(5-11)和预算约束式(5-14)，可以采用拉格朗日方法求解最优化问题，构造拉格朗日函数为

$$\begin{aligned} L_t = \sum_{t=0}^{\infty}\beta^t[&\ln C_t + \chi\ln(1-L_t) + \lambda_t(R_t K_t + W_t L_t - K_{t+1} \\ &+ (1-\delta)K_t - C_t)] \end{aligned} \tag{5-15}$$

式中，λ_t 为拉格朗日乘子即影子价格。在式(5-15)中，需要进行优化选择的变量有第 t 期的消费 C_t、第 t 期的劳动力投入 L_t 和第 $t+1$ 期的资本存量 K_{t+1}。消费、劳动力投入均为内生变量或控制变量，需要说明的是，在每期的期初，资本存量 K_t 是给定的，K_t 为状态变量，但是代表性家庭可以通过调整或选择投资 I_t，使得第 $t+1$ 期的资本存量 K_{t+1} 发生变化，I_t 或 K_{t+1} 是家庭可以调节或控制的，也称为内生变量或控制变量。

对第 t 期的投资 I_t 进行调节与对第 $t+1$ 期的资本存量 K_{t+1} 进行选择实际上是一致的，由于在拉格朗日函数式(5-15)中消去了投资变量，剩余的控制变量为 C_t、L_t、K_{t+1} 三个变量，将拉格朗日函数对其分别求偏导数，得到一阶条件为

$$\frac{1}{C_t} - \lambda_t = 0 \tag{5-16}$$

$$-\frac{\chi}{1-L_t} + \lambda_t W_t = 0 \tag{5-17}$$

$$\beta^t(-\lambda_t) + \beta^{t+1}\lambda_{t+1}[R_{t+1} + (1-\delta)] = 0 \tag{5-18}$$

进一步整理得到

$$\frac{1}{C_t} = \lambda_t \tag{5-19}$$

$$\frac{\chi}{1-L_t} = \lambda_t W_t \tag{5-20}$$

$$\lambda_t = \beta\lambda_{t+1}[R_{t+1} + (1-\delta)] \tag{5-21}$$

除了企业与代表性家庭的行为描述和优化条件之外，当经济实现均衡时，满足市场出清条件，即经济中的总供给等于总需求，如式(5-22)所示。

$$Y_t = C_t + I_t \tag{5-22}$$

5.1.2　两部门一般均衡模型的求解

1. 完整的两部门一般均衡模型形式归纳

在 5.1.1 小节中，对一个完整的两部门一般均衡模型进行了描述，实际上可以采用非线性方程组的形式对其完整结构进行归纳，即将其表述为在给定 5 个参数 $\{\alpha, \beta, \chi, \delta, A\}$ 的条件下，采用 8 个方程求解 8 个变量 $\{Y_t, K_t, L_t, R_t, W_t, C_t, I_t, \lambda_t\}$。刻画完整两部门一般均衡模型的 8 个方程为

生产函数：$Y_t = A_t K_t^{\alpha} L_t^{1-\alpha}$　　[1]

企业资本的优化选择方程：$R_t = \alpha\dfrac{Y_t}{K_t}$　　[2]

企业劳动力的优化选择方程：$W_t=(1-\alpha)\dfrac{Y_t}{L_t}$　[3]

家庭消费的优化选择方程：$\dfrac{1}{C_t}=\lambda_t$　[4]

家庭劳动力的优化投入方程：$\dfrac{\chi}{(1-L_t)}=\lambda_t W_t$　[5]

家庭资本的优化选择方程：$\lambda_t=\beta\lambda_{t+1}[R_{t+1}+(1-\delta)]$　[6]

资本的动态累积方程：$I_t=K_{t+1}-(1-\delta)K_t$　[7]

市场出清条件：$Y_t=C_t+I_t$　[8]

基于上述 8 个方程，可以求得 8 个变量在稳态时的解，即$\{Y^*,K^*,L^*,R^*,W^*,C^*,I^*,\lambda^*\}$。需要说明的是，在稳态时各变量均不带有时间下标，因此对于变量 K_{t+1} 和 K_t、λ_{t+1} 和 λ_t 而言，其均衡值分别为 K^*、λ^*。另外，为表示方便起见，本部分对各个方程进行了重新编号。

2. 两部门一般均衡模型的求解方法之一：顺序法

在对两部门一般均衡模型进行求解时，如果能够求得解析解，即得到每个变量的表达式，则在给定参数后易于实现稳态时的求解；如果不能求得解析解，则只能采用数值模拟的方法，求得其数值解。在本节中的两部门一般均衡模型较为简单，易于求出其解析解。在求解时，应从最为简单的方程入手，首先求最易得到其表达式的变量，然后以此为基础顺序求解，直至求得所有变量的表达式。

在本例中，通过式[6]可求得 R：

$$R=\frac{1-\beta(1-\delta)}{\beta}$$

基于式[2]可求解得到 Y/K 或 K/Y：

$$\frac{Y}{K}=\frac{R}{\alpha}\Rightarrow\frac{K}{Y}=\frac{\alpha}{R}$$

在式[1]的基础上可解得 L/Y：

$$1=A\left(\frac{K}{Y}\right)^{\alpha}\left(\frac{L}{Y}\right)^{1-\alpha}$$

$$\frac{L}{Y}=\left[\frac{1}{A\left(\frac{\alpha}{R}\right)^{\alpha}}\right]^{\frac{1}{1-\alpha}}$$

通过式[3]可解得 W：

$$W=(1-\alpha)\left[A\left(\frac{\alpha}{R}\right)^{\alpha}\right]^{\frac{1}{1-\alpha}}$$

基于式[7]可求得 I/Y：

$$I=\delta K\Rightarrow\frac{I}{Y}=\delta\frac{K}{Y}\Rightarrow\frac{I}{Y}=\delta\frac{\alpha}{R}$$

通过式[8]可解出 C/Y：

$$\frac{C}{Y}+\frac{I}{Y}=1\Rightarrow\frac{C}{Y}=1-\delta\frac{\alpha}{R}$$

综合式[4]和式[5]可得到 L：

$$\frac{\chi}{1-L}=W\frac{1}{C}\Rightarrow\frac{\chi}{1-L}=(1-\alpha)\frac{Y}{L}\frac{1}{C}\Rightarrow L=\left[\frac{\chi}{(1-\alpha)}\frac{C}{Y}+1\right]^{-1}$$

解出 L 后，将其代入 L/Y 的表达式中可得到 Y，然后根据 K/Y、I/Y、C/Y 的表达式依次求得 K、I、C。根据式[4]和求出的 C 易于解出 λ。

3. 两部门一般均衡模型的求解方法之二：假定法

对方程按照先易后难的顺序进行求解的方法是简便可行、逻辑清楚的，但是在实际求解中，特别是在较为复杂模型的求解中，难以实现对每个方程的求解，为此需要选择其他更为一般的方法进行模型求解，即假定法。与顺序法求解中一致，在假定法中首先通过式[6]可求得 R：

$$R=\frac{1-\beta(1-\delta)}{\beta}$$

类似地，基于式[2]可求解得到 K/Y：

$$\frac{K}{Y}=\frac{\alpha}{R}$$

进而通过式[1]求解得到 L/Y：

$$\frac{L}{Y}=\left[\frac{1}{A\left(\frac{\alpha}{R}\right)^{\alpha}}\right]^{\frac{1}{1-\alpha}}$$

通过式[3]可以求出 W：

$$W=(1-\alpha)\left[A\left(\frac{\alpha}{R}\right)^{\alpha}\right]^{\frac{1}{1-\alpha}}$$

如果此时发现其他方程已经难以求解，则可以基于反证法的思想，假设一个变量已知后继续求解模型，最后留有约束条件对其设定的准确性进行验证，反复迭代以找到变量的真实值。假定企业的产出水平 Y 已知，得出企业利润最大化时使用的资本要素 K 以及劳动力要素 L 的值

$$K=\frac{\alpha}{R}Y$$

$$L=\left[\frac{1}{A\left(\frac{\alpha}{R}\right)^{\alpha}}\right]^{\frac{1}{1-\alpha}}Y$$

基于式[7]可求得 I：

$$I=\delta\frac{\alpha}{R}Y$$

通过式[8]可解出 C：

$$C=1-\delta\frac{\alpha}{R}Y$$

根据式[4]可以得到 λ：

$$\lambda = \frac{1}{C}$$

显然，在上述求解过程中，式[5]没有用到。原因在于假定了一个变量 Y 的值是已知的，所以在计算时节省了一个方程。式[5]的主要作用是检验，通过不断地给定产出变量 Y 的值进行模型的求解，求得的 L、λ 和此前求得的 W 必须能够满足式[5]，方可认为求得了变量 Y 以及其他变量的真实稳态值，模型求解完成。

5.1.3　两部门一般均衡模型的程序设计

1. 模型顺序求解方法的程序设计

将求解过程中各个步骤的式子录入 MATLAB 软件中，即可实现稳态值的求解。以顺序法为例，其 MATLAB 脚本文件程序内容为

```
alpha = 0.45;                                             % 资本份额
beta = 0.98;                                              % 贴现因子
delta = 0.096;                                            % 折旧率
chi = 0.2;                                                % 消费与闲暇的替代参数
A = 1;                                                    % 生产技术水平
r = 1/beta - (1 - delta);                                 % 式[6],求解 R
ky_ratio = alpha/r;                                       % 式[2],求解 K/Y
ly_ratio = (1/(A * (ky_ratio)^alpha))^(1/(1 - alpha));   % 式[1],求解 L/Y
w = (1 - alpha)/ly_ratio;                                 % 式[3],求解 W
iy_ratio = delta * ky_ratio;                              % 式[7],求解 I/Y
cy_ratio = 1 - iy_ratio;                                  % 式[8],求解 C/Y
l = ((chi/(1 - alpha)) * cy_ratio + 1)^( - 1);           % 式[4]和[5],求解 L
y = l/ly_ratio;                                           % 解出 Y
k = y * ky_ratio;                                         % 解出 K
c = y * cy_ratio;                                         % 解出 C
i = y * iy_ratio;                                         % 解出 I
```

采用参数校准、计量经济模型估计等方法，可以实现给参数的赋值，本例中参数的取值为 $\alpha=0.4$，$\beta=0.99$，$\delta=0.096$，$\chi=0.2$，$A=1$。基于上述参数值，能够实现对全部变量稳态值或均衡值的求解。

2. 模型假定求解方法的程序设计

与顺序法的程序设计不同，在进行假定法的程序设计时，较为简便的方式是编写一个 MATLAB 函数文件，然后在主程序中调用该函数实现模型稳态值的求解。假定法 MATLAB 函数文件的程序内容为

```
function [c,y,l,k,i] = Ramsey()                           % 建立名为 Ramsey 的函数
alpha = 0.45;                                             % 资本份额
beta = 0.98;                                              % 贴现因子
delta = 0.096;                                            % 折旧率
chi = 0.2;                                                % 消费与闲暇的替代参数
A = 1;                                                    % 生产技术水平
```

```
r = 1/beta - (1 - delta);                                  % 式[6],求解 R
ky_ratio = alpha/r;                                        % 式[2],求解 K/Y
ly_ratio = (1/(A * (ky_ratio)^alpha))^(1/(1 - alpha));     % 式[1],求解 L/Y
w = (1 - alpha)/ly_ratio;                                  % 式[3],求解 W
    function object = funy(para)                           % 建立名为 funy 的子函数
        y = para(1);                                       % 将初值即假定值赋给 Y
        k = y * ky_ratio;                                  % 根据 K/Y 求解 K
        l = y * ly_ratio;                                  % 根据 L/Y 求解 L
        i = delta * k;                                     % 式[7],求解 I
        c = y - i;                                         % 式[8],求解 C
        object = [chi/(1 - l) - w/c];                      % 式[5],用于检验
    end
para_initial = [1.21];                                     % 设定初值
[para,fval,exitflag] = fsolve(@(l) funy(l),para_initial);  % 采用 fsolve 函数求解方程组
check = [exitflag sum(fval)]                               % 检验方程求解的准确性
end
```

应用两部门一般均衡模型的程序，可以进行比较静态分析。对于处在均衡状态或稳态的经济而言，当参数或外生变量发生变化时，内生变量的数值也会相应地发生变化，从而达到新的均衡状态，比较静态分析可用于对参数或外生变量变化前后的均衡状态进行对比分析。

5.2 新古典一般均衡模型：中央计划者问题

5.2.1 中央计划者模型设定形式

与市场竞争相对应的另一种模式是中央计划经济。在这种设定下，假设存在一个仁慈的中央计划者，其根据社会福利最大化的目标进行资源分配和行为决策，替代经济主体根据企业利润最大化和家庭效用最大化目标的优化选择行为。由于经济中唯一能够进行经济决策的是中央计划者，因此价格在经济体系中是不能发挥资源配置和调节作用的，即价格是无效的或经济中是没有价格的。

中央计划者形式一般均衡模型的主要特征是，无所不知和无所不能的中央计划者成为经济运行中的核心主体，在某种程度上中央计划者可以认为是竞争均衡中家庭和企业的统一体。所有资源归中央计划者或其代表的国家和政府所有，"生产什么、为谁生产、怎样生产"都由中央计划者决定。实际上，在没有竞争均衡的环境中，仁慈的中央计划者同样可以实现帕累托最优。

仁慈的中央计划者的目标是福利最大化，这与竞争均衡中代表性家庭的目标函数是一致的，如式(5-23)所示。

$$\underset{C_t,L_t}{\mathrm{Max}}\sum_{t=0}^{\infty}\beta^t[\ln C_t+\chi\ln(1-L_t)] \tag{5-23}$$

其受到的约束为式(5-24)或式(5-25)。

$$C_t+K_{t+1}-(1-\delta)K_t\leqslant Y_t \tag{5-24}$$

$$C_t + K_{t+1} - (1-\delta)K_t \leqslant A_t K_t^{\alpha} L_t^{1-\alpha} \tag{5-25}$$

基于式(5-23)、式(5-25)构造拉格朗日函数为

$$L = \sum_{t=0}^{\infty} \beta^t \{\ln C_t + \chi \ln(1-L_t) + \lambda_t [A_t K_t^{\alpha} L_t^{1-\alpha} - C_t - K_{t+1} + (1-\delta)K_t]\} \tag{5-26}$$

将式(5-26)对第 t 期的消费 C_t、第 t 期的劳动力投入 L_t 和第 $t+1$ 期的资本存量 K_{t+1} 分别求偏导数,得到一阶条件为

$$\frac{1}{C_t} - \lambda_t = 0 \tag{5-27}$$

$$\frac{\chi}{1-L_t} - \lambda_t (1-\alpha) \frac{Y_t}{L_t} = 0 \tag{5-28}$$

$$\lambda_t - \beta\lambda_{t+1} \left[\alpha \frac{Y_{t+1}}{K_{t+1}} + (1-\delta)\right] = 0 \tag{5-29}$$

根据式(5-24)和式(5-25)可得,经济中产品的生产函数为

$$Y_t = A_t K_t^{\alpha} L_t^{1-\alpha} \tag{5-30}$$

平衡条件为

$$Y_t = C_t + K_{t+1} - (1-\delta)K_t \tag{5-31}$$

5.2.2　中央计划者模型的求解过程

1. 完整的中央计划者一般均衡模型形式归纳

对于中央计划者形式的一般均衡模型而言,同样可以采用非线性方程组的形式对其进行归纳,将其表述为在给定 5 个参数$\{\alpha,\beta,\chi,\delta,A\}$的条件下,采用 5 个方程求解 5 个变量$\{Y_t,K_t,L_t,C_t,\lambda_t\}$的形式。刻画中央计划者一般均衡模型的 5 个方程为

消费分配方程:$\frac{1}{C_t}-\lambda_t=0$　[1]

劳动力分配方程:$\frac{\chi}{1-L_t}-\lambda_t(1-\alpha)\frac{Y_t}{L_t}=0$　[2]

资本分配方程:$\lambda_t-\beta\lambda_{t+1}\left[\alpha\frac{Y_{t+1}}{K_{t+1}}+(1-\delta)\right]=0$　[3]

生产函数:$Y_t=A_tK_t^{\alpha}L_t^{1-\alpha}$　[4]

均衡条件:$Y_t=C_t+K_{t+1}-(1-\delta)K_t$　[5]

2. 中央计划者一般均衡模型的求解

在中央计划者一般均衡模型的求解中,可以首先基于式[3]求解得到 Y/K:

$$\frac{Y}{K} = \frac{1-\beta(1-\delta)}{\alpha\beta} \Rightarrow \frac{Y}{K} = \frac{1-\beta+\beta\delta}{\alpha\beta}$$

在式[4]的基础上可解得 L/Y:

$$\frac{L}{Y} = \left[\frac{1}{A\left(\frac{K}{Y}\right)^{\alpha}}\right]^{\frac{1}{1-\alpha}}$$

通过式[5]可解出 C/Y：

$$\frac{C+\delta K}{Y}=1\Rightarrow\frac{C}{Y}+\delta\frac{K}{Y}=1\Rightarrow\frac{C}{Y}=1-\delta\frac{K}{Y}$$

结合已经求得的 L/Y，基于式[2]可求得 L：

$$\frac{\chi}{\lambda(1-\alpha)\dfrac{Y}{L}}=1-L\Rightarrow L=1-\frac{\chi}{\lambda(1-\alpha)\dfrac{Y}{L}}$$

解出 L 后，将其代入 L/Y 的表达式中解出 Y，再将 Y 代入 Y/K、C/Y 的表达式中可依次求得 K、C，最后根据式[1]和 C 解出 λ，模型求解完成。由于中央计划者问题求解的程序设计较为简单，本节不再赘述。

5.3 新古典一般均衡模型：加入政府部门

5.3.1 加入政府部门的一般均衡模型形式

在代表性家庭、企业两部门一般均衡模型的基础上，假设政府对代表性家庭征收消费税、对企业征收生产税，政府将税收全部以转移支付的方式返还给代表性家庭，则经济中新增了一个主体即政府，此时的一般均衡模型也称为加入政府部门的一般均衡模型或含税一般均衡模型。模型中各主体的行为特征可表述如下。

1. 企业

企业的生产函数为

$$Y_t=AK_t^{\alpha}L_t^{1-\alpha} \tag{5-32}$$

企业的目标函数即利润最大化方程如式(5-33)所示。

$$\Pi_t=(1-\tau_Y)Y_t-R_tK_t-W_tL_t \tag{5-33}$$

式中，τ_Y 为政府对企业征收生产税的税率。

将企业的利润最大化方程分别对资本、劳动力求偏导得到

$$(1-\tau_Y)\alpha\frac{Y_t}{K_t}=R_t \tag{5-34}$$

$$(1-\tau_Y)(1-\alpha)\frac{Y_t}{L_t}=W_t \tag{5-35}$$

根据式(5-34)、式(5-35)分析可得，政府对企业的征税能够影响到企业在资本和劳动力方面的优化投入行为。

2. 代表性家庭

代表性家庭的目标函数仍为终生效用最大化，即

$$\operatorname*{Max}_{C_t,L_t}\sum_{t=0}^{\infty}\beta^t[\ln C_t+\chi\ln(1-L_t)] \tag{5-36}$$

在第 t 时期，代表性家庭面临的预算约束为

$$(1+\tau_C)C_t+I_t\leqslant R_tK_t+W_tL_t+T_t \tag{5-37}$$

式中，τ_C 为政府对代表性家庭征收消费税的税率；T_t 为政府对代表性家庭的转移支付。

在给定的预算约束下，代表性家庭实现效用最大化的优化选择方程为

$$\frac{1}{C_t}=(1+\tau_C)\lambda_t \tag{5-38}$$

$$\frac{\chi}{1-L_t}=\lambda_t W_t \tag{5-39}$$

$$\lambda_t=\beta\lambda_{t+1}[R_{t+1}+(1-\delta)] \tag{5-40}$$

通过分析式(5-38)～式(5-40)可得，政府对代表性家庭征收的消费税直接影响其消费选择，但是不直接影响其劳动力投入和资本积累的优化行为。

资本的动态累积方程仍然为

$$K_{t+1}=(1-\delta)K_t+I_t \tag{5-41}$$

3. 政府部门

政府部门没有明确的目标函数，其目标可以表述为实现预算收支平衡或收支相抵，政府的行为特征方程如式(5-42)所示。

$$\tau_Y Y_t+\tau_C C_t=T_t \tag{5-42}$$

式中，$\tau_Y Y_t+\tau_C C_t$ 为政府的收入；T_t 为政府的支出。

4. 市场出清

对于产品市场而言，其满足总供给等于总需求

$$Y_t=C_t+I_t \tag{5-43}$$

实际上，加入政府部门之后，市场出清条件应表述为

$$(1+\tau_C)C_t+I_t=(1-\tau_Y)Y_t+\tau_C C_t+\tau_Y Y_t \tag{5-44}$$

将其化简后形式与式(5-43)完全一致。

5.3.2　加入政府部门的一般均衡模型求解

1. 加入政府部门一般均衡模型形式归纳

对于加入政府部门的一般均衡模型而言，其可以表述为在给定 7 个参数$\{A,\alpha,\beta,\chi,\delta,\tau_C,\tau_Y\}$的条件下，求解 9 个方程得到 9 个未知变量$\{Y_t,K_t,L_t,R_t,W_t,C_t,I_t,\lambda_t,T_t\}$的形式。其中，9 个方程分别为

生产函数：$Y_t=A_tK_t^{\alpha}L_t^{1-\alpha}$　[1]

企业资本的优化选择方程：$R_t=(1-\tau_Y)\alpha\dfrac{Y_t}{K_t}$　[2]

生产劳动力的优化选择方程：$W_t=(1-\tau_Y)(1-\alpha)\dfrac{Y_t}{L_t}$　[3]

家庭消费的优化选择方程：$\dfrac{1}{C_t}=(1+\tau_C)\lambda_t$　[4]

家庭劳动力的优化投入方程：$\dfrac{\chi}{(1-L_t)}=\lambda_t W_t$　[5]

家庭资本的优化选择方程：$\lambda_t=\beta\lambda_{t+1}[R_{t+1}+(1-\delta)]$　[6]

资本的动态累积方程：$I_t=K_{t+1}-(1-\delta)K_t$ [7]

市场出清条件：$Y_t=C_t+I_t$ [8]

政府预算收支平衡：$\tau_Y Y_t+\tau_C C_t=T_t$ [9]

基于上述 9 个方程，可以求得 9 个变量在稳态时的解，即$\{Y^*,K^*,L^*,R^*,W^*,C^*,I^*,\lambda^*,T^*\}$。再次需要说明的是，在稳态时变量 K_{t+1} 和 K_t 的均衡值均为 K^*，λ_{t+1} 和 λ_t 的均衡值均为 λ^*。

2. 求解方法一：顺序法

在加入政府部门一般均衡模型的求解中，仍然可以采用顺序法和假定法两种方式进行求解，求解过程与不含政府部门的一般均衡模型十分相似。当采用顺序法进行求解时，首先通过式[6]可以解出 R：

$$R=\frac{1}{\beta}-1+\delta$$

通过式[2]可以求得 Y/K：

$$\frac{Y}{K}=\frac{R}{(1-\tau_Y)\alpha}$$

基于式[1]求解得出 Y/L：

$$\frac{Y}{L}=\left[A\left(\frac{Y}{K}\right)^{\alpha}\right]^{\frac{1}{\alpha-1}}$$

基于式[3]可以解出 W：

$$W=(1-\tau_Y)(1-\alpha)\frac{Y}{L}$$

在式[7]的基础上可以得出 I/Y：

$$\frac{I}{Y}=\delta\frac{K}{Y}$$

通过式[8]可以得到 C/Y：

$$\frac{C}{Y}=1-\frac{I}{Y}$$

综合式[4]和式[5]可以得出

$$\frac{\chi}{1-L}=\frac{(1+\tau_C)W}{C}\Rightarrow L=\left[\chi\frac{1}{(1-\alpha)(1-\tau_Y)(1+\tau_C)}\frac{C}{Y}+1\right]^{-1}$$

根据求得的 L，代入 Y/L 的表达式中，解出均衡的产出水平 Y，再代入 Y/K、I/Y、C/Y 中，分别求出 K、I、C 的值。根据式[9]求出 T：

$$T=\tau_Y Y+\tau_C C$$

最后，根据式[4]解出 λ，模型求解完成。

3. 求解方法二：假定法

通过式[6]可以解出 R：

$$R=\frac{1}{\beta}-1+\delta$$

其余方程无法直接求出某个变量的值，因此可以假定产出水平 Y 已知，通过式[2]可以求得 K：

$$K=\frac{\alpha(1-\tau_Y)}{R}Y$$

通过式[1]可以得到 L：

$$L=\left(\frac{Y}{AK^{\alpha}}\right)^{\frac{1}{1-\alpha}}$$

基于式[3]可以得到 W：

$$W=(1-\alpha)\frac{(1-\tau_Y)Y}{L}$$

基于式[7]可以解得 I：

$$I=\delta K$$

在式[8]的基础上解出 C：

$$C=Y-I$$

根据式[9]求出 T：

$$T=\tau_Y Y+\tau_C C$$

通过式[4]可以得出 λ：

$$\lambda=\frac{1}{(1+\tau_C)C_t}$$

基于上述方程，已经实现了模型中全部变量的求解。在上述求解过程中，式[5]并未使用，可将其作为检验方程，用于检验变量 Y 设定值的准确性。

5.3.3　加入政府部门一般均衡模型的程序设计

1. 顺序法求解的程序设计

与两部门竞争均衡模型中一致，通过编写 MATLAB 脚本文件可以实现加入政府部门一般均衡模型求解的程序设计，首先需要给定参数值 $\alpha=0.45$(alpha=0.45)，$\beta=0.98$(beta=0.98)，$\delta=0.096$(delta=0.096)，$\tau_Y=0.17$(tauy=0.17)，$\tau_C=0.06$(tauc=0.06)，$\chi=0.2$(chi=0.2)，$A=1$(A=1)，主要程序内容为：

```
r = 1/beta - (1 - delta);
ky_ratio = alpha(1 - tauy)/r;
ly_ratio = (1/(A * (ky_ratio)^alpha))^(1/(1 - alpha));
w = (1 - alpha)(1 - tauy)/ly_ratio;
iy_ratio = delta * ky_ratio;
cy_ratio = 1 - iy_ratio;
l = ((chi/((1 - alpha)(1 - tauy)(1 - tauc))) * cy_ratio + 1)^( - 1);
y = l/ly_ratio;
k = y * ky_ratio;
c = y * cy_ratio;
i = delta * k;
```

2. 假定法求解的程序设计

在假定法求解的程序设计中，也应给定参数值，然后编写 MATLAB 函数文件，主要内容为

```
function [c,y, l, i, k, t] = govramsey(paraout)
 r = 1/beta - (1 - delta);
    function object = funy(parain)
      y = parain(1);
      k = y * (1 - tauy) * alpha/r;
      l = y * ((1/(A * (ky_ratio)^alpha))^(1/(1 - alpha)));
      w = (1 - tauy) * (1 - alpha)/((1/(A * (ky_ratio)^alpha))^(1/(1 - alpha)));
      i = delta * k;
      c = y - i;
      t = tauy * y + tauc * c;
      object = [chi/(1 - l) - w/(c * (1 + tauc))];
    end
parain_initial = [1.21];
[para,fval,exitflag] = fsolve(@(l) funy(l),parain_initial);
check = [exitflag sum(fval)]
end
```

另外，可将两个税率参数 τ_Y、τ_C 的值设定外部输入参数形式，在主程序调用时给出其值，以便于实现数值模拟和进行比较静态分析。例如，假设生产税率由 0.17 调整到 0.13，步长为 0.001，研究减税降费对于产出、消费、投资、资本等变量的影响，可以设定程序实现，主要程序的提示为

```
j = 0;
for i = 0.17: - 0.001:0.13
    j = j + 1;
    tauy(j) = i;
    paraout = [tauy(j) tauc];
    [c,y, l, i, k, t] = govramsey(paraout);
    consum(j,1) = c;
    output(j,1) = y;
    labor(j,1) = l;
    invest(j,1) = i;
    capital(j,1) = k;
    tax(j,1) = t;
end
```

在程序设计中，还可以计算产出税占全部税收的比重，并将其作为横轴，以产出、消费、投资、资本等变量作为纵轴，绘制二维图形，进行减税降费影响下经济状态变化的分析。

5.4 经济动态学与鞍点路径

除了求解稳态之外，在新古典经济增长模型中还有一个重要内容是经济的动态学与鞍点路径。经济的动态学与鞍点路径主要讲述了当经济状态位于某一初始点时，其是否

能够收敛到稳态，以及是通过何种路径、何种方式达到稳态的。本节中的部分内容参考了范庆泉等①、范庆泉和张同斌②的相关研究。

5.4.1　消费和资本的动态学

在加入政府部门的一般均衡模型中，根据式(5-38)和式(5-40)，可以求解得到消费的跨期优化选择方程为

$$\frac{C_{t+1}}{C_t}=\beta[R_{t+1}+(1-\delta)] \tag{5-45}$$

进一步整理得到消费的变动方程如式(5-46)或式(5-47)所示。

$$\frac{\Delta C_{t+1}}{C_t}=\frac{C_{t+1}-C_t}{C_t}=\beta[R_{t+1}+(1-\delta)]-1 \tag{5-46}$$

$$\frac{\Delta C_t}{C_{t-1}}=\frac{C_t-C_{t-1}}{C_{t-1}}=\beta[R_t+(1-\delta)]-1 \tag{5-47}$$

式中，$R_t=(1-\tau_Y)F_K$。

当 $\beta[R_t+(1-\delta)]$等于 1 时，可以确定稳态时的资本存量 K^*，且消费的变动量 $\Delta C_t=0$；当 $\beta[R_t+(1-\delta)]>1$ 即 $K<K^*$ 时，$\Delta C_t>0$，消费水平逐渐上升；当 $\beta[R_t+(1-\delta)]<1$ 即 $K>K^*$ 时，$\Delta C_t<0$，消费水平不断下降。

与索洛模型中相同，加入政府部门一般均衡模型中资本的变动 ΔK_t 等于实际投资减持平投资。根据资本的动态累积方程式(5-41)和市场出清条件式(5-43)可得

$$K_{t+1}-K_t=Y_t-C_t-\delta K_t \tag{5-48}$$

进一步地，可整理为

$$\Delta K_{t+1}=K_{t+1}-K_t=F(K_t,L_t)-C_t-\delta K_t \tag{5-49}$$

$$\Delta K_t=K_t-K_{t-1}=F(K_{t-1},L_{t-1})-C_{t-1}-\delta K_{t-1} \tag{5-50}$$

根据式(5-49)或式(5-50)可得，当消费等于实际产出与持平投资之差时，$\Delta K_t=0$，由此可确定使得 $\Delta K_t=0$ 的曲线形式，简称为 $\Delta K_t=0$ 曲线。在 $\Delta K_t=0$ 曲线的上方，消费过多使得资本存量逐渐降低，即 $\Delta K_t<0$；相反，在 $\Delta K_t=0$ 曲线的下方，消费不足使得资本存量不断增长，即 $\Delta K_t>0$。消费和资本的动态方程分别如图 5-2 和图 5-3 所示。

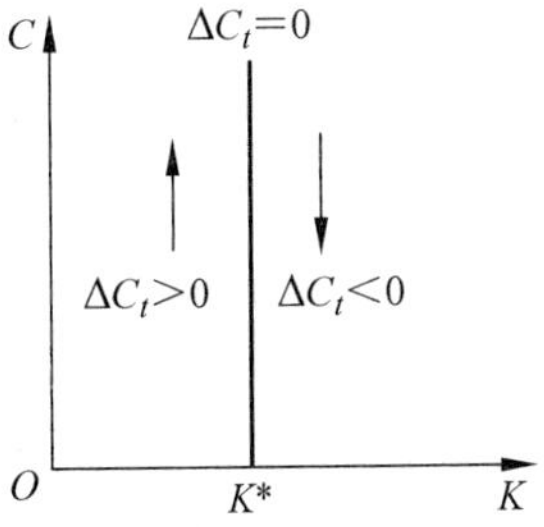

图 5-2　消费的动态学

综合图 5-2 和图 5-3 可以得到消费、资本组合的动态方程，也称为消费和资本的相图，如图 5-4 所示。

---

① 范庆泉，周县华，张同斌. 动态环境税外部性、污染累积路径与长期经济增长——兼论环境税的开征时点选择问题[J]. 经济研究，2016(8).

② 范庆泉，张同斌. 中国经济增长路径上的环境规制政策与污染治理机制研究[J]. 世界经济，2018(8).

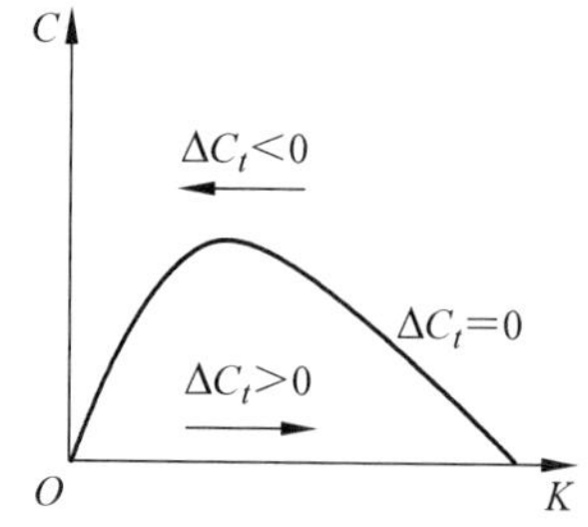

图 5-3　资本的动态学

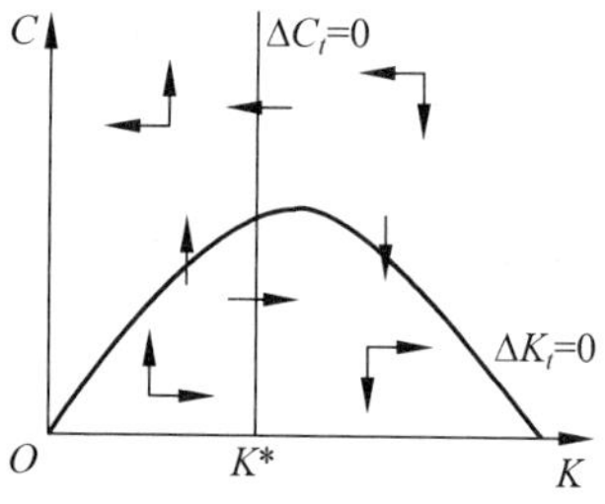

图 5-4　消费和资本的组合动态学

需要说明的是，在均衡时 $\Delta C_t=0$ 和 $\Delta K_t=0$ 相交的点并不是 $\Delta K_t=0$ 曲线的最高点。在 $\Delta K_t=0$ 曲线中，随着资本存量的上升，消费一直增大并达到最高点后开始下降，消费最高点对应的资本达到黄金律水平。然而，如索洛模型中所述，均衡时存在着消费不足的现象，并且可以证明 $\Delta C_t=0$ 与 $\Delta K_t=0$ 曲线相交于 $\Delta K_t=0$ 曲线最高点的左侧，即均衡资本存量 K^* 小于黄金律资本存量水平。

5.4.2　鞍点路径

根据图 5-4，可以描绘出在 (C,K) 空间中任意初始值 (C_0,K_0) 的动态调整轨迹，从任意初始值出发，可能会达到稳态点，也可能会出现资本过度累积导致消费为负，或过度消费使得资本存量小于零等发散情形，如图 5-5 所示。

理论和经验证明，当处于某些特定的初始点时，可以通过特定的路径收敛到均衡点处，该路径也称为鞍点路径，一种典型的鞍点路径如图 5-6 所示。

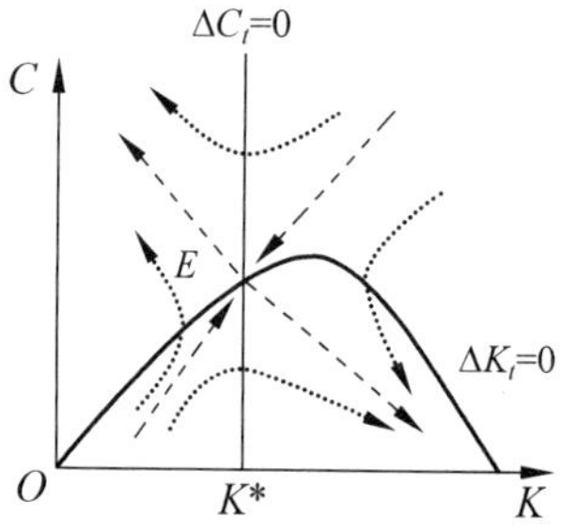

图 5-5　消费和资本动态调整轨迹示意图

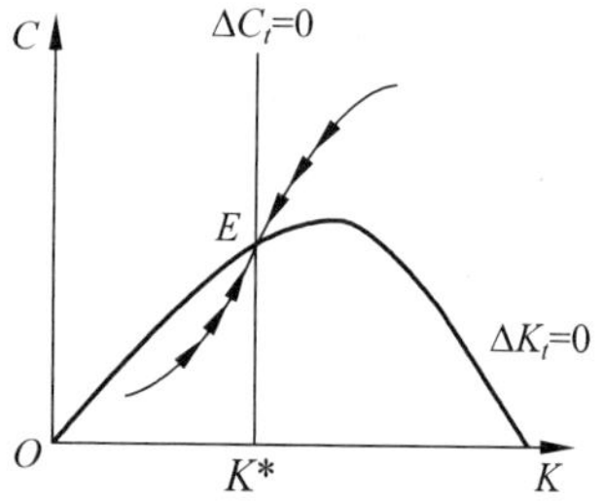

图 5-6　一种典型的鞍点路径

对于任何大于零的 K 值，都存在唯一或多个初始 C 值使得代表性家庭消费的跨期优化选择方程、资本的动态累积变化方程以及 C、K 不能为负的条件同时成立，进而可以将 C 的初始值表示为 K 的函数，即为鞍点路径。换言之，对于 K 的任意初始值，C 的初始值必须位于鞍点路径上，才会沿着鞍点路径向稳态点 E 移动并实现均衡。

当经济收敛到 E 点时，拉姆齐模型就与处于平衡增长路径的索洛模型达到了一致，如果仍然假设经济中的人口、技术按照一定的速度实现增长或进步，单位有效劳动的资本、产出和消费都是常数，但是总资本、总产出和总消费按照一定的速率实现稳定增长，即处于平衡增长路径上。因此，在新古典拉姆齐模型中，将储蓄率内生化的修正并没有改变索洛模型中关于平衡增长路径的描述。换言之，索洛模型关于经济增长本质动力的解释不受限于储蓄率为外生的假定，即使储蓄率是内生的，外生的技术进步仍为人均产出持续增长的重要甚至是唯一源泉。

在实际中，可以采用射击（Shooting）方法求得新古典理论模型鞍点路径上的均衡解，Shooting 方法是一种可以计算从任意初始状态到均衡转移路径的方法，其解的稳定性较高。有关 Shooting 方法的详细介绍参见 Ljungqvist 和 Sargent 的相关研究①。简要的求解思路为，首先给定资本变量的初始值，然后进行模拟迭代计算出从资本初始状态到稳态过程中鞍点路径上的均衡解。在不考虑劳动力的简单模型中，计算过程如下。

第一步：首先设定一个足够长的时期 T，以使得在该时期内经济发展总是可以达到稳态，然后给出初始的资本水平 K_1 以及校准的其他外生变量或参数，并设定一个较大的资本区间$[\underline{K},\overline{K}]$，使得 K_2 总会处于这一区间内。

第二步：假设 $K_2=(\underline{K}+\overline{K})/2$，由于各个变量之间的关系，求得 Y_1、Y_2、I_1、C_1 等；根据 C_1 可以计算出 C_2；根据已求得的 C_2、Y_2，可以计算出 I_2；进一步地，能够计算得到 K_3。

第三步：进行迭代循环，继续求解 C_t、I_t、K_{t+1}，$t>2$，初步计算得到从初始状态到第 T 期消费和资本的所有变量值$\{C_t,K_t\}$，$t=1,2,\cdots,T$。

第四步：鞍点路径上初步求解的资本变量 K_2 与真实值 K_2^* 存在如下关系，如果 $K_2>K_2^*$，则经济体将过多地进行资本积累、消费不足，最终经济趋向于发散而无法达到稳态，最终会使得消费为负；类似地，如果 $K_2<K_2^*$，经济体则将会因为消费过度和资本积累不足，同样无法实现稳态均衡，最终使得资本存量为负。

第五步：如果 $C_t<0$，则取 $\overline{K}=K_2$；如果 $K_t<0$，则取 $\underline{K}=K_2$，然后返回第一步重新计算鞍点路径。

第六步：经反复迭代计算，当满足$|\overline{K}-\underline{K}|<10^{-6}$ 或其他终止条件时，停止迭代，最终求解得出在鞍点路径上每一点处各变量的均衡值序列$\{K_t,Y_t,C_t,I_t\}$。

5.4.3　比较静态分析

本节中考虑一个正处于平衡增长路径上的拉姆齐模型，如前所述，消费的动态变化可以表示为式(5-51)。

$$\frac{\Delta C_t}{C_{t-1}}=\beta[(1-\tau_Y)F_K+(1-\delta)]-1 \tag{5-51}$$

假设政府对产出征税的税率 τ_Y 下降，由于参数 τ_Y 影响消费的动态变化，则 $\Delta C_t=0$ 曲线发生移动。由于 $\Delta K_t=0$ 曲线中不含有 τ_Y，可以认为 τ_Y 不直接影响资本的动态变化。根据式(5-51)可得，$\Delta C_t=0$ 曲线由式(5-52)所决定：

① LJUNGQVIST L,SARGENT T J. Recursive macroeconomic theory[M]. Cambridge: MIT Press,2004.

$$F_K=\left(\frac{1}{\beta}-1+\delta\right)\bigg/(1-\tau_Y) \tag{5-52}$$

显然，当 τ_Y 下降时，F_K 降低。根据生产函数为凹函数的假定，即 $F_{KK}<0$，对应的资本存量 K 值上升，$\Delta C_t=0$ 曲线会向右移动，如图 5-7 所示。

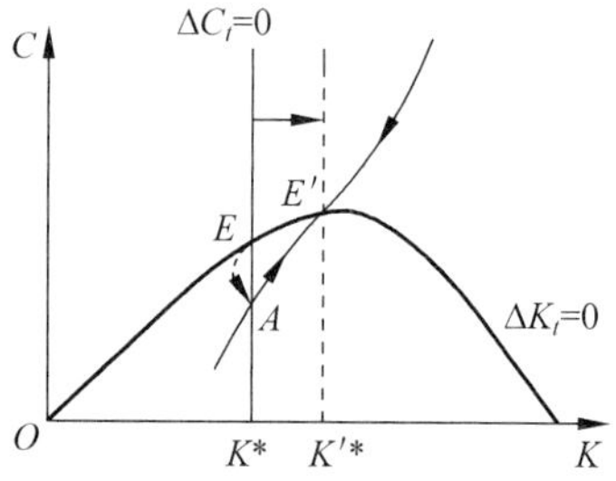

图 5-7　政府对产出征税税率下降的影响

当税率 τ_Y 发生变化时，资本存量 K 仍应等于平衡增长路径上原有的 K^* 值，资本不会出现间断点。与 K 不同，在冲击发生时消费 C 则出现急剧的下降，同时过渡到新的鞍点路径上即 A 点，随后消费 C 和资本 K 会沿着新的鞍点路径回归到新的平衡增长路径上，达到新的稳态点 E'，并且新的消费稳态值和资本稳态值均高于原平衡增长路径上的值。

本章介绍了三类新古典模型的基本形式，并进行了经济动态学和鞍点路径分析。在拉姆齐模型中，并没有改变索洛模型关于经济增长平衡路径的基本结论，在某种程度上可以认为索洛模型是拉姆齐模型的一个特例，拉姆齐模型是在索洛模型基础上扩展的更一般形式。拉姆齐模型从代表性家庭跨期消费行为、企业的优化选择行为等微观基础出发，确定稳态时的消费、储蓄与资本存量等，因此均衡的消费和资本存量是同时决定的，在这一过程中自然地实现了储蓄率的内生化。另外，根据鞍点路径的知识可得，在拉姆齐模型中任意初始状态不一定能够收敛到稳态，不在鞍点路径上的初始点变动时则会出现发散的情况，这一点与索洛模型存在较大差别。经过持续发展和不断完善，新古典模型已经较为成熟，国内外学者也广泛基于该类模型进行了经济社会问题的分析与研究。

本章习题

1. 与索洛模型相比，拉姆齐模型的典型优势体现在哪个方面？

2. 在新古典两部门一般均衡模型（企业、居民）求解时，所用到的方程有哪些？请简单列出。

3. 在新古典三部门一般均衡模型（企业、居民、政府）求解时，所用到的方程有哪些？请简单列出。

扩展阅读 5-1　鞍点路径——市场化进程中的税制结构变迁

扩展阅读 5-2　鞍点路径——动态环境税外部性、污染累积路径与长期经济增长

第6章 新古典模型的扩展：分行业设定与求解

传统的新古典一般均衡模型中，通常仅包括一个企业部门、一个代表性家庭和一个政府部门。国内外学者在此基础上进行了充分的扩展，其中一类重要的模型是分行业或分产业一般均衡模型。分行业一般均衡模型考虑了经济结构和产业结构等现实问题，其主要特征在于假定经济中存在异质性的生产部门，在生产部门模块设定存在两个企业或多个企业，以代表不同的生产模式。本章将在第5章的基础上，分为两行业一般均衡模型、多行业一般均衡模型两节，对扩展新古典模型的设定、求解和程序设计等内容进行简要介绍。

6.1 两行业一般均衡模型

6.1.1 两行业一般均衡模型的设定

1. 企业

在两行业一般均衡模型中，假设商品市场和生产要素市场是完全竞争的，企业的生产函数依然满足规模报酬不变、凹函数以及稻田条件的假定。企业生产函数为柯布-道格拉斯(C-D)函数形式，假定存在两个异质性的生产企业，采用下标 h 标识($h=1,2$)。为体现企业的异质性，需要分别设置两个企业的生产函数。

$$Y_{1,t}=A_1K_{1,t}^{\alpha_1}L_{1,t}^{1-\alpha_1} \quad 和 \quad Y_{2,t}=A_2K_{2,t}^{\alpha_2}L_{2,t}^{1-\alpha_2} \tag{6-1}$$

式中，$Y_{1,t}$、$Y_{2,t}$ 分别为第1类企业和第2类企业的产出水平；A_1、A_2 分别为第1类企业和第2类企业的全要素生产率；$K_{1,t}$、$K_{2,t}$ 为两类企业的资本存量；$L_{1,t}$、$L_{2,t}$ 为两类企业生产过程中投入的劳动力要素；α_1 和 α_2 为两类企业中资本的份额参数或弹性系数。

假定政府对企业征收增值税，可以得到企业的目标函数即利润最大化方程，为简化起见，可将两类企业的目标函数统一写成式(6-2)。

$$\operatorname{Max} \Pi_{h,t}=(1-\tau_Y)P_{h,t}Y_{h,t}-R_tK_{h,t}-W_{h,t}L_{h,t} \tag{6-2}$$

式中，$\Pi_{h,t}$ 为第 h 个企业的利润；$P_{h,t}$ 为第 h 种商品的价格；τ_Y 为增值税税率；R_t 为资本租金；$W_{h,t}$ 为工资水平。需要注意的是，资本要素具有高度的同质性，两类企业中使用的资本要素价格是一致的，劳动力要素的异质性程度较高，两类企业中的劳动力具有不同的工资。

将企业利润最大化方程分别对其资本、劳动力求导，得到一阶条件分别为

$$R_t=(1-\tau_Y)\alpha_1\frac{P_{1,t}Y_{1,t}}{K_{1,t}} \quad 和 \quad R_t=(1-\tau_Y)\alpha_2\frac{P_{2,t}Y_{2,t}}{K_{2,t}} \tag{6-3}$$

$$W_{1,t}=(1-\tau_Y)(1-\alpha_1)\frac{P_{1,t}Y_{1,t}}{L_{1,t}} \quad 和 \quad W_{2,t}=(1-\tau_Y)(1-\alpha_2)\frac{P_{2,t}Y_{2,t}}{L_{2,t}} \tag{6-4}$$

2. 代表性家庭

假设经济中存在一个永续生存的代表性家庭，家庭所追求的目标是实现终生效用的最大化，目标函数为

$$\underset{C_t,L_t}{\text{Max}}\sum_{t=0}^{\infty}\beta^t[\ln C_t+\chi\ln(1-L_t)] \tag{6-5}$$

式中，C_t 为总消费水平；L_t 为总的劳动力投入。

家庭面临的预算约束如式(6-6)所示。

$$(1+\tau_C)P_tC_t+Z_tI_t\leqslant R_tK_t+W_tL_t+T_t \tag{6-6}$$

式中，τ_C 为政府对家庭征收消费税的税率；I_t 为总投资水平；P_t、Z_t 分别为总消费和总投资的价格；K_t 为经济中总的资本存量；W_t 为总劳动力的工资；T_t 为政府对家庭的转移支付。

资本的动态累积方程为

$$K_{t+1}=(1-\delta)K_t+I_t \tag{6-7}$$

式中，K_{t+1} 为第 $t+1$ 期的总资本存量。

通过构建拉格朗日函数，求解得到代表性家庭优化选择的一阶条件为

$$\frac{1}{C_t}=(1+\tau_C)\lambda_tP_t \tag{6-8}$$

$$\frac{\chi}{1-L_t}=\lambda_tW_t \tag{6-9}$$

$$\lambda_tZ_t=\beta\lambda_{t+1}[R_{t+1}+(1-\delta)Z_{t+1}] \tag{6-10}$$

式中，R_{t+1}、Z_{t+1} 分别为第 $t+1$ 期总资本存量、总投资的价格；λ_{t+1} 为第 $t+1$ 期的影子价格。

3. 产品的组合形式

由于不同的企业之间存在异质性，两类企业生产的产品是不能直接加总的，因此，对于两类企业生产的消费品如何加总得到总消费、两类企业生产的投资品如何加总得到总投资，都需要考虑其加总形式。本节采用常替代弹性(CES)函数加总方式体现两类企业消费品、投资品的组合关系和非完全替代特征，即以消费品的替代弹性 σ_C、投资品的替代弹性 σ_I 反映两类企业消费品、投资品的异质性。

采用常替代弹性函数将两类企业生产的消费品组合成整个经济中的总消费，其组合形式为

$$C_t=\left(\rho_{1C}C_{1,t}^{\frac{\sigma_C-1}{\sigma_C}}+\rho_{2C}C_{2,t}^{\frac{\sigma_C-1}{\sigma_C}}\right)^{\frac{\sigma_C}{\sigma_C-1}} \tag{6-11}$$

式中，$C_{1,t}$、$C_{2,t}$ 分别为两类企业生产的产品用于消费的部分，即两类企业生产、代表性家庭消费的产品；σ_C 为两类消费品之间的替代弹性；ρ_{1C}、ρ_{2C} 分别为两类消费品的份额参

数，$\rho_{1C}+\rho_{2C}=1$。

在理论上，总消费品的价值等于两类消费品的价值之和，即

$$P_t C_t = P_{1,t}C_{1,t} + P_{2,t}C_{2,t} \tag{6-12}$$

式中，$P_{1,t}$、$P_{2,t}$ 分别为两类消费品的价格。

为求解两类消费品与总消费品的比例关系，即两类消费品的优化选择，需要构建目标函数求解得到。例如，可构建目标函数为

$$\text{Min } P_t C_t - (P_{1,t}C_{1,t} + P_{2,t}C_{2,t}) = P_t\left(\rho_{1C}C_{1,t}^{\frac{\sigma_C-1}{\sigma_C}} + \rho_{2C}C_{2,t}^{\frac{\sigma_C-1}{\sigma_C}}\right)^{\frac{\sigma_C}{\sigma_C-1}} - (P_{1,t}C_{1,t} + P_{2,t}C_{2,t}) \tag{6-13}$$

将式(6-13)分别对 $C_{1,t}$ 和 $C_{2,t}$ 求导，得到

$$P_t \frac{\sigma_C}{\sigma_C-1}\left(\rho_{1C}C_{1,t}^{\frac{\sigma_C-1}{\sigma_C}} + \rho_{2C}C_{2,t}^{\frac{\sigma_C-1}{\sigma_C}}\right)^{\frac{1}{\sigma_C-1}} \frac{\sigma_C-1}{\sigma_C}\rho_{1C}C_{1,t}^{\frac{-1}{\sigma_C}} = P_{1,t} \tag{6-14}$$

$$P_t \frac{\sigma_C}{\sigma_C-1}\left(\rho_{1C}C_{1,t}^{\frac{\sigma_C-1}{\sigma_C}} + \rho_{2C}C_{2,t}^{\frac{\sigma_C-1}{\sigma_C}}\right)^{\frac{1}{\sigma_C-1}} \frac{\sigma_C-1}{\sigma_C}\rho_{2C}C_{2,t}^{\frac{-1}{\sigma_C}} = P_{2,t} \tag{6-15}$$

进一步整理，得到式(6-16)和式(6-17)。

$$C_{1,t} = \rho_{1C}^{\sigma_C}\left(\frac{P_{1,t}}{P_t}\right)^{-\sigma_C} C_t \tag{6-16}$$

$$C_{2,t} = \rho_{2C}^{\sigma_C}\left(\frac{P_{2,t}}{P_t}\right)^{-\sigma_C} C_t \tag{6-17}$$

将 $C_{1,t}$、$C_{2,t}$ 的表达式代入式(6-11)中，可以得到

$$C_t = \left\{\rho_{1C}\left[\rho_{1C}^{\sigma_C}\left(\frac{P_{1,t}}{P_t}\right)^{-\sigma_C} C_t\right]^{\frac{\sigma_C-1}{\sigma_C}} + \rho_{2C}\left[\rho_{2C}^{\sigma_C}\left(\frac{P_{2,t}}{P_t}\right)^{-\sigma_C} C_t\right]^{\frac{\sigma_C-1}{\sigma_C}}\right\}^{\frac{\sigma_C}{\sigma_C-1}} \tag{6-18}$$

经化简后整理得到总消费品的价格与两类消费品价格的关系式(6-19)。

$$P_t = [\rho_{1C}^{\sigma_C}P_{1,t}^{1-\sigma_C} + \rho_{2C}^{\sigma_C}P_{2,t}^{1-\sigma_C}]^{\frac{1}{1-\sigma_C}} \tag{6-19}$$

与消费的组合形式类似，同样采用常替代弹性函数对两类投资品进行组合得到总投资，其形式为

$$I_t = [\rho_{1I}I_{1,t}^{\frac{\sigma_I-1}{\sigma_I}} + \rho_{2I}I_{2,t}^{\frac{\sigma_I-1}{\sigma_I}}]^{\frac{\sigma_I}{\sigma_I-1}} \tag{6-20}$$

式中，$I_{1,t}$、$I_{2,t}$ 分别为两类企业生产的投资品；σ_I 为两类投资品之间的替代弹性；ρ_{1I}、ρ_{2I} 分别为两类投资品的份额参数，$\rho_{1I}+\rho_{2I}=1$。

与消费类似，可以求得总投资品价格与两类投资品价格之间的关系式如式(6-21)所示。

$$Z_t = [\rho_{1I}^{\sigma_I}P_{1,t}^{1-\sigma_I} + \rho_{2I}^{\sigma_I}P_{2,t}^{1-\sigma_I}]^{\frac{1}{1-\sigma_I}} \tag{6-21}$$

需要说明的是，由于消费品、投资品均为总产品的一部分，两类投资品的价格与两类消费品的价格分别是一致的，即分别为 $P_{1,t}$ 和 $P_{2,t}$。另外，可以求得两类投资品的优化投入方程，其形式为

$$I_{1,t}=\rho_{1I}^{\sigma_I}\left(\frac{P_{1,t}}{Z_t}\right)^{-\sigma_I}I_t \tag{6-22}$$

$$I_{2,t}=\rho_{2I}^{\sigma_I}\left(\frac{P_{2,t}}{Z_t}\right)^{-\sigma_I}I_t \tag{6-23}$$

4. 要素的组合形式

如果两类企业中使用的劳动力要素是同质的，则可以采用直接加总的方式得到经济中总的劳动力，即 $L_t=L_{1,t}+L_{2,t}$，而考虑到劳动力的异质性，也应采用其他函数形式对两类企业的劳动力进行组合得到总的劳动力。与消费、投资类似，本节采用常替代弹性函数形式对劳动力进行组合，其形式如式(6-24)所示。

$$L_t=\left[\rho_{1L}L_{1,t}^{\frac{\sigma_L+1}{\sigma_L}}+\rho_{2L}L_{2,t}^{\frac{\sigma_L+1}{\sigma_L}}\right]^{\frac{\sigma_L}{\sigma_L+1}} \tag{6-24}$$

式中，$L_{1,t}$、$L_{2,t}$ 分别为两类企业投入的劳动力要素；σ_L 为两类企业劳动力的替代弹性；ρ_{1L}、ρ_{2L} 分别为两类企业劳动力在总劳动力中的份额参数，满足条件 $\rho_{1L}+\rho_{2L}=1$。对于参数 σ_L 而言，当 $\sigma_L=\infty$ 时，表示劳动力要素在不同行业或企业之间是完全自由流动的，而当 $\sigma_L=0$ 时，则表示劳动力要素完全不流动，参数 σ_L 取值越大，代表行业间劳动力的流动程度越高。实际上，该参数可以作为行业或企业之间竞争效应、地理分布等多个方面差异的反映，以及不同行业之间劳动力转移成本的代表。

与消费、投资类似，可以求解得到总的劳动力工资与两类劳动力工资的关系式(6-25)。

$$W_t=[\rho_{1L}^{-\sigma_L}W_{1,t}^{1+\sigma_L}+\rho_{2L}^{-\sigma_L}W_{2,t}^{1+\sigma_L}]^{\frac{1}{1+\sigma_L}} \tag{6-25}$$

式中，$W_{1,t}$、$W_{2,t}$ 分别为两类企业中劳动力的工资。

另外，还可以求得两类劳动力与总劳动力的关系式(6-26)、式(6-27)。

$$L_{1,t}=\rho_{1L}^{-\sigma_L}\left(\frac{W_{1,t}}{W_t}\right)^{\sigma_L}L_t \tag{6-26}$$

$$L_{2,t}=\rho_{2L}^{-\sigma_L}\left(\frac{W_{2,t}}{W_t}\right)^{\sigma_L}L_t \tag{6-27}$$

与劳动力不同，资本的同质性较高，能够较为自由地在行业之间流动，因此，为简化起见，不考虑资本的异质性，在将两类企业的资本要素组合为总资本要素时，采用直接加总方式即可，如式(6-28)所示。

$$K_t=K_{1,t}+K_{2,t} \tag{6-28}$$

5. 政府部门及均衡条件等

与其他模型中一致，政府满足预算收支平衡，其行为特征可以表述为

$$\tau_C P_t C_t+\tau_Y P_{1,t}Y_{1,t}+\tau_Y P_{2,t}Y_{2,t}=T_t \tag{6-29}$$

式中，$P_{1,t}$、$P_{2,t}$ 分别为两类企业生产产品的价格。

产品市场出清条件如式(6-30)和式(6-31)所示。

$$Y_{1,t}=C_{1,t}+I_{1,t} \tag{6-30}$$

$$Y_{2,t}=C_{2,t}+I_{2,t} \tag{6-31}$$

为实现模型的求解，还需要设定一个价格基准。实际上，可以设定任一产品或要素的价格为价格基准，例如设定第一种产品的价格为基准价格，其他产品和要素的价格均与其进行对比，即

$$P_{1,t}=1 \tag{6-32}$$

6.1.2 两行业一般均衡模型的求解

1. 两行业一般均衡模型的形式归纳

两行业一般均衡模型可以表述为在给定 18 个参数$\{\rho_{1C},\rho_{2C},\sigma_C,\rho_{1I},\rho_{2I},\sigma_I,\rho_{1L},\rho_{2L},\sigma_L,\chi,\beta,\delta,A_1,A_2,\alpha_1,\alpha_2,\tau_Y,\tau_C\}$的条件下，采用 23 个方程组成的方程组求解 23 个未知变量的形式，变量序列为$\{C_t,I_t,L_t,K_t,P_t,Z_t,W_t,R_t,\lambda_t,C_{1,t},C_{2,t},I_{1,t},I_{2,t},L_{1,t},L_{2,t},K_{1,t},K_{2,t},P_{1,t},P_{2,t},W_{1,t},W_{2,t},Y_{1,t},Y_{2,t}\}$。在待求解的变量中，包括总量变量 9 个，分行业变量 14 个，暂时不考虑转移支付变量 T_t 及其对应方程。用于求解变量的 23 个方程分别为

总消费价格方程：$P_t=[\rho_{1C}^{\sigma_C}P_{1,t}^{1-\sigma_C}+\rho_{2C}^{\sigma_C}P_{2,t}^{1-\sigma_C}]^{\frac{1}{1-\sigma_C}}$ [1]

第 1 种消费品选择配置方程：$C_{1,t}=\rho_{1C}^{\sigma_C}\left(\frac{P_{1,t}}{P_t}\right)^{-\sigma_C}C_t$ [2-1]

第 2 种消费品选择配置方程：$C_{2,t}=\rho_{2C}^{\sigma_C}\left(\frac{P_{2,t}}{P_t}\right)^{-\sigma_C}C_t$ [2-2]

总投资价格方程：$Z_t=[\rho_{1I}^{\sigma_I}P_{1,t}^{1-\sigma_I}+\rho_{2I}^{\sigma_I}P_{2,t}^{1-\sigma_I}]^{\frac{1}{1-\sigma_I}}$ [3]

第 1 种投资品选择配置方程：$I_{1,t}=\rho_{1I}^{\sigma_I}\left(\frac{P_{1,t}}{Z_t}\right)^{-\sigma_I}I_t$ [4-1]

第 2 种投资品选择配置方程：$I_{2,t}=\rho_{2I}^{\sigma_I}\left(\frac{P_{2,t}}{Z_t}\right)^{-\sigma_I}I_t$ [4-2]

总劳动力工资方程：$W_t=[\rho_{1L}^{-\sigma_L}W_{1,t}^{1+\sigma_L}+\rho_{2L}^{-\sigma_L}W_{2,t}^{1+\sigma_L}]^{\frac{1}{1+\sigma_L}}$ [5]

第 1 个企业中劳动力的配置方程：$L_{1,t}=\rho_{1L}^{-\sigma_L}\left(\frac{W_{1,t}}{W_t}\right)^{\sigma_L}L_t$ [6-1]

第 2 个企业中劳动力的配置方程：$L_{2,t}=\rho_{2L}^{-\sigma_L}\left(\frac{W_{2,t}}{W_t}\right)^{\sigma_L}L_t$ [6-2]

消费优化选择方程：$\frac{1}{C_t}=(1+\tau_C)\lambda_t P_t$ [7]

劳动力优化投入方程：$\frac{\chi}{1-L_t}=\lambda_t W_t$ [8]

资本优化配置方程：$\lambda_t Z_t=\beta\lambda_{t+1}[R_{t+1}+(1-\delta)Z_{t+1}]$ [9]

资本的动态累积方程：$K_{t+1}=(1-\delta)K_t+I_t$ [10]

第 1 个企业的生产函数：$Y_{1,t}=A_1K_{1,t}^{\alpha_1}L_{1,t}^{1-\alpha_1}$ [11-1]

第 2 个企业的生产函数：$Y_{2,t}=A_2K_{2,t}^{\alpha_2}L_{2,t}^{1-\alpha_2}$ [11-2]

第 1 个企业资本的优化投入方程：$R_t=(1-\tau_Y)\alpha_1\dfrac{P_{1,t}Y_{1,t}}{K_{1,t}}$　[12-1]

第 2 个企业资本的优化投入方程：$R_t=(1-\tau_Y)\alpha_2\dfrac{P_{2,t}Y_{2,t}}{K_{2,t}}$　[12-2]

第 1 个企业劳动力的优化投入方程：$W_{1,t}=(1-\tau_Y)(1-\alpha_1)\dfrac{P_{1,t}Y_{1,t}}{L_{1,t}}$　[13-1]

第 2 个企业劳动力的优化投入方程：$W_{2,t}=(1-\tau_Y)(1-\alpha_2)\dfrac{P_{2,t}Y_{2,t}}{L_{2,t}}$　[13-2]

第 1 种产品的市场出清条件：$Y_{1,t}=C_{1,t}+I_{1,t}$　[14-1]

第 2 种产品的市场出清条件：$Y_{2,t}=C_{2,t}+I_{2,t}$　[14-2]

资本的组合方程：$K_t=K_{1,t}+K_{2,t}$　[15]

价格基准：$P_{1,t}=1$　[16]

2. 两行业一般均衡模型的求解过程

由于两行业一般均衡模型较为复杂，采用顺序法不易求解其稳态，因此应采用假定法。首先假定已知 L_1/Y_1、L_2/Y_2 以及 W_1、W_2 4 个值，基于式[5]可将 W_1、W_2 组合成为 W：

$$W=[\rho_{1L}^{-\sigma_L}W_1^{1+\sigma_L}+\rho_{2L}^{-\sigma_L}W_2^{1+\sigma_L}]^{\frac{1}{1+\sigma_L}}$$

由式[13-1]、式[13-2]分别可以得到 P_1 和 P_2：

$$P_1=\frac{W_1L_1}{Y_1}\frac{1}{(1-\tau_Y)(1-\alpha_1)}$$

$$P_2=\frac{W_2L_2}{Y_2}\frac{1}{(1-\tau_Y)(1-\alpha_2)}$$

根据式[1]可以将 P_1、P_2 组合成为 P：

$$P=[\rho_{1C}^{\sigma_C}P_1^{1-\sigma_C}+\rho_{2C}^{\sigma_C}P_2^{1-\sigma_C}]^{\frac{1}{1-\sigma_C}}$$

基于式[3]可以将 P_1、P_2 组合成为 Z：

$$Z=[\rho_{1I}^{\sigma_I}P_1^{1-\sigma_I}+\rho_{2I}^{\sigma_I}P_2^{1-\sigma_I}]^{\frac{1}{1-\sigma_I}}$$

由式[9]得到 R：

$$R=\frac{(1-\beta+\beta\delta)Z}{\beta}$$

由式[12-1]、式[12-2]可以分别求解得出 Y_1/K_1、Y_2/K_2：

$$\frac{Y_1}{K_1}=\frac{R}{(1-\tau_Y)\alpha_1P_1}$$

$$\frac{Y_2}{K_2}=\frac{R}{(1-\tau_Y)\alpha_2P_2}$$

由于 $L_1/Y_1(Y_1/L_1)$、$L_2/Y_2(Y_2/L_2)$、Y_1/K_1、Y_2/K_2 均已知或假定已知，则式[11-1]、式[11-2]可留作检验方程。

由于方程难以继续往下求解，再次假定 Y_1、Y_2 的值已知，可以求出 K_1、K_2、L_1、L_2 的值，其中，$L_1=Y_1(L_1/Y_1)$，$L_2=Y_2(L_2/Y_2)$，K_1、K_2 分别为

$$K_1=(1-\tau_Y)\frac{\alpha_1 P_1}{R}Y_1$$

$$K_2=(1-\tau_Y)\frac{\alpha_2 P_2}{R}Y_2$$

基于式[15]可以求得 K：

$$K=K_1+K_2$$

根据式[10]可以求得 I：

$$I=\delta K$$

由式[4-1]、式[4-2]可以得到 I_1、I_2 的值：

$$I_1=\rho_{1I}^{\sigma_I}\left(\frac{P_1}{Z}\right)^{-\sigma_I}I$$

$$I_2=\rho_{2I}^{\sigma_I}\left(\frac{P_2}{Z}\right)^{-\sigma_I}I$$

由式[6-1]可以得到 L：

$$L=\left[\rho_{1L}^{-\sigma_L}\left(\frac{W_1}{W}\right)^{\sigma_L}\right]^{-1}L_1$$

需要说明的是，仅由 L_1 即可求得 L，式[6-2]可用作检验方程。

通过式[8]可以求解得到 λ：

$$\lambda=\frac{\chi}{(1-L)W}$$

由式[7]可以解出 C：

$$C=\frac{1}{(1+\tau_C)\lambda P}$$

根据式[2-1]、式[2-2]可以分别求解得出 C_1、C_2：

$$C_1=\rho_{1C}^{\sigma_C}\left(\frac{P_1}{P}\right)^{-\sigma_C}C_t$$

$$C_2=\rho_{2C}^{\sigma_C}\left(\frac{P_2}{P}\right)^{-\sigma_C}C_t$$

式[14-1]、式[14-2]、式[16]在求解过程中并未使用，可作为检验方程。

在两行业一般均衡模型的求解中，共假定了 L_1/Y_1、L_2/Y_2、W_1、W_2、Y_1、Y_2 6 个变量，留有式[11-1]、式[11-2]、式[6-2]、式[14-1]、式[14-2]、式[16]共 6 个检验方程，因而能够求得唯一的一组均衡解。

在求解过程中，可以从生产模块的工资、劳动力优化方程入手做出假定，求解价格体系；然后基于生产模块中利息、资本优化方程，转向数量体系的求解；如果数量体系求解思路或方法不明显，可再假定已知关键数量变量的值，充分利用消费模块的信息、产品的系列组合方程、要素的系列组合方程，求得各数量变量的解；最后，对照假定变量与留用

检验方程的个数是否相等，实现模型的闭合，完成模型中所有变量的求解。

6.1.3 两行业一般均衡模型的程序设计

如6.1.2小节中所述，可以采用假定法实现两行业一般均衡模型的求解。由于求解过程较为复杂，在将上述求解过程编写为MATLAB程序时，也应编写MATLAB函数文件，然后在主程序中对其进行调用，MATLAB函数的主要内容为

```
function [Yp,Cp,Yper,Cper,Ty,Tc] = twosector(paraout)
m = 2;                                    % 设定两个企业代表两类行业
alpha = [0.61  0.56]';                    % 资本的产出弹性
gamma = 1 - alpha;                        % 劳动的产出弹性
Crho = [0.54  0.46]';                     % 两类消费品的份额参数
Lrho = [0.52  0.48]';                     % 两类劳动力的份额参数
Irho = [0.56  0.44]';                     % 两类投资品的份额参数
beta = 0.98;                              % 贴现因子
delta = 0.096;                            % 折旧率
A = 1.0 * [1,0.8]';                       % 两类企业的技术水平
chi = 0.35;                               % 消费和闲暇的替代参数
csigma = paraout(1) + 0.00001;            % 两类消费品的替代弹性,paraout 外部输入
lsigma = paraout(2) + 0.00001;            % 两类劳动力的替代弹性,paraout 外部输入
isigma = paraout(3) + 0.00001;            % 两类投资品的替代弹性,paraout 外部输入
Sigma = 1 * [csigma lsigma isigma];       % 组合为向量 Sigma
tauc = paraout(4);                        % 消费税税率,paraout 外部输入
tauy = paraout(5);                        % 增值税税率,paraout 外部输入
    function object = modelsol(parain)    % 定义模型求解的内部函数
      Lyh_ratio = zeros(m,1);             % 假定已知 Lh/Yh(2 个),赋值为 0
      for i = 1:m
          Lyh_ratio(i) = parain(i);       % 为 Lh/Yh 赋给定值,内部参数向量 parain1 - 2
      end
      Wh = zeros(m,1);                    % 假定已知 Wh(2 个),赋值为 0
      for i = 1:m
          Wh(i) = parain (i + m);         % 为 Wh 赋给定值,内部参数向量 parain3 - 4
      end
      Ph = zeros(m,1);                                  % 为 Ph 赋初值 0
      for i = 1:m
          Ph(i) = Wh(i) * Lyh_ratio(i)/gamma(i)/(1 - tauy);   % 计算 Ph
      end
      W = (sum((Wh.^(Sigma(2) + 1)). * (Lrho.^( - Sigma(2)))))^(1/(Sigma(2) + 1));
                                                        % 计算 W
      P = (sum((Crho.^(Sigma(1))). * (Ph.^(1 - Sigma(1)))))^(1/(1 - Sigma(1)));
                                                        % 计算 P
      Z = (sum((Irho.^(Sigma(3))). * (Ph.^(1 - Sigma(3)))))^(1/(1 - Sigma(3)));
                                                        % 计算 Z
      R = (1 - beta * (1 - delta)) * Z/beta;            % 计算 R
      Kyh_ratio = alpha. * Ph * (1 - tauy)/R;           % 计算 Kh/Yh

      Yh = zeros(m,1);                              % 假定已知 Yh(2 个),赋值为 0
```

```
        for i = 1:m
            Yh(i) = parain(i + 2 * m);                  % 为 Yh 赋给定值,参数 parain5 - 6
        end
        Kh = Yh. * Kyh_ratio;                                          % 计算 Kh
        K = sum(Kh);                                                   % 计算 K
        I = K * delta;                                                 % 计算 I
        Ih = (Irho.^(Sigma(3))). * ((Ph/Z).^( - Sigma(3))) * I;        % 计算 Ih
        Lh = Yh. * Lyh_ratio;                                          % 计算 Lh
        L = Lh(1)/((Wh(1)/(Lrho(1) * W))^Sigma(2));                    % 计算 L
        C = W * (1 - L)/(P * chi * (1 + tauc));                        % 计算 C
        Ch = (Crho.^(Sigma(1))). * ((Ph/P).^( - Sigma(1))) * C;        % 计算 Ch
        object1 = Yh - A. * (Kh.^alpha). * (Lh.^gamma);          % 检验方程[11 - 1]和[11 - 2]
        object2 = Yh - Ch - Ih;                                  % 检验方程[14 - 1]和[14 - 2]
        object3 = Ph(1) - 1;                                     % 检验方程[16]
        object4 =  (Wh(2:m)./(Lrho(2:m) * W))^Sigma(2) * L - Lh(2:m);   % 检验方程[6 - 2]
        object = [object1;object2;object3;object4];                     % 综合检验方程
    end
parain_initial = [0.2628  0.4747  1.4798  1.1886  2.9721  1.2152]; % 内部参数向量
[parain,fval,exitflag] = fsolve(@(l) modelsol(l),parain_initial);  % 求解非线性方程组
fval = sum(fval);
check0 = [exitflag fval']                               % 检验求解的正确性
Yp = sum(Yh. * Ph)/P;                                   % 计算输出检验结果
Cp = C;
Yper = (Yh./Lh)';
Cper = (Ch./Lh)';
Ty = sum(Yh. * Ph * tauy);
Tc = P * C * tauc;
end
```

假设政府对企业征收增值税的税率由 0.17 调整到 0.13,以 0.001 为步长,研究减税降费对经济中总产出、总消费、人均产出、人均消费以及不同类型税收收入的影响效应,程序设计提示为

```
celastic = 5.0;
lelastic = 1.5;
ielastic = 5.0;
tauc = 0.06;
j = 0;
for i = 0.17: - 0.001:0.13
    j = j + 1;
    tauy(j) = i;
    paraout = [celastic,lelastic,ielastic,tauc,tauy(j)];
    [Yp,Cp,Yper,Cper,Ty,Tc] = twosector(paraout);
    output(j,1) = Yp;
    consum(j,1) = Cp;
    peroutput (j,:) = Yper;
    perconsum (j,:) = Cper;
    taxy(j,1) = Ty;
```

```
    taxc(j,1) = Tc;
end
```

另外，可以计算增值税占全部税收的比重并将其作为横轴，将研究的各个目标变量作为纵轴，绘制二维图，对减税降费的经济效应进行直观简明的分析。实际上，两行业一般均衡模型完全可以推广到两地区以及具有差异特征的两个类别问题的分析中，一个考察劳动力流动、征税方式转变的两地区模型实例请参见范庆泉[①]的研究。

6.2　多行业一般均衡模型

多行业或多产业一般均衡模型不仅能够更为合理地反映经济的现实状况，分析投入产出结构下外生冲击对于行业经济的异质性影响[②]，而且可以对于不同行业进行差异化的政策设定与模拟，丰富了经济结构和产业结构相关问题研究的理论框架与模拟工具。基于这一目标，本节将在两行业一般均衡模型的基础上进一步扩展，将行业划分为三个及三个以上行业，在更为细致地体现行业间异质性的同时，将各个行业之间的投入产出联系纳入一般均衡的框架中，形成了多行业一般均衡模型的基本框架，并对其设定形式、求解过程和应用实例进行简要说明。

6.2.1　多行业一般均衡模型的设定

1. 企业

假设经济中存在 M 个行业，每个行业中有一个代表性企业，则在企业模块需要设定 M 个企业予以区分，企业采用上标 h 标识，则有 $h=1,2,\cdots,M$。企业的生产函数为柯布-道格拉斯形式，通过投入资本、劳动力、能源中间品与非能源中间品进行产品生产。

$$Y_t^h = A^h (K_t^h)^{\alpha_h} (E_t^h)^{\beta_h} (M_t^h)^{\gamma_h} (L_t^h)^{1-\alpha_h-\beta_h-\gamma_h} \tag{6-33}$$

式中，Y_t^h 为第 t 时期第 h 个企业的产出水平；K_t^h、L_t^h 为第 h 个企业投入的资本要素和劳动力要素；E_t^h、M_t^h 为第 h 个企业在产品生产中使用的能源中间投入品与非能源中间投入品；A^h 为第 h 个企业的技术水平或全要素生产率；α_h、β_h 和 γ_h 分别为资本要素、能源中间品、非能源中间品的份额参数或其对产出的贡献程度。

每个企业追求的目标都是实现利润最大化，目标函数为

$$\text{Max}\ \Pi_t^h = P_t^h Y_t^h - R_t K_t^h - J_t^h E_t^h - Q_t^h M_t^h - W_t L_t^h \tag{6-34}$$

式中，P_t^h 为第 h 个企业生产产品的价格；J_t^h、Q_t^h 分别为第 h 个企业投入使用的能源中间品、非能源中间品的价格。假定各个行业在生产过程中使用的资本要素与劳动要素分别是同质的，因此资本的利率 R_t 与劳动力的工资 W_t 在不同行业之间是无差别的。

在式(6-33)和式(6-34)的基础上，分别对资本、能源中间品、非能源中间品以及劳动求导，得到一阶条件为

---

① 范庆泉. 劳动力流动、征税方式转变与地区福利增进[J]. 数量经济技术经济研究，2017(11).

② 鄢莉莉，吴利学. 投入产出结构、行业异质性与中国经济波动[J]. 世界经济，2017(8).

$$\alpha_h \frac{P_t^h Y_t^h}{K_t^h} = R_t \tag{6-35}$$

$$\beta_h \frac{P_t^h Y_t^h}{E_t^h} = J_t^h \tag{6-36}$$

$$\gamma_h \frac{P_t^h Y_t^h}{M_t^h} = Q_t^h \tag{6-37}$$

$$(1-\alpha_h-\beta_h-\gamma_h)\frac{P_t^h Y_t^h}{L_t^h} = W_t \tag{6-38}$$

2. 中间品组合

如前所述，各个行业在生产过程中资本要素与劳动要素可分别假定为同质的。然而，无论是能源中间品还是非能源中间品，都是各个差异化的行业所提供的，中间品之间存在典型的异质性，应采用函数形式对其进行组合得到各个行业使用的能源中间品与非能源中间品。以非能源中间投入为例，假设采用柯布-道格拉斯函数对其进行组合，即

$$M_t^h = \prod_{s \in \text{nonen}} (m_{t,s}^h)^{\chi_{sh}} \tag{6-39}$$

式中，M_t^h 为第 h 个行业中的企业在生产中使用的非能源中间投入品；$m_{t,s}^h$ 为第 s 个行业向第 h 个行业提供的中间产品，反映了生产的纵向关系；χ_{sh} 为组合系数。设非能源中间品 M_t^h 的价格为 Q_t^h，其组成元素 $m_{t,s}^h$ 产品的价格为 P_t^s，设定企业在选择中间品时的目标函数为

$$\text{Min } Q_t^h M_t^h - \sum_{s \in \text{nonen}} P_t^s m_{t,s}^h \tag{6-40}$$

通过将式(6-40)对 $m_{t,s}^h$ 求导，可以得到第 h 个企业对其的优化选择，因此求解一阶条件，可得到 $m_{t,s}^h$，如式(6-41)所示。

$$m_{t,s}^h = \chi_{sh} \frac{Q_t^h}{P_t^s} M_t^h \tag{6-41}$$

将 $m_{t,s}^h$ 进一步代回式(6-39)中解出 Q_t^h，得到其表达如式(6-42)所示。

$$Q_t^h = \prod_{s \in \text{nonen}} \left(\frac{P_t^s}{\chi_{sh}}\right)^{\chi_{sh}} \tag{6-42}$$

类似地，对于能源中间品而言，其组合形式为

$$E_t^h = \prod_{s \in \text{en}} (e_{t,s}^h)^{\bar{\chi}_{sh}} \tag{6-43}$$

式中，E_t^h 为第 h 个行业在产品生产中使用的能源中间投入品；$e_{t,s}^h$ 为第 s 个行业向第 h 个行业提供的能源中间品；$\bar{\chi}_{sh}$ 为不同能源产品的组合系数。

假设同一行业的能源产品与非能源产品具有相同的价格，即为 P_t^s，按照非能源产品中组合要素的优化求导方法，可以解得

$$e_{t,s}^h = \bar{\chi}_{sh} \frac{J_t^h}{P_t^s} E_t^h \tag{6-44}$$

将 $e_{t,s}^h$ 代回式(6-43)中，整理得到解出 E_t^h 的价格 J_t^h 的表达式(6-45)。

$$J_t^h = \prod_{s \in \mathrm{en}} \left(\frac{P_t^s}{\bar{\chi}_{sh}} \right)^{\bar{\chi}_{sh}} \tag{6-45}$$

3. 代表性家庭

在经济中假设有一个永续生存的代表性家庭，其目标是追求终生效用的最大化，目标函数如式(6-46)所示。

$$\mathrm{Max} \sum_{t=0}^{\infty} \beta^t [\ln C_t + \chi \ln(1 - L_t)] \tag{6-46}$$

家庭面临的预算约束为

$$P_t C_t + Z_t I_t \leqslant W_t L_t + R_t K_t \tag{6-47}$$

资本的动态累积方程为

$$K_{t+1} = (1 - \delta) K_t + I_t \tag{6-48}$$

结合式(6-46)～式(6-48)，构造拉格朗日函数

$$L = \sum_{t=0}^{\infty} \beta^t \{\ln C_t + \chi \ln(1 - L_t) + \lambda_t \{W_t L_t + R_t K_t - P_t C_t - Z_t [K_{t+1} - (1 - \delta) K_t]\}\} \tag{6-49}$$

求解一阶条件，可得

$$\frac{1}{C_t} = \lambda_t P_t \tag{6-50}$$

$$\frac{\chi}{1 - L_t} = \lambda_t W_t \tag{6-51}$$

$$\lambda_t Z_t = \beta \lambda_{t+1} [R_{t+1} + (1 - \delta) Z_{t+1}] \tag{6-52}$$

4. 产品组合

对于总消费品 C_t 和总投资品 I_t 而言，实际上也是各个行业所提供的产品，需要对不同行业的消费品、投资品进行综合，得到经济中的总消费与总投资。假设采用柯布-道格拉斯函数形式对不同行业提供的消费品进行组合，即

$$C_t = \prod_h (C_t^h)^{\zeta_h} \tag{6-53}$$

式中，C_t^h 为代表性家庭对第 h 个行业产品的消费需求；C_t^h 价格为 P_t^h；ζ_h 为消费品的组合系数。

类似于非能源中间品、能源中间品的求导方法，可以解出

$$C_t^h = \zeta_h \frac{P_t}{P_t^h} C_t \tag{6-54}$$

将 C_t^h 的表达式代入 C_t 的表达式即式(6-53)中，得到总消费品价格与各行业提供消费品价格的关系为

$$P_t = \prod_h \left(\frac{P_t^h}{\zeta_h} \right)^{\zeta_h} \tag{6-55}$$

与消费品类似，投资品的组合形式为

$$I_t = \prod_h (I_t^h)^{\phi_h} \tag{6-56}$$

式中，I_t^h 为第 h 个行业为代表性家庭提供的投资品；I_t^h 价格为 P_t^h；ϕ_h 为投资品的组合系数。

在式(6-56)的基础上，求解得到 I_t^h 优化选择的表达式为

$$I_t^h = \phi_h \frac{Z_t}{P_t^h} I_t \tag{6-57}$$

进一步可以求得总投资品的价格 Z_t 与各类投资品价格 P_t^h 的关系式(6-58)。

$$Z_t = \prod_h \left(\frac{P_t^h}{\phi_h}\right)^{\phi_h} \tag{6-58}$$

5. 市场出清等

如前所述，在经济中假定各行业使用的资本要素、劳动要素分别是同质的，则不同行业之间的资本要素、劳动要素可以分别直接相加，即

$$K_t = \sum_{h=1}^{M} K_t^h \quad 和 \quad L_t = \sum_{h=1}^{M} L_t^h \tag{6-59}$$

最后，还需满足市场出清条件，例如第 h 个企业生产产品的供求平衡方程为

$$Y_t^h = C_t^h + I_t^h + \sum_{s=1}^{M} m_{t,h}^s + \sum_{s=1}^{M} e_{t,h}^s \tag{6-60}$$

需要注意的是，与企业模块中的 $m_{t,s}^h$ 和 $e_{t,s}^h$ 不同，在市场出清条件中，$m_{t,h}^s$ 和 $e_{t,h}^s$ 为第 h 个行业向第 s 个行业提供的能源中间品与非能源中间品，反映的是行业之间产品的横向流动关系。

为便于模型求解，另需设置价格基准，如设置第 1 个企业生产的产品价格为 1，即

$$P_t^1 = 1 \tag{6-61}$$

6.2.2 多行业一般均衡模型的求解

1. 多行业一般均衡模型的形式归纳

本节同样基于方程数与变量数相等的原则，对多行业一般均衡模型的方程系统进行了梳理，给出了变量稳态值的具体求解方法。对上述包含 M 个行业的一般均衡模型进行整理可得，需要给定的参数为 $\{\chi_{sh}, \bar{\chi}_{sh}, \zeta_h, \phi_h, A^h, \alpha_h, \beta_h, \gamma_h, \beta, \chi, \delta\}$，待求解的变量包括三类，分别是 $M\times M$ 个 $\{m_{t,s}^h, e_{t,s}^h\}$，M 个 $\{M_t^h, Q_t^h, E_t^h, J_t^h, P_t^h, C_t^h, I_t^h, K_t^h, L_t^h, Y_t^h\}$ 以及 $\{C_t, I_t, P_t, Z_t, R_t, W_t, K_t, L_t, \lambda_t\}$，共计 $(2M^2+10M+9)$ 个未知变量。在均衡状态时，各变量值均不随着时间的变化而变化，因此应去掉时间下标 t。用于求解变量的 $(2M^2+10M+9)$ 个方程组为

第 h 个企业生产函数：$Y^h = A^h (K^h)^{\alpha_h} (E^h)^{\beta_h} (M^h)^{\gamma_h} (L^h)^{1-\alpha_h-\beta_h-\gamma_h}$ [1]×M

第 h 个企业投入非能源中间品的价格：$Q^h = \prod_s \left(\frac{P^s}{\chi_{sh}}\right)^{\chi_{sh}}$ [2]×M

第 h 个企业投入能源中间品的价格：$J^h = \prod_s \left(\frac{P^s}{\bar{\chi}_{sh}}\right)^{\bar{\chi}_{sh}}$ [3]×M

第 s 个企业向第 h 个企业提供非能源中间品的数量：$m_s^h = \chi_{sh} \dfrac{Q^h}{P^s} M^h$　[4]×M^2

第 s 个企业向第 h 个企业提供能源中间品的数量：$e_s^h = \bar{\chi}_{sh} \dfrac{J^h}{P^s} E^h$　[5]×M^2

第 h 个企业劳动力的优化投入方程：$(1-\alpha_h-\beta_h-\gamma_h)\dfrac{P^h Y^h}{L^h} = W$　[6]×M

第 h 个企业能源中间品的优化投入方程：$\beta_h \dfrac{P^h Y^h}{E^h} = J^h$　[7]×M

第 h 个企业非能源中间品的优化投入方程：$\gamma_h \dfrac{P^h Y^h}{M^h} = Q^h$　[8]×M

第 h 个企业资本的优化投入方程：$\alpha_h \dfrac{P^h Y^h}{K^h} = R$　[9]×M

总消费的价格方程：$P = \prod_h \left(\dfrac{P^h}{\zeta_h}\right)^{\zeta_h}$　[10]

第 h 个企业消费品的优化选择方程：$C^h = \zeta_h \dfrac{P}{P^h} C$　[11]×M

总投资的价格方程：$Z = \prod_h \left(\dfrac{P^h}{\phi_h}\right)^{\phi_h}$　[12]

第 h 个企业投资品的优化选择方程：$I^h = \phi_h \dfrac{Z}{P^h} I$　[13]×M

资本动态累积方程：$I = \delta K$　[14]

代表性家庭消费的优化选择方程：$\dfrac{1}{C} = \lambda P$　[15]

代表性家庭劳动力的优化选择方程：$\dfrac{\chi}{1-L} = \lambda W$　[16]

代表性家庭资本的优化选择方程：$Z = \beta[R + (1-\delta)Z]$　[17]

劳动力加总方程：$L = \sum_h L^h$　[18]

资本加总方程：$K = \sum_h K^h$　[19]

第 h 个企业生产产品的市场出清条件：$Y^h = C^h + I^h + \sum_s m_h^s + \sum_s e_h^s$　[20]×M

价格基准：$P^1 = 1$　[21]

2. 多行业一般均衡模型的求解过程

由于多行业一般均衡模型较为复杂，应采用假设法对其进行求解。首先，假定已知 L^h/Y^h 的值。结合式[6]和式[21]，可以求得 W：

$$W = (1-\alpha_1-\beta_1-\gamma_1)\frac{Y^1}{L^1}$$

根据 $P^h = \dfrac{W}{1-\alpha_h-\beta_h-\gamma_h}\dfrac{L^h}{Y^h}$，进一步求出 $P^h(h=2,\cdots,M)$的值。

由式[2]可以求得 Q^h：

$$Q^h = \prod_s \left(\frac{P^s}{\chi_{sh}}\right)^{\chi_{sh}}$$

由式[3]可以求得 J^h：

$$J^h = \prod_s \left(\frac{P^s}{\bar{\chi}_{sh}}\right)^{\bar{\chi}_{sh}}$$

根据式[10]求解得到 P：

$$P = \prod_h \left(\frac{P^h}{\zeta_h}\right)^{\zeta_h}$$

根据式[12]得到 Z：

$$Z = \prod_h \left(\frac{P^h}{\phi_h}\right)^{\phi_h}$$

由式[17]可以求得 R：

$$R = \frac{(1-\beta+\delta\beta)Z}{\beta}$$

基于式[9]，可以解得 K^h/Y^h：

$$\frac{K^h}{Y^h} = \frac{\alpha_h P^h}{R}$$

基于式[8]，可以解得 M^h/Y^h：

$$\frac{M^h}{Y^h} = \frac{\gamma_h P^h}{Q^h}$$

基于式[7]，可以解得 E^h/Y^h：

$$\frac{E^h}{Y^h} = \frac{\beta_h P^h}{J^h}$$

由于其他方程难以求解，再进一步假定已知 Y^h，则根据假定或求得的 L^h/Y^h、K^h/Y^h、M^h/Y^h、E^h/Y^h 即可得到 E^h、M^h、K^h、L^h。

根据式[18]对 L^h 进行求和，计算出 L：

$$L = \sum_h L^h$$

将 L 和 W 代入式[16]中，得到 λ：

$$\lambda = \frac{\chi}{(1-L)W}$$

由式[15]可解得 C：

$$C = \frac{1}{\lambda P}$$

将 C 代入式[11]中，得到 C^h：

$$C^h = \zeta_h \frac{P}{P^h} C$$

根据式[19]对 K^h 进行求和，计算出 K：

$$K=\sum_{h}K^{h}$$

代入式[14]中，得到 I：

$$I=\delta K$$

将 I 代入式[13]中最终得到 I^h：

$$I^{h}=\phi_{h}\frac{Z}{P^{h}}I$$

将 M^h 代入式[4]中求得 m_s^h：

$$m_{s}^{h}=\chi_{sh}\frac{Q^{h}}{P^{s}}M^{h}$$

将 E^h 代入式[5]中求得 e_s^h：

$$e_{s}^{h}=\bar{\chi}_{sh}\frac{J^{h}}{P^{s}}E^{h}$$

剩余的方程[1]和方程[20]在求解中并未使用，用于检验假定值的正确性。方程[1]和方程[20]共计 $2M$ 个方程，与给出的 L^h/Y^h、Y^h 共计 $2M$ 个假定值相对应，因此模型可求得唯一的一组解。其程序设计与两行业模型十分类似，本节不小再赘述。

6.2.3　多行业一般均衡模型的应用实例

气候变化是引发极端气候事件、导致水资源分布失衡以及生态系统部分功能丧失的主要原因之一，并且会对能源系统、粮食安全和人类健康等社会经济发展的各个方面造成深远影响。随着中国经济和社会的不断发展，气候变化已经成为高质量发展框架下中国能否实现可持续发展的重要制约因素。为应对气候变化带来的不利影响，主要方式就是控制或减少温室气体特别是二氧化碳（CO_2）的排放。如何合理评价碳减排的经济影响，特别是碳减排导致不同产业的内在关联及内部结构的变动特征，即碳减排引致的产业结构调整效应，对于我国经济的高质量发展具有重要的理论指导价值与政策实践意义。

本节参考张同斌等的研究①，构建包含能源消耗与碳排放的多行业动态一般均衡模型，对比研究如何在实现碳强度减排目标下制订合理的减排方案。

1. 模型设定

本节对多行业一般均衡模型在碳排放问题研究中的应用进行说明，可以构建一个包含代表性家庭、政府部门以及农业、煤炭行业、石油和天然气行业、高耗能工业、低耗能工业、建筑业、生产者服务业、消费者服务业 8 个行业生产部门组成的动态一般均衡模型②，

---

① 张同斌，周县华，刘巧红．碳减排方案优化及其在产业升级中的效应研究[J]．中国环境科学，2018(7)．

② 参照国家统计局有关高耗能行业、生产者服务业等的统计分类标准，本节中的行业分类为：(1)农业即农林牧渔产品和服务业；(2)煤炭行业即煤炭采选产品；(3)石油和天然气行业即石油和天然气采选产品；(4)高耗能行业为石油、炼焦产品和核燃料加工品、化学产品、非金属矿物制品、金属冶炼和压延加工品、电力、热力的生产和供应业；(5)低耗能行业包括采掘业和制造业中除高耗能行业之外的其他行业；(6)建筑业即建筑业；(7)生产者服务业包含交通运输、仓储和邮政、信息传输、软件和信息技术服务、金融、房地产、租赁和商务服务、科学研究和技术服务业；(8)消费者服务业包括批发和零售、住宿和餐饮、水利、环境和公共设施管理、居民服务、修理和其他服务、教育、卫生和社会工作、文化、体育和娱乐、公共管理、社会保障和社会组织行业。

即在 6.2.1 小节的模型中，设定 $h=1,2,\cdots,M$，$M=8$，其中，企业、代表性家庭、消费与投资、中间品与能源品的设定与组合形式均与 6.2.1 小节相同，不再赘述。为实现对差异化的碳排放政策进行比较，应加入二氧化碳强度与政府部门的碳排放政策。

二氧化碳排放是由于消耗能源中间投入品煤炭、石油和天然气而产生的，设定煤炭产品的二氧化碳排放系数为 θ_{coal}，石油和天然气产品的二氧化碳排放系数为 θ_{oil}，则第 h 个行业的二氧化碳排放量 em_t^h 为

$$\text{em}_t^h = \sum_{s \in M_{\text{en}}} e_{t,s}^h \theta_s = e_{t,\text{coal}}^h \theta_{\text{coal}} + e_{t,\text{oil}}^h \theta_{\text{oil}} \tag{6-62}$$

碳排放总量 EM_t 为各行业碳排放量 em_t^h 之和，即

$$\text{EM}_t = \sum_{h \in M} \text{em}_t^h \tag{6-63}$$

中国主要实施的是碳强度减排政策，即以碳排放与增加值的比重下降为主要目标。在式(6-33)的基础上，可以计算得到第 t 期各行业增加值(GDP_t^h)：

$$\text{GDP}_t^h = P_t^h Y_t^h - Q_t^h M_t^h - J_t^h E_t^h \tag{6-64}$$

整个经济的增加值(GDP_t)为

$$\text{GDP}_t = \sum_{h=1}^{M} \text{GDP}_t^h \tag{6-65}$$

基于式(6-62)和式(6-64)，可以计算得到第 t 期第 h 个行业的碳强度(int_t^h)为

$$\text{int}_t^h = \text{em}_t^h / (\text{GDP}_t^h / P_t^h) \tag{6-66}$$

同理，基于式(6-63)和式(6-65)，计算得到第 t 期总体的碳强度(int_t)如式(6-67)所示。

$$\text{int}_t = \text{EM}_t \Bigg/ \left(\sum_{h=1}^{M} (\text{GDP}_t^h / P_t^h) \right) \tag{6-67}$$

假设政府计划将总体碳强度值降低至 int_0，一般而言，$\text{int}_0 < \text{int}_t$，参照 Zhang et al. 的研究方法①，假定各行业碳强度减排的影子价格相等，均为 ϕ_t，则可以写出碳强度减排的总体约束条件

$$\phi_t (\text{int}_t - \text{int}_0) = 0 \tag{6-68}$$

此外，设定各行业的碳强度均下降相同幅度，同样可以实现总体碳强度为 int_0 的目标，此时各行业的边际减排成本 ϕ_t^h 往往不相等，碳强度减排的分行业约束条件可以设定为

$$\phi_t^h (\text{int}_t^h - \text{int}_0^h) = 0 \tag{6-69}$$

式中，$\text{int}_0^h / \text{int}_t^h = \text{int}_0 / \text{int}_t$。

将约束式(6-68)或式(6-69)加入企业利润最大化的目标函数中，修改一阶条件和能源价

① ZHANG D, RAUSCH S, KARPLUS V J, et al. Quantifying regional economic impacts of CO_2 intensity targets in China[J]. Energy economics, 2013, 40(2): 687-701.

格的表示形式，再次进行模型的求解，则可将碳强度减排政策的影响传导至整个经济中。

2. 参数校准

在模型构建的基础上，本实例主要根据国家统计局公布的 2012 年中国投入产出表进行参数校准。将投入产出表与一般均衡模型相结合，可以将产业结构纳入完整经济活动的均衡框架中，能够较为精准地研究政策变化对于产业结构的动态影响效应。如前所述，为与理论模型中设定的 8 个行业相一致，将 2012 年中国投入产出表也归并为 8 个部门，具体校准过程如下。

（1）根据投入产出表中基本流量表的数据，可以计算得到非能源中间品的投入系数矩阵（χ_{sh}）和能源品的投入系数矩阵（$\tilde{\chi}_{sh}$）。

（2）根据各行业总产出中中间投入品、能源产品所占的比重，可以对生产函数中的中间品份额（γ_h）与能源份额（β_h）进行估计。

（3）基于 2012 年中国投入产出表的最终使用部分，可以计算得到各行业的消费弹性（ζ_h）、投资弹性（ϕ_h）。

（4）在其他参数的校准方面，基于国内外学者的相关文献，可设定折旧率、效应贴现因子以及各行业的技术参数等。在排放系数的计算中，根据联合国政府间气候变化专门委员会（IPCC）2006 年版碳排放系数值以及碳排放的计算公式[①]，可以计算得到煤炭的二氧化碳排放系数，以及石油、天然气的 CO_2 排放系数，然后根据《中国能源统计年鉴》中公布的能源消费总量构成中石油和天然气的比重进行加权，计算得到石油和天然气产品的 CO_2 排放系数。

3. 成本和收益模拟分析

边际减排成本是进行碳减排政策效果评价的重要依据，如前所述，在总体碳强度减排目标的约束下，可以实现各行业边际减排成本相等，均为 ϕ_t，而实施各行业碳强度下降相同幅度的方案时，各行业的边际减排成本往往不相等，为 ϕ_t^h。在多行业动态一般均衡模型基础上，首先在相同的碳减排目标下对比了两种不同减排方案的边际减排成本，其中方案一是总体约束，即整个经济总体碳强度值下降一定比例；方案二是分行业约束，设定各行业的碳强度均下降相同幅度。本章计算并绘制了碳强度下降 25% 的相同减排目标下两种方案中各行业的边际减排成本图形，如图 6-1 所示。

图 6-1 显示，在分行业碳强度减排目标的约束下，各行业的边际减排成本均高于总体约束下的边际减排成本，与“强制式”的分行业约束相比，类似于“市场机制”的总体约束减排方案产生了“蘑菇效应”和“规模效应”。在面临相同的碳强度减排约束时，由于行业本身的异质性等原因，不同行业之间的边际减排成本存在一定差异。总体而言，行业的边际减排成本更高，代表该行业的减排难度更大。其中，能源消耗量是影响边际减排成本的最重要因素之一。图 6-1 显示，在分行业碳减排目标约束下煤炭行业、高耗能工业的边际减

---

① 来源：2006 年 IPCC 国家温室气体清单指南，联合国政府间气候变化专门委员会网站，http://www.ipcc.ch/index.htm。

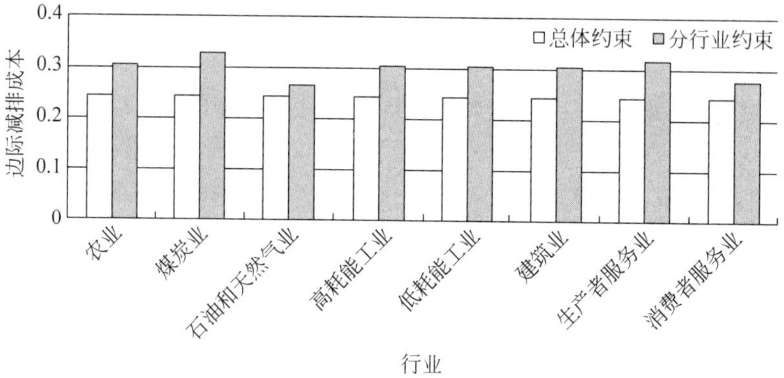

图 6-1 两种碳减排方案下的边际减排成本对比

排成本均超过了 0.3。

除了减排成本之外，不同的减排方案还会对宏观经济变量产生差异化的影响，为了进一步验证碳强度减排中总体约束方案的有效性，本节绘制了不同碳强度减排的总体约束与分行业约束下经济中总产出水平、总福利水平变动的图形，分别如图 6-2 和图 6-3 所示。

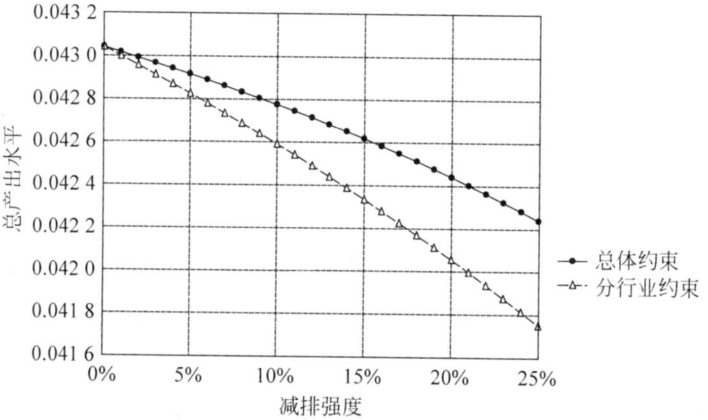

图 6-2 两种碳减排方案下的总产出变动

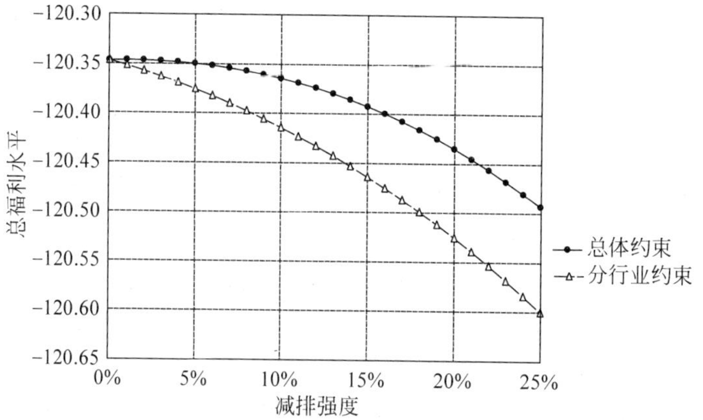

图 6-3 两种碳减排方案下的总福利变动

图 6-2 和图 6-3 显示，碳强度减排目标约束了企业的生产行为，而企业又无法将碳减排纳入其生产的优化决策中，因而碳减排会对经济增长和社会福利产生一定程度的不利影响。其中，将图 6-2 和图 6-3 中不同减排强度下两种方案的经济增长效应与福利效应分别对比可得，与分行业约束相比，总体约束的碳减排方案下经济中的总产出水平和总福利水平均较高。总体约束的碳强度减排方案属于适宜且较为灵活的环境规制政策，在这一减排方案下，要素配置优化与技术效率提升在一定程度上弥补了减排约束下的产出下降和消费损失，总体约束方案在实现碳强度减排目标的同时，经济水平和社会福利水平相对较高。

碳减排方案的对比结果显示，成本方面，总体碳强度减排方案可以实现各行业减排能力和减排行为的统一，使得各行业边际减排成本较低，分行业碳减排方案过度约束了企业的要素投入和能源使用，各行业的边际减排成本更高；收益方面，对比两种减排方案下的经济总产出和福利总水平可得，“整体减排”的总体约束能够通过减排任务的合理分解实现要素的优化配置并激发“创新补偿效应”，能够产生相对较高的经济增长效应与社会福利效应，而“独立减排”的分行业约束方案下不能有效化解碳强度减排所带来的经济冲击效应，无法产生行业间减排的联动效应，因而总体减排方案是有效的。

4. 总体减排方案的模拟分析

在实施总体碳强度减排方案时，各行业的能源消耗量和碳排放量会出现不同程度的降低，本章分别计算了碳强度下降 5%、10%、15%、20%和 25%五种减排目标下各行业碳排放量下降的幅度，列于表 6-1。

表 6-1　不同碳强度减排目标下各行业排放量下降幅度　%

行　业	减排强度				
	5	10	15	20	25
农业	−4.788 0	−9.605 0	−14.451 6	−19.328 3	−24.235 6
煤炭业	−9.204 7	−17.957 8	−26.265 0	−34.131 2	−41.560 8
石油和天然气业	−9.486 7	−18.541 5	−27.155 1	−35.318 6	−43.023 9
高耗能工业	−5.068 8	−10.157 1	−15.262 8	−20.383 7	−25.517 5
低耗能工业	−4.977 0	−9.981 5	−15.011 7	−20.065 8	−25.141 6
建筑业	−4.771 2	−9.571 2	−14.401 0	−19.261 2	−24.152 7
生产者服务业	−4.840 8	−9.705 0	−14.593 0	−19.505 7	−24.443 4
消费者服务业	−4.729 1	−9.493 6	−14.294 3	−19.131 6	−24.005 9

各行业碳排放量下降的幅度与其终端能源的消费数量和消费结构紧密相关。以煤炭行业为例，2012 年煤炭行业中间投入中煤炭消耗所占的比例为 31.504 2%，因此在碳强度减排约束下，煤炭业、石油和天然气业对其自身产品直接消耗量的减少，将使得两类能源行业的供给侧紧缩。此外，在碳强度减排目标下，其他行业对煤炭、石油和天然气等能源消费的下降，也会通过完全消耗系数的传导在需求侧对能源行业产生不同程度的影响，因此，在直接效应和间接效应共同作用下，能源行业碳排放下降的幅度最大。表 6-1 显示，在减排强度为 25%时，煤炭业、石油和天然气业的碳排放量下降幅度分别为 41.560 8%和

43.032 9%。

碳强度减排约束下高耗能工业和低耗能工业行业碳排放量下降的幅度也较大。碳强度减排约束下工业的减排成本虽然较高，但是由于其能源消耗基数较大，能源要素投入减少后的减排效果较为明显。除了能源要素使用数量之外，减排效果还与行业的能源强度紧密相关。能源强度，即单位 GDP（国内生产总值）的能源消耗量，是反映能源使用效率和生产技术水平的重要指标，能源强度较低的行业，通过减少能源使用实现减排的效果相对不明显。据测算，2008 年农业、建筑业、第三产业的能源强度相对较低，稳定在 0.4 左右。如表 6-1 所示，在 25%的碳强度减排目标下，农业、建筑业、生产者服务业、消费者服务业四个行业的碳排放量下降的幅度较低，分别为 24.235 6%、24.152 7%、24.443 4%和 24.005 9%。

碳强度减排政策能够使得各行业能源要素、中间投入等的要素配置结构和投入产出水平发生变化，通过资源配置效应进而引发产业结构变动效应。在总体碳强度减排目标下，本节计算了碳强度下降 5%～25%时，各行业增加值占 GDP 比重的变动幅度，如表 6-2 所示。

表 6-2 不同碳强度减排目标下的产业结构变动 %

行业	减排强度						
	基准	5	10	15	20	25	变动方向
农业	0	+0.039 7	+0.081 6	+0.125 9	+0.172 9	+0.223 0	↑
煤炭业	0	−0.061 4	−0.122 1	−0.182 3	−0.242 0	−0.301 1	↓
石油和天然气业	0	−0.059 2	−0.118 7	−0.178 5	−0.238 7	−0.299 2	↓
高耗能工业	0	−0.100 2	−0.205 3	−0.315 8	−0.432 4	−0.555 6	↓
低耗能工业	0	−0.008 7	−0.018 8	−0.030 7	−0.044 5	−0.060 4	↓
建筑业	0	−0.002 5	−0.005 4	−0.008 8	−0.012 8	−0.017 5	↓
生产者服务业	0	+0.046 3	+0.093 0	+0.140 0	+0.187 4	+0.235 1	↑
消费者服务业	0	+0.145 8	+0.295 8	+0.450 4	+0.610 1	+0.775 7	↑

总体而言，表 6-2 显示，在碳强度减排约束下各行业占 GDP 比重的变动幅度不大，主要原因在于在 2012 年之后，中国经济增速开始下降，能源生产和能源消费的速度随之减缓，经济增长与能源消费之间呈现了脱钩趋势。分行业具体而言：

在实施碳强度减排方案时，能够对产能过剩的煤炭行业生产活动造成一定的冲击，使得煤炭企业压缩生产规模，因而煤炭行业增加值占 GDP 的比重下降。相对于煤炭行业而言，在碳减排约束下，石油和天然气行业占比下降的幅度略小一些。由表 6-2 可得，在碳强度减排目标为 25%时，煤炭行业、石油和天然气行业两个能源行业占 GDP 的份额均呈现了下降态势，下降幅度分别为 0.301 1%和 0.299 2%。

碳强度减排控制工业结构“重工业化”的效应明显。碳减排与第二产业占比之间存在着同向变动关系，其中，碳强度减排约束波及程度最高的是能源消耗量最大的高耗能行业。在整个经济碳强度减排总体目标为 25%时，在各行业中，高耗能工业占 GDP 比重的下降幅度最大，为 0.555 6 个百分点。与高耗能工业相比，低耗能工业、建筑业等第二产业其他行业与煤炭业、石油和天然气业的产业关联相对较弱，碳减排约束对于低耗能工业和建筑业两个行业的影响程度低于高耗能工业。

碳强度减排有效推动农业、服务业的比重上升。与其他行业不同，农业具有一定程度的碳捕获和碳封存能力，扩大农业生产可以实现对 CO_2 的有效吸收，从而较为容易地降低碳排放量并达到碳强度约束的目标，因此，碳强度减排约束导致经济中农业产出占比出现了上升的趋势。当面临碳强度减排约束时，服务业企业易于实现劳动力和资本对于能源的替代，在满足碳强度减排目标的同时实现了产出的稳定或增长。在碳强度减排幅度达到 25%时，生产者服务业和消费者服务业占 GDP 的比重分别上升 0.235 1%、0.775 7%。

通过这一实例分析可得，多行业一般均衡模型对于制定更为合理的碳减排政策提供了新的解决方案和研究思路，可以基于经济关联的视角，全面测算各行业在“经济—碳排放”系统中的贡献与责任。另一个采用多行业一般均衡模型进行碳减排相关问题研究的典型实例请参见周县华和范庆泉的研究[①]。除了研究碳排放、环境污染等问题之外，多行业一般均衡模型还可以广泛应用于整体冲击与部门冲击的影响效应模拟和对比研究中，在经济结构和产业结构变迁等相关问题的分析中发挥更大的作用。

本章习题

1. 假设经济中存在两类不同的企业，将居民对于两类企业生产的消费品采用常替代弹性函数组合成总消费品的形式，并写出每一类消费品的优化选择投入量。

2. 为什么需要设置多部门或多行业一般均衡模型？这类模型的优点或者用途有哪些？

扩展阅读 6-1　两地区模型——劳动力流动、征税方式转变与地区福利增进

扩6-1

扩展阅读 6-2　两行业模型——环境公共治理政策的效果评价与优化组合研究

扩6-2

① 周县华，范庆泉. 碳强度减排目标的实现机制与行业减排路径的优化设计[J]. 世界经济，2016(7).

第 7 章　世代交叠模型与内生增长模型

除了新古典经济增长模型之外，在高级宏观经济学中还有两类非常重要的模型，分别是世代交叠(overlapping generation，OLG)模型与内生增长模型。世代交叠模型也称为戴蒙德(Diamond)模型，是由萨缪尔森提出后经戴蒙德发展和完善的。在戴蒙德的世代交叠模型中引进了生产部门，使其得以成为标准的 OLG 模型。世代交叠模型充分考虑了经济个体的差异性，将其划分为年轻人、老年人等不同的群体，其理论分析更加贴近现实情形，有利于研究不同类型个体的行为差异及其对经济运行的影响。

在新古典模型以及世代交叠模型中，都将技术进步设定为外生的，没有很好地解释技术的增长或进步特征。内生增长模型或称为新增长模型对这一问题进行了充分的描述，其中内生主要是技术的内生化。在内生增长模型中通过将技术进步内生化，加入了研究与开发(research and development，R&D)部门等，更好地解释了技术变动的原因、各个经济体增长差异的原因以及经济增长的可持续性等问题。本章将在 Romer①、Sorensen 和 Whitta-Jacobsen②、Acemoglu③ 的研究基础上，对世代交叠模型与内生增长模型的基本形式和核心变量的动态特征进行介绍。

7.1　世代交叠模型

7.1.1　世代交叠模型的基本设定形式

1. 世代交叠模型的核心假设

世代交叠模型是研究经济增长的重要分析框架之一，与拉姆齐模型中个体的生存期是无限的这一假设相反，在世代交叠模型中设定个体的寿命是有限的。换言之，世代交叠模型的核心假设为不存在一个永续生存的家庭或个体，而是存在人口的新老交替。在每一时期，都有新人出生和老人消亡。当然，在世代交叠模型中，还可以假设整个社会中的人口规模具有一定的增长率，增长率可设定为外生的。

具体而言，在世代交叠模型中将个体的生命周期划分为年轻时期、老年时期两个阶段。年轻人具有生产能力，但是老年人不具有生产能力。由此可得，在任何一个时期整个社会中都只包括两类人：具有生产能力的年轻人和没有生产能力的老年人。例如，在基本的世代交叠模型中假定每个人只存活两期，第 $t-1$ 期新出生的人到第 t 期就成为老年

---

① 罗默. 高级宏观经济学[M]. 王根蓓，译. 3 版. 上海：上海财经大学出版社，2009.

② 索伦森，惠特-雅各布森. 高级宏观经济学导论：增长与经济周期[M]. 王文平，赵峰，译. 2 版. 北京：中国人民大学出版社，2012.

③ 阿西莫格鲁. 现代经济增长导论：上册[M]. 唐志军，徐浩庆，谌莹，译. 北京：中信出版社，2019.

人，第 t 期新出生的人到第 $t+1$ 期就成为老年人，因此在第 t 期经济中存在的两类群体分别是：第 t 期出生的、具有生产能力的年轻人；第 $t-1$ 期出生的、过渡到本期后已不具备生产能力的老年人。进一步地，可以将上述世代交叠过程表述为表 7-1。

表 7-1　世代交叠的过程

世代	时期				
	第 0 期	第 1 期	第 2 期	第 3 期	…
第 0 代	— 第 0 代年轻人 L_0				
第 1 代	⇒	第 0 代老年人 L_0 第 1 代年轻人 L_1			
第 2 代		⇒	第 1 代老年人 L_1 第 2 代年轻人 L_2		
第 3 代			⇒	第 2 代老年人 L_2 第 3 代年轻人 L_3	
…				⇒	… …

在表 7-1 中，假设每个人仅生存两期，在第 t 期有 L_t 个人出生，人口增长率为 n，因此 $L_t=(1+n)L_{t-1}$，$L_{t-1}=L_t/(1+n)$。由于个体只存活两期，因此在第 t 期出生的人 L_t 处于其生命的第一个时期，在第 $t-1$ 期出生的人 $L_{t-1}=L_t/(1+n)$ 处于其生命的第二个时期。例如，在第 1 期中存在着第 0 代老年人 L_0 和第 1 代年轻人 L_1，在第 2 期中存在着第 1 代老年人 L_1 和第 2 代年轻人 L_2。

2. 世代交叠模型的基本框架

在世代交叠模型的消费者模块，设 c_{1t} 和 c_{2t+1} 分别表示第 t 期出生的个人在年轻时和老年时的消费，则其效用函数 u_t 可以表示为

$$u_t=\frac{c_{1t}^{1-\theta}}{1-\theta}+\beta\frac{c_{2t+1}^{1-\theta}}{1-\theta}\tag{7-1}$$

式中，β 为贴现因子，$\beta=1/(1+\rho)$；θ 为相对风险厌恶系数。

为简化起见，还可以将其效用函数设定为式(7-2)。

$$u_t=\ln c_{1t}+\beta\ln c_{2t+1}\tag{7-2}$$

本节将采用如式(7-2)所示的效用函数形式。

在生产者方面，假定经济中存在许多企业，代表性企业的生产函数为

$$Y_t=A_tF(K_t,L_t)\tag{7-3}$$

式中，A_t 为技术水平，在 OLG 模型中一般设定其为外生的，为便于分析设其增速为 0。

生产函数式(7-3)满足规模报酬不变、凹函数和稻田条件等。将式(7-3)两侧同除以 L_t，改写为人均形式可得

$$y_t=A_tf(k_t)\tag{7-4}$$

式中，$y_t=Y_t/L_t$ 为人均产出；$k_t=K_t/L_t$ 代表人均资本。

在第 t 期，老年人拥有资本、年轻人提供劳动，企业将上述两类要素相结合用于生产产品，资本要素、劳动要素的报酬均为其边际产出。假设资本的租金率为 r_t，劳动的工资为 w_t，则有

$$r_t = A_t f'(k_t) \tag{7-5}$$

$$w_t = A_t f(k_t) - A_t f'(k_t) k_t \tag{7-6}$$

经过第 t 期，老年人消费掉其资本收入和现有的财富，然后消亡即退出模型。年轻人将第 t 期的单位劳动收入 w_t 在消费 c_{1t} 和储蓄 s_t 之间进行分配，并将第 t 期的储蓄 $s_t = w_t - c_{1t}$ 带入第 $t+1$ 期形成资本 k_{t+1}。在第 $t+1$ 时期，第 t 期出生的年轻人成为老年人，其提供的资本 k_{t+1} 又与第 $t+1$ 期出生的年轻人提供的单位劳动相结合用于产品生产中，第 $t+1$ 代年轻人再将其劳动收入 w_{t+1} 分配于消费与储蓄，这一过程如此反复、不断持续。

另外，假定经济中初始的资本存量或禀赋为 K_0，由所有老年人平均拥有，每位老年人拥有的初始资本存量为 k_0。为简化起见，假设资本没有折旧或不考虑资本的折扣问题，则第 $t+1$ 期经济中总的资本存量 K_{t+1} 等于第 t 期的年轻人数量 L_t 乘以每个年轻人的储蓄到下一期形成的资本。

在第 t 期出生的年轻人，当其处在生命周期的第二个阶段即第 $t+1$ 期时，不再具有劳动能力而仅消费其储蓄及利息，可以得到出生在第 t 期的个人在第 $t+1$ 期消费 c_{2t+1} 的表达式为

$$c_{2t+1} = (1 + r_{t+1})(w_t - c_{1t}) \tag{7-7}$$

在式(7-7)的基础上整理得到

$$c_{1t} + \frac{1}{1 + r_{t+1}} c_{2t+1} = w_t \tag{7-8}$$

根据式(7-8)可得，第 t 期出生的某个个人，其终生消费的现值等于其终生劳动收入。

式(7-2)、式(7-8)组成了第 t 期出生的个体追求的效用最大化目标函数及其面临的预算约束，将其整理为

$$\text{Max } u_t = \ln c_{1t} + \beta \ln c_{2t+1} \tag{7-9}$$

$$\text{s.t. } c_{1t} + \frac{1}{1 + r_{t+1}} c_{2t+1} \leqslant w_t \tag{7-10}$$

代表性个体在预算约束式(7-10)的条件下最大化其终生效用函数式(7-9)，构造拉格朗日函数为

$$L = \ln c_{1t} + \beta \ln c_{2t+1} + \lambda \left(w_t - c_{1t} - \frac{1}{1 + r_{t+1}} c_{2t+1} \right) \tag{7-11}$$

在式(7-11)的基础上求解一阶条件可得式(7-12)和式(7-13)。

$$\frac{1}{c_{1t}} = \lambda_t \tag{7-12}$$

$$\beta \frac{1}{c_{2t+1}} = \lambda_t \frac{1}{1 + r_{t+1}} \tag{7-13}$$

进一步计算整理得到

$$\frac{c_{2t+1}}{c_{1t}}=\beta(1+r_{t+1}) \tag{7-14}$$

式(7-14)即为个体的跨期消费优化方程，也称为欧拉方程。

结合预算约束式(7-10)和式(7-14)可得个体的收入中用于第一阶段消费、第二阶段消费的表达式

$$c_{1t}=\frac{1}{1+\beta}w_t \tag{7-15}$$

$$c_{2t+1}=\beta(1+r_{t+1})c_{1t}=\frac{\beta}{1+\beta}(1+r_{t+1})w_t \tag{7-16}$$

根据式(7-15)以及消费与储蓄的关系 $c_{1t}=w_t-s_t$ 可得储蓄为

$$s_t=\frac{\beta}{1+\beta}w_t \tag{7-17}$$

式中，$\beta/(1+\beta)$为储蓄率。显然，储蓄率受到贴现因子 β 的影响。实际上，当效用函数设定为式(7-1)时，储蓄率不仅与 β 有关，还会受到第 $t+1$ 期的利率 r_{t+1} 的影响。

7.1.2 世代交叠模型的动态学分析

1. 资本的动态变化特征

根据世代交叠模型的基本假设，可以通过对经济个体的行为进行加总得到整体经济的特征，例如第 $t+1$ 期经济中总的资本存量等于第 t 代所有年轻人的储蓄，即

$$K_{t+1}=S_t=s_tL_t \tag{7-18}$$

对式(7-18)两端同除 L_{t+1}，根据劳动力的增长方程 $L_{t+1}=(1+n)L_t$，可得到人均资本的表达式，如式(7-19)所示。

$$k_{t+1}=\frac{1}{1+n}s_t \tag{7-19}$$

结合式(7-6)、式(7-17)，可以将式(7-19)重写为

$$k_{t+1}=\frac{1}{1+n}\frac{\beta}{1+\beta}[A_tf(k_t)-A_tf'(k_t)k_t] \tag{7-20}$$

基于式(7-20)，可以确定人均资本的动态变化特征。在分析其动态变化特征时，需要首先确定其是否存在稳态点，假定生产函数的形式为

$$Y_t=A_tF(K_t,L_t)=A_tK_t^{\alpha}L_t^{1-\alpha} \tag{7-21}$$

其人均形式为

$$y_t=A_tf(k_t)=A_tk_t^{\alpha} \tag{7-22}$$

将式(7-22)代入式(7-20)中，可以得到

$$k_{t+1}=\frac{1}{1+n}\frac{\beta}{1+\beta}(1-\alpha)A_tk_t^{\alpha} \tag{7-23}$$

在稳态时 $k_{t+1}=k_t$，解出人均资本存量的稳态值 k^*，如式(7-24)所示。

$$k^*=\left[A(1-\alpha)\frac{1}{1+n}\frac{\beta}{1+\beta}\right]^{\frac{1}{1-\alpha}} \tag{7-24}$$

根据式(7-23)，将 k_{t+1} 表示为 k_t 的函数，如图 7-1 所示。人均资本函数 k_{t+1} 与 45°线的交点确定 $k_{t+1}=k_t$ 的均衡点 k^*。当 k_t 较小时，$k_{t+1}>k_t$，资本逐渐累积；而当 k_{t+1} 函数穿过 45°线后，$k_{t+1}<k_t$，资本存量不断下降，最终均收敛于 k^*。

在图 7-1 中，k^* 是全局稳定的，无论人均资本 k 开始位于何处，最终都将收敛到 k^*。当收敛于 k^* 时，OLG 模型中的动态特性与索洛模型和拉姆齐模型类似。

2. 在 OLG 模型中加入政府部门

与拉姆齐模型类似，如果在模型中引入政府，例如令 G_t 表示第 t 期的人均政府购买，政府购买是永久增加而非暂时性的，其通过向年轻人征收一次性的税收进行融资，则人均资本 k 的运动方程式(7-23)变为

$$k_{t+1}=\frac{1}{1+n}\frac{\beta}{1+\beta}[(1-\alpha)A_tk_t^{\alpha}-G_t] \tag{7-25}$$

对于给定的 k_t 而言，由于 $G_t>0$，k_{t+1} 曲线下移，稳态的人均资本 k'^* 小于 k^*，即由于政府征税导致人均资本积累的速度变慢。如图 7-2 所示。

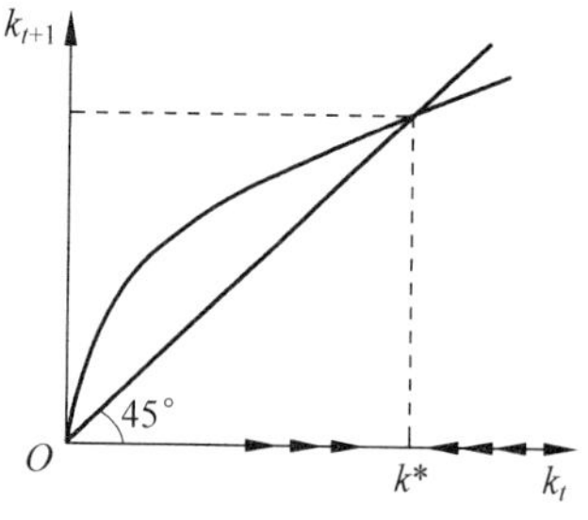

图 7-1 OLG 模型中人均资本的动态变化

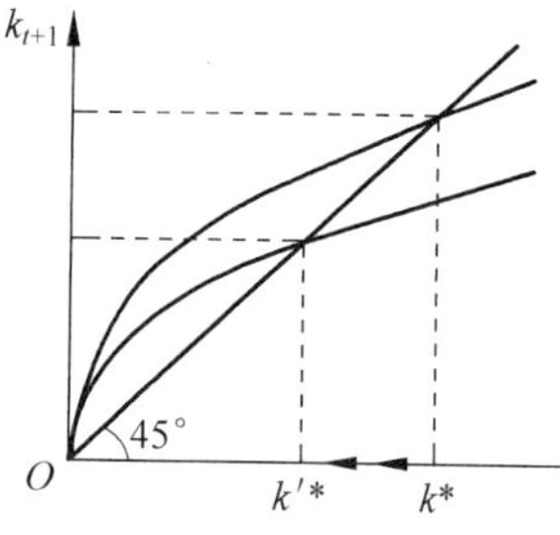

图 7-2 OLG 模型中政府购买增加的影响效应

当政府购买支出增加时，由于其通过一次性税收的方式融资，人均资本水平的下降是显而易见的，征税导致年轻人在第 t 期的储蓄下降，进而导致第 $t+1$ 期的资本存量减少。

此外，还可以设置政府通过征税、发行债券两种方式进行融资，可将式(7-25)修改为

$$k_{t+1}+b_{t+1}=\frac{1}{1+n}\frac{\beta}{1+\beta}[(1-\alpha)A_tk_t^{\alpha}-G_t] \tag{7-26}$$

其中，b_{t+1} 为年轻人在第 t 期购买且在第 $t+1$ 期持有的人均债券。年轻人的储蓄分为投资与购买债券两个部分，即其某些储蓄采取的是债券形式而非投资形式，并且政府税收和政府购买相等，可以采用税收 T_t 代替政府购买 G_t，将式(7-26)修改为

$$k_{t+1}=\frac{1}{1+n}\frac{\beta}{1+\beta}[(1-\alpha)A_tk_t^{\alpha}-T_t]-b_{t+1} \tag{7-27}$$

式(7-27)表明，政府征税与发行债券两种融资方式对人均资本积累的影响机制不同。用于偿还债券而进行的征税是对未来世代征收的，而债券直接作用于资本积累的过程中。

在现实经济中，政府还承担着社会保障的功能，假定政府要求第 t 期的年轻人为社会保障账户缴纳费用，并将其缴纳的费用在第 $t+1$ 期即其年老时返还给他们，则含有社会保障模块的世代交叠模型中，第 t 期年轻人的目标函数仍为

$$\text{Max } u_t = \ln c_{1t} + \beta \ln c_{2t+1} \tag{7-28}$$

其面临的预算约束更改为式(7-29)和式(7-30)。

$$c_{1t} \leqslant w_t - s_t - d_t \tag{7-29}$$

$$c_{2t+1} \leqslant (1 + r_{t+1})(s_t + d_t) \tag{7-30}$$

式中,d_t 为第 t 期年轻人缴纳的社保费用。

如果采用现收现付制,政府将第 t 期的年轻人缴纳的社保费用 d_t 分配给同期的老年人,以此类推,政府会将第 $t+1$ 期的年轻人缴纳的社保费用 d_{t+1} 分配给同期的老年人即上一期的年轻人,则第 t 期年轻人的效用最大化问题可表述为

$$\text{Max } u_t = \ln c_{1t} + \beta \ln c_{2t+1} \tag{7-31}$$

$$c_{1t} \leqslant w_t - s_t - d_t \tag{7-32}$$

$$c_{2t+1} \leqslant (1 + r_{t+1}) s_t + (1 + n) d_{t+1} \tag{7-33}$$

式中,n 为人口增长率。基于上述模型,可以对社会保障问题进行细致研究,本节不再赘述。

7.2　内生增长模型

在索洛模型、拉姆齐模型和世代交叠模型中,都没有对经济增长的核心问题给出令人满意的答案,即没有解释清楚经济增长的源泉知识进步是如何实现的。要进一步理解经济增长的本质,就必须对技术进步问题进行深入的讨论,使技术进步率内生化,这一类理论模型也称为内生增长理论。在内生增长模型中,通常需要加入研究与开发部门,也简称为研发部门。在研发型劳动力投入、现有知识存量以及部分资本要素的作用下,研发部门实现新知识的发现和形成,由此得到了知识水平或技术水平随时间演化的特征。

7.2.1　基于研发的内生增长模型:劳动力视角

1. 模型的基本框架

知识源于人,研发生产过程首先应是“劳动密集型”的。为简化起见,假定在内生增长模型中,研发部门的投入有两类,分别是研究人员和现有的知识存量。在现实中,一些资本要素也被投入研发活动中,这种一般形式将在 7.2.2 小节中讨论。

在基于研发的宏观增长模型中,有新技术和传统的产品两类产出,则需分别设置生产函数,其中产品生产方程为

$$Y_t = K_t^{\alpha} [A_t (1 - \alpha_L) L_t]^{1-\alpha} \tag{7-34}$$

其中,与传统的生产函数相比,式(7-34)中在劳动力要素前加入了 $1-\alpha_L$,$1-\alpha_L$ 为全部劳动力中用于产品生产的比例,$0<\alpha_L<1$,这意味着将有 $\alpha_L L_t$ 的劳动力作为研发人员进行新知识的生产。生产函数整体上是规模报酬不变的。

与索洛模型中类似,假定储蓄率 s 和折旧率 δ 是外生的,其值均处于 0～1 之间,则资本积累方程为

$$K_{t+1} = sY_t + (1 - \delta) K_t \tag{7-35}$$

假定经济中总劳动力 L_t 的增长率为 n，即 $L_t=(1+n)L_{t-1}$。总劳动力 L_t 拆分为两个部分，分别用于产品生产和新知识创造中，其中用于产品生产的份额为 $1-\alpha_L$，用于新知识创造的比例为 α_L，α_L 为外生设定的。

除了传统的产品生产函数之外，内生增长模型的新知识生产部门中，将当前的技术水平 A_t 视为与劳动力类似的一种投入，将其作为一种要素加入新知识的生产函数中，其形式为

$$A_{t+1}-A_t=BA_t^{\theta}(\alpha_L L_t)^{\gamma} \tag{7-36}$$

式中，$A_{t+1}-A_t$ 为知识的增量即新增知识；B 为转换参数；$\alpha_L L_t$ 为新知识生产中投入的劳动力要素即研发人员；θ、γ 分别是知识存量和研发人员在新知识形成中的贡献度。显然，如式(7-36)所示的新知识生产函数并不一定是规模报酬不变的，原因在于知识本身具有公共产品的性质，其具有一定的正外部性。再次提示的是，为简化起见，暂时假设研发部门不需要资本投入，仅投入研发劳动力要素和知识存量。

2. 模型的动态分析

首先分析技术增长率的动态变化，根据式(7-36)可以求得技术水平 A_t 的增长率：

$$g_t^A=\frac{A_{t+1}-A_t}{A_t}=BA_t^{\theta-1}(\alpha_L L_t)^{\gamma} \tag{7-37}$$

在式(7-37)的基础上，将第 $t+1$ 期和第 t 期的技术增长率求比值可得

$$\frac{g_{t+1}^A}{g_t^A}=\left(\frac{A_{t+1}}{A_t}\right)^{\theta-1}\left(\frac{L_{t+1}}{L_t}\right)^{\gamma} \tag{7-38}$$

综合式(7-37)和人口的增长率等信息，将 $A_{t+1}/A_t=1+g_t^A$ 和 $L_{t+1}/L_t=1+n$ 代入式(7-38)中，则得到

$$\frac{g_{t+1}^A}{g_t^A}=(1+g_t^A)^{\theta-1}(1+n)^{\gamma} \tag{7-39}$$

即

$$g_{t+1}^A=(1+n)^{\gamma}(1+g_t^A)^{\theta-1}g_t^A \tag{7-40}$$

式(7-40)为 g_t^A 的一阶差分方程，技术增长率 g_t^A 独立于其他内生变量，仅取决于参数 θ、γ 和人口的增长率 n。特别地，其变动特征与 θ 的关系较大。

对于产品的生产函数式(7-34)而言，将其两侧同除以有效劳动 A_tL_t，得到

$$y_t=(1-\alpha_L)^{1-\alpha}k_t^{\alpha} \tag{7-41}$$

式中，y_t、k_t 分别为单位有效劳动的产出和单位有效劳动的资本存量。

将资本积累方程式(7-35)两侧同除以有效劳动 A_tL_t，得到

$$k_{t+1}=\frac{1}{(1+n)(1+g_t^A)}[sy_t+(1-\delta)k_t] \tag{7-42}$$

结合式(7-41)和式(7-42)，可得

$$k_{t+1}=\frac{1}{(1+n)(1+g_t^A)}[s(1-\alpha_L)^{1-\alpha}k_t^{\alpha}+(1-\delta)k_t] \tag{7-43}$$

式(7-43)为单位有效劳动资本 k_t 的变动方程。

本节重点分析 g_t^A 的变动。由于式(7-40)并不直观,实际上可以将式(7-37)两边取对数后,再求近似得到

$$\frac{\Delta g_t^A}{g_t^A}=(\theta-1)g_t^A+\gamma n \tag{7-44}$$

如前所述,技术增长率 g_t^A 的变动特征与 θ 的关系较大,当 $0<\theta<1$ 时,根据式(7-44)可绘制 g_t^A 的运动方程,如图7-3所示。

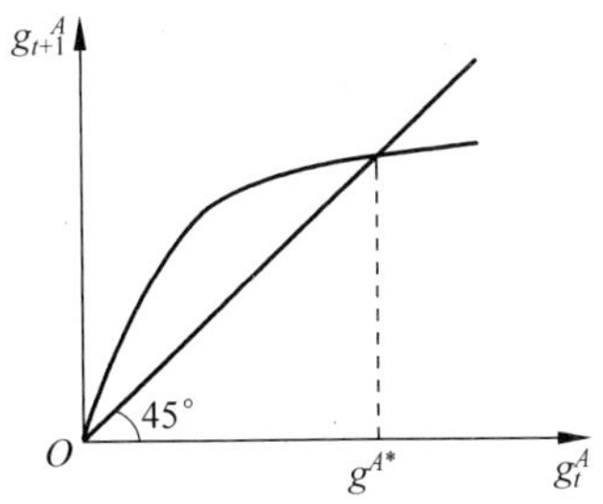

图7-3　当 $0<\theta<1$ 时技术进步率的动态特征

根据图7-3可得,$g_{t+1}{}^A=g_t^A$ 的45°线,与式(7-39)所示的技术增长率动态曲线有唯一的交点,即有

$$(1+g_t^A)^{1-\theta}=(1+n)^\gamma \tag{7-45}$$

均衡点处的技术进步增长率为

$$g^{A*}=(1+n)^{\frac{\gamma}{1-\theta}}-1 \tag{7-46}$$

将 g^{A*} 代入式(7-43)中,可以得到均衡时单位有效劳动的资本存量 k^*;再将其代入(7-41)中,求得均衡时单位有效劳动的产出 y^*。

除此之外,还可以将 g^{A*} 代入式(7-37)中,解出均衡时的 A^*;再将 A^* 与单位有效劳动的资本 k^*、单位有效劳动的产出 y^* 结合,可以求解得到均衡时人均资本存量、人均产出的值,还可以求得人均消费等变量的均衡解。

与 $0<\theta<1$ 相反,当 $\theta>1$ 时,根据 g_t^A 的运动方程式(7-44)可绘制图7-4。由于图7-4所示情形与图7-3相反,对其稳态特征不做过多分析。

当 $\theta=1$ 时,技术增长率 g_t^A 的动态方程式(7-39)变为

$$\frac{g_{t+1}^A}{g_t^A}=(1+n)^\gamma \tag{7-47}$$

在 $\theta=1$ 时,g_t^A 的动态方程如图7-5所示。

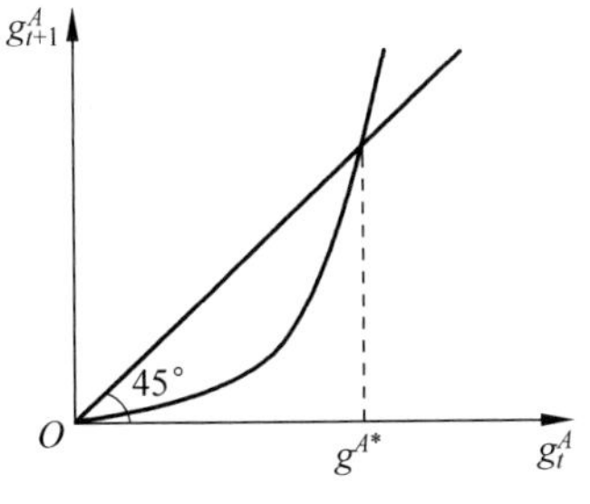

图7-4　当 $\theta>1$ 时技术进步率的动态特征

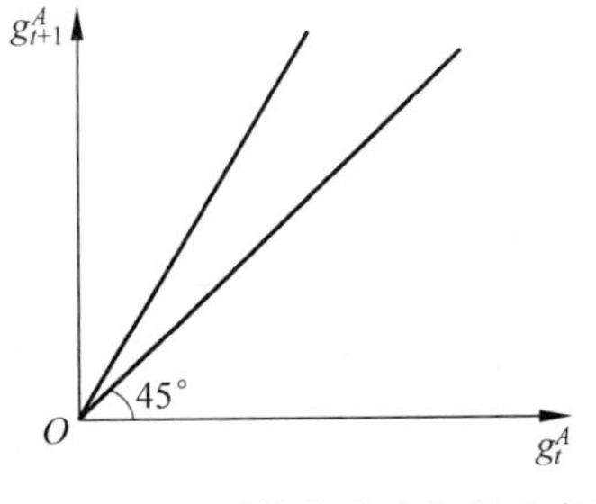

图7-5　当 $\theta=1$ 时技术进步率的动态特征

原新知识的生产函数式(7-36)变为

$$A_{t+1}-A_t=BA_t(\alpha_L L_t)^\gamma \tag{7-48}$$

原技术增长率 g_t^A 方程式(7-37)对应修改为

$$g_t^A=\frac{A_{t+1}-A_t}{A_t}=B(\alpha_L L_t)^\gamma \tag{7-49}$$

为便于分析，假定劳动力的增长率 n 为 0，则 L 表示固定不变的劳动力要素，可去掉时间下标 t。因此，式(7-49)等价于

$$g_t^A = \frac{A_{t+1} - A_t}{A_t} = B(\alpha_L L)^\gamma = g^{A*} \tag{7-50}$$

式中，g^{A*} 为均衡的技术进步率或技术增长率。

在 $\theta=1$ 时，将均衡的技术增长率 g^{A*} 代入式(7-43)中，得到均衡时单位有效劳动的资本存量 k^*，再将其代入式(7-41)中求得均衡时单位有效劳动的产出 y^*。除此之外，还可以求解得到均衡时人均资本存量、人均产出值，不再赘述。

7.2.2 基于研发的内生增长模型：资本和劳动力视角

1. 模型的基本框架

在一般化的内生增长模型中，通常也设定经济中存在两个部门，分别为传统的产品生产部门和新知识生产的研发部门，对应于每个部门设定各自的生产函数。在两个部门中，都使用知识存量或水平 A_t、资本要素 K_t、劳动要素 L_t 进行生产活动。经济中总的劳动力中有 a_L 的比例投入研发部门中，$1-a_L$ 的比例用于产品生产部门中。与之类似，资本存量中有 a_K 的比例用于研发，剩余的 $1-a_K$ 部分用于产品生产，比例系数 a_L 和 a_K 位于 0～1 之间，且两者都是外生的。

对于产品生产部门，在第 t 期的生产函数：

$$Y_t = [(1-\alpha_K)K_t]^\alpha [A_t(1-\alpha_L)L_t]^{1-\alpha} \tag{7-51}$$

如前所述，式(7-51)中在资本要素前加入了 $1-\alpha_K$，在劳动力要素前加入了 $1-\alpha_L$，生产函数整体上仍是规模报酬不变的。

资本的动态积累方程与此前一致，即为

$$K_{t+1} = (1-\delta)K_t + I_t = (1-\delta)K_t + sY_t \tag{7-52}$$

劳动力 L_t 的增长率为 n，劳动力的增长方程为

$$L_{t+1} = (1+n)L_t \tag{7-53}$$

对于新知识的生产函数，其形式可设定为式(7-54)。

$$A_{t+1} - A_t = BA_t^\theta(\alpha_K K_t)^\beta(\alpha_L L_t)^\gamma \tag{7-54}$$

式中，$\alpha_K K_t$ 和 $\alpha_L L_t$ 为新知识生产中投入的资本要素、劳动力要素。需要说明的是，在式(7-54)中，并未假定知识的生产函数对资本和劳动规模报酬不变，也未对参数 θ 即现有知识存量对知识创新的影响施加限制或约束条件。

2. 模型的动态分析

在内生增长模型中，通常认为存在两个具有内生性的变量，即为资本 K 和技术 A，因此需要对两个变量的动态特征进行分析。对于技术而言，根据式(7-54)可得技术进步率的方程为

$$g_t^A = \frac{A_{t+1} - A_t}{A_t} = BA_t^{\theta-1}(\alpha_K K_t)^\beta(\alpha_L L_t)^\gamma \tag{7-55}$$

将第 $t+1$ 期和第 t 期的技术增长率求比值，得到技术进步率的增速，如式(7-56)

所示。

$$\frac{g_{t+1}^A}{g_t^A}=\left(\frac{A_{t+1}}{A_t}\right)^{\theta-1}\left(\frac{K_{t+1}}{K_t}\right)^{\beta}\left(\frac{L_{t+1}}{L_t}\right)^{\gamma} \tag{7-56}$$

再将 $A_{t+1}/A_t=1+g_t^A$、$K_{t+1}/K_t=1+g_t^K$ 和 $L_{t+1}/L_t=1+n$ 代入式(7-56)中，得到

$$\frac{g_{t+1}^A}{g_t^A}=(1+g_t^A)^{\theta-1}(1+g_t^K)^{\beta}(1+n)^{\gamma} \tag{7-57}$$

进一步整理可得式(7-58)。

$$g_{t+1}^A=(1+n)^{\gamma}(1+g_t^A)^{\theta-1}g_t^A(1+g_t^K)^{\beta} \tag{7-58}$$

由于根据式(7-58)不易判断技术进步率增速的影响因素，因此与 7.2.1 小节中类似，对式(7-55)两边取对数后，求近似可以得到

$$\frac{\Delta g_t^A}{g_t^A}=(\theta-1)g_t^A+\beta g_t^K+\gamma n \tag{7-59}$$

式(7-59)即为技术进步率的变动方程。式(7-59)表明，如果$(\theta-1)g_t^A+\beta g_t^K+\gamma n>0$，则 g^A 变大；如果$(\theta-1)g_t^A+\beta g_t^K+\gamma n<0$，则 g^A 变小；当$(\theta-1)g_t^A+\beta g_t^K+\gamma n=0$ 时，g^A 保持不变。

对于另一个重要的变量资本而言，其动态特征可以根据资本的动态累积方程得到，在式(7-52)中，暂时不考虑资本的折旧问题，假设折旧率为 0，则有

$$K_{t+1}-K_t=sY_t \tag{7-60}$$

结合产品的生产函数式(7-51)，可将式(7-60)重写为

$$\Delta K_{t+1}=s[(1-\alpha_K)K_t]^{\alpha}[A_t(1-\alpha_L)L_t]^{1-\alpha} \tag{7-61}$$

进一步整理得到

$$\Delta K_{t+1}=s(1-\alpha_K)^{\alpha}(1-\alpha_L)^{1-\alpha}K_t^{\alpha}(A_tL_t)^{1-\alpha} \tag{7-62}$$

$$g_t^K=\frac{\Delta K_{t+1}}{K_t}=s(1-\alpha_K)^{\alpha}(1-\alpha_L)^{1-\alpha}K_t^{\alpha-1}(A_tL_t)^{1-\alpha} \tag{7-63}$$

将式(7-63)两边取对数后再求近似，可得

$$\frac{\Delta g_t^K}{g_t^K}=(\alpha-1)g_t^K+(1-\alpha)(g_t^A+n) \tag{7-64}$$

$$\frac{\Delta g_t^K}{g_t^K}=(1-\alpha)(g_t^A-g_t^K+n) \tag{7-65}$$

根据式(7-65)可得，当 $g_t^A-g_t^K+n>0$ 时，g^K 的增长率大于 0，即 g^K 变大；反之，g^K 变小；当 $g_t^A-g_t^K+n=0$ 时，g^K 保持不变。

对一般内生增长模型中的技术、资本两个内生变量进行动态分析时，可将式(7-59)和式(7-65)进行综合，得到两个变量增长率的动态变化方程组

$$\begin{cases}\dfrac{\Delta g_t^A}{g_t^A}=(\theta-1)g_t^A+\beta g_t^K+\gamma n\\[2ex]\dfrac{\Delta g_t^K}{g_t^K}=(1-\alpha)(g_t^A-g_t^K+n)\end{cases} \tag{7-66}$$

综合式(7-66)中技术变化率和资本变化率的动态方程，显然应根据参数 $\beta+\theta$ 与 1 的相对大小关系，分为两种情况进行讨论。

第一种情况：当 $\beta+\theta<1$ 时，$(1-\theta)/\beta>1$，在以 g^A 为横轴且 g^K 为纵轴的二维图形中，$\Delta g^A=0$ 曲线比 $\Delta g^K=0$ 曲线的斜率更大、更为陡峭，如图 7-6 所示。

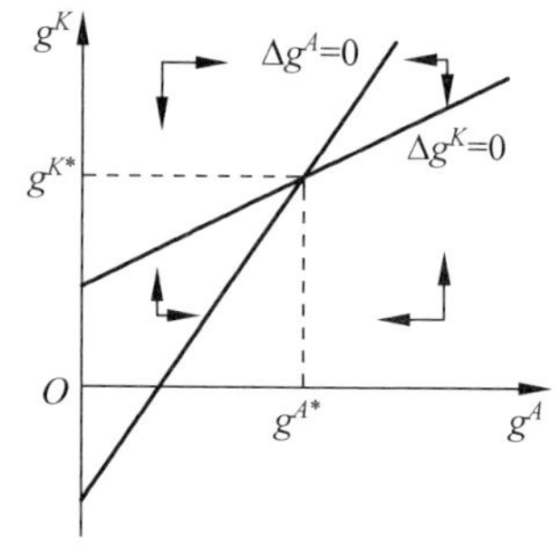

图 7-6　当 $\beta+\theta<1$ 时知识和资本增长率的动态特征

根据图 7-6 可得，无论 g^A 和 g^K 初始点位于何处，最终都会收敛到均衡点(g^{A*}，g^{K*})，可以求得

$$g^{A*}=\frac{\beta+\gamma}{1-\theta-\beta}n \tag{7-67}$$

$$g^{K*}=\frac{1-\theta+\gamma}{1-\theta-\beta}n \tag{7-68}$$

第二种情况：当 $\beta+\theta$ 等于 1 时，$(1-\theta)/\beta=1$，在以 g^A 为横轴且 g^K 为纵轴的二维图形中，$\Delta g^A=0$ 与 $\Delta g^K=0$ 是两条平行线，如图 7-7 所示。显然，在图 7-7 中，并没有稳态点或均衡点，无论初始点位于何处，总是向着 $\Delta g^A=0$ 或 $\Delta g^K=0$ 曲线的方向移动。

需要注意的是，当假设人口的增长率 n 等于 0 时，则 $\Delta g^A=0$ 与 $\Delta g^K=0$ 两条线重合，经济中任何点均会向该线移动，到达平衡增长路径。

对于内生增长模型而言，可以将其主要内容即各个变量之间的关系总结为图 7-8。

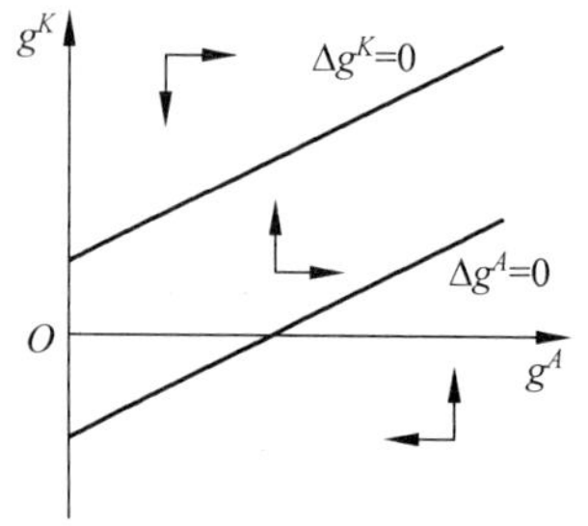

图 7-7　当 $\beta+\theta=1$ 时知识和资本增长率的动态特征

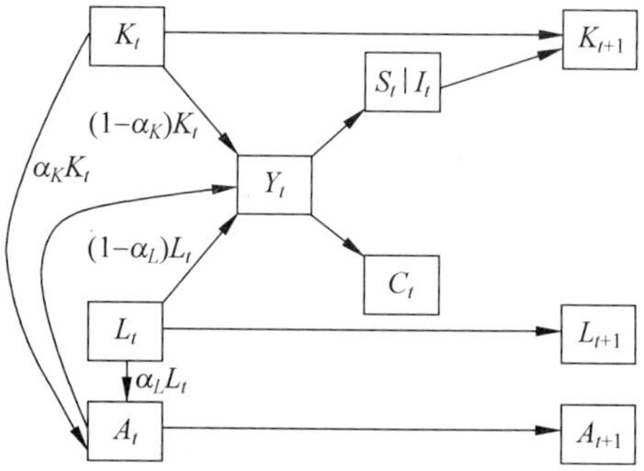

图 7-8　内生增长模型中的变量关系描述

在内生增长模型中，资本和劳动要素都分为两部分：一部分投入生产过程中进行产品生产，产品用于消费和投资，投资加入下一期资本形成的过程中；另一部分资本和劳动要素投入新知识的生产过程中。劳动力按照一定的速度实现外生增长，资本和技术按照一定的速度实现内生增长，形成下一期所需的生产要素，实现生产活动的再循环、产出水平和技术水平的增长。

7.2.3　应用内生增长模型进行理论分析的实例

在内生增长模型中存在着产品生产和知识创造两类生产活动，其中，知识创造又主要体现在研发累积和技术进步中。本节在经典研究与开发模型的基础上，分析研发投入与全要素生产率的关系，主要内容引自张同斌等的研究①。

1. 研发资本累积与技术进步的理论描述

如前所述，在知识的生产过程中，研发资本等作为投入要素，全要素生产率增长可视为新知识产出，即全要素生产率增长是新知识生产的结果。一般而言，TFP 增长方程或技术进步方程设定为式(7-69)。

$$\Delta A_t = R_t^{\beta} H_t^{\gamma} A_t^{\theta} \tag{7-69}$$

式中，ΔA_t、A_t 分别为知识的增量和存量，代表全要素生产率增长和技术水平；R_t 和 H_t 为研发资本存量和人力资本投入，其分别为资本要素和劳动要素的一部分；β、γ 则表示全要素生产率增长的研发和人力资本弹性；参数 θ 反映了当前技术水平对于 TFP 增长或新知识生产的贡献，通常情形下 $0<\theta<1$。

在式(7-69)的基础上，求得全要素生产率即技术水平 A_t 的增长率 g_t^A 如式(7-70)所示。

$$g_t^A = \frac{\Delta A_t}{A_t} = R_t^{\beta} H_t^{\gamma} A_t^{\theta-1} \tag{7-70}$$

对第 $t+1$ 期、第 t 期的技术增长率或技术进步率求比值，得到

$$\frac{g_{t+1}^A}{g_t^A} = \left(\frac{R_{t+1}}{R_t}\right)^{\beta} \left(\frac{H_{t+1}}{H_t}\right)^{\gamma} \left(\frac{A_{t+1}}{A_t}\right)^{\theta-1} \tag{7-71}$$

假设 $R_{t+1}/R_t = 1+g_t^R$、$H_{t+1}/H_t = 1+h$、$A_{t+1}/A_t = 1+g_t^A$，在式(7-71)的基础上求解得到

$$\frac{g_{t+1}^A}{g_t^A} = (1+g_t^R)^{\beta}(1+h)^{\gamma}(1+g_t^A)^{\theta-1} \tag{7-72}$$

由于式(7-72)并不能直观地体现出技术进步率与其他变量增长率的关系，可将式(7-70)两边取对数，再求近似可以得到 g_t^A 的增长率式(7-73)。

$$\frac{\Delta g_t^A}{g_t^A} = \beta g_t^R + \gamma h + (\theta - 1) g_t^A \tag{7-73}$$

其中，为简化起见，假定人力资本的增长率不变，并将其设定为外生参数 h。

在稳态时，g_t^A 恒定，即 $\Delta g_t^A = 0$，因此在式(7-73)的基础上可以求解得到全要素生产率的均衡增长率 g^{A*}，如式(7-74)所示。

$$g^{A^*} = \frac{\beta}{1-\theta} g^{R^*} + \frac{\gamma h}{1-\theta} \tag{7-74}$$

式中，g^{R^*} 为稳态时研发资本的增长率。

研发资本累积是技术进步的重要推动力，从新知识生产的投入视角出发，可以分析得到研发资本的变动特征。参考大多数文献中的一般设定形式，能够解出研发资本的累积方程式(7-75)。

① 张同斌，范庆泉，李金凯. 研发驱动高技术产业全要素生产率提升的有效性研究——基于断点检验与门限回归的结构变动分析[J]. 经济学报，2015(3).

$$\Delta R_t = sY_t - \delta_R R_t \tag{7-75}$$

式中，ΔR_t 为研发资本的增量；参数 s 为产出 Y_t 中用于研发投入的比例；δ_R 为研发资本的折旧率。

不失一般性地，假定产品生产函数为柯布-道格拉斯形式，如式(7-76)所示。

$$Y_t = A_t K_t^{\alpha} L_t^{1-\alpha} \tag{7-76}$$

式中，K_t、L_t 分别为物质资本和普通劳动力投入；α、$1-\alpha$ 分别为产出的资本弹性和劳动弹性；A_t 代表全要素生产率即技术水平，其为内生化的。

综合式(7-75)和式(7-76)，求得研发资本的增速 g_t^R 为

$$g_t^R = \frac{\Delta R_t}{R_t} = \frac{sY_t - \delta_R R_t}{R_t} = s\frac{A_t K_t^{\alpha} L_t^{1-\alpha}}{R_t} - \delta_R \tag{7-77}$$

与全要素生产率增长中式(7-73)的处理方式类似，求解 g_t^R 的增长率，并令 $\Delta g_t^R = 0$，得出均衡状态下研发资本增速 g^{R^*} 与全要素生产率增长率 g^{A^*} 的关系表达式(7-78)。

$$g^{A^*} = g^{R^*} - [\alpha k + (1-\alpha)n] \tag{7-78}$$

式中，k、n 为实物资本和普通劳动力投入的增长率。

式(7-74)、式(7-78)分别为 $\Delta g_t^A = 0$ 和 $\Delta g_t^R = 0$ 时研发资本增速和技术进步率的动态路径，两方程构成了对研发资本累积与全要素生产率增长的理论描述。

2. 研发累积与技术进步的动态分析

将式(7-74)与式(7-78)对比分析可得，稳态中研发累积和全要素生产率增长的动态关系主要是由两条增长路径的斜率 $\beta/(1-\theta)$ 和 1 的相对大小确定的。具体而言，当 $\beta/(1-\theta)>1$，即 $\beta+\theta>1$ 时，研发累积和 TFP 提升的增长路径发散，没有收敛到稳态；在 $\beta/(1-\theta)=1$ 的状态下，两条增长路径呈现平行关系；只有当 $\beta+\theta<1$ 时，知识生产系统中研发累积和 TFP 的增长率才会收敛到均衡增长路径。如图 7-9 所示，三条虚线为 $\Delta g_t^A=0$ 时，$\beta+\theta$ 大于、等于和小于 1 对应的路径，实线为 $\Delta g_t^R=0$ 时的增长路径。

为进一步确定均衡路径以及稳态的存在性，需对参数 β 和 θ 的变动规律进行深入分析。如式(7-69)所述，参数 β、θ 分别为新知识生产的研发存量弹性和技术水平弹性，与边际收益紧密相关，β 和 θ 两个参数的变动特征是类似的，本部分首先以参数 β 为例进行说明。在边际收益递减规律作用下，研发投入边际收益 MR 的图形可表示为图 7-10。根据图 7-10 中的实线可得，作为一种资本，研发资本的边际收益也服从先上升后下降的基本

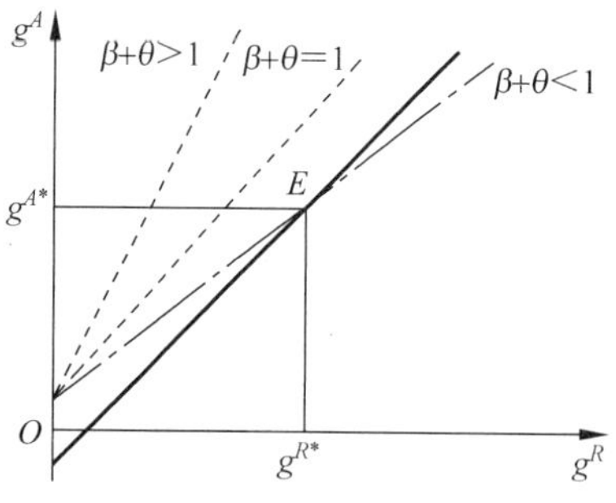

图 7-9 研发累积与技术进步的均衡增长路径

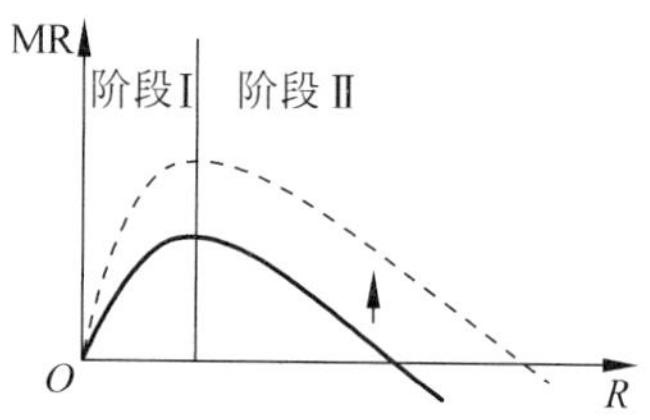

图 7-10 技术进步作用下研发的边际收益变动

特征。同时,技术进步还会使得研发的边际收益曲线上移,从而减小边际收益的下降幅度,如图 7-10 中虚线所示。

图 7-10 显示,研发的边际收益可以划分为上升(阶段Ⅰ)和下降(阶段Ⅱ)两个阶段。由于知识生产的研发弹性 β 为边际收益($\Delta Y/\Delta R$)与研发产出比(R/Y)的乘积,在假定研发产出比不变的情形下,参数 β 与研发边际收益的变动趋势相同。需要说明的是,实践中资本产出比率在长期内没有表现出明确的上升或下降倾向①,为便于分析,将研发产出比设定为固定的常数。

一般情形下,研发累积与全要素生产率增长的动态变化也符合图 7-9 中的收敛、平行与扩散三种情形。原因在于,新知识生产的技术水平弹性 θ 与 β 的情形类似,两个参数先增大后减小,会使得 $\beta+\theta<1$ 增大为 $\beta+\theta\geqslant 1$,此后再缩小至 $\beta+\theta<1$,从而研发累积与 TFP 增长呈现"收敛→发散→收敛"的变动规律。

对于收敛的情形而言,人力资本增速(h)、物质资本增速(k)、普通劳动力增速(n)对研发累积与全要素生产率增长的动态均会产生影响,使得增长路径发生平移。假定三者增速均有所提升,在存在收敛状态时,人力资本增速提高会使得 $\Delta g_t^A=0$ 曲线上移,实物资本或普通劳动力增速提升则推动 $\Delta g_t^R=0$ 下移,如图 7-11 所示。

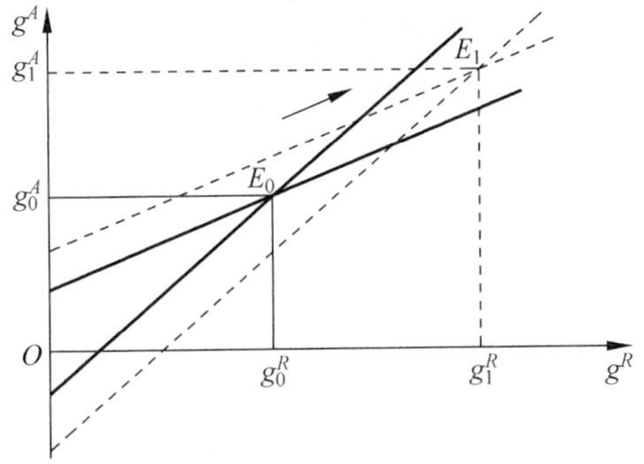

图 7-11　人力资本等要素对均衡增长路径的动态影响

图 7-11 表明,在三种要素增长的作用下,均衡点由 E_0 变动至 E_1,对应的研发和技术增速分别从 g_0^R 和 g_0^A 增加到 g_1^R 和 g_1^A,通常情况下,$g_1^R>g_0^R$ 并且 $g_1^A>g_0^A$,因此实现了更为快速的研发累积和技术进步。

本章中介绍的内生增长模型仅为最基础的模型形式。实际上,内生增长理论体系中的模型已经取得了很大的进展且十分丰富,如加入干中学、人力资本等因素的内生增长模型,以及刻画技术扩散、技术变革的模型等,特别是产品类型增加模型、熊彼特的质量阶梯模型等,以更为细致的理论模型精确地描述了现实经济。在技术创新等相关问题的研究中,内生增长理论模型发挥着越来越重要的作用。

① ROMER P M. Endogenous technological change[J]. Journal of political economy,1990,98: 71-100.

本 章 习 题

1. 简述世代交叠的过程。
2. 为什么要引入内生增长模型？

扩展阅读 7-1　OLG 模型——预期寿命、生育率变动与基本养老保险统筹账户调整

扩展阅读 7-2　模型综合——现代经济增长理论及实证研究述评

第 8 章　动态随机一般均衡模型的求解

动态随机一般均衡(dynamic stochastic general equilibrium,DSGE)模型是现代主流宏观经济理论的基本研究范式。DSGE 模型包括“动态”“随机”“一般均衡”三项基本特征,其中,“动态”是指 DSGE 模型通常用于研究行为主体在无穷期的跨期决策问题,换言之,DSGE 模型强调行为主体的经济决策是建立在跨期基础之上的,即除了过去的信息对当期决策产生影响以外,行为主体基于现有信息对未来的预期同样会对当期决策产生影响;“随机”是指外生冲击具有随机性,即经济中存在的各种不确定性因素是冲击的主要来源;“一般均衡”是 DSGE 模型的核心特征,DSGE 模型本质上属于一般均衡模型,其同样要求在各行为主体目标函数最优下分析不同主体之间的相互作用。求解 DSGE 模型的最终目标是找到不同行为主体的决策方程以及其他均衡条件,并根据一系列均衡条件求得内生变量的均衡解。通常而言,经济模型变量由内生变量和外生变量组成,内生变量是指模型系统决定的变量,外生变量是指外部设定的且能够影响内生变量的变量。

根据基本的数学知识可知,求解多元线性方程组需要已知各个方程形式、系数值并掌握一定的求解方法。与之类似,DSGE 模型本质上为线性差分方程组,求解 DSGE 模型同样需要知道均衡条件、模型参数以及选择合适的求解算法。其中,模型的均衡条件包括行为主体最优化决策的一阶条件以及各类约束条件等;模型参数通常借助估计和校准两种方法获得,估计是指利用统计数据以及数学方法对模型参数的估算,校准是指根据现实经济中观察到的基本数量关系或参考经典文献中的参数取值以设定参数值;模型求解分为一阶求解和高阶求解,合适的求解算法包括基于扰动项的泰勒近似、值函数递归等。Dynare 是求解 DSGE 模型的常用工具,Dynare 的求解逻辑主要为基于扰动项的泰勒近似算法,求解过程中需要注意近似阶数的选择问题。本章介绍了 DSGE 模型求解的前期处理、求解方法和参数识别方法,主要参考了李向阳[①]、刘斌和蒋贤锋[②]、龚六堂和苗建军[③]的教材。

8.1　模型求解的前期处理

在对 DSGE 模型进行求解之前,通常需要对变量、均衡条件以及数据进行前期处理,以便于后续求解过程的顺利进行。前期处理工作包含两项内容:一是线性化处理,DSGE 模型多为非线性模型,直接求解比较困难,需要采用一定的技术对非线性问题加以解决;

---

① 李向阳. 动态随机一般均衡(DSGE)模型:理论、方法和 Dynare 实践[M]. 北京:清华大学出版社,2018.

② 刘斌,蒋贤锋. 系统性解剖与构建 DSGE 框架[M]. 北京:中国金融出版社,2018.

③ 龚六堂,苗建军. 动态经济学方法[M]. 3 版. 北京:北京大学出版社,2014.

二是去趋势处理，DSGE 模型求解要求保证数据的平稳性，然而宏观经济数据大多表现出非平稳特征，因此需要对数据进行去趋势处理。本章将重点对线性化和去趋势两种处理方法的原理以及应用做详细介绍。

8.1.1 线性化处理

一般而言，根据模型变量之间的函数关系，可以将模型分为线性模型和非线性模型。其中，线性模型求解较为简单和便捷，而非线性模型求解较为困难。求解非线性模型的方法包括两种：一是利用不动点定理，求出优化问题的值函数从而对模型加以刻画，采用投影法对政策函数进行表示和求解；二是将均衡条件线性化，即采用线性化方法将非线性模型转化为线性模型。DSGE 模型中的行为主体最优决策方程多为非线性方程，通常采用第二种方法将其转化为线性化方程重新表示。因此，在对模型求解之前，需要对非线性模型中的变量以及均衡条件进行线性化处理。线性化方法包括线性化和对数线性化，线性化直接对可导函数在变量稳态附近进行泰勒近似，一阶近似仅保留线性项即可，对数线性化是指对可导函数在变量对数形式的稳态附近做线性化处理。

DSGE 模型通常由多个变量以及一组均衡条件构成。线性化既包括模型变量的线性化，又包括均衡条件的线性化。

1. 模型变量的线性化

对变量 x_t 进行线性化处理，即

$$\hat{x}_t \equiv \frac{x_t - x^*}{x^*} \tag{8-1}$$

式中，x^* 为变量 x_t 的稳态值；$\hat{x}_t$ 为变量 x_t 的线性化变量。上述过程称为变量线性化。

对于总量型变量，如资本总额、产出总额等，直接利用线性化定义式(8-1)即可完成线性化处理。然而，对于比率型变量，如通货膨胀率、利率等，则需要根据比率变量的定义采用不同的线性化处理方式。

若比率变量为 Gross 形式，则直接应用式(8-1)进行线性化处理即可。Gross 变量是指包含基数 1 的比率变量。以通货膨胀率 π_t 为例，若 π_t 定义为

$$\pi_t = \frac{P_t}{P_{t-1}} \tag{8-2}$$

则称 π_t 为总通货膨胀率，此时即为 Gross 形式。Gross 形式比率变量 π_t 的线性化方程为

$$\hat{\pi}_t = \frac{\pi_t - \pi^*}{\pi^*} \tag{8-3}$$

式中，π^* 为总通货膨胀率 π_t 的稳态值。

若比率变量为 Net 形式，则将该变量与该变量的稳态值作差即得到该变量的线性化形式。Net 变量是指不包含基数 1 的比率变量。仍以通货膨胀率 π_t 为例，若 π_t 定义为

$$\pi_t = \frac{P_t}{P_{t-1}} - 1 = \frac{P_t - P_{t-1}}{P_{t-1}} \tag{8-4}$$

则称 π_t 为净通货膨胀率，此时即为 Net 形式。Net 形式比率变量的线性化方程为

$$\hat{\pi}_t = \pi_t - \pi^* \tag{8-5}$$

式中，π^* 为净通货膨胀率 π_t 的稳态值。

因此，在对模型中的比率变量进行线性化处理时，需要明确比率变量的具体含义以及表示形式，采用不同的处理方法以实现线性化的目标。

2. 均衡条件的线性化

针对模型中的均衡条件，通常采用泰勒近似方法进行线性化处理。在应用泰勒近似方法时，需要区分单变量和多变量情形。

对于单变量情形而言，在变量 x_t 的稳态处进行泰勒展开：

$$f(x_t) = f(x^*) + f'(x^*)(x_t - x^*) + \frac{f''(x^*)}{2!}(x_t - x^*)^2 + \cdots \tag{8-6}$$

式中，x^* 为变量 x_t 的稳态值。线性化处理通常要求做一阶近似，因此，仅保留一阶项即可，如式(8-7)所示。

$$f(x_t) \approx f(x^*) + f'(x^*)(x_t - x^*) \tag{8-7}$$

最后结合均衡条件的形式进行计算即可将非线性方程转换为线性方程。例如，假设非线性均衡条件为

$$x_{t+1} = f(x_t) \tag{8-8}$$

在变量 x_t 的稳态处进行一阶泰勒展开：

$$x_{t+1} \approx f(x^*) + f'(x^*)(x_t - x^*) \tag{8-9}$$

式(8-8)的稳态形式为

$$x^* = f(x^*) \tag{8-10}$$

将式(8-10)代入式(8-9)可得

$$x_{t+1} \approx x^* + f'(x^*)(x_t - x^*) \tag{8-11}$$

两侧同除以 x^* 得到

$$\frac{x_{t+1}}{x^*} \approx 1 + f'(x^*)\frac{(x_t - x^*)}{x^*} \tag{8-12}$$

移项整理可得

$$\frac{x_{t+1}}{x^*} - 1 \approx f'(x^*)\frac{(x_t - x^*)}{x^*} \tag{8-13}$$

$$\frac{x_{t+1} - x^*}{x^*} \approx f'(x^*)\frac{(x_t - x^*)}{x^*} \tag{8-14}$$

根据线性化定义式(8-1)，式(8-14)可化简为

$$\hat{x}_{t+1} \approx f'(x^*)\hat{x}_t \tag{8-15}$$

式(8-15)即为单变量情形下利用泰勒近似得到的线性化方程。

对于多变量情形而言，在变量 x_t、y_t 的稳态处做一阶泰勒展开：

$$f(x_t, y_t) \approx f(x^*, y^*) + f_{x^*}(x^*, y^*)(x_t - x^*) + f_{y^*}(x^*, y^*)(y_t - y^*) \tag{8-16}$$

然后结合均衡条件的具体形式进行计算即可实现线性化处理。例如，假设非线性均

衡条件为

$$x_{t+1}=f(x_t,y_t) \tag{8-17}$$

将式(8-17)在变量 x_t、y_t 的稳态处做一阶泰勒展开：

$$x_{t+1}\approx f(x^*,y^*)+f_{x^*}(x^*,y^*)(x_t-x^*)+f_{y^*}(x^*,y^*)(y_t-y^*) \tag{8-18}$$

式(8-17)的稳态形式为

$$x^*=f(x^*,y^*) \tag{8-19}$$

将式(8-19)代入式(8-18)可得

$$x_{t+1}\approx x^*+f_{x^*}(x^*,y^*)(x_t-x^*)+f_{y^*}(x^*,y^*)(y_t-y^*) \tag{8-20}$$

两侧同时除以 x^* 得

$$\frac{x_{t+1}}{x^*}\approx 1+f_{x^*}(x^*,y^*)\frac{(x_t-x^*)}{x^*}+f_{y^*}(x^*,y^*)\frac{(y_t-y^*)}{x^*} \tag{8-21}$$

进一步整理计算可得

$$\frac{x_{t+1}}{x^*}-1\approx f_{x^*}(x^*,y^*)\frac{(x_t-x^*)}{x^*}+f_{y^*}(x^*,y^*)\frac{(y_t-y^*)}{x^*}\frac{y^*}{y^*} \tag{8-22}$$

$$\frac{x_{t+1}-x^*}{x^*}\approx f_{x^*}(x^*,y^*)\frac{(x_t-x^*)}{x^*}+f_{y^*}(x^*,y^*)\frac{(y_t-y^*)}{y^*}\frac{y^*}{x^*} \tag{8-23}$$

根据线性化定义式(8-1)，可将式(8-23)化简为

$$\hat{x}_{t+1}\approx f_{x^*}(x^*,y^*)\hat{x}_t+f_{y^*}(x^*,y^*)\frac{y^*}{x^*}\hat{y}_t \tag{8-24}$$

式(8-24)即为多变量情形下利用泰勒近似得到的线性化方程。

8.1.2 对数线性化处理

1. 对数线性化方法

对数线性化是指对模型中的变量取自然对数后进行线性化的过程。一般而言，对数线性化后的变量定义为变量的对数与其稳态值对数之差，即

$$\tilde{x}_t=\ln x_t-\ln x^* \tag{8-25}$$

式中，x^* 为变量 x_t 的稳态值；$\tilde{x}_t$ 为变量 x_t 的对数相对于其稳态值 x^* 对数的偏离，即对数线性化变量。将对数线性化变量定义为离差形式能够使其与线性化等价。原因在于，将式(8-25)整理可得

$$\tilde{x}_t=\ln x_t-\ln x^*=\ln\left(\frac{x_t}{x^*}\right)=\ln\left(1+\frac{x_t}{x^*}-\frac{x^*}{x^*}\right)=\ln\left(1+\frac{x_t-x^*}{x^*}\right) \tag{8-26}$$

根据指数函数的一阶泰勒展开式：

$$e^x\approx 1+x \tag{8-27}$$

对式(8-27)两侧同时取自然对数：

$$x\approx \ln(1+x) \tag{8-28}$$

根据式(8-28)可以将式(8-26)改写为

$$\tilde{x}_t = \ln\left(1 + \frac{x_t - x^*}{x^*}\right) \approx \frac{x_t - x^*}{x^*} \tag{8-29}$$

显然，式(8-29)与式(8-1)是一致的，即对数线性化与一般线性化的结果是相同的。在进行线性化处理时，对数线性化与一般线性化的区别在于：对数线性化是对变量取自然对数后进行一阶泰勒展开，而一般线性化是对变量直接进行一阶泰勒展开。通常情况下，采用对数线性化方法处理非线性模型更为简便。对数线性化的步骤可归纳为：首先，对模型中均衡条件两侧取自然对数；其次，在变量稳态处进行一阶泰勒展开；最后，确定均衡条件的稳态形式，并与一阶泰勒展开后的方程结合进行基本运算处理，即可得到线性化均衡条件。在实际应用中，以柯布-道格拉斯生产函数为例：

$$Y_t = A_t K_t^{\alpha} L_t^{1-\alpha} \tag{8-30}$$

式中，Y_t 为产出水平；A_t 为技术水平；K_t 和 L_t 分别为资本和劳动；α 为资本投入份额；$1-\alpha$ 为劳动投入份额。

式(8-30)两侧同时取自然对数，得到

$$\ln Y_t = \ln A_t + \alpha \ln K_t + (1-\alpha)\ln L_t \tag{8-31}$$

根据一阶泰勒展开式：

$$f(x_t) \approx f(x^*) + f'(x^*)(x_t - x^*) \tag{8-7$'$}$$

式中，x^* 为变量 x_t 的稳态值；$f(x_t)$为变量 x_t 的函数。对于对数化柯布-道格拉斯生产函数而言：

$$f(Y_t) = \ln Y_t \tag{8-32}$$

$$f(A_t) = \ln A_t \tag{8-33}$$

$$f(K_t) = \ln K_t \tag{8-34}$$

$$f(L_t) = \ln L_t \tag{8-35}$$

一阶泰勒展开式分别为

$$\ln Y_t = \ln Y^* + \frac{1}{Y^*}(Y_t - Y^*) \tag{8-36}$$

$$\ln A_t = \ln A^* + \frac{1}{A^*}(A_t - A^*) \tag{8-37}$$

$$\ln K_t = \ln K^* + \frac{1}{K^*}(K_t - K^*) \tag{8-38}$$

$$\ln L_t = \ln L^* + \frac{1}{L^*}(L_t - L^*) \tag{8-39}$$

式中，Y^*、A^*、K^*、L^* 分别为产出 Y、技术 A、资本 K 和劳动 L 的稳态值。将式(8-36)～式(8-39)代入式(8-31)，可得

$$\ln Y^* + \frac{(Y_t - Y^*)}{Y^*} = \ln A^* + \frac{(A_t - A^*)}{A^*} + \alpha\left[\ln K^* + \frac{(K_t - K^*)}{K^*}\right] + (1-\alpha)\left[\ln L^* + \frac{(L_t - L^*)}{L^*}\right] \tag{8-40}$$

式(8-31)的稳态形式为

$$\ln Y^{*}=\ln A^{*}+\alpha\ln K^{*}+(1-\alpha)\ln L^{*} \tag{8-41}$$

将式(8-40)与式(8-41)相减可得

$$\frac{(Y_t-Y^{*})}{Y^{*}}=\frac{(A_t-A^{*})}{A^{*}}+\alpha\frac{(K_t-K^{*})}{K^{*}}+(1-\alpha)\frac{(L_t-L^{*})}{L^{*}} \tag{8-42}$$

从而得到生产函数的线性化方程

$$\hat{Y}_t=\hat{A}_t+\alpha\hat{K}_t+(1-\alpha)\hat{L}_t \tag{8-43}$$

除了按照上述方法进行对数线性化以外，还可以直接根据对数线性化的定义，将式(8-31)与式(8-41)相减即可得到线性化方程

$$\widetilde{Y}_t=\widetilde{A}_t+\alpha\widetilde{K}_t+(1-\alpha)\widetilde{L}_t \tag{8-44}$$

2. Uhlig 对数线性化方法

上述对数线性化方法将对数线性化定义为变量的对数相对于其稳态值对数的偏离，在此基础上，Uhlig① 提出通过替换变量形式以实现对数线性化的思想。具体而言，根据式(8-25)可得

$$\ln x_t=\ln x^{*}+\tilde{x}_t \tag{8-45}$$

将式(8-45)转化为指数形式，即

$$x_t=\mathrm{e}^{\ln x^{*}+\tilde{x}_t}=\mathrm{e}^{\ln x^{*}}\mathrm{e}^{\tilde{x}_t}=x^{*}\mathrm{e}^{\tilde{x}_t} \tag{8-46}$$

式(8-46)的含义是将变量 x_t 替换为 $x^{*}\mathrm{e}^{\tilde{x}_t}$，这是 Uhlig 对数线性化方法的关键。此外，为便于计算，以下计算法则在应用 Uhlig 方法时可直接使用：

$$\mathrm{e}^{\tilde{x}_t}\approx 1+\tilde{x}_t \tag{8-47}$$

$$\mathrm{e}^{\tilde{x}_t+a\tilde{y}_t}\approx 1+\tilde{x}_t+a\tilde{y}_t \tag{8-48}$$

$$\tilde{x}_t\tilde{y}_t\approx 0 \tag{8-49}$$

$$E_t(a\mathrm{e}^{\tilde{x}_t})\approx E_t(a\tilde{x}_t)+a \tag{8-50}$$

Uhlig 对数线性化方法的步骤可以归纳为：首先将模型中所有变量 x_t 替换为 $x^{*}\mathrm{e}^{\tilde{x}_t}$，然后利用计算法则式(8-47)～式(8-50)并结合均衡条件的稳态形式进行计算，最终得到的方程即为线性化表达式。

举例说明 Uhlig 对数线性化方法的应用过程，以资源约束方程为例：

$$Y_t=C_t+I_t \tag{8-51}$$

式中，Y_t 为经济中的总产出；C_t 为消费；I_t 为投资。根据 Uhlig 的思想，利用 $x^{*}\mathrm{e}^{\tilde{x}_t}$ 替代 x_t，即

$$Y^{*}\mathrm{e}^{\widetilde{Y}_t}=C^{*}\mathrm{e}^{\widetilde{C}_t}+I^{*}\mathrm{e}^{\widetilde{I}_t} \tag{8-52}$$

---

① UHLIG H. A toolkit for analyzing nonlinear dynamic stochastic models easily[M]//MARIMON R, SCOTT A. Computational methods for the study of dynamic economies. Oxford: Oxford University Press, 1999.

根据计算法则式(8-47),可将式(8-52)改写为

$$Y^{*}(1+\widetilde{Y}_{t})=C^{*}(1+\widetilde{C}_{t})+I^{*}(1+\widetilde{I}_{t}) \tag{8-53}$$

式(8-51)的稳态形式为

$$Y^{*}=C^{*}+I^{*} \tag{8-54}$$

将式(8-53)与式(8-54)相减,得到

$$Y^{*}\widetilde{Y}_{t}=C^{*}\widetilde{C}_{t}+I^{*}\widetilde{I}_{t} \tag{8-55}$$

等式两侧同时除以 Y^{*},可得

$$\widetilde{Y}_{t}=\frac{C^{*}}{Y^{*}}\widetilde{C}_{t}+\frac{I^{*}}{Y^{*}}\widetilde{I}_{t} \tag{8-56}$$

式(8-56)即为资源约束方程的 Uhlig 对数线性化形式。

8.1.3 去趋势处理

DSGE 模型主要用于解释宏观经济波动,并在此基础上进行宏观经济政策模拟。宏观经济数据大多包含趋势成分和周期成分,其中的周期成分恰好反映了宏观经济波动的事实。因此,在对 DSGE 模型求解之前,需要去除数据中的趋势成分,此时需要对原始数据进行相应的变换,从而使其服从均值为零的协方差平稳过程。一般而言,数据去趋势方法包括:线性拟合、一阶差分、二次消除趋势处理、HP(Hodrick and Prescott)滤波、BP(频谱)滤波等。其中,线性拟合和一阶差分适用于数据符合线性增长趋势的情形;二次消除趋势处理适用于数据具有确定性非线性趋势的情形;HP 滤波或 BP 滤波适用于数据具有随机性非线性趋势的情形。对于 DSGE 模型而言,通常利用 HP 滤波方法对宏观经济数据进行去趋势处理。

HP 滤波方法由 Hodrick 和 Prescott[①] 提出,是从经济时间序列中提取周期成分的有效方法。HP 滤波将时间序列视为不同频率成分的综合,主要任务是提取出时间序列的低频成分和高频成分,低频成分即为经济数据的长期趋势项,高频成分即为中短期波动项,又称为周期项,因此,采用 HP 滤波方法可以从时间序列数据中分离出趋势成分和周期成分。HP 滤波分解具有两项基本性质:一是假设趋势项与周期项不相关;二是假设趋势项为平滑过程。本节将简要介绍 HP 滤波方法的实现过程。

对于某一时间序列 Y_t^{TC}:

$$Y_t^{TC}=Y_t^{T}+Y_t^{C} \tag{8-57}$$

式中,Y_t^{T} 为该时间序列中的趋势成分,又称为增长成分;Y_t^{C} 为该时间序列中的波动成分。HP 滤波分解的目标是从时间序列 Y_t^{TC} 中分离出可观测趋势成分 Y_t^{T},从而得到波动成分 Y_t^{C}。趋势成分 Y_t^{T} 定义为如下最小化问题的解:

$$\operatorname{Min}\left\{\sum_{t=1}^{T}(Y_t^{TC}-Y_t^{T})^2+\lambda\sum_{t=2}^{T-1}\left[(Y_{t+1}^{T}-Y_t^{T})-(Y_t^{T}-Y_{t-1}^{T})\right]^2\right\} \tag{8-58}$$

---

① HODRICK R J,PRESCOTT E C. Post-war U. S. business cycles: an empirical investigation[J]. Journal of money,credit and banking,1997,29: 1-16.

其中，第一项是实现序列与趋势项之差的平方最小化，即序列的波动项最小化，该项意味着需要使得趋势项的变化与序列的变化尽可能接近，换言之，使得序列的波动成分尽可能小；第二项衡量趋势成分的"平滑程度"，λ 是平滑参数，用于控制趋势序列的平滑程度，防止序列剧烈波动，T 是时间序列的长度。平滑参数 λ 的取值是 HP 滤波的核心，不同的 λ 取值决定了不同的滤波器，从而决定了不同的周期方式，即 HP 滤波通过选择平滑参数 λ 以提取周期。当 $\lambda=0$ 时，则波动成分为 0，趋势成分为该序列自身；随着 λ 的不断增加，趋势成分 Y_t^T 将变得更加平滑；当 $\lambda\to\infty$ 时，趋势成分将变为线性形式。一般情况下，λ 的最优取值为时间序列中趋势成分标准差与波动成分标准差之比。文献中通常采取如下设定：若采用年度数据，则 $\lambda=100$；若采用季度数据，则 $\lambda=1\,600$；若采用月度数据，则 $\lambda=14\,400$。需要强调的是，除了平滑参数 λ 的取值影响 HP 滤波的结果外，时间序列长度 T 同样导致 HP 滤波结果存在差异。

因此，HP 滤波将经济周期视为宏观经济对于长期趋势路径的偏离，该长期趋势路径能够通过最小化目标函数式(8-58)求解得到，从而分离出宏观经济的波动成分或称为周期成分。DSGE 模型的重要职能在于反映宏观经济波动的典型事实并解释经济周期的形成原因及主要特征等。因此，利用 HP 滤波提取经济数据的周期成分是保证 DSGE 模型准确性和科学性的重要环节。通常而言，采用 EViews、Stata、MATLAB 等统计软件均可实现 HP 滤波过程。在本书第 14 章也将对 HP 滤波方法进行简要介绍。

本节介绍了 DSGE 模型求解的前期处理工作，包括线性化处理和去趋势处理。其中，线性化处理既包括模型变量的线性化，又包括均衡条件的线性化。在进行线性化处理时，多采用对数线性化方法，即将对数线性化变量定义为变量对数与其稳态值对数之差，或采用 Uhlig 对数线性化方法，对原始变量的形式进行变换，而后在稳态处进行一阶泰勒展开，即可得到线性化均衡条件。去趋势处理主要针对宏观经济数据进行，通常利用 HP 滤波方法实现。宏观经济数据多为时间序列数据，包括中长期趋势成分和短期波动成分，短期波动成分是经济周期波动的直接表现形式，是宏观经济关注的重点。因此，HP 滤波的任务是分离出经济数据的趋势成分，从而得到周期成分，由此对宏观经济展开分析。经济数据和均衡条件的前期处理是保证 DSGE 模型准确求解的前提，掌握线性化和去趋势方法的原理有助于后续工作的顺利进行。

8.2　模型求解方法

DSGE 模型求解的目标是得到模型的政策函数，政策函数是指将控制变量表示为状态变量的线性函数。状态变量又称为前定状态变量或预先决定的变量，判断某一变量为状态变量的一般标准是：状态变量的初始值在进入系统前是给定的。根据状态变量决定方式的不同，可以将其分为内生状态变量和外生状态变量，内生状态变量是指由模型本身决定的状态变量，如资本存量即为内生状态变量，原因在于，根据资本积累方程，若已知第 t 期的资本存量和投资总量，则可以得到第 $t+1$ 期的资本存量，由此认为，模型本身决定了资本存量在每一期的值；外生状态变量是指外生给定的状态变量，如冲击即为外生状态变量。这是因为，若已知第 t 期的冲击值，并不能得到第 $t+1$ 期的冲击值，第 $t+1$ 期的冲击值是在第 $t+1$ 期外生给定的。内生状态变量是研究关注的重点，控制变量又称非预先决定的变量、跳跃变量。状态变量和控制变量的主要区别在于，状态变量是预先决定的，不受当期冲击的影响，控制变量是当期决定的，受当期冲击的影响。

8.1 节介绍了模型求解的前期处理工作，包括线性化处理和去趋势处理。本节在模型线性化处理基础上介绍 DSGE 模型的求解方法。一般而言，DSGE 模型求解方法分为两类：一是利用待定系数法进行求解，典型代表为 Uhlig 方法；二是利用特征值和特征向量分解法进行求解，如 B&K 方法和 Schur 方法。本节将对 Uhlig 方法、B&K 方法和 Schur 方法三种模型求解方法展开介绍。

8.2.1　Uhlig 方法

Uhlig 方法由 Uhlig① 提出，又称待定系数法，是求解 DSGE 模型较为直观的方法。Uhlig 方法的求解思路是：首先写出线性化均衡条件，然后假设系统的解或政策函数具有某种形式，并将其代入线性化均衡条件中，最后对该系统进行矩阵运算即可求出政策函数。

假设线性化后的均衡系统可写为

$$\mathbf{0}=E_t(\boldsymbol{F}\boldsymbol{x}_{t+1}+\boldsymbol{G}\boldsymbol{x}_t+\boldsymbol{H}\boldsymbol{x}_{t-1}+\boldsymbol{L}\boldsymbol{z}_{t+1}+\boldsymbol{M}\boldsymbol{z}_t) \tag{8-59}$$

$$\boldsymbol{z}_{t+1}=\boldsymbol{N}\boldsymbol{z}_t+\boldsymbol{\varepsilon}_{t+1} \tag{8-60}$$

$$E_t\boldsymbol{\varepsilon}_{t+1}=0 \tag{8-61}$$

式中，$\boldsymbol{x}_t$ 为内生变量；$\boldsymbol{z}_t$ 为外生随机过程；$\boldsymbol{F}$、$\boldsymbol{G}$、$\boldsymbol{H}$、$\boldsymbol{L}$、$\boldsymbol{M}$、$\boldsymbol{N}$ 均为已知常系数矩阵；E_t 表示条件期望。假设政策函数具有如下形式：

$$\boldsymbol{x}_t=\boldsymbol{P}\boldsymbol{x}_{t-1}+\boldsymbol{Q}\boldsymbol{z}_t \tag{8-62}$$

式中，$\boldsymbol{P}$、$\boldsymbol{Q}$ 为待定系数矩阵，是待定系数法的求解目标。根据式(8-62)可得

$$\boldsymbol{x}_{t+1}=\boldsymbol{P}\boldsymbol{x}_t+\boldsymbol{Q}\boldsymbol{z}_{t+1} \tag{8-63}$$

将式(8-62)和式(8-63)代入式(8-59)中，即

$$E_t(\boldsymbol{F}(\boldsymbol{P}(\boldsymbol{P}\boldsymbol{x}_{t-1}+\boldsymbol{Q}\boldsymbol{z}_t)+\boldsymbol{Q}\boldsymbol{z}_{t+1})+\boldsymbol{G}(\boldsymbol{P}\boldsymbol{x}_{t-1}+\boldsymbol{Q}\boldsymbol{z}_t)+\boldsymbol{H}\boldsymbol{x}_{t-1}+\boldsymbol{L}\boldsymbol{z}_{t+1}+\boldsymbol{M}\boldsymbol{z}_t)=\mathbf{0} \tag{8-64}$$

将式(8-64)进行整理得到

$$E_t[(\boldsymbol{FPP}+\boldsymbol{GP}+\boldsymbol{H})\boldsymbol{x}_{t-1}+(\boldsymbol{FPQ}+\boldsymbol{GQ}+\boldsymbol{M})\boldsymbol{z}_t+(\boldsymbol{FQ}+\boldsymbol{L})\boldsymbol{z}_{t+1}]=\mathbf{0} \tag{8-65}$$

将式(8-60)代入式(8-65)中，可得

$$E_t[(\boldsymbol{FPP}+\boldsymbol{GP}+\boldsymbol{H})\boldsymbol{x}_{t-1}+(\boldsymbol{FPQ}+\boldsymbol{GQ}+\boldsymbol{M})\boldsymbol{z}_t+(\boldsymbol{FQ}+\boldsymbol{L})(\boldsymbol{N}\boldsymbol{z}_t+\boldsymbol{\varepsilon}_{t+1})]=\mathbf{0} \tag{8-66}$$

展开可得

$$E_t[(\boldsymbol{FPP}+\boldsymbol{GP}+\boldsymbol{H})\boldsymbol{x}_{t-1}+(\boldsymbol{FPQ}+\boldsymbol{GQ}+\boldsymbol{M})\boldsymbol{z}_t+\boldsymbol{FQN}\boldsymbol{z}_t+\boldsymbol{LN}\boldsymbol{z}_t+\boldsymbol{FQ}\boldsymbol{\varepsilon}_{t+1}+\boldsymbol{L}\boldsymbol{\varepsilon}_{t+1}]=\mathbf{0} \tag{8-67}$$

---

① UHLIG H. A toolkit for analyzing nonlinear dynamic stochastic models easily[M]//MARIMON R, SCOTT A. Computational methods for the study of dynamic economies. Oxford: Oxford University Press, 1999.

结合式(8-61)，即

$$(\boldsymbol{FPP}+\boldsymbol{GP}+\boldsymbol{H})\boldsymbol{x}_{t-1}+(\boldsymbol{FPQ}+\boldsymbol{GQ}+\boldsymbol{M})\boldsymbol{z}_t+\boldsymbol{FQNz}_t+\boldsymbol{LNz}_t=\boldsymbol{0} \tag{8-68}$$

整理可得

$$[(\boldsymbol{FP}+\boldsymbol{G})\boldsymbol{P}+\boldsymbol{H}]\boldsymbol{x}_{t-1}+[(\boldsymbol{FP}+\boldsymbol{G})\boldsymbol{Q}+\boldsymbol{M}+(\boldsymbol{FQ}+\boldsymbol{L})\boldsymbol{N}]\boldsymbol{z}_t=\boldsymbol{0} \tag{8-69}$$

式(8-69)成立的条件是 $\boldsymbol{x}_{t-1}$ 和 $\boldsymbol{z}_t$ 前的系数矩阵为 $\boldsymbol{0}$，即

$$(\boldsymbol{FP}+\boldsymbol{G})\boldsymbol{P}+\boldsymbol{H}=\boldsymbol{0} \tag{8-70}$$

$$(\boldsymbol{FP}+\boldsymbol{G})\boldsymbol{Q}+\boldsymbol{M}+(\boldsymbol{FQ}+\boldsymbol{L})\boldsymbol{N}=\boldsymbol{0} \tag{8-71}$$

由于 $\boldsymbol{F}$、$\boldsymbol{G}$、$\boldsymbol{H}$ 均为已知常系数矩阵，根据式(8-70)可以求得矩阵 $\boldsymbol{P}$。然而，式(8-71)中，由于 $\boldsymbol{FQN}$ 是三个矩阵的乘积，无法直接求出矩阵 $\boldsymbol{Q}$，此处可以利用列向量化函数和克罗内克积进行计算。将式(8-71)改写为

$$\mathrm{vec}[\boldsymbol{FQN}+(\boldsymbol{FP}+\boldsymbol{G})\boldsymbol{Q}+\boldsymbol{LN}+\boldsymbol{M}]=\mathrm{vec}[\boldsymbol{FQN}+(\boldsymbol{FP}+\boldsymbol{G})\boldsymbol{QI}+\boldsymbol{LN}+\boldsymbol{M}]=\boldsymbol{0} \tag{8-72}$$

式中，$\boldsymbol{I}$ 为单位矩阵，即对角线元素是 1、其他元素是 0 的矩阵。

利用列向量化函数的基本性质和克罗内克积的基本运算规则，将式(8-72)展开为

$$\begin{aligned}&\mathrm{vec}[\boldsymbol{FQN}+(\boldsymbol{FP}+\boldsymbol{G})\boldsymbol{QI}+\boldsymbol{LN}+\boldsymbol{M}]\\&=\mathrm{vec}(\boldsymbol{FQN})+\mathrm{vec}[(\boldsymbol{FP}+\boldsymbol{G})\boldsymbol{QI}]+\mathrm{vec}(\boldsymbol{LN}+\boldsymbol{M})\\&=\boldsymbol{N}'\otimes\boldsymbol{F}\,\mathrm{vec}(\boldsymbol{Q})+\boldsymbol{I}\otimes(\boldsymbol{FP}+\boldsymbol{G})\mathrm{vec}(\boldsymbol{Q})+\mathrm{vec}(\boldsymbol{LN}+\boldsymbol{M})\\&=[\boldsymbol{N}'\otimes\boldsymbol{F}+\boldsymbol{I}\otimes(\boldsymbol{FP}+\boldsymbol{G})]\mathrm{vec}(\boldsymbol{Q})+\mathrm{vec}(\boldsymbol{LN}+\boldsymbol{M})\\&=\boldsymbol{0}\end{aligned} \tag{8-73}$$

令

$$\boldsymbol{V}=\boldsymbol{N}'\otimes\boldsymbol{F}+\boldsymbol{I}\otimes(\boldsymbol{FP}+\boldsymbol{G}) \tag{8-74}$$

式中，矩阵 $\boldsymbol{N}$、$\boldsymbol{F}$、$\boldsymbol{I}$、$\boldsymbol{P}$、$\boldsymbol{G}$ 均为已知的常系数矩阵，因此，矩阵 $\boldsymbol{V}$ 可求。

式(8-73)可表示为

$$\boldsymbol{V}\times\mathrm{vec}(\boldsymbol{Q})+\mathrm{vec}(\boldsymbol{LN}+\boldsymbol{M})=\boldsymbol{0} \tag{8-75}$$

从而解出 $\mathrm{vec}(\boldsymbol{Q})$，即

$$\mathrm{vec}(\boldsymbol{Q})=-\boldsymbol{V}^{-1}\mathrm{vec}(\boldsymbol{LN}+\boldsymbol{M}) \tag{8-76}$$

由此得到待定系数矩阵 $\boldsymbol{Q}$，上述过程即为 Uhlig 待定系数法的内容。利用待定系数法求解 DSGE 模型的优势在于原理清晰易懂且求解过程较为直观，劣势是如果模型较为庞大，待定系数法求解则极其复杂。一般而言，求解 DSGE 模型通常采用特征值特征向量分解的方法，如 B&K 方法、Schur 方法等，本节后续将对上述两种方法做简要介绍。

8.2.2　B&K 方法

B&K 方法来源于 Blanchard 和 Kahn 的经典文献①。假设动态系统形式为

$$\boldsymbol{B}\times E_t\begin{pmatrix}\underset{n\times 1}{\boldsymbol{x}_{1,t+1}}\\\underset{m\times 1}{\boldsymbol{x}_{2,t+1}}\end{pmatrix}=\boldsymbol{A}\times\begin{pmatrix}\underset{n\times 1}{\boldsymbol{x}_{1,t}}\\\underset{m\times 1}{\boldsymbol{x}_{2,t}}\end{pmatrix} \tag{8-77}$$

① BLANCHARD O J, KAHN C M. The solution of linear difference models under rational expectations[J]. Econometrica, 1980, 48(5): 1305-1311.

式中，$x_{1,t}$ 为控制变量或称为前向变量；n 为控制变量的个数；$x_{2,t}$ 为状态变量或称为预先决定变量；m 为状态变量的个数；矩阵 $\boldsymbol{B}$ 和矩阵 $\boldsymbol{A}$ 均为系数矩阵。当矩阵 $\boldsymbol{B}$ 可逆时，将式(8-77)两侧同时左乘 $\boldsymbol{B}^{-1}$，得到

$$E_t\begin{pmatrix}\underset{n\times 1}{\boldsymbol{x}_{1,t+1}}\\ \underset{m\times 1}{\boldsymbol{x}_{2,t+1}}\end{pmatrix}=\boldsymbol{B}^{-1}\boldsymbol{A}\begin{pmatrix}\underset{n\times 1}{\boldsymbol{x}_{1,t}}\\ \underset{m\times 1}{\boldsymbol{x}_{2,t}}\end{pmatrix} \tag{8-78}$$

对系数矩阵 $\boldsymbol{B}^{-1}\boldsymbol{A}$ 进行特征值和特征向量分解。定义矩阵$\boldsymbol{\Lambda}=[\lambda_1,\cdots,\lambda_{n+m}]$为特征值组成的矩阵，矩阵$\boldsymbol{\Gamma}=[v_1,\cdots,v_{n+m}]$为特征向量组成的矩阵。若矩阵$\boldsymbol{\Gamma}$ 可逆，令

$$\boldsymbol{B}^{-1}\boldsymbol{A}=\boldsymbol{\Gamma\Lambda\Gamma}^{-1} \tag{8-79}$$

式中，$\boldsymbol{\Lambda}$ 为对角阵，对角线元素为矩阵 $\boldsymbol{B}^{-1}\boldsymbol{A}$ 的特征值。对矩阵$\boldsymbol{\Lambda}$ 中的特征值进行排序，按照模由小到大依次排序，且对$\boldsymbol{\Lambda}$ 进行分块，即

$$\boldsymbol{\Lambda}=\begin{pmatrix}\underset{q\times q}{\boldsymbol{\Lambda}_1} & \boldsymbol{O}\\ \boldsymbol{O} & \underset{p\times p}{\boldsymbol{\Lambda}_2}\end{pmatrix} \tag{8-80}$$

其中，设$\boldsymbol{\Lambda}_1$ 包含 q 个稳定特征值，即特征值均小于 1，则$\boldsymbol{\Lambda}_1$ 是 $q\times q$ 的对角阵；$\boldsymbol{\Lambda}_2$ 包含 p 个非稳定特征值，特征值均不小于 1，为 $p\times p$ 的对角阵。显然，$q+p=m+n$。

式(8-78)改写为

$$E_t\begin{pmatrix}\underset{n\times 1}{\boldsymbol{x}_{1,t+1}}\\ \underset{m\times 1}{\boldsymbol{x}_{2,t+1}}\end{pmatrix}=\boldsymbol{\Gamma\Lambda\Gamma}^{-1}\begin{pmatrix}\underset{n\times 1}{\boldsymbol{x}_{1,t}}\\ \underset{m\times 1}{\boldsymbol{x}_{2,t}}\end{pmatrix} \tag{8-81}$$

将式(8-81)两边同时左乘$\boldsymbol{\Gamma}^{-1}$，得到

$$E_t\boldsymbol{\Gamma}^{-1}\begin{pmatrix}\underset{n\times 1}{\boldsymbol{x}_{1,t+1}}\\ \underset{m\times 1}{\boldsymbol{x}_{2,t+1}}\end{pmatrix}=\boldsymbol{\Lambda\Gamma}^{-1}\begin{pmatrix}\underset{n\times 1}{\boldsymbol{x}_{1,t}}\\ \underset{m\times 1}{\boldsymbol{x}_{2,t}}\end{pmatrix} \tag{8-82}$$

令

$$\boldsymbol{Z}_t\equiv\begin{pmatrix}\underset{q\times 1}{\boldsymbol{Z}_{1,t}}\\ \underset{p\times 1}{\boldsymbol{Z}_{2,t}}\end{pmatrix}\equiv\boldsymbol{\Gamma}^{-1}\begin{pmatrix}\underset{n\times 1}{\boldsymbol{x}_{1,t}}\\ \underset{m\times 1}{\boldsymbol{x}_{2,t}}\end{pmatrix} \tag{8-83}$$

则

$$E_t\boldsymbol{Z}_{t+1}=\boldsymbol{\Lambda Z}_t \tag{8-84}$$

进一步分解可得

$$E_t\begin{pmatrix}\underset{q\times 1}{\boldsymbol{Z}_{1,t+1}}\\ \underset{p\times 1}{\boldsymbol{Z}_{2,t+1}}\end{pmatrix}=\begin{pmatrix}\underset{q\times q}{\boldsymbol{\Lambda}_1} & \boldsymbol{O}\\ \boldsymbol{O} & \underset{p\times p}{\boldsymbol{\Lambda}_2}\end{pmatrix}\begin{pmatrix}\underset{q\times 1}{\boldsymbol{Z}_{1,t}}\\ \underset{p\times 1}{\boldsymbol{Z}_{2,t}}\end{pmatrix} \tag{8-85}$$

将式(8-85)展开得到

$$E_t(\boldsymbol{Z}_{1,t+1})=\boldsymbol{\Lambda}_1\boldsymbol{Z}_{1,t} \tag{8-86}$$

$$E_t(\boldsymbol{Z}_{2,t+1})=\boldsymbol{\Lambda}_2\boldsymbol{Z}_{2,t} \tag{8-87}$$

可以证明，$E_t(\boldsymbol{Z}_{1,t+T})=\boldsymbol{\Lambda}_1^{\mathrm{T}}\boldsymbol{Z}_{1,t}$，$E_t(\boldsymbol{Z}_{2,t+T})=\boldsymbol{\Lambda}_2^{\mathrm{T}}\boldsymbol{Z}_{2,t}$。

分块矩阵$\boldsymbol{\Lambda}_1$的特征值均小于1，因此，当$T\to\infty$时，$\boldsymbol{\Lambda}_1\to 0$；分块矩阵$\boldsymbol{\Lambda}_2$的特征值是不小于1的，因此，当$T\to\infty$，$E_t(\boldsymbol{Z}_{2,t+T})\to\infty$，此时系统是非稳定的，不存在均衡解。因此，为了保证系统是稳定的，必然存在$\boldsymbol{Z}_{2,t}=\boldsymbol{0}$。

令

$$\boldsymbol{\Gamma}^{-1}=\begin{pmatrix}\underset{q\times n}{\boldsymbol{\Gamma}_{11}} & \underset{q\times m}{\boldsymbol{\Gamma}_{12}}\\ \underset{p\times n}{\boldsymbol{\Gamma}_{21}} & \underset{p\times m}{\boldsymbol{\Gamma}_{22}}\end{pmatrix} \tag{8-88}$$

则

$$\begin{pmatrix}\underset{q\times 1}{\boldsymbol{Z}_{1,t}}\\ \underset{p\times 1}{\boldsymbol{Z}_{2,t}}\end{pmatrix}=\boldsymbol{Z}_t=\boldsymbol{\Gamma}^{-1}\begin{pmatrix}\underset{n\times 1}{\boldsymbol{x}_{1,t}}\\ \underset{m\times 1}{\boldsymbol{x}_{2,t}}\end{pmatrix}=\begin{pmatrix}\underset{q\times n}{\boldsymbol{\Gamma}_{11}} & \underset{q\times m}{\boldsymbol{\Gamma}_{12}}\\ \underset{p\times n}{\boldsymbol{\Gamma}_{21}} & \underset{p\times m}{\boldsymbol{\Gamma}_{22}}\end{pmatrix}\begin{pmatrix}\underset{n\times 1}{\boldsymbol{x}_{1,t}}\\ \underset{m\times 1}{\boldsymbol{x}_{2,t}}\end{pmatrix} \tag{8-89}$$

将式(8-89)展开可得

$$\underset{q\times 1}{\boldsymbol{Z}_{1,t}}=\underset{q\times n}{\boldsymbol{\Gamma}_{11}}\underset{n\times 1}{\boldsymbol{x}_{1,t}}+\underset{q\times m}{\boldsymbol{\Gamma}_{12}}\underset{m\times 1}{\boldsymbol{x}_{2,t}} \tag{8-90}$$

$$\underset{p\times 1}{\boldsymbol{Z}_{2,t}}=\underset{p\times n}{\boldsymbol{\Gamma}_{21}}\underset{n\times 1}{\boldsymbol{x}_{1,t}}+\underset{p\times m}{\boldsymbol{\Gamma}_{22}}\underset{m\times 1}{\boldsymbol{x}_{2,t}} \tag{8-91}$$

根据系统均衡的充分必要条件$\boldsymbol{Z}_{2,t}=\boldsymbol{0}$，可得

$$\underset{p\times n}{\boldsymbol{\Gamma}_{21}}\underset{n\times 1}{\boldsymbol{x}_{1,t}}+\underset{p\times m}{\boldsymbol{\Gamma}_{22}}\underset{m\times 1}{\boldsymbol{x}_{2,t}}=\boldsymbol{0} \tag{8-92}$$

式(8-92)为包含p个方程n个未知量的齐次线性方程组，其中，p是$\boldsymbol{Z}_{2,t}$的维度，表示非稳定特征值的数量，n是控制变量矩阵$\boldsymbol{x}_{1,t}$的维度，表示控制变量的数量。求解目标是得到政策函数：

$$\boldsymbol{x}_{1,t}=\boldsymbol{\phi}\boldsymbol{x}_{2,t} \tag{8-93}$$

式中，$\boldsymbol{\phi}$为常数矩阵，根据式(8-92)可得

$$\boldsymbol{\phi}=-\boldsymbol{\Gamma}_{21}^{-1}\boldsymbol{\Gamma}_{22} \tag{8-94}$$

其中，$\boldsymbol{\Gamma}_{21}$可逆。根据线性代数的基本知识，求解系统均衡解的关键在于比较方程个数和未知变量个数的相对大小，即比较非稳定特征值p数量与控制变量n数量的相对大小。若$p=n$，则存在唯一的均衡解；若$p>n$，则方程组无解；若$p<n$，则存在无穷多个解。上述内容即为B&K条件，可概括为：政策函数$\boldsymbol{x}_{1,t}=\boldsymbol{\phi}\boldsymbol{x}_{2,t}$存在的充分必要条件是$p=n$且$\boldsymbol{\Gamma}_{21}$可逆。

接下来确定系统状态转换方程。将政策函数代入式(8-78)可得

$$E_t\begin{pmatrix}\boldsymbol{x}_{1,t+1}\\ \boldsymbol{x}_{2,t+1}\end{pmatrix}=\boldsymbol{B}^{-1}\boldsymbol{A}\begin{pmatrix}\boldsymbol{\phi}\,\boldsymbol{x}_{2,t}\\ \boldsymbol{x}_{2,t}\end{pmatrix} \tag{8-95}$$

令

$$\boldsymbol{B}^{-1}\boldsymbol{A}=\begin{pmatrix}\underset{n\times n}{\boldsymbol{BA}_{11}} & \underset{n\times m}{\boldsymbol{BA}_{12}}\\ \underset{m\times n}{\boldsymbol{BA}_{21}} & \underset{m\times m}{\boldsymbol{BA}_{22}}\end{pmatrix} \tag{8-96}$$

代入式(8-95)可得

$$E_t\begin{pmatrix}\boldsymbol{x}_{1,t+1}\\ \boldsymbol{x}_{2,t+1}\end{pmatrix}=\begin{pmatrix}\underset{n\times n}{\boldsymbol{BA}_{11}} & \underset{n\times m}{\boldsymbol{BA}_{12}}\\ \underset{m\times n}{\boldsymbol{BA}_{21}} & \underset{m\times m}{\boldsymbol{BA}_{22}}\end{pmatrix}\begin{pmatrix}\boldsymbol{\phi}\,\boldsymbol{x}_{2,t}\\ \boldsymbol{x}_{2,t}\end{pmatrix} \tag{8-97}$$

式(8-96)第二行元素可以表示为

$$E_t(\boldsymbol{x}_{2,t+1})=(\boldsymbol{BA}_{21}\boldsymbol{\phi}+\boldsymbol{BA}_{22})\boldsymbol{x}_{2,t} \tag{8-98}$$

式(8-93)和式(8-98)共同构成了线性化系统的解。

综上,B&K 方法的应用过程可归纳为：首先,对系数矩阵进行特征值特征向量分解；其次,对特征值矩阵进行分块；最后,结合 B&K 条件求解政策方程。

8.2.3　Schur 方法

Schur 方法由 Klein[①] 提出,是 B&K 方法的拓展。具体而言,仍沿用 8.2.2 小节的动态系统形式

$$\boldsymbol{B}\times\boldsymbol{E}_t\begin{pmatrix}\underset{n\times 1}{\boldsymbol{x}_{1,t+1}}\\ \underset{m\times 1}{\boldsymbol{x}_{2,t+1}}\end{pmatrix}=\boldsymbol{A}\times\begin{pmatrix}\underset{n\times 1}{\boldsymbol{x}_{1,t}}\\ \underset{m\times 1}{\boldsymbol{x}_{2,t}}\end{pmatrix} \tag{8-77$'$}$$

当系数矩阵 $\boldsymbol{B}$ 可逆时,利用 B&K 方法即可求得线性化系统的均衡解。如果系数矩阵 $\boldsymbol{B}$ 不可逆,则可以利用 Schur 方法进行求解。Schur 方法的思想是：将系数矩阵 $\boldsymbol{A}$ 和系数矩阵 $\boldsymbol{B}$ 分别分解为以其特征值为对角线元素的上三角矩阵,然后利用 B&K 方法进行求解。对系数矩阵 $\boldsymbol{A}$ 和系数矩阵 $\boldsymbol{B}$ 进行分解,令

$$\boldsymbol{A}=\boldsymbol{QUZ}' \tag{8-99}$$

$$\boldsymbol{B}=\boldsymbol{QVZ}' \tag{8-100}$$

式中,$\boldsymbol{Q}$ 和 $\boldsymbol{Z}$ 是正交矩阵,$\boldsymbol{Z}'$是 $\boldsymbol{Z}$ 的转置,同样为正交矩阵；$\boldsymbol{U}$ 和 $\boldsymbol{V}$ 均为上三角矩阵,其对角线元素为一般化的特征值。将式(8-99)和式(8-100)代入式(8-77)′可得

$$\boldsymbol{QVZ}'E_t\begin{pmatrix}\underset{n\times 1}{\boldsymbol{x}_{1,t+1}}\\ \underset{m\times 1}{\boldsymbol{x}_{2,t+1}}\end{pmatrix}=\boldsymbol{QUZ}'\begin{pmatrix}\underset{n\times 1}{\boldsymbol{x}_{1,t}}\\ \underset{m\times 1}{\boldsymbol{x}_{2,t}}\end{pmatrix} \tag{8-101}$$

将矩阵 $\boldsymbol{Z}'$、矩阵 $\boldsymbol{U}$ 和矩阵 $\boldsymbol{V}$ 分别表示为分块矩阵的形式,即

$$\boldsymbol{Z}'=\begin{pmatrix}\underset{q\times n}{\boldsymbol{Z}_{11}} & \underset{q\times m}{\boldsymbol{Z}_{12}}\\ \underset{p\times n}{\boldsymbol{Z}_{21}} & \underset{p\times m}{\boldsymbol{Z}_{22}}\end{pmatrix},\boldsymbol{U}=\begin{pmatrix}\underset{q\times q}{\boldsymbol{U}_{11}} & \underset{q\times p}{\boldsymbol{U}_{12}}\\ \boldsymbol{O} & \underset{p\times p}{\boldsymbol{U}_{22}}\end{pmatrix},\boldsymbol{V}=\begin{pmatrix}\underset{q\times q}{\boldsymbol{V}_{11}} & \underset{q\times p}{\boldsymbol{V}_{12}}\\ \boldsymbol{O} & \underset{p\times p}{\boldsymbol{V}_{22}}\end{pmatrix} \tag{8-102}$$

将式(8-102)代入式(8-101)中,整理可得

$$\begin{pmatrix}\boldsymbol{V}_{11} & \boldsymbol{V}_{12}\\ \boldsymbol{O} & \boldsymbol{V}_{22}\end{pmatrix}\begin{pmatrix}\boldsymbol{Z}_{11} & \boldsymbol{Z}_{12}\\ \boldsymbol{Z}_{21} & \boldsymbol{Z}_{22}\end{pmatrix}E_t\begin{pmatrix}\boldsymbol{x}_{1,t+1}\\ \boldsymbol{x}_{2,t+1}\end{pmatrix}=\begin{pmatrix}\boldsymbol{U}_{11} & \boldsymbol{U}_{12}\\ \boldsymbol{O} & \boldsymbol{U}_{22}\end{pmatrix}\begin{pmatrix}\boldsymbol{Z}_{11} & \boldsymbol{Z}_{12}\\ \boldsymbol{Z}_{21} & \boldsymbol{Z}_{22}\end{pmatrix}\begin{pmatrix}\boldsymbol{x}_{1,t}\\ \boldsymbol{x}_{2,t}\end{pmatrix} \tag{8-103}$$

---

① KLEIN P. Using the generalized Schur form to solve a multivariate linear rational expectations model[J]. Journal of economic dynamics and control,2000,24(10)：1405-1423.

将式(8-103)第二行元素展开，可写为

$$\boldsymbol{V}_{22}E_t(\boldsymbol{Z}_{21}\boldsymbol{x}_{1,t+1}+\boldsymbol{Z}_{22}\boldsymbol{x}_{2,t+1})=\boldsymbol{U}_{22}(\boldsymbol{Z}_{21}\boldsymbol{x}_{1,t}+\boldsymbol{Z}_{22}\boldsymbol{x}_{2,t}) \tag{8-104}$$

假设 $\boldsymbol{V}_{22}$ 可逆，两边同时左乘 $\boldsymbol{V}_{22}{}^{-1}$：

$$E_t(\boldsymbol{Z}_{21}\boldsymbol{x}_{1,t+1}+\boldsymbol{Z}_{22}\boldsymbol{x}_{2,t+1})=\boldsymbol{V}_{22}^{-1}\boldsymbol{U}_{22}(\boldsymbol{Z}_{21}\boldsymbol{x}_{1,t}+\boldsymbol{Z}_{22}\boldsymbol{x}_{2,t}) \tag{8-105}$$

由于特征值已经按照由小到大的顺序排列，则不失一般性地可以设定 $|\boldsymbol{V}_{22}{}^{-1}\boldsymbol{U}_{22}|\geqslant 1$。为了保证系统均衡解存在，要求

$$\boldsymbol{Z}_{21}\boldsymbol{x}_{1,t}+\boldsymbol{Z}_{22}\boldsymbol{x}_{2,t}=\boldsymbol{0} \tag{8-106}$$

然后利用 B&K 方法进行模型求解。首先，寻找政策函数，根据 B&K 条件，模型求解要求 $p=n$，且 $\boldsymbol{Z}_{21}$ 可逆。根据式(8-106)求解政策函数为

$$\boldsymbol{x}_{1,t}=-(\boldsymbol{Z}_{21}^{-1}\boldsymbol{Z}_{22})\boldsymbol{x}_{2,t} \tag{8-107}$$

令

$$\boldsymbol{\psi}=\boldsymbol{Z}_{21}^{-1}\boldsymbol{Z}_{22} \tag{8-108}$$

则政策函数式(8-107)即为

$$\boldsymbol{x}_{1,t}=-\boldsymbol{\psi}\boldsymbol{x}_{2,t} \tag{8-109}$$

将政策函数式(8-109)代入式(8-77)，可得

$$\boldsymbol{B}\times E_t\begin{pmatrix}\underset{n\times 1}{-\boldsymbol{\psi}\boldsymbol{x}_{2,t+1}}\\ \underset{m\times 1}{\boldsymbol{x}_{2,t+1}}\end{pmatrix}=\boldsymbol{A}\times\begin{pmatrix}\underset{n\times 1}{-\boldsymbol{\psi}\boldsymbol{x}_{2,t}}\\ \underset{m\times 1}{\boldsymbol{x}_{2,t}}\end{pmatrix} \tag{8-110}$$

将系数矩阵 $\boldsymbol{B}$ 和系数矩阵 $\boldsymbol{A}$ 分别写成分块矩阵的形式：

$$\boldsymbol{B}=\begin{pmatrix}\underset{n\times n}{\boldsymbol{B}_{11}} & \boldsymbol{B}_{12}\\ \boldsymbol{B}_{21} & \underset{m\times m}{\boldsymbol{B}_{22}}\end{pmatrix},\quad \boldsymbol{A}=\begin{pmatrix}\underset{n\times n}{\boldsymbol{A}_{11}} & \boldsymbol{A}_{12}\\ \boldsymbol{A}_{21} & \underset{m\times m}{\boldsymbol{A}_{22}}\end{pmatrix} \tag{8-111}$$

则式(8-110)可改写为

$$\begin{pmatrix}\underset{n\times n}{\boldsymbol{B}_{11}} & \boldsymbol{B}_{12}\\ \boldsymbol{B}_{21} & \underset{m\times m}{\boldsymbol{B}_{22}}\end{pmatrix}E_t\begin{pmatrix}\underset{n\times 1}{-\boldsymbol{\psi}\boldsymbol{x}_{2,t+1}}\\ \underset{m\times 1}{\boldsymbol{x}_{2,t+1}}\end{pmatrix}=\begin{pmatrix}\underset{n\times n}{\boldsymbol{A}_{11}} & \boldsymbol{A}_{12}\\ \boldsymbol{A}_{21} & \underset{m\times m}{\boldsymbol{A}_{22}}\end{pmatrix}\begin{pmatrix}\underset{n\times 1}{-\boldsymbol{\psi}\boldsymbol{x}_{2,t}}\\ \underset{m\times 1}{\boldsymbol{x}_{2,t}}\end{pmatrix} \tag{8-112}$$

式(8-112)中第一行元素展开可写为

$$(-\boldsymbol{B}_{11}\boldsymbol{\psi}+\boldsymbol{B}_{12})E_t\boldsymbol{x}_{2,t+1}=(-\boldsymbol{A}_{11}\boldsymbol{\psi}+\boldsymbol{A}_{12})\boldsymbol{x}_{2,t} \tag{8-113}$$

若 $-\boldsymbol{B}_{11}\boldsymbol{\psi}+\boldsymbol{B}_{12}$ 可逆，两边同时左乘 $(-\boldsymbol{B}_{11}\boldsymbol{\psi}+\boldsymbol{B}_{12})^{-1}$，得到

$$E_t\boldsymbol{x}_{2,t+1}=(-\boldsymbol{B}_{11}\boldsymbol{\psi}+\boldsymbol{B}_{12})^{-1}(-\boldsymbol{A}_{11}\boldsymbol{\psi}+\boldsymbol{A}_{12})\boldsymbol{x}_{2,t} \tag{8-114}$$

令

$$\boldsymbol{\Omega}=(-\boldsymbol{B}_{11}\boldsymbol{\psi}+\boldsymbol{B}_{12})^{-1}(-\boldsymbol{A}_{11}\boldsymbol{\psi}+\boldsymbol{A}_{12}) \tag{8-115}$$

则式(8-114)改写为

$$E_t\boldsymbol{x}_{2,t+1}=\boldsymbol{\Omega}\boldsymbol{x}_{2,t} \tag{8-116}$$

因此，式(8-109)和式(8-116)共同组成了线性化系统的解。

8.2.4　状态空间表示

在实际应用中，通常将线性化模型写成状态空间形式，从而有助于后续开展分析。线

性模型的状态空间表示是指将模型中的所有方程均表示为状态方程和观测方程的形式。其中，状态方程描述了状态变量在不同期之间的状态关系，观测方程是指在状态变量和控制变量之间建立的函数关系。具体而言，假设线性模型具有如下形式：

$$E_t \underset{(n+m)\times 1}{\boldsymbol{X}_{t+1}} = \underset{(n+m)\times(n+m)}{\boldsymbol{K}} \times \underset{(n+m)\times 1}{\boldsymbol{X}_t} \tag{8-117}$$

式中，$\boldsymbol{X}_t$ 为第 t 期变量向量，由 n 个控制变量和 m 个状态变量组成；$\boldsymbol{K}$ 为系数矩阵。令

$$\boldsymbol{X}_t = \begin{pmatrix} \underset{n\times 1}{\boldsymbol{x}_{1,t}} \\ \underset{m\times 1}{\boldsymbol{x}_{2,t}} \end{pmatrix},\quad \boldsymbol{X}_{t+1} = \begin{pmatrix} \underset{n\times 1}{\boldsymbol{x}_{1,t+1}} \\ \underset{m\times 1}{\boldsymbol{x}_{2,t+1}} \end{pmatrix},\quad \boldsymbol{K} = \begin{pmatrix} \underset{n\times n}{\boldsymbol{K}_{11}} & \underset{n\times m}{\boldsymbol{K}_{12}} \\ \underset{m\times n}{\boldsymbol{K}_{21}} & \underset{m\times m}{\boldsymbol{K}_{22}} \end{pmatrix} \tag{8-118}$$

式中，$\boldsymbol{x}_{1,t}$ 为控制变量向量；$\boldsymbol{x}_{2,t}$ 为状态变量向量。将式(8-118)代入式(8-117)得到

$$E_t \begin{pmatrix} \underset{n\times 1}{\boldsymbol{x}_{1,t+1}} \\ \underset{m\times 1}{\boldsymbol{x}_{2,t+1}} \end{pmatrix} = \begin{pmatrix} \underset{n\times n}{\boldsymbol{K}_{11}} & \underset{n\times m}{\boldsymbol{K}_{12}} \\ \underset{m\times n}{\boldsymbol{K}_{21}} & \underset{m\times m}{\boldsymbol{K}_{22}} \end{pmatrix} \times \begin{pmatrix} \underset{n\times 1}{\boldsymbol{x}_{1,t}} \\ \underset{m\times 1}{\boldsymbol{x}_{2,t}} \end{pmatrix} \tag{8-119}$$

政策函数的形式为

$$\boldsymbol{x}_{1,t} = \boldsymbol{\phi} \boldsymbol{x}_{2,t} \tag*{(8-93)$'$}$$

则式(8-119)可写为

$$E_t \begin{pmatrix} \underset{n\times 1}{\boldsymbol{x}_{1,t+1}} \\ \underset{m\times 1}{\boldsymbol{x}_{2,t+1}} \end{pmatrix} = \begin{pmatrix} \underset{n\times n}{\boldsymbol{K}_{11}} & \underset{n\times m}{\boldsymbol{K}_{12}} \\ \underset{m\times n}{\boldsymbol{K}_{21}} & \underset{m\times m}{\boldsymbol{K}_{22}} \end{pmatrix} \times \begin{pmatrix} \underset{n\times 1}{\boldsymbol{\phi}\boldsymbol{x}_{2,t}} \\ \underset{m\times 1}{\boldsymbol{x}_{2,t}} \end{pmatrix} \tag{8-120}$$

式(8-120)的第一行展开可得

$$E_t \boldsymbol{x}_{1,t+1} = (\boldsymbol{K}_{11}\boldsymbol{\phi} + \boldsymbol{K}_{12})\boldsymbol{x}_{2,t} \tag{8-121}$$

式(8-120)的第二行展开得到

$$E_t \boldsymbol{x}_{2,t+1} = (\boldsymbol{K}_{21}\boldsymbol{\phi} + \boldsymbol{K}_{22})\boldsymbol{x}_{2,t} \tag{8-122}$$

引入误差项，则式(8-121)和式(8-122)可分别改写为

$$\boldsymbol{x}_{1,t+1} = (\boldsymbol{K}_{11}\boldsymbol{\phi} + \boldsymbol{K}_{12})\boldsymbol{x}_{2,t} + \boldsymbol{e}_{t+1} \tag{8-123}$$

$$\boldsymbol{x}_{2,t+1} = (\boldsymbol{K}_{21}\boldsymbol{\phi} + \boldsymbol{K}_{22})\boldsymbol{x}_{2,t} + \boldsymbol{u}_{t+1} \tag{8-124}$$

进一步地，根据式(8-123)和式(8-124)可得

$$\boldsymbol{x}_{1,t} = (\boldsymbol{K}_{11}\boldsymbol{\phi} + \boldsymbol{K}_{12})\boldsymbol{x}_{2,t-1} + \boldsymbol{e}_t \tag{8-125}$$

$$\boldsymbol{x}_{2,t} = (\boldsymbol{K}_{21}\boldsymbol{\phi} + \boldsymbol{K}_{22})\boldsymbol{x}_{2,t-1} + \boldsymbol{u}_t \tag{8-126}$$

式(8-125)称为观测方程，式(8-126)称为状态方程。式(8-125)和式(8-126)为线性模型式(8-117)的状态空间表示形式。

本节介绍了 DSGE 模型求解的三种方法以及模型的状态空间表示。模型求解方法包括 Uhlig 方法、B&K 方法和 Schur 方法。Uhlig 方法利用待定系数法对模型进行求解，优势在于求解过程较为直观简便，适用于模型形式较为简单的情况。针对复杂的模型而言，多采用 B&K 方法和 Schur 方法，Schur 方法可以认为是 B&K 方法的一般情形，其通过对系数矩阵进行特征值特征向量分解，并对特征值矩阵进行分块处理，而后得到 B&K 条件，由此求出政策函数。此外，为便于求解后对模型进行分析，通常将线性化模

型采用状态空间形式表示，即表示为状态方程和观测方程的形式。

8.3 模型的参数设定

DSGE 模型的参数设定方法主要分为参数校准和参数估计两种。其中，参数校准方法是指根据现实经济中观察到的基本数量关系确定参数或参考经典文献中的参数取值，一般适用于确定反映模型稳态特性的相关参数值；参数估计方法是指利用实际观测数据和统计方法对模型参数的估算，从观测数据中寻找模型参数的近似值，一般适用于确定反映模型动态特性的相关参数值。参数估计方法包括广义矩方法（GMM）、模拟矩方法（SMM）、极大似然估计（MLE）方法及贝叶斯（Bayesian）估计法等。本节主要介绍参数校准和参数估计的基本内容和适用条件，并重点介绍三种参数估计方法的原理及应用。

8.3.1 参数校准

参数校准通过对经济中基本数量关系进行简单计算或借鉴经典文献中的参数取值从而确定模型的相关参数。参数校准没有一以贯之的模式，具体的参数校准值需要根据模型状态变量、外生参数取值等因素计算得出。通常而言，参数校准方法包括两种：一是利用经济中的数据进行简单计算，例如根据我国宏观资本和产出的数据直接计算资本产出比等，需要强调的是，这种参数校准方法假设经济围绕稳定状态波动，并使用变量数据平均值作为该变量的稳态值；二是借鉴经典文献中的参数取值确定模型的相关参数值。

明确研究目的是选择参数校准方法的关键，不同研究目的对参数校准的要求不同。一般而言，DSGE 模型的研究目的包括两类：其一，利用 DSGE 模型理解经济机制；其二，采用 DSGE 模型实现对经济的高度拟合。针对第一种目的，其侧重于经济机制的解释，仅要求模型的拟合程度大体上与现实经济相一致即可，对参数值精度的要求不高；针对第二种目的，其更加强调模型对于冲击的解释能力，因此，应使得模型尽可能地拟合经济现实，此时参数值的重要性凸显。

例如，对于稳态方程：

$$I^* = \delta K^* \tag{8-127}$$

式中，I^* 为稳态时的投资；K^* 为稳态时的资本；δ 为折旧率。投资稳态值和资本稳态值分别利用投资平均值和资本平均值作为替代。

两边同时除以 Y^*：

$$\frac{I^*}{Y^*} = \delta \frac{K^*}{Y^*} \tag{8-128}$$

式中，Y^* 为稳态时的产出，利用产出平均值表示。投资、资本和产出的数据均源自公开数据，根据式（8-128）即可计算得到折旧率 δ 的校准值。

参数校准方法的一般思路是根据模型的稳态特征以及可利用的实际统计数据，计算得到模型中有关参数的校准值。需要注意的是，能够采用校准方法得到的参数大部分是反映模型稳态特性的相关参数，对于反映模型动态特性的参数，虽然也可以使用校准方法进行确定，但相对于其他估计方法而言，参数校准方法并不占优势，本节将继续介绍参数估计方法以求得反映模型动态特征的参数值。

8.3.2　参数估计方法：广义矩和模拟矩

矩估计是参数估计的重要方法。矩估计通常包括广义矩和模拟矩。为更好地理解 GMM 和 SMM 两种估计方法的思想，本节首先介绍矩和矩匹配的概念。矩是用来描述某个变量形态和分布特点的一种工具。例如，变量的一阶矩表示期望，二阶矩表示方差，期望和方差均用来刻画变量概率密度函数的特征。矩匹配是指将模型模拟得到的矩与现实的矩相匹配，即对模型模拟得到的某个变量的特征与现实经济中该变量的特征进行匹配。具体而言，矩是模型参数的函数，参数值不同则模型计算得到的矩存在差异，通过给定多组参数计算得到多个矩，将计算得到的每个矩与现实经济的矩进行对比，选择使得二者差距最小的矩，则计算这个矩所采用的参数值即为接近真实值的参数估计值。

然而，在实际应用过程中，很难依靠矩匹配的方法获得参数估计值，这是因为，模型中参数的数量有限，矩条件的个数往往是多于参数个数的，即出现方程个数多于变量个数的问题，此时方程组无解，即无法利用矩条件求解的方法得到参数值。为解决这一问题，广义矩匹配提出了一种新的思路，即参数估计要求模型计算的矩与现实矩之差的期望值为 0，从而实现模型对现实经济的完全拟合，但是，这一要求在实际应用中难以实现。广义矩放宽了这一要求，提出使得模型的矩和现实的矩尽可能地接近即可，即使得两个矩之差的期望值尽可能趋近于 0，从而对模型参数进行估计。相比于矩匹配方法，GMM 允许矩的数量超过参数个数，其应用范围更为广泛。

利用数学语言表述 GMM 的实现过程时，假设经济模型由下列一组矩条件进行刻画：

$$g(\theta)=E[h(x_t,\theta_0)]=0 \tag{8-129}$$

式中，θ 为模型参数；$g(\cdot)$为矩条件，表示为模型参数的函数；θ_0 为模型参数的真实值；x_t 为实际观测数据；$h(x_t,\theta_0)$为矩的函数。广义矩匹配要求模型参数值与实际观测数据之差的期望值为 0，即 $E[h(x_t,\theta_0)]=0$。

式(8-129)刻画了总体的矩条件。然而，在实际应用中需要利用样本数据进行计算模拟。因此，需要利用 T 组数据计算出 T 个矩，并求出矩条件的均值，即

$$g_T(\theta)=\frac{1}{T}\sum_{t=1}^{T}h(x_t,\theta) \tag{8-130}$$

样本数据是从总体数据中抽样得到的，并不能完全拟合现实，因此，模型参数值与实际观测数据之差的期望值无法达到 0，这种情况下要求矩条件均值尽可能地接近于 0 即可，换言之，此时的求解目标是最小化矩条件到 0 的距离，目标函数如式(8-131)所示。

$$\text{Min } g_T(\theta)'\boldsymbol{W}_T g_T(\theta) \tag{8-131}$$

式中，$\boldsymbol{W}_T$ 为矩的权重矩阵，刻画了矩条件向零趋近时不同矩的重要程度。一般而言，如果该矩能够更多地反映估计和推断所需的信息，则赋予其较高的权重，反之，则赋予其较低的权重。那么，是否存在最优的权重矩阵呢？通常情况下，可以将最优权重矩阵设置为矩的方差—协方差矩阵的逆矩阵。这是因为，考虑一个对角型矩阵，该矩阵的对角线是矩

的方差，对矩阵取逆后对角线元素变为方差的倒数，意味着如果该矩的方差很大则对其施加较小的权重，如果该矩的方差很小则对其施加较大的权重。此外，还可以将方差理解为矩的噪声，即提高噪声较小矩的重要程度，降低噪声较大矩的重要程度，权重矩阵的设置能够保证参数 θ 估计值的有效性。

然而，这一过程存在的问题是：模型参数未知，由于矩是模型参数的函数，矩同样是未知的，因此，矩的方差—协方差矩阵未知，无法得到最优权重矩阵。为解决这一问题，在实际应用中，通常采用 GMM 两步法进行估计：第一步，假设最优权重矩阵是单位阵，代入目标函数计算得到参数的估计值，通过该参数估计值计算得到矩的方差-协方差矩阵，从而求出该方差-协方差矩阵的逆矩阵；第二步，将该逆矩阵作为最优权重矩阵代入目标函数中，再次计算得到参数的估计值，即为 GMM 估计得到的参数值。应用 GMM 方法求解待估参数时需要注意，由于 GMM 允许矩的个数多于参数的个数，因此，该情形下容易出现过度识别问题，通常采用 Hansen 的 J 检验法对矩条件的合理性进行检验。

应用 GMM 方法的前提是寻找到模型的矩，然后进行参数估算。但是，在很多模型中有时难以找到模型的矩，此时可以采用模拟矩方法。模拟矩方法的思想是：给定一组参数值，通过模型模拟出一个矩，然后与现实的矩进行对照，选择使得模型模拟的矩与现实的矩尽可能接近的参数值。本质上，SMM 和 GMM 的求解思路是一致的。不同之处在于，GMM 已知模型的矩条件，只要给定参数值即可计算出模型的矩，而 SMM 未知模型的矩条件，其通过模型模拟出一个矩，再重复 GMM 的过程。

8.3.3 参数估计方法：极大似然估计

在介绍极大似然估计之前，首先介绍似然函数的概念。如果已知某个随机变量 x 的概率密度函数，在给定参数的情况下，可以得到随机变量 x 的输出结果。与之相反，如果在已知随机变量 x 输出结果的情况下，对该随机变量 x 概率密度函数的参数进行估计，这一过程称为似然，该概率密度函数即为似然函数，似然函数可表示为随机变量 x 和待估参数的函数。若随机变量 x 服从独立同分布，则其联合概率密度函数或称似然函数即为单个概率密度函数的乘积，再对其取对数即得到对数似然函数。

极大似然估计的基本原理是在似然函数最大化情况下选择参数估计值。具体而言，只有当参数值是真实值时，似然函数值才能与概率密度函数值相等，参数取其他值的情况下，似然函数值均小于概率密度函数值，因此，极大似然估计最终需要寻找到使得似然函数值最大的参数值。通常情况下，极大似然估计建立在对数似然函数基础上，即选择使得对数似然函数最大化的参数。极大似然估计中，数据是随机的，参数是常数。

将极大似然估计原理利用数学形式进行表述时，假设似然函数为

$$f(x,\theta)=\prod_{t=1}^{T} f(x_t,\theta) \tag{8-132}$$

对数似然函数的形式为

$$\ln f(x,\theta)=\sum_{t=1}^{T} \ln f(x_t,\theta) \tag{8-133}$$

极大似然估计的思想是，寻找使得对数似然函数最大时的参数值，该参数值即为求解的目标参数，即

$$\underset{\theta}{\mathrm{Max}}\sum_{t=1}^{T}\ln f(x_t,\theta) \tag{8-134}$$

本节以简单 DSGE 模型为例介绍极大似然估计的实现过程，沿用 8.2.4 小节 DSGE 模型的状态空间表示形式

$$\boldsymbol{x}_{1,t}=(\boldsymbol{K}_{11}\boldsymbol{\phi}+\boldsymbol{K}_{12})\boldsymbol{x}_{2,t-1}+\boldsymbol{e}_t \tag*{(8-125)$'$}$$

$$\boldsymbol{x}_{2,t}=(\boldsymbol{K}_{21}\boldsymbol{\phi}+\boldsymbol{K}_{22})\boldsymbol{x}_{2,t-1}+\boldsymbol{u}_t \tag*{(8-126)$'$}$$

其中，$\boldsymbol{x}_{1,t}$ 为控制变量向量，$\boldsymbol{x}_{2,t}$ 为状态变量向量，误差项 $\boldsymbol{e}_t$ 和 $\boldsymbol{u}_t$ 均服从正态分布，即 $\boldsymbol{e}_t\sim N(0,\boldsymbol{R})$，$\boldsymbol{u}_t\sim N(0,\boldsymbol{Q})$。式(8-125)为观测方程，式(8-126)为状态方程。假设变量前的系数矩阵均为待估参数的函数，令

$$\boldsymbol{F}(\theta)=\boldsymbol{K}_{11}\boldsymbol{\phi}+\boldsymbol{K}_{12} \tag{8-135}$$

$$\boldsymbol{H}(\theta)=\boldsymbol{K}_{21}\boldsymbol{\phi}+\boldsymbol{K}_{22} \tag{8-136}$$

将式(8-125)和式(8-126)改写为

$$\boldsymbol{x}_{1,t}=\boldsymbol{F}(\theta)\boldsymbol{x}_{2,t-1}+\boldsymbol{e}_t \tag{8-137}$$

$$\boldsymbol{x}_{2,t}=\boldsymbol{H}(\theta)\boldsymbol{x}_{2,t-1}+\boldsymbol{u}_t \tag{8-138}$$

极大似然估计的思路是寻找控制变量向量 $\boldsymbol{x}_{1,t}$ 的似然函数，最大化该似然函数即可得到参数 θ。那么，如何找到控制变量的似然函数？由于已知误差项 $\boldsymbol{e}_t$ 服从正态分布，因此，控制变量向量 $\boldsymbol{x}_{1,t}$ 同样服从正态分布，此时求解目标变为求出控制变量向量 $\boldsymbol{x}_{1,t}$ 的均值和方差即可，卡尔曼滤波为求解均值和方差提供了解决方法。

现实经济中，诸如消费、投资等变量是能够观测到的，而技术进步等变量很难直接观测。卡尔曼滤波是一种基于经济中可观测变量的信息估计不可观测变量信息的方法。结合 DSGE 模型的状态空间表示形式可知，状态空间中包括控制变量向量 $\boldsymbol{x}_{1,t}$ 和状态变量向量 $\boldsymbol{x}_{2,t}$，其中，状态变量向量 $\boldsymbol{x}_{2,t}$ 是按照模型中既定状态关系式(8-138)运行的已知变量，控制变量向量 $\boldsymbol{x}_{1,t}$ 是未知变量，式(8-137)表明控制变量向量 $\boldsymbol{x}_{1,t}$ 由状态变量向量 $\boldsymbol{x}_{2,t}$ 决定，或可以认为控制变量向量 $\boldsymbol{x}_{1,t}$ 的运行方程是由状态变量向量 $\boldsymbol{x}_{2,t}$ 的运行方程所决定的。据此，卡尔曼滤波实现了通过已知的状态变量信息得到未知控制变量信息的目标。

假设控制变量向量 $\boldsymbol{x}_{1,t}$ 的样本容量为 T，即

$$\boldsymbol{x}_{1,t}=[x_{1,1},x_{1,2},x_{1,3},\cdots,x_{1,T}]' \tag{8-139}$$

则 $\boldsymbol{x}_{1,t}$ 的似然函数为

$$L(\boldsymbol{x}_{1,t})=L(x_{1,1}\mid x_{1,0})\times L(x_{1,2}\mid x_{1,1})\times\cdots\times L(x_{1,T}\mid x_{1,T-1})=\prod_{t=1}^{T}L(\boldsymbol{x}_{1,t}\mid \boldsymbol{x}_{1,t-1}) \tag{8-140}$$

式中，$L(\boldsymbol{x}_{1,t}|\boldsymbol{x}_{1,t-1})$为基于第 $t-1$ 期控制变量信息得到的 $\boldsymbol{x}_{1,t}$ 的似然函数。已知 $\boldsymbol{x}_{1,t}$ 服从正态分布，再求出基于第 $t-1$ 期控制变量信息的 $\boldsymbol{x}_{1,t}$ 的条件期望和条件方差即可。

定义状态变量向量 $\boldsymbol{x}_{2,t}$ 的条件期望和条件方差分别为

$$\boldsymbol{x}_{2,t|t-1}=E(\boldsymbol{x}_{2,t}\mid \boldsymbol{I}_{t-1}) \tag{8-141}$$

$$\boldsymbol{P}_{2,t|t-1}=E(\boldsymbol{x}_{2,t}-\boldsymbol{x}_{2,t|t-1})(\boldsymbol{x}_{2,t}-\boldsymbol{x}_{2,t|t-1})' \tag{8-142}$$

式中，$\boldsymbol{x}_{2,t|t-1}$ 为状态变量 $\boldsymbol{x}_{2,t}$ 在第 t 期的条件期望。式(8-141)的含义为：$\boldsymbol{x}_{2,t}$ 在第 t 期的条件期望是基于第 $t-1$ 期信息得到的，$\boldsymbol{P}_{2,t|t-1}$ 为 $\boldsymbol{x}_{2,t}$ 在第 t 期的条件方差，$\boldsymbol{x}_{2,t}-\boldsymbol{x}_{2,t|t-1}$ 衡量了 $\boldsymbol{x}_{2,t}$ 的真实值与期望值之间的差异。

卡尔曼滤波计算过程分为两步，第一步是对状态变量的期望和方差赋值，即

$$\boldsymbol{x}_{2,1|0}=0 \tag{8-143}$$

$$\mathrm{vec}(\boldsymbol{P}_{1|0})=[\boldsymbol{I}-\boldsymbol{H}\otimes \boldsymbol{H}]^{-1}\mathrm{vec}\boldsymbol{Q} \tag{8-144}$$

其中，式(8-143)表示基于第 0 期信息给定时第 1 期状态变量的期望为 0，式(8-144)表示基于第 0 期信息给定的第 1 期状态变量的方差—协方差矩阵，$\boldsymbol{H}$ 为式(8-138)中的参数矩阵，$\boldsymbol{Q}$ 为误差项 $\boldsymbol{u}_t$ 的方差。

第二步是求解控制变量向量的期望和方差，对式(8-137)两侧同时取期望，得到

$$\boldsymbol{x}_{1,t|t-1}=F\boldsymbol{x}_{2,t|t-1} \tag{8-145}$$

其中，$\boldsymbol{x}_{1,t|t-1}$ 为控制变量向量的条件期望，$\boldsymbol{x}_{2,t|t-1}$ 为状态变量向量的条件期望，式(8-145)刻画了状态变量向量条件期望与控制变量向量条件期望的转换关系，即若给出 $\boldsymbol{x}_{2,t|t-1}$，则根据式(8-145)可得到 $\boldsymbol{x}_{1,t|t-1}$。

同理，根据式(8-145)可得

$$\boldsymbol{\Omega}_{t|t-1}=[(\boldsymbol{x}_{1,t}-\boldsymbol{x}_{1,t|t-1})(\boldsymbol{x}_{1,t}-\boldsymbol{x}_{1,t|t-1})']=\boldsymbol{F}\boldsymbol{P}_{t|t-1}\boldsymbol{F}'+\boldsymbol{R} \tag{8-146}$$

式中，$\boldsymbol{\Omega}_{t|t-1}$ 为控制变量向量的条件方差；$\boldsymbol{P}_{t|t-1}$ 为状态变量向量的条件方差；$\boldsymbol{F}$ 为式(8-137)中的系数矩阵；$\boldsymbol{R}$ 为误差项 $\boldsymbol{e}_t$ 的方差。

通过观察式(8-143)～式(8-146)可以发现，给定状态变量的期望初值 $\boldsymbol{x}_{2,1|0}$ 和方差初值 $\boldsymbol{P}_{1|0}$，利用式(8-145)和式(8-146)可求出第 1 期控制变量的期望 $\boldsymbol{x}_{1,1|0}$ 和方差$\boldsymbol{\Omega}_{1|0}$，但是无法求出第 t 期控制变量的期望 $\boldsymbol{x}_{1,t|t-1}$ 和方差$\boldsymbol{\Omega}_{t|t-1}$。造成这一问题的原因在于，状态变量期望和方差并未实现迭代，即式(8-143)～式(8-146)并未给出已知 $\boldsymbol{x}_{2,t|t-1}$、$\boldsymbol{P}_{t|t-1}$ 求解 $\boldsymbol{x}_{2,t+1|t}$ 和 $\boldsymbol{P}_{t+1|t}$ 的迭代过程。为解决这一问题，令

$$\boldsymbol{x}_{2,t+1|t}=\boldsymbol{H}\boldsymbol{x}_{2,t|t}=\boldsymbol{H}\boldsymbol{x}_{2,t|t-1}+\boldsymbol{H}\boldsymbol{P}_{t|t-1}\boldsymbol{F}'\boldsymbol{\Omega}_{t|t-1}^{-1}(\boldsymbol{x}_{1,t}-\boldsymbol{x}_{1,t|t-1}) \tag{8-147}$$

$$\boldsymbol{P}_{t+1|t}=\boldsymbol{H}\boldsymbol{P}_{t|t}\boldsymbol{H}'+\boldsymbol{Q} \tag{8-148}$$

式中，$\boldsymbol{x}_{2,t|t}$ 为基于第 t 期信息的第 t 期状态变量的期望，$\boldsymbol{P}_{t|t}$ 表示基于第 t 期信息的第 t 期状态变量的方差。$\boldsymbol{x}_{2,t|t}$ 和 $\boldsymbol{P}_{t|t}$ 的求解公式为

$$\boldsymbol{x}_{2,t|t}=\boldsymbol{x}_{2,t|t-1}+\boldsymbol{P}_{t|t-1}\boldsymbol{F}'\boldsymbol{\Omega}_{t|t-1}^{-1}(\boldsymbol{x}_{1,t}-\boldsymbol{F}\boldsymbol{x}_{2,t|t-1}) \tag{8-149}$$

$$\boldsymbol{P}_{t|t}=\boldsymbol{P}_{t|t-1}-\boldsymbol{P}_{t|t-1}\boldsymbol{F}'\boldsymbol{\Omega}_{t|t-1}^{-1}\boldsymbol{F}\boldsymbol{P}_{t|t-1} \tag{8-150}$$

式(8-149)中，$\boldsymbol{x}_{2,t|t-1}$ 为基于第 $t-1$ 期信息对第 t 期状态变量的预期。此外，根据式(8-145)可知，$\boldsymbol{F}\boldsymbol{x}_{2,t|t-1}$ 即为 $\boldsymbol{x}_{1,t|t-1}$，表示基于第 $t-1$ 期信息对第 t 期控制变量的预期值，$\boldsymbol{x}_{1,t}$ 为第 t 期控制变量的真实值，二者之差衡量了预期偏差，因此，等式右侧第二项表示对基于第 $t-1$ 期信息进行预期所产生的预期偏差的修正。同理，式(8-150)右侧第二项表示对方差估计偏差的修正。

式(8-143)～式(8-150)即为利用卡尔曼滤波求解控制变量 $\boldsymbol{x}_{1,t}$ 期望和方差的一般步骤。综上所述，极大似然估计的实现过程可归纳为：利用卡尔曼滤波迭代的思想，通过对状态变量的期望和方差进行迭代，最终求出第 t 期状态变量的期望和方差，并利用控制变量和状态变量期望与方差的转换关系，得到控制变量的期望和方差，在已知控制变量服从正态分布的情况下，寻找控制变量的似然函数，最大化该似然函数从而得到待估参数值。

8.3.4　参数估计方法：贝叶斯估计

关于参数估计一般分为频率派和贝叶斯派，两大学派的参数估计思想截然不同。其中，频率派将需要推断的参数视为固定的未知常数，样本观测数据是随机的，重点研究样本的分布，具有代表性的参数估计方法如广义矩估计、模拟矩估计、极大似然估计等；贝叶斯派强调待估参数是随机变量，其服从一定的分布，重点研究待估参数的分布，具有代表性的参数估计方法即贝叶斯估计。贝叶斯估计的思想是：在给定待估参数先验分布的基础上，利用实际观测数据的信息，寻找到待估参数的后验分布，进而得到待估参数取值。其中，先验分布是人为设定的参数可能服从的分布，后验分布是根据先验分布和实际观测数据计算得到的参数分布。贝叶斯估计的最终目标是得到参数的后验分布。

贝叶斯估计认为参数和样本观测数据均是随机变量，因此，二者均具有概率密度函数。根据条件概率密度的公式，样本观测数据和参数的联合概率密度函数可以表示为

$$p(Y^{\text{data}},\theta)=p(\theta\mid Y^{\text{data}})\times p(Y^{\text{data}})=p(Y^{\text{data}}\mid\theta)\times p(\theta) \tag{8-151}$$

由于贝叶斯估计关注的是参数的分布，因而，对式(8-151)整理得到贝叶斯法则，即

$$p(\theta\mid Y^{\text{data}})=\frac{p(Y^{\text{data}}\mid\theta)\times p(\theta)}{p(Y^{\text{data}})} \tag{8-152}$$

其中，等式左侧 $p(\theta|Y^{\text{data}})$ 表示后验分布，即在已知观测数据的条件下得到的参数 θ 的概率密度；等式右侧分子项中的 $p(Y^{\text{data}}|\theta)$ 是基于模型在给定参数 θ 的情况下观测数据的似然函数值，利用卡尔曼滤波方法即可求得；$p(\cdot)$ 表示先验分布，即事先对参数分布的判断，具体而言，在没有开始正式估计之前，根据现有文献对该参数的考察、个人主观上对该参数的认知或者此前资料对该参数的介绍等，从而对该参数可能服从的分布进行设定。

因此，式(8-152)分子项总体的含义是根据参数的先验分布，给定一组参数值，在该组参数值的条件下计算观测数据的似然函数值。分母项 $p(Y^{\text{data}})$ 是数据的概率密度函数，具体求解方法是对分子项进行积分，即

$$p(Y^{\text{data}})=\int p(Y^{\text{data}}\mid\theta)p(\theta)\,\mathrm{d}\theta \tag{8-153}$$

先验分布与后验分布均是指待估参数 θ 的分布，两者的区别在于：先验分布是人为设定的参数分布，是指对参数的事先判断，即在没有实际观测数据支持的情况下，根据对该参数的已有了解判断其可能服从的概率分布，但是人为主观判断是存在误差的，因此需要结合实际观测数据对先验分布的误差进行纠正。后验分布建立在先验分布的基础之上，其是在给定参数先验分布的条件下，通过进一步求解观测数据的似然函数得到，两者之间的关系可以描述为：先验分布是后验分布的基础，后验分布是对先验分布的纠正。

贝叶斯法则描述了模型中仅含有一个参数的情况。然而，DSGE 模型通常含有多个参数，在利用贝叶斯法则求解参数的后验分布时，分母积分项变为多重积分，数值计算十分复杂，此时后验分布几乎难以采用数值解析形式进行表述，贝叶斯法则无法应用。因而，在实际中，通常采用马尔科夫链-蒙特卡洛（MCMC）模拟方法评估参数的后验分布。MCMC 方法由蒙特卡洛（Monte Carlo）模拟和马尔科夫链（Markov Chain）两项要素构成，本质上是利用马尔科夫链进行蒙特卡洛随机模拟。蒙特卡洛模拟是一种通过抽样并对样本值进行计算进而求解参数近似值的方法，马尔科夫链主要刻画某一状态随时间推移在状态空间中进行转移的过程，状态空间可以理解为马尔科夫链上每个节点的抽样样本，马尔科夫链假设当前状态仅依赖于上一期的状态，与上一期之前时期的状态无关。

蒙特卡洛模拟利用随机抽样逼近后验分布，即通过对待估参数进行无限次抽样，得到无限个参数值，绘制出抽样得到的无限个参数值的直方图，该直方图即为待估参数后验分布的近似形状。然而，实现这一过程的难点在于，蒙特卡洛模拟需要在待估参数的后验分布中抽取随机样本，而参数的后验分布是未知的，马尔科夫链则为这一问题提供了解决方法。马尔科夫链具有收敛于平稳分布的性质，在平稳状态下马尔科夫链上随机游走一次等价于在待估参数的分布中抽样一次，因而，马尔科夫链的平稳分布即为蒙特卡洛模拟所需要的待估参数的近似分布。马尔科夫链-蒙特卡洛模拟方法即基于上述原理进行，该过程可以简述为：构造一个马尔科夫链，通过无数次迭代使其收敛到平稳分布，由此近似得到待估参数的后验分布，而后进行蒙特卡洛模拟，最终求出待估参数的近似值。

那么，如何构造马尔科夫链并使之收敛到平稳分布呢？通常情况下，这一过程借助 MH（Metropolis-Hastings）算法完成。MH 算法是实现 MCMC 的常用工具，由于 MH 算法较为复杂，通常依靠计算机运算实现，因此，本节仅介绍 MH 算法的基本思想和大致过程。MH 的基本思想是：首先给定待估参数的初始值，然后在服从某项分布的样本中不断抽取参数值，并依据某项规则对参数值进行迭代，直至抽取的样本参数收敛于平稳分布，最终即求出待估参数的后验分布。

MH 算法的实现过程主要分为两步。

第一步，给定初始点 $\theta^{(1)}=\theta^*$，θ^* 是使得观测数据的似然函数值最大时的参数值，即使得 $p(Y^{\text{data}}|\theta)$ 最大时的参数值。直观而言，θ^* 是后验分布概率密度函数的最高点。那么，如何寻找到 θ^*？一种思路是，将贝叶斯法则式(8-152)的分子项写成对数形式，得到关于 θ 的函数 $L(\cdot)$：

$$L(\theta)=\ln p(Y^{\text{data}}\mid\theta)+\ln p(\theta) \tag{8-154}$$

由于 θ 未知，因此，通过人为设定任意初值 θ_0，并利用卡尔曼滤波求得似然函数 $p(Y^{\text{data}}|\theta)$，此时即可得到 $L(\cdot)$。然后，通过某种算法产生 θ_1，将 θ_1 和 θ_0 进行对比，若相同则 θ_0 即为使得似然函数最大的 θ^*，若不同则继续迭代，假设迭代 n 次，直至找到 $\theta_n=\theta_{n-1}$ 为止。最终，θ_n 就是使得 $p(Y^{\text{data}}|\theta)$ 最大的 θ^*。

第二步，从候选样本 s 中抽取 $\theta^{(r)}$，$r>1$。首先，寻找候选样本 s，候选样本 s 服从如下分布：$s\sim\theta^{(t-1)}+k\times N(0,\mathbf{V})$，该分布的均值为 $\theta^{(t-1)}$。其中，k 为常数，$\mathbf{V}$ 是 $L(\cdot)$ 的海塞矩阵，即

$$\mathbf{V} = \left[-\frac{\partial^2 L(\theta)}{\partial\theta\,\partial\theta'} \right]^{-1} \tag{8-155}$$

然后，判断是否接受候选样本 s，判断标准为

$$\lambda = \frac{p(Y^{\text{data}} \mid s)p(s)}{p(Y^{\text{data}} \mid \theta^{(t-1)})p(\theta^{(t-1)})} \tag{8-156}$$

其中，式(8-156)的分子项表示基于样本 s 得到的后验分布值，分母项表示基于 $\theta^{(t-1)}$ 得到的后验分布值，二者之比即为判断样本 s 能否被接受的标准。

最后，根据如下规则进行判断：

$$\theta^{(t)} = \begin{cases} \theta^{(t-1)}, & u > \lambda \\ s, & u < \lambda \end{cases} \tag{8-157}$$

式中，u 为从均匀分布 $U(0,1)$ 中抽取的样本。式(8-157)的含义是：如果 $u>\lambda$，说明基于样本 s 得到的后验分布值较小，即样本 s 距离使得似然函数最大的参数值较远，因此，拒绝样本 s，反之则接受样本 s 并继续重复第二步进行迭代，直至获取足够样本且该样本收敛于平稳分布，最终即得到待估参数的后验分布。

贝叶斯估计的思想和方法可归纳为：首先人为给定待估参数的先验分布，然后利用实际观测数据的信息寻找到参数的后验分布，最终得到待估参数的参数值。如果模型中仅含有一个待估参数，此时直接应用贝叶斯法则即可得到该参数的后验分布；如果模型中含有多个待估参数，此时通常利用马尔科夫链-蒙特卡洛方法评估参数的后验分布，MH 算法是实现 MCMC 的常用工具。

本节介绍了参数设定的一般方法，包括校准和估计两类。参数校准方法是指借助实证方法估计、利用经济数据计算或借鉴经典文献中的参数取值从而得到待估参数值，特别强调的是，经济数据计算方法要求利用变量的稳态值进行计算。参数估计通常采用广义矩估计、模拟矩估计、极大似然估计和贝叶斯估计等。其中，广义矩估计的思想是使得模型的矩和现实经济的矩之差最小的参数值即为待估参数值；模拟矩估计是在模拟出模型的矩的基础上应用广义矩估计；在应用极大似然估计时，通常借助卡尔曼滤波得到似然函数的具体形式，寻找到使得似然函数最大时的参数值，由此得到待估参数值；贝叶斯估计在人为给定待估参数先验分布的情况下，一般借助贝叶斯法则或马尔科夫链-蒙特卡洛模拟方法得到待估参数的后验分布，MH 算法是实现 MCMC 的有效工具。参数设定是 DSGE 模型求解的重要工作，其决定了后续应用 DSGE 模型进行随机模拟、脉冲响应等多项工作的准确程度。

本章介绍了动态随机一般均衡模型求解的全过程，共分为前期处理、求解方法和参数设定三个方面。其中，前期处理涉及模型变量和均衡条件的线性化以及宏观经济数据的去趋势处理，是进行模型求解的基础和前提；求解方法包括基于待定系数法的 Uhlig 方法以及基于系数矩阵特征值特征向量分解的 B&K 方法和 Schur 方法，本章从不同角度对三种求解方法的原理及步骤进行了简要介绍；参数设定包括校准和估计，参数设定的准确性决定了模型分析结论的可信度。本书将在后续章节结合具体模型实例说明模型求解的一般步骤，以帮助读者更好地理解并掌握模型求解方法。

本章习题

1. 请简述对DSEG模型中“动态”“随机”“一般均衡”三项基本特征的理解。
2. 请问DSEG模型的求解方法有哪些？
3. 请问DSEG模型中参数的校准或确定方法有哪些？

第 9 章　真实经济周期模型

真实经济周期(real business cycle,RBC)模型是具有微观基础的宏观经济周期模型。“真实”意味着模型的所有变量定义在实际变量而非名义变量之上,换言之,真实经济周期模型中是不包含货币的,因此,不存在货币可能带来的影响效应。真实经济周期模型包含两类主体和两个市场,其中,两类主体分别指消费者和生产者,消费者由无限期生存和同质化的家庭组成,生产者由同质的企业组成;两个市场分别是要素市场和产品市场,假设要素市场和产品市场均是完全竞争的。生产过程可以简单描述为:在每一期,家庭向企业提供资本和劳动两种生产要素,企业在生产函数的约束下选择资本和劳动以实现利润最大化。生产函数具有规模报酬不变的特征,并且受到随机技术冲击的影响。

本章通过动态随机一般均衡方法求解真实经济周期模型,并利用 Dynare 进行模拟。具体而言,按照“模型设定→模型求解→程序设计→数值模拟”的思路对 RBC 模型展开详细介绍。9.1 节介绍 RBC 模型的基本框架;9.2 节介绍 RBC 模型的求解,包括求解模型稳态、线性化处理、程序设计和随机模拟等;9.3 节介绍 RBC 模型的经典实例,即 Hansen 的不可分劳动模型。本章参考了刘斌①、McCandless②、Hansen③、李泳④的教材和论文等。

9.1　真实经济周期模型的基本框架⑤

真实经济周期模型是在新古典增长模型基础之上发展起来的,新古典增长模型和 RBC 模型的主要区别在于:新古典增长模型侧重解释经济增长的原因,认为技术进步是实现经济长期增长的唯一动力,但由于该模型假设技术进步是外生的,因此,其对长期经济增长的解释并不充分。RBC 模型侧重解释经济波动的原因,强调经济波动主要受实际冲击的影响,如技术冲击等,经济周期的产生同样源自经济体系之外因素的冲击。

9.1.1　代表性家庭

假设经济中存在大量同质的、无限期生存的代表性家庭,每个代表性家庭在第 t 期的目标是最大化其一生效用的期望现值:

---

① 刘斌.动态随机一般均衡模型及其应用[M].北京:中国金融出版社,2018.

② MCCANDLESS G. The ABCs of RBCs: an introduction to dynamic macroeconomic models[M]. Cambridge: Harvard University Press,2008.

③ HANSEN G D. Indivisible labor and the business cycle[J]. Journal of monetary economics,1985,16(3): 309-327.

④ 李泳.高级宏观经济学十讲[M].北京:中国政法大学出版社,2018.

⑤ 本节部分内容参考了 Celso 和 Costa 的资料。CELSO J,COSTA J. Understanding DSGE models: theory and applications[M]. Wilmington: Vernon Press,2016.

$$\text{Max } E_0 \sum_{t=0}^{\infty} \beta^t U(C_t, L_t) \tag{9-1}$$

式中，$U(\cdot)$为代表性家庭的效用函数；C_t 为家庭在第 t 期的消费；L_t 为家庭提供的劳动时间，将时间禀赋规范化为 1，则 $1-L_t$ 表示闲暇；β 为贴现因子，$0<\beta<1$。由于代表性家庭无限期生存，因而其终生效用可以表示为第 0 期效用到未来无穷期效用贴现到第 0 期后的加总。E_0 表示基于初始期的期望算子，是基于第 0 期的所有信息对变量未来值的数学期望。RBC 模型中引入期望算子的原因在于，行为人在第 0 期无法准确预估第 0 期以后各期家庭的效用水平，因而，第 0 期以后各期的效用水平是基于第 0 期信息对未来各期的期望值。假设消费具有时间相加可分离性且没有习惯形成，则代表性家庭在某一时期的效用仅依赖于当期的消费和闲暇。其中，消费增加带来正效用，劳动时间增加带来负效用。效用函数具有时间相加可分离性，意味着代表性家庭终生效用的贴现值等于各期效用贴现值之和。此外，该模型忽略了人口增长因素，并假设劳动力市场是完全竞争的，即没有考虑工资刚性。

除了进行消费和劳动决策外，家庭还需要进行投资决策从而形成资本积累。资本积累满足式(9-2)：

$$K_{t+1} = (1-\delta)K_t + I_t \tag{9-2}$$

式中，K_t 为第 t 期的资本存量；K_{t+1} 为第 $t+1$ 期的资本存量；I_t 为第 t 期的投资量；δ 为资本折旧率。

假设代表性家庭能够预测工资和利息率的未来增长路径，并且这些预测都是理性预期的。在初始资本存量给定的情况下，代表性家庭决定提供多少劳动、进行多少消费和投资，以实现终生效用最大化。因此，结合式(9-1)和式(9-3)可得

$$\text{Max } E_0 \sum_{t=0}^{\infty} \beta^t U(C_t, L_t) \tag*{(9-1)$'$}$$

$$P_t(C_t + I_t) = w_t L_t + r_t K_t + \Pi_t \tag{9-3}$$

式(9-3)为代表性家庭的预算约束方程。其中，w_t 为代表性家庭的实际工资水平，r_t 为实际利率，P_t 为一般价格水平，通常令 $P_t=1$，Π_t 为利润或家庭得到的由企业支付的红利。式(9-3)表明，代表性家庭通过提供劳动和资本分别获得工资收入和利息，从而用于消费和投资。

从式(9-2)中解出投资 I_t 并代入式(9-3)中，此时预算约束方程变为

$$C_t + K_{t+1} - (1-\delta)K_t = w_t L_t + r_t K_t + \Pi_t \tag{9-4}$$

给定当期资本存量 K_t，代表性家庭将选择当期消费 C_t、当期劳动量 L_t、当期投资量 I_t，并通过选择当期投资量 I_t 决定下一期的资本存量 K_{t+1}，即第 t 时期的状态变量为 K_t，第 t 时期的控制变量为 K_{t+1}、L_t、C_t。

对于离散型动态最优化问题的求解，通常利用拉格朗日函数方法或动态规划方法实现。本节利用拉格朗日方法求解该无限期最优化问题，9.3 节不可分劳动模型中将利用动态规划方法求解。

例如，给定效用函数具体形式

$$U(C_t, L_t) = \frac{C_t^{1-\sigma}}{1-\sigma} - \frac{L_t^{1+\phi}}{1+\phi} \tag{9-5}$$

式中，参数 σ 为相对风险规避系数或称为跨期替代弹性；参数 ϕ 为劳动供给的 Frisch 弹性的倒数。式(9-5)为同时考虑消费与闲暇的常相对风险厌恶效用函数形式。

基于目标函数(9-1)、预算约束(9-4)和效用函数(9-5)构造最优化问题的拉格朗日方程为

$$L = E_0 \sum_{t=0}^{\infty} \beta^t \left\{ \left[\frac{C_t^{1-\sigma}}{1-\sigma} - \frac{L_t^{1+\phi}}{1+\phi} \right] - \lambda_t \left[C_t + K_{t+1} - (1-\delta) K_t - w_t L_t - r_t K_t - \Pi_t \right] \right\} \tag{9-6}$$

式中，λ_t 为预算约束的拉格朗日乘子，又称为影子价格，衡量预算约束放松一个单位时所带来的边际效用。

分别对消费 C_t、劳动 L_t、资本存量 K_{t+1} 求偏导数，得到一阶条件为

$$\frac{\partial L}{\partial C_t} = C_t^{-\sigma} - \lambda_t = 0 \tag{9-7}$$

$$\frac{\partial L}{\partial L_t} = -L_t^{\phi} + \lambda_t w_t = 0 \tag{9-8}$$

$$\frac{\partial L}{\partial K_{t+1}} = -\lambda_t + \beta E_t \lambda_{t+1} \left[(1-\delta) + r_{t+1} \right] = 0 \tag{9-9}$$

此处对式(9-9)的补充说明为：第一，根据资本积累方程可知，第 t 期扣除折旧后的资本存量 $(1-\delta)K_t$ 和第 t 期的投资 I_t 共同决定了第 $t+1$ 期的资本存量 K_{t+1}，换言之，第 $t+1$ 期的资本存量 K_{t+1} 在第 t 期已经确定，因而，资本存量的一阶条件是将式(9-6)对第 $t+1$ 资本存量 K_{t+1} 求偏导数得到的；第二，由于此时求解无限期最优化问题，在对资本存量 K_{t+1} 求偏导时，除了第 t 期方程中包含 K_{t+1} 以外，第 $t+1$ 期方程中也包含 K_{t+1}，因此，需要将式(9-9)展开为包含第 t 期和第 $t+1$ 期的两期形式，然后对 K_{t+1} 求偏导数，即可求得一阶条件；第三，式(9-6)中的 E_t 表示基于第 t 期信息对未来变量预期的数学期望算子，βE_t 可视为基于第 t 期信息对第 $t+1$ 期变量预期的贴现。

对式(9-7)和式(9-8)进行整理可消去 λ_t，从而得到劳动供给方程

$$C_t^{\sigma} L_t^{\phi} = w_t \tag{9-10}$$

式(9-10)反映了代表性家庭在少工作和多消费之间的权衡，消费—闲暇的相对价格即实际工资，应等于闲暇—消费边际替代率。

对式(9-7)和式(9-9)进行整理，可以得到关于消费的欧拉方程

$$\left(\frac{C_{t+1}}{C_t} \right)^{\sigma} = E_t \beta \left[(1-\delta) + r_{t+1} \right] \tag{9-11}$$

式(9-11)描述了家庭的投资决策。RBC 模型假设家庭以储蓄的方式进行投资。当家庭决定其储蓄水平时，通常将当期消费一个单位所产生的效用与未来期消费一个单位所产生的效用进行比较，如果当期消费产生的效用高于未来期消费产生的效用，则家庭将增加当期消费。如果预期利率上升，意味着当期增加储蓄将在未来期获得更高的收益，则

家庭将在当期增加储蓄，在未来期增加消费。如果从消费的角度考虑，预期利率上升等价于当期消费的价格提高，当期进行一个单位消费带来的效用小于未来期进行一个单位消费的效用，此时家庭将减少当期消费并增加储蓄。因而，式(9-11)也描述了家庭的跨期消费选择问题。

综上所述，代表性家庭的最优化问题归结为两种选择：一是同期选择，在消费和闲暇之间做出选择；二是跨期选择，即在现在和未来的消费之间做出选择。

9.1.2 代表性企业

代表性企业生产商品和服务，这些商品和服务被家庭消费，或储蓄后投资转化为资本。假设商品市场和要素市场是完全竞争的，即代表性厂商的利润为零，即 $\Pi_t=0$。

企业的生产函数为柯布-道格拉斯形式

$$Y_t=A_tF(K_t,L_t)=A_tK_t^{\alpha}L_t^{1-\alpha} \tag{9-12}$$

式中，A_t 为技术水平或全要素生产率；Y_t 为产出水平；α 为资本弹性或资本在产出中的份额，$1-\alpha$ 则表示劳动在产出中的份额。

企业通过选择资本 K_t 和劳动 L_t 两种投入要素以实现利润最大化，即

$$\underset{K_t,L_t}{\text{Max}}\,\Pi_t=A_tK_t^{\alpha}L_t^{1-\alpha}-w_tL_t-r_tK_t \tag{9-13}$$

分别对 K_t、L_t 求偏导，得到一阶条件为

$$\frac{\partial\Pi_t}{\partial K_t}=\alpha A_tK_t^{\alpha-1}L_t^{1-\alpha}-r_t=0 \tag{9-14}$$

$$\frac{\partial\Pi_t}{\partial L_t}=(1-\alpha)A_tK_t^{\alpha}L_t^{-\alpha}-w_t=0 \tag{9-15}$$

对式(9-14)进行整理可得资本需求方程

$$K_t=\alpha\,\frac{A_tK_t^{\alpha}L_t^{1-\alpha}}{r_t}=\alpha\,\frac{Y_t}{r_t} \tag{9-16}$$

对式(9-15)进行整理可得劳动需求方程

$$L_t=(1-\alpha)\,\frac{A_tK_t^{\alpha}L_t^{1-\alpha}}{w_t}=(1-\alpha)\,\frac{Y_t}{w_t} \tag{9-17}$$

对式(9-16)和式(9-17)进一步整理可得

$$r_t=\alpha\,\frac{Y_t}{K_t} \tag{9-18}$$

$$w_t=(1-\alpha)\,\frac{Y_t}{L_t} \tag{9-19}$$

式(9-18)等号左侧为资本的边际成本，右侧表示资本的边际产出，因而，式(9-18)的含义为资本的边际成本与其边际产出相等。同理，式(9-19)表示劳动的边际成本与劳动的边际产出相等，满足微观经济学中利润最大化的条件。此外，根据式(9-19)，当雇用工人的实际成本减少即实际工资下降时，企业将增加对劳动力的需求，直到劳动力的边际产出减少到与实际工资相同的水平，雇用工人的实际成本等于工人获得的实际工资，因而可

以认为实际工资的减少意味着对劳动力的需求更高。

假设生产率冲击遵循一阶自回归过程：

$$\log A_t = (1-\rho_A)\log A^* + \rho_A \log A_{t-1} + \varepsilon_t \tag{9-20}$$

式中，$\varepsilon_t \sim N(0, {\sigma_A}^2)$；$A^*$ 为生产率的稳态值；ρ_A 为生产率的自回归参数，满足 $0<\rho_A<1$，以保证自回归过程的平稳性。

9.1.3　市场出清

一般均衡模型要求模型中所有市场实现出清。RBC 模型包含产品市场和劳动力市场，对于产品市场而言，市场出清要求企业的产出与家庭的消费和投资之和相等，即

$$Y_t = C_t + I_t \tag{9-21}$$

式(9-21)即为市场出清条件，又称资源约束方程。

劳动力市场出清要求劳动供给和劳动需求相等，本节在求解家庭和企业的最优化问题时，均采用 L_t 代表劳动供给和劳动需求，即假设劳动供给和劳动需求相等，满足劳动力市场出清条件。此外，根据瓦尔拉斯法则可知，假设经济系统中存在 n 个市场，若其中 $n-1$ 个市场出清，则剩余的一个市场自动实现出清。RBC 模型中包含产品市场和劳动力市场，若产品市场出清，则劳动力市场同样实现出清。

真实经济周期模型主要研究在既定假设下，各个微观行为主体之间如何相互作用以实现宏观经济平衡，即代表性家庭在给定的价格水平下，为实现效用最大化目标，决定消费量(C)、投资量(I)以及劳动供给量(L)；代表性企业为实现利润最大化目标，选择资本需求量(K)以及劳动需求量(L)，并结合现有技术水平，根据给定的价格决定产量(Y)；产品市场和要素市场实现市场均衡。

因此，模型的均衡由以下三个模块组成：价格体系包括 w_t、r_t；商品和要素集包括 Y_t、C_t、I_t、L_t、K_t；由产品市场均衡条件描述生产可能性边界，即资源约束条件为 $Y_t = C_t + I_t$。

9.1.4　模型均衡条件

求解 RBC 模型可以表述为，在给定 6 个参数$\{\sigma, \varphi, \delta, \beta, \alpha, \rho_A\}$的条件下，求解 8 个方程和 8 个未知变量$\{C_t, L_t, w_t, K_t, I_t, Y_t, r_t, A_t\}$。其中，8 个方程分别为

劳动供给方程：$C_t^\sigma L_t^\varphi = w_t$　[1]

消费欧拉方程：$\left(\dfrac{C_{t+1}}{C_t}\right)^\sigma = E_t\beta[(1-\delta)+r_{t+1}]$　[2]

资本积累方程：$K_{t+1} = (1-\delta)K_t + I_t$　[3]

生产函数：$Y_t = A_t K_t^\alpha L_t^{1-\alpha}$　[4]

资本需求方程：$r_t = \alpha \dfrac{Y_t}{K_t}$　[5]

劳动需求方程：$w_t=(1-\alpha)\frac{Y_t}{L_t}$ [6]

市场出清条件：$Y_t=C_t+I_t$ [7]

生产率冲击方程：$\log A_t=(1-\rho_A)\log A^*+\rho_A\log A_{t-1}+\varepsilon_t$ [8]

基于上述8个方程，可以求得8个变量在稳态时的解，即$\{C^*, L^*, w^*, K^*, I^*, Y^*, r^*, A^*\}$。

本节主要对真实经济周期模型的基本框架进行了简要介绍。RBC模型包含两类行为主体，分别是代表性家庭和代表性企业，其中，代表性家庭的最优化问题可以描述为在预算约束下实现效用最大化，家庭既要在同期的消费和闲暇之间做出选择，又要在当前消费和未来消费之间做出选择；代表性企业的最优化问题即实现利润最大化，并根据利润最大化的一阶条件求得资本需求方程和劳动需求方程，确定企业生产所需的要素规模，企业全要素生产率的运动方程遵循一阶自回归过程。在一般均衡框架下，要求产品市场实现出清，9.2节将在本节基础上对RBC模型进行求解。

9.2 真实经济周期模型的求解

本节主要对RBC模型的稳态求解、线性化处理、模型求解、随机模拟以及程序设计等内容展开介绍。其中，求解模型稳态通过模型的均衡条件推导出各变量的稳态表达式，在给定参数的情况下，即可求出各变量的稳态值；线性化处理即利用Uhlig对数线性化方法，对模型的所有均衡条件进行对数线性化处理，以便于后续求解工作的开展；模型求解既包括求解方法的选择，又包括求解过程的实现，本节利用B&K方法并编写MATLAB文件求解RBC模型；随机模拟是指给定一单位正向生产率冲击，分析其他变量对该冲击的脉冲响应，这一部分主要通过编写Dynare文件实现。

9.2.1 求解模型的稳态

求解模型稳态的一般步骤是：首先，将模型的均衡条件写成稳态形式，即去除期望算子、下标，并进行初步的移项变换；其次，根据已知参数和均衡条件，逐一解出未知的变量稳态表达式，一般而言，从最简单的方程入手，以其为基础进行顺序求解；最后，采用参数校准或参数估计的方法设定模型参数，并将其代入各变量的稳态表达式中，从而求出变量的稳态值。本节以9.1节中的RBC模型为例，简述稳态的求解过程。

根据9.1.4小节列出的模型均衡条件，可求出均衡条件的稳态形式为

劳动供给方程：$(C^*)^\sigma(L^*)^\phi=w^*$ [9]

消费欧拉方程：$\left(\frac{C^*}{C^*}\right)^\sigma=\beta[(1-\delta)+r^*]\Rightarrow 1=\beta[(1-\delta)+r^*]$ [10]

资本积累方程：$K^*=(1-\delta)K^*+I^*\Rightarrow\delta K^*=I^*$ [11]

生产函数：$Y^*=A^*(K^*)^\alpha(L^*)^{1-\alpha}$ [12]

资本需求方程：$r^{*}=\alpha\dfrac{Y^{*}}{K^{*}}$ [13]

劳动需求方程：$w^{*}=(1-\alpha)\dfrac{Y^{*}}{L^{*}}$ [14]

市场出清条件：$Y^{*}=C^{*}+I^{*}$ [15]

生产率冲击方程：$\log A^{*}=(1-\rho_A)\log A^{*}+\rho_A\log A^{*}$ [16]

式[9]～式[16]中，C^{*}，L^{*}，w^{*}，K^{*}，I^{*}，Y^{*}，r^{*}，A^{*} 均表示对应变量的稳态值。求解模型稳态的目标是得到 8 个内生变量的稳态表达式。通常将稳态的技术水平设为 1，即设 $A^{*}=1$。下文将进行稳态求解。

通过消费的欧拉方程[10]可得实际利率的稳态形式 r^{*} 为

$$r^{*}=\frac{1}{\beta}-(1-\delta) \qquad [17]$$

根据资本需求方程[13]可求出 Y^{*}/K^{*}，即

$$\frac{Y^{*}}{K^{*}}=\frac{r^{*}}{\alpha} \qquad [18]$$

将方程[18]代入生产函数方程[12]中可求出 Y^{*}/L^{*}，即

$$\frac{Y^{*}}{L^{*}}=\left(\left(\frac{Y^{*}}{K^{*}}\right)^{\alpha}\right)^{\frac{1}{\alpha-1}} \qquad [19]$$

将方程[19]代入劳动需求方程[14]中，可求出实际工资的稳态形式 w^{*} 为

$$w^{*}=(1-\alpha)\frac{Y^{*}}{L^{*}} \qquad [20]$$

根据资本积累方程[11]，求出 I^{*}/Y^{*}，即

$$\frac{I^{*}}{Y^{*}}=\delta\left(\frac{Y^{*}}{L^{*}}\right)^{-1} \qquad [21]$$

将方程[21]代入市场出清方程[15]中可求出 C^{*}/Y^{*}，即

$$\frac{C^{*}}{Y^{*}}=1-\frac{I^{*}}{Y^{*}} \qquad [22]$$

将方程[19]和方程[22]代入劳动供给方程[9]中可求得产出的稳态形式 Y^{*} 为

$$Y^{*}=\left(w^{*}\left(\frac{C^{*}}{Y^{*}}\right)^{-\sigma}\left(\frac{Y^{*}}{L^{*}}\right)^{\phi}\right)^{\frac{1}{\sigma+\phi}} \qquad [23]$$

将 Y^{*} 代入方程[18]即可得到资本的稳态形式 K^{*}；将 Y^{*} 代入方程[19]即可求出劳动的稳态形式 L^{*}；将 Y^{*} 代入方程[21]即可求出投资的稳态形式 I^{*}；将 Y^{*} 代入方程[22]即可求出消费的稳态形式 C^{*}。基于上述方程，若给定模型参数值，即可求出各变量的稳态值。

参考 Celso 和 Costa 的研究，将 RBC 模型参数设定为表 9-1。①

① CELSO J，COSTA J. Understanding DSGE models：theory and applications[M]. Wilmington：Vernon Press，2016.

表 9-1　RBC 模型的参数设定

参　数	参数含义	参数值
σ	相对风险厌恶系数	2
ϕ	劳动供给的边际负效用参数	1.5
α	资本的产出份额	0.35
β	家庭的主观贴现因子	0.985
δ	资本折旧参数	0.025
ρ_A	技术冲击的持续性参数	0.95
σ_A	技术冲击的标准差参数	0.01

根据模型变量的稳态形式及参数设定，可求出各变量的稳态值。为计算简便，求出 Y^*/K^*、Y^*/L^*、I^*/Y^* 和 C^*/Y^* 的表示形式分别为

$$\frac{Y^*}{K^*}=\frac{\frac{1}{\beta}-1+\delta}{\alpha} \tag{24}$$

$$\frac{Y^*}{L^*}=\left(\left(\frac{1/\beta-1+\delta}{\alpha}\right)^{\alpha}\right)^{\frac{1}{\alpha-1}} \tag{25}$$

$$\frac{I^*}{Y^*}=\delta\left(\frac{\alpha}{1/\beta-1+\delta}\right) \tag{26}$$

$$\frac{C^*}{Y^*}=1-\delta\left(\frac{\alpha}{1/\beta-1+\delta}\right) \tag{27}$$

基准 RBC 模型的稳态值如表 9-2 所示。

表 9-2　基准 RBC 模型的稳态值

变　量	稳态形式	稳态值
生产率(A)	$A^*=1$	1.000 0
资本收益率(R)	$r^*=\frac{1}{\beta}-(1-\delta)$	0.040 2
工资水平(W)	$w^*=(1-\alpha)\frac{Y^*}{L^*}$	2.083 6
劳动(L)	$L^*-Y^*\left(\frac{Y^*}{K^*}\right)^{\frac{\alpha-1}{\alpha}}$	0.729 2
总产出(Y)	$Y^*=\left(w^*\left(\frac{C^*}{Y^*}\right)^{-\sigma}\left(\frac{Y^*}{L^*}\right)^{\phi}\right)^{\frac{1}{\sigma+\phi}}$	2.337 6
消费(C)	$C^*=\left(1-\frac{I^*}{Y^*}\right)Y^*$	1.829 2
投资(I)	$I^*=\delta\left(\frac{Y^*}{L^*}\right)^{-1}Y^*$	0.508 5
资本存量(K)	$K^*=\frac{\alpha Y^*}{r^*}$	20.338 1

9.2.2　模型的线性化处理

DSGE 模型多为非线性模型，直接求解较为困难，需要采用线性化技术对非线性问题加以解决。本节将利用 Uhlig 对数线性化方法，对 RBC 模型涉及的均衡条件逐一进行对数线性化处理。Uhlig 对数线性化方法的步骤是：首先将变量 x_t 替换为 $x^* e^{\tilde{x}_t}$，然后应用式(9-22)～式(9-25)并结合均衡条件的稳态方程进行计算，即可得到对数线性化方程。式(9-22)～式(9-25)分别为

$$e^{\tilde{x}_t} \approx 1+\tilde{x}_t \tag{9-22}$$

$$e^{\tilde{x}_t+a\tilde{y}_t} \approx 1+\tilde{x}_t+a\tilde{y}_t \tag{9-23}$$

$$\tilde{x}_t\tilde{y}_t \approx 0 \tag{9-24}$$

$$E_t(a e^{\tilde{x}_t}) \approx E_t(a\tilde{x}_t)+a \tag{9-25}$$

本节将针对 RBC 模型的均衡条件进行对数线性化处理。

1. 劳动供给方程的对数线性化

对于劳动供给方程：

$$C_t^{\sigma}L_t^{\phi}=w_t \tag*{(9-10)$'$}$$

根据 Uhlig 的思想，利用 $x^* e^{\tilde{x}_t}$ 替换 x_t，则式(9-10)′变为

$$(C^* e^{\widetilde{C}_t})^{\sigma}(L^* e^{\widetilde{L}_t})^{\phi}=w^* e^{\tilde{w}_t} \tag{9-26}$$

整理可得

$$(C^*)^{\sigma}(L^*)^{\phi}e^{\sigma\widetilde{C}_t+\phi\widetilde{L}_t}=w^* e^{\tilde{w}_t} \tag{9-27}$$

根据计算法则式(9-23)，可将式(9-27)进一步写为

$$(C^*)^{\sigma}(L^*)^{\phi}(1+\sigma\widetilde{C}_t+\phi\widetilde{L}_t)=w^*(1+\tilde{w}_t) \tag{9-28}$$

结合劳动供给方程的稳态形式：

$$(C^*)^{\sigma}(L^*)^{\phi}=w^* \tag{9-29}$$

将式(9-29)代入式(9-28)中并化简可得

$$\sigma\widetilde{C}_t+\phi\widetilde{L}_t=\tilde{w}_t \tag{9-30}$$

式(9-30)即为劳动供给方程的对数线性化形式。

2. 消费欧拉方程的对数线性化

对于消费的欧拉方程：

$$\left(\frac{C_{t+1}}{C_t}\right)^{\sigma}=E_t\beta[(1-\delta)+r_{t+1}] \tag*{(9-11)$'$}$$

根据 Uhlig 的思想，利用 $x^* e^{\tilde{x}_t}$ 替换 x_t，式(9-11)′变为

$$\left(\frac{C^* e^{\widetilde{C}_{t+1}}}{C^* e^{\widetilde{C}_t}}\right)^{\sigma}=E_t\beta((1-\delta)+r^* e^{\tilde{r}_{t+1}}) \tag{9-31}$$

整理可得

$$\left(\frac{C^*}{C^*}\right)^{\sigma} e^{\sigma(\widetilde{C}_{t+1}-\widetilde{C}_t)} = E_t\beta((1-\delta)+r^* e^{\widetilde{r}_{t+1}}) \tag{9-32}$$

根据计算法则式(9-22)，可将式(9-32)进一步写为

$$\frac{1}{\beta}[1+\sigma(\widetilde{C}_{t+1}-\widetilde{C}_t)]=(1-\delta)+r^*[1+E_t\widetilde{r}_{t+1}] \tag{9-33}$$

结合消费欧拉方程的稳态形式

$$1=\beta[(1-\delta)+r^*] \tag{9-34}$$

将式(9-34)代入式(9-33)中，化简可得

$$\frac{\sigma}{\beta}(\widetilde{C}_{t+1}-\widetilde{C}_t)=r^* E_t\widetilde{r}_{t+1} \tag{9-35}$$

式(9-35)即为消费欧拉方程的对数线性化形式。

3. 资本需求方程的对数线性化

对于资本需求方程：

$$r_t=\alpha\frac{Y_t}{K_t} \tag*{(9-18)$'$}$$

利用 $x^* e^{\widetilde{x}_t}$ 替换 x_t，式(9-18)′变为

$$r^* e^{\widetilde{r}_t}=\alpha\frac{Y^* e^{\widetilde{Y}_t}}{K^* e^{\widetilde{K}_t}} \tag{9-36}$$

整理可得

$$r^* e^{\widetilde{r}_t}=\alpha\frac{Y^*}{K^*}e^{\widetilde{Y}_t-\widetilde{K}_t} \tag{9-37}$$

根据计算法则式(9-22)和式(9-23)，可将式(9-37)进一步写为

$$r^*(1+\widetilde{r}_t)=\alpha\frac{Y^*}{K^*}(1+\widetilde{Y}_t-\widetilde{K}_t) \tag{9-38}$$

结合资本需求方程的稳态形式：

$$r^*=\alpha\frac{Y^*}{K^*} \tag{9-39}$$

将式(9-39)代入式(9-38)中并化简可得

$$\widetilde{r}_t=\widetilde{Y}_t-\widetilde{K}_t \tag{9-40}$$

式(9-40)即为资本需求方程的对数线性化形式。

4. 劳动需求方程的对数线性化

对于劳动需求方程：

$$w_t=(1-\alpha)\frac{Y_t}{L_t} \tag*{(9-19)$'$}$$

利用 $x^* e^{\widetilde{x}_t}$ 替换 x_t，式(9-19)′变为

$$w^* e^{\widetilde{w}_t} = (1-\alpha)\frac{Y^* e^{\widetilde{Y}_t}}{L^* e^{\widetilde{L}_t}} \tag{9-41}$$

整理可得

$$w^* e^{\widetilde{w}_t} = (1-\alpha)\frac{Y^*}{L^*} e^{\widetilde{Y}_t - \widetilde{L}_t} \tag{9-42}$$

基于计算法则式(9-22)和式(9-23)，可将式(9-42)进一步写为

$$w^*(1+\widetilde{w}_t) = (1-\alpha)\frac{Y^*}{L^*}(1+\widetilde{Y}_t - \widetilde{L}_t) \tag{9-43}$$

结合劳动需求方程的稳态形式

$$w^* = (1-\alpha)\frac{Y^*}{L^*} \tag{9-44}$$

将式(9-44)代入式(9-43)中化简可得

$$\widetilde{w}_t = \widetilde{Y}_t - \widetilde{L}_t \tag{9-45}$$

式(9-45)即为劳动需求方程的对数线性化形式。

5. 生产函数的对数线性化

对于生产函数：

$$Y_t = A_t K_t^{\alpha} L_t^{1-\alpha} \tag{9-12$'$}$$

利用 $x^* e^{\widetilde{x}_t}$ 替换 x_t，式(9-12)$'$变为

$$Y^* e^{\widetilde{Y}_t} = A^* e^{\widetilde{A}_t}(K^* e^{\widetilde{K}_t})^{\alpha}(L^* e^{\widetilde{L}_t})^{1-\alpha} \tag{9-46}$$

整理可得

$$Y^* e^{\widetilde{Y}_t} = A^*(K^*)^{\alpha}(L^*)^{1-\alpha} e^{\widetilde{A}_t + \alpha\widetilde{K}_t + (1-\alpha)\widetilde{L}_t} \tag{9-47}$$

基于计算法则式(9-22)和式(9-23)，可将式(9-47)进一步写为

$$Y^*(1+\widetilde{Y}_t) = A^*(K^*)^{\alpha}(L^*)^{1-\alpha}(1+\widetilde{A}_t + \alpha\widetilde{K}_t + (1-\alpha)\widetilde{L}_t) \tag{9-48}$$

结合生产函数的稳态形式

$$Y^* = A^*(K^*)^{\alpha}(L^*)^{1-\alpha} \tag{9-49}$$

将式(9-49)代入式(9-48)中，整理可得

$$\widetilde{Y}_t = \widetilde{A}_t + \alpha\widetilde{K}_t + (1-\alpha)\widetilde{L}_t \tag{9-50}$$

式(9-50)即为生产函数的对数线性化形式。

6. 资本积累方程的对数线性化

对于资本积累方程：

$$K_{t+1} = (1-\delta)K_t + I_t \tag{9-2$'$}$$

利用 $x^* e^{\widetilde{x}_t}$ 替换 x_t，式(9-2)$'$变为

$$K^* e^{\widetilde{K}_{t+1}} = (1-\delta)K^* e^{\widetilde{K}_t} + I^* e^{\widetilde{I}_t} \tag{9-51}$$

根据计算法则式(9-22)，可将式(9-51)进一步写为

$$K^*(1+\widetilde{K}_{t+1})=(1-\delta)K^*(1+\widetilde{K}_t)+I^*(1+\widetilde{I}_t) \tag{9-52}$$

结合资本积累方程的稳态形式：

$$\delta K^*=I^* \tag{9-53}$$

将式(9-53)代入式(9-52)中并化简可得

$$\widetilde{K}_{t+1}=(1-\delta)\widetilde{K}_t+\delta\widetilde{I}_t \tag{9-54}$$

式(9-54)即为资本积累方程的对数线性化形式。

7. 市场出清方程的对数线性化

对于市场出清方程：

$$Y_t=C_t+I_t \tag*{(9-21)$'$}$$

利用 $x^*\mathrm{e}^{\widetilde{x}_t}$ 替换 x_t，式(9-21)′变为

$$Y^*\mathrm{e}^{\widetilde{Y}_t}=C^*\mathrm{e}^{\widetilde{C}_t}+I^*\mathrm{e}^{\widetilde{I}_t} \tag{9-55}$$

基于计算法则式(9-22)，可将式(9-55)进一步写为

$$Y^*(1+\widetilde{Y}_t)=C^*(1+\widetilde{C}_t)+I^*(1+\widetilde{I}_t) \tag{9-56}$$

结合市场出清条件的稳态形式：

$$Y^*=C^*+I^* \tag{9-57}$$

将式(9-57)代入式(9-56)中，化简得到

$$Y^*\widetilde{Y}_t=C^*\widetilde{C}_t+I^*\widetilde{I}_t \tag{9-58}$$

式(9-58)即为市场出清方程的对数线性化形式。

8. 生产率冲击方程的对数线性化

对于生产率冲击方程：

$$\log A_t=(1-\rho_A)\log A^*+\rho_A\log A_{t-1}+\varepsilon_t \tag*{(9-20)$'$}$$

整理可得

$$\log A_t-\log A^*=\rho_A(\log A_{t-1}-\log A^*)+\varepsilon_t \tag{9-59}$$

根据对数线性化变量的定义，即其为变量的对数与其稳态值对数之差，因此，式(9-59)可进一步改写为

$$\widetilde{A}_t=\rho_A\widetilde{A}_{t-1}+\varepsilon_t \tag{9-60}$$

式(9-60)即为生产率冲击方程的对数线性化形式。

综上可得，RBC 模型中对数线性化后的均衡条件为

劳动供给方程：$\sigma\widetilde{C}_t+\phi\widetilde{L}_t=\widetilde{w}_t$ [28]

消费的欧拉方程：$\dfrac{\sigma}{\beta}(\widetilde{C}_{t+1}-\widetilde{C}_t)=r^*E_t\widetilde{r}_{t+1}$ [29]

资本需求方程：$\widetilde{r}_t=\widetilde{Y}_t-\widetilde{K}_t$ [30]

劳动需求方程：$\widetilde{w}_t=\widetilde{Y}_t-\widetilde{L}_t$ [31]

生产函数：$\widetilde{Y}_t=\widetilde{A}_t+\alpha\widetilde{K}_t+(1-\alpha)\widetilde{L}_t$　[32]

资本积累方程：$\widetilde{K}_{t+1}=(1-\delta)\widetilde{K}_t+\delta\widetilde{I}_t$　[33]

市场出清方程：$\widetilde{Y}_t=\frac{C^*}{Y^*}\widetilde{C}_t+\frac{I^*}{Y^*}\widetilde{I}_t$　[34]

生产率冲击方程：$\widetilde{A}_t=\rho_A\widetilde{A}_{t-1}+\varepsilon_t$　[35]

9.2.3 模型求解

本节将利用特征值特征向量分解的方法对 RBC 模型进行求解。第 8 章介绍了特征值特征向量分解的方法，具体包括 B&K 方法和 Schur 方法。两者的区别在于，将模型采用状态空间表示后，B&K 方法要求时间下标为 $t+1$ 变量前的系数矩阵可逆，而 Schur 方法则放宽了这一要求。因此，B&K 方法可以视为 Schur 方法的特例。对于 RBC 模型而言，在利用特征值特征向量分解方法求解前，首先对模型方程进行合并处理，从而使得整个系统更加简化，然后将其写成状态空间的形式，进一步判断应采用 B&K 方法或是 Schur 方法，最后按照该方法的求解步骤编写 MATLAB 文件对模型进行求解。具体而言：

将劳动需求方程[31]代入劳动供给方程[28]可得

$$\sigma\widetilde{C}_t+(1+\phi)\widetilde{L}_t=\widetilde{Y}_t \tag{36}$$

将资本需求方程[30]代入消费的欧拉方程[29]可得

$$\frac{\sigma}{\beta}(E_t\widetilde{C}_{t+1}-\widetilde{C}_t)=r^*E_t(\widetilde{Y}_{t+1}-\widetilde{K}_{t+1}) \tag{37}$$

市场出清方程[34]可进一步写为

$$\widetilde{I}_t=\frac{Y^*}{I^*}\widetilde{Y}_t-\frac{C^*}{I^*}\widetilde{C}_t \tag{38}$$

将方程[38]代入资本积累方程[33]可得

$$\widetilde{K}_{t+1}=(1-\delta)\widetilde{K}_t+\delta\left(\frac{Y^*}{I^*}\widetilde{Y}_t+\frac{C^*}{I^*}\widetilde{C}_t\right) \tag{39}$$

此时系统共包含 5 个变量$\{\widetilde{A}_t、\widetilde{K}_t、\widetilde{C}_t、\widetilde{Y}_t、\widetilde{L}_t\}$以及 5 个方程，即

劳动供给方程：$\sigma\widetilde{C}_t+(1+\phi)\widetilde{L}_t=\widetilde{Y}_t$

消费的欧拉方程：$\frac{\sigma}{\beta}(E_t\widetilde{C}_{t+1}-\widetilde{C}_t)=r^*E_t(\widetilde{Y}_{t+1}-\widetilde{K}_{t+1})$

资本积累方程：$\widetilde{K}_{t+1}=(1-\delta)\widetilde{K}_t+\delta\left(\frac{Y^*}{I^*}\widetilde{Y}_t+\frac{C^*}{I^*}\widetilde{C}_t\right)$

生产函数：$\widetilde{Y}_t=\widetilde{A}_t+\alpha\widetilde{K}_t+(1-\alpha)\widetilde{L}_t$

生产率冲击方程：$\widetilde{A}_t=\rho_A\widetilde{A}_{t-1}+\varepsilon_t$

将上述均衡系统写为矩阵形式

$$\boldsymbol{B}\times\begin{pmatrix}\widetilde{A}_{t+1}\\ \widetilde{K}_{t+1}\\ \widetilde{C}_{t+1}\\ \widetilde{Y}_{t+1}\end{pmatrix}=\boldsymbol{M}\times\begin{pmatrix}\widetilde{A}_{t}\\ \widetilde{K}_{t}\\ \widetilde{C}_{t}\\ \widetilde{Y}_{t}\end{pmatrix}+\boldsymbol{F}L_t+\boldsymbol{H}e_t \tag{9-61}$$

根据简化后 RBC 系统的均衡条件，可求出系数矩阵 $\boldsymbol{B}$、矩阵 $\boldsymbol{M}$ 以及矩阵 $\boldsymbol{F}$：

$$\boldsymbol{B}=\begin{pmatrix}1&0&0&0\\0&1&0&0\\0&r^*&\dfrac{\sigma}{\beta}&-r^*\\0&0&0&r^*\end{pmatrix},\quad \boldsymbol{M}=\begin{pmatrix}\rho_A&0&0&0\\0&1-\delta&-\delta\dfrac{C^*}{I^*}&\delta\dfrac{Y^*}{I^*}\\0&0&\dfrac{\sigma}{\beta}&0\\-1&\alpha&0&1\end{pmatrix},\quad \boldsymbol{F}=\begin{pmatrix}0\\0\\0\\1-\alpha\end{pmatrix} \tag{9-62}$$

根据劳动供给方程[36]，将劳动 L_t 利用其他变量表示为

$$L_t=\begin{pmatrix}0&0&\dfrac{\sigma}{1+\phi}&\dfrac{1}{1+\phi}\end{pmatrix}\times\begin{pmatrix}\widetilde{A}_{t}\\ \widetilde{K}_{t}\\ \widetilde{C}_{t}\\ \widetilde{Y}_{t}\end{pmatrix} \tag{9-63}$$

令

$$\boldsymbol{K}=\begin{pmatrix}0&0&\dfrac{\sigma}{1+\phi}&\dfrac{1}{1+\phi}\end{pmatrix} \tag{9-64}$$

则系数矩阵 $\boldsymbol{FK}$ 为

$$\boldsymbol{FK}=\begin{pmatrix}0&0&0&0\\0&0&0&0\\0&0&0&0\\0&0&\dfrac{(1-\alpha)\sigma}{1+\phi}&\dfrac{1-\alpha}{1+\phi}\end{pmatrix} \tag{9-65}$$

对式(9-61)右侧时间下标为 t 变量前的系数矩阵进行合并，可得系数矩阵为

$$\boldsymbol{A}=\boldsymbol{M}+\boldsymbol{FK}=\begin{pmatrix}\rho_A&0&0&0\\0&1-\delta&-\delta\dfrac{C^*}{I^*}&\delta\dfrac{Y^*}{I^*}\\0&0&\dfrac{\sigma}{\beta}&0\\-1&\alpha&0&1\end{pmatrix}+\begin{pmatrix}0&0&0&0\\0&0&0&0\\0&0&0&0\\0&0&\dfrac{(1-\alpha)\sigma}{1+\phi}&\dfrac{1-\alpha}{1+\phi}\end{pmatrix} \tag{9-66}$$

整理可得

$$\boldsymbol{A}=\begin{pmatrix}\rho_A & 0 & 0 & 0\\ 0 & 1-\delta & -\delta\dfrac{C^*}{I^*} & \delta\dfrac{Y^*}{I^*}\\ 0 & 0 & \dfrac{\sigma}{\beta} & 0\\ -1 & \alpha & \dfrac{(1-\alpha)\sigma}{1+\phi} & 1+\dfrac{1-\alpha}{1+\phi}\end{pmatrix} \tag{9-67}$$

由于系数矩阵 $\boldsymbol{B}$ 可逆，因此，本节将利用 B&K 方法对 RBC 模型进行求解。如前所述，B&K 方法的求解过程为：首先，对系数矩阵进行特征值特征向量分解；其次，对特征值矩阵进行分块；最后，结合 B&K 条件求解政策方程。其中，B&K 条件为非稳定特征值的数量 p 与控制变量的数量 n 相等，且控制变量前的系数矩阵可逆。对于本例 RBC 模型而言，利用 B&K 方法求解时，根据化简后的 RBC 模型，定义状态变量和控制变量分别为

$$\boldsymbol{x}_t=\begin{pmatrix}\widetilde{A}_t\\ \widetilde{K}_t\end{pmatrix},\quad \boldsymbol{y}_t=\begin{pmatrix}\widetilde{C}_t\\ \widetilde{Y}_t\end{pmatrix} \tag{9-68}$$

式中，$\boldsymbol{x}_t$ 为状态变量向量；$\boldsymbol{y}_t$ 为控制变量向量。

求解目标是得到政策函数

$$\begin{pmatrix}\widetilde{C}_t\\ \widetilde{Y}_t\end{pmatrix}=\boldsymbol{\phi}\begin{pmatrix}\widetilde{K}_t\\ \widetilde{A}_t\end{pmatrix} \tag{9-69}$$

本部分编写 MATLAB 文件求解政策函数的系数矩阵 $\boldsymbol{\phi}$，代码为[①]：

```
%RBC 模型求解
%B&K 分解方法
clear;
sigma = 2;                                  % 相对风险规避系数
phi = 1.5;                                  % 劳动供给 Frisch 弹性的倒数
alpha = 0.35;                               % 资本的产出弹性
beta = 0.985;                               % 主观贴现因子
delta = 0.025;                              % 资本折旧率
rhoa = 0.95;                                % 生产率的自回归参数

As = 1;                                     % 技术水平的稳态值
rs = 1/beta - (1 - delta);                  % 实际利率的稳态形式
YK_ratio = rs/alpha;                        % YK_ratio 表示 Y*/K*
YL_ratio = (YK_ratio^alpha)^(1/(alpha - 1)); % YL_ratio 表示 Y*/L*
ws = (1 - alpha) * YL_ratio;                % 实际工资的稳态形式
```

① 该代码的编写参考了李向阳的资料。李向阳. 动态随机一般均衡(DSGE)模型：理论、方法和 Dynare 实践[M]. 北京：清华大学出版社，2018.

```
IY_ratio = delta * ((YK_ratio)^( - 1));                   % IY_ratio 表示 I * /Y *
CY_ratio = 1 - IY_ratio;                                  % CY_ratio 表示 C * /Y *
Ys = (ws * (YL_ratio^phi) * ((CY_ratio)^( - sigma)))^(1/(phi + sigma));
                                                          % 产出的稳态形式
Ls = Ys/YL_ratio;                                         % 劳动的稳态形式
Cs = CY_ratio * Ys;                                       % 消费的稳态形式
Is = IY_ratio * Ys;                                       % 投资的稳态形式
Ks = Ys/YK_ratio;                                         % 资本存量的稳态形式

n = 2;                                                    % 控制变量的个数(Ct 和 It)
m = 2;                                                    % 状态变量的个数(Kt 和 At)

B = [1 0 0 0;0 1 0 0 ;0 rs sigma/beta - rs;0 0 0 rs];    % 系数矩阵 B
A = [rhoa 0 0 0;                                          % 系数矩阵 A
0 1 - delta - delta * Cs/Is delta * Ys/Is;
0 0 sigma/beta 0;
- 1 - alpha - (1 - alpha) * sigma/(1 + phi) 1 + (1 - alpha)/(1 + phi)];
Binv = inv(B);                                            % 对系数矩阵 B 求逆
BA = Binv * A;                                            % 求出系数矩阵 B - 1A

[vv, eigenvalue] = eig(BA);                               % 求出系数矩阵 BA 的特征值
[eigenvalue_sorted, index] = sort(abs(diag(eigenvalue)));

for ii = 1:m + n                                          % 对系数矩阵 BA 的特征值矩阵排序
    vv_sorted(:,ii) = vv(:,index(ii));
end
first_unstable_index = find(abs(eigenvalue_sorted)> = 1, 1 );
                                                          % 寻找第一个大于 1 的特征值的位置
S = first_unstable_index - 1;                             % 稳定的特征值的个数为 S
T = m+n - S;                                              % 不稳定的特征值的个数为 m + n - S
Gamma = inv(vv_sorted);
Gamma21 = Gamma(S + 1:S + T,1:m);                         % 求出特征值分块矩阵
Gamma22 = Gamma(S + 1:S + T,m + 1:n + m);                 % 求出特征值分块矩阵

phi = - inv(Gamma22) * Gamma21;                           % 求出政策方程的系数
```

利用上述代码即可求出系数矩阵，即

$$\boldsymbol{\phi}=\begin{pmatrix}0.3981 & 0.3619\\ 0.1932 & 1.0971\end{pmatrix} \tag{9-70}$$

将式(9-70)代入政策函数式(9-69)可得

$$\begin{pmatrix}\widetilde{C}_t\\ \widetilde{Y}_t\end{pmatrix}=\begin{pmatrix}0.3981\\ 0.1932\end{pmatrix}\widetilde{K}_t+\begin{pmatrix}0.3619\\ 1.0971\end{pmatrix}\widetilde{A}_t \tag{9-71}$$

结合其他变量表达式、参数校准值以及变量稳态值，将其他变量利用资本存量和生产率表示为

$$\widetilde{L}_t = -0.2412\widetilde{K}_t + 0.1494\widetilde{A}_t \tag{9-72}$$

$$\widetilde{I}_t = -0.5440\widetilde{K}_t + 3.7421\widetilde{A}_t \tag{9-73}$$

$$\widetilde{w}_t = 0.4344\widetilde{K}_t + 0.9477\widetilde{A}_t \tag{9-74}$$

$$\widetilde{r}_t = -0.8068\widetilde{K}_t + 1.0971\widetilde{A}_t \tag{9-75}$$

将式(9-71)～式(9-75)写成矩阵形式,即

$$\begin{pmatrix} \widetilde{C}_t \\ \widetilde{Y}_t \\ \widetilde{L}_t \\ \widetilde{I}_t \\ \widetilde{w}_t \\ \widetilde{r}_t \end{pmatrix} = \begin{pmatrix} 0.3981 & 0.3619 \\ 0.1932 & 1.0971 \\ -0.2412 & 0.1494 \\ -0.5440 & 3.7421 \\ 0.4344 & 0.9477 \\ -0.8068 & 1.0971 \end{pmatrix} \begin{pmatrix} \widetilde{K}_t \\ \widetilde{A}_t \end{pmatrix} \tag{9-76}$$

根据生产率冲击方程

$$\widetilde{A}_t = 0.95\widetilde{A}_{t-1} + \varepsilon_t \tag{9-77}$$

可得

$$\begin{pmatrix} \widetilde{K}_t \\ \widetilde{A}_t \end{pmatrix} = \begin{pmatrix} 1 & 0 \\ 0 & 0.95 \end{pmatrix} \begin{pmatrix} \widetilde{K}_t \\ \widetilde{A}_{t-1} \end{pmatrix} + \begin{pmatrix} 0 \\ 1 \end{pmatrix} \varepsilon_t \tag{9-78}$$

将式(9-77)代入式(9-76),可得各变量的最终表达式为

$$\begin{pmatrix} \widetilde{C}_t \\ \widetilde{Y}_t \\ \widetilde{L}_t \\ \widetilde{I}_t \\ \widetilde{w}_t \\ \widetilde{r}_t \end{pmatrix} = \begin{pmatrix} 0.3981 & 0.3438 \\ 0.1932 & 1.0422 \\ -0.2412 & 0.1419 \\ -0.5440 & 3.5550 \\ 0.4344 & 0.9003 \\ -0.8068 & 1.0422 \end{pmatrix} \begin{pmatrix} \widetilde{K}_t \\ \widetilde{A}_t \end{pmatrix} + \begin{pmatrix} 0.3618 \\ 1.0971 \\ 0.1484 \\ 3.7421 \\ 0.9477 \\ 1.0971 \end{pmatrix} \varepsilon_t \tag{9-79}$$

式(9-79)即为 RBC 模型的政策方程。

9.2.4　数值模拟

本节通过编写 Dynare 文件从而实现 RBC 模型的数值模拟。一般而言,Dynare 文件编写共分为五个部分:

第一部分是前导部分,包括变量声明、参数声明和参数赋值三项内容,其中,利用 var 命令声明内生变量,利用 varexo 命令声明外生变量,利用 parameters 命令声明模型参数。

第二部分是模型声明部分,以“model;”命令开始,中间部分输入模型的所有均衡条

件，以“end;”命令结束。若以“model(linear);”命令开始则表示输入对数线性化后的模型。如果均衡条件较长且其中嵌套其他变量表达式，可以将嵌套的其他变量表达式定义为局部变量，从而对该均衡条件进行化简，即将嵌套的变量表达式单独出来作为独立方程，局部变量以“#”开头进行定义。

第三部分是稳态值和初值声明部分，初值声明以“initval;”命令开始，中间输入内生变量和外生变量的初值，以“end;”命令结束，稳态计算利用“steady”命令。

第四部分是外生冲击声明部分，以“shocks;”命令开始，中间输入外生冲击方差，以“end;”命令结束。

第五部分是模拟部分，包括确定性模拟“simul”、随机模拟“stoch_simul”和估计“estimation”三项命令组成，根据具体要求运用不同的命令。若利用随机模拟命令“stoch_simul”，其后通常包括“periods=n”“irf=m”“order=q”三个选项，“periods=n”表示模拟 n 期，“irf=m”表示计算 m 期脉冲响应，“order=q”表示进行 q 阶泰勒近似求解。

对于 RBC 模型而言，模型共包括 8 个变量 $\{C_t, L_t, w_t, K_t, I_t, Y_t, r_t, A_t\}$、6 个参数 $\{\sigma, \phi, \delta, \beta, \alpha, \rho_A\}$ 和 8 个均衡条件。线性化后的均衡条件归纳为

劳动供给方程：$\sigma\widetilde{C}_t+\phi\widetilde{L}_t=\widetilde{w}_t$ [28]′

消费的欧拉方程：$\dfrac{\sigma}{\beta}(\widetilde{C}_{t+1}-\widetilde{C}_t)=r^* E_t\widetilde{r}_{t+1}$ [29]′

资本需求方程：$\widetilde{r}_t=\widetilde{Y}_t-\widetilde{K}_t$ [30]′

劳动需求方程：$\widetilde{w}_t=\widetilde{Y}_t-\widetilde{L}_t$ [31]′

生产函数：$\widetilde{Y}_t=\widetilde{A}_t+\alpha\widetilde{K}_t+(1-\alpha)\widetilde{L}_t$ [32]′

资本积累方程：$\widetilde{K}_{t+1}=(1-\delta)\widetilde{K}_t+\delta\widetilde{I}_t$ [33]′

市场出清方程：$\widetilde{Y}_t=\dfrac{C^*}{Y^*}\widetilde{C}_t+\dfrac{I^*}{Y^*}\widetilde{I}_t$ [34]′

生产率冲击方程：$\widetilde{A}_t=\rho_A\widetilde{A}_{t-1}+\varepsilon_t$ [35]′

编写 RBC 模型数值模拟的 Dynare 程序为

```
% RBC 模型数值模拟
% 第一部分：变量声明、参数声明及参数赋值

var Y I C K L A r w;                                    % 声明内生变量
varexo e;                                               % 声明外生冲击变量
parameters sigma phi alpha beta delta rhoa;             % 声明参数
parameters Ys Is Cs Ks Ls As rs ws;

sigma = 2;                                              % 相对风险规避系数
phi = 1.5;                                              % 劳动供给的 Frisch 弹性的倒数
alpha = 0.35;                                           % 资本的产出弹性
beta = 0.985;                                           % 主观贴现因子
delta = 0.025;                                          % 资本折旧率
```

```
rhoa = 0.95;                                          % 生产率的自回归参数

As = 1;                                               % 技术水平的稳态值
rs = 1/beta - (1 - delta);                            % 实际利率的稳态形式
YK_ratio = rs/alpha;                                  % YK_ratio 表示 Y*/K*
YL_ratio = (YK_ratio^alpha)^(1/(alpha - 1));          % YL_ratio 表示 Y*/L*
ws = (1 - alpha) * YL_ratio;                          % 实际工资的稳态形式
IY_ratio = delta * ((YK_ratio)^( - 1));               % IY_ratio 表示 I*/Y*
CY_ratio = 1 - IY_ratio;                              % CY_ratio 表示 C*/Y*
Ys = (ws * (YL_ratio^phi) * ((CY_ratio)^( - sigma)))^(1/(phi + sigma));
                                                      % 产出的稳态形式
Ls = Ys/YL_ratio;                                     % 劳动的稳态形式
Cs = CY_ratio * Ys;                                   % 消费的稳态形式
Is = IY_ratio * Ys;                                   % 投资的稳态形式
Ks = Ys/YK_ratio;                                     % 资本存量的稳态形式

%第二部分: 模型声明

model(linear);                                        % 模型(对数线性化形式)
sigma * C + phi * L = w;                              % 劳动供给方程
(sigma/beta) * (C( + 1) - C) = rs * r( + 1);          % 消费的欧拉方程
K = (1 - delta) * K( - 1) + delta * I;                % 资本积累方程
Y = A + alpha * K( - 1) + (1 - alpha) * L;            % 生产函数
r = Y - K( - 1);                                      % 资本需求方程
w = Y - L;                                            % 劳动需求方程
Ys * Y = Cs * C + Is * I;                             % 市场出清方程
A = rhoa * A( - 1) + e;                               % 生产率冲击方程
end;

%第三部分: 稳态值声明

steady;                                               % 计算稳态
check;
model_diagnostics;
model_info;

%第四部分: 外生冲击声明

shocks;                                               % 外生冲击设定
var e;                                                % 声明外生变量名称
stderr 0.01;                                          % 设定外生冲击的数值
end;

%第五部分: 随机模拟

stoch_simul(periods = 1000,irf = 40,order = 1) ;      % 表示模拟 1000 期、计算 40 期脉冲
                                                        响应、进行一阶泰勒求解
```

利用上述 Dynare 程序即可求出 RBC 模型的稳态值、政策方程和转换方程等，并能够模拟一单位正向的技术冲击对其他变量的脉冲响应。需要注意的是，与 MATLAB 脚本文件保存为.m 格式不同，Dynare 文件需保存为.mod 格式方可运行。

本节模拟分析生产率冲击对RBC模型中其他经济变量的影响，图9-1显示了1单位正向生产率(A)冲击下其他经济变量的脉冲响应图。如图9-1所示，生产率冲击的影响效应主要有以下几方面。

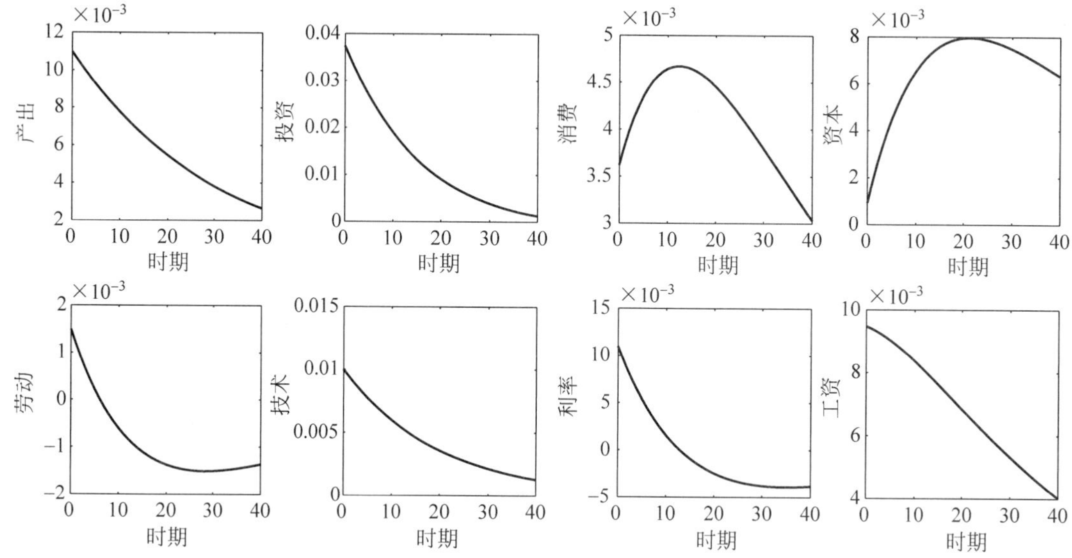

图9-1 生产率冲击的脉冲响应图

(1) 生产率(A)的正向变动直接引起产出(Y)的增加，同时劳动要素的边际产出和资本要素的边际产出随之上升，由此增加了企业对劳动(L)和资本(K)两种生产要素的需求。投入生产要素的需求上升将导致两种生产要素的价格提高，即工资(w)和资本回报率(r)增加。

(2) 根据代表性家庭的预算约束方程可知，家庭作为资本和劳动要素的供给方，要素价格的提高将增加家庭收入。进一步地，家庭将增加消费(C)和投资(I)。根据资本积累方程可知，投资增加导致资本存量(K)逐渐累积。

(3) 然而，随着生产率正向冲击影响的减弱，资本存量(K)在第20期达到最高点后逐渐下降，形成钟形曲线。与此同时，资本投入的减少使得家庭寻求更多的闲暇以提高效用，由此导致劳动供应(L)减少。

简言之，正向的生产率冲击增加了消费投资变量(C和I)、生产要素(N和K)的需求量以及提高了生产要素的价格(W和R)。

本节主要介绍了RBC模型的求解过程，包括求解稳态、线性化处理、模型求解和随机模拟等。在稳态求解部分，本节简要介绍了求解稳态的一般步骤，首先对模型均衡条件进行去时间下标处理，然后对处理后的均衡条件进行移项合并，最后推导出各变量的稳态表达式，在给定参数的情况下即可求出各变量的稳态值；在线性化处理部分，本节采用Uhlig对数线性化方法对均衡条件进行线性化处理，即利用$x^{*}e^{\tilde{x}_t}$替换x_t，并应用计算法则对变量替换后的均衡条件进行移项合并处理，即可求出线性化均衡条件；在模型求解部分，本节选取了特征值特征向量分解方法，由于系数矩阵 $\boldsymbol{B}$ 可逆，因而选择 B&K 方法并编写 MATLAB 文件从而解出 RBC 模型的政策方程和转换方程；在程序设计和随机模拟部分，本节给出了 RBC 模型的 Dynare 程序，并给定 1 单位正向生产率冲击时，模拟了模型中其他变量的脉冲响应。

9.3　经典实例：不可分劳动模型

真实经济周期模型揭示了经济周期产生的原因及机制，强调经济周期的产生源自经济体系之外的真实因素的冲击。在解释经济中的就业波动问题时，RBC 模型认为，如果出现暂时性的技术冲击，则导致当前实际工资水平提高，代表性家庭将选择增加劳动减少闲暇，从而导致短期劳动供给大幅增加。但是，从长期来看，伴随着技术冲击的减弱，实际工资水平逐渐降低，劳动供给随之下降。因而，RBC 模型在解释就业波动问题时，侧重强调劳动者在保持就业的状态下调整劳动时长。换言之，劳动力始终存在于劳动市场中，技术冲击或其他冲击并不会导致劳动力退出市场或失业情况的出现。RBC 模型的缺陷在于，其无法解释经济中的失业问题。在 RBC 模型的基础上，Hansen① 提出了不可分劳动模型，该模型中允许劳动力进入或退出市场，在一定程度上补充并完善了 RBC 模型。

9.3.1　劳动供给的基本内容

工业生产的组织结构理论认为，一组工人同时在生产线上工作是生产线良好运行的重要条件。为保证生产的顺利进行，企业和家庭以签订合约的形式确定雇佣关系，并在合约中将周工作时间固定，通常确定周工作时间为 40 小时。Hansen 的不可分劳动模型假定在企业固定家庭工作时间的情况下，家庭面临两种选择，即选择工作时间为零或选择工作时间达标。这一假定导致家庭难以平滑其劳动时间，也是不可分劳动模型区别于传统 RBC 模型的主要特征。具体而言，不可分劳动模型与传统 RBC 模型的区别是，在传统 RBC 模型中家庭在效用最大化的目标下对其劳动时长进行选择，即家庭可以自由调整其工作时间与闲暇时间的分配，所有家庭均提供劳动，经济中不存在失业；而在 Hansen 的不可分劳动模型中，家庭主要对其是否工作进行选择，由此导致经济中存在失业现象。

企业与家庭签订的合约规定，在第 t 期，假设代表性家庭工作的概率为 α_t，其向企业提供的劳动时间为 L_0 小时。这一假设包含了两项内容：一方面，该假设隐含了家庭进入或退出劳动市场的条件，即每个家庭存在报酬底线 w^*，低于这一报酬水平，家庭将不会提供劳动，从而没有劳动收入，家庭将以其持有的资本收入来维持生活；另一方面，该假设相当于企业为家庭提供完全的失业保险，从而可以平滑其消费和预期劳动时间。模型假定所有家庭是同质的，那么所有家庭将与企业签订相同的合约，每个家庭选择工作的概

---

① HANSEN G D. Indivisible labor and the business cycle[J]. Journal of monetary economics, 1985, 16(3): 309-327.

率均为 α_t。可以认为，在每一期整个经济中随机存在 α_t 比例的家庭选择工作 L_0 小时，$1-\alpha_t$ 比例的家庭不工作。因而，在第 t 期，家庭将提供 $\alpha_t L_0$ 的劳动。根据劳动力市场均衡条件可知，企业的劳动力需求即为 $L_t=\alpha_t L_0$。根据劳动需求方程，企业支付的工资水平为 w_t，该工资水平是由 $\alpha_t L_0$ 单位劳动的边际产出决定的。

9.3.2 模型框架[①]

1. 代表性家庭

代表性家庭在第 t 期的效用函数为

$$U(C_t,L_t)=\ln C_t+L_t\frac{A\ln(1-L_0)}{L_0} \tag{9-80}$$

式中，C_t 为代表性家庭在第 t 期的消费；L_0 表示第 t 期家庭提供固定工作时间；A 为参数。由于仅有 α_t 比例的代表性家庭有意愿选择工作，因而，实际上第 t 期家庭提供的劳动为 L_t，$L_t=\alpha_t L_0$。令

$$\varphi_L=\frac{A\ln(1-L_0)}{L_0} \tag{9-81}$$

式中，φ_L 为待定系数。家庭的效用函数可表示为

$$U(C_t,L_t)=\ln C_t+\varphi_L L_t \tag{9-82}$$

代表性家庭的预算约束为

$$C_t+I_t=w_tL_t+r_tK_t \tag{9-83}$$

式中，I_t 为第 t 期的投资；w_t 为实际工资水平；r_t 为实际利率；K_t 为第 t 期的资本存量。资本积累方程为

$$K_{t+1}=(1-\delta)K_t+I_t \tag{9-84}$$

代表性家庭最优化问题为

$$\text{Max } E_0\sum_{t=0}^{\infty}\beta^t(\ln C_t+\varphi_L L_t) \tag{9-85}$$

$$\text{s.t. } C_t+K_{t+1}-(1-\delta)K_t=w_tL_t+r_tK_t \tag{9-86}$$

2. 代表性企业

代表性企业的生产函数为

$$Y_t=A_tK_t^{\theta}L_t^{1-\theta} \tag{9-87}$$

企业的利润函数为

$$\pi_t=A_tK_t^{\theta}L_t^{1-\theta}-w_tL_t-r_tK_t \tag{9-88}$$

对 K_t 和 L_t 求偏导数，可得

$$\frac{\partial\pi_t}{\partial K_t}=\theta A_tK_t^{\theta-1}L_t^{1-\theta}-r_t=0 \tag{9-89}$$

---

① 这一部分内容主要参考了 McCandless 的资料。MCCANDLESS G. The ABCs of RBCs: an introduction to dynamic macroeconomic models[M]. Cambridge: Harvard University Press, 2008.

$$\frac{\partial \pi_t}{\partial L_t}=(1-\theta)A_tK_t^{\theta}L_t^{-\theta}-w_t=0 \tag{9-90}$$

对式(9-89)和式(9-90)进行整理,可得资本需求方程和劳动需求方程分别为

$$r_t=\theta A_tK_t^{\theta-1}L_t^{1-\theta} \tag{9-91}$$

$$w_t=(1-\theta)A_tK_t^{\theta}L_t^{-\theta} \tag{9-92}$$

假设市场是完全竞争的,企业的所有收入全部以工资或者资本租金的形式支付,企业的额外利润为 0,即

$$A_tK_t^{\theta}L_t^{1-\theta}-w_tL_t-r_tK_t=0 \tag{9-93}$$

结合家庭的预算约束,可将式(9-93)改写为

$$A_tK_t^{\theta}L_t^{1-\theta}=C_t+K_{t+1}-(1-\delta)K_t \tag{9-94}$$

技术进步服从 $AR(1)$过程,即

$$\ln A_{t+1}=\rho_A\ln A_t+\varepsilon_{t+1} \tag{9-95}$$

3. 最优化问题求解

本节利用动态规划方法求解离散型动态最优化问题。具体而言,应用贝尔曼方程进行求解。将上述最优化问题写成贝尔曼方程的形式为

$$V(K_t,A_t)=\underset{C_t,L_t}{\mathrm{Max}}\left[\underbrace{\ln C_t+\varphi_L L_t}_{\text{第}t\text{期效用函数}}+\underbrace{\beta E_tV(K_{t+1},A_{t+1})}_{\text{第}t+1\text{期及以后所有最大值贴现}}\right] \tag{9-96}$$

$$\text{s. t. } A_tK_t^{\theta}L_t^{1-\theta}=C_t+K_{t+1}-(1-\delta)K_t \tag{9-94$'$}$$

其中,状态变量为 K_t、A_t,控制变量为 K_{t+1}、L_t、C_t。

将式(9-94)′代入式(9-96),可得

$$V(K_t,A_t)=\underset{C_t,L_t}{\mathrm{Max}}\{\ln[A_tK_t^{\theta}L_t^{1-\theta}-K_{t+1}+(1-\delta)K_t]+\varphi_L L_t+\beta E_tV(K_{t+1},A_{t+1})\} \tag{9-97}$$

求解式(9-97)的一阶条件,得到

$$\frac{\partial V(K_t,A_t)}{\partial L_t}=0=(1-\theta)\frac{1}{A_tK_t^{\theta}L_t^{1-\theta}+(1-\delta)K_t-K_{t+1}}A_tK_t^{\theta}L_t^{-\theta}+\varphi_L \tag{9-98}$$

$$\frac{\partial V(K_t,A_t)}{\partial K_{t+1}}=0=-\frac{1}{A_tK_t^{\theta}L_t^{1-\theta}+(1-\delta)K_t-K_{t+1}}+\beta E_t\left[\frac{\theta A_{t+1}K_{t+1}^{\theta-1}L_{t+1}^{1-\theta}+(1-\delta)}{A_{t+1}K_{t+1}^{\theta}L_{t+1}^{1-\theta}-K_{t+2}+(1-\delta)K_{t+1}}\right] \tag{9-99}$$

结合预算约束式(9-94)′生产函数式(9-87)以及资本需求方程式(9-91),将式(9-98)和式(9-99)整理可得

$$L_t=-\frac{(1-\theta)Y_t}{\varphi_L C_t} \tag{9-100}$$

$$\frac{1}{C_t}=\beta E_t\left[\frac{1}{C_{t+1}}(r_{t+1}+(1-\delta))\right] \tag{9-101}$$

式(9-100)、式(9-101)分别为劳动的一阶条件和消费的欧拉方程。

市场出清条件为

$$Y_t = C_t + I_t \tag{9-102}$$

结合资本积累方程式(9-84)，可将市场出清条件表示为

$$C_t + K_{t+1} = Y_t + (1-\delta)K_t \tag{9-103}$$

4. 均衡条件

求解 Hansen 不可分劳动模型的过程可以表述为，在给定 4 个参数$\{\delta,\beta,\theta,\rho_A\}$的条件下，求解 6 个方程和 6 个未知变量$\{C_t,L_t,K_t,Y_t,r_t,A_t\}$。其中，6 个方程分别为：

劳动的一阶条件：$L_t = -\dfrac{(1-\theta)Y_t}{\varphi_L C_t}$ [1]

消费欧拉方程：$\dfrac{1}{C_t} = \beta E_t\left[\dfrac{1}{C_{t+1}}(r_{t+1}+(1-\delta))\right]$ [2]

生产函数：$Y_t = A_t K_t^{\theta} L_t^{1-\theta}$ [3]

资本需求方程：$r_t = \theta A_t K_t^{\theta-1} L_t^{1-\theta}$ [4]

市场出清方程：$C_t + K_{t+1} = Y_t + (1-\delta)K_t$ [5]

生产率冲击方程：$\ln A_{t+1} = \rho_A \ln A_t + \varepsilon_{t+1}$ [6]

基于上述 6 个方程，可以求得 6 个变量在稳态时的解，即$\{C^*,L^*,K^*,Y^*,r^*,A^*\}$。

9.3.3 求解稳态

根据 9.3.2 小节列出的模型均衡条件，可求出均衡条件的稳态形式为

劳动的一阶条件：$L^* = -\dfrac{(1-\theta)Y^*}{\varphi_L C^*}$ [7]

消费的欧拉方程：$\dfrac{1}{C^*} = \beta\left[\dfrac{1}{C^*}(r^*+(1-\delta))\right] \Rightarrow 1 = \beta(r^*+(1-\delta))$ [8]

生产函数：$Y^* = A^*(K^*)^{\theta}(L^*)^{1-\theta}$ [9]

资本需求方程：$r^* = \theta A^*(K^*)^{\theta-1}(L^*)^{1-\theta}$ [10]

市场出清方程：$C^* + K^* = Y^* + (1-\delta)K^* \Rightarrow C^* = Y^* - \delta K^*$ [11]

生产率冲击方程：$\ln A^* = \rho_A \ln A^*$ [12]

式[7]～式[12]中，C^*,L^*,K^*,Y^*,r^*,A^* 均表示对应变量的稳态值。求解模型稳态的目标是得到 6 个内生变量的稳态表达式。通常将稳态的技术水平设为 1，即设 $A^*=1$。参考McCandless① 的研究，将劳动的稳态值设为 0.333 5，即 $L^*=0.3335$。下文将进行其他变量稳态值的求解。

通过消费的欧拉方程[8]可得实际利率的稳态形式 r^* 为

$$r^* = \frac{1}{\beta} - (1-\delta) \qquad [13]$$

---

① MCCANDLESS G. The ABCs of RBCs: an introduction to dynamic macroeconomic models[M]. Cambridge: Harvard University Press,2008.

根据资本需求方程[10]可求出资本的稳态形式 K^* 为

$$K^* = \left(\frac{\theta}{r^*}\right)^{\frac{1}{1-\theta}} L^* \tag{[14]}$$

根据生产函数[9]可求出产出的稳态形式 Y^* 为

$$Y^* = (K^*)^{\theta}(L^*)^{1-\theta} \tag{[15]}$$

根据市场出清方程[11]可求出消费的稳态形式 C^* 为

$$C^* = Y^* - \delta K^* \tag{[16]}$$

根据劳动的一阶条件[7]可求出待定系数 φ_L，即

$$\varphi_L = -\frac{(1-\theta)Y^*}{C^* L^*} \tag{[17]}$$

基于上述方程，即可实现模型中所有变量的稳态求解。

9.3.4 线性化处理

本节仍采用 Uhlig 对数线性化方法对模型的均衡条件进行线性化处理。以市场出清条件为例，即

$$C_t + K_{t+1} = Y_t + (1-\delta)K_t \tag{9-103$'$}$$

利用 $x^* e^{\widetilde{x}_t}$ 替换 x_t，式(9-103)′改写为

$$C^* e^{\widetilde{C}_t} + K^* e^{\widetilde{K}_{t+1}} = Y^* e^{\widetilde{Y}_t} + (1-\delta)K^* e^{\widetilde{K}_t} \tag{9-104}$$

进一步整理可得

$$C^*(1+\widetilde{C}_t) + K^*(1+\widetilde{K}_{t+1}) = Y^*(1+\widetilde{Y}_t) + (1-\delta)K^*(1+\widetilde{K}_t) \tag{9-105}$$

结合市场出清方程的稳态形式

$$C^* + K^* = Y^* + (1-\delta)K^* \tag{9-106}$$

将式(9-106)代入式(9-105)并化简可得

$$Y^*\widetilde{Y}_t = C^*\widetilde{C}_t + K^*(\widetilde{K}_{t+1} - (1-\delta)\widetilde{K}_t) \tag{9-107}$$

式(9-107)即为市场出清方程的对数线性化形式。

Hansen 不可分劳动模型中，其他均衡条件的对数线性化处理方式与市场出清方程的处理过程类似，不再赘述。整理可得，Hansen 不可分劳动模型对数线性化后的均衡条件为

劳动的一阶条件：$\widetilde{C}_t + \widetilde{L}_t = \widetilde{Y}_t$　[18]

消费的欧拉方程：$\widetilde{C}_t - E_t\widetilde{C}_{t+1} + \beta E_t r^* \widetilde{r}_{t+1} = 0$　[19]

资本需求方程：$\widetilde{r}_t = \widetilde{Y}_t - \widetilde{K}_t$　[20]

生产函数：$\widetilde{Y}_t = \widetilde{A}_t + \theta\widetilde{K}_t + (1-\theta)\widetilde{L}_t$　[21]

市场出清方程：$Y^*\widetilde{Y}_t = C^*\widetilde{C}_t + K^*(\widetilde{K}_{t+1} - (1-\delta)\widetilde{K}_t)$　[22]

生产率冲击方程：$\widetilde{A}_{t+1} = \rho_A\widetilde{A}_t + \varepsilon_{t+1}$　[23]

9.3.5 模型求解

本节利用 Uhlig 待定系数法对 Hansen 的不可分劳动模型进行求解。根据 Uhlig 待定系数法的思想，将模型写成矩阵形式为

$$\mathbf{0}=\boldsymbol{A}\boldsymbol{x}_t+\boldsymbol{B}\boldsymbol{x}_{t-1}+\boldsymbol{C}\boldsymbol{y}_t+\boldsymbol{D}\boldsymbol{z}_t \tag{9-108}$$

$$\mathbf{0}=E_t[\boldsymbol{F}\boldsymbol{x}_{t+1}+\boldsymbol{G}\boldsymbol{x}_t+\boldsymbol{H}\boldsymbol{x}_{t-1}+\boldsymbol{J}\boldsymbol{y}_{t+1}+\boldsymbol{K}\boldsymbol{y}_t+\boldsymbol{L}\boldsymbol{z}_t+\boldsymbol{M}\boldsymbol{z}_{t-1}] \tag{9-109}$$

$$\boldsymbol{z}_t=\boldsymbol{N}\boldsymbol{z}_{t-1}+\boldsymbol{e}_t,\quad E_t\boldsymbol{e}_t=0 \tag{9-110}$$

其中，$\boldsymbol{x}_t$ 表示内生状态变量向量，$\boldsymbol{y}_t$ 表示其他的内生变量向量，$\boldsymbol{z}_t$ 表示外生变量向量，结合 Hansen 不可分劳动模型，即

$$\boldsymbol{x}_t=[\widetilde{K}_{t+1}],\quad \boldsymbol{y}_t=[\widetilde{Y}_t,\widetilde{C}_t,\widetilde{L}_t,\tilde{r}_t]',\quad \boldsymbol{z}_t=\widetilde{A}_t \tag{9-111}$$

将式(9-111)代入式(9-108)～式(9-110)中，并结合模型的线性化均衡条件可求出系数矩阵为

$$\begin{gathered}\boldsymbol{A}=[0\quad -K^*\quad 0\quad 0]',\quad \boldsymbol{B}=[0\quad (1-\delta)K^*\quad \theta\quad -1]',\\ \boldsymbol{C}=\begin{bmatrix}1 & -1 & -1 & 0\\ Y^* & -C^* & 0 & 0\\ -1 & 0 & (1-\theta) & 0\\ 1 & 0 & 0 & -1\end{bmatrix},\quad \boldsymbol{D}=[0\quad 0\quad 1\quad 0]',\quad \boldsymbol{F}=[0],\quad \boldsymbol{G}=[0],\\ \boldsymbol{H}=[0],\quad \boldsymbol{J}=[0\quad -1\quad 0\quad \beta r^*],\quad \boldsymbol{K}=[0\quad 1\quad 0\quad 0],\quad \boldsymbol{L}=[0],\\ \boldsymbol{M}=[0],\quad \boldsymbol{N}=[\rho_A]\end{gathered} \tag{9-112}$$

求解 *DSGE* 模型的最终目标是得到政策方程和观测方程，即

$$\begin{cases}\boldsymbol{x}_t=\boldsymbol{P}\boldsymbol{x}_{t-1}+\boldsymbol{Q}\boldsymbol{z}_t\\ \boldsymbol{y}_t=\boldsymbol{R}\boldsymbol{x}_{t-1}+\boldsymbol{S}\boldsymbol{z}_t\end{cases} \tag{9-113}$$

求出系数矩阵 $\boldsymbol{P}$,$\boldsymbol{Q}$,$\boldsymbol{R}$,$\boldsymbol{S}$ 是求解政策方程和观测方程的关键。应用待定系数法求解政策方程的系数矩阵，本质上等同于求解二次方程的根，且保证方程的根是稳定的，即要求方程特征根的绝对值小于 1。因而，在 MATLAB 程序中，需要利用二次方程的求根公式，并对方程的两个特征根进行选择。此外，系数矩阵涉及各变量的稳态值，需要对模型参数进行赋值，本节参考 McCandless① 的参数校准值，然后根据 9.3.3 小节的稳态求解过程求出各变量的稳态值。

利用 Uhlig 待定系数法求解不可分劳动模型时，可编写 MATLAB 程序为

```
%Hansen 不可分劳动模型求解
%Uhlig 待定系数法
clear;
beta = 0.99;                                    % 资本的产出弹性
```

① MCCANDLESS G. The ABCs of RBCs: an introduction to dynamic macroeconomic models[M]. Cambridge: Harvard University Press, 2008.

```
delta = 0.025;                                          % 主观贴现因子
theta = 0.36;                                           % 资本折旧率
rhoa = 0.9;                                             % 生产率的自回归参数

Ls = 0.3335;                                            % 劳动的稳态值
rs = 1/beta - (1 - delta);                              % 实际利率的稳态形式
Ks = (theta/rs)^(1/(1 - theta)) * Ls;                   % 资本存量的稳态形式
Ys = Ks^theta * Ls ^(1 - theta);                        % 产出的稳态形式
Cs = Ys - delta * Ks;                                   % 消费的稳态形式
psiL = - (1 - theta) * Ys/Cs/Ls;                        % 待决系数的表达式

A = [0 - Ks 0 0]';                                      % 系数矩阵 A
B = [0 (1 - delta) * Ks theta - 1]';                    % 系数矩阵 B
C = [1 - 1 - 1 0; Ys - Cs 0 0; - 1 0 (1 - theta) 0; 1 0 0 - 1];  % 系数矩阵 C
D = [0 0 1 0]';                                         % 系数矩阵 D
F = [0];                                                % 系数矩阵 F
G = [0];                                                % 系数矩阵 G
H = [0];                                                % 系数矩阵 H
J = [0 - 1 0 beta * rs];                                % 系数矩阵 J
K = [0 1 0 0];                                          % 系数矩阵 K
L = [0];                                                % 系数矩阵 L
M = [0];                                                % 系数矩阵 M
N = [rhoa];                                             % 系数矩阵 N

a = F - J * (C\A);                                      % 方程中的二次项系数
b = - (J * (C\B) - G + K * (C\A));                      % 方程中的一次项系数
c = - K * (C\B) + H;                                    % 方程中的常数项
P1 = ( - b + sqrt(b^2 - 4 * a * c))/(2 * a);            % 方程特征根
P2 = ( - b - sqrt(b^2 - 4 * a * c))/(2 * a);            % 方程特征根

if abs(P1)< 1  % 对方程特征根进行判断,选择绝对值小于 1 的特征根,即为政策方程的系数矩阵 P
    P = P1;
else
    P = P2;
end

R = - C\(A * P + B);                                    % 求出系数矩阵 R
Q = (J * (C\D) - L) * N + K * (C\D) - M;
QD = kron(N',(F - J * (C\A))) + (J * R + F * P + G - K * (C\A));
Q = Q/QD;                                               % 求出系数矩阵 Q
S = - C\(A * Q + D);                                    % 求出系数矩阵 S
```

运行上述代码,即可得到系数矩阵 $\boldsymbol{P}$,$\boldsymbol{Q}$,$\boldsymbol{R}$,$\boldsymbol{S}$ 为

$$\boldsymbol{P}=[0.9418],\quad \boldsymbol{Q}=[0.1803],\quad \boldsymbol{R}=\begin{bmatrix}0.0550\\0.5316\\-0.4766\\-0.9450\end{bmatrix},\quad \boldsymbol{S}=\begin{bmatrix}2.1372\\0.3603\\1.7769\\2.1372\end{bmatrix} \tag{9-114}$$

由此可得 Hansen 不可分劳动模型的解为

$$\widetilde{K}_{t+1}=0.9418\widetilde{K}_t+0.1803\widetilde{A}_t \tag{9-115}$$

$$\begin{bmatrix}\widetilde{Y}_t\\ \widetilde{C}_t\\ \widetilde{L}_t\\ \widetilde{r}_t\end{bmatrix}=\begin{bmatrix}0.0550\\ 0.5316\\ -0.4766\\ -0.9450\end{bmatrix}\widetilde{K}_t+\begin{bmatrix}2.1372\\ 0.3603\\ 1.7769\\ 2.1372\end{bmatrix}\widetilde{A}_t \tag{9-116}$$

其中，式(9-115)为观测方程或转换方程，式(9-116)为政策方程。

9.3.6 数值模拟

对于 Hansen 不可分劳动模型而言，模型共包括 6 个变量$\{C_t,L_t,K_t,Y_t,r_t,A_t\}$、4 个参数$\{\delta,\beta,\theta,\rho_A\}$和 6 个均衡条件。线性化后的均衡条件归纳为

劳动的一阶条件：$\widetilde{C}_t+\widetilde{L}_t=\widetilde{Y}_t$ [18]′

消费的欧拉方程：$\widetilde{C}_t-E_t\widetilde{C}_{t+1}+\beta E_t r^*\widetilde{r}_{t+1}=0$ [19]′

资本需求方程：$\widetilde{r}_t=\widetilde{Y}_t-\widetilde{K}_t$ [20]′

生产函数：$\widetilde{Y}_t=\widetilde{A}_t+\theta\widetilde{K}_t+(1-\theta)\widetilde{L}_t$ [21]′

市场出清方程：$Y^*\widetilde{Y}_t=C^*\widetilde{C}_t+K^*(\widetilde{K}_{t+1}-(1-\delta)\widetilde{K}_t)$ [22]′

生产率冲击方程：$\widetilde{A}_{t+1}=\rho_A\widetilde{A}_t+\varepsilon_{t+1}$ [23]′

基于 Hansen 不可分劳动模型进行数值模拟时，编写 Dynare 程序为①

```
%Hansen 不可分劳动模型数值模拟
%第一部分：变量声明、参数声明及参数赋值

var Y C K L A r;                          % 声明内生变量
varexo e;                                 % 声明外生冲击变量
parameters theta beta delta rhoa;         % 声明参数
parameters Ys Cs Ks Ls As rs;

thcta = 0.36;                             % 资本的产出弹性
delta = 0.025;                            % 主观贴现因子
beta = 0.99;                              % 资本折旧率
rhoa = 0.9;                               % 生产率的自回归参数

As = 1;                                   % 技术水平的稳态值
Ls = 0.3335;                              % 劳动的稳态值
rs = 1/beta - (1 - delta);                % 实际利率的稳态形式
```

① MCCANDLESS G. The ABCs of RBCs: an introduction to dynamic macroeconomic models[M]. Cambridge: Harvard University Press,2008.

```
Ks = (theta/rs)^(1/(1 - theta)) * Ls;                     % 资本存量的稳态形式
Ys = Ks^theta * Ls ^(1 - theta);                          % 产出的稳态形式
Cs = Ys - delta * Ks;                                     % 消费的稳态形式

%第二部分: 模型声明

model(linear);                                            % 模型(对数线性化形式)
C + L = Y;                                                % 劳动供给方程
C = C( + 1) + beta * rs * r( + 1);                        % 消费的欧拉方程
r = Y - K( - 1);                                          % 资本需求方程
Y = A + theta * K( - 1) + (1 - theta) * L;                % 生产函数
Ys * Y = Cs * C + Ks * (K - (1 - delta) * K( - 1));       % 市场出清方程
A = rhoa * A( - 1) + e;                                   % 生产率冲击方程
end;

%第三部分: 稳态值声明

steady;                                                   % 计算稳态
check;
model_diagnostics;
model_info;

%第四部分: 外生冲击声明

shocks;                                                   % 外生冲击设定
var e;                                                    % 声明外生变量名称
stderr 0.01;                                              % 设定外生冲击的数值
end;

%第五部分: 随机模拟

stoch_simul(periods = 1000, irf = 100, order = 1) ;       % 表示模拟 1000 期、计算 100 期脉冲
                                                          响应、进行一阶泰勒求解
```

运行上述 Dynare 文件即可进行随机模拟。为了更好地分析技术冲击对不可分劳动模型中各变量的影响,本节将传统 RBC 模型(可分劳动模型)和不可分劳动模型中各变量对技术冲击的脉冲响应图形进行对比,如图 9-2 所示。

基于图 9-2 可得,技术冲击(A)直接导致不同模型中的产出水平(Y)上升,由此导致企业增加劳动(L)和资本(K)两种生产要素的需求。其中,技术冲击对不可分劳动模型中的产出(Y)、劳动(L)和资本(K)的影响更为显著。资本要素需求的提高导致实际利率(r)增加,进一步导致家庭收入水平提高,从而使得家庭消费(C)增加。在不可分劳动模型下,技术冲击导致劳动者进入或退出市场,而非选择调整劳动时间,因此,劳动供给的波动程度更为剧烈,由此导致产出等其他变量对技术冲击的脉冲响应更为明显。

本节主要介绍了 Hansen 不可分劳动模型的基本框架、模型求解等内容。Hansen 不可分劳动模型在 RBC 模型的基础上将代表性家庭的劳动时间固定,家庭不再进行跨期劳动决策,取而代之的是家庭需要在劳动和不劳动之间做出选择,因而,不可分劳动模型允许家庭进入或退出劳动市场,即不可分劳动模型能够解释经济周期中出现的失业问题,这也是其与 RBC 模型的主要区别。本节首先对不可分劳动模型的基本框架进行设定,然后

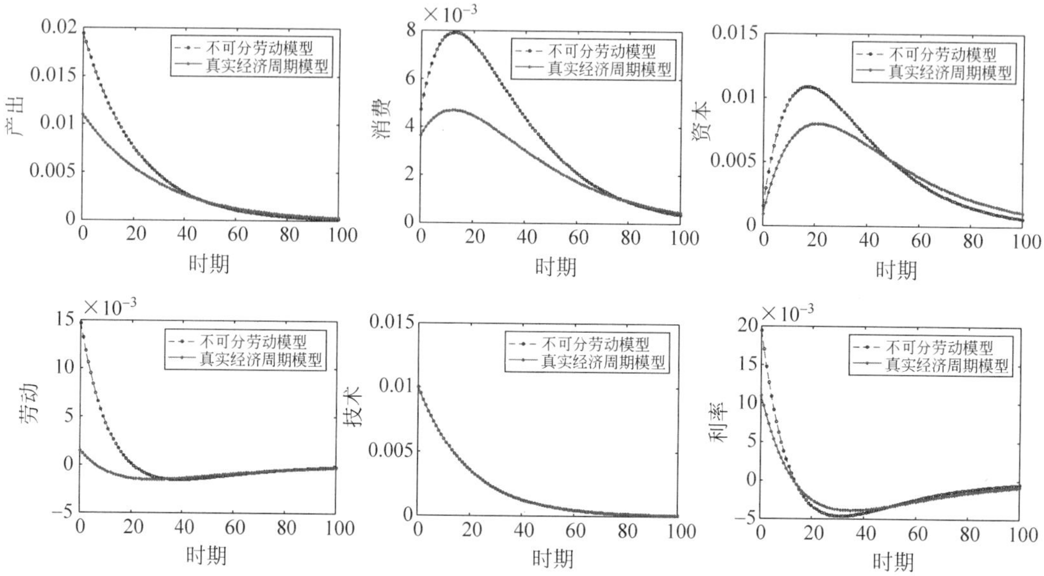

图 9-2 生产率冲击脉冲响应

利用 Uhlig 对数线性化方法对模型均衡条件进行线性化处理，随后采用待定系数法求解模型，通过编写 MATLAB 程序求解得到政策方程和转换方程，最后编写 Dynare 文件进行数值模拟。

在本章的结束，对真实经济周期模型进行简单的总结。真实经济周期模型主要揭示了经济波动产生的原因，该模型将所有变量定义在实际变量基础之上，认为经济周期的产生源自经济体系之外的真实因素的冲击，不考虑货币因素带来的效应，且该理论认为经济中周期性的扩张和衰退是自然现象。RBC 模型的不足之处在于，其研究框架较为简单，该模型假设家庭是同质的，企业也是同质的，并未考虑异质性因素，同时假设市场处于完全竞争状态，这一假设与现实经济并不相符，此外，RBC 模型中并没有引入货币因素。在 RBC 模型的基础上，新凯恩斯模型引入了垄断竞争和价格黏性等因素，构建了更为符合现实经济特征的宏观经济模型，第 10 章将对新凯恩斯模型展开详细介绍。

本 章 习 题

1. 请简述真实经济周期模型中“真实”的含义及其与新古典模型的区别。
2. 请列出求解真实经济周期模型通常所需的方程。
3. 请简述不可分劳动模型与传统真实经济周期模型的区别。

扩展阅读 9-1　RBC 模型——财政支出、经济外部性与政府双重角色转换

扩9-1

第 10 章　新凯恩斯模型

现代宏观经济学基本上分为两大流派：一是遵循经典传统的真实经济周期理论，二是基于凯恩斯主义原则的新凯恩斯主义理论。这两个学派的主要区别在于四个方面。

第一，对于经济波动的解释不同：真实经济周期理论认为周期性的扩张和衰退是自然现象。对于一个经济体而言，经济危机不是可怕的事件，而是自然的减速，衰退意味着未来的扩张。新凯恩斯主义经济学认为市场失灵是产生经济波动的根本原因。

第二，对于政府职能的认识不同：真实经济周期理论认为政府干预经济是无效的，即财政政策和货币政策均无法调节宏观经济状况，新凯恩斯主义强调政府职能，认为政府可以在改善宏观经济状况方面发挥重要作用。

第三，对于市场状态的假设不同：真实经济周期理论中的总体经济在需求和供给两方面都处于完全竞争状态，即真实经济周期模型具有完全竞争假设，而新凯恩斯模型的核心特征之一是假设市场处于非完全竞争状态。因而，相较于真实经济周期模型而言，新凯恩斯模型更加灵活。

第四，对于生产结构的设定不同：与真实经济周期模型相比，新凯恩斯模型中代表性家庭的行为结构没有发生改变，但生产部门的结构发生重大变化，企业问题变得更加复杂，表现为引入生产最终产品的企业(零售企业)和生产中间产品的企业(批发企业)两类部门。非完全竞争集中在中间产品部门，中间品企业生产差异化的商品，由最终品企业在完全竞争的环境中进行销售。

本章的结构安排为：10.1 节按照模型简介、基本框架、模型求解和随机模拟的顺序依次对新凯恩斯(NK)模型展开详细介绍；10.2 节～10.5 节分别将工资黏性、投资调整成本、家庭消费习惯以及政府部门等因素引入标准 NK 模型之中，并对拓展后的 NK 模型进行 Dynare 编程。本章参考了 Torres①、Celso 和 Costa②、刘斌③的教材和资料。

10.1　新凯恩斯模型介绍

新凯恩斯模型是在真实经济周期模型的基础上，引入垄断竞争和价格黏性两项特征，进而形成的分析微观主体行为的宏观经济模型。价格黏性是指当需求曲线或供给曲线发生变化时，买卖双方无法迅速适应新的市场条件并达到均衡，即商品价格不会立即变化到新的均衡价格。新凯恩斯模型将经济中的生产部门分为两部分：中间产品部门和最终产

---

① 托雷斯. 动态宏观经济一般均衡模型入门[M]. 刘斌，译. 北京：中国金融出版社，2015.

② CELSO J，COSTA J. Understanding DSGE models：theory and applications[M]. Wilmington：Vernon Press，2016.

③ 刘斌. 系统性解剖与构建 DSGE 框架[M]. 北京：中国金融出版社，2018.

品部门。其中，中间产品部门又称批发企业，其由许多企业组成，这些企业根据生产函数决定生产要素投入规模和中间产品的价格。新凯恩斯模型假设中间品企业处于垄断竞争市场中，该假设背后的基本经济学观点是，中间品企业生产的产品彼此相似但不完全相同，所有中间品之间不能够完全替代。生产差异化产品的企业具有一定的市场力量，体现为中间品企业具有一定的定价能力。最终品企业又称零售企业，NK 模型假设最终品企业处于完全竞争市场中。

10.1.1 模型简介

新凯恩斯模型是根据新凯恩斯主义理论建立的，新凯恩斯主义理论则是在凯恩斯主义理论的基础上，吸收了非凯恩斯主义的某些观点而形成的理论，即新凯恩斯主义理论在传统的凯恩斯理论基础上做了进一步的补充。例如，凯恩斯主义理论认为失业的原因在于需求不足和名义工资刚性，但没有解释名义工资刚性的原因。新凯恩斯主义者以工资黏性、价格黏性分别代替凯恩斯主义工资刚性和价格刚性的概念，以工资黏性、价格黏性和非市场出清的假设分别代替新古典宏观经济学的工资弹性、价格弹性以及市场出清条件的假设，并将其与宏观层面的产量和就业等问题相结合，建立了具有微观经济基础的新凯恩斯主义宏观经济模型。

在解释经济波动的原因方面，新凯恩斯模型认为经济波动的主要原因在于现实中市场具有非完全竞争性、不完全信息和价格黏性等特征。在现实中，各类市场往往是垄断竞争的，产品或服务的供给方具备控制价格和工资水平的能力，面对供给冲击或需求冲击，价格和工资水平的调整是缓慢的，导致产品市场和劳动力市场均处于非出清的状态，因而，新凯恩斯模型的均衡并非瓦尔拉斯均衡。所谓价格黏性，是指价格处于完全弹性和刚性两种极端情况之间的状态，意味着价格只能缓慢且小幅度地进行调整。新凯恩斯经济学派针对价格黏性进行深入探索，着重从价格黏性和工资黏性的微观视角展开研究，在垄断竞争的经济环境中依据菜单成本论、交错定价、投资调整成本等理论假设对价格黏性和工资黏性进行了分析，并对传统的菲利普斯曲线进行了改进。可以认为，价格黏性概念的提出为货币政策变化对实体经济的影响提供了一个新的解释思路。

在政府调节经济职能方面，新凯恩斯主义主张政府干预，认为政府制定的经济政策措施是修复市场失灵的重要途径。根据新凯恩斯主义的观点，经济并不总是在充分就业的水平上运行，即使存在理性预期假设，即人们能够准确预期到经济将面临的冲击以及冲击所带来的后果，并产生了应对冲击的行为动机，但由于价格黏性的存在，价格和工资水平的调整是不完全的，因而人们无法采取正确的行动，由此导致失业率上升、产出减少等后果，此时有必要依靠政府的经济干预以帮助经济恢复到平稳运行状态。

在建模时，新凯恩斯模型融合了真实经济周期理论，包含了垄断竞争和价格黏性等特征，将微观企业的定价机制融入宏观经济学的模型之中。新凯恩斯模型的设定要素主要包括：经济中存在大量理性预期的企业；通货膨胀率依赖对于未来通胀的预期和失业率缺口；存在工资黏性和价格黏性等。

10.1.2　模型框架[①]

1. 代表性家庭

一般 NK 模型与 RBC 模型中代表性家庭效用最大化问题的求解过程类似。假设经济中存在大量同质的、无限期生存的代表性家庭，每个代表性家庭在第 t 期的目标是最大化其一生效用的期望现值：

$$\text{Max } E_0 \sum_{t=0}^{\infty} \beta^t \left(\frac{C_t^{1-\sigma}}{1-\sigma} - \frac{L_t^{1+\phi}}{1+\phi} \right) \tag{10-1}$$

式中，C_t 为家庭在第 t 期的消费；L_t 为家庭提供的劳动时间，将时间禀赋规范化为 1，则 $1-L_t$ 表示闲暇；σ 为相对风险规避系数或称为跨期替代弹性；ϕ 为劳动供给 Frisch 弹性的倒数；β 是贴现因子，$0<\beta<1$；E_0 表示基于初始期的期望算子。

代表性家庭的预算约束为

$$P_t(C_t + I_t) = W_t L_t + R_t K_t + \Pi_t \tag{10-2}$$

式中，P_t 表示产品价格水平；或消费和投资的价格；W_t 为家庭的工资水平；R_t 为资本利息率或利率；K_t 为资本存量；Π_t 为利润或家庭得到的由企业支付的红利。资本积累方程为

$$K_{t+1} = (1-\delta)K_t + I_t \tag{10-3}$$

将资本积累方程式(10-3)代入预算约束式(10-2)中，可得

$$P_t C_t + P_t(K_{t+1} - (1-\delta)K_t) = W_t L_t + R_t K_t + \Pi_t \tag{10-4}$$

基于目标函数式(10-1)和预算约束式(10-4)构造最优化问题的拉格朗日方程为

$$L = E_0 \sum_{t=0}^{\infty} \beta^t \left\{ \left[\frac{C_t^{1-\sigma}}{1-\sigma} - \frac{L_t^{1+\phi}}{1+\phi} \right] - \lambda_t \left[P_t C_t + P_t K_{t+1} - P_t(1-\delta)K_t - W_t L_t - R_t K_t - \Pi_t \right] \right\} \tag{10-5}$$

分别对消费 C_t、劳动 L_t、资本存量 K_{t+1} 求偏导数，得到一阶条件为

$$\frac{\partial L}{\partial C_t} = C_t^{-\sigma} - \lambda_t P_t = 0 \tag{10-6}$$

$$\frac{\partial L}{\partial L_t} = -L_t^{\phi} + \lambda_t W_t = 0 \tag{10-7}$$

$$\frac{\partial L}{\partial K_{t+1}} = -\lambda_t P_t + \beta E_t \lambda_{t+1} [(1-\delta)P_{t+1} + R_{t+1}] = 0 \tag{10-8}$$

对式(10-6)和式(10-7)进行整理可消去 λ_t，从而得到劳动供给方程

$$C_t^{\sigma} L_t^{\phi} = \frac{W_t}{P_t} \tag{10-9}$$

对式(10-6)和式(10-8)进行整理，可得到关于消费的欧拉方程

① 本节部分内容参考了李向阳的资料。李向阳. 动态随机一般均衡(DSGE)模型：理论、方法和 Dynare 实践[M]. 北京：清华大学出版社，2018.

$$\left(\frac{C_{t+1}}{C_t}\right)^{\sigma}=E_t\beta\left[(1-\delta)+\frac{R_{t+1}}{P_{t+1}}\right] \tag{10-10}$$

2. 最终品企业

在新凯恩斯模型中，假设最终品企业处于完全竞争市场中，所有的最终品企业生产并出售同质的商品。生产过程可以简单描述为：代表性最终品企业购买多种中间产品作为投入要素，使用特定的技术加工形成某种集合商品或商品束，并在完全竞争市场中出售。需要注意的是，NK 模型中的最终品企业与 RBC 模型中的代表性企业均处于完全竞争的市场状态，但是 NK 模型中的最终品企业是将多种中间产品聚合或加总后形成一种最终产品出售，而 RBC 模型中的企业直接生产并出售单一产品。

最终品企业应如何对投入的中间品要素进行加总呢？通常情况下，NK 模型认为投入的中间品数量是"无限"个。假设每种中间品连续分布在单位区间[0,1]内，则在计算中间品数量时，考虑的应是中间商品的连续数量，而不是离散数量。假设单位区间[0,1]内的任意一点代表一种特定的中间品，则与可获得的商品总量相比，这些商品中的每一种都是微乎其微的。假设属于单位区间的每种商品均是由不同的中间品企业进行生产，并且不能被任何其他中间品完全替代，即中间品企业处于垄断竞争的市场状态。文献中普遍采用 Dixit 和 Stiglitz[①] 的方法对中间品进行加总。

根据 Dixit 和 Stiglitz 的加总方法，代表性最终品企业的生产函数为

$$Y_t=\left(\int_0^1 Y_{i,t}^{\frac{\varepsilon-1}{\varepsilon}}\mathrm{d}i\right)^{\frac{\varepsilon}{\varepsilon-1}} \tag{10-11}$$

式中，Y_t 为第 t 期最终品企业的产出；$Y_{i,t}$ 为第 i 个中间品企业生产的中间品，或称为最终品企业投入的中间品 i，$i\in[0,1]$；参数 ε 为不同中间品之间的替代弹性，$\varepsilon>1$。

代表性最终品企业的问题是，在给定最终品价格和中间品价格的情形下，选择中间品数量从而实现最大化利润的目标，即

$$\underset{Y_{i,t}}{\mathrm{Max}}\ P_tY_t-\int_0^1 P_{i,t}Y_{i,t}\mathrm{d}i \tag{10-12}$$

式中，P_t 为最终品的名义价格；$P_{i,t}$ 为第 i 种中间品的名义价格。

将式(10-11)代入式(10-12)，可得

$$\underset{Y_{i,t}}{\mathrm{Max}}\ P_t\left(\int_0^1 Y_{i,t}^{\frac{\varepsilon-1}{\varepsilon}}\mathrm{d}i\right)^{\frac{\varepsilon}{\varepsilon-1}}-P_{i,t}\int_0^1 Y_{i,t}\mathrm{d}i \tag{10-13}$$

将式(10-13)对 $Y_{i,t}$ 求偏导数，可得

$$P_t\left(\int_0^1 Y_{i,t}^{\frac{\varepsilon-1}{\varepsilon}}\mathrm{d}i\right)^{\frac{\varepsilon}{\varepsilon-1}-1}Y_{i,t}^{\frac{\varepsilon-1}{\varepsilon}-1}-P_{i,t}=0 \tag{10-14}$$

① DIXIT A K, STIGLITZ J E. Monopolistic competition and optimum product diversity[J]. American economic review, 1977, 67(3): 297-308.

最终品企业的生产函数式(10-11)可写为

$$Y_t^{\frac{1}{\varepsilon}}=\left(\int_0^1 Y_{i,t}^{\frac{\varepsilon-1}{\varepsilon}}\mathrm{d}i\right)^{\frac{1}{\varepsilon-1}} \tag{10-15}$$

将式(10-15)代入式(10-14)中可得

$$P_t Y_t^{\frac{1}{\varepsilon}} Y_{i,t}^{-\frac{1}{\varepsilon}}-P_{i,t}=0 \tag{10-16}$$

方程两边同时进行幂次运算,移项得

$$Y_{i,t}=Y_t\left(\frac{P_t}{P_{i,t}}\right)^{\varepsilon} \tag{10-17}$$

式(10-17)即为最终品企业对中间品 i 的需求函数。将式(10-17)代入最终品企业的生产函数式(10-11)中,可得

$$Y_t=\left(\int_0^1 (Y_t P_t^{\varepsilon} P_{i,t}^{-\varepsilon})^{\frac{\varepsilon-1}{\varepsilon}}\mathrm{d}i\right)^{\frac{\varepsilon}{\varepsilon-1}} \tag{10-18}$$

由于 Y_t、P_t 分别表示最终品企业的总产出和最终品价格,可以将式(10-17)整理为

$$Y_t=Y_t P_t^{\varepsilon}\left(\int_0^1 (P_{i,t}^{-\varepsilon})^{\frac{\varepsilon-1}{\varepsilon}}\mathrm{d}i\right)^{\frac{\varepsilon}{\varepsilon-1}} \tag{10-19}$$

进一步整理可得

$$P_t=\left(\int_0^1 P_{i,t}{}^{1-\varepsilon}\mathrm{d}i\right)^{\frac{1}{1-\varepsilon}} \tag{10-20}$$

式(10-20)即为最终品价格决定方程。

3. 中间品企业

新凯恩斯模型假设中间品市场是垄断竞争市场,即市场中存在大量的中间品企业,每个企业生产差异化产品,从而导致中间品企业具有一定程度的市场势力,因此,中间品企业能够对其生产的中间产品进行定价。换言之,与最终品企业是价格的接受者不同,中间品企业是价格的制定者。求解中间品企业的优化问题分为两个阶段：第一阶段企业求解成本最小化问题以确定其边际成本；第二阶段企业对价格进行调整以实现利润最大化目标。

中间品企业的生产函数为

$$Y_{i,t}=A_t K_{i,t}^{\alpha} L_{i,t}^{1-\alpha} \tag{10-21}$$

式中,A_t 为中间品企业的生产率水平；$L_{i,t}$ 为中间品企业 i 的劳动需求；$K_{i,t}$ 为中间品企业 i 的资本需求。生产率 A_t 冲击遵循如式(10-22)所示的动态方程。

$$\log A_t=(1-\rho_A)\log A^*+\rho_A\log A_{t-1}+e_t \tag{10-22}$$

中间品企业的最优化问题求解分为两个阶段：

第一阶段,在给定生产要素价格即资本利息率和工资时,中间品企业最小化其生产

成本

$$\min_{L_{i,t},K_{i,t}} W_t L_{i,t} + R_t K_{i,t} \tag{10-23}$$

式中，W_t 为中间品企业支付的工资水平；R_t 为资本利息率或利率。

中间品企业在最小化生产成本时受到生产函数的约束

$$Y_{i,t} = A_t K_{i,t}^{\alpha} L_{i,t}^{1-\alpha} \tag{10-21$'$}$$

本节采用拉格朗日方法求解中间品企业的最优化问题。构造拉格朗日函数为

$$L = W_t L_{i,t} + R_t K_{i,t} + \mu_{i,t}(Y_{i,t} - A_t K_{i,t}^{\alpha} L_{i,t}^{1-\alpha}) \tag{10-24}$$

式中，$\mu_{i,t}$ 为拉格朗日乘子，衡量产出增加一个单位时所产生的边际成本，即 $\mu_{i,t} = MC_{i,t}$。

将式(10-24)分别对 $L_{i,t}$ 和 $K_{i,t}$ 求偏导数，得到一阶条件为

$$\frac{\partial L}{\partial L_{i,t}} = W_t - (1-\alpha)\mu_{i,t} A_t K_{i,t}^{\alpha} L_{i,t}^{-\alpha} = 0 \tag{10-25}$$

$$\frac{\partial L}{\partial K_{i,t}} = R_t - \alpha \mu_{i,t} A_t K_{i,t}^{\alpha-1} L_{i,t}^{1-\alpha} = 0 \tag{10-26}$$

进一步整理可得

$$L_{i,t} = (1-\alpha) MC_{i,t} \frac{Y_{i,t}}{W_t} \tag{10-27}$$

$$K_{i,t} = \alpha MC_{i,t} \frac{Y_{i,t}}{R_t} \tag{10-28}$$

式(10-27)和式(10-28)分别表示中间品企业的劳动需求方程和资本需求方程。将式(10-27)和式(10-28)进行整理，得到组合需求方程

$$\frac{W_t}{R_t} = \frac{(1-\alpha)K_{i,t}}{\alpha L_{i,t}} \tag{10-29}$$

将式(10-29)转换形式，分别得到

$$K_{i,t} = \left(\frac{\alpha}{1-\alpha}\right)\frac{W_t}{R_t} L_{i,t} \tag{10-30}$$

$$L_{i,t} = \left[\left(\frac{\alpha}{1-\alpha}\right)\frac{W_t}{R_t}\right]^{-1} K_{i,t} \tag{10-31}$$

将式(10-30)和式(10-31)分别代回生产函数式(10-21)中，可得

$$L_{i,t} = \frac{Y_{i,t}}{A_t}\left[\left(\frac{\alpha}{1-\alpha}\right)\frac{W_t}{R_t}\right]^{-\alpha} \tag{10-32}$$

$$K_{i,t} = \frac{Y_{i,t}}{A_t}\left[\left(\frac{\alpha}{1-\alpha}\right)\frac{W_t}{R_t}\right]^{1-\alpha} \tag{10-33}$$

已知中间品企业的总成本方程为

$$TC_{i,t} = W_t L_{i,t} + R_t K_{i,t} \tag{10-34}$$

将式(10-32)和式(10-33)代入总成本函数式(10-34)中，得到

$$TC_{i,t} = W_t \frac{Y_{i,t}}{A_t}\left[\left(\frac{\alpha}{1-\alpha}\right)\frac{W_t}{R_t}\right]^{-\alpha} + R_t \frac{Y_{i,t}}{A_t}\left[\left(\frac{\alpha}{1-\alpha}\right)\frac{W_t}{R_t}\right]^{1-\alpha} \tag{10-35}$$

进一步整理得到

$$\mathrm{TC}_{i,t}=\frac{Y_{i,t}}{A_t}\left(\frac{W_t}{1-\alpha}\right)^{1-\alpha}\left(\frac{R_t}{\alpha}\right)^{\alpha} \tag{10-36}$$

将式(10-36)对产出 $Y_{i,t}$ 求偏导，从而得到中间品企业的边际成本方程

$$\mathrm{MC}_{i,t}=\frac{1}{A_t}\left(\frac{W_t}{1-\alpha}\right)^{1-\alpha}\left(\frac{R_t}{\alpha}\right)^{\alpha} \tag{10-37}$$

对比式(10-36)和式(10-37)可得，中间品企业的边际成本函数与平均成本函数相同，因此，总成本方程还可以表示为

$$\mathrm{TC}_{i,t}=\mathrm{MC}_{i,t}Y_{i,t} \tag{10-38}$$

第二阶段，中间品企业通过对生产的产品进行定价，从而实现利润最大化的目标。第 i 个中间品企业在第 t 期的目标函数为

$$\mathrm{Max}\ \Pi_{i,t}=P_{i,t}Y_{i,t}-R_tK_{i,t}-W_tL_{i,t} \tag{10-39}$$

将最终产品生产时中间产品的优化投入方程式(10-17)、要素价格与边际成本的关系式(10-27)、式(10-28)代入式(10-39)，并不失一般性地假设 $P_t=1$，将利润最大化问题改写为

$$\mathrm{Max}\Pi_{i,t}=P_{i,t}P_{i,t}^{-\varepsilon}Y_t-\mu_tP_{i,t}^{-\varepsilon}Y_t=P_{i,t}^{1-\varepsilon}Y_t-\mu_tP_{i,t}^{-\varepsilon}Y_t \tag{10-40}$$

对 $P_{i,t}$ 求偏导数可得

$$P_{i,t}=\frac{\varepsilon}{\varepsilon-1}\mu_t=\frac{\varepsilon}{\varepsilon-1}\mathrm{MC}_t \tag{10-41}$$

其中，$\varepsilon/(\varepsilon-1)$为价格加成，由于 $\varepsilon>1$，则 $\varepsilon/(\varepsilon-1)$大于 1，即价格高于边际成本。

文献中通常考虑无穷期情形，即中间品企业在第二阶段的目标是最大化所有期利润的贴现值之和，因此，本节同样令中间品企业的无穷期利润贴现值之和最大化，即

$$\mathrm{Max}\ E_0\sum_{t=0}^{\infty}\beta^t(P_{i,t}Y_{i,t}-R_tK_{i,t}-W_tL_{i,t}) \tag{10-42}$$

本节采用 Calvo① 交错定价方式对价格水平进行加总处理。根据 Calvo 交错定价的思想，假定每一期的企业存在 $1-\theta_p$ 的概率调整价格水平，则存在 θ_p 的概率不能调整价格水平。假设中间品企业 i 在第 t 期选择调整价格，且以后各期均选择不再调整价格，在此情况下，企业 i 将选择最优价格水平作为其在第 t 期调整后的价格，即 $P_{i,t}=P_{i,t}^*$，$P_{i,t}^*$ 表示企业 i 选择的最优价格水平，那么，其在第 $t+1$ 期选择不调整价格的概率为 θ_p，在第 $t+2$ 期选择不调整价格的概率为 θ_p^2，以此类推，在第 $t+j$ 期选择不调整价格的概率为 θ_p^j，且其在第 t 期以后各期的价格水平均与第 t 期调整后的价格相同，即 $P_{i,t+j}=P_{i,t}^*$。此时，第 t 期之后中间品企业 i 的目标函数可以写为

$$\mathrm{Max}\ E_t\sum_{j=0}^{\infty}\beta^j\theta_p^j(P_{i,t}^*Y_{i,t+j}-R_tK_{i,t+j}-W_tL_{i,t+j}) \tag{10-43}$$

根据总成本方程式(10-34)：

---

① CALVO G A. Staggered prices in a utility-maximizing framework[J]. Journal of monetary economics, 1983, 12(3): 383-398.

$$\mathrm{TC}_{i,t}=W_t L_{i,t}+R_t K_{i,t} \tag{10-34}'$$

由于边际成本与平均成本相同,即

$$\mathrm{TC}_{i,t}=\mathrm{MC}_{i,t}Y_{i,t} \tag{10-38}'$$

将式(10-34)′和式(10-38)′代入式(10-43)中,可得

$$\mathrm{Max}\ E_t\sum_{j=0}^{\infty}\beta^j\theta_p^j(P_{i,t}^{*}Y_{i,t+j}-\mathrm{MC}_{i,t+j}Y_{i,t+j}) \tag{10-44}$$

根据中间品需求方程式(10-17):

$$Y_{i,t}=Y_t\left(\frac{P_t}{P_{i,t}}\right)^{\varepsilon} \tag{10-17}'$$

由于中间品企业 i 在第 t 期的价格为 $P_{i,t}^{*}$,即 $P_{i,t}=P_{i,t}^{*}$,因此,在中间品企业利润最大化的问题中,式(10-17)′可以写为

$$Y_{i,t}=Y_t\left(\frac{P_t}{P_{i,t}^{*}}\right)^{\varepsilon} \tag{10-45}$$

由于第 t 期以后各期企业 i 保持最优价格水平 $P_{i,t}^{*}$,因此,企业在第 $t+j$ 期的价格仍为 $P_{i,t}^{*}$。将式(10-45)写成第 $t+j$ 期的形式,即

$$Y_{i,t+j}=Y_{t+j}\left(\frac{P_{t+j}}{P_{i,t}^{*}}\right)^{\varepsilon} \tag{10-46}$$

将式(10-46)代入式(10-44)中得到

$$\mathrm{Max}\ E_t\sum_{j=0}^{\infty}\beta^j\theta_p^j\left(P_{i,t}^{*}Y_{t+j}\left(\frac{P_{t+j}}{P_{i,t}^{*}}\right)^{\varepsilon}-\mathrm{MC}_{i,t+j}Y_{t+j}\left(\frac{P_{t+j}}{P_{i,t}^{*}}\right)^{\varepsilon}\right) \tag{10-47}$$

将式(10-47)对最优价格 $P_{i,t}^{*}$ 求偏导数并令其等于 0,可得

$$E_t\sum_{j=0}^{\infty}\beta^j\theta_p^j\left((1-\varepsilon)\left(\frac{P_{t+j}}{P_{i,t}^{*}}\right)^{\varepsilon}Y_{t+j}+\varepsilon\frac{1}{P_{i,t}^{*}}\left(\frac{P_{t+j}}{P_{i,t}^{*}}\right)^{\varepsilon}Y_{t+j}\mathrm{MC}_{i,t+j}\right)=0 \tag{10-48}$$

结合式(10-46),可以将式(10-48)化简为

$$E_t\sum_{j=0}^{\infty}\beta^j\theta_p^j\left((1-\varepsilon)Y_{i,t+j}+\varepsilon\frac{1}{P_{i,t}^{*}}Y_{i,t+j}\mathrm{MC}_{i,t+j}\right)=0 \tag{10-49}$$

由此推导出最优价格水平方程为

$$P_{i,t}^{*}=\left(\frac{\varepsilon}{\varepsilon-1}\right)E_t\sum_{j=0}^{\infty}(\beta\theta_p)^j\mathrm{MC}_{i,t+j} \tag{10-50}$$

根据最终品价格决定方程

$$P_t=\left(\int_0^1 P_{i,t}^{1-\varepsilon}\mathrm{d}i\right)^{\frac{1}{1-\varepsilon}} \tag{10-20}'$$

为求出中间品加总价格,将式(10-20)′改写为

$$P_t^{1-\varepsilon}=\int_0^1 P_{i,t}^{1-\varepsilon}\mathrm{d}i \tag{10-51}$$

根据 Calvo 交错定价的思想,在第 t 期,中间品企业存在 θ_p 的概率选择不调整价格

水平，其保持与第 $t-1$ 期相同的价格，即 $P_t=P_{t-1}$，存在 $1-\theta_p$ 的概率选择调整价格水平，且将价格调整为最优价格 $P_{i,t}^*$，即 $P_{i,t}=P_{i,t}^*$。因此，中间品的加总价格水平可以表示为

$$P_t^{1-\varepsilon}=\int_0^{\theta_p} P_{t-1}^{1-\varepsilon}\mathrm{d}i+\int_{\theta_p}^1 (P_{i,t}^*)^{1-\varepsilon}\mathrm{d}i \tag{10-52}$$

由于此处的积分仅表示加总求和，因此，式(10-52)可进一步整理为

$$(P_t)^{1-\varepsilon}=\theta_p(P_{t-1})^{1-\varepsilon}+(1-\theta_p)(P_{i,t}^*)^{1-\varepsilon} \tag{10-53}$$

据此，可求出中间品加总价格水平为

$$P_t=[\theta_p P_{t-1}^{1-\varepsilon}+(1-\theta_p)(P_{i,t}^*)^{1-\varepsilon}]^{\frac{1}{1-\varepsilon}} \tag{10-54}$$

4. 模型均衡条件

新凯恩斯模型中同样包含产品市场出清条件，即

$$Y_t=C_t+I_t \tag{10-55}$$

此外，定义

$$\pi_t=\frac{P_t}{P_{t-1}} \tag{10-56}$$

其中，π_t 为通货膨胀率，式(10-56)即为通货膨胀率的定义式。

NK 模型的求解过程可以表述为，在给定 8 个参数 $\{\sigma,\phi,\delta,\beta,\alpha,\varepsilon,\theta_p,\rho_A\}$ 的条件下，求解 12 个方程和 12 个未知变量 $\{C_t,L_t,W_t,K_t,I_t,Y_t,R_t,A_t,\mathrm{MC}_t,P_t^*,P_t,\pi_t\}$。其中，12 个方程分别为

劳动供给方程：$C_t^\sigma L_t^\phi=\dfrac{W_t}{P_t}$　[1]

消费欧拉方程：$\left(\dfrac{C_{t+1}}{C_t}\right)^\sigma=E_t\beta\left[(1-\delta)+\dfrac{R_{t+1}}{P_{t+1}}\right]$　[2]

资本积累方程：$K_{t+1}=(1-\delta)K_t+I_t$　[3]

生产函数：$Y_t=A_tK_t^\alpha L_t^{1-\alpha}$　[4]

资本需求方程：$K_t=\alpha\mathrm{MC}_t\dfrac{Y_t}{R_t}$　[5]

劳动需求方程：$L_t=(1-\alpha)\mathrm{MC}_t\dfrac{Y_t}{W_t}$　[6]

边际成本方程：$\mathrm{MC}_t=\dfrac{1}{A_t}\left(\dfrac{W_t}{1-\alpha}\right)^{1-\alpha}\left(\dfrac{R_t}{\alpha}\right)^\alpha$　[7]

最优价格方程：$P_t^*=\left(\dfrac{\varepsilon}{\varepsilon-1}\right)E_t\sum_{j=0}^{\infty}(\beta\theta_p)^j\mathrm{MC}_{t+j}$　[8]

加总价格方程：$P_t=[\theta_pP_{t-1}^{1-\varepsilon}+(1-\theta_p)(P_t^*)^{1-\varepsilon}]^{\frac{1}{1-\varepsilon}}$　[9]

通货膨胀率：$\pi_t=\dfrac{P_t}{P_{t-1}}$　[10]

市场出清条件：$Y_t=C_t+I_t$　[11]

生产率冲击方程：$\log A_t=(1-\rho_A)\log A^*+\rho_A\log A_{t-1}+e_t$ [12]

基于上述12个方程，可以求得11个变量在稳态时的解①，即$\{C^*,L^*,W^*,K^*,I^*,Y^*,R^*,A^*,\mathrm{MC}^*,P^*,\pi^*\}$。

10.1.3 模型求解

1. 求解模型稳态

将NK模型的均衡条件写成稳态形式为

劳动供给方程：$(C^*)^\sigma(L^*)^\phi=\dfrac{W^*}{P^*}$ [13]

消费欧拉方程：$1=\beta\left[(1-\delta)+\dfrac{R^*}{P^*}\right]$ [14]

资本积累方程：$\delta K^*=I^*$ [15]

生产函数：$Y^*=A^*(K^*)^\alpha(L^*)^{1-\alpha}$ [16]

资本需求方程：$K^*=\alpha\mathrm{MC}^*\dfrac{Y^*}{R^*}$ [17]

劳动需求方程：$L^*=(1-\alpha)\mathrm{MC}^*\dfrac{Y^*}{W^*}$ [18]

边际成本方程：$\mathrm{MC}^*=\dfrac{1}{A^*}\left(\dfrac{W^*}{1-\alpha}\right)^{1-\alpha}\left(\dfrac{R^*}{\alpha}\right)^\alpha$ [19]

最优价格方程：$P^*=\left(\dfrac{\varepsilon}{\varepsilon-1}\right)\dfrac{1}{1-\beta\theta_p}\mathrm{MC}^*$ [20]

通货膨胀率：$\pi^*=\dfrac{P^*}{P^*}\Rightarrow\pi^*=1$ [21]

市场出清条件：$Y^*=C^*+I^*$ [22]

生产率冲击方程：$\log A^*=(1-\rho_A)\log A^*+\rho_A\log A^*$ [23]

加总价格方程：$P^*=[\theta_p(P^*)^{1-\varepsilon}+(1-\theta_p)(P^*)^{1-\varepsilon}]^{\frac{1}{1-\varepsilon}}\Rightarrow P^*=P^*$ [24]

需要说明的是，对于最优价格方程：

$$P_t^*=\left(\frac{\varepsilon}{\varepsilon-1}\right)E_t\sum_{j=0}^{\infty}(\beta\theta_p)^j\mathrm{MC}_{t+j} \quad [8]'$$

其稳态形式为

$$P^*=\left(\frac{\varepsilon}{\varepsilon-1}\right)\sum_{j=0}^{\infty}(\beta\theta_p)^j\mathrm{MC}^* \tag{10-57}$$

由于

$$\sum_{j=0}^{\infty}(\beta\theta_p)^j=\frac{1}{1-\beta\theta_p} \tag{10-58}$$

① 由于加总价格方程写成稳态形式后变为恒等式，因此，在求解各变量稳态值时，价格加总方程为冗余方程。这一问题在10.2节～10.5节中将重复出现，后文不再赘述。

对于式(10-58)而言，可以将等号左侧视为以 1 为首项、以 $\beta\theta_p$ 为公比的等比数列之和，根据等比数列求和法则即可得到等号右侧项。因而，最终价格方程可以化简为

$$P^* = \left(\frac{\varepsilon}{\varepsilon - 1}\right)\frac{1}{1 - \beta\theta_p}MC^* \qquad [20]'$$

此外，价格加总方程[24]为恒等式，在求解稳态时，价格加总方程为冗余方程。

式[13]～式[24]中，C^*，L^*，W^*，K^*，I^*，Y^*，R^*，A^*，MC^*，P^*，π^* 均表示对应变量的稳态值。求解模型稳态的目标是得到 11 个内生变量的稳态表达式。通常将稳态的技术水平设为 1，即取 $A^* = 1$；同时将一般价格水平 P_t 的稳态值设为 1，即 $P^* = 1$；根据稳态方程[21]可知，通货膨胀率的稳态值 $\pi^* = 1$。下文将进行其他变量稳态的求解。

根据消费的欧拉方程[14]可求出资本利息率的稳态形式 R^* 为

$$R^* = P^*\left[\frac{1}{\beta} - (1 - \delta)\right] \qquad [25]$$

根据最优价格方程[20]可求出边际成本的稳态形式 MC^* 为

$$MC^* = \left(\frac{\varepsilon - 1}{\varepsilon}\right)(1 - \beta\theta_p)P^* \qquad [26]$$

根据边际成本方程[19]可求出工资水平的稳态形式 W^* 为

$$W^* = (1 - \alpha)(MC^*)^{\frac{1}{1-\alpha}}\left(\frac{\alpha}{R^*}\right)^{\frac{\alpha}{1-\alpha}} \qquad [27]$$

根据资本需求方程[17]可求出 K^*/Y^*，即

$$\frac{K^*}{Y^*} = \alpha\frac{MC^*}{R^*} \qquad [28]$$

根据劳动需求方程[18]可求出 L^*/Y^*，即

$$\frac{L^*}{Y^*} = (1 - \alpha)\frac{MC^*}{W^*} \qquad [29]$$

根据资本积累方程[15]可求出 I^*/Y^*，即

$$\frac{I^*}{Y^*} = \delta\frac{K^*}{Y^*} \qquad [30]$$

根据市场出清条件[11]可求出 C^*/Y^*，即

$$\frac{C^*}{Y^*} = 1 - \frac{I^*}{Y^*} \qquad [31]$$

将方程[29]和方程[31]代入劳动供给方程[13]，可求出产出的稳态形式 Y^*，即

$$\left(\frac{C^*}{Y^*}\right)^{\sigma}\left(\frac{L^*}{Y^*}\right)^{\phi} = \frac{W^*}{P^*}(Y^*)^{-\sigma-\phi} \qquad [32]$$

进一步整理可得

$$Y^* = \left(\frac{W^*}{P^*}\right)^{\frac{1}{\sigma+\phi}}\left(\frac{C^*}{Y^*}\right)^{\frac{-\sigma}{\sigma+\phi}}\left(\frac{L^*}{Y^*}\right)^{\frac{-\phi}{\sigma+\phi}} \qquad [33]$$

将 Y^* 代入方程[28]即可得到资本的稳态形式 K^*；将 Y^* 代入方程[29]即可求出劳动的稳态形式 L^*；将 Y^* 代入方程[30]即可求出投资的稳态形式 I^*；将 Y^* 代入方程

[31]即可求出消费的稳态形式 C^*。基于上述方程，若给定模型参数值，即可实现模型中所有变量的稳态求解。

2. 线性化处理

本节采用 Uhlig 对数线性化方法对模型的均衡条件进行线性化处理，分别以通货膨胀率方程、最优价格方程、加总价格方程为例进行对数线性化处理，过程为

对于通货膨胀率方程：

$$\pi_t = \frac{P_t}{P_{t-1}} \tag{10-56$'$}$$

利用 $x^* e^{\tilde{x}_t}$ 替换 x_t，式(10-56)′改写为

$$\pi^* e^{\tilde{\pi}_t} = \frac{P^* e^{\tilde{P}_t}}{P^* e^{\tilde{P}_{t-1}}} \tag{10-59}$$

进一步整理可得

$$\pi^*(1+\tilde{\pi}_t) = 1 + (\tilde{P}_t - \tilde{P}_{t-1}) \tag{10-60}$$

由于 $\pi^* = 1$，因此，式(10-60)可整理为

$$\tilde{\pi}_t = \tilde{P}_t - \tilde{P}_{t-1} \tag{10-61}$$

式(10-61)为通货膨胀率方程的对数线性化形式。

对于最优价格方程：

$$P_t^* = \left(\frac{\varepsilon}{\varepsilon - 1}\right) E_t \sum_{j=0}^{\infty} (\beta\theta_p)^j \mathrm{MC}_{t+j} \tag{10-50$'$}$$

同样利用 $x^* e^{\tilde{x}_t}$ 替换 x_t，式(10-50)′改写为

$$P^* e^{\tilde{P}_t^*} = \left(\frac{\varepsilon}{\varepsilon - 1}\right) E_t \sum_{j=0}^{\infty} (\beta\theta_p)^j \mathrm{MC}^* e^{\widetilde{\mathrm{MC}}_{t+j}} \tag{10-62}$$

整理可得

$$P^*(1+\tilde{P}_t^*) = \left(\frac{\varepsilon}{\varepsilon - 1}\right)\left(\frac{1-\beta\theta_p}{1-\beta\theta_p}\right) \mathrm{MC}^* E_t \sum_{j=0}^{\infty} (\beta\theta_p)^j (1+\widetilde{\mathrm{MC}}_{t+j}) \tag{10-63}$$

结合最优价格方程的稳态形式：

$$P^* = \left(\frac{\varepsilon}{\varepsilon - 1}\right)\frac{1}{1-\beta\theta_p}\mathrm{MC}^* \tag{10-64}$$

将式(10-64)代入式(10-63)中并化简可得

$$\tilde{P}_t^* = (1-\beta\theta_p) E_t \sum_{j=0}^{\infty} (\beta\theta_p)^j \widetilde{\mathrm{MC}}_{t+j} \tag{10-65}$$

式(10-65)即为最优价格方程的对数线性化形式。

对于加总价格方程：

$$P_t = [\theta_p P_{t-1}^{1-\varepsilon} + (1-\theta_p)(P_{i,t}^*)^{1-\varepsilon}]^{\frac{1}{1-\varepsilon}} \tag{10-54$'$}$$

同样利用 $x^* e^{\tilde{x}_t}$ 替换 x_t，将式(10-54)′改写为

$$\left(P^{*}\mathrm{e}^{\widetilde{P}_{t}}\right)^{1-\varepsilon}=\theta_{p}\left(P^{*}\mathrm{e}^{\widetilde{P}_{t-1}}\right)^{1-\varepsilon}+(1-\theta_{p})\left(P_{t}^{*}\mathrm{e}^{\widetilde{P}_{t}^{*}}\right)^{1-\varepsilon} \tag{10-66}$$

进一步整理得到

$$(P^{*})^{1-\varepsilon}[1+(1-\varepsilon)\widetilde{P}_{t}]=\theta_{p}(P^{*})^{1-\varepsilon}[1+(1-\varepsilon)\widetilde{P}_{t-1}]$$
$$+(1-\theta_{p})(P^{*})^{1-\varepsilon}[1+(1-\varepsilon)\widetilde{P}_{t}^{*}] \tag{10-67}$$

将式(10-67)进行化简，即

$$\widetilde{P}_{t}=\theta_{p}\widetilde{P}_{t-1}+(1-\theta_{p})\widetilde{P}_{t}^{*} \tag{10-68}$$

式(10-68)即为加总价格方程的对数线性化形式。

将式(10-68)代入式(10-65)可得

$$\widetilde{P}_{t}=\theta_{p}\widetilde{P}_{t-1}+(1-\theta_{p})(1-\beta\theta_{p})E_{t}\sum_{j=0}^{\infty}(\beta\theta_{p})^{j}\widetilde{\mathrm{MC}}_{t+j} \tag{10-69}$$

将式(10-69)两侧同时乘以$(1-\beta\theta_{p}L^{-1})$，$L^{-1}$表示滞后算子，对于任一变量$x_{t}$，存在$L^{-1}x_{t}=x_{t+1}$。式(10-69)的左侧变为

$$\widetilde{P}_{t}(1-\beta\theta_{p}L^{-1})=\widetilde{P}_{t}-\beta\theta_{p}L^{-1}\widetilde{P}_{t}=\widetilde{P}_{t}-\beta\theta_{p}E_{t}\widetilde{P}_{t+1} \tag{10-70}$$

需要注意的是，在第t期只能根据第t期的已知信息对第$t+1$期进行预期，因此，$\widetilde{P}_{t+1}$前需要加上基于第t期信息的期望算子E_{t}。

式(10-69)的右侧变为

$$(1-\beta\theta_{p}L^{-1})\left[\theta_{p}\widetilde{P}_{t-1}+(1-\theta_{p})(1-\beta\theta_{p})E_{t}\sum_{j=0}^{\infty}(\beta\theta_{p})^{j}\widetilde{\mathrm{MC}}_{t+j}\right]$$
$$=\theta_{p}\widetilde{P}_{t-1}+(1-\theta_{p})(1-\beta\theta_{p})E_{t}\sum_{j=0}^{\infty}(\beta\theta_{p})^{j}\widetilde{\mathrm{MC}}_{t+j} \tag{10-71}$$
$$-\beta\theta_{p}L^{-1}\left[\theta_{p}\widetilde{P}_{t-1}+(1-\theta_{p})(1-\beta\theta_{p})E_{t}\sum_{j=0}^{\infty}(\beta\theta_{p})^{j}\widetilde{\mathrm{MC}}_{t+j}\right]$$

式(10-71)等号右侧第三项可进一步整理为

$$\beta\theta_{p}L^{-1}\left[\theta_{p}\widetilde{P}_{t-1}+(1-\theta_{p})(1-\beta\theta_{p})E_{t}\sum_{j=0}^{\infty}(\beta\theta_{p})^{j}\widetilde{\mathrm{MC}}_{t+j}\right]$$
$$=\beta\theta_{p}\theta_{p}\widetilde{P}_{t}+\beta\theta_{p}(1-\theta_{p})(1-\beta\theta_{p})E_{t}\sum_{j=0}^{\infty}(\beta\theta_{p})^{j}\widetilde{\mathrm{MC}}_{t+j+1} \tag{10-72}$$

因此，式(10-72)整体变为

$$\widetilde{P}_{t}-\beta\theta_{p}E_{t}\widetilde{P}_{t+1}=\theta_{p}\widetilde{P}_{t-1}+(1-\theta_{p})(1-\beta\theta_{p})E_{t}\sum_{j=0}^{\infty}(\beta\theta_{p})^{j}\widetilde{\mathrm{MC}}_{t+j}-$$
$$\beta\theta_{p}\theta_{p}\widetilde{P}_{t}-\beta\theta_{p}(1-\theta_{p})(1-\beta\theta_{p})E_{t}\sum_{j=0}^{\infty}(\beta\theta_{p})^{j}\widetilde{\mathrm{MC}}_{t+j+1} \tag{10-73}$$

式(10-73)可进一步整理为

$$\widetilde{P}_{t}-\beta\theta_{p}E_{t}\widetilde{P}_{t+1}=\theta_{p}\widetilde{P}_{t-1}-\beta\theta_{p}\theta_{p}\widetilde{P}_{t}+(1-\theta_{p})(1-\beta\theta_{p})$$

$$\left[E_t\sum_{j=0}^{\infty}(\beta\theta_p)^j\widetilde{\mathrm{MC}}_{t+j}-E_t\sum_{j=0}^{\infty}(\beta\theta_p)^{j+1}\widetilde{\mathrm{MC}}_{t+j+1}\right] \tag{10-74}$$

在式(10-74)中，有

$$\sum_{j=0}^{\infty}(\beta\theta_p)^j\widetilde{\mathrm{MC}}_{t+j}=\widetilde{\mathrm{MC}}_t+\beta\theta_p\widetilde{\mathrm{MC}}_{t+1}+(\beta\theta_p)^2\widetilde{\mathrm{MC}}_{t+2}+(\beta\theta_p)^3\widetilde{\mathrm{MC}}_{t+3}+\cdots$$

$$\sum_{j=0}^{\infty}(\beta\theta_p)^{j+1}\widetilde{\mathrm{MC}}_{t+j+1}=\beta\theta_p\widetilde{\mathrm{MC}}_{t+1}+(\beta\theta_p)^2\widetilde{\mathrm{MC}}_{t+1+1}+(\beta\theta_p)^3\widetilde{\mathrm{MC}}_{t+2+1}+\cdots$$

将式(10-74)中不同时期的两式相减可得

$$\sum_{j=0}^{\infty}(\beta\theta_p)^j\widetilde{\mathrm{MC}}_{t+j}-\sum_{j=0}^{\infty}(\beta\theta_p)^{j+1}\widetilde{\mathrm{MC}}_{t+j+1}=\widetilde{\mathrm{MC}}_t$$

因此，式(10-74)最终化简为

$$\widetilde{P}_t-\beta\theta_pE_t\widetilde{P}_{t+1}=\theta_p\widetilde{P}_{t-1}-\beta\theta_p\theta_p\widetilde{P}_t+(1-\theta_p)(1-\beta\theta_p)\widetilde{\mathrm{MC}}_t \tag{10-75}$$

将式(10-75)右侧做加减项处理，即同时加上并减去$(1-\theta_p)(1-\beta\theta_p)\widetilde{P}_t$，并进一步整理为

$$\widetilde{P}_t-\beta\theta_pE_t\widetilde{P}_{t+1}=\theta_p\widetilde{P}_{t-1}-\beta\theta_p\theta_p\widetilde{P}_t+(1-\theta_p)(1-\beta\theta_p)\widetilde{P}_t+(1-\theta_p)(1-\beta\theta_p)(\widetilde{\mathrm{MC}}_t-\widetilde{P}) \tag{10-76}$$

最终整理为

$$\widetilde{P}_t-\widetilde{P}_{t-1}=\beta(E_t\widetilde{P}_{t+1}-\widetilde{P}_t)+\frac{(1-\theta_p)(1-\beta\theta_p)}{\theta_p}(\widetilde{\mathrm{MC}}_t-\widetilde{P}) \tag{10-77}$$

根据通货膨胀率方程的对数线性化形式(10-61)，可将式(10-77)化简为

$$\widetilde{\pi}_t=\beta E_t\widetilde{\pi}_{t+1}+\left[\frac{(1-\theta_p)(1-\beta\theta_p)}{\theta_p}\right](\widetilde{\mathrm{MC}}_t-\widetilde{P}_t) \tag{10-78}$$

式(10-78)即为新凯恩斯菲利普斯方程，又称新凯恩斯菲利普斯曲线(NKPC)。新凯恩斯菲利普斯曲线描述了产出增长率和通货膨胀率之间的关系。事实上，式(10-78)并非新凯恩斯菲利普斯曲线的最终形式，可以将式(10-78)中的边际成本利用产出缺口进行替换，具体过程可参考 Galí 和 Gertler 的研究①。从式(10-78)可以得出，通货膨胀与边际成本存在一定的相关关系，即通货膨胀与产出缺口之间存在相关性。新凯恩斯菲利普斯曲线的重要特征是，其强调当期通胀与下一期通胀预期相关。

综上可得，NK 模型中对数线性化后的均衡条件为

劳动供给方程：$\sigma\widetilde{C}_t+\phi\widetilde{L}_t=\widetilde{W}_t-\widetilde{P}_t$ [34]

消费的欧拉方程：$\frac{\sigma}{\beta}(\widetilde{C}_{t+1}-\widetilde{C}_t)=\frac{R^*}{P^*}E_t(\widetilde{R}_{t+1}-\widetilde{P}_{t+1})$ [35]

资本需求方程：$\widetilde{R}_t=\widetilde{\mathrm{MC}}_t+\widetilde{Y}_t-\widetilde{K}_t$ [36]

---

① GALÍ J, GERTLER M. Inflation dynamics: a structural econometric analysis[J]. Journal of monetary economics, 1999, 44(2): 195-222.

劳动需求方程：$\widetilde{W}_t=\widetilde{MC}_t+\widetilde{Y}_t-\widetilde{L}_t$　[37]

生产函数：$\widetilde{Y}_t=\widetilde{A}_t+\alpha\widetilde{K}_t+(1-\alpha)\widetilde{L}_t$　[38]

资本积累方程：$\widetilde{K}_{t+1}=(1-\delta)\widetilde{K}_t+\delta\widetilde{I}_t$　[39]

边际成本方程：$\widetilde{MC}_t=(1-\alpha)\widetilde{W}_t+\alpha\widetilde{R}_t-\widetilde{A}_t$　[40]

菲利普斯方程：$\widetilde{\pi}_t=\beta E_t\widetilde{\pi}_{t+1}+\left[\frac{(1-\theta_p)(1-\beta\theta_p)}{\theta_p}\right](\widetilde{MC}_t-\widetilde{P}_t)$　[41]

通货膨胀率：$\widetilde{\pi}_t=\widetilde{P}_t-\widetilde{P}_{t-1}$　[42]

市场出清方程：$\widetilde{Y}_t=\frac{C^*}{Y^*}\widetilde{C}_t+\frac{I^*}{Y^*}\widetilde{I}_t$　[43]

生产率冲击方程：$\widetilde{A}_t=\rho_A\widetilde{A}_{t-1}+e_t$　[44]

10.1.4　程序设计

本节通过编写 Dynare 文件对标准新凯恩斯模型进行求解和数值模拟[①]，具体程序为：

```
%标准新凯恩斯(NK)模型
%第一部分：变量声明、参数声明及参数赋值

var Y I C R K W L MC P PI A;                                   % 声明内生变量
varexo e;                                                      % 声明外生冲击变量
parameters sigma phi epsilon alpha beta delta rhoa thetap;     % 声明参数
parameters As Ps Rs MCs Ws Ys Ks Ls Is Cs;

sigma = 2;                                                     % 相对风险规避系数
phi = 1.5;                                                     % 劳动供给的 Frisch 弹性的倒数
alpha = 0.35;                                                  % 资本的产出弹性
beta = 0.985;                                                  % 主观贴现因子
delta = 0.025;                                                 % 资本折旧率
rhoa = 0.95;                                                   % 生产率的自回归参数
epsilon = 8;                                                   % 中间品的替代弹性
thetap = 0.75;                                                 % 价格黏性参数

As = 1;                                                        % 技术水平的稳态值
Ps = 1;                                                        % 价格水平的稳态值
Rs = Ps*(1/beta-(1-delta));                                    % 实际利率的稳态形式
MCs = (epsilon-1)/epsilon*(1-beta*thetap)*Ps;                  % 边际成本的稳态形式
Ws = (1-alpha)*(MCs^(1/(1-alpha)))                             % 实际工资的稳态形式
 *((alpha/Rs)^(alpha/(1-alpha)));
KY_ratio = alpha*MCs/Rs;                                       % KY_ratio 表示 K*/Y*
```

① 为简化起见，本章中仅列出了各个模型数值模拟的程序，程序的主要参考资料：CELSO J，COSTA J. Understanding DSGE models：theory and applications[M]. Wilmington：Vernon Press，2016.

```
LY_ratio = (1 - alpha) * MCs/Ws;                          % LY_ratio 表示 L * /Y *
IY_ratio = delta * KY_ratio;                              % IY_ratio 表示 I * /Y *
CY_ratio = 1 - IY_ratio;                                  % CY_ratio 表示 C * /Y *
Ys = (Ws/Ps)^(1/(sigma + phi)) * (CY_ratio^( - sigma/(sigma + phi)))
 * (LY_ratio^( - phi/(sigma + phi)));                     % 产出的稳态形式
Ks = KY_ratio * Ys;                                       % 资本存量的稳态形式
Ls = LY_ratio * Ys;                                       % 劳动的稳态形式
Is = IY_ratio * Ys;                                       % 投资的稳态形式
Cs = CY_ratio * Ys;                                       % 消费的稳态形式

%第二部分：模型声明

model(linear);                                            % 模型(对数线性化形式)

sigma * C + phi * L = W - P;                              % 劳动供给方程
sigma/beta * (C( + 1) - C) = (Rs/Ps) * (R( + 1) - P( + 1));   % 消费的欧拉方程
R = Y - K( - 1);                                          % 资本需求方程
W = Y - L;                                                % 劳动需求方程
Y = A + alpha * K( - 1) + (1 - alpha) * L;                % 生产函数
K = (1 - delta) * K( - 1) + delta * I;                    % 资本积累方程
MC = (1 - alpha) * W + alpha * R - A;                     % 边际成本方程
PI = beta * PI( + 1) + ((1 - thetap) * (1 - thetap * beta)/thetap) * (MC - P);
                                                          % 菲利普斯方程
PI = P - P( - 1);                                         % 通货膨胀率方程
Y = (Cs/Ys) * C + (Is/Ys) * I;                            % 市场出清方程
A = rhoa * A( - 1) + e;                                   % 生产率冲击方程

end;

%第三部分：稳态值声明

steady;                                                   % 计算稳态

%第四部分：外生冲击声明

shocks;                                                   % 外生冲击设定
var e;                                                    % 声明外生变量名称
stderr 0.01;                                              % 设定外生冲击的数值
end;

%第五部分：随机模拟

stoch_simul(periods = 1000, irf = 40, order = 1);         % 表示模拟 1000 期、计算 40 期脉
                                                          冲响应、进行一阶泰勒求解
```

利用上述 Dynare 程序即可求出 NK 模型的解，并能够模拟 1 单位正向的技术冲击对其他变量的脉冲响应。可以求得

$$\begin{pmatrix}\widetilde{Y}_t\\ \widetilde{I}_t\\ \widetilde{C}_t\\ \widetilde{R}_t\\ \widetilde{W}_t\\ \widetilde{L}_t\\ \mathrm{MC}_t\\ \widetilde{\pi}_t\end{pmatrix}=\begin{pmatrix}0.2547 & 0.8596 & -0.2249\\ -0.8151 & 5.7050 & -3.4710\\ 0.3107 & 0.6050 & -0.0550\\ -0.7453 & 0.8586 & -0.2249\\ 0.4013 & 0.9992 & 0.1211\\ -0.1467 & -0.1406 & -0.3459\\ 0 & 0 & 0\\ 0 & 0 & -0.2500\end{pmatrix}\begin{pmatrix}\widetilde{K}_t\\ \widetilde{A}_t\\ \widetilde{P}_t\end{pmatrix}+\begin{pmatrix}0.9038\\ 6.0053\\ 0.6369\\ 0.9038\\ 1.0518\\ -0.1480\\ 0\\ 0\end{pmatrix}e_t \tag{10-79}$$

式(10-79)即为 NK 模型的政策方程。

转换方程为

$$\begin{pmatrix}\widetilde{K}_{t+1}\\ \widetilde{A}_t\\ \widetilde{P}_t\end{pmatrix}=\begin{pmatrix}0.9546 & 0.1426 & -0.0868\\ 0 & 0.9500 & 0\\ 0 & 0 & 0.7500\end{pmatrix}\begin{pmatrix}\widetilde{K}_t\\ \widetilde{A}_{t-1}\\ \widetilde{P}_{t-1}\end{pmatrix}+\begin{pmatrix}0.1501\\ 1.0000\\ 0\end{pmatrix}e_t \tag{10-80}$$

式(10-79)和式(10-80)共同组成了 NK 模型的解。

图 10-1 显示了 1 单位正向生产率(A)冲击下其他经济变量的脉冲响应图。结果显示,技术冲击直接导致劳动和资本的边际产出增加,进一步导致企业增加对劳动要素和资本要素的需求。要素需求的增加导致要素价格的提高,即资本价格和实际工资均出现不

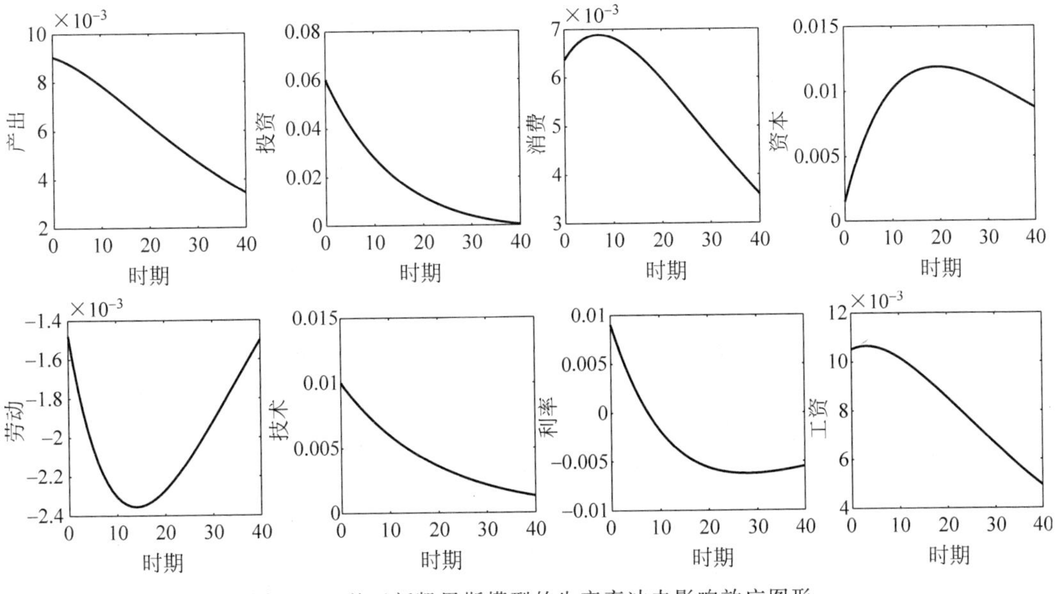

图 10-1　基于新凯恩斯模型的生产率冲击影响效应图形

同程度的上升。根据代表性家庭的预算约束方程可知，资本和劳动要素价格的提高导致家庭收入增加，由此家庭将增加消费和投资，并且投资的增长幅度远远超过消费的增长幅度。此外，由于收入水平提高，家庭将减少劳动增加闲暇，从而导致劳动供给水平降低。

由图 10-1 可知，投资的持续增加导致资本积累规模不断扩大，随着生产率冲击的减弱，投资逐渐减少，进而导致资本积累在第 20 期到达最高值后开始下降。由于价格黏性的作用，实际工资和实际利率的变动比较缓慢。

本节重点对新凯恩斯模型的基本框架和模型求解进行了介绍。新凯恩斯模型在真实经济周期模型基础上引入了垄断竞争和价格黏性两项特征，从而使得理论模型能够更好地解释宏观经济事实。NK 模型包括代表性家庭和企业两类行为主体，企业分为中间品企业和最终品企业，其中，NK 模型假设中间品企业处于垄断竞争市场，即中间品企业是价格的制定者，其首先通过选择要素投入数量从而最小化成本，然后通过调整中间品价格实现利润最大化；NK 模型假设最终品企业处于完全竞争市场，中间品企业将异质性的中间品出售给唯一的最终品企业，最终品企业将异质性中间品加总为一种复合产品，从而用于消费或投资。本节按照稳态求解、线性化处理以及程序设计的思路对模型进行阐述，并模拟 1 单位生产率冲击的影响效应。本章后续会分别将工资黏性、投资调整成本以及消费习惯引入 NK 模型，从而对 NK 模型进行补充完善。

10.2 引入工资黏性的 NK 模型

新凯恩斯模型中还可以引入工资黏性，工资黏性指的是当劳动供求发生变化时工资不能及时且迅速地进行调整，即工资调整速度相对于劳动供求的变化而言是缓慢的。NK 模型假定家庭提供异质性劳动，企业通过对异质性劳动加总形成总劳动后用于生产。本节重点对工资黏性的引入进行详细介绍，中间品企业以及最终品企业的设定与 10.1 节的 NK 模型相同，本节不再赘述。

10.2.1 模型框架

参考 Erceg et al. ①引入工资黏性的方法，假设家庭提供的劳动具有异质性，即家庭具有工资议价能力，且面对外生冲击时，工资并不能迅速及时地进行调整，从而将工资黏性引入 NK 模型。假设家庭 i 提供的异质性劳动为 $L_{i,t}$，i 在[0,1]区间上均匀连续分布。单个家庭提供的劳动 $L_{i,t}$ 被中间品企业加总为最终劳动 L_t。家庭在第 t 期的目标是最大化其一生效用的期望现值

$$\mathrm{Max}\ E_0 \sum_{t=0}^{\infty} \beta^t \left(\frac{C_t^{1-\sigma}}{1-\sigma} - \frac{L_t^{1+\phi}}{1+\phi} \right) \tag{10-81}$$

预算约束为

① ERCEG C J, HENDERSON D W, LEVIN A T. Optimal monetary policy with staggered wage and price contracts[J]. Journal of monetary economics, 2000, 46(2): 281-313.

$$P_t(C_t+I_t)=W_tL_t+R_tK_t+\Pi_t \tag{10-82}$$

资本积累方程为

$$K_{t+1}=(1-\delta)K_t+I_t \tag{10-83}$$

将资本积累方程式(10-83)代入预算约束式(10-82)中可得

$$P_tC_t+P_t(K_{t+1}-(1-\delta)K_t)=W_tL_t+R_tK_t+\Pi_t \tag{10-84}$$

基于目标函数式(10-81)和预算约束式(10-84)构造最优化问题的拉格朗日方程为

$$L=E_0\sum_{t=0}^{\infty}\beta^t\left\{\left[\frac{C_t^{1-\sigma}}{1-\sigma}-\frac{L_t^{1+\phi}}{1+\phi}\right]-\lambda_t\left[P_tC_t+P_tK_{t+1}-P_t(1-\delta)K_t-W_tL_t-R_tK_t-\Pi_t\right]\right\} \tag{10-85}$$

分别对消费 C_t、劳动 L_t、资本存量 K_{t+1} 求偏导数，得到一阶条件为

$$\frac{\partial L}{\partial C_t}=C_t^{-\sigma}-\lambda_tP_t=0 \tag{10-86}$$

$$\frac{\partial L}{\partial L_t}=-L_t^{\phi}+\lambda_tW_t=0 \tag{10-87}$$

$$\frac{\partial L}{\partial K_{t+1}}=-\lambda_tP_t+\beta E_t\lambda_{t+1}[(1-\delta)P_{t+1}+R_{t+1}]=0 \tag{10-88}$$

对式(10-86)和式(10-87)进行整理可消去 λ_t，从而得到劳动供给方程

$$C_t^{\sigma}L_t^{\phi}=\frac{W_t}{P_t} \tag{10-89}$$

对式(10-86)和式(10-88)进行综合，得到关于消费的欧拉方程

$$\left(\frac{C_{t+1}}{C_t}\right)^{\sigma}=E_t\beta\left[(1-\delta)+\frac{R_{t+1}}{P_{t+1}}\right] \tag{10-90}$$

假设代表性企业采用 Dixit 和 Stiglitz① 技术对异质性劳动进行加总

$$L_t=\left(\int_0^1 L_{i,t}^{\frac{\varepsilon_w-1}{\varepsilon_w}}\mathrm{d}i\right)^{\frac{\varepsilon_w}{\varepsilon_w-1}} \tag{10-91}$$

式中，ε_w 为劳动力之间的替代弹性；$L_{i,t}$ 是家庭 i 的劳动供给水平，对应的工资水平为 $W_{i,t}$；L_t 为加总后的劳动供给。代表性企业的优化问题为

$$\underset{L_{i,t}}{\mathrm{Max}}\,W_tL_t-\int_0^1 W_{i,t}L_{i,t}\mathrm{d}i \tag{10-92}$$

将式(10-91)代入式(10-92)中，可得

$$\underset{L_{i,t}}{\mathrm{Max}}\,W_t\left(\int_0^1 L_{i,t}^{\frac{\varepsilon_w-1}{\varepsilon_w}}\mathrm{d}i\right)^{\frac{\varepsilon_w}{\varepsilon_w-1}}-W_{i,t}\int_0^1 L_{i,t}\mathrm{d}i \tag{10-93}$$

需要注意的是，式(10-93)中的积分符号仅表示加总求和含义。将式(10-93)对 $L_{i,t}$

---

① DIXIT A K, STIGLITZ J E. Monopolistic competition and optimum product diversity[J]. American economic review, 1977, 67(3): 297-308.

求一阶偏导数可得

$$W_t\left(\int_0^1 L_{i,t}^{\frac{\varepsilon_w-1}{\varepsilon_w}}\mathrm{d}i\right)^{\frac{\varepsilon_w}{\varepsilon_w-1}-1}L_{i,t}^{\frac{\varepsilon_w-1}{\varepsilon_w}-1}-W_{i,t}=0 \tag{10-94}$$

式(10-91)可以写为

$$L_t^{\frac{1}{\varepsilon_w}}=\left(\int_0^1 L_{i,t}^{\frac{\varepsilon_w-1}{\varepsilon_w}}\mathrm{d}i\right)^{\frac{1}{\varepsilon_w-1}} \tag{10-95}$$

将式(10-95)代入式(10-94)中，可得

$$W_tL_t^{\frac{1}{\varepsilon_w}}L_{i,t}^{\frac{-1}{\varepsilon_w}}-W_{i,t}=0 \tag{10-96}$$

对式(10-96)等号两侧同时进行幂次运算，并移项得到

$$L_{i,t}=L_t\left(\frac{W_t}{W_{i,t}}\right)^{\varepsilon_w} \tag{10-97}$$

式(10-97)即为家庭 i 的劳动供给方程。将式(10-97)代入式(10-91)中，可得

$$L_t=\left(\int_0^1(L_tW_t^{\varepsilon_w}W_{i,t}^{-\varepsilon_w})^{\frac{\varepsilon_w-1}{\varepsilon_w}}\mathrm{d}i\right)^{\frac{\varepsilon_w}{\varepsilon_w-1}} \tag{10-98}$$

由于 L_t 和 W_t 分别表示总劳动和总工资水平，因此，可以将式(10-98)整理为

$$L_t=L_tW_t^{\varepsilon_w}\left(\int_0^1(W_{i,t}^{-\varepsilon_w})^{\frac{\varepsilon_w-1}{\varepsilon_w}}\mathrm{d}i\right)^{\frac{\varepsilon_w}{\varepsilon_w-1}} \tag{10-99}$$

进一步整理可得

$$W_t=\left(\int_0^1 W_{i,t}^{\varepsilon_w-1}\mathrm{d}i\right)^{\frac{1}{\varepsilon_w-1}} \tag{10-100}$$

式(10-100)即为总工资水平决定方程。为解决模型的异质性问题，本节采用 Calvo① 交错定价方式对工资水平进行加总处理。根据 Calvo 交错定价的思想，假定每一期的家庭存在 $1-\theta_w$ 的概率选择调整工资水平，则存在 θ_w 的概率选择不调整工资水平。假设家庭 i 在第 t 期选择调整工资，且以后各期均选择不再调整工资，在此情形下，家庭 i 将选择最优工资水平作为其在第 t 期调整后的工资，即 $W_{i,t}=W_{i,t}^*$，$W_{i,t}^*$ 表示家庭 i 选择的最优工资水平，那么，其在第 $t+1$ 期选择不调整工资的概率为 θ_w，在第 $t+2$ 期选择不调整工资的概率为 θ_w^2，以此类推，在第 $t+j$ 期选择不调整工资的概率为 θ_w^j，且其在第 t 期以后各期的工资水平均与第 t 期相同，即 $W_{i,t+j}=W_{i,t}^*$。

将拉格朗日方程式(10-85)中涉及劳动 L_t 的部分单独出来，则式(10-85)改写为

① CALVO G A. Staggered prices in a utility-maximizing framework[J]. Journal of monetary economics, 1983, 12(3): 383-398.

$$L=E_0\sum_{t=0}^{\infty}\beta^t\left(-\frac{L_t^{1+\phi}}{1+\phi}-\lambda_t(-W_tL_t)\right) \tag{10-101}$$

假设第 i 个家庭在第 t 期将工资水平调整为 W_t^*，则其在第 t 期以后 j 期均存在 $\theta_w{}^j$ 的比例不能调整工资水平。因此，家庭 i 在第 t 期以后 j 期的拉格朗日方程可以写为

$$L=E_t\sum_{j=0}^{\infty}\beta^j(\theta_w)^j\left[-\frac{L_{i,t+j}^{1+\phi}}{1+\phi}-\lambda_{t+j}(-W_{i,t}^*L_{i,t+j})\right] \tag{10-102}$$

将式(10-97)代入式(10-101)中，得到

$$L=E_t\sum_{j=0}^{\infty}(\beta\theta_w)^j\left(-\frac{1}{1+\phi}\left[L_{t+j}\left(\frac{W_{t+j}}{W_{i,t}^*}\right)^{\varepsilon_w}\right]^{1+\phi}+\lambda_{t+j}\left[W_{i,t}^*L_{t+j}\left(\frac{W_{t+j}}{W_{i,t}^*}\right)^{\varepsilon_w}\right]\right) \tag{10-103}$$

将式(10-103)对 $W_{i,t}^*$ 求偏导并令其等于0，可得

$$E_t\sum_{j=0}^{\infty}(\beta\theta_w)^j\left\{\varepsilon_w\left[L_{t+j}\left(\frac{W_{t+j}}{W_{i,t}^*}\right)^{\varepsilon_w}\right]^{\phi}L_{t+j}\left(\frac{W_{t+j}}{W_{i,t}^*}\right)^{\varepsilon_w}\frac{1}{W_{i,t}^*}+(1-\varepsilon_w)\lambda_{t+j}L_{t+j}\left(\frac{W_{t+j}}{W_{i,t}^*}\right)^{\varepsilon_w}\right\}=0 \tag{10-104}$$

结合式(10-97)，将式(10-104)进一步整理可得

$$E_t\sum_{j=0}^{\infty}(\beta\theta_w)^j\left\{\varepsilon_w(L_{i,t+j})^{\phi}\frac{1}{W_{i,t}^*}+(1-\varepsilon_w)\lambda_{t+j}\right\}=0 \tag{10-105}$$

根据消费的一阶条件

$$\lambda_t=\frac{C_t^{-\sigma}}{P_t} \tag{10-86$'$}$$

可得家庭 i 消费的一阶条件为

$$\lambda_{t+j}=\frac{C_{i,t+j}^{-\sigma}}{P_{t+j}} \tag{10-106}$$

将式(10-106)代入式(10-105)中并进行整理，即可得出最优劳动力工资方程为

$$W_{i,t}^*=\left(\frac{\varepsilon_w}{\varepsilon_w-1}\right)E_t\sum_{j=0}^{\infty}(\beta\theta_w)^jC_{i,t+j}^{\sigma}L_{i,t+j}^{\phi}P_{t+j} \tag{10-107}$$

根据Calvo交错定价的思想，在第 t 期，存在 θ_w 比例的家庭不能够调整其工资水平，其保持与第 $t-1$ 期相同的工资水平，即 $W_t=W_{t-1}$；存在 $1-\theta_w$ 比例的家庭能够调整其工资水平，且该 $1-\theta_w$ 比例的家庭将选择相同的最优工资水平，即 $W_{i,t}=W_{i,t}^*$，因此，总工资水平可以表示为

$$(W_t)^{1-\varepsilon_w}=\int_0^{\theta_w}(W_{t-1})^{1-\varepsilon_w}\mathrm{d}i+\int_{\theta_w}^1(W_{i,t}^*)^{1-\varepsilon_w}\mathrm{d}i \tag{10-108}$$

由于此处的积分仅表示加总求和，因此，式(10-108)可进一步整理为

$$(W_t)^{1-\varepsilon_w}=\theta_w(W_{t-1})^{1-\varepsilon_w}+(1-\theta_w)(W_{i,t}^*)^{1-\varepsilon_w} \tag{10-109}$$

据此，可求出总工资水平为

$$W_t=[\theta_wW_{t-1}^{1-\varepsilon_w}+(1-\theta_w)(W_{i,t}^*)^{1-\varepsilon_w}]^{\frac{1}{1-\varepsilon_w}} \tag{10-110}$$

定义

$$\pi_t^w = \frac{W_t}{W_{t-1}} \tag{10-111}$$

其中，π_t^w 为工资通货膨胀率，式(10-111)即为总工资通货膨胀率的定义式。

求解引入工资黏性后的 NK 模型求解过程可以表述为：在给定 10 个参数$\{\sigma,\phi,\delta,\beta,\alpha,\varepsilon,\theta_w,\varepsilon_w,\theta_p,\rho_A\}$的条件下，求解 14 个方程和 14 个未知变量$\{C_t,L_t,W_t,W_t^*,K_t,I_t,Y_t,R_t,A_t,\mathrm{MC}_t,P_t^*,P_t,\pi_t,\pi_t^w\}$。其中，14 个方程分别为

最优工资方程：$W_{i,t}^* = \left(\frac{\varepsilon_w}{\varepsilon_w - 1}\right) E_t \sum_{j=0}^{\infty} (\beta\theta_w)^j C_{i,t+j}^{\sigma} L_{i,t+j}^{\phi} P_{t+j}$ [1]

加总工资方程：$W_t = [\theta_w W_{t-1}^{1-\varepsilon_w} + (1-\theta_w)(W_{i,t}^*)^{1-\varepsilon_w}]^{\frac{1}{1-\varepsilon_w}}$ [2]

工资通货膨胀率：$\pi_t^w = \frac{W_t}{W_{t-1}}$ [3]

消费欧拉方程：$\left(\frac{C_{t+1}}{C_t}\right)^{\sigma} = E_t\beta\left[(1-\delta) + \frac{R_{t+1}}{P_{t+1}}\right]$ [4]

资本积累方程：$K_{t+1} = (1-\delta)K_t + I_t$ [5]

生产函数：$Y_t = A_t K_t^{\alpha} L_t^{1-\alpha}$ [6]

资本需求方程：$K_t = \alpha\,\mathrm{MC}_t \frac{Y_t}{R_t}$ [7]

劳动需求方程：$L_t = (1-\alpha)\mathrm{MC}_t \frac{Y_t}{W_t}$ [8]

边际成本方程：$\mathrm{MC}_t = \frac{1}{A_t}\left(\frac{W_t}{1-\alpha}\right)^{1-\alpha}\left(\frac{R_t}{\alpha}\right)^{\alpha}$ [9]

最优价格方程：$P_t^* = \left(\frac{\varepsilon}{\varepsilon - 1}\right) E_t \sum_{j=0}^{\infty} (\beta\theta_p)^j \mathrm{MC}_{t+j}$ [10]

加总价格方程：$P_t = [\theta_p P_{t-1}^{1-\varepsilon} + (1-\theta_p)(P_t^*)^{1-\varepsilon}]^{\frac{1}{1-\varepsilon}}$ [11]

通货膨胀率：$\pi_t = \frac{P_t}{P_{t-1}}$ [12]

市场出清条件：$Y_t = C_t + I_t$ [13]

生产率冲击方程：$\log A_t = (1-\rho_A)\log A^* + \rho_A \log A_{t-1} + e_t$ [14]

基于上述 14 个方程，可以求得 12 个变量在稳态时的解①，即$\{C^*,L^*,W^*,K^*,I^*,Y^*,R^*,A^*,\mathrm{MC}^*,P^*,\pi^*,\pi^{w*}\}$。

10.2.2 模型稳态求解

将引入工资黏性的 NK 模型的均衡条件写成稳态形式为

① 由于加总工资方程和加总价格方程写成稳态形式后变为恒等式，因此，在求解各变量稳态值时，加总工资方程和加总价格方程为冗余方程。

最优工资方程：$W^* = \left(\frac{\varepsilon_w}{\varepsilon_w - 1}\right)\left(\frac{C^{*\sigma} L^{*\phi} P^*}{1-\beta\theta_w}\right)$ [15]

加总工资方程：$W^* = \left[\theta_w (W^*)^{1-\varepsilon_w} + (1-\theta_w)(W^*)^{1-\varepsilon_w}\right]^{\frac{1}{1-\varepsilon_w}} \Rightarrow W^* = W^*$ [16]

工资通货膨胀率：$\pi^{w*} = \frac{W^*}{W^*} \Rightarrow \pi^{w*} = 1$ [17]

消费欧拉方程：$1 = \beta\left[(1-\delta) + \frac{R^*}{P^*}\right]$ [18]

资本积累方程：$\delta K^* = I^*$ [19]

生产函数：$Y^* = A^*(K^*)^{\alpha}(L^*)^{1-\alpha}$ [20]

资本需求方程：$K^* = \alpha \mathrm{MC}^* \frac{Y^*}{R^*}$ [21]

劳动需求方程：$L^* = (1-\alpha)\mathrm{MC}^* \frac{Y^*}{W^*}$ [22]

边际成本方程：$\mathrm{MC}^* = \frac{1}{A^*}\left(\frac{W^*}{1-\alpha}\right)^{1-\alpha}\left(\frac{R^*}{\alpha}\right)^{\alpha}$ [23]

最优价格方程：$P^* = \left(\frac{\varepsilon}{\varepsilon-1}\right)\frac{1}{1-\beta\theta_p}\mathrm{MC}^*$ [24]

通货膨胀率：$\pi^* = \frac{P^*}{P^*} \Rightarrow \pi^* = 1$ [25]

市场出清条件：$Y^* = C^* + I^*$ [26]

生产率冲击方程：$\log A^* = (1-\rho_A)\log A^* + \rho_A \log A^*$ [27]

加总价格方程：$P^* = [\theta_p (P^*)^{1-\varepsilon} + (1-\theta_p)(P^*)^{1-\varepsilon}]^{\frac{1}{1-\varepsilon}} \Rightarrow P^* = P^*$ [28]

在式[15]～式[28]中，$C^*, L^*, W^*, K^*, I^*, Y^*, R^*, A^*, \mathrm{MC}^*, P^*, \pi^*, \pi^{w*}$ 均表示对应变量的稳态值。求解模型稳态的目标是得到12个内生变量的稳态表达式。通常将稳态的技术水平设为1，即取 $A^* = 1$；同时将一般价格水平 P_t 的稳态值设为1，即 $P^* = 1$；根据稳态方程[25]可知，价格通货膨胀率的稳态值 $\pi^* = 1$；根据稳态方程[17]可知，工资通货膨胀率的稳态值 $\pi^{w*} = 1$，下文将进行其他变量的稳态求解。

根据消费的欧拉方程[18]可求出资本利息率的稳态形式 R^* 为

$$R^* = P^*\left[\frac{1}{\beta} - (1-\delta)\right] \quad [29]$$

根据最优价格方程[24]可求出边际成本的稳态形式 MC^* 为

$$\mathrm{MC}^* = \left(\frac{\varepsilon - 1}{\varepsilon}\right)(1-\beta\theta_p)P^* \quad [30]$$

根据边际成本方程[23]可求出工资水平的稳态形式 W^* 为

$$W^* = (1-\alpha)(\mathrm{MC}^*)^{\frac{1}{1-\alpha}}\left(\frac{\alpha}{R^*}\right)^{\frac{\alpha}{1-\alpha}} \quad [31]$$

根据资本需求方程[21]可求出 K^*/Y^*，即

$$\frac{K^*}{Y^*}=\alpha\frac{MC^*}{R^*} \tag{[32]}$$

根据劳动需求方程[22]可求出 L^*/Y^*，即

$$\frac{L^*}{Y^*}=(1-\alpha)\frac{MC^*}{W^*} \tag{[33]}$$

根据资本积累方程[19]可求出 I^*/Y^*，即

$$\frac{I^*}{Y^*}=\delta\frac{K^*}{Y^*} \tag{[34]}$$

根据市场出清条件[26]可求出 C^*/Y^*，即

$$\frac{C^*}{Y^*}=1-\frac{I^*}{Y^*} \tag{[35]}$$

将方程[35]和方程[33]代入最优工资方程[15]，可求出产出的稳态形式 Y^*，即

$$(Y^*)^{-\sigma-\phi}W^*=\left(\frac{\varepsilon_w}{\varepsilon_w-1}\right)\left(\frac{P^*}{1-\beta\theta_w}\right)\left(\frac{C^*}{Y^*}\right)^{\sigma}\left(\frac{L^*}{Y^*}\right)^{\phi} \tag{[36]}$$

进一步整理可得

$$Y^*=\left(\frac{P^*}{W^*}\frac{\varepsilon_w}{(\varepsilon_w-1)}\frac{1}{(1-\beta\theta_w)}\right)^{\frac{-1}{\sigma+\phi}}\left(\frac{C^*}{Y^*}\right)^{\frac{-\sigma}{\sigma+\phi}}\left(\frac{L^*}{Y^*}\right)^{\frac{-\phi}{\sigma+\phi}} \tag{[37]}$$

将 Y^* 代入方程[32]即可得到资本的稳态形式 K^*；将 Y^* 代入方程[33]即可求出劳动的稳态形式 L^*；将 Y^* 代入方程[34]即可求出投资的稳态形式 I^*；将 Y^* 代入方程[35]即可求出消费的稳态形式 C^*。基于上述方程，即可实现模型中所有变量的稳态求解。若给定模型参数值，即可求出各变量的稳态值。

10.2.3　线性化处理

本节继续采用 Uhlig 对数线性化方法，在基准 NK 模型均衡条件对数线性化的基础上，对工资通货膨胀率方程、最优工资方程和加总工资方程进行对数线性化处理。

1. 工资通货膨胀率方程的对数线性化

对于工资通货膨胀率方程

$$\pi_t^w=\frac{W_t}{W_{t-1}} \tag{10-111$'$}$$

利用 $x^*e^{\tilde{x}_t}$ 替换 x_t，式(10-111)′改写为

$$\pi^{w*}e^{\tilde{\pi}_t^w}=\frac{W^*e^{\widetilde{W}_t}}{W^*e^{\widetilde{W}_{t-1}}} \tag{10-112}$$

进一步整理可得

$$\pi^{w*}(1+\tilde{\pi}_t^w)=1+(\widetilde{W}_t-\widetilde{W}_{t-1}) \tag{10-113}$$

由于 $\pi^{w*}=1$，因此，式(10-113)可整理为

$$\tilde{\pi}_t^w=\widetilde{W}_t-\widetilde{W}_{t-1} \tag{10-114}$$

式(10-114)为工资通货膨胀率方程的对数线性化形式。

2. 最优工资方程的对数线性化

对于最优工资方程：

$$W_t^* = \left(\frac{\varepsilon_w}{\varepsilon_w - 1}\right) E_t \sum_{j=0}^{\infty} (\beta\theta_w)^j C_{t+j}^{\sigma} L_{t+j}^{\phi} P_{t+j} \tag{10-107$'$}$$

利用 $x^* e^{\tilde{x}_t}$ 替换 x_t，式(10-107)′改写为

$$W^* e^{\widetilde{W}_t^*} = \left(\frac{\varepsilon_w}{\varepsilon_w - 1}\right) E_t \sum_{j=0}^{\infty} (\beta\theta_w)^j (C^* e^{\widetilde{C}_{t+j}})^{\sigma} (L^* e^{\widetilde{L}_{t+j}})^{\phi} P^* \widetilde{P}_{t+j} \tag{10-115}$$

进一步整理可得

$$W^* \widetilde{W}_t^* = \left(\frac{\varepsilon_w}{\varepsilon_w - 1}\right) E_t \sum_{j=0}^{\infty} (\beta\theta_w)^j C^{*\sigma} L^{*\phi} P^* (\sigma\widetilde{C}_{t+j} + \phi\widetilde{L}_{t+j} + \widetilde{P}_{t+j}) \tag{10-116}$$

结合最优工资方程的稳态形式

$$W^* = \left(\frac{\varepsilon_w}{\varepsilon_w - 1}\right)\left(\frac{C^{*\sigma} L^{*\phi} P^*}{1 - \beta\theta_w}\right) \tag{10-117}$$

将式(10-117)代入式(10-116)并化简可得

$$\widetilde{W}_t^* = (1 - \beta\theta_w) E_t \sum_{j=0}^{\infty} (\beta\theta_w)^j (\sigma\widetilde{C}_{t+j} + \phi\widetilde{L}_{t+j} + \widetilde{P}_{t+j}) \tag{10-118}$$

式(10-118)即为最优工资方程的对数线性化形式。

3. 加总工资方程的对数线性化

对于加总工资方程

$$W_t = [\theta_w W_{t-1}^{1-\varepsilon_w} + (1 - \theta_w)(W_{i,t}^*)^{1-\varepsilon_w}]^{\frac{1}{1-\varepsilon_w}} \tag{10-110$'$}$$

利用 $x^* e^{\tilde{x}_t}$ 替换 x_t，将式(10-110)′改写为

$$(W^* e^{\widetilde{W}_t})^{1-\varepsilon_w} = \theta_w (W^* e^{\widetilde{W}_{t-1}})^{1-\varepsilon_w} + (1 - \theta_w)(W^* e^{\widetilde{W}_t^*})^{1-\varepsilon_w} \tag{10-119}$$

进一步整理可得

$$\begin{aligned}(W^*)^{1-\varepsilon}[1 + (1 - \varepsilon_w)\widetilde{W}_t] = \theta_w (W^*)^{1-\varepsilon_w}[1 + (1 - \varepsilon_w)\widetilde{W}_{t-1}] \\ + (1 - \theta_w)(W^*)^{1-\varepsilon_w}[1 + (1 - \varepsilon_w)\widetilde{W}_t^*]\end{aligned} \tag{10-120}$$

将式(10-120)进行化简，即

$$\widetilde{W}_t = \theta_w \widetilde{W}_{t-1} + (1 - \theta_w)\widetilde{W}_t^* \tag{10-121}$$

式(10-121)即为加总价格方程的对数线性化形式。

将式(10-121)代入式(10-118)，而后两侧同时乘以$(1-\beta\theta_w L^{-1})$并进行整理即可得到工资的菲利普斯方程。具体计算过程与 10.1.3 小节的式(10-66)～式(10-78)步骤类似，本节不再赘述。整理得到工资的菲利普斯方程为

$$\tilde{\pi}_t^w = \beta\tilde{\pi}_{t+1}^w + \left[\frac{(1 - \theta_w)(1 - \beta\theta_w)}{\theta_w}\right](\sigma\widetilde{C}_t + \phi\widetilde{L}_t - (\widetilde{W}_t - \widetilde{P}_t)) \tag{10-122}$$

综上所述，引入工资黏性的NK模型中对数线性化后的均衡条件如下：

工资的菲利普斯方程：$\tilde{\pi}_t^w=\beta\tilde{\pi}_{t+1}^w+\left[\frac{(1-\theta_w)(1-\beta\theta_w)}{\theta_w}\right](\sigma\tilde{C}_t+\phi\tilde{L}_t-(\tilde{W}_t-\tilde{P}_t))$ [38]

工资的通货膨胀率：$\tilde{\pi}_t^w=\tilde{W}_t-\tilde{W}_{t-1}$ [39]

消费的欧拉方程：$\frac{\sigma}{\beta}(\tilde{C}_{t+1}-\tilde{C}_t)=\frac{R^*}{P^*}E_t(\tilde{R}_{t+1}-\tilde{P}_{t+1})$ [40]

资本需求方程：$\tilde{R}_t=\widetilde{\mathrm{MC}}_t+\tilde{Y}_t-\tilde{K}_t$ [41]

劳动需求方程：$\tilde{W}_t=\widetilde{\mathrm{MC}}_t+\tilde{Y}_t-\tilde{L}_t$ [42]

生产函数：$\tilde{Y}_t=\tilde{A}_t+\alpha\tilde{K}_t+(1-\alpha)\tilde{L}_t$ [43]

资本积累方程：$\tilde{K}_{t+1}=(1-\delta)\tilde{K}_t+\delta\tilde{I}_t$ [44]

边际成本方程：$\widetilde{\mathrm{MC}}_t=(1-\alpha)\tilde{W}_t+\alpha\tilde{R}_t-\tilde{A}_t$ [45]

菲利普斯方程：$\tilde{\pi}_t=\beta E_t\tilde{\pi}_{t+1}+\left[\frac{(1-\theta_p)(1-\beta\theta_p)}{\theta_p}\right](\widetilde{\mathrm{MC}}_t-\tilde{P}_t)$ [46]

通货膨胀率：$\tilde{\pi}_t=\tilde{P}_t-\tilde{P}_{t-1}$ [47]

市场出清方程：$\tilde{Y}_t=\frac{C^*}{Y^*}\tilde{C}_t+\frac{I^*}{Y^*}\tilde{I}_t$ [48]

生产率冲击方程：$\tilde{A}_t=\rho_A\tilde{A}_{t-1}+e_t$ [49]

10.2.4 程序设计

对于引入工资黏性的新凯恩斯模型，可以编写Dynare文件进行求解和数值模拟，程序为：

```
%引入工资黏性的新凯恩斯(NK)模型
%第一部分：变量声明、参数声明及参数赋值

var Y I C R K W L MC P PI A PIW ;                         % 声明内生变量
varexo e;                                                 % 声明外生冲击变量
parameters sigma phi epsilon alpha beta delta rhoa thetap % 声明参数
           thetaw epsilonw;
parameters As Ps Rs MCs Ws Ys Ks Ls Is Cs PIs PIWs;

sigma = 2;                                                % 相对风险规避系数
phi = 1.5;                                                % 劳动供给的 Frisch 弹性的倒数
alpha = 0.35;                                             % 资本的产出弹性
beta = 0.985;                                             % 主观贴现因子
delta = 0.025;                                            % 资本折旧率
rhoa = 0.95;                                              % 生产率的自回归参数
epsilon = 8;                                              % 中间品之间的替代弹性
```

```
epsilonw = 21;                                            % 劳动力之间的替代弹性
thetap = 0.75;                                            % 价格黏性参数
thetaw = 0.75;                                            % 工资黏性参数

As = 1;                                                   % 技术水平的稳态值
Ps = 1;                                                   % 价格水平的稳态值
PIs = 1;                                                  % 通货膨胀率的稳态值
PIWs = 1;                                                 % 工资通货膨胀率的稳态值
Rs = Ps * (1/beta - (1 - delta));                         % 实际利率的稳态形式
MCs = ((epsilon - 1)/epsilon) * (1 - beta * thetap) * Ps; % 边际成本的稳态形式
Ws = (1 - alpha) * MCs^(1/(1 - alpha)) * (alpha/Rs)^(alpha/(1 - alpha));
                                                          % 实际工资的稳态形式
KY_ratio = alpha * MCs/Rs;                                % KY_ratio 表示 K * /Y *
LY_ratio = (1 - alpha) * MCs/Ws;                          % LY_ratio 表示 L * /Y *
IY_ratio = delta * KY_ratio;                              % IY_ratio 表示 I * /Y *
CY_ratio = 1 - IY_ratio;                                  % CY_ratio 表示 C * /Y *
Ys = (Ps/Ws * epsilonw/(epsilonw - 1) *                   % 产出的稳态形式
1/(1 - beta * thetaw))^( - 1/(sigma + phi)) * (CY_ratio)^
( - sigma/(sigma + phi)) * (LY_ratio)^( - phi/(sigma + phi));
Ks = KY_ratio * Ys;                                       % 资本存量的稳态形式
Ls = LY_ratio * Ys;                                       % 劳动的稳态形式
Is = IY_ratio * Ys;                                       % 投资的稳态形式
Cs = CY_ratio * Ys;                                       % 消费的稳态形式

%第二部分: 模型声明

model(linear);                                            % 模型(对数线性化形式)

PIW = beta * PIW( + 1) + (1 - thetaw) * ((1 - beta * thetaw)/thetaw)
                                                          % 工资的菲利普斯方程
 * ((sigma * C + phi * L - (W - P)));
PIW = W - W( - 1);                                        % 工资的通货膨胀率
sigma/beta * (C( + 1) - C) = (Rs/Ps) * (R( + 1) - P( + 1)); % 消费的欧拉方程
R = Y - K( - 1);                                          % 资本需求方程
W = Y - L;                                                % 劳动需求方程
Y = A + alpha * K( - 1) + (1 - alpha) * L;                % 生产函数
K = (1 - delta) * K( - 1) + delta * I;                    % 资本积累方程
MC = (1 - alpha) * W + alpha * R - A;                     % 边际成本方程
PI = beta * PI( + 1) + ((1 - thetap) * (1 - thetap * beta)/thetap) * (MC - P);
                                                          % 菲利普斯方程
PI = P - P( - 1);                                         % 通货膨胀率方程
Y = (Cs/Ys) * C + (Is/Ys) * I;                            % 市场出清方程
A = rhoa * A( - 1) + e;                                   % 生产率冲击方程

end;

%第三部分: 稳态值声明

steady;                                                   % 计算稳态
```

```
%第四部分：外生冲击声明

shocks;                                          % 外生冲击设定
var e;                                           % 声明外生变量名称
stderr 0.01;                                     % 设定外生冲击的数值
end;

%第五部分：随机模拟

stoch_simul(periods = 1000, irf = 40, order = 1) ;    % 表示模拟 1000 期、计算 40 期脉
                                                       冲响应、进行一阶泰勒求解
```

运行上述 Dynare 程序进行数值模拟，同时可以解出

$$\begin{pmatrix} \widetilde{Y}_t \\ \widetilde{I}_t \\ \widetilde{C}_t \\ \widetilde{R}_t \\ \widetilde{L}_t \\ MC_t \\ \widetilde{\pi}_t \\ \widetilde{\pi}_t^w \end{pmatrix} = \begin{pmatrix} 0.6021 & -0.8298 & 1.6833 & -0.0802 \\ 4.4557 & -12.5258 & 18.0964 & -1.0622 \\ 0.4004 & -0.2179 & 0.8246 & -0.0288 \\ -0.3979 & -0.8298 & 1.6834 & -0.0802 \\ 0.3878 & -1.2766 & 1.1282 & -0.1234 \\ 0 & 0 & 0 & 0 \\ 0 & 0 & -0.2500 & 0 \\ 0.2143 & -0.5532 & 0.5551 & 0.0432 \end{pmatrix} \begin{pmatrix} \widetilde{K}_t \\ \widetilde{W}_t \\ \widetilde{A}_t \\ \widetilde{P}_t \end{pmatrix} + \begin{pmatrix} 1.7720 \\ 19.0488 \\ 0.8680 \\ 1.7720 \\ 1.1876 \\ 0 \\ 0 \\ 0.5843 \end{pmatrix} e_t \tag{10-123}$$

式(10-123)即为引入工资黏性的 NK 模型的政策方程。

转换方程为

$$\begin{pmatrix} \widetilde{K}_{t+1} \\ \widetilde{W}_t \\ \widetilde{A}_t \\ \widetilde{P}_t \end{pmatrix} = \begin{pmatrix} 1.0864 & -0.3131 & 0.4524 & -0.0266 \\ 0.2143 & 0.4468 & 0.5551 & 0.0432 \\ 0 & 0 & 0.9500 & 0 \\ 0 & 0 & 0 & 0.7500 \end{pmatrix} \begin{pmatrix} \widetilde{K}_t \\ \widetilde{W}_{t-1} \\ \widetilde{A}_{t-1} \\ \widetilde{P}_{t-1} \end{pmatrix} + \begin{pmatrix} 0.4766 \\ 0.5843 \\ 1.0000 \\ 0 \end{pmatrix} e_t \tag{10-124}$$

式(10-123)和式(10-124)共同组成了引入工资黏性的 NK 模型的解。

本节在 10.1 节新凯恩斯模型的基础上引入工资黏性，按照基本框架、稳态求解、线性化处理及程序设计的顺序对包含工资黏性假设的 NK 模型展开介绍。与 10.1 节基准 NK 模型不同，引入工资黏性的 NK 模型假设家庭提供异质性劳动，企业将家庭提供的异质性劳动进行加总形成总劳动，然后作为生产要素投入生产。中间品企业以及最终品企业的设定与标准 NK 模型中的设定一致。除了可以引入工资黏性以外，10.3 节将在基准 NK 模型基础上引入投资调整成本，介绍具有投资调整成本的 NK 模型。

10.3　引入投资调整成本的 NK 模型

在之前讨论的模型中，均假设资本存量可以自由地进行跨期调整，换言之，资本存量的跨期转换不存在任何成本。然而，这一假设与现实经济并不相符。在现实世界中，企业的投资行为包括租赁仓库、购买机器设备等，企业在调整实物资本的投资时将产生额外的成本，这项成本是企业利润最大化时需要考虑的重要因素，通常将该成本称为投资调整成本。本节主要介绍包含投资调整成本的 NK 模型，即引入投资调整成本函数，并进一步调整资本积累方程、家庭的预算约束和企业的生产函数等，分析其对家庭和企业经济决策的影响。

10.3.1　模型框架

由于投资调整成本主要影响代表性家庭的资本积累方程、预算约束方程以及中间品企业的生产函数，并未对最终品企业产生影响，因此，最终品企业的设定与 10.1 节标准 NK 模型的中设定一致，本节不再赘述。

1. 代表性家庭

代表性家庭在第 t 期的目标是最大化其一生效用的期望现值

$$\text{Max}\ E_0\sum_{t=0}^{\infty}\beta^t\left(\frac{C_t^{1-\sigma}}{1-\sigma}-\frac{L_t^{1+\phi}}{1+\phi}\right)\tag{10-125}$$

定义资本利用成本如式(10-126)所示。

$$\text{RC}_t=P_tK_t\left[\chi_1(u_t-1)+\frac{\chi_2}{2}(u_t-1)^2\right]\tag{10-126}$$

式中，RC_t 为资本利用成本；u_t 为资本利用率；K_t 为资本存量；χ_1 和 χ_2 均为参数，用于衡量资本利用成本的敏感性，χ_2 能够自由校准，χ_2 越大则表示资本利用成本 RC_t 越大，χ_1 由模型稳态内生决定，不能自由校准。

家庭的预算约束为

$$P_t(C_t+I_t)=W_tL_t+R_tu_tK_t-P_tK_t\left[\chi_1(u_t-1)+\frac{\chi_2}{2}(u_t-1)^2\right]\tag{10-127}$$

其中，u_tK_t 表示有效资本存量，若 $u_t>1$，则表示有效资本存量大于实际资本存量；若 $u_t<1$，则表示有效资本存量小于实际资本存量。

本节从投资跨期变化的成本角度对投资调整成本进行设定，如式(10-128)所示。

$$\text{ADC}_t=1-\frac{\varphi}{2}\left(\frac{I_t}{I_{t-1}}-1\right)^2\tag{10-128}$$

式中，I_t 为投资规模；φ 为投资调整的敏感性系数或称为投资调整成本的规模系数。

资本积累方程为

$$K_{t+1}=(1-\delta)K_t+I_t\left[1-\frac{\varphi}{2}\left(\frac{I_t}{I_{t-1}}-1\right)^2\right]\tag{10-129}$$

基于目标函数式(10-125)、预算约束式(10-127)以及资本积累方程式(10-129)，构造代表性家庭最优化问题的拉格朗日方程为

$$L = E_0 \sum_{t=0}^{\infty} \beta^t \left\{ \left[\frac{C_t^{1-\sigma}}{1-\sigma} - \frac{L_t^{1+\phi}}{1+\phi} \right] - \lambda_t \left[P_t C_t + P_t I_t - W_t L_t - R_t u_t K_t + P_t K_t \left(\chi_1 (u_t - 1) + \frac{\chi_2}{2} (u_t - 1)^2 \right) \right] - Q_t \left[K_{t+1} - (1-\delta) K_t - I_t \left(1 - \frac{\varphi}{2} \left(\frac{I_t}{I_{t-1}} - 1 \right)^2 \right) \right] \right\} \tag{10-130}$$

其中，λ_t、Q_t 分别为预算约束和资本积累方程的拉格朗日乘子，分别对应预算约束的影子价格和资本的影子价格。λ_t 的含义是每增加 1 单位收入带来的边际效用，Q_t 的含义为每增加 1 单位资本积累带来的边际效用，因此可以认为乘子 Q_t 即为托宾 Q 值。

托宾 Q 理论由 Tobin[①] 提出，托宾 Q 值定义为企业的市场价值与其有形资产重置价值的比值，即

$$Q = \frac{\text{资本的市场价值}}{\text{资本的重置成本}} \tag{10-131}$$

Hayashi[②] 指出，在一定条件下，托宾 Q 值等价于资本的边际价值。托宾 Q 值与投资之间的关系可以描述为：如果 $Q>1$，表示资本重置的价值将超过其成本，企业为了积累更多的资本，选择增加投资；如果 $Q<1$，企业则倾向于减少投资。在估算托宾 Q 值时，通常使用式(10-132)计算：

$$Q = \frac{\text{企业的股票市值}}{\text{企业净资产}} \tag{10-132}$$

式(10-132)体现的是平均托宾 Q 值的概念。

DSGE 模型中通常使用边际托宾 Q 值的概念。边际托宾 Q 值指的是 1 单位新增净资产与其市场价值之比。在 NK 模型中，边际托宾 Q 值为拉格朗日乘子的比值，即

$$q_t = \frac{Q_t}{\lambda_t} \tag{10-133}$$

其中，q_t 表示每增加 1 单位资本存量所带来的企业利润或收入[③]。

将式(10-130)分别对消费 C_t、劳动 L_t、投资 I_t、资本存量 K_{t+1} 以及资本利用率 u_t 求偏导数，得到一阶条件为

$$\frac{\partial L}{\partial C_t} = C_t^{-\sigma} - \lambda_t P_t = 0 \tag{10-134}$$

$$\frac{\partial L}{\partial L_t} = -L_t^{\phi} + \lambda_t W_t = 0 \tag{10-135}$$

---

① TOBIN J. A general equilibrium approach to monetary theory[J]. Journal of money, credit and banking, 1969, 1(1): 15-29.

② HAYASHI F. Tobin's marginal q and average q: a neoclassical interpretation[J]. Econometrica, 1982, 50(1): 213-224.

③ 这一部分内容主要参考了李向阳的资料。李向阳. 动态随机一般均衡(DSGE)模型：理论、方法和 Dynare 实践[M]. 北京：清华大学出版社, 2018.

$$\frac{\partial L}{\partial I_t}=-\lambda_t P_t+Q_t\left[1-\frac{\varphi}{2}\left(\frac{I_t}{I_{t-1}}-1\right)^2-\varphi\frac{I_t}{I_{t-1}}\left(\frac{I_t}{I_{t-1}}-1\right)\right]$$

$$+\varphi\beta E_t\left[Q_{t+1}\left(\frac{I_{t+1}}{I_t}\right)^2\left(\frac{I_{t+1}}{I_t}-1\right)\right]=0 \tag{10-136}$$

$$\frac{\partial L}{\partial K_{t+1}}=\beta E_t\lambda_{t+1}R_{t+1}u_{t+1}-\beta E_t\left[\lambda_{t+1}P_{t+1}\left(\chi_1(u_t-1)+\frac{\chi_2}{2}(u_t-1)^2\right)\right]$$

$$-Q_t+\beta E_t Q_{t+1}(1-\delta)=0 \tag{10-137}$$

$$\frac{\partial L}{\partial u_t}=\lambda_t R_t K_t-\lambda_t P_t K_t\chi_1-\lambda_t P_t K_t\chi_2(u_t-1)=0 \tag{10-138}$$

将式(10-134)～式(10-138)分别进行整理，即

$$C_t^{\sigma}L_t^{\phi}=\frac{W_t}{P_t} \tag{10-139}$$

$$\lambda_t P_t-Q_t\left[1-\frac{\varphi}{2}\left(\frac{I_t}{I_{t-1}}-1\right)^2-\varphi\frac{I_t}{I_{t-1}}\left(\frac{I_t}{I_{t-1}}-1\right)\right]=\varphi\beta E_t\left[Q_{t+1}\left(\frac{I_{t+1}}{I_t}\right)^2\left(\frac{I_{t+1}}{I_t}-1\right)\right] \tag{10-140}$$

$$Q_t=\beta E_t\left\{(1-\delta)Q_{t+1}+\lambda_{t+1}R_{t+1}u_{t+1}-\lambda_{t+1}P_{t+1}\left(\chi_1(u_t-1)+\frac{\chi_2}{2}(u_t-1)^2\right)\right\} \tag{10-141}$$

$$\frac{R_t}{P_t}=\chi_1+\chi_2(u_t-1) \tag{10-142}$$

其中，式(10-139)为劳动供给方程，式(10-140)为投资需求方程，式(10-141)为托宾 Q 值方程，式(10-142)为重置资本需求方程。

2. 中间品企业

中间品企业的生产函数为

$$Y_{i,t}=A_t(u_tK_{i,t})^{\alpha}L_{i,t}^{1-\alpha} \tag{10-143}$$

式中，u_t 为资本利用率；u_tK_t 为有效资本存量。

中间品企业的最优化问题求解分为两个阶段：

第一阶段，在给定生产要素价格即资本利息率和工资时，中间品企业最小化其生产成本

$$\underset{L_{i,t},K_{i,t}}{\text{Min}}\ W_tL_{i,t}+R_tu_tK_{i,t} \tag{10-144}$$

构造拉格朗日函数为

$$L=W_tL_{i,t}+R_tu_tK_{i,t}+\mu_{i,t}(Y_{i,t}-A_t(u_tK_{i,t})^{\alpha}L_{i,t}^{1-\alpha}) \tag{10-145}$$

将式(10-145)分别对 $L_{i,t}$ 和 $K_{i,t}$ 求偏导数，即可得到中间品企业的劳动需求方程和资本需求方程分别为

$$L_{i,t}=(1-\alpha)\text{MC}_{i,t}\frac{Y_{i,t}}{W_t} \tag{10-146}$$

$$u_tK_{i,t}=\alpha\text{MC}_{i,t}\frac{Y_{i,t}}{R_t} \tag{10-147}$$

中间品企业的总成本函数为

$$\mathrm{TC}_{i,t}=W_tL_{i,t}+R_tu_tK_{i,t} \tag{10-148}$$

将式(10-146)和式(10-147)代入总成本函数式(10-148)中，可得

$$\mathrm{TC}_{i,t}=\frac{Y_{i,t}}{A_t}\left(\frac{W_t}{1-\alpha}\right)^{1-\alpha}\left(\frac{R_t}{\alpha}\right)^{\alpha} \tag{10-149}$$

因此，可以求出中间品企业的边际成本方程为

$$\mathrm{MC}_{i,t}=\frac{1}{A_t}\left(\frac{W_t}{1-\alpha}\right)^{1-\alpha}\left(\frac{R_t}{\alpha}\right)^{\alpha} \tag{10-150}$$

第二阶段，中间品企业通过对生产的产品进行定价，从而实现利润最大化的目标。本节采用 Calvo 交错定价法消除中间品价格的异质性①。第 i 个中间品企业的目标函数为

$$\mathrm{Max}\ E_t\sum_{j=0}^{\infty}\beta^j\theta_p^j(P_{i,t}^*Y_{i,t+j}-\mathrm{MC}_{i,t+j}Y_{i,t+j}) \tag{10-151}$$

式中，θ_p 为中间品企业调整价格的概率；$P_{i,t}^*$ 为中间品企业选择调整的最优价格。

根据最终品企业对中间品 i 的需求方程式(10-152)：

$$Y_{i,t+j}=Y_{t+j}\left(\frac{P_{t+j}}{P_{i,t}^*}\right)^{\varepsilon} \tag{10-152}$$

将式(10-152)代入式(10-151)中，可得

$$\mathrm{Max}\ E_t\sum_{j=0}^{\infty}\beta^j\theta_p^j\left[P_{i,t}^*Y_{t+j}\left(\frac{P_{t+j}}{P_{i,t}^*}\right)^{\varepsilon}-\mathrm{MC}_{i,t+j}Y_{t+j}\left(\frac{P_{t+j}}{P_{i,t}^*}\right)^{\varepsilon}\right] \tag{10-153}$$

将式(10-153)对最优价格 $P_{i,t}^*$ 求偏导数并令其等于 0，可得

$$E_t\sum_{j=0}^{\infty}\beta^j\theta_p^j\left[(1-\varepsilon)\left(\frac{P_{t+j}}{P_{i,t}^*}\right)^{\varepsilon}Y_{t+j}+\varepsilon\frac{1}{P_{i,t}^*}\left(\frac{P_{t+j}}{P_{i,t}^*}\right)^{\varepsilon}Y_{t+j}\mathrm{MC}_{i,t+j}\right]=0 \tag{10-154}$$

结合式(10-152)，可以将式(10-154)化简为

$$E_t\sum_{j=0}^{\infty}\beta^j\theta_p^j\left[(1-\varepsilon)Y_{i,t+j}+\varepsilon\frac{1}{P_{i,t}^*}Y_{i,t+j}\mathrm{MC}_{i,t+j}\right]=0 \tag{10-155}$$

由此推出最优价格水平方程为

$$P_{i,t}^*=\left(\frac{\varepsilon}{\varepsilon-1}\right)E_t\sum_{j=0}^{\infty}(\beta\theta_p)^j\mathrm{MC}_{i,t+j} \tag{10-156}$$

中间品的加总价格水平可以表示为

$$P_t^{1-\varepsilon}=\int_0^{\theta_p}P_{t-1}^{1-\varepsilon}\mathrm{d}i+\int_{\theta_p}^{1}(P_{i,t}^*)^{1-\varepsilon}\mathrm{d}i \tag{10-157}$$

整理可得中间品加总价格水平为

$$P_t=\left[\theta_pP_{t-1}^{1-\varepsilon}+(1-\theta_p)(P_{i,t}^*)^{1-\varepsilon}\right]^{\frac{1}{1-\varepsilon}} \tag{10-158}$$

引入投资调整成本后的 NK 模型求解过程可以表述为，在给定 11 个参数$\{\sigma,\phi,\delta,\beta,\alpha,\varepsilon,\theta_p,\rho_A,\varphi,\chi_1,\chi_2\}$的条件下，求解 14 个方程和 14 个未知变量$\{C_t,L_t,W_t,K_t,I_t,Y_t,$

① 具体做法与 10.1 节标准 NK 模型中的中间品企业部分完全一致，本节不再赘述。

$R_t, A_t, \mathrm{MC}_t, P_t^*, P_t, \pi_t, Q_t, u_t\}$。其中，14 个方程分别为

劳动供给方程：$C_t^{\sigma} L_t^{\phi} = \dfrac{W_t}{P_t}$　[1]

投资需求方程：

$$C_t^{-\sigma} - Q_t \left[1 - \frac{\varphi}{2}\left(\frac{I_t}{I_{t-1}} - 1\right)^2 - \varphi \frac{I_t}{I_{t-1}}\left(\frac{I_t}{I_{t-1}} - 1\right)\right] = \varphi \beta E_t \left[Q_{t+1}\left(\frac{I_{t+1}}{I_t}\right)^2\left(\frac{I_{t+1}}{I_t} - 1\right)\right] \quad [2]$$

托宾 Q：$$Q_t = \beta E_t \left\{(1-\delta)Q_{t+1} + \frac{C_{t+1}^{-\sigma}}{P_{t+1}} R_{t+1} u_{t+1} - C_{t+1}^{-\sigma}\left(\chi_1 (u_t - 1) + \frac{\chi_2}{2}(u_t - 1)^2\right)\right\}$$

[3]

重置资本需求方程：$\dfrac{R_t}{P_t} = \chi_1 + \chi_2 (u_t - 1)$　[4]

资本积累方程：$K_{t+1} = (1-\delta)K_t + I_t \left[1 - \dfrac{\varphi}{2}\left(\dfrac{I_t}{I_{t-1}} - 1\right)^2\right]$　[5]

生产函数：$Y_t = A_t (u_t K_t)^{\alpha} L_t^{1-\alpha}$　[6]

资本需求方程：$u_t K_t = \alpha \mathrm{MC}_t \dfrac{Y_t}{R_t}$　[7]

劳动需求方程：$L_t = (1-\alpha)\mathrm{MC}_t \dfrac{Y_t}{W_t}$　[8]

边际成本方程：$\mathrm{MC}_t = \dfrac{1}{A_t}\left(\dfrac{W_t}{1-\alpha}\right)^{1-\alpha}\left(\dfrac{R_t}{\alpha}\right)^{\alpha}$　[9]

最优价格方程：$P_t^* = \left(\dfrac{\varepsilon}{\varepsilon - 1}\right) E_t \sum\limits_{j=0}^{\infty} (\beta \theta_p)^j \mathrm{MC}_{t+j}$　[10]

加总价格方程：$P_t = [\theta_p P_{t-1}^{1-\varepsilon} + (1-\theta_p)(P_t^*)^{1-\varepsilon}]^{\frac{1}{1-\varepsilon}}$　[11]

通货膨胀率：$\pi_t = \dfrac{P_t}{P_{t-1}}$　[12]

市场出清条件：$Y_t = C_t + I_t$　[13]

生产率冲击方程：$\log A_t = (1-\rho_A)\log A^* + \rho_A \log A_{t-1} + e_t$　[14]

基于上述 14 个方程，可以求得 13 个变量在稳态时的解，即$\{C^*, L^*, W^*, K^*, I^*, Y^*, R^*, A^*, \mathrm{MC}^*, P^*, \pi^*, Q^*, u^*\}$。

10.3.2　模型稳态求解

将引入投资调整成本 NK 模型的均衡条件写成稳态形式为

劳动供给方程：$(C^*)^{\sigma}(L^*)^{\phi} = \dfrac{W^*}{P^*}$　[15]

投资需求方程：$(C^*)^{-\sigma} - Q^* = 0$　[16]

托宾 Q：$$Q^* = \beta\left\{(1-\delta)Q^* + \frac{(C^*)^{-\sigma}}{P^*} u^* - (C^*)^{-\sigma}\left(\chi_1 (u^* - 1) + \frac{\chi_2}{2}(u^* - 1)^2\right)\right\}$$

[17]

重置资本需求方程：$\frac{R^*}{P^*}=\chi_1+\chi_2(u^*-1)$ [18]

资本积累方程：$K^*=(1-\delta)K^*+I^*\left[1-\frac{\varphi}{2}\left(\frac{I^*}{I^*}-1\right)^2\right]\Rightarrow I^*=\delta K^*$ [19]

生产函数：$Y^*=A^*(u^*K^*)^{\alpha}(L^*)^{1-\alpha}$ [20]

资本需求方程：$u^*K^*=\alpha\mathrm{MC}^*\frac{Y^*}{R^*}$ [21]

劳动需求方程：$L^*=(1-\alpha)\mathrm{MC}^*\frac{Y^*}{W^*}$ [22]

边际成本方程：$\mathrm{MC}^*=\frac{1}{A^*}\left(\frac{W^*}{1-\alpha}\right)^{1-\alpha}\left(\frac{R^*}{\alpha}\right)^{\alpha}$ [23]

最优价格方程：$P^*=\left(\frac{\varepsilon}{\varepsilon-1}\right)\frac{1}{1-\beta\theta_p}\mathrm{MC}^*$ [24]

通货膨胀率：$\pi^*=\frac{P^*}{P^*}\Rightarrow\pi^*=1$ [25]

市场出清条件：$Y^*=C^*+I^*$ [26]

生产率冲击方程：$\log A^*=(1-\rho_A)\log A^*+\rho_A\log A^*$ [27]

加总价格方程：$P^*=[\theta_p(P^*)^{1-\varepsilon}+(1-\theta_p)(P^*)^{1-\varepsilon}]^{\frac{1}{1-\varepsilon}}\Rightarrow P^*=P^*$ [28]

式[15]～式[28]中，$C^*,L^*,W^*,K^*,I^*,Y^*,R^*,A^*,\mathrm{MC}^*,P^*,\pi^*,u^*,Q^*$均表示对应变量的稳态值。求解模型稳态的目标是得到13个内生变量的稳态表达式。与10.1节的设定相同，令稳态的技术水平$A^*=1$；令一般价格水平P_t的稳态值$P^*=1$；价格通货膨胀率的稳态值$\pi^*=1$；同时将资本利用率的稳态值设为1，即$u^*=1$。其他变量的稳态求解过程为

根据重置资本需求方程[18]可求出资本利息率的稳态形式R^*为

$$R^*=\chi_1P^* \qquad [29]$$

根据最优价格方程[24]可求出边际成本的稳态形式MC^*为

$$\mathrm{MC}^*=\left(\frac{\varepsilon-1}{\varepsilon}\right)(1-\beta\theta_p)P^* \qquad [31]$$

根据边际成本方程[23]可求出工资水平的稳态形式W^*为

$$W^*=(1-\alpha)(\mathrm{MC}^*)^{\frac{1}{1-\alpha}}\left(\frac{\alpha}{R^*}\right)^{\frac{\alpha}{1-\alpha}} \qquad [31]$$

根据资本需求方程[21]可求出K^*/Y^*，即

$$\frac{K^*}{Y^*}=\alpha\frac{\mathrm{MC}^*}{u^*R^*} \qquad [32]$$

根据劳动需求方程[22]可求出L^*/Y^*，即

$$\frac{L^*}{Y^*}=(1-\alpha)\frac{\mathrm{MC}^*}{W^*} \qquad [33]$$

根据资本积累方程[19]可求出 I^*/Y^*，即

$$\frac{I^*}{Y^*}=\delta\frac{K^*}{Y^*} \tag{34}$$

根据市场出清条件[26]可求出 C^*/Y^*，即

$$\frac{C^*}{Y^*}=1-\frac{I^*}{Y^*} \tag{35}$$

将方程[33]和方程[35]代入劳动供给方程[15]，可求出产出的稳态形式 Y^*，即

$$\left(\frac{C^*}{Y^*}\right)^{\sigma}\left(\frac{L^*}{Y^*}\right)^{\phi}=\frac{W^*}{P^*}(Y^*)^{-\sigma-\phi} \tag{36}$$

进一步整理可得

$$Y^*=\left(\frac{W^*}{P^*}\right)^{\frac{1}{\sigma+\phi}}\left(\frac{C^*}{Y^*}\right)^{\frac{-\sigma}{\sigma+\phi}}\left(\frac{L^*}{Y^*}\right)^{\frac{-\phi}{\sigma+\phi}} \tag{37}$$

将 Y^* 代入方程[32]即可得到资本的稳态形式 K^*；将 Y^* 代入方程[33]即可求出劳动的稳态形式 L^*；将 Y^* 代入方程[34]即可求出投资的稳态形式 I^*；将 Y^* 代入方程[35]即可求出消费的稳态形式 C^*。

根据投资需求方程[16]，即可求出 Q^*：

$$Q^*=(C^*)^{-\sigma} \tag{38}$$

在上述求解过程中，托宾 Q 方程[17]并未使用，可将其作为检验方程。

10.3.3 线性化处理

继续采用 Uhlig 对数线性化方法，在标准 NK 模型均衡条件对数线性化的基础上，对投资需求方程、托宾 Q 方程进行对数线性化处理。

1. 投资需求方程的对数线性化

对于投资需求方程

$$\lambda_t P_t-Q_t\left[1-\frac{\phi}{2}\left(\frac{I_t}{I_{t-1}}-1\right)^2-\varphi\frac{I_t}{I_{t-1}}\left(\frac{I_t}{I_{t-1}}-1\right)\right]=\varphi\beta E_t\left[Q_{t+1}\left(\frac{I_{t+1}}{I_t}\right)^2\left(\frac{I_{t+1}}{I_t}-1\right)\right] \tag{10-140$'$}$$

将式(10-134)代入式(10-140)，展开并进行整理可得

$$\begin{aligned}&C_t^{-\sigma}-\left(1-\frac{\varphi}{2}\right)Q_t+\frac{3}{2}\varphi Q_t\left(\frac{I_t}{I_{t-1}}-1\right)^2-2\varphi Q_t\left(\frac{I_t}{I_{t-1}}\right)\\&=\varphi\beta E_tQ_{t+1}\left(\frac{E_tI_{t+1}}{I_t}\right)^3-\varphi\beta E_tQ_{t+1}\left(\frac{E_tI_{t+1}}{I_t}\right)^2\end{aligned} \tag{10-159}$$

利用 $x^*\mathrm{e}^{\tilde{x}_t}$ 替换 x_t，式(10-159)左侧可整理为

$$C_t^{-\sigma}-\left(1-\frac{\varphi}{2}\right)Q_t+\frac{3}{2}\varphi Q_t\left(\frac{I_t}{I_{t-1}}-1\right)^2-2\varphi Q_t\left(\frac{I_t}{I_{t-1}}\right)$$

$$=(C^*\mathrm{e}^{\tilde{C}_t})^{-\sigma}-\left(1-\frac{\varphi}{2}\right)Q^*\mathrm{e}^{\tilde{Q}_t}+\frac{3}{2}\varphi Q^*\mathrm{e}^{\tilde{Q}_t}\left(\frac{I^*\mathrm{e}^{\tilde{I}_t}}{I^*\mathrm{e}^{\tilde{I}_{t-1}}}-1\right)^2-2\varphi Q^*\mathrm{e}^{\tilde{Q}_t}\frac{I^*\mathrm{e}^{\tilde{I}_t}}{I^*\mathrm{e}^{\tilde{I}_{t-1}}} \tag{10-160}$$

进一步整理为

$$C_t^{-\sigma}-\left(1-\frac{\varphi}{2}\right)Q_t+\frac{3}{2}\varphi Q_t\left(\frac{I_t}{I_{t-1}}-1\right)^2-2\varphi Q_t\left(\frac{I_t}{I_{t-1}}\right)$$

$$=(C^*)^{-\sigma}(1-\sigma\widetilde{C}_t)-\left(1-\frac{\varphi}{2}\right)Q^*(1+\widetilde{Q}_t)+\frac{3}{2}\varphi Q^*\left(1+\widetilde{Q}_t+2(\widetilde{I}_t-\widetilde{I}_{t-1})\right)$$

$$-2\varphi Q^*(1+\widetilde{Q}_t+\widetilde{I}_t-\widetilde{I}_{t-1}) \tag{10-161}$$

式(10-159)右侧可整理为

$$\varphi\beta E_tQ_{t+1}\left(\frac{E_tI_{t+1}}{I_t}\right)^3-\varphi\beta E_tQ_{t+1}\left(\frac{E_tI_{t+1}}{I_t}\right)^2$$

$$=\varphi\beta E_tQ^*e^{\widetilde{Q}_t}\left(\frac{E_tI^*e^{\widetilde{I}_{t+1}}}{I^*e^{\widetilde{I}_t}}\right)^3-\varphi\beta E_tQ^*e^{\widetilde{Q}_t}\left(\frac{E_tI^*e^{\widetilde{I}_{t+1}}}{I^*e^{\widetilde{I}_t}}\right)^2 \tag{10-162}$$

进一步整理为

$$\varphi\beta E_tQ_{t+1}\left(\frac{E_tI_{t+1}}{I_t}\right)^3-\varphi\beta E_tQ_{t+1}\left(\frac{E_tI_{t+1}}{I_t}\right)^2$$

$$=\varphi\beta Q^*(1+E_t\widetilde{Q}_t+3(E_t\widetilde{I}_{t+1}-\widetilde{I}_t))-\varphi\beta Q^*(1+E_t\widetilde{Q}_t+2(E_t\widetilde{I}_{t+1}-\widetilde{I}_t)) \tag{10-163}$$

结合稳态方程

$$(C^*)^{-\sigma}-Q^*=0 \tag{10-164}$$

因此，式(10-164)最终整理为

$$-\sigma Q^*\widetilde{C}_t-Q^*\widetilde{Q}_t+\varphi Q^*(\widetilde{I}_t-\widetilde{I}_{t-1})=\varphi\beta Q^*(E_t\widetilde{I}_{t+1}-\widetilde{I}_t) \tag{10-165}$$

式(10-165)为投资需求方程的对数线性化形式。

2. 托宾Q方程的对数线性化

对于托宾 Q 方程

$$Q_t=\beta E_t\left\{(1-\delta)Q_{t+1}+\frac{C_{t+1}^{-\sigma}}{P_{t+1}}R_{t+1}u_{t+1}-C_{t+1}^{-\sigma}\left(\chi_1(u_t-1)+\frac{\chi_2}{2}(u_t-1)^2\right)\right\} \tag{10-141$'$}$$

利用 $x^*e^{\widetilde{x}_t}$ 替换 x_t，式(10-141)′改写为

$$Q^*e^{\widetilde{Q}_t}=\beta E_t\left\{(1-\delta)Q^*e^{\widetilde{Q}_{t+1}}+\frac{(C^*e^{\widetilde{C}_{t+1}})^{-\sigma}}{P^*e^{\widetilde{P}_{t+1}}}(R^*e^{\widetilde{R}_{t+1}})(u^*e^{\widetilde{u}_{t+1}})\right.$$

$$\left.-(C^*e^{\widetilde{C}_{t+1}})^{-\sigma}(\chi_1(u^*e^{\widetilde{u}_{t+1}}-1)+\frac{\chi_2}{2}(u^*e^{\widetilde{u}_{t+1}}-1)^2)\right\} \tag{10-166}$$

进一步整理并结合托宾 Q 方程的稳态形式求解可得

$$\frac{Q^*}{\beta}\widetilde{Q}_t=(1-\delta)Q^*Q_{t+1}+\frac{(C^*)^{-\sigma}}{P^*}R^*u^*\left(E_t\widetilde{R}_{t+1}+E_t\widetilde{u}_{t+1}-\sigma E_t\widetilde{C}_{t+1}-E_t\widetilde{P}_{t+1}\right)$$

$$-(C^*)^{-\sigma}\chi_1E_tu^*\widetilde{u}_{t+1} \tag{10-167}$$

式(10-167)即为托宾 Q 方程的对数线性化形式。

综上,引入投资调整成本的 NK 模型对数线性化后的均衡条件如下：

劳动供给方程：$\sigma\widetilde{C}_t+\varphi\widetilde{L}_t=\widetilde{W}_t-\widetilde{P}_t$ [39]

投资需求方程：$-\sigma Q^*\widetilde{C}_t-Q^*\widetilde{Q}_t+\varphi Q^*(\widetilde{I}_t-\widetilde{I}_{t-1})=\varphi\beta Q^*(E_t\widetilde{I}_{t+1}-\widetilde{I}_t)$ [40]

托宾 Q 方程：

$$\frac{Q^*}{\beta}\widetilde{Q}_t=(1-\delta)Q^*Q_{t+1}+\frac{(C^*)^{-\sigma}}{P^*}R^*u^*(E_t\widetilde{R}_{t+1}+E_t\widetilde{u}_{t+1}-\sigma E_t\widetilde{C}_{t+1}-E_t\widetilde{P}_{t+1})$$
$$-(C^*)^{-\sigma}\chi_1u^*E_t\widetilde{u}_{t+1} \quad [41]$$

重置资本需求方程：$\frac{R^*}{P^*}(\widetilde{R}_t-\widetilde{P}_t)=\chi_2u^*\widetilde{u}_t$ [42]

资本积累方程：$\widetilde{K}_{t+1}=(1-\delta)\widetilde{K}_t+\delta\widetilde{I}_t$ [43]

生产函数：$\widetilde{Y}_t=\widetilde{A}_t+\alpha(\widetilde{u}_t+\widetilde{K}_t)+(1-\alpha)\widetilde{L}_t$ [44]

资本需求方程：$\widetilde{R}_t=\widetilde{\mathrm{MC}}_t+\widetilde{Y}_t-\widetilde{u}_t-\widetilde{K}_t$ [45]

劳动需求方程：$\widetilde{W}_t=\widetilde{\mathrm{MC}}_t+\widetilde{Y}_t-\widetilde{L}_t$ [46]

边际成本方程：$\widetilde{\mathrm{MC}}_t=(1-\alpha)\widetilde{W}_t+\alpha\widetilde{R}_t-\widetilde{A}_t$ [47]

菲利普斯方程：$\widetilde{\pi}_t=\beta E_t\widetilde{\pi}_{t+1}+\left[\frac{(1-\theta_p)(1-\beta\theta_p)}{\theta_p}\right](\widetilde{\mathrm{MC}}_t-\widetilde{P}_t)$ [48]

通货膨胀率：$\widetilde{\pi}_t=\widetilde{P}_t-\widetilde{P}_{t-1}$ [49]

市场出清方程：$\widetilde{Y}_t=\frac{C^*}{Y^*}\widetilde{C}_t+\frac{I^*}{Y^*}\widetilde{I}_t$ [50]

生产率冲击方程：$\widetilde{A}_t=\rho_A\widetilde{A}_{t-1}+e_t$ [51]

10.3.4 程序设计

对于引入投资调整成本的 NK 模型进行求解,或依据其进行数值模拟时,可以编写 Dynare 程序为

```
%引入投资调整成本的新凯恩斯(NK)模型
%第一部分：变量声明、参数声明及参数赋值

var Y I C R K W L MC P A PI Q u;                          % 声明内生变量
varexo e;                                                 % 声明外生冲击变量
parameters sigma phi epsilon alpha beta delta rhoa thetap % 声明参数
           chi1 chi2 psi;
parameters As Ps Rs MCs Ws Ys Ks Ls Is Cs PIs Qs us;

sigma = 2;                                                % 相对风险规避系数
phi = 1.5;                                                % 劳动供给的 Frisch 弹性的倒数
alpha = 0.35;                                             % 资本的产出弹性
```

```
beta = 0.985;                                      % 主观贴现因子
delta = 0.025;                                     % 资本折旧率
rhoa = 0.95;                                       % 生产率的自回归参数
epsilon = 8;                                       % 中间品之间的替代弹性
thetap = 0.75;                                     % 价格黏性参数
chi1 = ((1/beta) - (1 - delta));                   % 调整成本参数
chi2 = 1;                                          % 调整成本参数
psi = 1;                                           % 投资敏感系数

As = 1;                                            % 技术水平的稳态值
Ps = 1;                                            % 价格水平的稳态值
PIs = 1;                                           % 通货膨胀率的稳态值
us = 1;                                            % 工资通货膨胀率的稳态值
Rs = Ps * chi1;                                    % 实际利率的稳态形式
MCs = (epsilon - 1)/epsilon * (1 - beta * thetap) * Ps;   % 边际成本的稳态形式
Ws = (1 - alpha) * (MCs^(1/(1 - alpha))) *         % 实际工资的稳态形式
((alpha/Rs)^(alpha/(1 - alpha)));
KY_ratio = alpha * MCs/(us * Rs);                  % KY_ratio 表示 K*/Y*
LY_ratio = (1 - alpha) * MCs/Ws;                   % LY_ratio 表示 L*/Y*
IY_ratio = delta * KY_ratio;                       % IY_ratio 表示 I*/Y*
CY_ratio = 1 - IY_ratio;                           % CY_ratio 表示 C*/Y*
Ys = (Ws/Ps)^(1/(sigma + phi)) * (CY_ratio^( - sigma/(sigma + phi)))
 * (LY_ratio^( - phi/(sigma + phi)));
                                                   % 产出的稳态形式
Ks = KY_ratio * Ys;                                % 资本存量的稳态形式
Ls = LY_ratio * Ys;                                % 劳动的稳态形式
Is = IY_ratio * Ys;                                % 投资的稳态形式
Cs = CY_ratio * Ys;                                % 消费的稳态形式
Qs = Cs^( - sigma);                                % 托宾 Q 的稳态形式

%第二部分：模型声明

model(linear);                                     % 模型(对数线性化形式)
sigma * C + phi * L = W - P;                       % 劳动供给方程
- sigma * Qs * C - Qs * Q + psi * Qs * (I - I( - 1)) = psi * beta * Qs * (I( + 1) - I);
                                                   % 投资需求方程
Qs/beta * Q = (1 - delta) * Qs * Q( + 1) + (Cs^( - sigma)/Ps) * Rs * us *
(R( + 1) + u( + 1) - sigma * C( + 1) - P( + 1)) - (Cs^( - sigma)) * chi1 * u( + 1) * us;
                                                   % 托宾 Q 方程
Rs/Ps * (R - P) = chi2 * us * u;                   % 重置资本需求方程
R = Y - u - K( - 1);                               % 资本需求方程
W = Y - L;                                         % 劳动需求方程
Y = A + alpha * (u + K( - 1)) + (1 - alpha) * L;   % 生产函数
K = (1 - delta) * K( - 1) + delta * I;             % 资本积累方程
MC = (1 - alpha) * W + alpha * R - A;              % 边际成本方程
PI = beta * PI( + 1) + ((1 - thetap) * (1 - thetap * beta)/thetap) * (MC - P);
                                                   % 菲利普斯方程
PI = P - P( - 1);                                  % 通货膨胀率方程
Y = (Cs/Ys) * C + (Is/Ys) * I;                     % 市场出清方程
```

```
A = rhoa * A( - 1) + e;                         % 生产率冲击方程
end;

% 第三部分：稳态值声明

steady;                                         % 计算稳态

% 第四部分：外生冲击声明

shocks;                                         % 外生冲击设定
var e;                                          % 声明外生变量名称
stderr 0.01;                                    % 设定外生冲击的数值
end;

% 第五部分：随机模拟

stoch_simul(periods = 1000, irf = 40, order = 1) ;   % 表示模拟 1000 期、计算 40 期脉
                                                     冲响应、进行一阶泰勒求解
```

利用上述 Dynare 程序即可进行数值模拟，另外可以求得政策方程为

$$
\begin{pmatrix} \tilde{Y}_t \\ \tilde{C}_t \\ \tilde{R}_t \\ \tilde{W}_t \\ \tilde{L}_t \\ \widetilde{MC}_t \\ \tilde{\pi}_t \\ \tilde{Q}_t \\ \tilde{u}_t \end{pmatrix} = \begin{pmatrix} 0.2599 & 0.7746 & 0.0154 & -0.1723 \\ 0.2839 & 0.7447 & -0.0216 & -0.1539 \\ -0.7115 & 0.7447 & 0.0148 & -0.1366 \\ 0.3831 & 1.0606 & -0.0080 & 0.0736 \\ -0.1232 & -0.2860 & 0.0234 & -0.2458 \\ 0 & 0 & 0 & 0 \\ 0 & 0 & -0.2500 & 0 \\ -0.6316 & -1.0286 & -0.0334 & 0.0250 \\ -0.0286 & 0.0300 & 0.0006 & -0.0315 \end{pmatrix} \begin{pmatrix} \tilde{K}_t \\ \tilde{A}_t \\ \tilde{I}_t \\ \tilde{P}_t \end{pmatrix} + \begin{pmatrix} 0.8154 \\ 0.7839 \\ 0.7839 \\ 1.1164 \\ -0.3010 \\ 0 \\ 0 \\ -1.0828 \\ 0.0315 \end{pmatrix} e_t \tag{10-168}
$$

转换方程为

$$
\begin{pmatrix} \tilde{K}_{t+1} \\ \tilde{A}_t \\ \tilde{I}_t \\ \tilde{P}_t \end{pmatrix} = \begin{pmatrix} 0.9700 & 0.0336 & 0.0181 & -0.0131 \\ 0 & 0.9500 & 0 & 0 \\ -0.2002 & 1.3454 & 0.7225 & -0.5240 \\ 0 & 0 & 0.7500 & 0 \end{pmatrix} \begin{pmatrix} \tilde{K}_t \\ \tilde{A}_{t-1} \\ \tilde{I}_{t-1} \\ \tilde{P}_{t-1} \end{pmatrix} + \begin{pmatrix} 0.0354 \\ 1.0000 \\ 1.4163 \\ 0 \end{pmatrix} e_t \tag{10-169}
$$

式(10-168)和式(10-169)共同组成了引入投资调整成本后的 NK 模型的解。

在现实经济中，企业在新投资过程中会产生额外成本，从而导致企业无法任意进行资

本投资决策。因此，本节通过设定资本利用成本方程和投资调整成本方程，将投资调整成本引入 NK 模型，构建了更为符合现实经济特征的 NK 模型。

10.4 引入家庭消费习惯的NK模型

无论是在第 9 章的 RBC 模型、Hansen 不可分劳动模型中，抑或是在第 10 章的标准 NK 模型、分别引入工资黏性和投资调整成本的 NK 模型中，均假设代表性家庭在第 t 期的效用水平取决于第 t 期的消费，且效用函数在时间上是相加可分离的，这种仅依赖于当期消费的效用函数称为瞬时效用函数。实际上，家庭的效用水平除了受到当期消费的影响以外，还会受到以前各期消费的影响，即消费具有习惯性和持续性。因此，本节将消费习惯引入新凯恩斯模型中，并分析该情形下经济系统中各行为主体的决策问题。

消费习惯是指在家庭已经习惯某种消费水平的情况下，面对收入冲击时家庭无法立即改变原有的消费模式，而是选择利用储蓄以应对收入冲击带来的影响，文献中将这种摩擦称为习惯形成或消费习惯，或者将消费习惯理解为家庭收入受到冲击时消费的调整成本。在 NK 模型中引入消费习惯的重要性在于：一方面，消费习惯反映了消费者行为决策的动态特征，从而使得模型构建更加符合现实情况；另一方面，消费习惯为消费相对于收入冲击的过度平滑问题提供了新的解释思路①。

与 Friedman 提出的生命周期永久性收入假说②观点存在偏离，现实经济中消费对当期收入大多呈现出过度敏感性的特征，并且消费相对于收入冲击表现出过度平滑性。永久性收入假说指出，可将收入 Y 分为永久收入 Y^P 和临时收入 Y^T 两部分，其中，永久收入是指预期未来会持续的收入，而临时收入是预期未来不会持续的暂时性收入，消费主要依赖于永久收入，永久收入的持续性保证了长期消费的稳定性，因此，消费波动主要源自短期收入冲击。当面对短期收入冲击时，家庭将利用储蓄和贷款来稳定消费水平，从而实现消费平滑。实际上，面对短期收入冲击时，消费调整呈现出过度平滑性，即消费随着时间非常缓慢地变化，消费习惯则很好地解释了这一现象。假设家庭具有很强的消费习惯，即使突然出现负向的收入冲击，家庭仍会通过减少储蓄以保持原有的消费模式一段时间后再逐渐减少消费，由此产生消费过度平滑现象。

10.4.1 模型框架

一般情况下，将消费习惯引入家庭的效用函数中仅影响家庭的决策，对企业的决策不会产生直接影响，因此，最终品企业和中间品企业的设定与基准 NK 模型的设定一致，本节不再赘述。

假设经济中存在大量同质的、无限期生存的代表性家庭，每个代表性家庭在第 t 期的目标是最大化其一生效用的期望现值：

---

① 托雷斯. 动态宏观经济一般均衡模型入门[M]. 刘斌，译. 北京：中国金融出版社，2015.

② FRIEDMAN M. A theory of the consumption function[M]. Princeton: Princeton University Press, 1957.

$$\text{Max } E_0 \sum_{t=0}^{\infty} \beta^t \left(\frac{(C_t - \eta C_{t-1})^{1-\sigma}}{1-\sigma} - \frac{L_t^{1+\phi}}{1+\phi} \right) \tag{10-170}$$

式中，C_t 为家庭在第 t 期的消费；C_{t-1} 为家庭在第 $t-1$ 期的消费；参数 η 用于衡量消费习惯的持续性或强度，η 越大，则表示消费习惯越强。

预算约束为

$$P_t(C_t + I_t) = W_t L_t + R_t K_t \tag{10-171}$$

资本积累方程为

$$K_{t+1} = (1-\delta)K_t + I_t \tag{10-172}$$

将资本积累方程式(10-172)代入预算约束式(10-171)中可得

$$P_t C_t + P_t[K_{t+1} - (1-\delta)K_t] = W_t L_t + R_t K_t \tag{10-173}$$

基于目标函数式(10-170)和预算约束式(10-171)构造最优化问题的拉格朗日方程为

$$L = E_0 \sum_{t=0}^{\infty} \beta^t \left\{ \left[\frac{(C_t - \eta C_{t-1})^{1-\sigma}}{1-\sigma} - \frac{L_t^{1+\phi}}{1+\phi} \right] - \lambda_t [P_t C_t + P_t K_{t+1} - P_t(1-\delta)K_t - W_t L_t - R_t K_t] \right\} \tag{10-174}$$

分别对消费 C_t、劳动 L_t、资本存量 K_{t+1} 求偏导数，得到一阶条件为

$$\frac{\partial L}{\partial C_t} = (C_t - \eta C_{t-1})^{-\sigma} - \lambda_t P_t - \eta E_t \beta (C_{t+1} - \eta C_t)^{-\sigma} = 0 \tag{10-175}$$

$$\frac{\partial L}{\partial L_t} = -L_t^{\phi} + \lambda_t W_t = 0 \tag{10-176}$$

$$\frac{\partial L}{\partial K_{t+1}} = -\lambda_t P_t + \beta E_t \lambda_{t+1}[(1-\delta)P_{t+1} + R_{t+1}] = 0 \tag{10-177}$$

将式(10-175)～式(10-177)进行整理，可得

$$\lambda_t = \frac{(C_t - \eta C_{t-1})^{-\sigma} - \eta E_t \beta (C_{t+1} - \eta C_t)^{-\sigma}}{P_t} \tag{10-178}$$

$$L_t^{\phi} = \lambda_t W_t \tag{10-179}$$

$$\lambda_t P_t = \beta E_t \lambda_{t+1}[(1-\delta)P_{t+1} + R_{t+1}] \tag{10-180}$$

其中，式(10-178)～式(10-180)分别为消费的一阶条件、劳动的一阶条件以及消费的欧拉方程。

引入消费习惯 NK 模型的求解过程可以表述为，在给定 9 个参数 $\{\sigma, \phi, \delta, \beta, \alpha, \varepsilon, \theta_p, \rho_A, \eta\}$ 的条件下，求解 13 个方程和 13 个未知变量 $\{C_t, L_t, W_t, K_t, I_t, Y_t, R_t, A_t, MC_t, P_t^*, P_t, \pi_t, \lambda_t\}$。其中，13 个方程分别为

劳动的一阶条件：$L_t^{\phi} = \lambda_t W_t$　[1]

消费的一阶条件：$\lambda_t = \dfrac{(C_t - \eta C_{t-1})^{-\sigma} - \eta E_t \beta (C_{t+1} - \eta C_t)^{-\sigma}}{P_t}$　[2]

消费欧拉方程：$\lambda_t P_t = \beta E_t \lambda_{t+1}[(1-\delta)P_{t+1} + R_{t+1}]$　[3]

资本积累方程：$K_{t+1} = (1-\delta)K_t + I_t$　[4]

生产函数：$Y_t = A_t K_t^{\alpha} L_t^{1-\alpha}$ [5]

资本需求方程：$K_t = \alpha \mathrm{MC}_t \dfrac{Y_t}{R_t}$ [6]

劳动需求方程：$L_t = (1-\alpha)\mathrm{MC}_t \dfrac{Y_t}{W_t}$ [7]

边际成本方程：$\mathrm{MC}_t = \dfrac{1}{A_t}\left(\dfrac{W_t}{1-\alpha}\right)^{1-\alpha}\left(\dfrac{R_t}{\alpha}\right)^{\alpha}$ [8]

最优价格方程：$P_t^* = \left(\dfrac{\varepsilon}{\varepsilon-1}\right)E_t\sum_{j=0}^{\infty}(\beta\theta_p)^j \mathrm{MC}_{t+j}$ [9]

加总价格方程：$P_t = [\theta_p P_{t-1}^{1-\varepsilon} + (1-\theta_p)(P_t^*)^{1-\varepsilon}]^{\frac{1}{1-\varepsilon}}$ [10]

通货膨胀率：$\pi_t = \dfrac{P_t}{P_{t-1}}$ [11]

市场出清条件：$Y_t = C_t + I_t$ [12]

生产率冲击方程：$\log A_t = (1-\rho_A)\log A^* + \rho_A \log A_{t-1} + e_t$ [13]

基于上述 13 个方程，可以求得 12 个变量在稳态时的解，即$\{C^*, L^*, W^*, K^*, I^*, Y^*, R^*, A^*, \mathrm{MC}^*, P^*, \pi^*, \lambda^*\}$。

10.4.2 模型稳态求解

将引入消费习惯 NK 模型的均衡条件写成稳态形式为

劳动的一阶条件：$(L^*)^{\phi} = \lambda^* W^*$ [14]

消费的一阶条件：$\lambda^* = \dfrac{(C^* - \eta C^*)^{-\sigma} - \eta\beta(C^* - \eta C^*)^{-\sigma}}{P^*}$ [15]

消费欧拉方程：$P^* = \beta[(1-\delta)P^* + R^*]$ [16]

资本积累方程：$\delta K^* = I^*$ [17]

生产函数：$Y^* = A^*(K^*)^{\alpha}(L^*)^{1-\alpha}$ [18]

资本需求方程：$K^* = \alpha \mathrm{MC}^* \dfrac{Y^*}{R^*}$ [19]

劳动需求方程：$L^* = (1-\alpha)\mathrm{MC}^* \dfrac{Y^*}{W^*}$ [20]

边际成本方程：$\mathrm{MC}^* = \dfrac{1}{A^*}\left(\dfrac{W^*}{1-\alpha}\right)^{1-\alpha}\left(\dfrac{R^*}{\alpha}\right)^{\alpha}$ [21]

最优价格方程：$P^* = \left(\dfrac{\varepsilon}{\varepsilon-1}\right)\dfrac{1}{1-\beta\theta_p}\mathrm{MC}^*$ [22]

通货膨胀率：$\pi^* = \dfrac{P^*}{P^*} \Rightarrow \pi^* = 1$ [23]

市场出清条件：$Y^* = C^* + I^*$ [24]

生产率冲击方程：$\log A^* = (1-\rho_A)\log A^* + \rho_A \log A^*$ [25]

加总价格方程：$P^{*}=[\theta_{p}(P^{*})^{1-\varepsilon}+(1-\theta_{p})(P^{*})^{1-\varepsilon}]^{\frac{1}{1-\varepsilon}}\Rightarrow P^{*}=P^{*}$　[26]

需要指出的是，价格加总方程[26]为恒等式。在求解稳态时，价格加总方程为冗余方程。

式[14]～式[25]中，C^{*}，L^{*}，W^{*}，K^{*}，I^{*}，Y^{*}，R^{*}，A^{*}，MC^{*}，P^{*}，π^{*}，λ^{*} 均表示对应变量的稳态值。求解模型稳态的目标是得到 12 个内生变量的稳态表达式。令稳态的技术水平 $A^{*}=1$；令一般价格水平的稳态值 $P^{*}=1$；令通货膨胀率的稳态值 $\pi^{*}=1$。下文将进行其他变量的稳态求解。

根据消费的欧拉方程[16]可求出资本利息率的稳态形式 R^{*} 为

$$R^{*}=P^{*}\left[\frac{1}{\beta}-(1-\delta)\right]\tag{27}$$

根据最优价格方程[22]可求出边际成本的稳态形式 MC^{*} 为

$$MC^{*}=\left(\frac{\varepsilon-1}{\varepsilon}\right)(1-\beta\theta_{p})P^{*}\tag{28}$$

根据边际成本方程[21]可求出工资水平的稳态形式 W^{*} 为

$$W^{*}=(1-\alpha)(MC^{*})^{\frac{1}{1-\alpha}}\left(\frac{\alpha}{R^{*}}\right)^{\frac{\alpha}{1-\alpha}}\tag{29}$$

根据资本需求方程[19]可求出 K^{*}/Y^{*}，即

$$\frac{K^{*}}{Y^{*}}=\alpha\frac{MC^{*}}{R^{*}}\tag{30}$$

根据劳动需求方程[20]可求出 L^{*}/Y^{*}，即

$$\frac{L^{*}}{Y^{*}}=(1-\alpha)\frac{MC^{*}}{W^{*}}\tag{31}$$

根据资本积累方程[17]可求出 I^{*}/Y^{*}，即

$$\frac{I^{*}}{Y^{*}}=\delta\frac{K^{*}}{Y^{*}}\tag{32}$$

根据市场出清方程[24]可求出 C^{*}/Y^{*}，即

$$\frac{C^{*}}{Y^{*}}=1-\frac{I^{*}}{Y^{*}}\tag{33}$$

将劳动的一阶条件[14]和消费的一阶条件[15]进行整理可得

$$\frac{(1-\eta\beta)(1-\eta)^{-\sigma}}{P^{*}}=\frac{(L^{*})^{\phi}(C^{*})^{\sigma}}{W^{*}}\tag{34}$$

将方程[31]和方程[33]代入方程[34]，可求出产出的稳态形式 Y^{*}，即

$$\left(\frac{C^{*}}{Y^{*}}\right)^{\sigma}\left(\frac{L^{*}}{Y^{*}}\right)^{\phi}=\frac{(1-\eta\beta)(1-\eta)^{-\sigma}W^{*}}{P^{*}}(Y^{*})^{-\sigma-\phi}\tag{35}$$

进一步整理可得

$$Y^{*}=\left(\frac{(1-\eta\beta)(1-\eta)^{-\sigma}W^{*}}{P^{*}}\right)^{\frac{1}{\sigma+\phi}}\left(\frac{C^{*}}{Y^{*}}\right)^{\frac{-\sigma}{\sigma+\phi}}\left(\frac{L^{*}}{Y^{*}}\right)^{\frac{-\phi}{\sigma+\phi}}\tag{36}$$

将 Y^* 代入方程[30]即可得到资本的稳态形式 K^*；将 Y^* 代入方程[31]即可求出劳动的稳态形式 L^*；将 Y^* 代入方程[32]即可求出投资的稳态形式 I^*；将 Y^* 代入方程[33]即可求出消费的稳态形式 C^*。

根据劳动的一阶条件[14]即可求出 λ^*

$$\lambda^* = \frac{(L^*)^{\phi}}{W^*} \tag{[37]}$$

至此，实现了模型中所有变量的稳态求解。

10.4.3　线性化处理

本节以消费的欧拉方程为例进行对数线性化处理。对于消费的欧拉方程

$$\lambda_t P_t = \beta E_t \lambda_{t+1}[(1-\delta)P_{t+1} + R_{t+1}] \tag{(10-180)$'$}$$

利用 $x^* e^{\tilde{x}_t}$ 替换 x_t，式(10-180)′改写为

$$\frac{\lambda^* e^{\tilde{\lambda}_t}}{\lambda^* E_t e^{\tilde{\lambda}_{t+1}}} P^* e^{\tilde{P}_t} = \beta E_t[(1-\delta)P^* e^{\tilde{P}_{t+1}} + R^* e^{\tilde{R}_{t+1}}] \tag{(10-181)}$$

进一步整理可得

$$P^*(1+\tilde{\lambda}_t + \tilde{P}_t - E_t\tilde{\lambda}_{t+1}) = \beta E_t[(1-\delta)P^*(1+\tilde{P}_{t+1}) + R^*(1+\tilde{R}_{t+1})] \tag{(10-182)}$$

结合其稳态形式：

$$P^* = \beta[(1-\delta)P^* + R^*] \tag{(10-183)}$$

因此，式(10-182)最终整理为

$$P^*(\tilde{\lambda}_t + \tilde{P}_t - E_t\tilde{\lambda}_{t+1}) = \beta E_t[(1-\delta)P^*\tilde{P}_{t+1} + R^*\tilde{R}_{t+1}] \tag{(10-184)}$$

式(10-184)为消费欧拉方程的对数线性化形式。其他方程的线性化处理过程与消费的欧拉方程处理过程类似，此处不再赘述。

该模型对数线性化后的均衡条件归纳为

劳动的一阶条件：$\phi\tilde{L}_t = \tilde{\lambda}_t + \tilde{W}_t$　[38]

消费的一阶条件：$\tilde{\lambda}_t = \frac{\sigma}{(1-\eta)(1-\eta\beta)}[\eta\beta(E_t C_{t+1} - \eta C_t) - (C_t - \eta C_{t-1})] - P_t$　[39]

消费的欧拉方程：$P^*(\tilde{\lambda}_t + \tilde{P}_t - E_t\tilde{\lambda}_{t+1}) = \beta E_t[(1-\delta)P^*\tilde{P}_{t+1} + R^*\tilde{R}_{t+1}]$　[40]

资本需求方程：$\tilde{R}_t = \widetilde{\mathrm{MC}}_t + \tilde{Y}_t - \tilde{K}_t$　[41]

劳动需求方程：$\tilde{W}_t = \widetilde{\mathrm{MC}}_t + \tilde{Y}_t - \tilde{L}_t$　[42]

生产函数：$\tilde{Y}_t = \tilde{A}_t + \alpha\tilde{K}_t + (1-\alpha)\tilde{L}_t$　[43]

资本积累方程：$\tilde{K}_{t+1} = (1-\delta)\tilde{K}_t + \delta\tilde{I}_t$　[44]

边际成本方程：$\widetilde{\mathrm{MC}}_t = (1-\alpha)\tilde{W}_t + \alpha\tilde{R}_t - \tilde{A}_t$　[45]

菲利普斯方程：$\tilde{\pi}_t=\beta E_t\tilde{\pi}_{t+1}+\left[\frac{(1-\theta_p)(1-\beta\theta_p)}{\theta_p}\right](\widetilde{MC}_t-\tilde{P}_t)$ [46]

通货膨胀率：$\tilde{\pi}_t=\tilde{P}_t-\tilde{P}_{t-1}$ [47]

市场出清方程：$\tilde{Y}_t=\frac{C^*}{Y^*}\tilde{C}_t+\frac{I^*}{Y^*}\tilde{I}_t$ [48]

生产率冲击方程：$\tilde{A}_t=\rho_A\tilde{A}_{t-1}+e_t$ [49]

10.4.4 程序设计

本节通过编写 Dynare 文件对引入消费习惯的新凯恩斯模型进行求解和数值模拟，具体程序为：

```
%引入消费习惯的新凯恩斯(NK)模型

%第一部分：变量声明、参数声明及参数赋值

var Y I C R K W L MC P PI A lambda;                          % 声明内生变量
varexo e;                                                    % 声明外生冲击变量
parameters sigma phi epsilon alpha beta delta rhoa thetap eta;  % 声明参数
parameters As Ps Rs MCs Ws Ys Ks Ls Is Cs PIs lambdas;

sigma = 2;                                                   % 相对风险规避系数
phi = 1.5;                                                   % 劳动供给的 Frisch 弹性的倒数
alpha = 0.35;                                                % 资本的产出弹性
beta = 0.985;                                                % 主观贴现因子
delta = 0.025;                                               % 资本折旧率
rhoa = 0.95;                                                 % 生产率的自回归参数
epsilon = 8;                                                 % 中间品的替代弹性
thetap = 0.75;                                               % 价格黏性参数
eta = 0.8;                                                   % 消费习惯参数

As = 1;                                                      % 技术水平的稳态值
Ps = 1;                                                      % 价格水平的稳态值
PIs = 1;                                                     % 通货膨胀率的稳态值
Rs = Ps*(1/beta-(1-delta));                                  % 实际利率的稳态形式
MCs = (epsilon-1)/epsilon*(1-beta*thetap)*Ps;                % 边际成本的稳态形式
Ws = (1-alpha)*(MCs^(1/(1-alpha)))*((alpha/Rs)^              % 实际工资的稳态形式
(alpha/(1-alpha)));
KY_ratio = alpha*MCs/Rs;                                     % KY_ratio 表示 K*/Y*
LY_ratio = (1-alpha)*MCs/Ws;                                 % LY_ratio 表示 L*/Y*
IY_ratio = delta*KY_ratio;                                   % IY_ratio 表示 I*/Y*
CY_ratio = 1-IY_ratio;                                       % CY_ratio 表示 C*/Y*
Ys = ((1-eta*beta)*((1-eta)^(-sigma))*Ws/Ps)^(1/(sigma+phi))*
(CY_ratio^(-sigma/(sigma+phi)))*(LY_ratio^(-phi/(sigma+phi)));
                                                             % 产出的稳态形式
Ks = KY_ratio*Ys;                                            % 资本存量的稳态形式
Ls = LY_ratio*Ys;                                            % 劳动的稳态形式
Is = IY_ratio*Ys;                                            % 投资的稳态形式
Cs = CY_ratio*Ys;                                            % 消费的稳态形式
```

```
lanbdas = (Ls^phi)/Ws;                                    % 拉格朗日乘子的稳态形式
%第二部分：模型声明
model(linear);                                            % 模型(对数线性化形式)
phi * L = W + lambda;                                     % 劳动的一阶条件
lambda = (sigma/((1 - eta) * (1 - eta * beta))) * (eta * beta * (C( + 1) - eta * C)
 - (C - eta * C( - 1))) - P;
                                                          % 消费的一阶条件
Ps * (lambda + P - lambda( + 1)) = beta * ((1 - delta) * Ps * P( + 1) + Rs * R( + 1));
                                                          % 消费的欧拉方程
R = Y - K( - 1);                                          % 资本需求方程
W = Y - L;                                                % 劳动需求方程
Y = A + alpha * K( - 1) + (1 - alpha) * L;                % 生产函数
K = (1 - delta) * K( - 1) + delta * I;                    % 资本积累方程
MC = (1 - alpha) * W + alpha * R - A;                     % 边际成本方程
PI = beta * PI( + 1) + ((1 - thetap) * (1 - thetap * beta)/thetap) * (MC - P);
                                                          % 菲利普斯方程
PI = P - P( - 1);                                         % 通货膨胀率方程
Y = (Cs/Ys) * C + (Is/Ys) * I;                            % 市场出清方程
A = rhoa * A( - 1) + e;                                   % 生产率冲击方程
end;
%第三部分：稳态值声明
steady;                                                   % 计算稳态
%第四部分：外生冲击声明
shocks;                                                   % 外生冲击设定
var e;                                                    % 声明外生变量名称
stderr 0.01;                                              % 设定外生冲击的数值
end;
%第五部分：随机模拟
stoch_simul(periods = 1000, irf = 40, order = 1) ;       % 表示模拟 1000 期、计算 40 期脉
                                                            冲响应、进行一阶泰勒求解
```

运行上述 Dynare 程序即可进行数值模拟，另外可求得政策方程为

$$
\begin{pmatrix} \widetilde{Y}_t \\ \widetilde{I}_t \\ \widetilde{R}_t \\ \widetilde{W}_t \\ \widetilde{L}_t \\ \widetilde{MC}_t \\ \widetilde{\pi}_t \\ \widetilde{\lambda}_t \end{pmatrix} = \begin{pmatrix} 0.1729 & 0.6936 & 0.2633 & -0.2064 \\ 2.0613 & 10.7341 & -8.7016 & -3.7802 \\ -0.8271 & 0.6936 & 0.2633 & -0.2064 \\ 0.4454 & 1.0880 & -0.1418 & 0.1111 \\ -0.2725 & -0.3944 & 0.4051 & -0.3175 \\ 0 & 0 & 0 & 0 \\ 0 & 0 & 0 & -0.2500 \\ -0.8541 & -1.6796 & 0.7495 & -0.5874 \end{pmatrix} \begin{pmatrix} \widetilde{K}_t \\ \widetilde{A}_t \\ \widetilde{C}_t \\ \widetilde{P}_t \end{pmatrix} + \begin{pmatrix} 0.7301 \\ 11.2990 \\ 0.7301 \\ 1.1453 \\ -0.4152 \\ 0 \\ 0 \\ -1.7680 \end{pmatrix} e_t
\tag{10-185}
$$

转换方程为

$$
\begin{pmatrix} \widetilde{K}_{t+1} \\ \widetilde{A}_t \\ \widetilde{C}_t \\ \widetilde{P}_t \end{pmatrix} = \begin{pmatrix} 1.0265 & 0.2684 & -0.2175 & -0.0945 \\ 0 & 0.9500 & 0 & 0 \\ 0.0741 & 0.1683 & 0.7324 & -0.0194 \\ 0 & 0 & 0 & 0.7500 \end{pmatrix} \begin{pmatrix} \widetilde{K}_t \\ \widetilde{A}_{t-1} \\ \widetilde{C}_{t-1} \\ \widetilde{P}_{t-1} \end{pmatrix} + \begin{pmatrix} 0.2825 \\ 1.0000 \\ 0.1772 \\ 0 \end{pmatrix} e_t \tag{10-186}
$$

本节在标准 NK 模型基础上引入了家庭的消费习惯。消费习惯的引入使得效用函数在时间上不再是相加可分离的,即家庭在第 t 期的效用水平不仅取决于当期的消费,还依赖于过去时期的消费。消费具有习惯性和持续性,当面临非预期冲击时,消费习惯的存在使得家庭优先利用储蓄调整资源约束,从而导致消费对收入变化表现出过度平滑性。

10.5　引入政府部门的 NK 模型

目前为止,本章中的 RBC 模型和 NK 模型仅考虑了消费者和生产者两个主体。本节将引入另一个重要的经济主体——政府,通过研究财政政策从而考察政府在经济调控中的作用。政府一般通过税收进行融资,其中,税收既包括一次性总量税收,又包括消费税、劳动所得税等比例税,两者的区别在于,一次性总量税收不会对价格产生扭曲,而比例税则会扭曲价格。政府收入通常用于公共投资和公共消费等。由于政府部门的引入将影响代表性家庭和中间品企业的行为决策,因此,本节首先对政府部门进行介绍,然后对代表性家庭和中间品部门展开介绍。

10.5.1　模型框架

1. 政府部门

假设政府通过对消费、劳动收入和资本收入进行征税从而获得收入,政府支出一般用于对家庭的转移支付、公共消费以及公共投资等,因此,政府部门的预算约束方程为

$$\tau^c P_t C_t + \tau^l W_t L_t + \tau^k R_t K_{p,t} = P_t T_t + P_t C_{g,t} + P_t I_{g,t} \tag{10-187}$$

式中,τ^c、τ^l、τ^k 分别为消费税税率、劳动所得税税率和资本所得税税率,本节采用比例税形式对税收进行设置;T_t 为政府向家庭的转移支付;$C_{g,t}$ 为政府的公共消费支出;$I_{g,t}$ 为政府的公共投资支出。公共资本的动态累积方程为

$$K_{g,t+1} = (1-\delta_g)K_{g,t} + I_{g,t} \tag{10-188}$$

式中,$K_{g,t}$ 为公共资本存量;δ_g 为公共资本的折旧率。

一般将政府消费 $C_{g,t}$ 以及政府投资 $I_{g,t}$ 均设定为产出 Y_t 的线性函数,即

$$C_{g,t} = \omega_c Y_t \tag{10-189}$$

$$I_{g,t} = \omega_i Y_t \tag{10-190}$$

式中，ω_c 和 ω_i 分别为政府消费占产出的比重以及政府投资占产出的比重。ω_c 和 ω_i 既可以是常数，也可以是随机变量，为便于求解，本节将 ω_c 和 ω_i 作为外生参数直接给定。

2. 代表性家庭

假设经济中存在大量同质的、无限期生存的代表性家庭，每个代表性家庭在第 t 期的目标是最大化其一生效用的期望现值：

$$\text{Max } E_0 \sum_{t=0}^{\infty} \beta^t \left(\frac{C_t^{1-\sigma}}{1-\sigma} - \frac{L_t^{1+\phi}}{1+\phi} \right) \tag{10-191}$$

式中，C_t 为总消费，由私人消费 $C_{p,t}$ 和公共消费 $C_{g,t}$ 复合得到。假设采用柯布-道格拉斯形式对 $C_{p,t}$ 和 $C_{g,t}$ 进行组合：

$$C_t = C_{p,t}^{\zeta} C_{g,t}^{1-\zeta} \tag{10-192}$$

式中，参数 ζ 为私人消费和公共消费的组合系数。需要注意的是，代表性家庭仅决定总消费中的私人消费水平，公共消费水平由政府部门决定，即在给定政府公共消费的基础上，家庭选择最优私人消费水平。

预算约束为

$$(1+\tau^c) P_t C_t + P_t I_{p,t} = (1-\tau^l) W_t L_t + (1-\tau^k) R_t K_{p,t} + P_t T_t \tag{10-193}$$

式中，T_t 为政府对家庭的一次性转移支付；$I_{p,t}$ 和 $K_{p,t}$ 分别为家庭的私人投资和私人资本积累。私人资本动态累积方程为

$$K_{p,t+1} = (1-\delta) K_{p,t} + I_{p,t} \tag{10-194}$$

将私人资本积累方程式(10-194)代入预算约束式(10-193)中，可得

$$(1+\tau^c) P_t C_t + P_t (K_{p,t+1} - (1-\delta) K_{p,t}) = (1-\tau^l) W_t L_t + (1-\tau^k) R_t K_{p,t} + P_t T_t \tag{10-195}$$

基于目标函数式(10-191)和预算约束式(10-195)构造最优化问题的拉格朗日方程为

$$L = E_0 \sum_{t=0}^{\infty} \beta^t \left\{ \left[\frac{(C_{p,t}^{\zeta} C_{g,t}^{1-\zeta})^{1-\sigma}}{1-\sigma} - \frac{L_t^{1+\phi}}{1+\phi} \right] - \lambda_t \begin{bmatrix} (1+\tau^c) P_t C_t + P_t K_{p,t+1} - (1-\tau^l) W_t L_t - \\ (1-\tau^k) R_t K_{p,t} - P_t (1-\delta) K_{p,t} - P_t T_t \end{bmatrix} \right\} \tag{10-196}$$

分别对消费 C_t、劳动 L_t、资本存量 $K_{p,t+1}$ 求偏导数，得到一阶条件为

$$\frac{\partial L}{\partial C_t} = (C_{p,t}^{\zeta} C_{g,t}^{1-\zeta})^{-\sigma} \zeta C_{p,t}^{\zeta-1} C_{g,t}^{1-\zeta} - \lambda_t P_t (1+\tau^c) = 0 \tag{10-197}$$

$$\frac{\partial L}{\partial L_t} = -L_t^{\phi} + \lambda_t (1-\tau^l) W_t = 0 \tag{10-198}$$

$$\frac{\partial L}{\partial K_{p,t+1}} = -\lambda_t P_t + \beta E_t \lambda_{t+1} [(1-\tau^k) R_t + (1-\delta) P_{t+1}] = 0 \tag{10-199}$$

对式(10-197)和式(10-198)进行整理可消去 λ_t，从而得到劳动供给方程

$$\frac{(C_{p,t}^{\zeta} C_{g,t}^{1-\zeta})^{-\sigma} \zeta C_{p,t}^{\zeta-1} C_{g,t}^{1-\zeta}}{P_t (1+\tau^c)} = \frac{L_t^{\phi}}{W_t (1-\tau^l)} \tag{10-200}$$

进一步整理为

$$\frac{\zeta C_t^{1-\sigma}}{(1+\tau^c) P_t C_{p,t}} = \frac{L_t^{\phi}}{W_t (1-\tau^l)} \tag{10-201}$$

对式(10-197)和式(10-199)进行整理,得到关于消费的欧拉方程

$$\frac{(C_{p,t}^{\zeta}C_{g,t}^{1-\zeta})^{-\sigma}C_{p,t}^{\zeta-1}C_{g,t}^{1-\zeta}}{(C_{p,t+1}^{\zeta}C_{g,t+1}^{1-\zeta})^{-\sigma}C_{p,t+1}^{\zeta-1}C_{g,t+1}^{1-\zeta}}=E_t\beta[(1-\tau^k)\frac{R_{t+1}}{P_{t+1}}+(1-\delta)] \tag{10-202}$$

进而整理得到

$$\frac{C_t^{1-\sigma}C_{p,t+1}}{C_{t+1}^{1-\sigma}C_{p,t}}=E_t\beta\left[(1-\tau^k)\frac{R_{t+1}}{P_{t+1}}+(1-\delta)\right] \tag{10-203}$$

3. 中间品企业

中间品企业的生产函数为

$$Y_{i,t}=A_tK_{p,i,t}^{\alpha_1}K_{g,i,t}^{\alpha_2}L_{i,t}^{1-\alpha_1-\alpha_2} \tag{10-204}$$

式中,$K_{p,i,t}$ 为私人资本存量;$K_{g,i,t}$ 为公共资本存量;α_1、α_2 以及 $1-\alpha_1-\alpha_2$ 分别为私人资本存量、公共资本存量和劳动在产出中所占的份额。

中间品企业的最优化问题求解分为两个阶段。

第一阶段,在给定生产要素价格即资本利息率和工资时,中间品企业最小化其生产成本:

$$\underset{L_{i,t},K_{p,i,t}}{\text{Min}}\ W_tL_{i,t}+R_tK_{p,i,t} \tag{10-205}$$

式中,W_t 为中间品企业支付的工资水平;R_t 为资本利息率或利率。需要注意的是,企业不会对政府部门的公共资本进行支付,因此,其使用公共资本不会产生成本。

中间品企业在最小化生产成本时受生产函数的约束:

$$Y_{i,t}=A_tK_{p,i,t}^{\alpha_1}K_{g,i,t}^{\alpha_2}L_{i,t}^{1-\alpha_1-\alpha_2} \tag{10-206}$$

构造拉格朗日函数为

$$L=W_tL_{i,t}+R_tK_{p,i,t}+\mu_{i,t}(Y_{i,t}-A_tK_{p,i,t}^{\alpha_1}K_{g,i,t}^{\alpha_2}L_{i,t}^{1-\alpha_1-\alpha_2}) \tag{10-207}$$

式中,$\mu_{i,t}$ 为拉格朗日乘子,衡量产出增加一个单位所产生的边际成本,即 $\mu_{i,t}=\text{MC}_{i,t}$。

将式(10-207)分别对 $L_{i,t}$ 和 $K_{p,i,t}$ 求偏导数,得到一阶条件为

$$\frac{\partial L}{\partial L_{i,t}}=W_t-(1-\alpha_1-\alpha_2)\mu_{i,t}A_tK_{p,i,t}^{\alpha_1}K_{g,i,t}^{\alpha_2}L_{i,t}^{-\alpha_1-\alpha_2}=0 \tag{10-208}$$

$$\frac{\partial L}{\partial K_{p,i,t}}=R_t-\alpha_1\mu_{i,t}A_tK_{p,i,t}^{\alpha_1-1}K_{g,i,t}^{\alpha_2}L_{i,t}^{1-\alpha_1-\alpha_2}=0 \tag{10-209}$$

进一步整理可得

$$L_{i,t}=(1-\alpha_1-\alpha_2)\text{MC}_{i,t}\frac{Y_{i,t}}{W_t} \tag{10-210}$$

$$K_{p,i,t}=\alpha_1\text{MC}_{i,t}\frac{Y_{i,t}}{R_t} \tag{10-211}$$

中间品企业的总成本方程为

$$\text{TC}_{i,t}=W_tL_{i,t}+R_tK_{p,i,t} \tag{10-212}$$

将式(10-210)和式(10-211)代入总成本函数式(10-212)中,并整理得到

$$\text{TC}_{i,t}=\frac{Y_{i,t}}{A_tK_{g,i,t}^{\alpha_2}}\left(\frac{W_t}{1-\alpha_1-\alpha_2}\right)^{1-\alpha_1-\alpha_2}\left(\frac{R_t}{\alpha_1}\right)^{\alpha_1} \tag{10-213}$$

将式(10-213)对产出 $Y_{i,t}$ 求偏导数,从而得到中间品企业的边际成本方程

$$MC_{i,t}=\frac{1}{A_tK_{g,i,t}^{\alpha_2}}\left(\frac{W_t}{1-\alpha_1-\alpha_2}\right)^{1-\alpha_1-\alpha_2}\left(\frac{R_t}{\alpha_1}\right)^{\alpha_1} \tag{10-214}$$

第二阶段,中间品企业通过对生产的产品进行定价,从而实现利润最大化的目标。第 i 个中间品企业的目标函数为

$$\text{Max } E_0\sum_{t=0}^{\infty}\beta^t(P_{i,t}Y_{i,t}-R_tK_{p,i,t}-W_tL_{i,t}) \tag{10-215}$$

第二阶段的具体计算过程与10.1节中间品企业利润最大化求解过程一致,此处不再赘述。经计算,可得到最优价格方程为

$$P_{i,t}^{*}=\left(\frac{\varepsilon}{\varepsilon-1}\right)E_t\sum_{j=0}^{\infty}(\beta\theta_p)^jMC_{i,t+j} \tag{10-216}$$

加总价格方程为

$$P_t=[\theta_pP_{t-1}^{1-\varepsilon}+(1-\theta_p)(P_{i,t}^{*})^{1-\varepsilon}]^{\frac{1}{1-\varepsilon}} \tag{10-217}$$

4. 均衡条件

引入政府部门后,NK模型的市场出清条件变为

$$Y_t=C_{g,t}+I_{g,t}+C_{p,t}+I_{p,t} \tag{10-218}$$

求解NK模型的过程可以表述为,在给定16个参数$\{\sigma,\phi,\delta,\beta,\alpha_1,\alpha_2,\varepsilon,\theta_p,\rho_A,\zeta,\delta_g,\omega_c,\omega_i,\tau^c,\tau^l,\tau^k\}$的条件下,求解17个方程和17个未知变量$\{C_t,C_{g,t},C_{p,t},L_t,W_t,K_{g,t},K_{p,t},I_{g,t},I_{p,t},Y_t,R_t,A_t,MC_t,P_t^{*},P_t,T_t,\pi_t\}$。17个方程分别为

劳动供给方程：$\dfrac{\zeta C_t^{1-\sigma}}{(1+\tau^c)P_tC_{p,t}}=\dfrac{L_t^{\phi}}{W_t(1-\tau^l)}$　　[1]

消费欧拉方程：$\dfrac{C_t^{1-\sigma}C_{p,t+1}}{C_{t+1}^{1-\sigma}C_{p,t}}=E_t\beta\left[(1-\tau^k)\dfrac{R_{t+1}}{P_{t+1}}+(1-\delta)\right]$　　[2]

总消费方程：$C_t=C_{p,t}^{\zeta}C_{g,t}^{1-\zeta}$　　[3]

资本积累方程：$K_{p,t+1}=(1-\delta)K_{p,t}+I_{p,t}$　　[4]

生产函数：$Y_t=A_tK_{p,t}^{\alpha_1}K_{g,t}^{\alpha_2}L_t^{1-\alpha_1-\alpha_2}$　　[5]

资本需求方程：$K_{p,t}=\alpha_1MC_t\dfrac{Y_t}{R_t}$　　[6]

劳动需求方程：$L_t=(1-\alpha_1-\alpha_2)MC_t\dfrac{Y_t}{W_t}$　　[7]

边际成本方程：$MC_t=\dfrac{1}{A_tK_{g,t}^{\alpha_2}}\left(\dfrac{W_t}{1-\alpha_1-\alpha_2}\right)^{1-\alpha_1-\alpha_2}\left(\dfrac{R_t}{\alpha_1}\right)^{\alpha_1}$　　[8]

最优价格方程：$P_t^{*}=\left(\dfrac{\varepsilon}{\varepsilon-1}\right)E_t\sum_{j=0}^{\infty}(\beta\theta_p)^jMC_{t+j}$　　[9]

加总价格方程：$P_t=\left[\theta_pP_{t-1}^{1-\varepsilon}+(1-\theta_p)(P_t^{*})^{1-\varepsilon}\right]^{\frac{1}{1-\varepsilon}}$　　[10]

通货膨胀率：$\pi_t=\dfrac{P_t}{P_{t-1}}$　　[11]

政府预算约束方程：$\tau^c P_t C_t + \tau^l W_t L_t + \tau^k R_t K_{p,t} = P_t T_t + P_t C_{g,t} + P_t I_{g,t}$　[12]

公共消费方程：$C_{g,t} = \omega_c Y_t$　[13]

公共投资方程：$I_{g,t} = \omega_i Y_t$　[14]

公共资本积累方程：$K_{g,t+1} = (1-\delta_g) K_{g,t} + I_{g,t}$　[15]

市场出清条件：$Y_t = C_{g,t} + I_{g,t} + C_{p,t} + I_{p,t}$　[16]

生产率冲击方程：$\log A_t = (1-\rho_A)\log A^* + \rho_A \log A_{t-1} + e_t$　[17]

基于上述 17 个方程，可以求得 16 个变量在稳态时的解，即$\{C^*, C_g{}^*, C_p{}^*, L^*, W^*, K_g{}^*, K_p{}^*, I_g{}^*, I_p{}^*, Y^*, R^*, A^*, \mathrm{MC}^*, P^*, T^*, \pi^*\}$。

10.5.2　模型稳态求解

将引入政府部门 NK 模型的均衡条件写成稳态形式为

劳动供给方程：$\dfrac{\zeta (C^*)^{1-\sigma}}{(1+\tau^c) P^* C_p^*} = \dfrac{(L^*)^{\phi}}{W^*(1-\tau^l)}$　[18]

消费欧拉方程：$1 = \beta\left[(1-\tau^k)\dfrac{R^*}{P^*} + (1-\delta)\right]$　[19]

总消费方程：$C^* = (C_p^*)^{\zeta} (C_g^*)^{1-\zeta}$　[20]

资本积累方程：$\delta K_p^* = I_p^*$　[21]

生产函数：$Y^* = A^* (K_p^*)^{\alpha_1} (K_g^*)^{\alpha_2} (L^*)^{1-\alpha_1-\alpha_2}$　[22]

资本需求方程：$K_p^* = \alpha_1 \mathrm{MC}^* \dfrac{Y^*}{R^*}$　[23]

劳动需求方程：$L^* = (1-\alpha_1-\alpha_2)\mathrm{MC}^* \dfrac{Y^*}{W^*}$　[24]

边际成本方程：$\mathrm{MC}^* = \dfrac{1}{(K_g^*)^{\alpha_2}} \left(\dfrac{W^*}{1-\alpha_1-\alpha_2}\right)^{1-\alpha_1-\alpha_2} \left(\dfrac{R^*}{\alpha_1}\right)^{\alpha_1}$　[25]

最优价格方程：$P^* = \left(\dfrac{\varepsilon}{\varepsilon-1}\right) \dfrac{1}{1-\beta\theta_p} \mathrm{MC}^*$　[26]

通货膨胀率：$\pi^* = \dfrac{P^*}{P^*} \Rightarrow \pi^* = 1$　[27]

政府预算约束方程：$\tau^c P^* C^* + \tau^l W^* L^* + \tau^k R^* K_p^* = P^* T^* + P^* C_g^* + P^* I_g^*$　[28]

公共消费方程：$C_g^* = \omega_c Y^*$　[29]

公共投资方程：$I_g^* = \omega_i Y^*$　[30]

公共资本积累方程：$K_g^* = (1-\delta_g) K_g^* + I_g^* \Rightarrow \delta_g K_g^* = I_g^*$　[31]

市场出清条件：$Y^* = C_g^* + I_g^* + C_p^* + I_p^*$　[32]

生产率冲击方程：$\log A^* = (1-\rho_A)\log A^* + \rho_A \log A^*$　[33]

加总价格方程：$P^* = \left[\theta_p (P^*)^{1-\varepsilon} + (1-\theta_p)(P^*)^{1-\varepsilon}\right]^{\frac{1}{1-\varepsilon}} \Rightarrow P^* = P^*$　[34]

式[18]～式[34]中，C^*，$C_g{}^*$，$C_p{}^*$，L^*，W^*，$K_g{}^*$，$K_p{}^*$，$I_g{}^*$，$I_p{}^*$，Y^*，R^*，A^*，MC^*，P^*，T^*，π^* 均表示对应变量的稳态值。求解模型稳态的目标是得到 16 个内生变量的稳态表达式。通常令稳态的技术水平 $A^*=1$；令一般价格水平的稳态值 $P^*=1$；令稳态的通货膨胀率 $\pi^*=1$。在此基础上，进一步求解其他变量的稳态值。

根据消费的欧拉方程[19]可求出资本利息率的稳态形式 R^* 为

$$R^*=P^*\left[\frac{1}{(1-\tau^k)\beta}-\frac{1-\delta}{1-\tau^k}\right] \tag{35}$$

根据最优价格方程[26]可求出边际成本的稳态形式 MC^* 为

$$MC^*=\left(\frac{\varepsilon-1}{\varepsilon}\right)(1-\beta\theta_p)P^* \tag{36}$$

根据边际成本方程[25]可求出工资的稳态形式 W^* 为①

$$W^*=(1-\alpha_1-\alpha_2)(MC^*)^{\frac{1}{1-\alpha_1-\alpha_2}}(K_g^*)^{\frac{\alpha_2}{1-\alpha_1-\alpha_2}}\left(\frac{\alpha_1}{R^*}\right)^{\frac{\alpha_1}{1-\alpha_1-\alpha_2}} \tag{37}$$

根据劳动需求方程[24]可求出 L^*/Y^*，即

$$\frac{L^*}{Y^*}=(1-\alpha_1-\alpha_2)\frac{MC^*}{W^*} \tag{38}$$

根据资本需求方程[23]可求出 $K_p{}^*/Y^*$，即

$$\frac{K_p^*}{Y^*}=\alpha_1\frac{MC^*}{R^*} \tag{39}$$

根据资本积累方程[21]可求出 I_p^*/Y^*，即

$$\frac{I_p^*}{Y^*}=\delta\frac{K_p^*}{Y^*} \tag{40}$$

根据公共消费方程[29]可求出 $C_g{}^*/Y^*$，即

$$\frac{C_g^*}{Y^*}=\omega_c \tag{41}$$

根据公共投资方程[30]可求出 $I_g{}^*/Y^*$，即

$$\frac{I_g^*}{Y^*}=\omega_i \tag{42}$$

根据市场出清方程[32]可求出 $C_p{}^*/Y^*$，即

$$\frac{C_p^*}{Y^*}=1-\frac{C_g^*}{Y^*}-\frac{I_g^*}{Y^*}-\frac{I_p^*}{Y^*} \tag{43}$$

根据总消费方程[20]可求出 C^*/Y^*，即

$$\frac{C^*}{Y^*}=\left(\frac{C_p^*}{Y^*}\right)^{\zeta}\left(\frac{C_g^*}{Y^*}\right)^{1-\zeta} \tag{44}$$

---

① 在该稳态值的计算中，也可以参考 Celso 和 Costa 的研究，直接令 $K_g{}^*=0.2$，不再求解 $K_g{}^*$。CELSO J，COSTA J. Understanding DSGE models：theory and applications[M]. Wilmington：Vernon Press，2016.

将方程[44]、方程[43]、方程[38]均代入劳动供给方程[18]，可求出产出的稳态形式 Y^* 为

$$Y^* = \left[\frac{\zeta\left(\frac{C^*}{Y^*}\right)^{1-\sigma}}{(1+\tau^c)\frac{C_p^*}{Y^*}} \frac{W^*(1-\tau^l)}{\left(\frac{L^*}{Y^*}\right)^{\phi}} \right]^{\frac{1}{\sigma+\phi}} \tag{[45]}$$

将 Y^* 代入方程[39]即可得到私人资本的稳态形式 $K_p{}^*$；将 Y^* 代入方程[38]即可求出劳动的稳态形式 L^*；将 Y^* 代入方程[40]即可求出私人投资的稳态形式 $I_p{}^*$；将 Y^* 代入方程[43]即可求出私人消费的稳态形式 $C_p{}^*$；将 Y^* 代入方程[41]即可求出公共消费的稳态形式 $C_g{}^*$；将 Y^* 代入方程[42]即可求出公共投资的稳态形式 $I_g{}^*$；将 Y^* 代入方程[44]即可求出总消费的稳态形式 C^*。

根据政府预算约束方程[28]，即可求出转移支付的稳态形式 T^*：

$$T^* = \tau^c C^* + \tau^l W^* L^* + \tau^k R^* K_p^* - C_g^* - I_g^* \tag{[46]}$$

基于上述方程，即可实现模型中所有变量的稳态求解。

10.5.3 线性化处理

本节以劳动供给方程为例进行对数线性化处理，具体过程为

对于劳动供给方程

$$\frac{\zeta C_t^{1-\sigma}}{(1+\tau^c)P_t C_{p,t}} = \frac{L_t^{\phi}}{W_t(1-\tau^l)} \tag{10-201$'$}$$

利用 $x^* e^{\tilde{x}_t}$ 替换 x_t，式(10-201)′改写为

$$\frac{\zeta(C^* e^{\tilde{C}_t})^{1-\sigma}}{(1+\tau^c)(P^* e^{\tilde{P}_t})(C^* e^{\tilde{C}_{p,t}})} = \frac{(L^* e^{\tilde{L}_t})^{\phi}}{W^* e^{\tilde{W}_t}(1-\tau^l)} \tag{10-219}$$

进一步整理可得

$$\frac{\zeta(C^*)^{1-\sigma}}{(1+\tau^c)P^* C_p^*}(1+(1-\sigma)\tilde{C}_t - \tilde{P}_t - \tilde{C}_{p,t}) = \frac{(L^*)^{\phi}}{W^*(1-\tau^l)}(1+\phi\tilde{L}_t - \tilde{W}_t) \tag{10-220}$$

结合劳动供给方程的稳态形式

$$\frac{\zeta(C^*)^{1-\sigma}}{(1+\tau^c)P^* C_p^*} = \frac{(L^*)^{\phi}}{W^*(1-\tau^l)} \tag{10-221}$$

可将式(10-220)整理为

$$(1-\sigma)\tilde{C}_t - \tilde{P}_t - \tilde{C}_{p,t} = \phi\tilde{L}_t - \tilde{W}_t \tag{10-222}$$

式(10-222)为劳动供给方程的对数线性化形式。其他方程的对数线性化处理过程与上述步骤一致，不再赘述。

综上可得，引入政府部门的 NK 模型对数线性化后的均衡条件为

劳动供给方程：$(1-\sigma)\widetilde{C}_t-\widetilde{P}_t-\widetilde{C}_{p,t}=\phi\widetilde{L}_t-\widetilde{W}_t$ [47]

消费的欧拉方程：

$$\frac{(1-\sigma)}{\beta}(\widetilde{C}_t-E_t\widetilde{C}_{t+1})+E_t\widetilde{C}_{p,t+1}-\widetilde{C}_{p,t}=(1-\tau^k)\frac{R^*}{P^*}E_t(\widetilde{R}_{t+1}-\widetilde{P}_{t+1}) \quad [48]$$

总消费方程：$\widetilde{C}_t=\zeta\widetilde{C}_{p,t}+(1-\zeta)\widetilde{C}_{g,t}$ [49]

资本积累方程：$\widetilde{K}_{p,t+1}=(1-\delta)\widetilde{K}_{p,t}+\delta\widetilde{I}_{p,t}$ [50]

生产函数：$\widetilde{Y}_t=\widetilde{A}_t+\alpha_1\widetilde{K}_{p,t}+\alpha_2\widetilde{K}_{g,t}+(1-\alpha_1-\alpha_2)\widetilde{L}_t$ [51]

资本需求方程：$\widetilde{K}_{p,t}=\alpha_1(\widetilde{MC}_t+\widetilde{Y}_t-\widetilde{R}_t)$ [52]

劳动需求方程：$\widetilde{L}_t=(1-\alpha_1-\alpha_2)(\widetilde{MC}_t+\widetilde{Y}_t-\widetilde{W}_t)$ [53]

边际成本方程：$\widetilde{MC}_t=(1-\alpha_1-\alpha_2)\widetilde{W}_t+\alpha_1\widetilde{R}_t-\widetilde{A}_t-\alpha_2\widetilde{K}_{g,t}$ [54]

菲利普斯方程：$\widetilde{\pi}_t=\beta E_t\widetilde{\pi}_{t+1}+\left[\frac{(1-\theta_p)(1-\beta\theta_p)}{\theta_p}\right](\widetilde{MC}_t-\widetilde{P}_t)$ [55]

通货膨胀率：$\widetilde{\pi}_t=\widetilde{P}_t-\widetilde{P}_{t-1}$ [56]

政府预算约束方程：

$$\tau^c P^*C^*(\widetilde{P}_t+\widetilde{C}_t)+\tau^l W^*L^*(\widetilde{W}_t+\widetilde{L}_t)+\tau^k R^*K_p^*(\widetilde{R}_t+\widetilde{K}_{p,t})$$
$$=P^*T^*(\widetilde{P}_t+\widetilde{T}_t)+P^*C_g^*(\widetilde{P}+\widetilde{C}_{g,t})+P^*I_g^*(\widetilde{P}_t+\widetilde{I}_{g,t}) \quad [57]$$

公共消费方程：$\widetilde{C}_{g,t}=\omega_c\widetilde{Y}_t$ [58]

公共投资方程：$\widetilde{I}_{g,t}=\omega_i\widetilde{Y}_t$ [59]

公共资本积累方程：$\widetilde{K}_{g,t+1}=(1-\delta)\widetilde{K}_{g,t}+\delta\widetilde{I}_{g,t}$ [60]

市场出清条件：$\widetilde{Y}_t=\frac{C_g^*}{Y^*}\widetilde{C}_{g,t}+\frac{I_g^*}{Y^*}\widetilde{I}_{g,t}+\frac{C_p^*}{Y^*}\widetilde{C}_{p,t}+\frac{I_p^*}{Y^*}\widetilde{I}_{p,t}$ [61]

生产率冲击方程：$\widetilde{A}_t=\rho_A\widetilde{A}_{t-1}+e_t$ [62]

10.5.4 程序设计

对于引入政府部门的 NK 模型，可以编写 Dynare 程序进行求解和数值模拟，具体程序为：

```
%引入政府部门的新凯恩斯(NK)模型

%第一部分：变量声明、参数声明及参数赋值

var Y Ig Ip C Cg Cp R Kg Kp W L MC P PI A T;                   % 声明内生变量
varexo e;                                                     % 声明外生冲击变量
parameters sigma phi epsilon alpha1 alpha2 beta delta rhoa thetap  % 声明参数
zeta omegac omegai tauc taul tauk;
parameters Ys Igs Ips Cs Cgs Cps Rs Kgs Kps Ws Ls MCs Ps PIs
```

```
    As Ts;

sigma = 2;                                                    % 相对风险规避系数
phi = 1.5;                                                    % 劳动供给 Frisch 弹性倒数
alpha1 = 0.3;                                                 % 私人资本的产出弹性
alpha2 = 0.05;                                                % 公共资本的产出弹性
beta = 0.985;                                                 % 主观贴现因子
delta = 0.025;                                                % 资本折旧率
rhoa = 0.95;                                                  % 生产率的自回归参数
epsilon = 8;                                                  % 中间品的替代弹性
thetap = 0.75;                                                % 价格黏性参数
zeta = 0.7;                                                   % 私人和公共消费替代弹性
deltag = 0.025;                                               % 公共资本折旧率
omegac = 0.2;                                                 % 公共消费占产出的份额
omegai = 0.02;                                                % 公共投资占产出的份额
tauc = 0.16;                                                  % 消费税税率
taul = 0.17;                                                  % 劳动所得税税率
tauk = 0.08;                                                  % 资本所得税税率

As = 1;                                                       % 技术水平的稳态值
PIs = 1;                                                      % 通货膨胀率的稳态值
Ps = 1;                                                       % 价格水平的稳态值
Rs = Ps * (1/((1 - tauk) * beta) - (1 - delta)/(1 - tauk));   % 实际利率的稳态形式
MCs = (epsilon - 1)/epsilon * (1 - beta * thetap) * Ps;       % 边际成本的稳态形式
Ws = (1 - alpha1 - alpha2) * MCs^(1/(1 - alpha1 - alpha2)) * 0.2^(alpha2/
(1 - alpha1 - alpha2)) * (alpha1/Rs)^(alpha1/(1 - alpha1 - alpha2));
                                                              % 实际工资的稳态形式
KpY_ratio = alpha1 * MCs/Rs;                                  % KpY_ratio 表示 K * p/Y *
LY_ratio = (1 - alpha1 - alpha2) * MCs/Ws;                    % LY_ratio 表示 L * /Y *
IpY_ratio = delta * KpY_ratio;                                % IpY_ratio 表示 I * p/Y *
CgY_ratio = omegac;                                           % CgY_ratio 表示 C * g/Y *
IgY_ratio = omegai;                                           % IgY_ratio 表示 I * g/Y *
CpY_ratio = 1 - CgY_ratio - IgY_ratio - IpY_ratio;            % CpY_ratio 表示 C * p/Y *
CY_ratio = (CpY_ratio^zeta) * (CgY_ratio^(1 - zeta));         % CY_ratio 表示 C * /Y *
Ys = (((zeta * CY_ratio^(1 - sigma))/((1 + tauc) * CpY_ratio)) *   % 产出的稳态形式
((Ws * (1 - taul))/LY_ratio^phi))^(1/(sigma + phi));
Kps = KpY_ratio * Ys;                                         % 私人资本存量的稳态形式
Ls = LY_ratio * Ys;                                           % 劳动的稳态形式
Ips = IpY_ratio * Ys;                                         % 私人投资的稳态形式
Cps = CpY_ratio * Ys;                                         % 私人消费的稳态形式
Igs = IgY_ratio * Ys;                                         % 公共投资的稳态形式
Cgs = CgY_ratio * Ys;                                         % 公共消费的稳态形式
Cs = CY_ratio * Ys;                                           % 消费的稳态形式
Kgs = Igs/deltag;                                             % 公共资本存量的稳态形式
```

```
Ts = tauc * Cs + taul * Ws * Ls + tauk * Rs * Kps - Cgs - Igs;      % 转移支付的稳态形式

%第二部分：模型声明

model(linear);                                                      % 模型(对数线性化形式)

(1 - sigma) * C - P - Cp = phi * L - W;                             % 劳动供给方程
(1 - sigma)/beta * (C - C( + 1)) + (Cp( + 1) - Cp) = (1 - tauk)
 * Rs/Ps * (R( + 1) - P( + 1));
                                                                    % 消费的欧拉方程
C = zeta * Cp + (1 - zeta) * Cg;                                    % 总消费方程
Kp = (1 - delta) * Kp( - 1) + delta * Ip;                           % 资本积累方程
Y = A + alpha1 * Kp( - 1) + alpha2 * Kg( - 1) + (1 - alpha1 - alpha2) * L;
                                                                    % 生产函数
Kp( - 1) = alpha1 * (MC + Y - R);                                   % 资本需求方程
L = (1 - alpha1 - alpha2) * (MC + Y - W);                           % 劳动需求方程
MC = (1 - alpha1 - alpha2) * W + alpha1 * R - A - alpha2 * Kg( - 1); % 边际成本方程
Kg = (1 - delta) * Kg( - 1) + delta * Ig;                           % 公共资本积累方程
PI = beta * PI( + 1) + ((1 - thetap) * (1 - thetap * beta)/thetap) * (MC - P);
                                                                    % 菲利普斯方程
PI = P - P( - 1);                                                   % 通货膨胀方程
tauc * Ps * Cs * (P + C) + taul * Ws * Ls * (W + L) + tauk * Rs * Kps * % 政府预算约束方程
(R + Kp( - 1)) = Ps * Ts * (P + T) + Ps * Cgs * (P + Cg) + Ps * Igs * (P + Ig);
Cg = omegac * Y;                                                    % 公共消费方程
Ig = omegai * Y;                                                    % 公共投资方程
Y = (Cgs/Ys) * Cg + (Igs/Ys) * Ig + (Cps/Ys) * Cp + (Ips/Ys) * Ip;  % 市场出清方程
A = rhoa * A( - 1) + e;                                             % 生产率冲击方程

end;

%第三部分：稳态值声明

steady;                                                             % 计算稳态

%第四部分：外生冲击声明

shocks;                                                             % 外生冲击设定
var e;                                                              % 声明外生变量名称
stderr 0.01;                                                        % 设定外生冲击的数值
end;

%第五部分：随机模拟

stoch_simul(periods = 1000, irf = 40, order = 1) ;                  % 模拟 1000 期、计算 40 期脉
                                                                      冲响应、一阶泰勒求解
```

运行上述 Dynare 程序即可进行数值模拟，另外可以求得

$$
\begin{pmatrix} \widetilde{Y}_t \\ \widetilde{I}_{g,t} \\ \widetilde{I}_{p,t} \\ \widetilde{C}_t \\ \widetilde{C}_{g,t} \\ \widetilde{C}_{p,t} \\ \widetilde{R}_t \\ \widetilde{W}_t \\ \widetilde{L}_t \\ \widetilde{\mathrm{MC}}_t \\ \widetilde{\pi}_t \\ \widetilde{T}_t \end{pmatrix} = \begin{pmatrix} 0.0457 & -0.5965 & 0.8836 & -0.0561 \\ 0.0009 & -0.0119 & 0.0177 & -0.0011 \\ 0.2577 & -18.6275 & 6.5864 & -0.9605 \\ 0.0346 & 0.1135 & 0.6102 & -0.0186 \\ 0.0091 & -0.1193 & 0.1767 & -0.0112 \\ 0.0456 & 0.2133 & 0.7960 & -0.0218 \\ 0.0464 & -7.6789 & 0.7150 & 0.6038 \\ 0.0566 & -2.2238 & 0.8721 & 0.7365 \\ -0.0066 & -1.3792 & -0.1021 & -0.0863 \\ 0.0007 & -3.7492 & -0.1686 & 0.6598 \\ -0.0137 & -0.4817 & -0.3809 & -0.0938 \\ -0.1899 & 10.0712 & -2.6057 & -4.4295 \end{pmatrix} \begin{pmatrix} \widetilde{K}_{g,t-1} \\ \widetilde{K}_{p,t-1} \\ \widetilde{A}_{t-1} \\ \widetilde{P}_{t-1} \end{pmatrix} + \begin{pmatrix} 0.9301 \\ 0.0186 \\ 6.9330 \\ 0.6423 \\ 0.1860 \\ 0.8379 \\ 0.7526 \\ 0.9180 \\ -0.1075 \\ -0.1775 \\ -0.4009 \\ -2.7429 \end{pmatrix} e_t \tag{10-223}
$$

式(10-223)即为引入政府部门 NK 模型的政策方程。

转换方程为

$$
\begin{pmatrix} \widetilde{K}_{g,t} \\ \widetilde{K}_{p,t} \\ \widetilde{A}_t \\ \widetilde{P}_t \end{pmatrix} = \begin{pmatrix} 0.9750 & -0.0003 & -0.0004 & 0.0000 \\ 0.0064 & 0.5093 & 0.1647 & -0.0240 \\ 0 & 0 & 0.9500 & 0 \\ -0.0137 & -0.4817 & -0.3809 & 0.9062 \end{pmatrix} \begin{pmatrix} \widetilde{K}_{g,t-1} \\ \widetilde{K}_{p,t-1} \\ \widetilde{A}_{t-1} \\ \widetilde{P}_{t-1} \end{pmatrix} + \begin{pmatrix} 0.0005 \\ 0.1733 \\ 1.0000 \\ -0.4009 \end{pmatrix} e_t \tag{10-224}
$$

式(10-223)和式(10-224)共同组成了引入政府部门 NK 模型的解。

本节介绍了包含政府部门的 NK 模型，在此框架下，政府部门的收入源自对家庭的税收，包括消费税、劳动所得税和资本所得税等，政府部门的支出主要用于对家庭的转移支付、公共消费和公共投资，其中，政府部门的公共消费会对家庭效用产生影响，公共投资通过积累形成公共资本存量，公共资本存量会对企业的产出产生影响。因此，需要将公共消费放置于家庭的效用函数中，将公共资本放置于企业的生产函数中。此外，对于征税对象而言，除了对家庭征税以外，还可以对企业进行征税，例如企业所得税等；对于征税形式而言，除了可以征收消费税等比例税以外，还可以征收一次性总量税收，需要注意的是，一次性税收并不会对价格产生扭曲效应。

新凯恩斯模型将非完全竞争市场和价格黏性的假设引入真实经济周期模型之中，从而构建了更为符合现实经济特征的宏观经济模型。NK 模型将原来的代表性企业分为中间品企业和最终品企业，中间品企业处于垄断竞争市场中，其具有一定的中间品定价能力，最终品企业处于完全竞争市场中，其将异质性中间品作为投入从而进行生产。中间品企业的价格调整机制是NK模型的重要特征之一。此外，在标准NK模型基础上，本章分别引入工资黏性、投资调整成本、消费习惯等，从而使得模型更加丰富和完善。除了家庭和企业两类行为主体外，本章还将政府部门引入标准NK模型，并对税收、公共投资、公共消费、转移支付等政府职能进行了介绍。

本章习题

1. 真实经济周期学派与新凯恩斯学派的主要区别有哪些？
2. 新凯恩斯模型在真实经济周期模型基础上的发展或改进有哪些？
3. 请简述交错定价的基本思想。
4. 为什么在新凯恩斯模型中考虑家庭的消费习惯？

扩展阅读10-1　NK模型——基于新凯恩斯DSGE模型的中国经济波动分析

第 11 章　经验证据：结构向量自回归模型

动态随机一般均衡模型侧重于从理论层面描述现实经济，基于结构化的建模方法和数值模拟的方式实现量化研究，即为“理论驱动型”的。在现实中，另一类建立模型和进行实证研究的思路是从数据出发，依据现实观测数据的典型特征，对变量之间的内在联系给出定量的描述，也称为“数据驱动型”研究方式，向量自回归模型和结构向量自回归模型是其中的典型代表。本章参考了高铁梅①、朱军②的相关资料，分向量自回归（VAR）模型和结构向量自回归（SVAR）模型的形式和检验、结构向量自回归模型的识别问题、结构向量自回归模型的运算结果、应用实例与软件实现四节进行叙述。

11.1　向量自回归模型与结构向量自回归模型的形式和检验

11.1.1　VAR 模型与 SVAR 模型的基本形式

向量自回归模型是一种采用非结构形式建立各个变量之间动态关系的模型。在 VAR 模型中可以包括多个方程，内生变量全部出现在方程的左边，方程的右侧全部为内生变量的滞后项，将每一个内生变量作为全部内生变量滞后项的函数，这使得变量之间关联特征的描述简洁而清晰。在每个方程中，还加入了内生变量对应的随机扰动项，因而采用 VAR 模型可以研究各种随机扰动对整个经济系统中各个内生变量的动态冲击。

一个两变量 VAR 模型如式(11-1)所示。

$$\begin{bmatrix} Y_{1,t} \\ Y_{2,t} \end{bmatrix} = \begin{bmatrix} \varphi_{10} \\ \varphi_{20} \end{bmatrix} + \begin{bmatrix} \varphi_{11} & \varphi_{12} \\ \varphi_{21} & \varphi_{22} \end{bmatrix} \begin{bmatrix} Y_{1,t-1} \\ Y_{2,t-1} \end{bmatrix} + \begin{bmatrix} \varepsilon_{1,t} \\ \varepsilon_{2,t} \end{bmatrix} \tag{11-1}$$

式中，t 为时期的标识，$t=1,2,\cdots,T$；$Y_{i,t}$ 为内生变量；$\varepsilon_{i,t}$ 为随机扰动项。

在式(11-1)的基础上进行扩展，得到 VAR 模型的一般形式为

$$\begin{pmatrix} Y_{1,t} \\ Y_{2,t} \\ \vdots \\ Y_{k,t} \end{pmatrix} = \boldsymbol{\Phi}_0 + \boldsymbol{\Phi}_1 \begin{pmatrix} Y_{1,t-1} \\ Y_{2,t-1} \\ \vdots \\ Y_{k,t-1} \end{pmatrix} + \boldsymbol{\Phi}_2 \begin{pmatrix} Y_{1,t-2} \\ Y_{2,t-2} \\ \vdots \\ Y_{k,t-2} \end{pmatrix} + \cdots + \boldsymbol{\Phi}_p \begin{pmatrix} Y_{1,t-p} \\ Y_{2,t-p} \\ \vdots \\ Y_{k,t-p} \end{pmatrix} + \boldsymbol{\Psi} \begin{pmatrix} X_{1,t} \\ X_{2,t} \\ \vdots \\ X_{n,t} \end{pmatrix} + \begin{pmatrix} \varepsilon_{1,t} \\ \varepsilon_{2,t} \\ \vdots \\ \varepsilon_{k,t} \end{pmatrix} \tag{11-2}$$

式中，k 为内生变量 Y 的个数；n 为外生变量 X 的个数；p 为滞后期数；$\boldsymbol{\Phi}$ 和$\boldsymbol{\psi}$ 为系数向量。对于如式(11-2)所示的 VAR 模型而言，可称其为由 k 个方程组成的 VAR(p)模型。

① 高铁梅. 计量经济分析方法与建模：EViews 应用及实例[M]. 3 版. 北京：清华大学出版社，2016.

② 朱军. 高级财政学 Ⅱ——DSGE 的视角及应用前沿：模型分解与编程[M]. 上海：上海财经大学出版社，2019.

为简化起见，假定暂不考虑 VAR 模型中的截距项和外生变量，将式(11-2)写成矩阵形式为

$$\boldsymbol{Y}_t=\boldsymbol{\Phi}_1\boldsymbol{Y}_{t-1}+\boldsymbol{\Phi}_2\boldsymbol{Y}_{t-2}+\cdots+\boldsymbol{\Phi}_p\boldsymbol{Y}_{t-p}+\boldsymbol{\varepsilon}_t \tag{11-3}$$

式(11-3)还可以记为

$$\boldsymbol{\Phi}(L)\boldsymbol{Y}_t=\boldsymbol{\varepsilon}_t \tag{11-4}$$

式中，L 为滞后算子；$\boldsymbol{\Phi}(L)=\boldsymbol{I}-\boldsymbol{\Phi}_1L-\boldsymbol{\Phi}_2L^2-\cdots-\boldsymbol{\Phi}_pL^p$；$\boldsymbol{I}$ 为单位矩阵。

如式(11-3)或式(11-4)所示的 VAR 模型也称为简化式的 VAR 模型，对于简化式 VAR 而言，内生变量全部在方程的左边，方程的右边全部为内生变量的滞后值，因此不存在内生性等问题，可以采用普通最小二乘法实现其估计，得到估计的参数向量$\hat{\boldsymbol{\Phi}}_1$、$\hat{\boldsymbol{\Phi}}_2$ 等。

同时，在简化式 VAR 模型的估计中，还可以得到随机扰动向量$\boldsymbol{\varepsilon}_t$ 的估计量及其方差协方差矩阵$\boldsymbol{\Sigma}$ 的估计量，设残差向量为$\hat{\boldsymbol{\varepsilon}}_t$，则有

$$\hat{\boldsymbol{\Sigma}}=\frac{1}{T}\sum\hat{\boldsymbol{\varepsilon}}_t\hat{\boldsymbol{\varepsilon}}_t' \tag{11-5}$$

简化式的 VAR 模型中方程的右侧仅含有内生变量的滞后项，不含有内生变量，因此其并没有体现出内生变量之间的当期关系，这使得简化式模型不能描述变量之间的结构关系，与结构化经济模型的匹配度不高。为此，结构向量自回归模型不断发展，成为 VAR 系列模型中的重要组成部分，SVAR 模型也称为结构式的 VAR 模型。

一个简单的两变量 SVAR 模型如式(11-6)所示。

$$\begin{bmatrix}Y_{1,t}\\Y_{2,t}\end{bmatrix}=\begin{bmatrix}c_{10}\\c_{20}\end{bmatrix}+\begin{bmatrix}0&a_{12}\\a_{21}&0\end{bmatrix}\begin{bmatrix}Y_{1,t}\\Y_{2,t}\end{bmatrix}+\begin{bmatrix}b_{11}&b_{12}\\b_{21}&b_{22}\end{bmatrix}\begin{bmatrix}Y_{1,t-1}\\Y_{2,t-1}\end{bmatrix}+\begin{bmatrix}u_{1,t}\\u_{2,t}\end{bmatrix} \tag{11-6}$$

式中，$u_{1,t}$、$u_{2,t}$ 为 SVAR 模型中对应于 $Y_{1,t}$ 和 $Y_{2,t}$ 的随机扰动项，是具有经济意义的。假定 $u_{1,t}$ 和 $u_{2,t}$ 均为白噪声，均值为 0 且方差为 1，且 $u_{1,t}$ 和 $u_{2,t}$ 之间不相关，协方差为 0。

式(11-6)中引入了内生变量的当期关系，系数 a_{12} 表示变量 $Y_{2,t}$ 对变量 $Y_{1,t}$ 的当期影响，系数 a_{21} 表示变量 $Y_{1,t}$ 对变量 $Y_{2,t}$ 的当期影响。以系数 a_{12} 为例，随机扰动项 $u_{2,t}$ 会通过变量 $Y_{2,t}$ 影响变量 $Y_{1,t}$，形成了“$u_{2,t}\rightarrow Y_{2,t}\rightarrow Y_{1,t}$”的影响路径；以系数 a_{21} 为例，随机扰动项 $u_{1,t}$ 会通过变量 $Y_{1,t}$ 影响变量 $Y_{2,t}$，形成了“$u_{1,t}\rightarrow Y_{1,t}\rightarrow Y_{2,t}$”的影响路径。SVAR 模型的各方程中通过加入当期内生变量项，体现了变量之间的结构式关系即双向、交互影响关系。

在式(11-6)的基础上进行整理得到

$$\begin{bmatrix}1&-a_{12}\\-a_{21}&1\end{bmatrix}\begin{bmatrix}Y_{1,t}\\Y_{2,t}\end{bmatrix}=\begin{bmatrix}c_{10}\\c_{20}\end{bmatrix}+\begin{bmatrix}b_{11}&b_{12}\\b_{21}&b_{22}\end{bmatrix}\begin{bmatrix}Y_{1,t-1}\\Y_{2,t-1}\end{bmatrix}+\begin{bmatrix}u_{1,t}\\u_{2,t}\end{bmatrix} \tag{11-7}$$

将式(11-7)表示为矩阵形式

$$\boldsymbol{AY}_t=\boldsymbol{C}+\boldsymbol{B}_1\boldsymbol{Y}_{t-1}+\boldsymbol{u}_t \tag{11-8}$$

式中，$\boldsymbol{A}$、$\boldsymbol{C}$ 和 $\boldsymbol{B}_1$ 为 SVAR 模型中的系数矩阵。

显然，可以将结构向量自回归模型式(11-8)表示为简化式向量自回归模型，如式(11-9)

所示。

$$\boldsymbol{Y}_t = \boldsymbol{\Phi}_0 + \boldsymbol{\Phi}_1 \boldsymbol{Y}_{t-1} + \boldsymbol{\varepsilon}_t \tag{11-9}$$

式中，$\boldsymbol{\Phi}_0 = \boldsymbol{A}^{-1}\boldsymbol{C}$，$\boldsymbol{\Phi}_1 = \boldsymbol{A}^{-1}\boldsymbol{B}_1$，$\boldsymbol{\varepsilon}_t = \boldsymbol{A}^{-1}\boldsymbol{u}_t$。简化式 VAR 模型中的随机扰动项实际上是 SVAR 模型中随机扰动项的线性组合，其不具备经济学含义，代表的是复合冲击。系数向量也类似，不再赘述。另外，虽然 SVAR 模型中随机扰动项是相对独立的，但是作为其组合形式，简化式 VAR 模型中的随机扰动项是相关的，其协方差不为 0。

进一步地，在不考虑截距项时，得到 SVAR(p)模型的一般形式为

$$\boldsymbol{A}\boldsymbol{Y}_t = \boldsymbol{B}_1 \boldsymbol{Y}_{t-1} + \boldsymbol{B}_2 \boldsymbol{Y}_{t-2} + \cdots + \boldsymbol{B}_p \boldsymbol{Y}_{t-p} + \boldsymbol{u}_t \tag{11-10}$$

式中，p 为滞后期数，假设模型中存在 k 个内生变量，则 $\boldsymbol{Y}_t$ 为 $k \times 1$ 维的列向量，则如式(11-10)所示的 SVAR 模型也称为由 k 个方程组成的 SVAR(p)模型。

类似地，SVAR(p)模型也可转化为简化式的 VAR(p)模型，即

$$\boldsymbol{Y}_t = \boldsymbol{\Phi}_1 \boldsymbol{Y}_{t-1} + \boldsymbol{\Phi}_2 \boldsymbol{Y}_{t-2} + \cdots + \boldsymbol{\Phi}_p \boldsymbol{Y}_{t-p} + \boldsymbol{\varepsilon}_t \tag{11-11}$$

将 SVAR(p)模型式(11-10)整理为简化式的 VAR(p)模型式(11-11)后，可以采用普通最小二乘法实现其估计，得到 VAR(p)模型系数向量、随机扰动项的估计值等，然后反推出 SVAR(p)模型中的系数向量等。但是，并不是所有的向量自回归模型都可以顺利实现上述系数反推过程，需要满足一定的条件，这就是结构向量自回归模型的识别条件。对于这一问题，将在本章 11.2 节中介绍。

11.1.2　VAR 模型与 SVAR 模型的检验

1. 平稳性检验

在传统的向量自回归与结构向量自回归模型构建中，要求模型中每一个内生变量都应该是平稳的，对于非平稳的时间序列是不能够建立 VAR 模型和 SVAR 模型的。如果要使用非平稳的时间序列进行向量自回归模型的构建，则必须进行差分，将其转换成平稳时间序列后，再用于构建 VAR 模型和 SVAR 模型。因此，在建立模型之前的第一步是对各个时间序列进行平稳性检验即单位根检验。

对于一个非平稳的时间序列，如果通过 d 次差分成为一个平稳序列，并且该序列 $d-1$ 次差分时仍为非平稳的，则称该序列为 d 阶单整序列，记为 $I(d)$。显然，平稳序列为零阶单整即 $I(0)$的。差分次数等于单整阶数，代表序列中包含的单位根个数，如果是一阶单整的序列，则其中包括 1 个单位根；如果是二阶单整的序列，则可以认为序列中包括 2 个单位根。

时间序列平稳性即单位根检验的方法众多，包括 DF(Dickey-Fuller)检验、ADF(增强 DF)检验、DFGLS(DF 广义最小二乘估计)检验和 PP(Phillips-Perron)检验等。采用上述方法进行检验时，通常需要对时间序列是否包含常数项、趋势项进行选择，这一选择在专门的时间序列教材中有参考建议，也可以根据读者的经验、通过观察时间序列的图形等方式进行判断。在上述检验方法中，大多数是在 1%、5%和 10%三种显著性水平下，通过构造计算 t 统计量或其他统计量的值，与临界值进行比较确定是接受原假设还是拒绝原假设。

以 ADF 检验为例，该检验的原假设为时间序列至少存在一个单位根，备择假设为时间序列不存在单位根。显然，接受原假设则认为所检验的时间序列是非平稳的，而拒绝原假设、接受备择假设则认为时间序列是平稳的。在其他检验中，原假设与备择假设可能与 ADF 检验一致，也可能与其相反，因此需要高度注意其假设内容。其他检验方法原理及具体过程不再赘述，采用计量经济学软件易于实现。

2. 协整检验

除了满足平稳性的要求之外，在构建向量自回归与结构向量自回归模型时，通常还要求各个时间序列之间应满足协整关系，即变量之间的长期稳定关系，以体现其之间的经济联系或经济意义。实际上，对于非平稳时间序列特别是多个同为一阶单整的时间序列，如果各个变量之间存在协整关系，也可以尝试直接构建 VAR 模型与 SVAR 模型。协整检验可以分为基于残差的协整检验和基于回归系数的协整检验两大类，其中 Engle-Granger（EG）检验是基于残差协整检验的代表，而 Johansen 协整检验是典型的基于系数的协整检验。

在 Engle-Granger 检验中，主要是针对时间序列回归模型的残差进行单位根检验。在时间序列回归模型中，如果因变量与各个自变量之间存在协整关系，则模型的随机扰动项序列应该是平稳的。由于随机扰动项不能观测，可以对其估计值残差序列进行单位根检验或平稳性检验，如果残差序列是平稳的，则认为因变量和各个自变量存在协整关系，反之则认为不存在协整关系。因此，Engle-Granger 检验实际上将判断变量之间的协整关系转化为检验时间序列回归模型的残差序列是否平稳。与 ADF 检验类似，Engle-Granger 协整检验中也可以选择是否包含截距项或趋势项，但是 EG 检验中统计量的临界值与 ADF 检验中的临界值并不相同，这一点在查表时应给予重视。

当进行 Johansen 协整检验时，对于 $k\times1$ 维的时间序列向量至多可能存在 $k-1$ 个线性无关的协整向量，设由协整向量组成的矩阵的秩为 r，则 $r[0,k-1]$。该检验方法将各时间序列之间是否具有协整关系转化为对矩阵秩的分析。其中，矩阵的秩又等于矩阵非零特征根的个数，因此建立了“协整关系—矩阵秩—矩阵非零特征根”之间的分析链条。在 Johansen 协整检验中主要是特征根迹（trace）检验，另外还有最大特征值检验等，检验的形式可参考专门的时间序列教材。

3. 滞后阶数检验

在 VAR 和 SVAR 模型的构建中，另一个十分重要的检验是滞后阶数检验，只有在确定滞后阶数 p 后，向量自回归的形式才能确定。滞后阶数越多，模型的动态性越明显，但是自由度越小，在估计时需要的样本量越大。确定滞后阶数主要有似然比（likelihood ratio，LR）检验、AIC（赤池信息准则）和 SC（施瓦兹准则）等。

似然比检验的基本原理是从最大的滞后阶数开始，例如滞后阶数为 p，检验系数矩阵 $\boldsymbol{\Phi}_p$ 中的元素是否均为 0，原假设为 0，备择假设为矩阵 $\boldsymbol{\Phi}_p$ 中至少有一个元素不为 0。通过计算 LR 统计量，并将其与 5% 显著性水平下的临界值进行对比，以确定接受还是拒绝原假设，如果拒绝原假设、接受备择假设，则确定滞后阶数为 p；如果接受原假设，则逐一减少滞后阶数再次进行检验，检验 $\boldsymbol{\Phi}_{p-1}$ 中的元素是否均为 0，以此类推，直到拒绝原假设后，可以确定最终的滞后阶数。

除了似然比检验之外，在 VAR 和 SVAR 模型滞后阶数的确定中，最为简便和常用的方法是 AIC 和 SC，其充分考虑了时间序列的样本长度、内生变量的个数、待估参数的个数以及方差协方差等信息构造了信息准则，以全面考虑最适宜的滞后阶数。在国内外的部分文献中，还有各种对 AIC 和 SC 的优化形式，但是判断的标准均是 AIC 和 SC 越小越好。另外，还可以在建立多个滞后阶数的 VAR 模型或 SVAR 模型后，以 AIC 或 SC 为标准进行模型的对比和选择。

11.2　结构向量自回归模型的识别问题

结构向量自回归模型有诸多优点，但是模型中的待估参数过多，必须施加一定的约束或限制，才能由简化式向量自回归模型倒推出结构式向量自回归模型中的系数。换言之，在进行一定的约束后，才可以进行结构向量自回归模型的估计，这也是结构向量自回归模型的识别问题。

11.2.1　SVAR 模型中的短期约束

假设一个简单的三变量结构向量自回归模型形式为

$$\boldsymbol{A}\boldsymbol{Y}_t = \boldsymbol{B}\boldsymbol{Y}_{t-1} + \boldsymbol{u}_t \tag{11-12}$$

式中，$\boldsymbol{A}$、$\boldsymbol{B}$ 为系数矩阵；$\boldsymbol{Y}_t$、$\boldsymbol{Y}_{t-1}$ 为内生变量、滞后内生变量向量；$\boldsymbol{u}_t$ 为随机扰动项向量，

$$\boldsymbol{A} = \begin{bmatrix} 1 & -a_{12} & -a_{13} \\ -a_{21} & 1 & -a_{23} \\ -a_{31} & -a_{32} & 1 \end{bmatrix},\quad \boldsymbol{B} = \begin{bmatrix} b_{11} & b_{12} & b_{13} \\ b_{21} & b_{22} & b_{23} \\ b_{31} & b_{32} & b_{33} \end{bmatrix},\quad \boldsymbol{Y}_t = \begin{bmatrix} Y_{1,t} \\ Y_{2,t} \\ Y_{3,t} \end{bmatrix},$$

$$\boldsymbol{Y}_{t-1} = \begin{bmatrix} Y_{1,t-1} \\ Y_{2,t-1} \\ Y_{3,t-1} \end{bmatrix},\quad \boldsymbol{u}_t = \begin{bmatrix} u_{1,t} \\ u_{2,t} \\ u_{3,t} \end{bmatrix}。$$

在式(11-12)的基础上，整理得到简化式的向量自回归模型

$$\boldsymbol{Y}_t = \boldsymbol{A}^{-1}\boldsymbol{B}\boldsymbol{Y}_{t-1} + \boldsymbol{A}^{-1}\boldsymbol{u}_t = \boldsymbol{\Phi}\boldsymbol{Y}_{t-1} + \boldsymbol{\varepsilon}_t \tag{11-13}$$

式中，$\boldsymbol{\Phi} = \boldsymbol{A}^{-1}\boldsymbol{B}$，$\boldsymbol{\varepsilon}_t = \boldsymbol{A}^{-1}\boldsymbol{u}_t$ 为简化式向量自回归模型中的系数矩阵、随机扰动项向量。

如前所述，简化式 VAR 模型中的系数、随机扰动项实际上是结构式的 SVAR 模型中系数和随机扰动项的线性组合，其代表的是复合系数和复合冲击。由于简化式模型中方程的右侧仅有内生变量的滞后项，其可以采用普通最小二乘(OLS)方法进行估计，然后再反推出结构式模型的系数。在这一反推的过程中，最为重要的一项是两类模型中随机扰动项向量之间的转换关系，即

$$\boldsymbol{\varepsilon}_t = \boldsymbol{A}^{-1}\boldsymbol{u}_t \tag{11-14}$$

对式(11-14)两侧分别求其方差协方差矩阵，可得

$$E(\boldsymbol{\varepsilon}_t\boldsymbol{\varepsilon}_t') = E[\boldsymbol{A}^{-1}\boldsymbol{u}_t(\boldsymbol{A}^{-1}\boldsymbol{u}_t)'] = \boldsymbol{A}^{-1}E(\boldsymbol{u}_t\boldsymbol{u}_t')(\boldsymbol{A}^{-1})' \tag{11-15}$$

在结构式 VAR 模型即结构向量自回归模型中，随机扰动项假定为白噪声，即其均值为 0、方差为 1 且扰动项之间不相关，而简化式 VAR 模型中的随机扰动项是 SVAR 模型中扰动项的组合，各个扰动项之间是相关的且协方差不为 0。则有

$$E(\boldsymbol{\varepsilon}_t\boldsymbol{\varepsilon}_t') = \begin{bmatrix} \sigma_{11}^2 & \sigma_{12}^2 & \sigma_{13}^2 \\ \sigma_{21}^2 & \sigma_{22}^2 & \sigma_{23}^2 \\ \sigma_{31}^2 & \sigma_{32}^2 & \sigma_{33}^2 \end{bmatrix} \quad 和 \quad E(\boldsymbol{u}_t\boldsymbol{u}_t') = \begin{bmatrix} 1 & 0 & 0 \\ 0 & 1 & 0 \\ 0 & 0 & 1 \end{bmatrix} \tag{11-16}$$

由于简化式向量自回归模型中随机扰动项的方差协方差矩阵可以估计得到，由此需要推出 SVAR 模型中系数逆矩阵 $\boldsymbol{A}^{-1}$ 的形式，则可以将式(11-15)整理得到

$$\boldsymbol{\Sigma} = E(\boldsymbol{\varepsilon}_t\boldsymbol{\varepsilon}_t') = \boldsymbol{A}^{-1}(\boldsymbol{A}^{-1})' \tag{11-17}$$

如式(11-17)所示的方程中，在左侧的方差协方差矩阵是对称的，所以其为上三角或下三角矩阵，其中包含 6 个可估计得到的元素信息，而右侧系数矩阵中包含 9 个未知系数，因此无法实现 SVAR 模型中系数逆矩阵 $\boldsymbol{A}^{-1}$ 和系数矩阵 $\boldsymbol{A}$ 的估计。需要设定 9 个未知系数中的 3 个已知，例如假设 SVAR 模型中的系数矩阵 $\boldsymbol{A}$ 为下三角矩阵，则可以估计得到系数矩阵，上述处理方法也体现了乔利斯基(Cholesky)分解的基本思想。同时，式(11-12)的形式可扩展为

$$\begin{bmatrix} 1 & 0 & 0 \\ -a_{21} & 1 & 0 \\ -a_{31} & -a_{32} & 1 \end{bmatrix} \begin{bmatrix} Y_{1,t} \\ Y_{2,t} \\ Y_{3,t} \end{bmatrix} = \begin{bmatrix} b_{11} & b_{12} & b_{13} \\ b_{21} & b_{22} & b_{23} \\ b_{31} & b_{32} & b_{33} \end{bmatrix} \begin{bmatrix} Y_{1,t-1} \\ Y_{2,t-1} \\ Y_{3,t-1} \end{bmatrix} + \begin{bmatrix} u_{1,t} \\ u_{2,t} \\ u_{3,t} \end{bmatrix} \tag{11-18}$$

将式(11-18)展开，可得

$$Y_{1,t} = b_{11}Y_{1,t-1} + b_{12}Y_{2,t-1} + b_{13}Y_{3,t-1} + u_{1,t} \tag{11-19}$$

$$Y_{2,t} = a_{21}Y_{1,t} + b_{21}Y_{1,t-1} + b_{22}Y_{2,t-1} + b_{23}Y_{3,t-1} + u_{2,t} \tag{11-20}$$

$$Y_{3,t} = a_{31}Y_{1,t} + a_{32}Y_{2,t} + b_{31}Y_{1,t-1} + b_{32}Y_{2,t-1} + b_{33}Y_{3,t-1} + u_{3,t} \tag{11-21}$$

对各个展开式进行分析可知，三个扰动项对各内生变量的影响存在显著差异，由于随机扰动项是外生的，可研究其对内生变量的冲击效应，在模拟各个随机冲击对内生变量的影响之前，厘清其作用路径将有助于理解冲击影响效应的差异。例如：

(1) $u_{1,t}$ 直接影响 $Y_{1,t}(u_{1,t}\rightarrow Y_{1,t})$，通过方程(11-20)实现对 $Y_{2,t}$ 的影响$(u_{1,t}\rightarrow Y_{1,t}\rightarrow Y_{2,t})$，通过方程(11-21)影响 $Y_{3,t}(u_{1,t}\rightarrow Y_{1,t}\rightarrow Y_{3,t}$ 和 $u_{1,t}\rightarrow Y_{1,t}\rightarrow Y_{2,t}\rightarrow Y_{3,t})$。

(2) $u_{2,t}$ 直接影响 $Y_{2,t}(u_{2,t}\rightarrow Y_{2,t})$，通过方程(11-21)实现对 $Y_{3,t}$ 的影响$(u_{2,t}\rightarrow Y_{2,t}\rightarrow Y_{3,t})$。

(3) $u_{3,t}$ 仅直接影响 $Y_{3,t}(u_{3,t}\rightarrow Y_{3,t})$。

在上述 SVAR 模型的估计中，由于约束是施加在表示内生变量当期关系矩阵之上的，因此也称为是短期约束。在施加短期约束时，需要注意两点。

第一，施加约束的个数，如果将如式(11-17)所示的方程一般化，假设 SVAR 模型中存在 n 个内生变量，则方程的左侧矩阵中已知的元素信息为 $n(n+1)/2$ 个，方程右侧待求解的元素为 n^2 个，因此应施加的约束为 $n^2-n(n+1)/2$ 个，即为 $n(n-1)/2$ 个。

第二，施加约束的依据，一般而言，将矩阵 $\boldsymbol{A}$ 设置为上三角矩阵或下三角矩阵，十分

便于模型的求解，读者也可以根据经济理论、经验事实或者其他计量经济模型的估计结果，从经济含义角度设定某些元素为 0 或为已知值。

11.2.2 SVAR 模型中的长期约束

对于一个典型的结构向量自回归模型而言，如式(11-22)所示。

$$\boldsymbol{A}\boldsymbol{Y}_t=\boldsymbol{B}\boldsymbol{Y}_{t-1}+\boldsymbol{u}_t \tag{11-22}$$

将其整理得到简化式的向量自回归模型

$$\boldsymbol{Y}_t=\boldsymbol{A}^{-1}\boldsymbol{B}\boldsymbol{Y}_{t-1}+\boldsymbol{A}^{-1}\boldsymbol{u}_t=\boldsymbol{\Phi}\boldsymbol{Y}_{t-1}+\boldsymbol{A}^{-1}\boldsymbol{u}_t \tag{11-23}$$

式中，$\boldsymbol{\Phi}=\boldsymbol{A}^{-1}\boldsymbol{B}$。在 $\boldsymbol{Y}_t=\boldsymbol{\Phi}\boldsymbol{Y}_{t-1}+\boldsymbol{A}^{-1}\boldsymbol{u}_t$ 的基础上，假定随机冲击即随机扰动项的取值为 1 个单位，则当 $t\to\infty$ 时，$\boldsymbol{u}_t$ 对 $\boldsymbol{Y}_t$ 的反复、综合影响可按照 $t=1,2,\cdots,\infty$ 依次计算，即

$$\boldsymbol{Y}_t=\boldsymbol{A}^{-1}\boldsymbol{u}_t+\boldsymbol{\Phi}\boldsymbol{A}^{-1}\boldsymbol{u}_t+\boldsymbol{\Phi}^2\boldsymbol{A}^{-1}\boldsymbol{u}_t+\cdots+\boldsymbol{\Phi}^{\infty}\boldsymbol{A}^{-1}\boldsymbol{u}_t \tag{11-24}$$

将式(11-24)整理可得

$$\boldsymbol{Y}_t=(\boldsymbol{I}-\boldsymbol{\Phi})^{-1}\boldsymbol{A}^{-1}\boldsymbol{u}_t \tag{11-25}$$

如果随机冲击对内生变量的影响能够收敛，则式(11-25)中矩阵 $\boldsymbol{\Phi}$ 的特征值必须全部小于 1。在满足该条件时，才能使得 $t\to\infty$ 时，随机冲击对内生变量的影响趋近于 0。将式(11-25)进一步化简得到 VMA(∞)的形式

$$\boldsymbol{Y}_t=\boldsymbol{D}\boldsymbol{u}_t \tag{11-26}$$

式中，矩阵 $\boldsymbol{D}=(\boldsymbol{I}-\boldsymbol{\Phi})^{-1}\boldsymbol{A}^{-1}$。

计算矩阵 $\boldsymbol{D}$ 与其转置矩阵 $\boldsymbol{D}'$ 的乘积，如式(11-27)所示。

$$\boldsymbol{D}\boldsymbol{D}'=(\boldsymbol{I}-\boldsymbol{\Phi})^{-1}\boldsymbol{A}^{-1}(\boldsymbol{A}^{-1})'((\boldsymbol{I}-\boldsymbol{\Phi})^{-1})' \tag{11-27}$$

结合式(11-17)可得

$$\boldsymbol{D}\boldsymbol{D}'=(\boldsymbol{I}-\boldsymbol{\Phi})^{-1}\boldsymbol{\Sigma}((\boldsymbol{I}-\boldsymbol{\Phi})^{-1})' \tag{11-28}$$

通过估计简化式 VAR 模型，可以求得系数矩阵 $\boldsymbol{\Phi}$、方差协方差矩阵 $\boldsymbol{\Sigma}$ 的具体数值，因此方程右侧信息是已知的。通过对矩阵 $\boldsymbol{D}$ 施加约束，可以实现对其中元素的求解。由于矩阵 $\boldsymbol{D}$ 代表的实际上为冲击变量对响应变量的长期累积影响，因此施加在 VMA(∞)系数矩阵中的约束也称为是长期约束。在长期约束中，如果设定中矩阵 $\boldsymbol{D}$ 的元素 $d_{ij}=0$，则意味着第 i 个变量对第 j 个变量结构冲击的长期累积影响为 0。

矩阵 $\boldsymbol{D}$ 与 SVAR 模型中的系数矩阵 $\boldsymbol{A}$ 存在如式(11-29)的关系。

$$\boldsymbol{D}=(\boldsymbol{I}-\boldsymbol{\Phi})^{-1}\boldsymbol{A}^{-1} \tag{11-29}$$

通过估计简化式 VAR 模型得到矩阵 $\boldsymbol{\Phi}$ 且进一步求得 $(\boldsymbol{I}-\boldsymbol{\Phi})^{-1}$ 后，将其与求解的矩阵 $\boldsymbol{D}$ 结合，可实现对矩阵 $\boldsymbol{A}$ 的识别。

11.2.3 SVAR 模型中的符号识别

除了短期约束和长期约束之外，在结构向量自回归模型中还有一种非常重要的约束方法，即符号约束，基于符号约束进行随机冲击影响效应识别的方法则对应地称为符号识别。所谓的符号约束，代表已经有先验的证据或经济理论明确给定了变量之间影响关系的方向，据此可以对识别结果的合理性进行判断。符号识别已经成为 SVAR 模型中一种

重要且流行的识别方法，在研究技术冲击、财政和货币政策冲击等方面得到了广泛应用。

对于向量自回归模型中的方差协方差矩阵而言，如式(11-30)所示。

$$\boldsymbol{\Sigma}=E(\boldsymbol{\varepsilon}_t\boldsymbol{\varepsilon}'_t)=\boldsymbol{A}^{-1}(\boldsymbol{A}^{-1})' \tag{11-30}$$

结合 VAR 模型中的随机扰动项$\boldsymbol{\varepsilon}_t$ 与 SVAR 模型中随机扰动项 $\boldsymbol{u}_t$ 之间的关系式 $\boldsymbol{\varepsilon}_t=\boldsymbol{A}^{-1}\boldsymbol{u}_t$，以及 SVAR 模型中随机扰动项 $\boldsymbol{u}_t$ 的方差协方差矩阵为单位矩阵的特点，可将式(11-30)等价地改写为

$$\boldsymbol{\Sigma}=E(\boldsymbol{\varepsilon}_t\boldsymbol{\varepsilon}'_t)=E(\boldsymbol{A}^{-1}\boldsymbol{u}_t(\boldsymbol{A}^{-1}\boldsymbol{u}_t)')=E(\boldsymbol{A}^{-1}\boldsymbol{u}_t\boldsymbol{u}'_t(\boldsymbol{A}^{-1})')=\boldsymbol{A}^{-1}\boldsymbol{I}(\boldsymbol{A}^{-1})' \tag{11-31}$$

式中，$\boldsymbol{I}$ 为单位矩阵。

假设矩阵 $\boldsymbol{S}$ 是正交的，单位矩阵可以分解为矩阵 $\boldsymbol{S}$ 与 $\boldsymbol{S}'$的乘积，即

$$\boldsymbol{\Sigma}=\boldsymbol{A}^{-1}\boldsymbol{I}(\boldsymbol{A}^{-1})'=\boldsymbol{A}^{-1}\boldsymbol{S}\boldsymbol{S}'(\boldsymbol{A}^{-1})'=\boldsymbol{A}^{-1}\boldsymbol{S}(\boldsymbol{A}^{-1}\boldsymbol{S})' \tag{11-32}$$

记矩阵 $\boldsymbol{P}=\boldsymbol{A}^{-1}\boldsymbol{S}$，则有

$$\boldsymbol{\Sigma}=\boldsymbol{P}\boldsymbol{P}' \tag{11-33}$$

矩阵 $\boldsymbol{P}$ 通常为乔利斯基分解中得到的下三角矩阵。类似于短期约束中的识别方式，在估计得到简化式 VAR 模型中的方差协方差矩阵$\boldsymbol{\Sigma}$ 后，矩阵 $\boldsymbol{P}$ 是可以求得的。

进一步地，基于式(11-32)、式(11-33)分析可得，可以通过抽取矩阵 $\boldsymbol{S}$，结合矩阵 $\boldsymbol{P}$ 及其与矩阵$\boldsymbol{A}$ 的关系式$\boldsymbol{P}=\boldsymbol{A}^{-1}\boldsymbol{S}$，实现对矩阵 $\boldsymbol{A}$ 的识别。在多次抽取矩阵 $\boldsymbol{S}$、结合矩阵 $\boldsymbol{P}$ 并求得矩阵$\boldsymbol{A}$ 后，可以采用 SVAR 模型进行随机扰动项的冲击效应分析，得到符合预先设定或者经济意义的结果，即影响效应符号正确的结果。将符合条件的结果保存后，可以根据其计算得到一些统计量或图形，以反映随机扰动项对内生变量的真实影响。

11.3　结构向量自回归模型的运算结果

在对结构向量自回归模型进行识别、估计后，不仅能够得到系数矩阵中各元素的估计值，更为重要的是可以基于其计算结构性随机冲击对于内生变量的动态影响效应，这一影响效应的主要体现形式是脉冲响应函数(impulse response function，IRF)。除此之外，还可以计算各个结构性冲击对于某一内生变量变化的贡献程度，这一目标往往通过方差分解(variance decomposition，VD)来实现。本节将对结构向量自回归模型中两种运算结果脉冲响应函数、方差分解的基本原理进行简要介绍。

一个结构向量自回归模型及其变换后的简化式 VAR 模型分别为

$$\boldsymbol{A}\boldsymbol{Y}_t=\boldsymbol{B}\boldsymbol{Y}_{t-1}+\boldsymbol{u}_t \tag{11-34}$$

$$\boldsymbol{Y}_t=\boldsymbol{\Phi}\boldsymbol{Y}_{t-1}+\boldsymbol{\varepsilon}_t \tag{11-35}$$

式中，$\boldsymbol{\Phi}=\boldsymbol{A}^{-1}\boldsymbol{B}$，$\boldsymbol{\varepsilon}_t=\boldsymbol{A}^{-1}\boldsymbol{u}_t$。

将式(11-35)表示为 VMA(∞)形式，如式(11-36)所示。

$$\boldsymbol{Y}_t=\boldsymbol{D}\boldsymbol{u}_t \tag{11-36}$$

对于式(11-36)代表的 VMA(∞)而言，在假定其他随机扰动项不变的情况下，第 j 个内生变量的随机扰动项 $u_{j,t}$ 增加一个单位，对内生变量 $Y_{i,t}$ 的影响即脉冲响应函数值可表示为

$$d_{ij}=\frac{\partial Y_{i,t}}{\partial u_{j,t}} \tag{11-37}$$

如果在向量自回归模型中涉及内生变量的多期滞后，假设滞后阶数为 q，则内生变量 $Y_{i,t+q}$ 对 $u_{j,t}$ 一个单位结构冲击的反应可表示为

$$d_{ij}^{q}=\frac{\partial Y_{i,t+q}}{\partial u_{j,t}},\quad q=0,1,2,\cdots,\infty \tag{11-38}$$

在式(11-38)的基础上，还可以计算得到累积脉冲响应函数值

$$\sum_{q=0}^{\infty} d_{ij}^{q}=\sum_{q=0}^{\infty}\frac{\partial Y_{i,t+q}}{\partial u_{j,t}} \tag{11-39}$$

实际上，还可以将式(11-38)表示为矩阵形式，得到 SVAR(q)模型中脉冲响应函数的一般形式为式(11-40)。

$$\boldsymbol{D}_{q}=\frac{\partial \boldsymbol{Y}_{t+q}}{\partial \boldsymbol{u}_{t}'},\quad q=0,1,2,\cdots,\infty \tag{11-40}$$

脉冲响应函数反映的是某一冲击对某个内生变量的影响，而方差分解用于分析每一个内生变量对应的结构性冲击对于某个内生变量变化的影响，其中，内生变量的变化通常采用方差的形式进行度量。基于方差分解方法可以研究各个结构冲击对于某个内生变量的贡献程度即重要程度，对变量间的关系给出更为明确的刻画。

根据包含 n 个内生变量 SVAR(q)模型的 VMA(∞)形式，可以将随机扰动项 $u_{j,t}$ 一个单位的结构性冲击对内生变量 $Y_{i,t}$ 的累积影响表示为式(11-41)。

$$Y_{i,t}=\sum_{j=1}^{n}(d_{ij}^{0}u_{j,t}+d_{ij}^{1}u_{j,t-1}+d_{ij}^{2}u_{j,t-2}+d_{ij}^{3}u_{j,t-3}+\cdots+d_{ij}^{\infty}u_{j,t-\infty}) \tag{11-41}$$

或可将式(11-41)简写为

$$Y_{i,t}=\sum_{j=1}^{n}\sum_{q=0}^{\infty} d_{ij}^{q}u_{j,t-q} \tag{11-42}$$

如果采用方差测度结构性冲击对内生变量的影响，则对于式(11-42)而言，首先求其方差可得

$$\operatorname{var}(Y_{i})=\sum_{j=1}^{n}\sum_{q=0}^{\infty}[(d_{ij}^{q})^{2}\tilde{\sigma}_{jj}^{2}] \tag{11-43}$$

式中，随机扰动项 $u_{j,t}$ 的方差为 $\tilde{\sigma}_{jj}^{2}$。将式(11-43)展开，得到

$$\operatorname{var}(Y_{i})=\sum_{q=0}^{\infty}(d_{i1}^{q})^{2}\tilde{\sigma}_{11}^{2}+\sum_{q=0}^{\infty}(d_{i2}^{q})^{2}\tilde{\sigma}_{22}^{2}+\cdots+\sum_{q=0}^{\infty}(d_{in}^{q})^{2}\tilde{\sigma}_{nn}^{2} \tag{11-44}$$

为表示各类冲击对内生变量 Y_i 的影响，可以计算每一项冲击对于 Y_i 方差的贡献，将式(11-44)右侧的每一项除以左侧的 var(Y_i)，则可以得到相对方差贡献率(relative variance contribution，RVC)，即

$$\operatorname{RVC}(j\to i)=\frac{\sum_{q=0}^{\infty}(d_{ij}^{q})^{2}\tilde{\sigma}_{jj}^{2}}{\operatorname{var}(Y_{i})},\quad j=0,1,2,\cdots,n \tag{11-45}$$

最后，基于式(11-45)可以实现方差分解。显然，相对方差贡献率 RVC($j\to i$)应处于

0 到 1 之间，其值越大，代表第 j 个内生变量对第 i 个内生变量的影响程度越高。历史方差分解的原理与方差分解一致，其主要是针对历史数据的运算，不再赘述。

11.4 应用实例与软件实现

11.4.1 实例简介

在经济增长中，货币供应量、利率等政策工具都发挥着十分重要的作用。为研究利率变动、货币供应量和经济增长之间的关系，在本节中收集并计算了 1996 年第 1 季度至 2019 年第 4 季度中国国内生产总值实际增速、广义货币供应量（M2）实际增速、银行间同业拆借加权平均利率（1 个月）减去通货膨胀率的数据并进行季节调整后得到趋势循环要素，分别代表经济实际增速、货币供应量实际增速、实际利率，分别记为 gdpr_t、mr_t、rr_t，进而构建三变量的结构向量自回归模型研究其内在联系。数据来源于国家统计局、中经网统计数据库。

在构建 SVAR 模型时，应遵循三个步骤：第一，对处理后的数据首先检验其单位根，确定均为平稳序列或同为一阶单整序列，并检验其之间是否存在协整关系；第二，构建 SVAR 模型并合理确定其滞后阶数，在 SVAR 模型的估计中需要施加短期约束、长期约束等条件；第三，估计结果完成后还需要检验其结果的有效性，如应确认模型所有根模的倒数都小于 1，即其位于单位圆内等。

对于本例中的三个内生变量，假设可以构建两期滞后的 SVAR 模型

$$\boldsymbol{A}\boldsymbol{Y}_t=\boldsymbol{B}_1\boldsymbol{Y}_{t-1}+\boldsymbol{B}_2\boldsymbol{Y}_{t-2}+\boldsymbol{u}_t \tag{11-46}$$

式中，$\boldsymbol{A}$、$\boldsymbol{B}$ 为系数矩阵；$\boldsymbol{Y}_t$ 为内生变量向量；$\boldsymbol{Y}_{t-1}$、$\boldsymbol{Y}_{t-2}$ 为其滞后变量向量；$\boldsymbol{u}_t$ 为随机扰动项向量。

其展开形式为

$$\begin{bmatrix}-a_{11} & -a_{12} & -a_{13}\\ -a_{21} & -a_{22} & -a_{23}\\ -a_{31} & -a_{32} & -a_{33}\end{bmatrix}\begin{bmatrix}\mathrm{gdpr}_t\\ \mathrm{mr}_t\\ \mathrm{rr}_t\end{bmatrix}=\begin{bmatrix}b_{11}^1 & b_{12}^1 & b_{13}^1\\ b_{21}^1 & b_{22}^1 & b_{23}^1\\ b_{31}^1 & b_{32}^1 & b_{33}^1\end{bmatrix}\begin{bmatrix}\mathrm{gdpr}_{t-1}\\ \mathrm{mr}_{t-1}\\ \mathrm{rr}_{t-1}\end{bmatrix}+\begin{bmatrix}b_{11}^2 & b_{12}^2 & b_{13}^2\\ b_{21}^2 & b_{22}^2 & b_{23}^2\\ b_{31}^2 & b_{32}^2 & b_{33}^2\end{bmatrix}\begin{bmatrix}\mathrm{gdpr}_{t-2}\\ \mathrm{mr}_{t-2}\\ \mathrm{rr}_{t-2}\end{bmatrix}+\begin{bmatrix}u_{1,t}\\ u_{2,t}\\ u_{3,t}\end{bmatrix} \tag{11-47}$$

如果将式(11-46)所示的 SVAR 模型变换为简化式 VAR，则可以得到

$$\boldsymbol{Y}_t=\boldsymbol{A}^{-1}\boldsymbol{B}_1\boldsymbol{Y}_{t-1}+\boldsymbol{A}^{-1}\boldsymbol{B}_2\boldsymbol{Y}_{t-2}+\boldsymbol{A}^{-1}\boldsymbol{u}_t \tag{11-48}$$

设简化式 VAR 模型的随机扰动项向量为 $\boldsymbol{\varepsilon}_t$，其与 $\boldsymbol{u}_t$ 的关系为 $\boldsymbol{\varepsilon}_t=\boldsymbol{A}^{-1}\boldsymbol{u}_t$。

对矩阵 $\boldsymbol{A}^{-1}$ 施加约束后进行 SVAR 模型的估计，例如设置其为下三角矩阵，即

$$\boldsymbol{A}^{-1}=\begin{bmatrix}NA & 0 & 0\\ NA & NA & 0\\ NA & NA & NA\end{bmatrix} \tag{11-49}$$

通过软件估计，得到式(11-49)的估计结果为

$$\boldsymbol{A}^{-1}=\begin{bmatrix}0.375 & 0 & 0\\ 0.062 & 0.709 & 0\\ -0.069 & 0.095 & 0.382\end{bmatrix} \tag{11-50}$$

其他估计结果从略。

11.4.2　软件操作

1. EViews 软件的基本操作

当采用 EViews10 软件构建 SVAR 模型时，需要建立工作文件(workfile)、输入序列数据(series)，然后选择变量后右击“Openas VAR”建立简化式的 VAR 模型，也可以通过对象窗口建立 VAR，路径为“Object→New Object→VAR”，采用右键方式建立 VAR 模型的操作如图 11-1 所示。

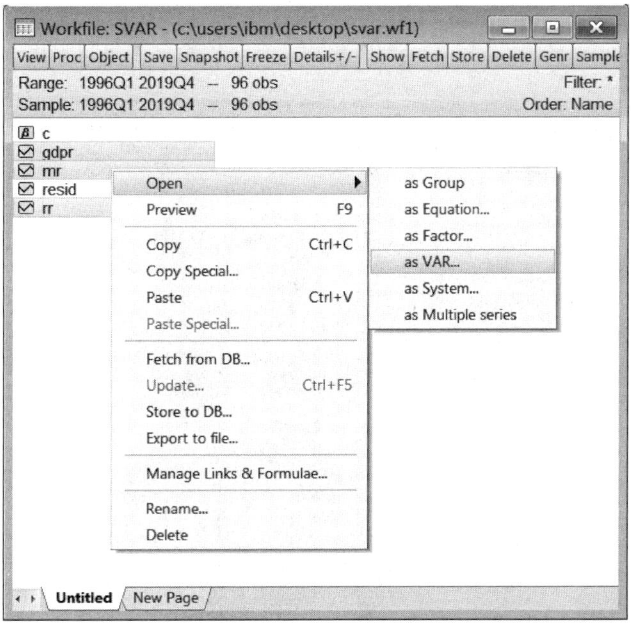

图 11-1　建立简化式 VAR 模型的窗口

在图 11-2 中，选择 VAR 模型的类型为标准 VAR(standard VAR)，输入内生变量序列(gdpr、mr、rr)、滞后阶数(两期滞后，用数字对 1 2 表示)，是否有外生变量等，单击确定即可实现对简化式 VAR 模型的估计。在如图 11-2 所示的第二个标签页(VAR Restrictions)中，还可以对简化式模型各期滞后内生变量向量对应的系数矩阵进行一定的约束或限制。

在对简化式 VAR 模型的估计完成后，单击视图(View)按钮可以计算脉冲响应(Impulse Response)、方差分解(Variance Decomposition)、历史方差分解(Historical Decomposition)的结果，图 11-3 中显示了上述计算的选择界面。

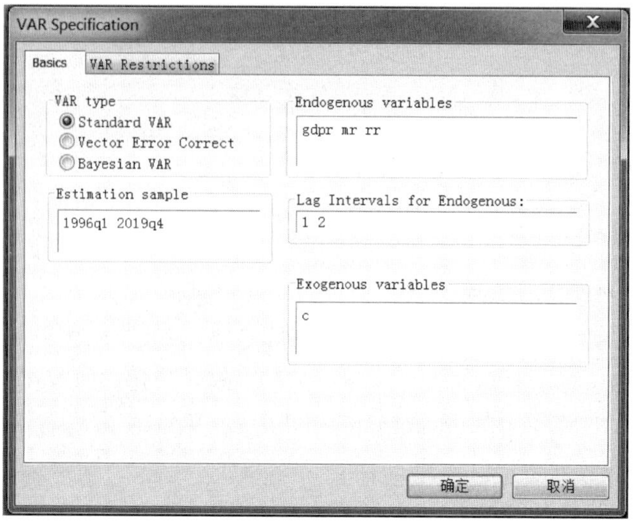

图 11-2 简化式 VAR 模型的选择窗口

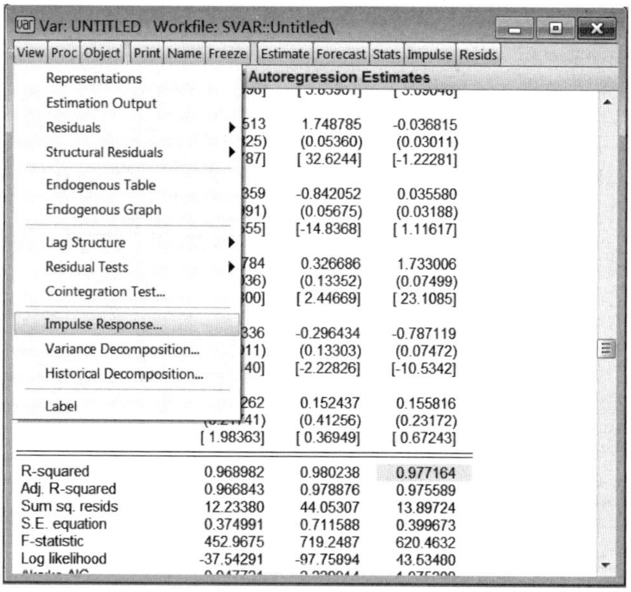

图 11-3 简化式 VAR 模型的视图窗口

另外，在图 11-3 的视图窗口中，还提供了滞后结构(Lag Structure)的检验、残差检验(Residual Tests)等检验操作，可以基于检验结果进一步确定 VAR 模型滞后期及其他部分设定的合理性。滞后结构(Lag Structure)检验中的自回归单位根表(AR Roots Table)和自回归单位根图(AR Roots Graph)是确定 VAR 模型是否稳定的重要标准。例如，本例中绘制的单位根图形为图 11-4。

图 11-4 表明，自回归单位根的模均小于 1。因此，可以认为向量自回归模型是稳定的。

在确定模型的正确性后，绘制本实例中各类冲击下实际经济增长率、货币供应量实际

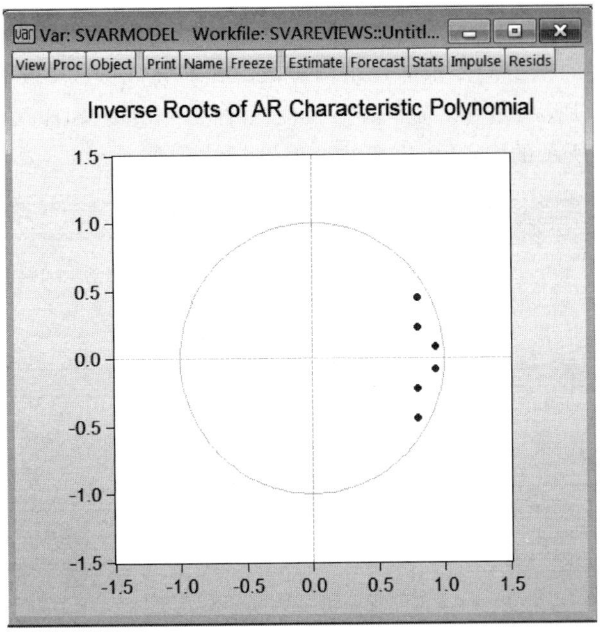

图 11-4　自回归单位根图形

增长率、实际利率的脉冲响应函数、方差分解和历史方差分解图形，其中，利率冲击下经济增长率、货币供应量增长率的脉冲响应函数如图 11-5 所示。

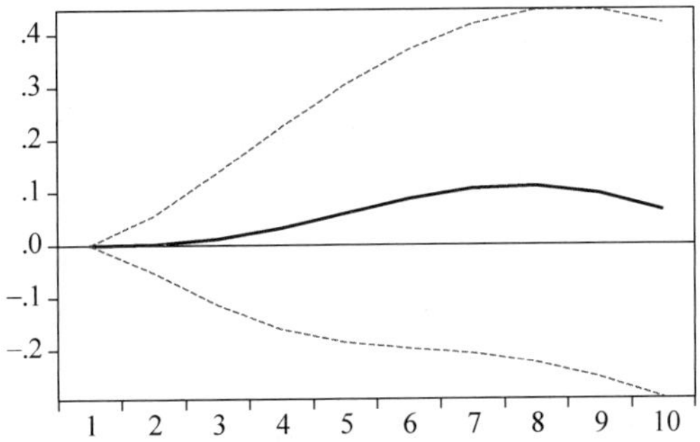

(a) 利率冲击下经济增长率的脉冲响应函数图形

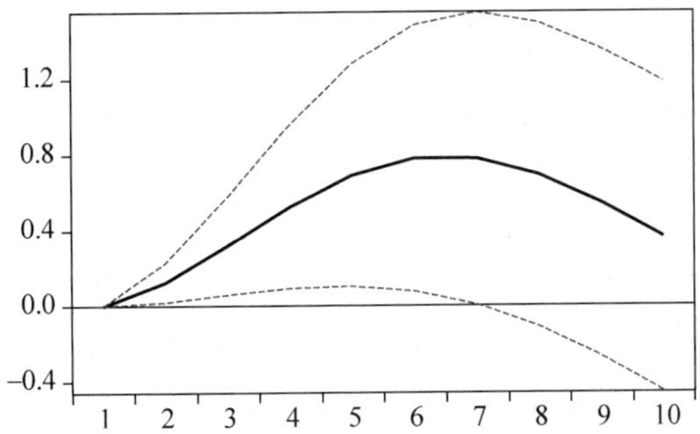

(b) 利率冲击下货币供应量增长率的脉冲响应函数图形

图 11-5　简化式 VAR 模型的脉冲响应函数

在简化式 VAR 模型的基础上，可以进一步估计结构向量自回归模型。SVAR 模型的估计中，最为重要的一步操作是估计结构参数。在简化式 VAR 模型对象的窗口中，点击菜单栏上的过程(Proc)按钮，选择估计结构因子(Estimate Structural Factorization)，即可出现如图 11-6 所示的 SVAR 模型的约束设定对话框。

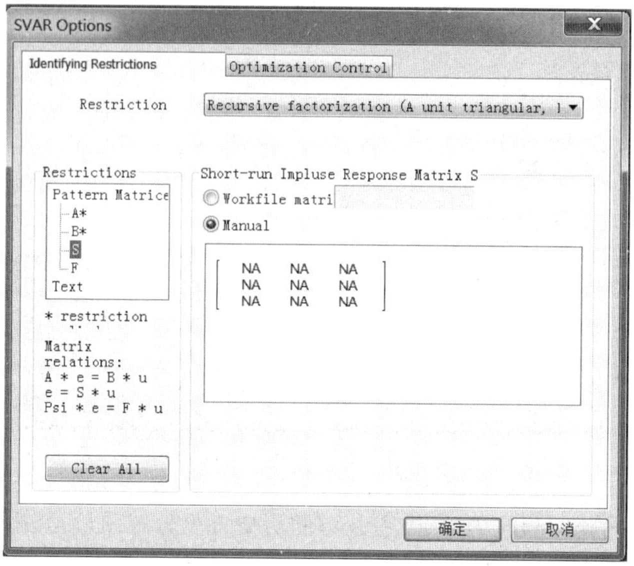

图 11-6 结构式 SVAR 模型的约束设定对话框

在图 11-6 中对各类矩阵之间的关系(Matrix relations)进行了解释，读者可以根据需要或习惯选取多种约束设定方式。在本章对于简化式 VAR 模型和结构式 SVAR 的介绍中，明确了两类模型随机扰动项的关系为$\boldsymbol{\varepsilon}_t=\boldsymbol{A}^{-1}\boldsymbol{u}_t$，对应于图 11-6 中列出的矩阵关系为 e=S＊u，即 e 和 u 分别为 VAR 模型、SVAR 模型的随机扰动项，S 为 SVAR 模型中的$\boldsymbol{A}^{-1}$。通过选中图 11-6 的 Restrictions 中的 S，在右侧的 Manual 中对矩阵的各个元素施加约束，例如设置其为上三角矩阵，即施加了短期约束，按照式(11-49)的形式在 EViews 软件中设定 S，可以实现 SVAR 模型的估计，得到估计结果如图 11-7 所示。

为清楚地理解其他矩阵约束，需要对图 11-6、图 11-7 中的矩阵 $\boldsymbol{A}$ 和矩阵 $\boldsymbol{B}$ 进行简要说明。实际上，矩阵 $\boldsymbol{A}$ 和矩阵 $\boldsymbol{B}$ 也主要用于表示简化式 VAR 模型的随机扰动项$\boldsymbol{\varepsilon}_t$ 与结构式 SVAR 模型的随机扰动项 $\boldsymbol{u}_t$ 之间的关系，如果两者的关系可以表示为 $\boldsymbol{A\varepsilon}_t=\boldsymbol{Bu}_t$，则称为 AB 型的 SVAR 模型，则矩阵 $\boldsymbol{A}$、矩阵 $\boldsymbol{B}$ 分别对应于 A＊e=B＊u 中的 A 和 B，也可以对其进行设定约束实现 SVAR 模型的估计。

2. Stata 软件的基本操作

当采用 Stata15 软件估计简化式 VAR 模型时，需要导入数据并设置时间变量，以便于 Stata 识别各时间序列。例如时间变量为 quarter，首先采用 tsset 命令设置时间变量标识：

```
tsset quarter
```

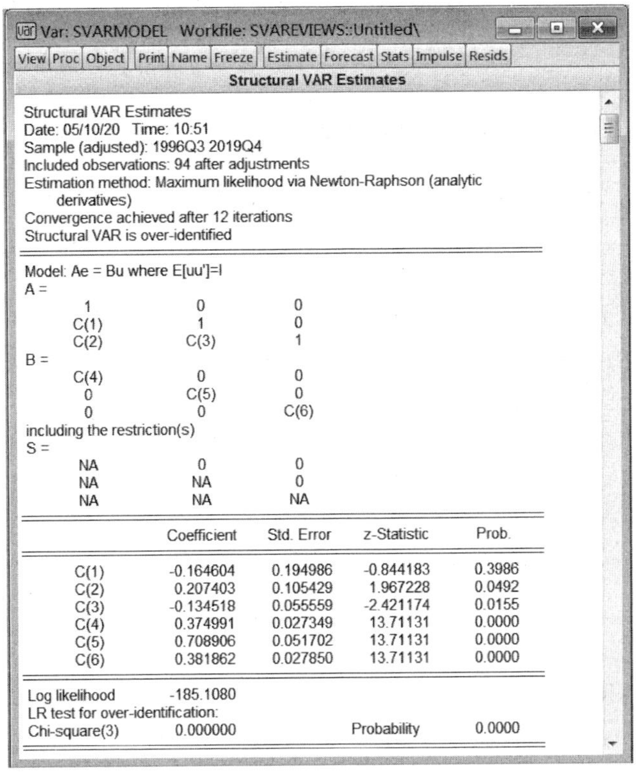

Structural VAR Estimates
Date: 05/10/20 Time: 10:51
Sample (adjusted): 1996Q3 2019Q4
Included observations: 94 after adjustments
Estimation method: Maximum likelihood via Newton-Raphson (analytic derivatives)
Convergence achieved after 12 iterations
Structural VAR is over-identified

Model: Ae = Bu where E[uu']=I

A =

1	0	0
C(1)	1	0
C(2)	C(3)	1

B =

C(4)	0	0
0	C(5)	0
0	0	C(6)

including the restriction(s)

S =

NA	0	0
NA	NA	0
NA	NA	NA

	Coefficient	Std. Error	z-Statistic	Prob.
C(1)	-0.164604	0.194986	-0.844183	0.3986
C(2)	0.207403	0.105429	1.967228	0.0492
C(3)	-0.134518	0.055559	-2.421174	0.0155
C(4)	0.374991	0.027349	13.71131	0.0000
C(5)	0.708906	0.051702	13.71131	0.0000
C(6)	0.381862	0.027850	13.71131	0.0000

Log likelihood	-185.1080		
LR test for over-identification:			
Chi-square(3)	0.000000	Probability	0.0000

图 11-7　结构式 SVAR 模型的估计结果

然后，输入命令 var 加内生变量列表，即可实现向量自回归模型的估计。var 命令的基本格式为：var depvarlist [if][in] [,options]。在本例中，输入：

```
var gdpr mr rr
```

按回车键后可以实现模型的估计。

在脉冲响应的计算中，需要使用 irf 命令。irf 命令必须在 var 或 svar 等命令后使用，其命令格式为：

```
irf subcommand ... [, ...]
```

subcommand 命令则包括创建 IRF 文件(create)、设定动态 IRF 文件(set)、绘制图形(graph)等。

对于结构向量自回归模型而言，其可以分短期约束的 SVAR 模型、长期约束的 SVAR 模型分别进行估计，其中短期约束的 SVAR 模型估计命令为：

```
svar depvarlist [if] [in], {aconstraints(constraints_a) aeq(matrix_aeq) acns(matrix_acns)
bconstraints(constraints_b) beq(matrix_beq) bcns(matrix_bcns)} [short_run_options]
```

在大括号{}中的选项主要用于指定短期约束的具体内容。对于 VAR 模型与 SVAR 模型随机扰动项关系表达式中的矩阵 **A** 和矩阵 **B** 而言，分别提供了预先设定、等式约束、交叉参数约束三种形式，至少应从其中选择一种约束方式。如果对 **A** 和 **B** 两个矩阵中的一个设定了约束而另一个未设定约束，则 Stata 软件默认地将未设定约束的矩阵设置为单位矩阵。

含有长期约束的 SVAR 模型估计命令为

```
svar depvarlist [if] [in] , {lrconstraints(constraints_lr) lreq(matrix_lreq) lrcns(matrix_lrcns)} [long_run_options]
```

长期约束的设定命令和选项与短期约束十分类似，不再赘述。

在对于经济变量之间关系等实际问题的研究中，采用结构向量自回归模型捕捉变量之间的关系，可以给出其先验证据和现实依据。SVAR 模型的作用体现在：一方面，对于动态随机一般均衡模型的构建具有指导意义，即实现从现实到理论的映射；另一方面，SVAR 模型的估计和运算结果也可以作为 DSGE 模拟结果的验证或检验，实现从理论到现实的回归。采用"现实数据—理论模型"的循环验证，提高了理论模型设定与经济运行现实的结合度。

本 章 习 题

1. 请简述 VAR 与 SVAR 模型的基本形式。
2. 请简述 SVAR 模型的构建步骤。
3. 请简述基于 SVAR 模型可以进行的计算及其对 DSGE 模型的指导作用。

扩展阅读 11-1　SVAR 模型——我国通胀率与核心通胀率动态机制实证研究

第 12 章　一般均衡模型设定形式的扩展

在经典动态随机一般均衡模型的基础上，可以对代表性家庭、企业部门、政府部门等模块进行扩展得到多种形式的模型。本章将基于国内外文献，介绍多样化一般均衡模型的设定方式，其中包括基本效用函数形式的扩展、消费习惯的形成、投资调整成本、政府公共财政支出和税收政策的设定、公共资本与人力资本累积等。为了清楚地介绍每种模型的设定形式，本章参考了 Torres①、刘斌②的研究，分家庭模块、企业模块、政府模块和其他模块四节进行叙述。本章的部分函数形式在之前的章节中已经出现过，这一部分主要是对各模块的设定形式进行归纳总结。

12.1　家庭模块

12.1.1　效用函数形式扩展

在大多数国内外文献中，代表性家庭效用函数的形式在时间上都是相加可分离的，且满足严格凹函数以及一阶导数大于 0、二阶导数小于 0 等性质，根据研究需要通常可设置为两种形式，第一种是对数效用函数形式，例如：

$$U(C_t, L_t) = \ln C_t + \chi \ln(1 - L_t) \tag{12-1}$$

$$U(C_t, L_t) = \ln C_t - \chi \ln L_t \tag{12-2}$$

式中，$U(\cdot)$为效用函数；C_t 为消费；L_t 为劳动投入，由于总的时间标准化为 1，则 $1-L_t$ 代表闲暇；χ 为消费与闲暇的替代参数。

第二种效用函数形式是常相对风险厌恶（CRRA）效用函数形式，即

$$U(C_t) = \frac{C_t^{1-\sigma} - 1}{1 - \sigma} \tag{12-3}$$

式中，σ 为相对风险厌恶系数，代表风险厌恶程度，$\sigma>0$；消费 C_t 为式(12-3)中代表性家庭效用的唯一来源。当 $\sigma \to 1$ 时，CRRA 效用函数成为对数效用函数 $\ln C_t$。

文献中还将常相对风险厌恶效用函数形式写为

$$U(C_t) = \frac{C_t^{1-\sigma}}{1 - \sigma} \tag{12-4}$$

在对数效用函数形式、常相对风险厌恶效用函数形式基础上，国内外学者还将两者进行组合，得到新的效用函数形式，如式(12-5)和式(12-6)所示。

---

① 托雷斯. 动态宏观经济一般均衡模型入门[M]. 刘斌，译. 北京：中国金融出版社，2015.

② 刘斌. 动态随机一般均衡模型及其应用[M]. 3 版. 北京：中国金融出版社，2016.

$$U(C_t, L_t) = \ln C_t - \chi \frac{L_t^{1-\sigma} - 1}{1-\sigma} \tag{12-5}$$

$$U(C_t, L_t) = \frac{C_t^{1-\sigma} - 1}{1-\sigma} + \chi \ln(1 - L_t) \tag{12-6}$$

与基本的效用函数相比，式(12-5)或式(12-6)形式的效用函数充分结合了对数函数与常相对风险厌恶函数的优点，在常相对风险厌恶效用函数的基础上考虑了闲暇因素，但是其形式相对复杂，且存在量纲不一致的问题。

为解决效用函数中消费与闲暇形式不统一的问题，还可以将消费和闲暇采用柯布-道格拉斯函数组合后得到综合"效用"，再嵌套在常相对风险厌恶函数中，如式(12-7)所示。

$$U(C_t, L_t) = \frac{[C_t^{\theta}(1 - L_t)^{1-\theta}]^{1-\sigma} - 1}{1-\sigma} \tag{12-7}$$

式中，θ 为消费与闲暇的组合参数。

另一种同时考虑消费与闲暇的常相对风险厌恶效用函数形式为

$$U(C_t) = \frac{C_t^{1-\sigma}}{1-\sigma} - \chi \frac{L_t^{1+\xi}}{1+\xi} \tag{12-8}$$

式中，ξ 为劳动供给的 Frisch 弹性的倒数。

12.1.2　消费习惯的形成

在现实中，代表性家庭或个人的消费具有平滑性，即消费对于收入和外部冲击的反应往往表现出平滑特征，这在一定程度上是代表性家庭消费习惯的一种体现。中国自古以来就有"由奢入俭难"的说法，其实质上是由消费习惯或消费持续性导致的。当存在消费习惯时，消费者的幸福感或效用不仅受到当期消费的影响，而且受到之前消费的影响，即前期的消费会转变成代表性家庭参考的生活标准，或者将前期的消费转化为其保持的支出习惯。

当收入或外在条件变化如面临产出冲击时，代表性家庭会根据其消费习惯对其消费行为进行调整，效用函数的变化即为其调整成本。在消费习惯的影响较大时，代表性家庭消费的波动较小。因此，含有消费习惯效用函数形式的设定，在理论上为消费水平相对于收入冲击的波动较为平滑的实际特征提供了解释的依据。在代表性家庭效用函数设置中，应适当考虑这一特点，建立更为符合现实的效用函数以准确地刻画家庭的行为特征。

在家庭的效用函数中引入消费习惯时，最为常见的形式是引入消费的拟差分，即当期消费与前一期消费份额之差，得到两期消费共同影响效用的表达式，例如：

$$U(C, L_t) = \chi \ln(C_t - \phi C_{t-1}) + (1 - \chi)\ln(1 - L_t) \tag{12-9}$$

$$U(C, L_t) = \ln(C_t - \phi C_{t-1}) + \chi \ln(1 - L_t) \tag{12-10}$$

其中，C_t 和 C_{t-1} 分别为第 t 期、第 $t-1$ 期的消费水平；$1-L_t$ 为闲暇；χ 为消费与闲暇在效用函数中的权重参数。

需要说明的是，考虑消费习惯进行代表性家庭效用函数的设定时，效用函数将不再是相加可分离的，一方面当期消费的增加会减少当期的边际效用，但是未来的边际效用会有所增加；另一方面，在使得代表性家庭目标即终生效用最大化时，要同时考虑当期和前期的消费决策。

除了式(12-9)、式(12-10)之外，还可以采用柯布-道格拉斯函数等将不同时期的消费水平进行组合，得到多种消费习惯的表达式，如：

$$U(C,L_t)=\chi\ln(C_t^{\lambda}C_{t-1}^{1-\lambda})+(1-\chi)\ln(1-L_t) \tag{12-11}$$

$$U(C,L_t)=\ln(C_t^{\lambda}C_{t-1}^{1-\lambda})+\chi\ln(1-L_t) \tag{12-12}$$

式中，λ 为第 t 期消费水平和第 $t-1$ 期消费水平的组合参数。

与效用函数的扩展形式类似，采用对数函数形式和常相对风险厌恶函数形式将消费习惯、劳动力投入进行组合，可以得到

$$U(C,L_t)=\ln(C_t-\phi C_{t-1})-\chi\frac{L_t^{1+\theta}}{1+\theta} \tag{12-13}$$

12.1.3　投资调整成本

在代表性家庭模块，传统的资本累积方程如式(12-14)所示。

$$K_{t+1}=(1-\delta)K_t+I_t \tag{12-14}$$

式中，K_{t+1} 和 K_t 分别为第 $t+1$ 期、第 t 期的资本存量；δ 为资本的折旧率；I_t 为第 t 期的投资水平。

在实际经济中，由于新增投资转化为资本的过程中会产生损耗，例如新资本的安装成本、安装过程中导致资本的暂停运营或生产损失等。因此，对于资本的所有者而言，在资本的累积过程中应充分考虑投资调整成本或资本调整成本。投资调整成本的设定方式较为简单，在资本累积方程式(12-14)中加入投资调整成本函数即可，如式(12-15)所示。

$$K_{t+1}=(1-\delta)K_t+\varphi(\cdot)I_t \tag{12-15}$$

式中，$\varphi(\cdot)$为投资调整成本函数，$\varphi(\cdot)$通常为凸函数，满足一阶导数和二阶导数均为正的特征，$\varphi'(\cdot)>0$ 且 $\varphi''(\cdot)>0$。显然，当存在调整成本时，会使得新增投资转化为资本存量的数额降低。

关于投资调整成本函数的变量设定中存在两种方式。

第一种方式是考虑投资相对于资本存量的比例，即

$$\varphi(\cdot)=\varphi\left(\frac{I_t}{K_t}\right) \tag{12-16}$$

根据投资调整成本函数的性质可得，新增投资与资本存量之比越大，投资调整成本越高。

与第一种方式略有不同，投资调整成本的第二种方式充分考虑了投资的跨期变化，其设定形式为

$$\varphi(\cdot)=\varphi\left(\frac{I_t}{I_{t-1}}\right) \tag{12-17}$$

式中，I_{t-1} 为第 $t-1$ 期的投资水平。

将式(12-16)、式(12-17)所示的投资调整成本函数代入资本累积方程(12-15)中，可以

得到包括投资调整成本的资本动态积累方程，分别为

$$K_{t+1}=(1-\delta)K_t+\left(1-\varphi\left(\frac{I_t}{K_t}\right)\right)I_t \tag{12-18}$$

$$K_{t+1}=(1-\delta)K_t+\left(1-\varphi\left(\frac{I_t}{I_{t-1}}\right)\right)I_t \tag{12-19}$$

在式(12-19)的基础上，Smets 和 Wouters 还加入了投资调整成本的冲击项以引入随机性①，设定形式如式(12-20)和式(12-21)所示。

$$K_{t+1}=(1-\delta)K_t+\left(1-\phi\left(\lambda_t\frac{I_t}{I_{t-1}}\right)\right)I_t \tag{12-20}$$

$$\ln\lambda_t=\rho\ln\lambda_{t-1}+\varepsilon_t \tag{12-21}$$

式中，λ_t 为调整成本的冲击项；ρ 为自回归系数；ε_t 为白噪声。

在确定投资调整成本函数中的变量后，还需要设置其具体的函数形式。在国内外文献中，最为常用的调整成本函数为

$$\varphi\left(\frac{I_t}{I_{t-1}}\right)=\frac{\phi}{2}\left(\frac{I_t}{I_{t-1}}-1\right)^2 \tag{12-22}$$

式中，ϕ 为投资调整成本的规模系数。

除了式(12-22)之外，还有一种典型的投资调整成本函数，如式(12-23)所示。

$$\varphi\left(\frac{I_t}{K_t}\right)=\frac{\phi}{2}\left(\frac{I_t}{K_t}-\delta\right)^2 \tag{12-23}$$

式中，δ 为折旧率。式(12-23)显示，如果投资为 0，则投资调整成本为折旧导致的资本损失。

需要说明的是，资本要素中融合了技术特征，即资本的生产效率并不是恒定不变的，而是随着技术进步逐渐提升的，资本的技术含量在一般均衡模型的设定中体现在投资专有技术变化方面。很多文献也在资本累积方程的设定中引入了投资专有技术进步，例如：

$$K_{t+1}=(1-\delta)K_t+Z_tI_t \tag{12-24}$$

$$\ln Z_t=\eta\ln Z_{t-1}+\mu_t \tag{12-25}$$

式中，Z_t 为投资专有技术进步，其满足一阶自回归过程；η 为自回归系数；μ_t 为白噪声。式(12-21)和式(12-25)共同构成了投资模块的两个随机冲击，可以更好地实现对现实经济波动特征的拟合与刻画。

投资专有技术进步 Z_t 也可以解释为每单位产出购买的资本数量，在技术进步的过程中伴随着资产价格的下降、资本质量的提高，同一单位产出购买的资本数量增多意味着更多的资本投入生产过程中，进而反映了投资技术进步。本节不对投资专有技术进步做过多说明，如有需要，读者可参阅 Greenwood 等相关文献②。

---

① SMETS F, WOUTERS R. An estimated dynamic stochastic general equilibrium model of the euro area[J]. Journal of the European Economic Association, 2003, 1(5): 1123-1175.

② GREENWOOD J, HERCOWITZ Z, KRUSELL P. Long-run implications of investment-specific technological change[J]. American economic review, 1997, 87(3): 342-362.

12.2　企业模块

12.2.1　生产函数设定与扩展

1. 生产要素投入的扩展

在标准的动态一般均衡模型中，企业的生产函数假定为规模报酬不变的柯布-道格拉斯形式，即

$$Y_t = F(K_t, L_t) = A_t K_t^{\alpha} L_t^{1-\alpha} \tag{12-26}$$

式中，$F(\cdot)$为生产函数；Y_t、K_t、L_t 分别为第 t 期的产出水平、资本要素和劳动力投入；A_t 为全要素生产率或技术水平的表示；α 为份额参数，$0<\alpha<1$。

企业面临的问题是在第 t 期决定投入多少劳动力、租用多少资本进行产品生产以实现利润最大化，其利润函数为

$$\Pi_t = Y_t - R_t K_t - W_t L_t = A_t K_t^{\alpha} L_t^{1-\alpha} - R_t K_t - W_t L_t \tag{12-27}$$

式中，R_t、W_t 分别为资本要素和劳动要素的价格即租金率和工资。

将式(12-27)分别对资本、劳动求导得到一阶条件，也为企业的优化行为方程。

在最简化的 AK 模型中，资本是最为重要的生产要素，其生产函数形式为

$$Y_t = F(K_t) = A_t K_t^{\alpha} \tag{12-28}$$

在 $0<\alpha<1$ 的假定下，式(12-28)表示的生产函数是规模报酬递减的，其规模报酬不变形式为：$Y_t = A_t K_t$。

在资本和劳动两种基本要素基础上设定的生产函数，其对应的产出应为增加值，因此，式(12-26)中的 Y_t 为增加值形式的产出。当考虑除资本、劳动之外的其他投入时，例如原材料、能源等中间投入时，可以将生产函数扩展为式(12-29)。

$$Y_t = F(K_t, L_t, M_t) = A_t K_t^{\alpha} L_t^{\beta} M_t^{1-\alpha-\beta} \tag{12-29}$$

式中，Y_t 为总产出；M_t 为中间投入品；α、β 为份额参数，其取值均位于 0～1 之间。

需要强调的是，在中间品、资本和劳动三种投入基础上设定的生产函数式(12-29)，其等式左端的产出应为总产出而非增加值，企业的利润函数对应修改为

$$\Pi_t = Y_t - R_t K_t - W_t L_t - Q_t M_t = A_t K_t^{\alpha} L_t^{\beta} M_t^{1-\alpha-\beta} - R_t K_t - W_t L_t - Q_t M_t \tag{12-30}$$

式中，Q_t 为中间投入品 M_t 的价格。

在部分文献中，还将中间投入品进一步细分为非能源中间品、能源中间品，设定生产函数如式(12-31)所示。

$$Y_t = F(K_t, L_t, M_t, E_t) = A_t K_t^{\alpha} L_t^{\beta} M_t^{\gamma} E_t^{1-\alpha-\beta-\gamma} \tag{12-31}$$

式中，M_t、E_t 分别为非能源中间品和能源中间品；γ 为份额参数。在设定生产函数式(12-31)之后，其对应的利润函数也需要进行相应修改。

2. 生产函数形式的变换

除了柯布-道格拉斯形式的生产函数之外，常替代弹性形式的生产函数也得到了广泛

应用，一个典型的CES生产函数形式为

$$Y_t = F(K_t, L_t) = A_t[\alpha K_t^{\rho} + (1-\alpha)L_t^{\rho}]^{\frac{1}{\rho}} \tag{12-32}$$

式中，$\rho \in (-\infty, 1)$为资本、劳动两种投入要素的替代弹性参数；$\varepsilon = 1/(1-\rho)$为两种投入要素之间的替代弹性。当$\rho \to 0$时，两种投入要素之间的替代弹性为1，常替代弹性函数成为柯布-道格拉斯函数；当$\rho \to 1$时，CES函数成为线性函数。

当生产要素多于两种时，需要采用嵌套的CES函数将要素进行组合得到生产函数，假设产品生产中需要中间品、资本、劳动三种投入，则可设置生产函数为

$$KL_t = [\alpha K_t^{\rho} + (1-\alpha)L_t^{\rho}]^{\frac{1}{\rho}} \tag{12-33}$$

$$Y_t = A_t[\beta KL_t^{\theta} + (1-\beta)M_t^{\theta}]^{\frac{1}{\theta}} \tag{12-34}$$

式中，M_t为中间投入品；β为份额参数；θ为替代弹性参数。式(12-33)为资本和劳动两种要素的组合，式(12-34)为资本劳动要素、中间品的组合，等式左端的Y_t应为总产出。

式(12-33)、式(12-34)两者共同组成了嵌套*CES*函数，将式(12-33)代入式(12-34)中，易于得到其单一表达式

$$Y_t = A_t\{\beta\{[\alpha K_t^{\rho} + (1-\alpha)L_t^{\rho}]^{\frac{1}{\rho}}\}^{\theta} + (1-\beta)M_t^{\theta}\}^{\frac{1}{\theta}} \tag{12-35}$$

列昂惕夫生产函数又称作固定比例生产函数，是一种特殊的函数形式，其假定各类要素的投入量之间维持一定的比例，超出比例之外的要素是无效的或是冗余的，其在生产过程中不发挥作用。以资本、劳动两种要素投入的生产函数为例，列昂惕夫生产函数的基本形式如式(12-36)所示。

$$Y_t = \min\left\{\frac{K_t}{\alpha^K}, \frac{L_t}{\alpha^L}\right\} \tag{12-36}$$

式中，α^K、α^L分别为资本要素和劳动要素的比例参数。

类似地，当企业生产过程中使用中间品、资本、劳动三种投入时，可将其列昂惕夫生产函数设定为式(12-37)。

$$Y_t = \min\left\{\frac{K_t}{\alpha^K}, \frac{L_t}{\alpha^L}, \frac{M_t}{\alpha^M}\right\} \tag{12-37}$$

式中，M_t、α^M分别为中间品及其对应的比例参数。

为体现中间品与资本要素、劳动要素的差异，在实际应用中，通常还将资本和劳动要素组合后，再与中间品共同构成列昂惕夫生产函数，如式(12-38)所示。

$$Y_t = \min\left\{\frac{KL_t}{\alpha^{KL}}, \frac{M_t}{\alpha^M}\right\} \tag{12-38}$$

式中，KL_t为资本劳动综合要素；α^{KL}为综合要素的比例参数。资本劳动要素的组合可以采用C-D函数形式，也可以选择CES函数形式，采用不同的形式组合后，代入式(12-38)中，得到

$$Y_t = \min\left\{\frac{K_t^{\alpha}L_t^{1-\alpha}}{\alpha^{KL}}, \frac{M_t}{\alpha^M}\right\} \tag{12-39}$$

$$Y_t = \min\left\{\frac{[\alpha K_t^\rho + (1-\alpha)L_t^\rho]^{\frac{1}{\rho}}}{\alpha^{KL}}, \frac{M_t}{\alpha^M}\right\} \tag{12-40}$$

12.2.2　非完全竞争市场设定

在现实经济中，由于存在信息不对称、行业进入门槛等现象，产品市场并不一定是完全竞争的，因此需要合理地设定其他非完全竞争市场形式。参考 Torres 的相关内容①，以垄断竞争市场为例，本节介绍将非完全竞争特征引入一般均衡模型的通常处理方式。在垄断竞争市场中，企业不再是完全的价格接受者，而是拥有一定的定价权，市场中存在价格加成即产品的市场价格超过其边际成本的现象。需要说明的是，本节内容与第 10 章中内容存在重复，为保持本章的完整性仍对基本内容进行简要介绍。

假设经济中存在中间产品、最终产品两类生产企业，为简化和表述清楚起见，分别对两类产品的生产活动进行假定。

中间产品是存在异质性的，中间产品市场是垄断竞争市场，市场中存在大量的中间品生产企业，每个企业生产一种具有差异性的产品。中间品生产企业的优化问题需要分两个阶段求解，第一阶段企业求解成本最小化问题以确定其边际成本，即在生产要素价格给定的条件下选择要素投入数量以最小化成本；在第二阶段中间品生产企业进行定价调整，确定每种中间产品的生产数量以实现利润最大化目标。

假设中间产品是连续分布的，中间品生产企业将异质性的中间品出售给唯一的最终品生产企业，最终品生产企业进行最终品的生产即对中间产品进行组合后再将其提供给最终需求方。换言之，最终产品市场是完全竞争的且市场中仅有一个企业，最终品是在完全竞争的情形下由中间品加总得到的一种复合产品，进而用于消费或者投资。换言之，最终品生产企业通过对连续分布的中间产品进行加总后得到最终产品，即最终产品的生产仅是对中间品的加总。由于本书第 10 章中已经对非完全竞争市场设定进行了详细介绍，此处不再赘述。

12.3　政府模块

除了代表性家庭、企业之外，政府也是十分重要的经济主体。在经济生产活动中，政府政策的制定或行为的变化都会对其他经济主体产生重要影响。本节将简要介绍税收政策设定、公共财政支出、公共资本累积等三个方面。如有深入研究的需要，读者可详细参考朱军关于财政动态随机一般均衡模型的相关论述②。

12.3.1　税收政策设定

现实经济中存在多种税收类型，政府可以对代表性家庭、企业等进行征税，如消费税、

① 托雷斯. 动态宏观经济一般均衡模型入门[M]. 刘斌，译. 北京：中国金融出版社，2015.

② 朱军. 高级财政学Ⅱ——DSGE 的视角及应用前沿：模型分解与编程[M]. 上海：上海财经大学出版社，2019.

劳动所得税、资本所得税、增值税或营业税等，并将税收收入或财政收入通过一次性转移支付的方式返回到经济中。

1. 对代表性家庭的征税

在一般均衡模型中的代表性家庭模块，政府税收主要通过作用于其预算约束进而产生影响效应，典型的代表性家庭目标函数为

$$\max \sum_{t=0}^{\infty}\beta^{t}[\ln C_{t}+\chi\ln(1-L_{t})] \tag{12-41}$$

式中，β 为贴现因子。

预算约束为

$$C_{t}+I_{t}=R_{t}K_{t}+W_{t}L_{t} \tag{12-42}$$

式中，R_t、W_t 为资本的租金率和劳动力的工资。

当政府对其进行征税时，预算约束调整为

$$(1+\tau_{t}^{c})C_{t}+I_{t}=(1-\tau_{t}^{k})R_{t}K_{t}+(1-\tau_{t}^{l})W_{t}L_{t}+T_{t} \tag{12-43}$$

式中，τ_t^c、τ_t^k、τ_t^l 分别为消费税税率、资本所得税税率、劳动所得税税率；T_t 为政府对代表性家庭的转移支付。

考虑资本的动态累积方程

$$K_{t+1}=(1-\delta)K_{t}+I_{t} \tag{12-44}$$

构造拉格朗日函数、求解一阶条件，可以得到代表性家庭对消费、劳动力供给和资本累积的优化方程，其均受到政府税收的影响。需要说明的是，根据一阶条件还可以整理得到消费的跨期均衡条件即消费的最优路径，结果显示，消费税税率并不对其产生影响，对其产生影响的主要是资本所得税税率。

2. 对企业的征税

除了代表性家庭之外，假设政府也对企业进行征税，税率通常设定在利润函数中，即

$$\Pi_{t}=(1-\tau_{t}^{y})Y_{t}-R_{t}K_{t}-W_{t}L_{t}=(1-\tau_{t}^{y})A_{t}K_{t}^{\alpha}L_{t}^{1-\alpha}-R_{t}K_{t}-W_{t}L_{t} \tag{12-45}$$

式中，τ_t^y 为产出税率，根据产出的类型不同，分为增值税税率或营业税税率。

求解企业利润最大化的一阶条件，得到的要素优化投入方程中均含有产出税率 τ_t^y。

3. 政府预算收支平衡

在收入端，政府通过税收进行筹资；在支出端，政府通过一次性转移支付的方式将资金返回至代表性家庭中，在每一期政府均实现预算收支平衡，其行为方程可描述为式(12-46)。

$$\tau_{t}^{c}C_{t}+\tau_{t}^{k}R_{t}K_{t}+\tau_{t}^{h}W_{t}L_{t}+\tau_{t}^{y}Y_{t}=G_{t} \tag{12-46}$$

式中，G_t 为政府的支出，其等于政府对代表性家庭的转移支付 T_t，即 $G_t=T_t$。

均衡时，在生产要素价格和税率给定的情况下，代表性家庭对消费数量、投资数量以及工作时间进行决策，实现效用最大化；企业对使用的资本和劳动力进行决策，实现利润最大化；政府实现预算平衡。

在典型的一般均衡模型中，政府征税的税率是外生的，其以参数的形式进入模型中，即四种税率 τ_t^c、τ_t^k、τ_t^l、τ_t^y 分别为 τ^c、τ^k、τ^l、τ^y，不随时间变化。在设定政府征税之后，所有的内生变量数目和方程数目没有发生变化，便于进行模型均衡的求解。

4. 动态税率设定的一种形式

政府有时需要根据现实情形的变化对税率进行调整，由此产生了动态税率的问题，本节以一个简单的例子进行说明，假定经济中存在污染型、清洁型两类企业，其生产函数分别为

$$Y_{p,t}=A_pK_{p,t}^{\alpha_1}L_{p,t}^{\alpha_2}E_t^{1-\alpha_1-\alpha_2} \tag{12-47}$$

$$Y_{c,t}=A_cK_{c,t}^{\beta_1}L_{c,t}^{1-\beta_1} \tag{12-48}$$

式中，p、c 分别为污染型企业、清洁型企业的标识；E_t 为能源投入；α_1、α_2、β_1 为要素的份额参数。为体现企业的异质性，在污染型、清洁型两类企业生产函数的设置中进行了区分，由于污染型企业生产活动对煤炭、石油等能源品的依赖程度较高，需要将能源投入单独列出。

两类企业的利润函数如式(12-49)、式(12-50)所示。

$$\Pi_{p,t}=(1-\tau_{p,t})P_{p,t}Y_{p,t}-R_tK_{p,t}-W_tL_{p,t}-P_{e,t}E_t \tag{12-49}$$

$$\Pi_{c,t}=(1-\tau_c)P_{c,t}Y_{c,t}-R_tK_{c,t}-W_tL_{c,t} \tag{12-50}$$

式中，$P_{p,t}$、$P_{c,t}$、$P_{e,t}$ 分别为污染型企业产品、清洁型企业产品和能源产品的价格水平；$\tau_{p,t}$ 和 τ_c 为政府向污染型企业、清洁型企业征税的一般税率；为体现环境保护税的设定思想，参考 Guo 和 Harrison 的研究[①]，在污染型企业的税率设置中加入政府对环境污染的规制因素，构建了污染型企业的动态税率形式 $\tau_{p,t}$，与之不同，清洁型企业的税率为固定不变的 τ_c，其下标中不带有 t。

设政府对污染型企业征税的动态税率 $\tau_{p,t}$ 为

$$\tau_{p,t}=\eta\left[\frac{\xi Y_{p,t}+(1-\xi)Y_{c,t}}{(1-\xi)Y_{c,t}}\right]^{\psi} \tag{12-51}$$

在式(12-51)中，η 表示政府未考虑对污染型企业进行环境规制时的税率水平；等式右端除 η 之外的其他部分为环境加权因子，其中 ξ 衡量了相对于清洁型企业，污染型企业对生态环境的污染或损害程度，其值越大，代表损害程度越高，政府对污染型企业征税的税率也越高，ξ 的取值范围在 0～1 之间，且 ξ 应大于 0.5；ψ 为环境规制强度参数，ψ 值越大，表示政府对污染型企业的环境规制程度越高。对于污染型企业而言，包含环境因素的动态税率设置符合我国税制改革的方向，也体现了财政收入优化的特征。

12.3.2 公共财政支出政策设定

除了对代表性家庭进行转移支付之外，政府的财政收入还用于提供公共产品和服务、进行公共资本投资等，在本节中，首先考虑政府购买商品和服务的情形，政府从市场中购买商品和服务，将其作为公共物品提供给代表性家庭进行消费。因此，在代表性家庭的效用函数中，需要区分私人消费、公共消费两种类型。

典型的代表性家庭效用函数为

① GUO J T，HARRISON S G. Tax policy and stability in a model with sector-specific externalities[J]. Review of economic dynamics，2001，4(1)：75-89.

$$U(C_t, L_t) = \ln C_t + \chi \ln(1 - L_t) \tag{12-52}$$

在引入政府提供的公共物品后，将代表性家庭的消费分为私人消费与公共消费两种类型，可设定代表性家庭效用函数的基本形式为

$$U(C_{p,t}, C_{g,t}, L_t) = \ln(C_{p,t} + \theta C_{g,t}) + \chi \ln(1 - L_t) \tag{12-53}$$

式中，$C_{p,t}$ 和 $C_{g,t}$ 分别为私人消费水平、公共消费水平。为将私人消费与公共消费相区别，体现两者的异质性，采用参数 θ 对两种消费进行组合得到总消费或综合消费，该参数还可以代表公共消费对总消费的贡献。

实际上，还可以采用柯布-道格拉斯函数、常替代弹性函数对私人消费与公共消费进行组合，设定代表性家庭效用函数的基本形式分别如式(12-54)、式(12-55)所示。

$$U(C_{p,t}, C_{g,t}, L_t) = \ln(C_{p,t}^{\alpha} C_{g,t}^{1-\alpha}) + \chi \ln(1 - L_t) \tag{12-54}$$

$$U(C_{p,t}, C_{g,t}, L_t) = \ln[\omega C_{p,t}^{\eta} + (1 - \omega) C_{g,t}^{\eta}]^{\frac{1}{\eta}} + \chi \ln(1 - L_t) \tag{12-55}$$

式中，α、ω 为份额参数；η 为私人消费和公共消费的替代参数；$\varepsilon = 1/(1-\eta)$ 为替代弹性。

除了 C-D 函数形式、CES 函数形式与对数形式的结合之外，在含有公共消费的代表性家庭效用函数中，还可以引入 CRRA 函数形式等，例如：

$$U(C_{p,t}, C_{g,t}, L_t) = \frac{(C_{p,t}^{\theta} C_{g,t}^{1-\theta})^{1-\sigma}}{1-\sigma} - \chi \frac{L_t^{1+\xi}}{1+\xi} \tag{12-56}$$

其余效用函数形式不再赘述。在修改后的效用函数基础上，求解代表性家庭的最优化问题，可以得到一阶条件以及消费的跨期均衡条件。

假设政府仍通过消费税、资本所得税、劳动所得税和产出税进行融资，并对代表性家庭进行转移支付，则其收入端保持不变，支出端改为转移支付、公共物品购买即公共消费两种形式，即

$$\tau_t^c C_t + \tau_t^k R_t K_t + \tau_t^l W_t L_t + \tau_t^y Y_t = T_t + C_{g,t} \tag{12-57}$$

假设政府在商品和服务方面的公共消费可设定为产出或政府总支出的一定比例，如式(12-58)或式(12-59)所示。

$$C_{g,t} = \xi_t Y_t \tag{12-58}$$

$$C_{g,t} = \zeta_t (T_t + C_{g,t}) \tag{12-59}$$

式中，ξ_t、ζ_t 分别为公共消费支出占总产出和政府总支出的比例。在模型中，该比例一般是外生的，可设定这一参数变化以代表政府支出结构的变动，并研究其对经济的影响。

12.3.3 公共资本与公共投资形式设定

除了为代表性家庭提供公共物品以用于消费之外，政府还利用税收收入进行公共投资支出以实现公共资本累积，公共资本通常提供给企业使用以提高其产出水平，因此，公共投资或公共资本在经济增长中具有十分重要的作用。在本节中，将公共资本加入生产函数中，得到包含公共资本的一般均衡模型。

设 $K_{g,t}$ 为政府提供的公共资本，在原生产函数的基础上，一种简便的设定方式为

$$Y_t = A_t K_{g,t}^{\beta} K_{p,t}^{\alpha} L_t^{1-\alpha} \tag{12-60}$$

式中，β 为产出的公共资本弹性，$\beta>0$；$K_{p,t}$、$K_{g,t}$ 为私人资本和公共资本，由于原生产函数是规模报酬不变的，因此该生产函数是规模报酬递增的。

为保持规模报酬不变的特征，在部分文献中通常将含有公共资本的生产函数修改为

$$Y_t = A_t K_{g,t}^{\beta} K_{p,t}^{\alpha} L_t^{1-\alpha-\beta} \tag{12-61}$$

在包含公共资本的规模报酬不变生产函数中，更为常见的一种设定是嵌套的柯布-道格拉斯生产函数形式，如式(12-62)所示。

$$Y_t = A_t K_{g,t}^{\beta} (K_{p,t}^{\alpha} L_t^{1-\alpha})^{1-\beta} \tag{12-62}$$

为体现公共资本与其他要素的区别，生产函数也可以设定成公共资本与柯布-道格拉斯生产函数嵌套在常替代弹性函数中的形式

$$Y_t = A_t [\sigma K_{g,t}^{\rho} + (1-\sigma)(K_{p,t}^{\alpha} L_t^{1-\alpha})^{\rho}]^{\frac{1}{\rho}} \tag{12-63}$$

式中，σ 为份额参数，$1/(1-\rho)$为公共投资与私人要素组合之间的替代弹性。

需要说明的是，在完全竞争环境中和公共资本给定的情况下，企业决定资本要素、劳动力的投入量以实现利润最大化，需要其决定的变量仍为资本和劳动要素，公共资本不在其优化的范围内，即利润最大化目标函数不需要对公共资本求偏导数。

假定政府仍通过消费税、资本所得税、劳动所得税和产出税进行融资，并将收入用于对代表性家庭进行转移支付、公共投资，则政府的预算平衡方程可写为

$$\tau_t^c C_t + \tau_t^k R_t K_t + \tau_t^l W_t L_t + \tau_t^y Y_t = T_t + I_{g,t} \tag{12-64}$$

式中，$I_{g,t}$ 为政府进行的公共投资支出。

与公共消费类似，政府的公共投资也可以假定为产出或政府总支出的一定比例，即

$$I_{g,t} = \xi_t Y_t \tag{12-65}$$

$$I_{g,t} = \zeta_t (T_t + I_{g,t}) \tag{12-66}$$

式中，ξ_t 和 ζ_t 分别为公共投资占总产出、政府总支出的比例。

公共资本是由公共投资累积形成的，与资本的累积方程类似，公共资本的累积方程可设定为如式(12-67)所示形式。

$$K_{g,t+1} = (1-\delta_g) K_{g,t} + I_{g,t} \tag{12-67}$$

式中，δ_g 为公共资本的折旧率。

将公共投资与公共消费进行对比可得，公共消费主要影响代表性家庭的行为，而公共投资则主要作用于企业部门中，可将上述两种公共支出同时纳入一般均衡模型中，以发挥政府在产品需求侧和供给侧的双重调节作用。

12.3.4 斯塔克尔伯格博弈和最优财政支出问题

在较为复杂的政府部门行为设定情形下，需要考虑政府与其他经济主体之间的博弈方式，如斯塔克尔伯格(Stackelberg)博弈等，并需要求解拉姆齐最优财政支出问题。一个常见的假设是市场为政府行为完全承诺的完全竞争市场，政府和其他经济主体之间的博弈方式为斯塔克尔伯格博弈，代表性家庭和企业为“先行者”，政府为“领导者”，由此形成了博弈的基本框架。

在模型的具体求解中，可以分为两个步骤。

第一步，首先给定政府所有的决策变量和各类价格，代表性家庭选择消费、投资和劳动力供给，实现效用最大化；企业选择私人资本、劳动力投入，实现利润最大化；各个市场均满足出清条件，这一步与此前的一般均衡模型求解十分类似，代表性家庭、企业部门各自做出最优决策，即求解竞争性均衡。

第二步，政府在约束条件下进行决策，通过政策选择实现其目标函数的最大化，其约束条件主要分为两类：作为"先行者"经济主体的可行性条件和一阶条件，如代表性家庭的效用最大化条件、资本的动态累积方程、企业的生产函数、企业的利润最大化条件等；政府自身的约束条件，如预算约束条件、公共资本累积方程等，这一阶段政府选择控制变量实现目标函数最大化的过程即为拉姆齐均衡，求解可得拉姆齐最优财政支出。

需要说明的是，求解拉姆齐最优财政支出问题时需要给出政府的目标函数，标准的政府效用函数中仅包含代表性家庭效用水平，以体现政府弥补市场失灵、发挥中央计划者的职能。在中国政府目标函数的设定方面，部分学者还将代表性家庭效用和基础设施投资水平同时纳入地方政府的目标函数中①。在多地区一般均衡模型中，还可以在政府目标函数中引入区域发展不平衡指标，以充分反映政府缓解区域发展失衡以实现共同发展的职责等。

部分学者采用这一模型研究了多级政府问题，建立了包含中央、省级和地方三级政府的财政事权配置模型等②。有关斯塔克尔伯格博弈和最优财政支出的问题，读者可进一步参考相关文献进行深入研究。

12.4 其他模块

在本节中，将参考国内外相关文献介绍其他常用的一般均衡模型形式，考虑人力资本、产能利用率、环境污染等多种情形，简要分析上述情形中一般均衡模型设定的要点，以拓展动态随机一般均衡模型的应用范围。

12.4.1 纳入人力资本的一般均衡模型

人力资本是与物质资本相对的一个概念，其是体现在劳动者身上的，反映劳动者知识积累、生产技能等方面的关键指标。根据内生经济增长理论可知，人力资本对于企业生产效率的增进和全要素生产率的提高具有关键的推动作用，逐渐成为影响经济产出水平和企业创新能力的重要因素。将人力资本引入动态一般均衡模型中的关键有三个方面，即代表性家庭如何将时间分配给教育；技能学习等投入如何转换为人力资本；人力资本如何发挥其在产出中的作用。

(1) 人力资本，顾名思义在本质上是一种特殊的资本，其是知识与技能积累得到的，

① 赵扶扬，王忏，龚六堂.土地财政与中国经济波动[J].经济研究，2017(12).

② 罗长林.合作、竞争与推诿——中央、省级和地方间财政事权配置研究[J].经济研究，2018(11).

需要代表性家庭这一经济主体投入时间进行知识学习与技能培训等，因此代表性家庭需要对其在劳动力投入和教育、学习、培训等活动中的时间分配进行重新决策。

(2) 代表性家庭放弃部分劳动力时间，转向学习和培训中的同时，知识、技能可以通过积累不断形成人力资本。技能的获取以及人力资本的形成是以放弃当前收入为代价的，但是使得其在未来可以获得更高的工资。

(3) 人力资本是蕴含在劳动者本身的技能，其与劳动投入紧密相关，可以认为人力资本与劳动力结合才能在生产中发挥作用，或者同时投入人力资本与工作时间才能获得收入，这也为一般均衡模型中人力资本的设定提供了重要思路。

如前所述，典型的代表性家庭效用函数为

$$U(C_t, L_t) = \ln C_t + \chi \ln(1 - L_t) \tag{12-68}$$

由于代表性家庭为进行知识累积和实现技能提升，其会将部分时间用于学习、培训中，效用函数对应更改为

$$U(C_t, L_t, S_t) = \ln C_t + \chi \ln(1 - L_t - S_t) \tag{12-69}$$

式中，S_t 为代表性家庭用于学习和培训等活动的时间投入。

将时间投入学习、培训、教育等活动后即为人力资本投资，人力资本投资过程可以写为如式(12-70)形式。

$$I_{h,t} = B_t S_t^{\theta} \tag{12-70}$$

式中，$I_{h,t}$ 为人力资本投资；B_t 为人力资本投资效率；θ 为教育活动的边际收益，$\theta > 0$。

Trostel 考虑到人力资本新增投资与人力资本存量紧密相关①，即人力资本存量将对教育、培训等活动形成新人力资本投资具有重要影响，设定了人力资本投资过程函数，其基本形式为

$$I_{h,t} = B_t (S_t H_t)^{\theta} = B_t S_t^{\theta} H_t^{\theta} \tag{12-71}$$

式中，H_t 为人力资本存量。

与物质资本、公共资本一致，人力资本的动态累积方程如式(12-72)所示。

$$H_{t+1} = (1 - \delta_h) H_t + I_{h,t} \tag{12-72}$$

式中，δ_h 为人力资本的折旧率。

在加入人力资本的一般均衡模型中，代表性家庭的优化行为也随之发生变化，其目标函数为

$$\max \sum_{t=0}^{\infty} \beta^t [\ln C_t + \chi \ln(1 - L_t - S_t)] \tag{12-73}$$

预算约束为

$$C_t + I_t = R_t K_t + W_t H_t L_t \tag{12-74}$$

式中，$H_t L_t$ 为人力资本与劳动力投入的组合，可视为一个整体要素。

需要同时考虑物质资本、人力资本的动态累积方程

$$K_{t+1} = (1 - \delta_k) K_t + I_t \tag{12-75}$$

① TROSTEL P A. The effect of taxation on human capital[J]. Journal of political economy, 1993, 101(2): 327-350.

$$H_{t+1}=(1-\delta_h)H_t+I_{h,t} \tag{12-76}$$

代表性家庭将时间用于生产、教育和闲暇，进行实物资本累积和人力资本累积，即其拉格朗日函数中存在两个拉格朗日乘子，需要对消费、教育投入、劳动力投入、资本存量和人力资本存量求导，得到一阶条件即优化方程，进行整理后得到消费与闲暇的边际替代率、消费与教育时间的边际替代率、消费的跨期替代方程等。

企业在第 t 期决定租用多少资本、雇用多少蕴含人力资本的劳动力，以实现其利润最大化，不失一般性地，设企业的目标函数为

$$\max \Pi_t=A_tK_t^{\alpha}(H_tL_t)^{1-\alpha}-R_tK_t-W_tH_tL_t \tag{12-77}$$

式中，如前所述，H_tL_t 为人力资本与劳动力投入的组合要素。

在式(12-77)的基础上求解一阶条件，得到投入要素的优化选择方程

$$R_t=\alpha A_tK_t^{\alpha-1}(H_tL_t)^{1-\alpha} \tag{12-78}$$

$$W_t=(1-\alpha)A_tK_t^{\alpha}(H_tL_t)^{-\alpha} \tag{12-79}$$

在代表性家庭和企业优化行为变动的基础上，与其他部分结合后，易于重新求解得到一般均衡模型的稳态。

需要说明的是，在部分文献中还将人力资本写成如式(12-80)形式。

$$H_t=h_tL_t \tag{12-80}$$

式中，h_t 代表劳动力的知识水平或技能水平，其与劳动力 L_t 组合成人力资本 H_t，并将 H_t 代入生产函数和利润函数中替换原 H_tL_t。实际上，这两种表示方法是一致的，读者可根据需要选择任意一种表示方式。

12.4.2 考虑产能利用率的一般均衡模型

产能利用率，也称为生产能力利用率或产能利用程度，是生产能力中有多大比例在实际生产或运营中发挥作用的表示方式。本节将在基本模型的基础上考虑资本的产能利用率问题，按照“资本＋产能利用率→经济增长”的思路构建包含产能利用率特征的动态一般均衡模型。由于产能利用率主要与企业生产活动相关，本节主要对企业部门的行为特征进行描述。

假设企业在生产过程中投入公共资本 $K_{g,t}$、私人资本 $K_{p,t}$、劳动 L_t 三种要素，在基本模型中企业生产函数的设定方式为

$$Y_t=A_tK_{g,t}^{\beta}K_{p,t}^{\alpha}L_t^{1-\alpha-\beta} \tag{12-81}$$

式中，α、β 为份额参数。

为简便起见，仅考虑私人资本的产能利用率问题，则将生产函数修改为式(12-82)。

$$Y_t=A_tK_{g,t}^{\beta}(u_tK_{p,t})^{\alpha}L_t^{1-\alpha-\beta} \tag{12-82}$$

式中，u_t 为私人资本的产能利用率。

企业的利润函数为

$$\Pi_t=(1-\tau_y)Y_t-(R_t+\delta_{p,t})K_{p,t}-W_tL_t \tag{12-83}$$

式中，τ_y 为政府向企业征税的税率；$\delta_{p,t}$ 为私人资本的折旧率，资本单位成本为利息 R_t 与折旧率 $\delta_{p,t}$ 之和。需要说明的是，与传统的企业利润函数不同，由于企业还需要决定产

能利用率这一变量以实现其利润最大化目标，而私人资本折旧率是产能利用率的函数，所以在利润函数中加入了折旧率这一项。

参考 Chatterjee 的研究[①]，设定私人资本折旧率 $\delta_{p,t}$ 与其产能利用率 u_t 相关，具体形式如式(12-84)所示。

$$\delta_{p,t}(u_t)=\frac{u_t^{\eta}}{\eta},\eta>1 \tag{12-84}$$

式中，η 为私人资本产能利用率对折旧率影响的弹性系数，η 越大，私人资本折旧率越小。并且，当私人资本利用率提高时，不仅会使得折旧率变大，还能够加速资本折旧，即满足 $\delta'_p(u)>0,\delta''_p(u)>0$。

企业通过选择私人资本、劳动力和产能利用率实现其利润最大化的目标，将利润最大化函数求导，可以得到一阶条件

$$R_t+\delta_{p,t}=(1-\tau_y)\alpha\frac{Y_t}{K_{p,t}} \tag{12-85}$$

$$W_t=(1-\tau_y)(1-\alpha-\beta)\frac{Y_t}{L_t} \tag{12-86}$$

$$u_t=\left[(1-\tau_y)\alpha\frac{Y_t}{K_{p,t}}\right]^{1/\eta} \tag{12-87}$$

值得注意的是，产能利用率也是企业需要优化选择的因素之一。结合代表性家庭模块、政府模块和市场出清条件后，可以求解得到动态一般均衡模型的稳态。

12.4.3　分析环境污染影响的一般均衡模型

中国环境污染问题较为突出，环境保护总体上滞后于经济社会发展，虽然在政府的环境治理下生态环境状况出现了一些积极的变化，但是环境污染的形势依然十分严峻，部分地区甚至出现了“越治理越污染”的现象。本节通过在理论模型中设定对污染型企业的征税、对清洁型企业的补贴等环境规制政策，刻画中国环境污染的现实情形，采用动态一般均衡模型方法解释环境污染现实。

借鉴 Campiglio 的研究[②]，为表述不同行业生产特征的差异，以及便于政府环境规制政策设定的需要，假定经济中存在污染型企业和清洁型企业以及一个能源生产部门，其中能源生产部门即能源企业通过投入资本和劳动两种要素生产煤炭、石油和天然气等一次能源，能源产品的生产函数可设定为

$$E_t=A_eK_{e,t}^{\nu}L_{e,t}^{1-\nu} \tag{12-88}$$

式中，E_t 为第 t 期能源企业的产出水平；A_e 为能源企业的全要素生产率；$K_{e,t}$、$L_{e,t}$ 分别是能源生产活动中使用的资本要素和劳动力要素；ν 为能源企业生产的份额参数。

① CHATTERJEE S. Capital utilization, economic growth and convergence[J]. Journal of economic dynamics & control, 2005, 29(12): 2093-2124.

② CAMPIGLIO E. The structural shift to green services: a two-sector growth model with public capital and open-access resources[J]. Structural change & economic dynamics, 2014, 30: 148-161.

对于污染型企业而言，其生产过程中除了投入资本、劳动两种传统要素之外，还需要使用大量的能源中间品，因此，应将能源企业生产的产品作为污染型企业的中间投入品，得到污染型企业的生产行为方程式(12-89)。

$$Y_{p,t}=A_pK_{p,t}^{\alpha_1}L_{p,t}^{\alpha_2}E_t^{1-\alpha_1-\alpha_2} \tag{12-89}$$

式中，$Y_{p,t}$、A_p 分别为污染型企业的产出和全要素生产率；$K_{p,t}$、$L_{p,t}$ 分别为污染型企业生产过程中投入的资本和劳动要素；α_1 和 α_2 为污染型企业生产的份额参数。

与能源企业、污染型企业的生产行为略有不同，清洁型企业通常会将污染型企业生产的部分产品作为自身的中间投入，因此，清洁型企业的生产函数可设定为

$$Y_{c,t}=A_cK_{c,t}^{\beta_1}L_{c,t}^{\beta_2}(\theta_tY_{pt})^{1-\beta_1-\beta_2} \tag{12-90}$$

式中，$Y_{c,t}$、A_c 为清洁型企业的产出水平和技术水平；$K_{c,t}$、$L_{c,t}$ 分别为清洁型企业生产中投入的资本和劳动力；β_1 和 β_2 为该类企业生产的份额参数；θ_t 为清洁型企业生产过程中投入的污染型产品占全部污染型产品的比例。

环境污染具有负外部性，为了实现降低污染排放、保护生态环境的目标，政府会对能源企业和污染型企业进行征税以约束两类企业的生产活动，因而可以得到能源企业与污染型企业的利润函数，分别如式(12-91)和式(12-92)所示。

$$\Pi_{e,t}=(1-\tau_e)P_{e,t}E_t-R_tK_{e,t}-W_tL_{e,t} \tag{12-91}$$

$$\Pi_{p,t}=(1-\tau_p)P_{p,t}Y_{p,t}-R_tK_{p,t}-W_tL_{p,t}-P_{e,t}E_t \tag{12-92}$$

式中，$\Pi_{e,t}$、$\Pi_{p,t}$ 为第 t 期能源企业、污染型企业的利润；τ_e、τ_p 为政府对两类企业征税的税率；$P_{e,t}$ 和 $P_{p,t}$ 表示能源产品、污染型产品的价格；R_t 和 W_t 为资本的利率、劳动力的工资。

区别于能源企业、污染型企业，政府往往对清洁型企业进行补贴，以鼓励清洁型企业加大产出，清洁型企业的利润函数设定为

$$\Pi_{c,t}=(1+\tau_c)P_{c,t}Y_{c,t}-R_tK_{c,t}-W_tL_{c,t}-P_{p,t}(\theta_tY_{p,t}) \tag{12-93}$$

式中，$\Pi_{c,t}$ 为第 t 期清洁型企业的利润水平；$P_{c,t}$ 代表清洁型产品的价格；τ_c 为政府对清洁型企业的补贴率。

能源企业、污染型企业和清洁型企业的目标是一致的，都是追求利润最大化，根据式(12-88)～式(12-93)，可以求解其生产优化行为的一阶条件，得到各类要素的优化投入方程，不再赘述。

不失一般性地，假设污染型企业使用能源投入进行产品生产时会排放污染物 EM_t，借鉴 Oueslati 的设定方法[①]，设污染排放函数为

$$\mathrm{EM}_t=\left(\frac{E_t}{D}\right)^{\mu} \tag{12-94}$$

式中，D 为环境规制强度，也可设置为政府或企业的污染治理投入；μ 为污染排放系数。

环境污染物排放后会累积形成污染存量，因此污染排放的累积方程为

① OUESLATI W. Growth and welfare effects of environmental tax reform and public spending policy[J]. Economic modelling, 2015, 45: 1-13.

$$X_{t+1}=(1-\xi)X_t+\mathrm{EM}_t \tag{12-95}$$

式中，X_{t+1} 和 X_t 分别为第 $t+1$ 期、第 t 期的环境污染存量；生态系统具有一定的自降解能力，环境污染物排放到大气中后，部分能够被生态系统部分降解，由于生态系统的自降解能力是有限的，剩余的污染物逐渐累积形成污染存量，ξ 为生态系统的跨期自降解系数，$0<\xi<1$，该系数越大，表明生态系统的自降解能力越强。

在考虑环境污染因素之后，部分文献还对污染型企业的生产函数进行了重新设定，充分考虑了污染导致其生产效率的损失，加入了效率损失项，如式(12-96)所示。

$$Y_{p,t}=[1-D(X_t)]A_p K_{p,t}^{\alpha_1} L_{p,t}^{\alpha_2} E_t^{1-\alpha_1-\alpha_2} \tag{12-96}$$

式中，$D(X_t)$ 为效率损失项，代表第 t 期的环境污染存量对污染型企业生产效率的负向影响，一般而言，$D'(X)>0$，$D''(X)>0$，可将效率损失项 $D(X_t)$ 设为二次函数的形式，例如 $D(X_t)=dX_t^2$，d 为效率损失系数，效率损失项体现了环境变化对经济增长的反馈机制。

考虑到政府会对污染排放征收环境保护税，因此污染型企业的利润函数也会发生变化，如式(12-97)所示。

$$\Pi_{p,t}=(1-\tau_p)P_{p,t}Y_{p,t}-R_t K_{p,t}-W_t L_{p,t}-P_{e,t}E_t-\tau_{\mathrm{em}}\mathrm{EM}_t \tag{12-97}$$

式中，τ_{em} 为政府对污染型企业征收的环境保护税税率。

除了对企业的生产活动产生影响之外，环境污染使得生态系统遭到破坏，对人们的生活环境和生活方式产生了不利影响，降低了代表性家庭的效用，因此，在代表性家庭的效用函数中也应考虑环境污染因素。除了消费和闲暇之外，将环境污染存量加入代表性家庭的效用函数中，得到家庭的目标函数为

$$\max \sum_{t=0}^{\infty}\gamma^t\left\{\frac{[C_t^{\theta}(1-L_t)^{1-\theta}]^{1-\sigma}}{1-\sigma}-F(X_t)\right\} \tag{12-98}$$

式中，γ 为贴现因子；$F(X_t)$ 为环境污染存量对于代表性家庭效用的影响函数，同样可设置为二次函数的形式。

代表性家庭第 t 期的总消费水平 C_t 由污染型产品和清洁型产品组合得到，由于污染型产品和清洁型产品是异质的，两类产品不能直接加总，应采用 C-D 函数或 CES 函数形式将两类产品进行综合，得到总消费水平。类似地，用于投资的污染型产品和清洁型产品以及能源产品也应进行组合得到代表性家庭的总投资。

政府通过对污染型企业和能源部门进行征税获得收入，对清洁型企业进行补贴，并对家庭进行转移支付，满足预算收支平衡。除此之外，政府还会设定环境污染治理目标，对环境污染物排放量或污染强度进行约束，总量减排政策一般要求污染型企业生产活动中所排放的污染物不能超过额定的排放量，强度减排政策则要求企业的污染排放强度低于约束值。其中，总量减排约束可设定为

$$\mathrm{EM}_t \leqslant \mathrm{EM}_0 \tag{12-99}$$

式中，EM_0 为政府设定的整体排放总量或排放配额，企业生产过程中实际产生的污染物排放量 EM_t 不得超过该限定值。

在环境污染强度减排政策中，首先需要明确表示污染排放强度，即污染型企业产生的排放物与其产出之比，可表示为：$\mathrm{int}_t=\mathrm{EM}_t/Y_{p,t}$，则环境污染强度约束如式(12-100)或

式(12-101)所示。

$$\text{int}_t \leqslant \text{int}_0 \tag{12-100}$$

$$\text{EM}_t \leqslant \text{int}_0 \cdot Y_{p,t} \tag{12-101}$$

式中，int_0 为政府设定的污染强度约束，如果实际的碳强度小于设定的碳强度，即 $\text{int}_t \leqslant \text{int}_0$，则污染强度减排政策不会对经济活动产生影响；相反，如果 $\text{int}_t > \text{int}_0$，则碳强度减排政策就会增加企业的生产成本，体现在其利润函数中。

在环境污染强度的计算中，部分文献将污染排放物除以污染型企业产出与投入使用的能源产品之差，这一方法主要是基于增加值的视角计算污染强度，即 $\text{int}_t = \text{EM}_t/(Y_{p,t} - E_t)$；另有文献将污染排放物除以污染型企业产出和清洁型企业产出两者之和，即从经济中总产出的角度进行污染强度的定义，其表达式为 $\text{int}_t = \text{EM}_t/(Y_{p,t} + Y_{c,t})$。

将式(12-99)加入模型中，对污染型企业施加约束时，相当于政府实行了环境污染总量减排政策；将式(12-100)或式(12-101)加入模型中再求解时，代表政府实施了污染强度减排政策；若上述各约束均不加入模型中，则代表无减排政策的基准状态。

本章习题

1. 请写出至少六种效用函数的形式。
2. 请简述一般均衡模型中垄断竞争市场的设定方式。
3. 请谈一下对斯塔克尔伯格博弈和最优财政支出问题的理解。

第 13 章　投入产出方法与应用

与动态随机一般均衡模型类似，投入产出模型也是基于均衡的思想，用以分析不同行业、不同地区之间经济关联特征的重要工具。投入产出模型所依赖的数据基础为投入产出表，其将各个部门之间产品生产中的投入与产出关系表示为线性方程组的形式，用于反映国民经济各部分以及不同行业之间的投入产出平衡关系①。投入产出方法最早可追溯至 Leontief 的相关研究②，此后被广泛应用于各个国家产业关联和经济增长问题的分析中，并且在经济预测、资源与环境等相关问题中也得到了一定的应用。

实际上，将投入产出结构纳入一般均衡的分析框架中，可以实现投入产出模型与一般均衡模型的充分融合，在本书第 6 章中的多行业一般均衡模型，就是将两类模型进行有机结合的典型应用，基于该类模型可以在一般均衡的框架下实现对不同行业生产行为特征和关联特征的分析。在本章中，将主要对各类投入产出表的基本结构进行描述，并介绍投入产出模型中部分指标的计算方法，最后通过一个实例说明投入产出模型在实际问题中的应用。

13.1　投入产出表的基本概念与指标计算

13.1.1　投入产出表的基本形式

投入产出表可以分为实物型投入产出表与价值型投入产出表，其中价值型投入产出表的基本结构如表 13-1 所示。

实物型投入产出表与价值型投入产出表在组成结构方面基本相同，其主要区别在于计量单位不同。实物表以实物量作为计量单位，不同产品的计量单位不相同，列向元素不能相加；而价值表采用货币形式统一了全表中数据的计量单位，在行向与列向上均建立起数量关系，可以实现更为方便的合并与拆分等。因此，与实物型投入产出表相比，价值型投入产出表包含了更为丰富的信息，其应用也更为广泛，本章主要介绍价值型投入产出表的基本内容。

在价值型投入产出表中，按列向表示的是对各种投入要素的消耗和使用，即投入的来源；按行向反映的则是产品的分配使用去向，即产出的流向。简言之，列为投入的来源，行为产出的流向。进一步地，通过分析价值型投入产出表的内部结构可知，其由三个模块或部分组成，如表 13-1 所示。

---

① 刘起运，陈璋，苏汝劼. 投入产出分析[M]. 北京：中国人民大学出版社，2006.

② LEONTIEF W W. Quantitative input and output relations in the economic systems of the United States[J]. Review of economics & statistics，1936，18(3)：105-125.

表 13-1 价值型投入产出表的基本结构

<table>
<tr><td colspan="2" rowspan="3">投 入</td><td colspan="8">产出</td><td rowspan="3">总产出</td></tr>
<tr><td colspan="4">中间使用</td><td colspan="4">最终使用</td></tr>
<tr><td>部门 1</td><td>部门 2</td><td>…</td><td>部门 n</td><td>消费</td><td>投资</td><td>其他</td><td>合计</td></tr>
<tr><td rowspan="4">中间投入</td><td>部门 1</td><td>x_{11}</td><td>x_{12}</td><td>…</td><td>x_{1n}</td><td>c_1</td><td>i_1</td><td>…</td><td>y_1</td><td>X_1</td></tr>
<tr><td>部门 2</td><td>x_{21}</td><td>x_{22}</td><td>…</td><td>x_{2n}</td><td>c_2</td><td>i_2</td><td>…</td><td>y_2</td><td>X_2</td></tr>
<tr><td>…</td><td>…</td><td>…</td><td>…</td><td>…</td><td>…</td><td>…</td><td>…</td><td>…</td><td>…</td></tr>
<tr><td>部门 n</td><td>x_{n1}</td><td>x_{n2}</td><td>…</td><td>x_{nn}</td><td>c_n</td><td>i_n</td><td>…</td><td>y_n</td><td>X_n</td></tr>
<tr><td rowspan="5">初始投入（增加值）</td><td>固定资产折旧</td><td>d_1</td><td>d_2</td><td>…</td><td>d_n</td><td colspan="5" rowspan="6"></td></tr>
<tr><td>劳动者报酬</td><td>r_1</td><td>r_2</td><td>…</td><td>r_n</td></tr>
<tr><td>生产税净额</td><td>t_1</td><td>t_2</td><td>…</td><td>t_n</td></tr>
<tr><td>营业盈余</td><td>m_1</td><td>m_2</td><td>…</td><td>m_n</td></tr>
<tr><td>增加值合计</td><td>va_1</td><td>va_2</td><td>…</td><td>va_n</td></tr>
<tr><td colspan="2">总投入</td><td>X_1</td><td>X_2</td><td>…</td><td>X_n</td></tr>
</table>

（1）第Ⅰ模块为“中间投入—中间使用”栏，这也是投入产出表的核心。第Ⅰ模块可以视作一个 $n \times n$ 维的方阵，其描述了经济系统中各行业即各部门之间中间产品的数量依存关系即投入产出关系。

（2）第Ⅱ模块即“中间投入—最终使用”部分，用于体现每一行业所生产的产品除中间使用之外的其他用途，即最终使用。该部分可以按照最终产品的用途进一步划分为消费、投资、出口等不同的产品使用去向，即第Ⅱ模块可以表示为多个 n 维列向量。

（3）第Ⅲ模块为中间投入向下延伸后的“初始投入—中间使用”部分，即为投入产出表的增加值部分。各个生产部门的投入除了包括来自不同部门的中间投入外，还需要固定资产、劳动力等作为初始投入。

投入产出表基于整体经济系统中总投入等于总产出的基本平衡关系，从产品生产的不同流程出发，体现了各部门的投入来源与产出去向，将社会生产过程中对各种生产要素的消耗以及对生产成果的分配纳入统一的研究框架内进行考察，是分析经济系统结构特征的重要工具。在投入产出表的基础上建立投入产出模型，也应满足上述平衡关系。

如前所述，在水平方向上体现了各经济部门的产品分配流向，各种不同用途的产品相加之和等于总产出，其数量关系是：中间使用＋最终使用＝总产出。因此，在行向上建立投入产出平衡关系的表达式为

$$\sum_{j=1}^{n} x_{ij} + y_i = X_i, \quad i = 1, 2, \cdots, n \tag{13-1}$$

在垂直方向上体现了产品生产中投入的各类要素，包括中间产品及在其基础上实现的价值增值，如固定资产折旧、劳动者报酬、生产税净额和营业盈余等，这些要素的价值量之和等于总投入，满足的数量关系为：中间投入＋初始投入＝总投入。在列向上建立投入产出模型的数学表示如式(13-2)所示。

$$\sum_{i=1}^{n} x_{ij} + va_j = X_j, \quad j = 1,2,\cdots,n \tag{13-2}$$

在水平方向、垂直方向上建立的投入产出模型分别反映了各个行业的产出、投入关系，即充分体现了行业或部门的分配结构与生产结构，在实际中得到了广泛的应用。为了体现一个行业在生产过程中对其他部门中间产品的消耗，引入直接消耗系数 a_{ij} 作为反映两部门之间产品直接技术经济联系或生产联系的指标。直接消耗系数 a_{ij} 可定义为部门 j 生产一单位产品时对部门 i 产品的直接消耗量，其计算公式为

$$a_{ij} = \frac{x_{ij}}{X_j} \tag{13-3}$$

将式(13-3)代入式(13-1)中，得到

$$\sum_{j=1}^{n} a_{ij} X_j + y_i = X_i \tag{13-4}$$

将式(13-4)表示为矩阵形式，即 $\boldsymbol{AX}+\boldsymbol{Y}=\boldsymbol{X}$，$\boldsymbol{A}$ 为直接消耗系数矩阵，$\boldsymbol{Y}$ 为最终需求列向量，$\boldsymbol{X}$ 是总产出列向量。对其进行简单的变换，即可得到投入产出模型的一般形式

$$\boldsymbol{X} = (\boldsymbol{I} - \boldsymbol{A})^{-1}\boldsymbol{Y} \tag{13-5}$$

式中，$\boldsymbol{X} = \begin{pmatrix} X_1 \\ X_2 \\ \vdots \\ X_n \end{pmatrix}$；$\boldsymbol{A} = \begin{pmatrix} a_{11} & a_{12} & \cdots & a_{1n} \\ a_{21} & a_{22} & \cdots & a_{2n} \\ \vdots & \vdots & \ddots & \vdots \\ a_{n1} & a_{n2} & \cdots & a_{nn} \end{pmatrix}$；$\boldsymbol{Y} = \begin{pmatrix} Y_1 \\ Y_2 \\ \vdots \\ Y_n \end{pmatrix}$；$\boldsymbol{I}$ 为单位矩阵。

在一个部门产品的生产过程中，与其他部门既有直接联系，也有间接联系。同样地，各种产品之间的相互消耗，除了直接消耗，还有间接消耗。完全消耗系数是对产业或部门之间直接与间接联系的全面反映，是一般均衡思想以及生产循环理念在投入产出模型中的集中体现。与直接消耗系数类似，完全消耗系数 b_{ij} 表示部门 j 生产一单位最终产品时对部门 i 产品的完全消耗量，其矩阵通常表示为 $\boldsymbol{B}$。直接消耗系数与完全消耗系数的关系满足：完全消耗系数＝直接消耗系数＋全部间接消耗系数。

采用数学形式表示直接消耗系数矩阵 $\boldsymbol{A}$ 与完全消耗系数矩阵 $\boldsymbol{B}$ 之间的关系为

$$\boldsymbol{B} = \boldsymbol{A} + \boldsymbol{A}^2 + \boldsymbol{A}^3 + \cdots + \boldsymbol{A}^k + \cdots \tag{13-6}$$

式中，完全消耗系数矩阵 $\boldsymbol{B} = \begin{pmatrix} b_{11} & b_{12} & \cdots & b_{1n} \\ b_{21} & b_{22} & \cdots & b_{2n} \\ \vdots & \vdots & \ddots & \vdots \\ b_{n1} & b_{n2} & \cdots & b_{nn} \end{pmatrix}$。

对式(13-6)进行整理，得到式(13-7)。

$$\boldsymbol{B} = (\boldsymbol{I} - \boldsymbol{A})^{-1} - \boldsymbol{I} = \boldsymbol{L} - \boldsymbol{I} \tag{13-7}$$

在式(13-7)中，矩阵 $\boldsymbol{L} = (\boldsymbol{I} - \boldsymbol{A})^{-1}$ 称为列昂惕夫逆矩阵，其元素 l_{ij} 表示 j 部门生产单位最终产品对 i 部门产品的完全需求量，既包括对中间产品的需求，也包括对最终产品自身的需求，即对总产品的完全需求，列昂惕夫逆矩阵又称为最终产品系数矩阵。

与行模型类似，根据投入产出表各列之间的平衡关系也可以建立列向价值模型，用于

反映各部门投入要素的构成情况或价值形成过程，并计算得到直接分配系数与完全分配系数，由于其应用相对较少，本节不再赘述[①]。

13.1.2 基于投入产出表的指标计算

如前所述，投入产出模型以投入产出表中各部门之间的数量关系为依据，用线性方程组的形式表示经济系统的投入与产出关系，直接消耗系数与完全消耗系数是实现由表向模型转化的关键参数。除此之外，基于投入产出表还可以计算其他具有经济内涵的系数，从“投入需求”和“产出供给”两个视角实现对行业间经济关联的描述以及行业在产业链中位置特征的刻画[②]，以丰富和完善经济系统的分析与评价体系。在本节中，我们对一些常见系数的计算方法及经济含义进行简要说明。

1. 上游度

上游度是指某部门产品在到达最终需求之前所需要经历的生产阶段的数目，用于反映部门或行业之间的上下游关系。参照 Antràs et al. 的研究[③]，行业与最终需求之间的距离可以作为判定其在产业链上位置的依据，进而得到部门 i 上游度指数（U_i）的计算方法为

$$U_i = 1\,\frac{y_i}{X_i} + 2\,\frac{\sum_{j=1}^{n} a_{ij} y_j}{X_i} + 3\,\frac{\sum_{j,k=1}^{n} a_{ik} a_{kj} y_j}{X_i} + \cdots \tag{13-8}$$

显然，部门 i 的产品距离最终需求端越远，其上游度越大，该部门或行业在价值链中处于上游位置。一般而言，上游度越高的行业主要从事原材料、初级产品的生产或加工制造活动，其产品还需要作为中间品在其他部门之间进行多次流转才能加工成为最终产品，即该部门向其他产业部门进行中间品供给的路径较为复杂、产业关联的范围更广。反之，上游度低的部门或行业处于产业链的下游环节，更接近最终需求端。

2. 影响力系数和感应度系数

在基于投入产出模型的前后向关联特征分析中，一般通过计算影响力系数和感应度系数来反映某部门对整个经济的拉动和推动作用。影响力系数是指当经济中某部门增加一个单位最终使用时对国民经济各部门所产生的生产需求波及程度，为后向关联程度的表示；感应度系数则是经济中各部门都增加一个单位最终需求时对某一部门需求的作用程度，是前向关联程度的代表。

传统的影响力系数（δ_i）和感应度系数（θ_i）的计算公式分别为

---

① 如有需要可参考相关资料，例如，刘起运，陈璋，苏汝劼. 投入产出分析[M]. 北京：中国人民大学出版社，2006。

② 潘文卿，李跟强. 中国制造业国家价值链存在“微笑曲线”吗？——基于供给与需求双重视角[J]. 管理评论，2018(5).

③ ANTRÀS P，CHOR D，FALLY T，et al. Measuring the upstreamness of production and trade flows[J]. The American economic review，2012，102(3)：412-416.

$$\delta_i = \frac{\sum_{j=1}^{n} b_{ji}}{\frac{1}{n}\sum_{i=1}^{n}\sum_{j=1}^{n} b_{ij}} \tag{13-9}$$

$$\theta_i = \frac{\sum_{j=1}^{n} b_{ij}}{\frac{1}{n}\sum_{i=1}^{n}\sum_{j=1}^{n} b_{ij}} \tag{13-10}$$

当影响力系数大于 1 时，说明部门 i 产品生产对其他部门的影响程度超过平均影响力，影响力系数越大，对其他部门的需求率就越大，在经济系统中就具有越强的拉动作用；而感应度系数如果大于 1，则表明各部门对部门 i 产品的需求程度超过了平均需求水平，系数越大的部门受其他部门的影响越大，其对经济的推动作用就越明显。

式(13-9)和式(13-10)所示的影响力系数与感应度系数计算公式是前后向关联的一般测度方法，在此基础上，中国投入产出学会课题组将权重思想引入了上述计算公式中，得到了改进的影响力系数与改进的感应度系数即推动力系数①，为测度部门对于国民经济推动力的相对大小提供了更为合理的经济指标，改进影响力系数(δ'_i)的计算方法为

$$\delta'_i = \frac{\sum_{j=1}^{n} b_{ji}}{\sum_{i=1}^{n}\left(\sum_{j=1}^{n} b_{ji}\right)\mu_i} \tag{13-11}$$

式中，$\mu_i = y_i / \sum y_j$ 为行业 i 的最终产出构成系数，即行业 i 的最终产品在全部行业最终产品中的份额。

改进感应度系数或称为推动力系数(θ'_i)的计算方法如式(13-12)所示。

$$\theta'_i = \frac{\sum_{j=1}^{n} d_{ij}}{\sum_{i=1}^{n}\left(\sum_{j=1}^{n} d_{ij}\right)\lambda_i} \tag{13-12}$$

式中，d_{ij} 为完全分配系数；$\lambda_i = va_i / \sum va_j$ 为行业 i 的初始投入构成系数，表示行业 i 的初始投入在全部行业初始投入总量中所占的比重。

除了包括部门或行业的传统投入产出模型之外，根据投入产出表中包含经济主体的不同，还有企业投入产出模型、地区间投入产出模型以及国际投入产出模型等多种形式，可用于分析不同经济主体的生产结构及其之间的关联程度。本书将在传统投入产出模型的基础上，介绍常用的国际投入产出数据库，并基于国际多区域投入产出表构建世界生产与研发创新网络，进行投入产出模型应用的实例分析。

---

① 中国投入产出学会课题组. 我国能源部门产业关联分析——2002 年投入产出表系列分析报告之六[J]. 统计研究，2007(5).

13.2　各类投入产出表的主要形式

在基本投入产出表基础上形成和发展了一系列投入产出数据库，在本节中，将对三类典型的数据库中投入产出表的基本结构进行介绍，包括世界投入产出数据库（World Input-Output Database，WIOD）、中国产业生产率（The China industrial productivity，CIP）数据库、跨国企业经济行为（Activity of Multinational Enterprises，AMNE）投入产出数据库。

13.2.1　世界投入产出数据库

世界投入产出数据库①，主要由1995—2014年共计20张以百万美元为单位按照现价计算的世界投入产出表（WIOT）构成。世界投入产出表的编制主要由欧盟资助，目标在于体现国家（地区）之间的经济活动，以生产部门即行业为最小的统计单元，同时反映不同国家（地区）行业之间的投入产出关系。2013年版的WIOD世界投入产出表中主要包括了1995—2011年41个经济体35部门的数据，2016年公布的WIOD世界投入产出表中则包含2000—2014年44个经济体56部门的数据。此外，在WIOD中，还包括各个国家（地区）的投入产出表、社会经济账户和环境账户等。

WIOD世界投入产出表的结构如表13-2所示。

表13-2　WIOD世界投入产出表的结构

<table>
<tr><td colspan="3" rowspan="4">投　入</td><td colspan="14">产出</td><td rowspan="4">总产出</td></tr>
<tr><td colspan="7">中间使用</td><td colspan="7">最终使用</td></tr>
<tr><td colspan="3">国家1</td><td>…</td><td colspan="3">国家 n</td><td colspan="3">国家1</td><td>…</td><td colspan="3">国家 n</td></tr>
<tr><td>部门1</td><td>…</td><td>部门 m</td><td>…</td><td>部门1</td><td>…</td><td>部门 m</td><td>消费</td><td>…</td><td>投资</td><td>…</td><td>消费</td><td>…</td><td>投资</td></tr>
<tr><td rowspan="7">中间投入</td><td rowspan="3">国家1</td><td>部门1</td><td>x_{11}^{11}</td><td></td><td>x_{11}^{1m}</td><td></td><td>x_{1n}^{11}</td><td></td><td>x_{1n}^{1m}</td><td>y_{11}^{1C}</td><td></td><td>y_{11}^{1I}</td><td>…</td><td>y_{1n}^{1C}</td><td></td><td>y_{1n}^{1I}</td><td>X_1^1</td></tr>
<tr><td>…</td><td></td><td>…</td><td></td><td>…</td><td></td><td>…</td><td></td><td></td><td>…</td><td></td><td>…</td><td></td><td>…</td><td></td><td>…</td></tr>
<tr><td>部门 m</td><td>x_{11}^{m1}</td><td></td><td>x_{11}^{mm}</td><td></td><td>x_{1n}^{m1}</td><td></td><td>x_{1n}^{mm}</td><td>y_{11}^{mC}</td><td></td><td>y_{11}^{mI}</td><td>…</td><td>y_{1n}^{mC}</td><td></td><td>y_{1n}^{mI}</td><td>X_1^m</td></tr>
<tr><td>…</td><td>…</td><td></td><td>…</td><td></td><td>…</td><td></td><td>…</td><td></td><td></td><td>…</td><td></td><td>…</td><td></td><td>…</td><td></td><td>…</td></tr>
<tr><td rowspan="3">国家 n</td><td>部门1</td><td>x_{n1}^{11}</td><td></td><td>x_{n1}^{1m}</td><td></td><td>x_{nn}^{11}</td><td></td><td>x_{nn}^{1m}</td><td>y_{n1}^{1C}</td><td></td><td>y_{n1}^{1I}</td><td>…</td><td>y_{nn}^{1C}</td><td></td><td>y_{nn}^{1I}</td><td>X_n^1</td></tr>
<tr><td>…</td><td></td><td>…</td><td></td><td>…</td><td></td><td>…</td><td></td><td></td><td>…</td><td></td><td>…</td><td></td><td>…</td><td></td><td>…</td></tr>
<tr><td>部门 m</td><td>x_{n1}^{m1}</td><td></td><td>x_{n1}^{mm}</td><td></td><td>x_{nn}^{m1}</td><td></td><td>x_{nn}^{mm}</td><td>y_{n1}^{mC}</td><td></td><td>y_{n1}^{mI}</td><td>…</td><td>y_{nn}^{mC}</td><td></td><td>y_{nn}^{mI}</td><td>X_n^m</td></tr>
<tr><td colspan="2" rowspan="2">初始投入</td><td>税收</td><td>va_1^{1T}</td><td></td><td>va_1^{mT}</td><td></td><td>va_n^{1T}</td><td></td><td>va_n^{mT}</td><td colspan="8" rowspan="3"></td></tr>
<tr><td>…</td><td></td><td>…</td><td></td><td>…</td><td></td><td>…</td><td></td></tr>
<tr><td colspan="3">总投入</td><td>X_1^1</td><td>…</td><td>X_1^m</td><td>…</td><td>X_n^1</td><td>…</td><td>X_n^m</td></tr>
</table>

世界投入产出表表13-2与简化的价值型投入产出表表13-1的结构基本一致，均由三个象限组成。世界投入产出表的主要特点在于，与仅含有部门或行业的投入产出表相比，世界投入产出表中的数据体量更大、包含的经济信息更多，可以研究全球价值链相关问题。

① 世界投入产出数据库，网址：http://www.wiod.org/home。

例如，其第Ⅱ象限是由国家和行业共同构成的。在本节中，不失一般性地，采用上标 i 表示部门、下标 j 代表国家，$i=1,2,\cdots,m$，$j=1,2,\cdots,n$，则 x_{nn}^{mm} 表示国家 n 的部门 m 向国家 n 的部门 m 提供的中间产品价值。

第Ⅰ象限的最终使用部分按照产品用途分为了包括消费支出与固定资本形成在内的五种不同的产品流动方向，例如 y_{nn}^{mC} 和 y_{nn}^{mI} 分别表示国家 n 的部门 m 为国家 n 提供的用于消费、投资的最终产品。对各类最终使用进行简单的加总，即可以将每个国家的最终需求合并为一个 mn 维的列向量。

在第Ⅲ象限中，初始投入又被称为增加值或价值增加、价值形成，由扣除补贴后的税收即净税收、出口到岸或离岸价格调整、居民在境外的直接购买等部分组成，其中国家 n 部门 m 的税收支出用 va_n^{mT} 表示，国家 n 部门 m 的总投入为 X_n^m。世界投入产出表行向与列向所满足的投入产出基本等价关系，是构建世界生产网络以及对某一国家或行业在全球价值链中进行定位的重要工具。

13.2.2　中国产业生产率数据库

中国产业生产率数据库[①]，是由日本独立行政法人经济产业研究所（RIETI）研发的，可用于分析多样化和复杂化的经济社会特征。CIP 数据包括 CIP 数据 2015、CIP 数据 2011，其中 CIP2015 数据库由四个部分组成，分别是：投入产出表、资本投入数据、劳动投入数据以及分类表，提供了 1981—2010 年中国各产业较为完整的宏观经济指标。其中，投入产出表提供了涵盖三大产业共 37 部门产出和要素的详细数据，属于第一产业的部门数为 1 个，第二产业包括部门 2～部门 25，其余部门属于第三产业，如表 13-3 所示。

表 13-3　CIP 数据库中的投入产出表结构

投入			产出										总产出
			中间使用							最终使用			
			第一产业	第二产业		第三产业							
			部门 1	部门 m	…	部门 s	…	部门 n	消费	投资	出口	进口	
中间投入	第一产业	部门 1	x_{11}	x_{1m}	…	x_{1s}	…	x_{1n}	y_{1C}	y_{1I}	y_{1EX}	y_{1IM}	X_1
	第二产业	部门 m	x_{m1}	x_{mm}		x_{ms}		x_{mn}	y_{mC}	y_{mI}	y_{mEX}	y_{mIM}	X_m
		…	…		…		…		…		…		…
	第三产业	部门 s	x_{s1}	x_{sm}		x_{ss}		x_{sn}	y_{sC}	y_{sI}	y_{sEX}	y_{sIM}	X_s
		…	…		…		…		…		…		…
		部门 n	x_{n1}	x_{nm}		x_{ns}		x_{nn}	y_{nC}	y_{nI}	y_{nEX}	y_{nIM}	X_n
初始投入		折旧	va_{F1}	va_{Fm}	…	va_{Fs}	…	va_{Fn}					
		工资	va_{W1}	va_{Wm}		va_{Ws}		va_{Wn}					
		盈余	va_{P1}	va_{Pm}	…	va_{Ps}	…	va_{Pn}					
		税收	va_{T1}	va_{Tm}		va_{Ts}		va_{Tn}					
总投入			X_1	X_m	…	X_s	…	X_n					

① 中国产业生产率数据库，网址：https://www.rieti.go.jp/cn/database/cip.html。

中国产业生产率数据库没有将各个象限的数据列于同一个表中，包括 1981—2010 年的中间投入与中间使用表、最终需求表、初始投入或增加值表，以及总产出表。在使用时，可以将属于同一年份的数据提取归纳到同一个表中，即得到如表 13-3 所示的 CIP 投入产出表。

与其他投入产出表类似，CIP 投入产出表的第Ⅱ象限体现了中国不同产业或部门之间中间品的直接消耗关系，第Ⅰ象限与第Ⅲ象限按照最终产品用途以及初始投入来源不同各分解为四个组成部分，其中，第 i 行业的最终产品（y_i）＝消费（y_{iC}）＋投资（y_{iI}）＋出口（$y_{i\mathrm{EX}}$）－进口（$y_{i\mathrm{IM}}$），第 i 行业的初始投入（va_i）＝固定资本折旧（va_{Fi}）＋劳动者报酬（va_{Wi}）＋营业盈余（va_{Pi}）＋生产税净额（va_{Ti}）。

需要说明的是，在 CIP 数据库中的总产出、中间投入与中间使用、最终需求等数据，均以当年价格、前一年的价格为基准分别核算得到现价数值与不变价的数值，在使用过程中可以实现价格基准的统一和平减指数的计算，便于得到与名义值相对应的实际值，这也是 CIP 数据库的一个非常重要的优点。

13.2.3　跨国企业经济行为投入产出数据库

跨国企业经济行为投入产出数据库是由经济合作与发展组织（OECD）开发的①，基于该数据库可以实现对全球价值链特征的有效分析与探索。该数据库与 WIOD 在组成结构方面十分类似，涵盖了 2005—2016 年共 12 张投入产出表，每张投入产出表中包括 59 个经济体 34 个行业的年度数据。该数据库的特点在于其包含了经济体的所有制结构，即每个经济体的每个行业都区分了外资企业（外资占比超过 50%）和内资企业两类主体，其中内资企业包括在其他经济体拥有分支机构的经济体内企业、不参与国际投资的经济体内企业，表 13-4 为 AMNE 投入产出数据库中投入产出表的具体形式。

表 13-4　AMNE 投入产出数据库中的投入产出表结构

投入				产出								
				中间使用							最终使用	总产出
				国家 1						⋯		
				内资企业（D）			外资企业（F）			⋯	国家 1　⋯	
				部门 1	⋯	部门 m	部门 1	⋯	部门 m	⋯		
中间投入	国家 1	内资企业 D	部门 1	x^{11}_{1D1D}	⋯	x^{1m}_{1D1D}	x^{11}_{1D1F}	⋯	x^{1m}_{1D1F}	⋯	y^{1}_{1D}　⋯	X^{1}_{1D}
			⋯	⋯	⋯		⋯		⋯			
			部门 m	x^{m1}_{1D1D}	⋯	x^{mm}_{1D1D}	x^{m1}_{1D1F}	⋯	x^{mm}_{1D1F}	⋯	y^{m}_{1D}　⋯	X^{m}_{1D}
		外资企业 F	部门 1	x^{11}_{1F1D}	⋯	x^{1m}_{1F1D}	x^{11}_{1F1F}	⋯	x^{1m}_{1F1F}	⋯	y^{1}_{1F}　⋯	X^{1}_{1F}
			⋯		⋯	⋯		⋯		⋯		
			部门 m	x^{m1}_{1F1D}	⋯	x^{mm}_{1F1D}	x^{m1}_{1F1F}	⋯	x^{mm}_{1F1F}	⋯	y^{m}_{1F}　⋯	X^{m}_{1F}
	⋯	⋯	⋯		⋯			⋯			⋯	⋯
初始投入				va^{1}_{1D}	⋯	va^{m}_{1D}	va^{1}_{1F}	⋯	va^{m}_{1F}	⋯		
总投入				X^{1}_{1D}	⋯	X^{m}_{1D}	X^{1}_{1F}	⋯	X^{m}_{1F}	⋯		

① 跨国企业经济行为投入产出数据库，网址：https://www.oecd.org/sti/ind/analytical-amne-*data*base.htm。

由于篇幅限制，在表 13-4 中仅详细列出了国家 1 的数据结构，其中 D 为内资企业的标识，F 为外资企业的标识。对比表 13-4 与表 13-2 可得，AMNE 投入产出数据库与 WIOD 的主要区别是在国家与行业的基础上进一步区分了企业的所有制结构。换言之，AMNE 投入产出数据库将宏观层面的国家间投入产出表与微观层面的行业和企业投入产出表纳入统一框架中，基于该数据库可以充分研究跨国企业在一个经济体以及世界经济体系中的地位和作用。

随着全球化竞争与合作程度的加深，不同经济体之间产品和服务的交换范围不断扩大，形成了遍布世界的经济贸易网络。在本节介绍的投入产出数据库中，WIOD 和 AMNE 投入产出数据库均为世界范围内的地区间数据库，基于此类数据库，可以在全球价值链和世界生产网络中分析各个经济体不同行业、不同企业的增长模式及其对经济增长的贡献程度。

13.3　一个应用实例

改革开放以来，中国凭借丰富的资源禀赋和劳动力低成本优势构建了种类完备且层次多样的制造业生产体系，自 2010 年以来，中国制造业生产规模已经连续多年稳居世界第一并且份额持续扩大。但是，中国制造业的整体绩效水平与发达国家相差较大，中国高端制造业研发经费投入与国内生产总值之比即研发投入强度偏低的现象十分突出。

一些学者研究发现，中国制造业在全球价值链中处于相对低端的环节，尤其是中国高技术制造业的增值能力严重不足，对生产网络的关注普遍集中在产品贸易与增加值贸易方面，而对创新投入这一影响中国制造业高端化关键因素的研究有所欠缺，不能从根本上解释中国制造业“大而不强”的深层次原因。应将生产活动与研发投入紧密结合，以实现对中国制造业在世界创新网络中的精准定位。因此，本节基于世界投入产出数据库，采用投入产出模型对中国制造业融入世界创新网络的路径进行分解，测算不同路径下中国制造业与其他经济体的技术关联，实现中国制造业地位、作用和不足的准确认识①。

13.3.1　基于多国多产业投入产出表的模型构建

基于国际多区域投入产出表，将体现各国家(地区)经济关联的投入产出数据与体现科技创新水平的研发支出数据结合，可以构建经济体之间的研发创新矩阵。设国家 i 代表中国，M、N 分别为中国制造业和中国非制造业上标。国际多区域投入产出表的基本形式与矩阵表示如式(13-13)所示。

$$\boldsymbol{X}=\boldsymbol{A}\boldsymbol{X}+\boldsymbol{Y}$$

① 陈婷玉. 中国制造业在世界创新网络中的多维定位与融入路径研究[J]. 数量经济技术经济研究，2019(11).

$$\boldsymbol{X}=\begin{pmatrix} x_1 \\ \vdots \\ x_i^M \\ x_i^N \\ \vdots \\ x_n \end{pmatrix},\quad \boldsymbol{A}=\begin{pmatrix} a_{11} & \cdots & a_{1i}^M & a_{1i}^N & \cdots & a_{1n} \\ \vdots & \ddots & \vdots & \vdots & \ddots & \vdots \\ a_{i1}^M & \cdots & a_{ii}^{MM} & a_{ii}^{MN} & \cdots & a_{in}^M \\ a_{i1}^N & \cdots & a_{ii}^{NM} & a_{ii}^{NN} & \cdots & a_{in}^N \\ \vdots & \ddots & \vdots & \vdots & \ddots & \vdots \\ a_{n1} & \cdots & a_{ni}^M & a_{ni}^N & \cdots & a_{nn} \end{pmatrix},\quad \boldsymbol{Y}=\begin{pmatrix} \sum_{j=1}^{n} y_{1j} \\ \vdots \\ \sum_{j=1}^{n} y_{ij}^M \\ \sum_{j=1}^{n} y_{ij}^N \\ \vdots \\ \sum_{j=1}^{n} y_{nj} \end{pmatrix} \tag{13-13}$$

式中，$\boldsymbol{X}$ 为总产出列向量，$\boldsymbol{X}$ 的元素 x_i^M 和 x_i^N 分别表示中国制造业和中国非制造业的总产出；$\boldsymbol{A}$ 为直接消耗系数矩阵，$\boldsymbol{A}$ 的元素 a_{ii}^{MM}、a_{ii}^{MN}、a_{ii}^{NM}、a_{ii}^{NN} 分别为在中国内部，制造业对制造业、非制造业对制造业、制造业对非制造业、非制造业对非制造业产品的直接消耗系数；$\boldsymbol{Y}$ 为最终需求列向量，元素 $\sum_{j=1}^{n} y_{ij}^M$ 和 $\sum_{j=1}^{n} y_{ij}^N$ 为国家 j 对中国制造业和非制造业产品的最终需求。

国际投入产出表体现了产品在国家间的流向，研发投入和创新要素通过国际贸易流动形成世界创新网络。参照 Montresor 和 Marzetti 的研究①，构建国际研发矩阵为

$$\boldsymbol{R}=\hat{\boldsymbol{r}}\hat{\boldsymbol{x}}^{-1}(\boldsymbol{I}-\boldsymbol{A})^{-1}\boldsymbol{Y}=\hat{\boldsymbol{R}}\boldsymbol{B}\boldsymbol{Y} \tag{13-14}$$

式中，$\hat{\boldsymbol{r}}$、$\hat{\boldsymbol{x}}$ 分别为各国的研发支出对角矩阵、总产出对角矩阵；$\hat{\boldsymbol{R}}=\hat{\boldsymbol{r}}\hat{\boldsymbol{x}}^{-1}$ 为单位产出相应研发支出的对角阵；$\boldsymbol{B}=(\boldsymbol{I}-\boldsymbol{A})^{-1}$ 为列昂惕夫逆矩阵，其元素 b_{ij} 代表国家 i 即中国为满足国家 j 的单位最终需求而生产的总产出。国际研发矩阵 $\boldsymbol{R}$ 的元素 r_{ij} 表示国家 i 为满足国家 j 的最终需求而在生产过程中进行的研发支出，通过式(13-14)构建的世界研发创新网络，实现了由产品生产向研发投入的转变。

参考 Wang et al. 的研究②，由于生产资料的来源和产品的流动可以发生在同一个经济体内部，也可以在不同的经济体之间进行，因此可以将直接消耗系数和最终需求划分为经济体内部和经济体外部两个部分，如式(13-15)和式(13-16)所示。

---

① MONTRESOR S，MARZETTI G V. Applying social network analysis to input-output based matrices: an illustrative application to six OECD technological systems for the middle 1990s[J]. Economic systems research，2009，21(2)：129-149.

② WANG Z，WEI S J，YU X D，et al. Measures of participation in global value chains and global business cycles [R]. NBER working paper，2017，No. 23222.

$$
\boldsymbol{A}=\boldsymbol{A}^{D}+\boldsymbol{A}^{F}=\begin{pmatrix} a_{11} & \cdots & 0 & 0 & \cdots & 0 \\ \vdots & \ddots & \vdots & \vdots & \ddots & \vdots \\ 0 & \cdots & a_{ii}^{MM} & 0 & \cdots & 0 \\ 0 & \cdots & 0 & a_{ii}^{NN} & \cdots & 0 \\ \vdots & \ddots & \vdots & \vdots & \ddots & \vdots \\ 0 & \cdots & 0 & 0 & \cdots & a_{nn} \end{pmatrix}+\begin{pmatrix} 0 & \cdots & a_{1i}^{M} & a_{1i}^{N} & \cdots & a_{1n} \\ \vdots & \ddots & \vdots & \vdots & \ddots & \vdots \\ a_{i1}^{M} & \cdots & 0 & a_{ii}^{MN} & \cdots & a_{in}^{M} \\ a_{i1}^{N} & \cdots & a_{ii}^{NM} & 0 & \cdots & a_{in}^{N} \\ \vdots & \ddots & \vdots & \vdots & \ddots & \vdots \\ a_{n1} & \cdots & a_{ni}^{M} & a_{ni}^{N} & \cdots & 0 \end{pmatrix} \tag{13-15}
$$

$$
\boldsymbol{Y}=\boldsymbol{Y}^{D}+\boldsymbol{Y}^{F}=\begin{pmatrix} y_{11} \\ \vdots \\ y_{ii}^{MM} \\ y_{ii}^{NN} \\ \vdots \\ y_{nn} \end{pmatrix}+\begin{pmatrix} \sum_{j=2}^{n} y_{1j} \\ \vdots \\ \sum_{j=1,j\neq i}^{n} y_{ij}^{M}+y_{ii}^{MN} \\ \sum_{j=1,j\neq i}^{n} y_{ij}^{N}+y_{ii}^{NM} \\ \vdots \\ \sum_{j=1}^{n-1} y_{nj} \end{pmatrix} \tag{13-16}
$$

式中，$\boldsymbol{A}^D$ 和 $\boldsymbol{A}^F$ 分别为经济体内部的直接消耗系数和不同经济体之间的直接消耗系数；$\boldsymbol{Y}^D$ 和 $\boldsymbol{Y}^F$ 分别代表经济体内部的最终需求和其他经济体的最终需求。

将式(13-15)和式(13-16)代入投入产出表的基本形式(13-13)中，得到式(13-17)：

$$
\boldsymbol{X}=\boldsymbol{A}^{D}\boldsymbol{X}+\boldsymbol{Y}^{D}+\boldsymbol{A}^{F}\boldsymbol{X}+\boldsymbol{Y}^{F} \tag{13-17}
$$

对式(13-17)进行整理，可以得到式(13-18)。

$$
\boldsymbol{X}=(\boldsymbol{I}-\boldsymbol{A}^{D})^{-1}\boldsymbol{Y}^{D}+(\boldsymbol{I}-\boldsymbol{A}^{D})^{-1}\boldsymbol{Y}^{F}+(\boldsymbol{I}-\boldsymbol{A}^{D})^{-1}\boldsymbol{A}^{F}\boldsymbol{X} \tag{13-18}
$$

根据 $\boldsymbol{X}=(\boldsymbol{I}-\boldsymbol{A})^{-1}\boldsymbol{Y}$，整理可得

$$
\boldsymbol{X}=(\boldsymbol{I}-\boldsymbol{A}^{D})^{-1}\boldsymbol{Y}^{D}+(\boldsymbol{I}-\boldsymbol{A}^{D})^{-1}\boldsymbol{Y}^{F}+(\boldsymbol{I}-\boldsymbol{A}^{D})^{-1}\boldsymbol{A}^{F}(\boldsymbol{I}-\boldsymbol{A})^{-1}\boldsymbol{Y} \tag{13-19}
$$

在式(13-19)的基础上，进一步分解得到式(13-20)。

$$
\begin{aligned}
\boldsymbol{X}=&(\boldsymbol{I}-\boldsymbol{A}^{D})^{-1}\boldsymbol{Y}^{D}+(\boldsymbol{I}-\boldsymbol{A}^{D})^{-1}\boldsymbol{Y}^{F}+(\boldsymbol{I}-\boldsymbol{A}^{D})^{-1}\boldsymbol{A}^{F}(\boldsymbol{I}-\boldsymbol{A}^{D})^{-1}\boldsymbol{Y}^{D} \\
&+(\boldsymbol{I}-\boldsymbol{A}^{D})^{-1}\boldsymbol{A}^{F}[(\boldsymbol{I}-\boldsymbol{A})^{-1}\boldsymbol{Y}-(\boldsymbol{I}-\boldsymbol{A}^{D})^{-1}\boldsymbol{Y}^{D}]
\end{aligned} \tag{13-20}
$$

式(13-20)根据产品生产和贸易往来是否参与跨国生产合作，即产品类型是否为最终产品、最终产品是否用于满足本国的需求，将总产出分解为等式右边的四个产出矩阵，分别用 $\boldsymbol{LY}^D$、$\boldsymbol{LY}^F$、$\boldsymbol{LA}^F\boldsymbol{LY}^D$、$\boldsymbol{LA}^F(\boldsymbol{BY}-\boldsymbol{LY}^D)$表示，即

$$
\boldsymbol{X}=\boldsymbol{LY}^{D}+\boldsymbol{LY}^{F}+\boldsymbol{LA}^{F}\boldsymbol{LY}^{D}+\boldsymbol{LA}^{F}(\boldsymbol{BY}-\boldsymbol{LY}^{D}) \tag{13-21}
$$

式中，$\boldsymbol{L}=(\boldsymbol{I}-\boldsymbol{A}^D)^{-1}$ 为国内列昂惕夫逆矩阵；$\boldsymbol{B}=(\boldsymbol{I}-\boldsymbol{A})^{-1}$ 为列昂惕夫逆矩阵。在跨国生产合作中，产品出口国被称为母国，产品进口国被称为东道国，因此在总产出矩阵 $\boldsymbol{X}$ 中，$\boldsymbol{LY}^D$ 表示母国满足国内最终需求生产的产品，$\boldsymbol{LY}^F$ 表示母国满足东道国最终需求生产的产品。按照增加值贸易的方式，基于式(13-21)将一国参与全球价值链的路径分为四种类型：生产最终产品用于本国需求、直接出口最终产品满足国外需求、生产中间品供东

道国加工后最终使用、生产中间品供东道国加工后再返回本国或出口至第三国。

从产业关联的视角出发，母国的中间产品会作为生产要素投入东道国的产品生产过程中，在东道国加工成为最终产品后，一部分通过一次跨境贸易满足东道国的最终需求，参与简单的跨境生产合作活动，其余则出口至母国或第三国，发生至少两次跨境贸易，参与复杂的跨境生产合作活动。在式(13-21)对母国总产出的分解中，其中涉及中间品跨境贸易的产出矩阵为 $\boldsymbol{LA}^F\boldsymbol{LY}^D$ 和 $\boldsymbol{LA}^F(\boldsymbol{BY}-\boldsymbol{LY}^D)$，$\boldsymbol{LA}^F\boldsymbol{LY}^D$ 表示母国生产的用于简单跨境生产合作活动的中间产品，$\boldsymbol{LA}^F(\boldsymbol{BY}-\boldsymbol{LY}^D)$则代表用于复杂跨境生产合作活动的中间产品。

13.3.2 基于研发矩阵的分解方法

在世界范围内，知识要素通过商品或服务的研发、制造、销售和使用，形成了覆盖全球和地区的一体化创新活动和创新路径，Hansen 和 Birkinshaw 基于价值链理论提出了“创新价值链”的概念[①]。在由价值链向创新价值链扩展的过程中，产品内国际分工对于经济价值链以及创新价值链都具有显著影响，中国制造业也通过不同的生产环节参与全球价值链并融入创新价值链和世界创新网络。

许多学者从创新要素的流动角度对创新网络进行了解释，指出以国际贸易网络中的经济体为节点、经济活动为传导路径，知识要素在节点之间流动形成的网状结构即为世界创新网络。为进一步考察中国制造业在世界创新网络中的地位，本节进一步通过测度中国制造业在全球价值链不同增值环节进行的研发支出，分解中国制造业通过增加值贸易融入世界创新网络的路径。

从全球创新价值链的视角出发，根据研发支出的来源与流向可以实现对国际研发矩阵的分解。具体而言，经济体通过中间品和最终产品的跨境贸易融入世界生产网络，在生产不同产品时会引致相应的研发投入，结合式(13-14)和式(13-21)，对国际研发矩阵 $\boldsymbol{R}$ 进行分解得到

$$\boldsymbol{R}=\hat{\boldsymbol{R}}\boldsymbol{LY}^D+\hat{\boldsymbol{R}}\boldsymbol{LY}^F+\hat{\boldsymbol{R}}\boldsymbol{LA}^F\boldsymbol{LY}^D+\hat{\boldsymbol{R}}\boldsymbol{LA}^F(\boldsymbol{BY}-\boldsymbol{LY}^D) \tag{13-22}$$

式(13-22)将国际研发矩阵分解为四个研发子矩阵，矩阵中每一个元素都代表了经济体通过不同的生产方式和贸易路径融入世界创新网络时进行的研发支出。不失一般性地，本节以国家 j、中国制造业和国家 k 三个主体为例，分别对式(13-22)中的四个研发子矩阵进行说明。

1. 国内需求引致的研发投入

对于研发矩阵 $\hat{\boldsymbol{R}}\boldsymbol{LY}^D$ 而言，将其表示为矩阵形式，如式(13-23)所示。

$$\hat{\boldsymbol{R}}\boldsymbol{LY}^D=\begin{pmatrix}\hat{r}_j l_{jj} y_{jj} & 0 & 0\\ 0 & \hat{r}_i l_{ii}^{MM} y_{ii}^{MM} & 0\\ 0 & 0 & \hat{r}_k l_{kk} y_{kk}\end{pmatrix} \tag{13-23}$$

---

① HANSEN M T, BIRKINSHAW J. The innovation value chain[J]. Harvard business review, 2007, 85(6): 121-130.

其中，$\hat{RLY}^D$ 是一个对角矩阵，主对角线元素 $\hat{r}_j l_{jj} y_{jj}$、$\hat{r}_i l_{ii}^{MM} y_{ii}^{MM}$、$\hat{r}_k l_{kk} y_{kk}$ 分别表示国家 j、中国制造业和国家 k 生产自身所需最终产品时的研发投入，产品的生产和消费都发生在经济体内部，这一部分称为国内需求引致的研发投入。

2. 国外需求引致的研发投入

当生产在经济体内部进行、最终产品的使用发生在其他经济体时，生产过程中的研发投入可表示为主对角线元素为 0 的研发矩阵 $\hat{RLY}^F$，如式(13-24)所示。

$$\hat{RLY}^F = \begin{pmatrix} 0 & \hat{r}_j l_{jj} y_{ji}^M & \hat{r}_j l_{jj} y_{jk} \\ \hat{r}_i l_{ii}^{MM} y_{ij}^M & 0 & \hat{r}_i l_{ii}^{MM} y_{ik}^M \\ \hat{r}_k l_{kk} y_{kj} & \hat{r}_k l_{kk} y_{ki}^M & 0 \end{pmatrix} \tag{13-24}$$

其中，非主对角线元素 $\hat{r}_i l_{ii}^{MM} y_{ij}^M$ 和 $\hat{r}_i l_{ii}^{MM} y_{ik}^M$ 分别代表为满足国家 j 和国家 k 对中国制造业产品的最终需求，中国制造业在生产过程中进行的研发投入，称为国外需求引致的中国制造业研发投入。

国内最终需求和国外最终需求引致的研发投入测度了中国制造业生产最终产品中的创新含量，生产过程不涉及产品内国际分工以及中国制造业参与跨境生产的问题。当中国制造业通过中间品贸易融入全球价值链中开展跨境生产活动时，以跨境次数差异为区分标准，可将其研发投入分为简单跨境生产活动中进行的研发投入和复杂跨境生产活动中进行的研发投入，即参与简单价值链生产活动、参与复杂价值链生产活动引致的中国制造业研发投入。

3. 参与简单价值链活动引致的研发投入

参与简单价值链活动引致的中国制造业研发投入可采用研发矩阵 $\hat{RLA}^F LY^D$ 表示：

$$\hat{RLA}^F LY^D = \begin{pmatrix} 0 & \hat{r}_j l_{jj} a_{ji}^M l_{ii}^{MM} y_{ii}^{MM} & \hat{r}_j l_{jj} a_{jk} l_{kk} y_{kk} \\ \hat{r}_i l_{ii}^{MM} a_{ij}^M l_{jj} y_{jj} & 0 & \hat{r}_i l_{ii}^{MM} a_{ik}^M l_{kk} y_{kk} \\ \hat{r}_k l_{kk} a_{kj} l_{jj} y_{jj} & \hat{r}_k l_{kk} a_{ki}^M l_{ii}^{MM} y_{ii}^{MM} & 0 \end{pmatrix} \tag{13-25}$$

其中，非主对角线元素 $\hat{r}_i l_{ii}^{MM} a_{ij}^M l_{jj} y_{jj}$ 和 $\hat{r}_i l_{ii}^{MM} a_{ik}^M l_{kk} y_{kk}$ 分别表示中国制造业向东道国 j 和东道国 k 出口中间产品，用于生产由东道国 j 和东道国 k 使用的最终产品，中国制造业在生产出口中间品时进行的研发投入。

4. 参与复杂价值链活动引致的研发投入

除了简单价值链生产活动之外，母国还会通过复杂跨境生产合作活动进行研发投入，用研发矩阵 $\hat{RLA}^F(BY-LY^D)$ 表示，如式(13-26)所示①。

$$\hat{RLA}^F(BY - LY^D) = \begin{pmatrix} rf_{jj} & rf_{ji}^M & rf_{jk} \\ rf_{ij}^M & rf_{ii}^{MM} & rf_{ik}^M \\ rf_{kj} & rf_{ki}^M & rf_{kk} \end{pmatrix} \tag{13-26}$$

① 为叙述简便的需要，式(13-26)的具体形式并未列出，如有需要，可向作者索取。

复杂价值链生产活动即为国际贸易中的进料加工贸易，东道国加工企业向母国进口中间产品，加工为制成品后再次出口至第三国或返回母国。在式(13-26)中，主对角线元素和非主对角线元素分别代表制成品回到母国和用于满足第三国最终需求引致的研发投入。以中国制造业为例，主对角线元素 rf_{ii}^{MM} 表示为满足本行业的最终需求，中国制造业生产的中间产品由其他经济体加工为最终产品后，再次通过跨境贸易回到中国制造业，引致中国制造业在生产中间产品时进行的研发投入；非主对角线元素 rf_{ij}^{M} 和 rf_{ik}^{M} 分别表示为满足国家 j 和国家 k 的最终需求，中国制造业在生产向第三国出口的中间产品时进行的研发投入。

13.3.3 分解结果描述与分析

本节选取了世界投入产出数据库中的37个代表性经济体，并将中国的产业部门按照行业类型划分为制造业和非制造业两类，进行中国制造业融入世界创新网络问题的研究。中国制造业的研发支出数据来自《中国科技统计年鉴》，其他经济体的研发支出数据则来自世界发展指标(world development indicators，WDI)数据库，对于缺失数据采用二次样条函数插值方法进行补齐，建立2000—2014年每一年的国际研发矩阵。根据式(13-23)～式(13-26)所示的分解方法，对由式(13-22)构建的2000—2014年国际研发矩阵进行了分解，得到中国制造业通过不同路径融入世界创新网络时进行的研发支出。

1. 融入路径之一：国内需求

根据式(13-23)分解得到2000—2014年每一年度由国内需求引致的中国制造业研发投入，如图13-1所示。

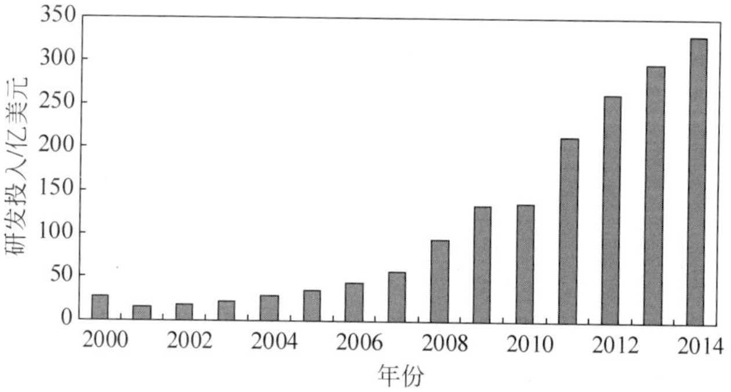

图13-1 国内需求引致的中国制造业研发投入

图13-1显示，中国制造业为满足国内需求进行的研发投入从2000年的26.97亿美元上升至2014年的330.12亿美元，增长幅度超过11倍。与国内需求相对应的研发投入增加，一方面是中国制造业企业转型升级与技术进步中研发经费投入快速增长的反映；另一方面，国内市场对制造业产品特别是高新技术产品的需求大幅增加，消费结构升级带动产业结构升级，促使中国制造业企业增大创新经费投入，以实现转型升级从而推进产业高端化。

2008年之前，中国经济整体呈现快速增长的趋势，2007年的GDP增长速度为2000

年以来的新高，达到 14.2%，国内对中国制造业产品需求的大幅提升，导致中国制造业为满足内需进行的研发投入快速增长。2008—2010 年，在国际金融危机影响下，内需大幅减少以及为稳定经济采取的政策使得经济大幅波动的同时，国内需求引致的中国制造业研发投入呈现震荡特征。自 2010 年以来，中国经济稳中趋缓的态势十分明显，经济发展进入增速换挡阶段，由内需引致的中国制造业研发投入也随之进入稳定增长阶段，同时由数量扩张进入质量提高的转化时期。

2. 融入路径之二：国外需求

整理式(13-24)计算得到不同年份国外需求引致的中国制造业研发投入，列于表 13-5。

表 13-5　国外需求引致的中国制造业研发投入　　百万美元

年份	国家					
	美国	加拿大	德国	法国	英国	日本
2000	485.37	36.01	76.20	35.04	59.98	217.22
2002	369.81	28.01	47.11	23.31	42.74	152.22
2004	669.57	58.91	102.01	54.73	73.52	295.60
2006	1 181.18	130.01	215.60	102.65	134.48	458.56
2008	1 860.48	236.51	439.16	215.00	239.61	658.34
2010	2 108.02	257.66	509.67	248.46	254.40	839.95
2012	3 497.09	398.79	632.27	266.32	423.43	1 545.63
2014	3 783.43	410.62	807.61	307.48	518.61	1 842.87
年份	国家					
	俄罗斯	印度	巴西	韩国	土耳其	墨西哥
2000	6.05	9.03	4.87	28.42	4.51	7.45
2002	16.87	7.16	3.10	28.17	2.30	9.92
2004	25.02	20.52	10.54	54.56	11.08	23.40
2006	75.01	67.64	34.52	101.88	33.19	51.57
2008	267.12	167.97	104.99	170.59	84.98	96.11
2010	378.06	268.95	143.48	212.34	127.33	131.23
2012	714.57	272.56	259.68	376.58	150.53	221.27
2014	847.90	317.73	317.39	472.98	210.07	294.73

如前所述，国外需求引致的中国制造业研发投入，是中国制造业产品通过一般贸易出口至其他经济体，直接满足东道国的最终需求，即在直接出口满足外需时中国制造业投入的研发经费。表 13-5 显示，2000—2014 年，外需引致中国制造业投入研发经费最多的国家是美国、日本等发达国家。中国制造业凭借成本比较优势，与发达国家建立了较为稳定的经济联系，逐渐形成出口导向型增长模式，扮演着“世界工厂”的角色，为发达国家输入了大量的消费品，在劳动密集型产品生产技术方面已经达到先进水平。在新兴经济体国家和金砖国家中，外需引致中国制造业研发投入较多的国家为俄罗斯和韩国，2014 年分

别达到了 847.90 百万美元和 472.98 百万美元，上述国家与中国的地理位置较为邻近，在资源互补和技术互补等多个方面存在便利条件，与中国制造业的贸易联系与技术关联也更为紧密。

比较不同经济体需求引致中国制造业研发投入随时间推移的变动特征可得，金砖国家引致中国制造业研发投入增长的幅度最大、速度最快，发达国家引致的研发投入增幅相对最小，中国对各个经济体出口贸易的地区差异可以对其进行解释，出口产品种类的变化更能体现出与外需相关的中国制造业研发投入和技术水平的变迁特征。与部分新兴经济体国家、发展中国家相比，“中国制造”的技术优势得以凸显，特别是在“一带一路”建设和金砖合作深入的背景下，上述国家对中国制造业产品需求增加，促使中国制造业加大研发投入和提升技术水平。

3. 融入路径之三：简单价值链生产活动

当中国制造业将原材料加工为中间产品后出口至东道国，由东道国进一步装配成为最终产品并在东道国内部消费时，中国制造业参与了简单跨境生产合作活动或简单价值链生产活动。在这一过程中，中国制造业进行的相应研发支出，可以用于测度其通过简单价值链生产活动融入世界创新网络的程度。

根据式(13-25)的分解结果，得到了 2000—2014 年不同东道国中间品需求引致中国制造业的研发投入，如表 13-6 所示。

表 13-6 参与简单价值链生产活动引致的研发投入 百万美元

年份	国家					
	美国	加拿大	德国	法国	英国	日本
2000	176.57	17.09	33.84	18.17	30.50	110.32
2002	126.26	12.20	21.04	11.72	19.81	69.47
2004	333.46	30.57	65.23	28.64	40.61	140.86
2006	636.25	56.71	103.64	48.28	66.11	219.86
2008	1 022.42	106.93	214.33	106.52	121.34	391.75
2010	1 310.39	135.45	299.647	136.60	139.27	450.55
2012	1 169.34	198.40	262.55	177.13	224.51	721.89
2014	1 952.33	290.31	324.11	222.02	282.98	952.83
年份	国家					
	俄罗斯	印度	巴西	韩国	土耳其	墨西哥
2000	3.40	17.88	6.23	48.17	6.19	15.07
2002	2.91	13.75	4.38	40.77	3.68	17.93
2004	7.57	30.91	10.90	87.29	11.43	50.18
2006	22.87	96.73	25.92	154.45	27.81	99.05
2008	74.35	195.05	87.97	301.25	68.15	167.97
2010	77.63	315.15	123.02	309.04	86.73	226.08
2012	155.04	281.79	229.75	599.66	95.81	232.77
2014	217.38	375.87	316.75	759.16	143.96	288.51

在表 13-6 中，通过中间品需求引致中国制造业研发投入较多的国家为美国和日本，2014 年分别为 1 952.33 百万美元和 952.83 百万美元，但低于表 13-5 中最终需求引致的研发投入。作为传统创新型国家，美国和日本在高端制造业领域具有较强的竞争优势，加之国内劳动力成本较高，其与中国制造业的一般贸易以直接进口最终产品为主，对中间产品的进口相对较少。对比表 13-6 和表 13-5 可得，在金砖国家和新兴经济体国家中，韩国、印度、墨西哥通过中间品需求引致的中国制造业研发投入较大，且大都高于由直接最终需求引致的中国制造业研发投入。以印度、墨西哥等国为例，上述国家的劳动力价格相对低廉，国内加工制造业的发展比较成熟，出于节约成本和促进就业的考虑，通过引入中国制造业提供的初级产品和中间产品，便于在国内进行再加工成为满足最终需求的产品。

需要注意的是，自 2009 年起中国制造业通过简单价值链生产活动，向印度、巴西等发展中国家出口中间产品时，引致的研发投入增速明显加快，且上述国家中间品需求引致的研发投入开始逐渐超过部分发达国家。2014 年，印度、巴西和墨西哥引致中国制造业的研发投入分别为 375.87 百万美元、316.75 百万美元和 288.51 百万美元，高于法国、英国等发达国家。产生这一现象的原因在于：第一，发达国家自 2008 年全球金融危机后开始实施“制造业回归”战略，一部分制造业企业回归本土；第二，随着我国劳动力优势逐步减退，发达国家在劳动力成本更低的发展中国家投资设厂，原来由中国制造业承接的部分中间品生产活动得到了分散和转移；第三，发达国家在海外投资上广泛采取“距离先近后远、技术由易到难”的投资路径，发展中国家主要提供劳动力负责装配环节，对中国制造业所生产半成品的依赖程度较高。在中国制造业出口的中间产品中，技术含量较高的半成品相比于零部件具有明显优势，这也导致其他发展中国家引致中国制造业进行中间品生产时相应研发投入增长。

4. 融入路径之四：复杂价值链生产活动

除了参与简单价值链生产活动引致的中国制造业研发投入之外，本节基于式(13-26)计算得到了中国制造业在参与复杂跨境生产合作活动，即复杂价值链生产活动时进行的研发投入，这一部分较为复杂且更为细致。

在参与复杂价值链生产活动时，中国制造业首先将中间产品出口至东道国，由东道国进一步加工成为最终产品后再出口至第三国或满足中国制造业的最终需求，生产这部分中间品时进行的研发投入即为复杂价值链生产活动引致的中国制造业研发投入，具体的分解结果如表 13-7 所示。

表 13-7　参与复杂价值链生产活动引致的研发投入　　百万美元

年份	国家					
	美国	加拿大	德国	法国	英国	日本
2000	149.07	16.16	32.17	17.91	29.12	70.89
2002	112.37	11.80	21.10	11.21	19.86	47.01
2004	212.40	25.36	48.83	28.31	41.96	83.82
2006	412.59	53.93	101.09	54.16	69.80	146.61

续表

年份	国家					
	美国	加拿大	德国	法国	英国	日本
2008	749.32	106.85	217.95	114.94	138.53	252.52
2010	961.21	141.57	280.42	146.61	155.60	341.79
2012	1 221.08	184.03	333.93	187.77	211.44	535.85
2014	1 582.33	224.90	462.90	249.78	272.96	652.62

年份	国家					
	俄罗斯	印度	巴西	韩国	土耳其	墨西哥
2000	2.78	6.56	3.70	29.12	2.94	7.09
2002	4.54	4.76	2.46	21.48	1.62	6.38
2004	8.70	10.13	5.12	36.90	5.91	15.01
2006	27.50	32.93	13.84	71.06	15.03	33.34
2008	83.18	75.76	43.16	128.66	37.61	64.64
2010	109.13	117.05	66.98	188.58	53.77	85.69
2012	210.86	139.31	122.27	226.38	68.33	116.89
2014	265.18	174.75	164.85	301.61	98.85	162.29

由表 13-7 可得，通过复杂价值链活动引致中国制造业研发投入最多的国家仍然是美国和日本，新兴经济体国家和金砖国家通过这一渠道进口中国制造业中间品，由此引发的中国制造业研发投入，与表 13-6 中简单价值链生产活动相比均明显更低。换言之，大多数发展中国家从中国制造业进口中间产品在加工后，更多的是用于自身需求，而不是再次出口。对于巴西、印度、墨西哥等发展中国家而言，中国制造业虽然不具备显著的劳动力成本优势，但生产中间品的技术含量较高，上述发展中国家将其用于自身需求的成本较低，但加工再出口的竞争优势不足。

综合表 13-7 与表 13-6，并与表 13-5 进行比较可得，大多数发达国家通过中间产品需求和最终产品需求引致中国制造业的研发投入基本相当；对于发展中国家而言，中国制造业在向其出口中间产品时进行的研发投入明显高于出口最终产品时进行的研发投入。这在一定程度上反映出，中国制造业向发达国家的出口贸易模式已经实现了一般贸易与加工贸易的平衡，中国制造业在世界创新网络中的地位得到了一定程度的提升。相比于其他发展中国家，中国制造业对其出口的产品以工业半成品为主，涉及加工组装等更多生产环节的最终产品出口占比下降，再次显示出中国制造业的劳动力低成本优势已经逐渐弱化，在最终品研发方面的投入也相对较低。

本章主要介绍了投入产出模型的基本概念、三种典型的国际投入产出数据库、基于国际多区域投入产出表构建世界研发与创新网络的实例。在实际应用中，应对投入产出表的结构进行充分了解和熟悉，对具有代表性的投入产出数据库特别是适合于读者研究目标的投入产出表进行收集、整理，在参考国内外前沿投入产出模型的基础上进行模型优化、设定，以得到丰富且有意义的研究结论。

本章习题

1. 请简要介绍价值型投入产出表各个模块的基本内容。
2. 请简述上游度、影响力系数和感应度系数的定义或基本概念。

扩展阅读 13-1　投入产出分析——中国区域经济板块的地位变迁特征与增长驱动模式研究

第 14 章 实证研究中的数据与模型相关问题

在动态随机一般均衡模型的参数校准中通常需要采用实际数据进行参数的估计，因此应对数据进行正确、恰当的处理，以实现对参数的有效拟合。实际上，建立理论模型进行政策模拟与采用数据进行实证分析是相辅相成的，选取指标进行数据处理是实证研究的第一步更是关键步骤。在国内外计量经济学相关教材中，对于各类模型的估计已经进行了较为充分的介绍，但是很少有教材系统地对数据的基本处理即预处理进行详细说明，由此导致了很多不规范、不科学的数据应用，也产生了模型估计的偏差。本章将对数据的基本类型进行介绍，对构建价格平减指数的经验做法给出说明，并说明数据的季节调整与分解方法等，为正确处理数据用于理论参数校准和实证模型估计提供参考。

14.1 数据类型与平减指数

14.1.1 数据类型

1. 基本数据类型

在经济学问题研究中，使用的数据大致可分为截面数据、时间序列数据和混合数据三类，三类数据的定义为：

（1）截面数据为多个个体在同一时点上的数据集合，时点可以为某一年、某一季度或某个月份等，例如 2020 年我国 31 个省（区、市）的地区生产总值数据为截面数据。

（2）时间序列数据为一个个体在多个时点上的数据集合，时点的频率可以为年度、季度、月度、周、天、小时等，例如 1978—2020 年北京市地区生产总值数据即为时间序列数据。

（3）混合数据则为多个个体在多个时点上的数据集合。在混合数据中，当个体数随时点发生变化时，称为普通混合数据；当个体数不随时点发生变化时，则称为面板数据，例如 1978—2020 年我国 31 个省（区、市）的地区生产总值数据为面板数据。

假设个体数为 N，时间长度为 T，则三类数据的基本特征可表示为表 14-1。

表 14-1 数据特征的基本描述

数据类型	截面数据	时间序列数据	混合数据	
			普通混合数据（个体变化）	面板数据（个体不变）
截面数	N	1	N	N
时点数	1	T	T	T
数据长度	N	T	$N\times T$	$N\times T$

除此之外，在实证研究中，还会采用排序数据、虚拟变量（二分变量）数据、区间数据等，由于其使用范围有限，本节不对其做详细介绍。

2. 时间序列数据类型

时间序列数据是理论模型参数校准与计量模型实证研究中应用范围最广、特征最为复杂的数据，对时间序列的特征进行充分了解，将有利于选取合适的指标进行研究。

在类型方面，按照指标的含义不同，可以将时间序列数据分为三类，本节以月度（季度）数据为例进行说明。

（1）当期值：是指单月（季）内某种经济变量的取值，例如，2020 年 3 月全国煤炭的产量为当月值。

（2）累计值：由每年年初至当年各月（季）这一时期内某种经济变量的累计取值，是该变量自年初至当月（季）流量的累加数，例如，2020 年 1—3 月全国煤炭产量为 2020 年 1 月、2 月、3 月三个月煤炭产量之和。

（3）期末值：为某个时间点上的统计数字，资产、负债、货币、外汇储备等指标大多为期末值，例如，2020 年 3 月广义货币供应量（M2）余额即为期末值。

需要说明的是，根据当期值计算得到的同比增长率称为当期同比增长率，通常在增长率后加“_当月（季）”表示；而根据累计值计算得到的同比增长率称为累计同比增长率，需要在增长率后加“_累计”予以明确。此外，某些经济指标并不属于上述三种类型，如各类指数数据，包括价格指数、经济景气指数、制造业采购经理指数（PMI）等。

3. 数据频率及转换

在频率方面，时间序列数据中的年度数据、季度数据、月度数据最为常见，其中年度数据在应用前不需要进行季节调整，而季度数据、月度数据则需要进行季节调整，去除季节因素和不规则因素，然后再用于参数校准和模型估计。

在不同频率的时间序列数据之间，可以实现由低频向高频、由高频向低频的转换。其中，由高频数据向低频数据转换时，需要根据指标类型不同如当期值、累计值和期末值、指数值分别选取求和、取个别点处的值和求均值的方法，以月度数据向季度数据的转换为例：

（1）将当月数据转换为当季数据时，直接将一个季度对应的三个月内的数值相加即可。

（2）将月度累计数据转换为季度累计数据，或将月度存量数据转换为季度存量数据时，应将某一季度内最后月份的数值作为季度值，即将 3 月、6 月、9 月、12 月的数据作为第一、二、三、四季度的取值即可。

（3）对于指数序列，需要根据指标具体的含义进行频率转换，大多数指数序列可通过将一个季度对应三个月的指数求平均值得到季度指数序列。

由低频数据向高频数据的转换中，由于缺少信息需要采用线性插值方法、二次插值方法、三次自然样条插值等方法。以季度数据向月度数据的转换为例，线性插值方法、二次插值方法分别采用直线、二次曲线将季度序列连接成为月度序列。具体选取何种插值方法，需要根据经验或者数据序列本身的变动特征进行确定，并无统一的标准。

14.1.2 价格平减指数

1. 价格指数及其分类

由于数据有名义值和实际值之分，因此在一些模型估计之前，需要对名义变量进行价格平减，去除价格因素得到实际值用于估计和分析。简言之，名义值是使用当期价格计算得到的数值或价值，其中包含了价格因素；实际值是生产的实际量或是名义值经过价格平减得到的数值，因此不包含价格因素。也有学者认为，名义值和实际值的主要区别就在于其计算时选取的价格分别是当期价格与基期价格，两者之间的差异即为价格标准的不同。以国内生产总值为例，名义 GDP 是以当年价格计算的国内生产总值，实际 GDP 则是以基年价格(例如 1978 年=100)计算的国内生产总值。因此，采用 GDP 平减指数对名义 GDP 进行平减，即将名义 GDP 除以 GDP 平减指数，可以得到实际 GDP 序列。

名义 GDP 增长率等于实际 GDP 增长率与价格增长率两者之和。在实际国内生产总值没有增长即生产能力和生产水平不变的情形下，仅价格水平上升也会使得名义国内生产总值增长，价格上升导致了国内生产总值增长的"假象"[①]。因此，在分析经济增长和生产水平提高等问题时，需要采用 GDP 平减指数对名义 GDP 进行平减后得到实际 GDP 序列，得到 GDP 的"实质部分"，通过分析其增长特征和变化规律，实现对经济增长的合理描述和精确反映。

对于不同的经济领域、不同的行业而言，其价格水平的变动也并不一致，因此需对其采用相应的价格指数进行平减，如居民消费价格指数、商品零售价格指数、工业生产者出厂价格指数、工业生产者购进价格指数、进出口商品贸易指数、固定资产投资价格指数等。在我国的统计体系中，除部分年度价格指数公布基期数据之外，上述价格指数的月度数据仅公布同比数据或环比数据，需要将其转换为基期价格指数后再应用于对名义值的平减中。

2. 主要基期价格指数的计算方法

GDP 平减指数是最为重要的基期价格指数，年度 GDP 平减指数(1978 年=100)的计算方法为：首先根据 1978 年的名义国内生产总值即国内生产总值(现价)、国内生产总值指数(可比价，1978=100)序列计算得到各个时期的实际国内生产总值，再用国内生产总值(现价)除以实际国内生产总值得到 GDP 平减指数。

除了 GDP 平减指数之外，月度价格指数由同比序列向基期序列转换是最为常用的，本节以表 14-2 中六种常用的同比价格指数(上年=100)转化为基期价格指数(2005 年=1)为例，对价格数据转化的处理方法进行简要说明。

---

① 高铁梅. 计量经济分析方法与建模：EViews 应用及实例[M]. 3 版. 北京：清华大学出版社，2016.

表 14-2　基期价格指数的计算方法

分类	价格指数	英文简称	基期指数	平减对象
Ⅰ	居民消费价格指数（上年同期＝100）	CPI	居民消费价格指数（2005 年＝1）	消费类指标
	商品零售价格指数（上年同期＝100）	RPI	商品零售价格指数（2005 年＝1）	商品零售类指标
	工业品出厂价格指数（上年同期＝100）	PPI	工业品出厂价格指数（2005 年＝1）	工业产出类指标
Ⅱ	出口商品价格指数（上年同期＝100）	EPI	出口商品价格指数（2005 年＝1）	出口类指标
	进口商品价格指数（上年同期＝100）	IPI	进口商品价格指数（2005 年＝1）	进口类指标
Ⅲ	固定资产投资价格指数（上年同期＝100）	IFAPI	固定资产投资价格指数（2005 年＝1）	投资类指标

各类价格指数需采用不同的方法转换得到基期价格指数，具体的转换步骤为：

第Ⅰ类（居民消费价格指数、商品零售价格指数、工业品出厂价格指数）：

(1) 基于 2005 年 1—12 月环比价格指数（上月＝100）计算出 2005 年 1—12 月的基期价格指数。

(2) 将第(1)步中 2005 年 1—12 月的基期价格指数除以 2005 年全年的平均值。

(3) 利用同比价格指数（上年同期＝100）向前、向后推算出以 2005 年各月平均值为基期（2005 年＝1）的基期序列。

第Ⅱ类（出口商品价格指数、进口商品价格指数）：

(1) 基于商品贸易价格指数（HS2）：总指数，该指数实际为 2005 年＝100，2006 年 1—12 月则可视为是月度基期数据，据此计算出 2006 年 1—12 月的商品贸易环比价格指数。

(2) 将第(1)步中 2006 年 1—12 月的商品贸易环比价格指数计算得到 2006 年 1—12 月的基期价格指数（2006 年 1 月＝1）。

(3) 根据第(2)步中 2006 年 1—12 月的基期价格指数（2006 年 1 月＝1）与商品价格总指数（上年同期＝100）结合计算得到的 2005 年 1—12 月的基期价格指数（2006 年 1 月＝1）。

(4) 将第(3)步中 2005 年 1—12 月的基期价格指数（2006 年 1 月＝1）除以 2005 年全年的平均值，计算得到的 2005 年 1—12 月的基期价格指数（2005 年＝1）。

(5) 基于第(4)步中的 2005 年 1—12 月的基期价格指数（2005 年＝1）和商品价格总指数（上年同期＝100）向前、向后推算出以 2005 年各月平均值为基期（2005 年＝1）的基期序列。

第Ⅲ类（固定资产投资价格指数）：

(1) 2003 年及之前的季度数据由年度基期固定资产投资价格指数（1995 年＝1）插值得到，并除以 1995 年 1 季度的值得到基期固定资产投资价格指数（1995 年 1 季度＝1）。

(2) 将第(1)步中计算得到的季度基期固定资产投资价格指数（1995 年 1 季度＝1）和

2004年1季度以后公布的季度同比固定资产投资价格指数(上年同期=100)，计算得到整个季度基期固定资产投资价格指数序列(1995年1季度=1)。

(3) 对第(2)步中的季度基期固定资产投资价格指数序列(1995年1季度=1)进行插值得到月度基期固定资产投资价格指数序列(1995年1季度=1)，即进行低频向高频的转换。

(4) 将第(3)步中的月度基期固定资产投资价格指数序列除以2005年全年的平均值，计算得到固定资产投资基期价格指数(2005年=1)。

需要说明的是，价格指数的基期是读者自行设定的，在实际应用中根据研究需要或者数据长短，对一组指标选择同一基期即可。类似地，可以将表14-2中的同比价格指数转化为其他年份等于1的基期价格指数，或者某年某月等于1(例如，2005年1月=1)的基期价格指数。

14.2　季节调整方法与趋势分解方法

一般而言，时间序列中包含四种要素：趋势要素(T)、循环要素(C)、季节要素(S)和不规则要素(I)。其中，趋势要素，顾名思义代表时间序列的长期趋势特征；循环要素则表示经济周期性波动，其循环的周期或间距是不固定的；季节要素是由季节因素导致的、在一年的固定时间中重复出现的循环变动，其变动的周期或间距是固定的、规律性的；不规则要素类似于随机扰动或噪声，是由气候变化、自然灾害、战争等偶然发生的事件引起的、无规律可循的。

在经济问题的分析中，为准确研究经济发展规律和运行特征，通常需要进行两种操作：第一，采用季节调整方法剔除季节要素(S)和不规则要素(I)，得到趋势循环要素(TC)；第二，利用趋势分解方法将趋势循环要素(TC)进一步分解得到趋势要素(T)和循环要素(C)。需要说明的是，季度、月度时间序列中存在季节因素，年度数据中不存在季节因素。本节将对代表性的季节调整方法、趋势分解方法分别予以简要介绍。

14.2.1　季节调整方法

1954年，美国商务部普查局开发了季节调整的相关方法，由此时间序列的季节调整方法开始得到广泛应用。此后，季节调整方法不断改进，并以“X-”命名，如X-3、X-10季节调整方法等。1965年、1998年和2007年，其发布的X-11方法、X-12-ARIMA方法、X-13-ARIMA-SEATS方法是目前国际上应用最为广泛的季节调整方法[①]。

X-11方法：X-11季节调整方法是基于移动平均算法，能够根据指标性质和数据特征自动选择移动平均项数的计算方式。X-11方法包括乘法模型和加法模型，显然，乘法模型将时间序列分解为趋势循环要素与季节要素、不规则要素的乘积，即$Y_t = \mathrm{TC}_t \times S_t \times I_t$；加法模型则将序列分解为趋势循环要素与季节要素、不规则要素的加和，即$Y_t =$

① 高铁梅，陈磊，王金明，等. 经济周期波动分析与预测方法[M]. 2版. 北京：清华大学出版社，2013.

$TC_t + S_t + I_t$。其中，乘法模型只适用于序列值均为正的情形，也就是序列中不能存在零或者负值。需要注意的是，季节调整中序列观测值的个数是有限的，X-11 方法所能够调整的月度数据序列区间为 48～240 个月度，季度数据序列区间为 16～120 个季度。

X-12-ARIMA 方法：在 X-11 方法的基础上，美国商务部普查局将 ARIMA 模型引入季节调整中，增加了 regARIMA 建模和模型选择功能，得到了 X-12-ARIMA 季节调整方法。其主要特点体现在三个方面：第一，在进行季节调整之前，首先通过 regARIMA 模型对时间序列进行前向、后向预测，保证了移动平均后数据的完整性；第二，在各要素乘法模型和加法模型的基础上，增加了对数加法模型和伪加法模型，其形式分别为 $\ln Y_t = \ln TC_t + \ln S_t + \ln I_t$ 和 $Y_t = TC_t(S_t + I_t - 1)$，需要注意的是，在采用对数加法模型和伪加法模型形式进行季节调整时也不允许序列中存在零或者负值；第三，增强了移动假日调整、工作日调休功能，以及增加了对季节调整效果的检验功能。

X-13-ARIMA-SEATS 方法：将 X-12-ARIMA 方法与西班牙中央银行的 TRAMO/SEATS 季节调整模块结合后，即得到了 X-13-ARIMA-SEATS 季节调整方法。该季节调整方法通过 TRAMO 程序实现了更为强大的数据预处理功能，并且通过 SEATS 程序对时间序列进一步实现了季节调整的分解与对照。X-13-ARIMA-SEATS 方法综合了 X-12-ARIMA 方法与 TRAMO/SEATS 方法的优点，已经在各国中央银行、政府机构和研究部门中得到了应用。需要说明的是，在最新的 X-13-ARIMA-SEATS 季节调整方法中，除了能够实现季节调整即去除季节要素(S)和不规则要素(I)之外，还可以实现趋势分解的功能，即得到趋势序列(T)和循环序列(C)。

14.2.2　趋势分解方法

在季节调整方法中，趋势循环要素(TC)是一体的。根据研究的目的，时常需要将趋势要素(T)和循环要素(C)进行分离，然后进行有针对性的分析如计算产出缺口、衡量外在冲击引发的经济波动等，将趋势(T)和循环(C)进行分离的方法称为趋势分解方法或时间序列的趋势分解方法。目前较为常见的趋势分解方法主要有阶段平均法(PA 法)、Hodrick and Prescott 滤波方法(HP 滤波)、频谱滤波方法(BP 滤波)三类，其中应用最为广泛的是 HP 滤波和 BP 滤波方法。

HP 滤波：假设存在一个季节调整后序列 $Y_t^{TC}(t=1,2,\cdots,T)$，其由趋势序列 Y_t^T 和循环序列 Y_t^C 加和构成，$Y_t^{TC} = Y_t^T + Y_t^C$。HP 滤波的主要目标在于求解趋势序列 Y_t^T，并定义了目标函数为

$$\min \sum_{t=1}^{T} \{(Y_t - Y_t^T)^2 + \lambda[C(L)Y_t^T]^2\} \tag{14-1}$$

其中，$C(L)$为延迟算子，其形式为 $C(L)=(L^{-1}-1)-(1-L)$，$[C(L)Y_t^T]^2$ 也称为趋势调整项，λ 为参数，其可以作为实际序列的拟合度和趋势序列的光滑度之间的权衡因素或调解因子。

将 $C(L)=(L^{-1}-1)-(1-L)$代入式(14-1)中，可得

$$\min\left\{\sum_{t=1}^{T}(Y_t - Y_t^T)^2 + \lambda\sum_{t=2}^{T-1}[(Y_{t+1}^T - Y_t^T) - (Y_t^T - Y_{t-1}^T)]^2\right\} \tag{14-2}$$

当式(14-2)取最小值时，可以解出趋势序列 Y_t^T。显然，HP 滤波的分解结果高度依赖于参数 λ，需合理地设定该参数以得到良好的分解效果。一般而言，参数 λ 的先验取值为：年度数据，$\lambda=100$；季度数据，$\lambda=1\,600$；月度数据，$\lambda=14\,400$。

在采用 HP 滤波分解得到趋势序列 Y_t^T 后，将趋势循环要素序列 Y_t^{TC} 减去趋势序列 Y_t^T，就得到了循环序列的结果 Y_t^C。由于 HP 滤波具有原理清晰且操作简便的特点，已经成为趋势分解中最为常用的方法。在本书第 8 章中也对 HP 滤波方法进行了简要介绍。

BP 滤波：与 HP 滤波方法不同，BP 滤波是一种频域分析方法。BP 滤波中一个核心的思想是谱分析，即将时间序列视为互不相关的各频率分量的叠加，通过研究和比较各频率分量的周期变化，重点分析何种频数的波动具有更大的贡献率以揭示时间序列的频域结构，进而反映时间序列的主要波动特征。

在随机过程的线性变换或线性滤波中，可以通过设计权重序列使得滤波的功率传递函数在某些频率区间内等于或近似等于零，则将输入序列在这个频带中的分量"过滤"掉而留下其他成分。根据保留的频率所处的位置，如位于低频、高频还是中间频带处，分别对应于低通(LP)滤波、高通滤波和带通滤波。

在实际应用中可以突出强调某个频带的滤波，如仅保留时间序列中缓慢变动的、频率很低的成分，则选择低通滤波；反之，则应选择高通滤波。在带通滤波中进行截断点的选择时，如果取值过小会产生谱泄漏，即删除掉一些需要保留的成分，截断点取值的增大能够缓解或解决谱泄漏的问题，然而当截断点取值过大时，滤波后的两端将缺失过多数据，因此截断点的选择是一个两难问题。

由于谱分析和 BP 滤波的原理较为复杂，本节不再过多介绍，读者可以参考时间序列分析或谱分析的专业教材进一步学习。国内一些学者已经将谱分析应用于经济周期波动的相关研究中，并取得了一系列研究成果①。

14.3 季节调整与趋势分解的软件实现

14.3.1 EViews 软件中的基本操作

1. 季节调整

EViews 软件是进行季节调整时的常用软件。本节以 EViews10 软件为例，对时间序列季节调整的软件实现进行简要说明。首先，需要采用 EViews10 软件建立一个工作文件(Workfile)，在工作文件中新建序列对象(Series)，然后打开序列对象，在程序(Proc)中选择季节调整(Seasonal Adjustment)，如图 14-1 所示。

EViews10 的季节调整模块设置了 Census X-13、Census X-12、TRAMO/SEATS 等

① 陈磊. 中国经济周期波动的测定和理论研究[M]. 大连：东北财经大学出版社，2005.

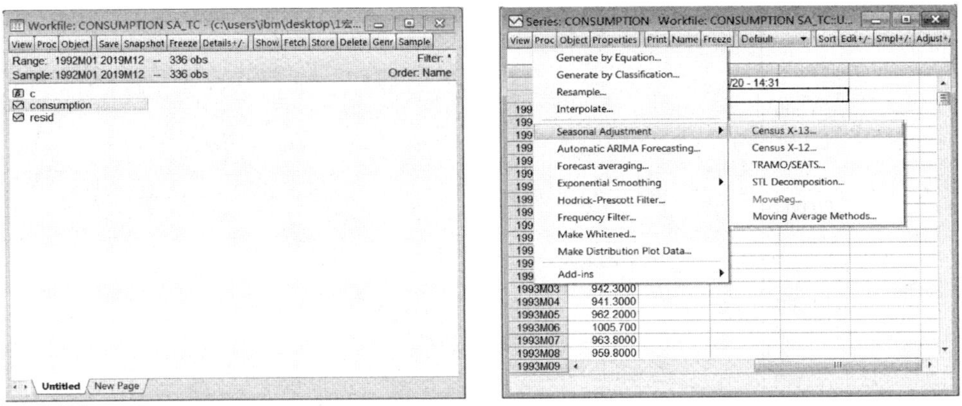

图 14-1　EViews 软件建立序列与选择季节调整的窗口

方法供选择，本节选取 Census X-13 方法。在 X-13 方法的选项（Option）中，季节调整（Seasonal Adjustment）和输出（Output）的页面显示于图 14-2。

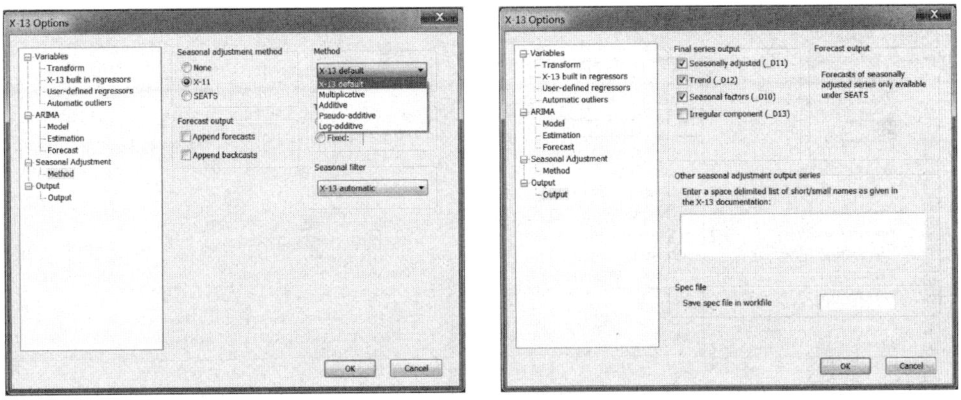

图 14-2　EViews 软件中 X-13 季节调整方法的部分选项

当在 X-13 方法体系中选择 X-11 为核心方法时，最终输出序列（Final series output）包括季节调整后的序列_D11（TCI 或 SA）、趋势要素_D12（T）、季节要素_D10（S）和不规则要素_D13（I）四个部分，括号内为要素成分标识和建议命名。

本节以我国 1992—2019 年月度社会消费品零售总额（Consumption）为例，采用 X-13 方法对其进行季节调整后可以得到去除季节因素（S）后的序列（SA），即包含趋势、循环、不规则三个要素（TCI）的序列，将其与原序列对照，绘制了图 14-3。

2. 趋势分解

采用 EViews 软件还可以实现趋势分解。由于在 X-13 季节调整的输出结果中没有趋势循环序列（TC），因此在本节中，首先采用 X-12 季节调整方法分解得到社会消费品零售总额的趋势循环序列，然后再进行趋势分解，如图 14-4 所示。

在 X-12 季节调整方法的输出结果中，包括了仅去除季节因素的序列_SA（TCI）、季节要素_SF（S）、趋势循环要素_TC（TC）、不规则要素_IR（I）等成分，本节选取的是趋势

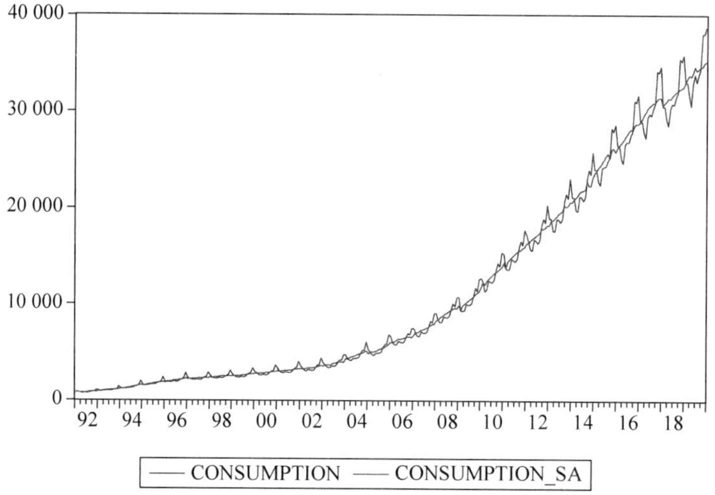

图 14-3 社会消费品零售总额原序列与季节调整后的序列

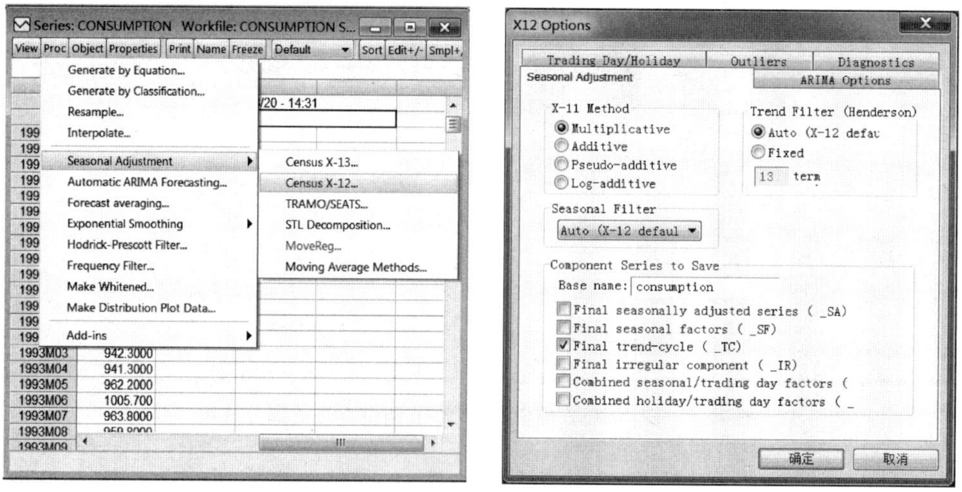

图 14-4 EViews 软件中 X-12 季节调整方法的窗口和选项

循环要素(TC)，即得到了社会消费品零售总额的趋势循环序列(Consumption_TC)。

在趋势循环序列(Consumption_TC)基础上，选择 HP 滤波方法进行趋势分解，并得到分解后的趋势序列(T)与循环序列(C)，列于图 14-5。

类似地，采用 BP 滤波方法对趋势循环序列(Consumption_TC)进行分解的操作界面与结果如图 14-6 所示。显然，选取不同的趋势分解方法得到的结果存在一定差异。

3. 频率转换

除了季节调整和趋势分解之外，使用 EViews 软件还易于实现不同频率数据序列之间的转换。

以我国目前公布的 1992—2019 年国内生产总值季度当期数据为例，实际研究中通常会出现 GDP 与其他时间序列频率不一致的问题。在将其由季度序列向月度序列进行频

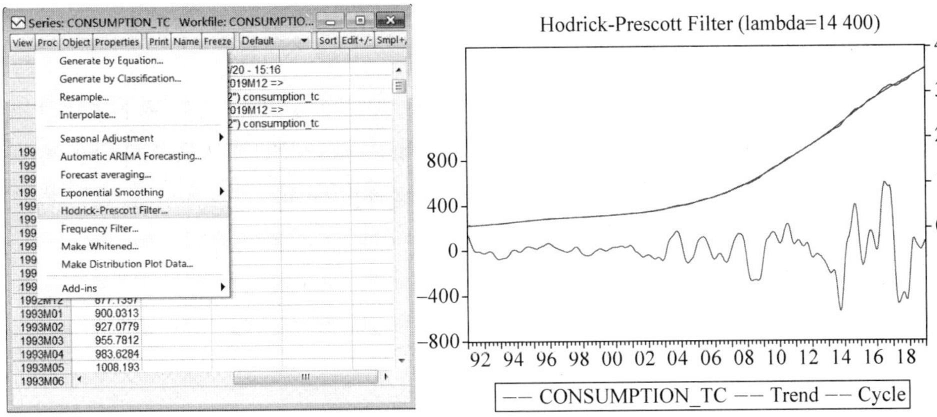

图 14-5　EViews 软件中 HP 滤波方法选择与分解结果

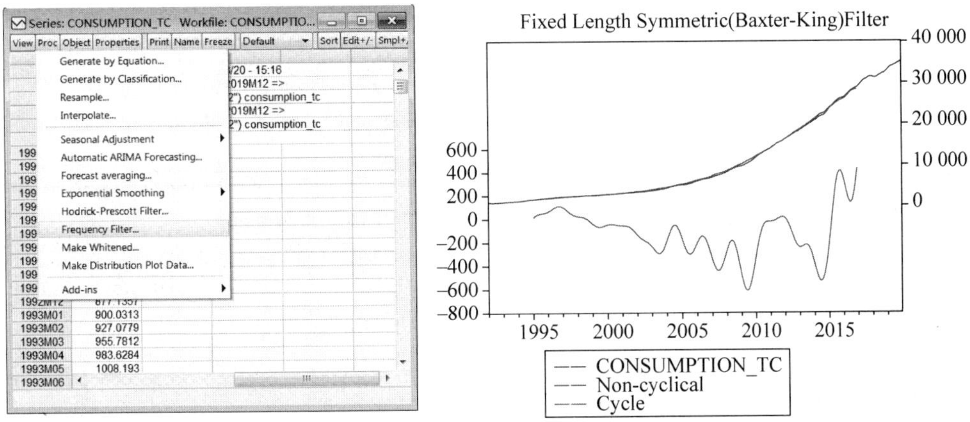

图 14-6　EViews 软件中 BP 滤波方法选择与分解结果

率转换时，需在一个工作文件中分别建立季度页与月度页，再将季度页中的 GDP 数据复制到月度页中选择性粘贴(Paste Special)，即出现如图 14-7 所示形式的操作界面，在低频向高频转换的方法中选择二次插值(Quadratic)方法，则得到了月度 GDP 序列。

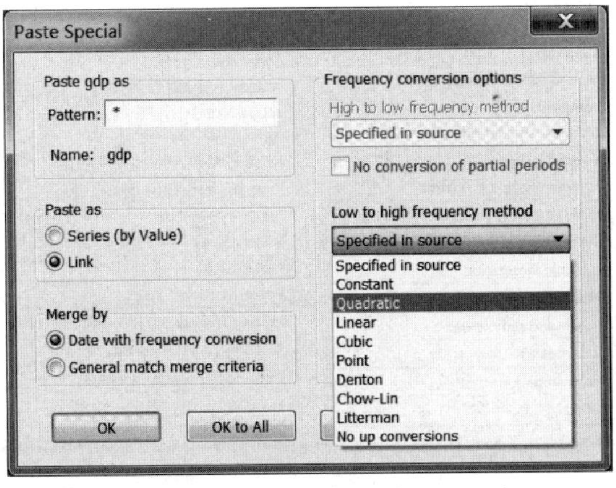

图 14-7　EViews 软件中频率转换的窗口

14.3.2 Stata 软件中的基本操作

在 Stata 软件中进行季节调整操作相对不方便，需要下载软件包后通过界面操作。其具体步骤为：①在 Stata 软件的命令窗口中输入"help sax12"；②然后软件会搜索到软件包"st0255"，即 Menu-driven X-12-ARIMA seasonal adjustment in Stata；③安装软件包后，就可以通过界面操作实现季节调整了，操作界面列于图 14-8。

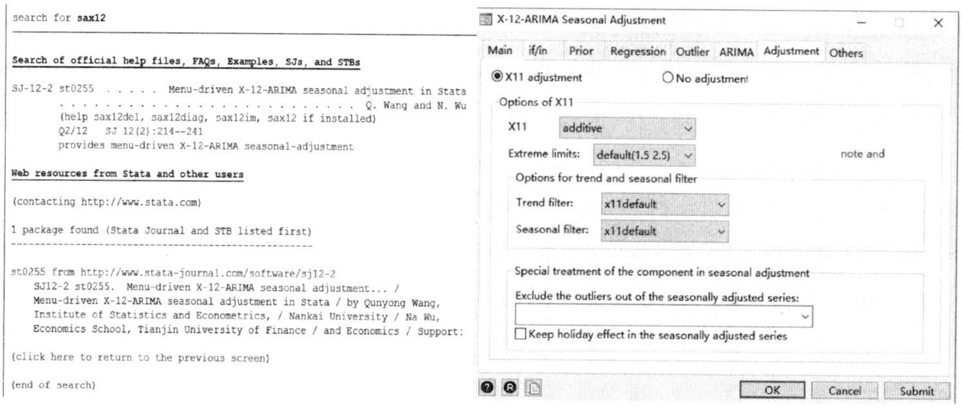

图 14-8 Stata 中 X-12 季节调整方法的安装与选择

在趋势分解时，基于 Stata 软件的界面操作也可以选择 HP 滤波、BP 滤波等各种分解方法，如 HP 滤波分解方法的选择界面如图 14-9 所示。

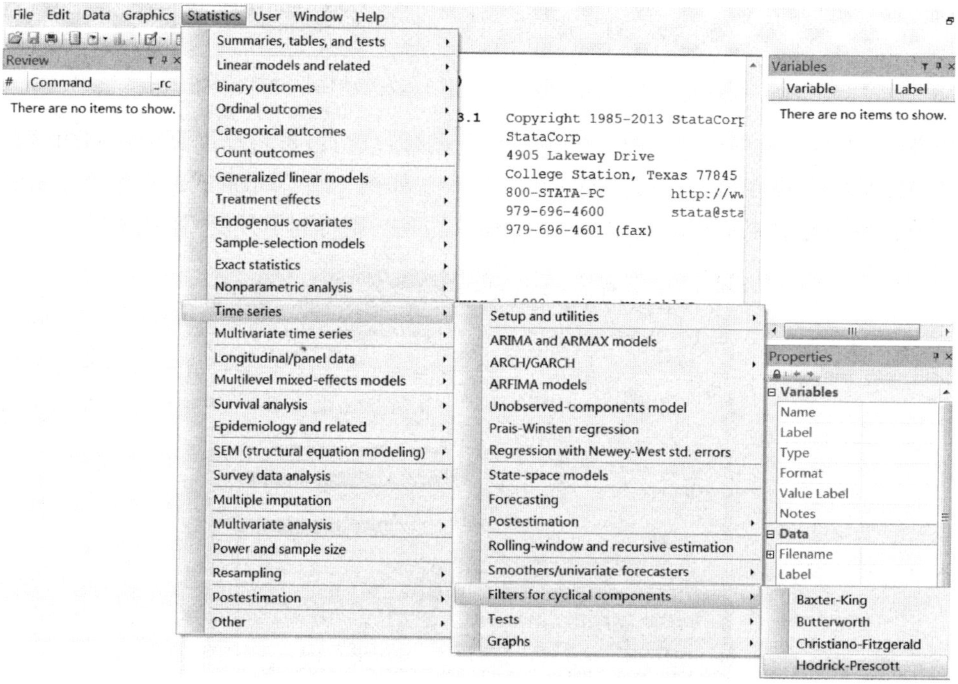

图 14-9 Stata 软件中 HP 滤波分解方法的选择界面

14.4　计量经济模型体系简述[①]

14.4.1　传统计量经济学框架及其演进

计量经济学作为基础的分析工具以及经济学研究基本的方法论，能够为经济学、管理学以及其他学科的研究提供重要的支撑。对于社会科学而言，由于其数据的非实验性，采用计量经济方法进行模型构建，能够实现对数据背后运行规律的深入挖掘和正确认识。计量经济学模型构建和实证研究的一般步骤是，通过对经济活动的观察和分析，获取样本数据进行模型估计，对模型进行检验和应用[②]。

按照分析问题的类型、使用数据的类型、发展阶段、方程个数等，可以对计量经济方法体系进行多种分类。按照研究内容可以分为理论计量经济学与应用计量经济学，其中理论经济学重点研究模型的构建，应用计量经济学则主要关注于分析实际问题。在使用的数据类型方面，经典计量经济模型是基于截面数据构建的[③]，后来在时间序列数据和面板数据基础上的计量经济模型体系得到了快速发展。在基本的回归模型中，主要是在满足经典线性回归模型的基本假设条件下，采用最小二乘方法实现模型的估计。在存在异方差、自相关问题时，分别采用加权最小二乘（WLS）方法、广义最小二乘（GLS）方法即可实现对模型的修正，得到无偏有效的估计量。

为满足各种类型数据和各类研究问题的需要，学者们在最小二乘方法的基础上扩展得到了一系列计量经济方法，如分位数回归、非线性最小二乘法、混频数据回归、稳健最小二乘法等。对于二分变量，如果其作为自变量，可建立虚拟变量模型，采用最小二乘方法实现模型的估计；如果其作为因变量，则需构建离散因变量模型，如 Logit 或 Probit 二元选择模型、排序选择模型等。当因变量受到某种限制或出现样本选择偏差时，则需要建立受限因变量模型，如截断回归模型、审查回归模型、计数模型、Heckman 样本选择模型等。

时间序列数据具有典型的动态性特点，为尽可能地刻画其波动特征，时间序列计量经济模型经历了不断发展和完善的过程。传统的计量经济模型主要针对平稳时间序列进行建模，最具代表性的是自回归移动平均（ARMA）模型。实际上，大多数经济时间序列都呈现出了非平稳的特征，可将非平稳的时间序列进行单位根检验、差分等，在此基础上得到平稳时间序列后构建 ARMA 模型。此后，有关非平稳时间序列的单位根检验方法、协整检验方法等得到了快速发展。为刻画时间序列数据中可能存在的异方差问题，各类条件异方差模型层出不穷并得到了广泛使用，如自回归条件异方差（ARCH）模型、广义自回归条件异方差（GARCH）模型等。

面板数据包含了横截面、时期等多维信息，基于面板数据构建的系列模型已经成为计量经济学方法体系的重要组成部分。传统的面板数据模型主要围绕不变系数、变截距、变

① 张同斌，陈海强，胡毅. 计量经济方法体系的动态演进与前沿展望[J]. 经济研究，2020(5).

② 李子奈，齐良书. 关于计量经济学模型方法的思考[J]. 中国社会科学，2010(2).

③ 李子奈. 计量经济学应用研究的总体回归模型设定[J]. 经济研究，2008(8).

系数形式，以及固定效应和随机效应等问题展开分析。随着面板数据时期的延长，时间序列的分析方法更多应用于面板数据中，越来越多的研究考虑面板数据的非线性、非平稳性、单位根检验、协整检验等，以及出现了刻画经济变量间关系调整的动态面板数据模型等。在横截面特征方面，面板数据的截面相关问题也引起了学者的关注[①]，如面板数据分析方法中需要考虑合理描述个体之间的共同特征与差异性质等。

除了上述方法外，多方程模型的估计也是传统计量经济方法体系的重要组成部分，典型的多方程模型如向量自回归模型和向量误差修正(VEC)模型等，在该类模型的基础上可以计算脉冲响应函数、进行方差分解等，对变量之间的动态关系和变化特征进行详细说明。此外，为描述变量之间的双向影响关系或同时关注多个目标变量，可构建联立方程模型并对其进行识别、估计、模拟和预测等。

14.4.2 现代计量经济学前沿方法体系

在传统计量经济方法体系的基础上，针对经济运行中各变量之间的非线性关系和非对称影响特征、计量经济模型中存在的内生性问题导致的估计结果偏误、经济政策的评价不够科学容易产生误导等问题，计量经济方法在修正上述问题以实现更为精准的研究方面取得了长足的进步。

1. 非线性模型和非对称特征

经典的线性回归模型假定参数在整个样本区间中是不变的，而现实经济中各部分之间的联系易于发生结构变化，因而各变量之间的关系往往会呈现非线性特征或时变性特点，为更好地刻画变量之间的内在联系，结构变化的回归模型得到了迅速发展和广泛应用。根据结构变化的类型，可以分为突变式的结构变化和渐变式的结构变化。在突变式的结构变化模型中，断点回归模型是其最初形式。断点回归模型将结构突变点视为外生的，对是否存在突变点及结构变化特征进行检验。Bai 和 Perron 对断点的确定以及分段回归的方法进行了阐述[②]。在门限回归模型中则将结构突变点视为内生的，采用统计方法寻找突变点并进行分段回归分析[③]。

在渐变式的结构变化系列模型中，主要包括平滑转换回归(STR)模型、马尔科夫区制转换(MS)模型等。平滑转换回归模型主要用于描述不同的状态下经济系统从一种运行特征向另一种运行态势的转变[④]。平滑转换回归模型中最为典型的标志是转换函数，转换函数中包括转换变量、位置参数以及平滑参数等，其函数形式为 Logistic 函数或指数函数。马尔科夫区制转换模型由 Hamilton 提出[⑤]，该模型根据状态相依性原理，将变量在

---

① 王维国，薛景，于刚. 基于结构突变和截面相关的面板协整检验[J]. 数量经济技术经济研究，2013(5).

② BAI J S, PERRON P. Estimating and testing linear models with multiple structural changes [J]. Econometrica, 1998, 66: 47-78.

③ 洪永淼. 计量经济学的地位、作用和局限[J]. 经济研究，2007(5).

④ TERÄSVIRTA T. Specification, estimation, and evaluation of smooth transition autoregressive models[J]. Journal of the American Statistical Association, 1994, 89: 208-218.

⑤ HAMILTON J D. A new approach to the economic analysis of nonstationary time series and the business cycle[J]. Econometrica, 1989, 57: 357-384.

各区制间的转换概率设定为一阶马尔科夫形式，然后采用极大似然估计方法进行滤波、平滑等以研究经济系统在不同区制之间的转换特征。

2. 内生性及其解决方法

经典回归模型中一个基本假定是解释变量与随机扰动项不相关，即解释变量的外生性。当外生性的假定不再满足时，就产生了变量的内生性。模型中存在内生性时，会导致参数估计量是有偏、非一致、非有效的。内生性产生的原因主要有模型设定误差如遗漏重要解释变量、因变量与自变量之间存在双向因果关系、样本选择性偏差等。国内外学者广泛使用了工具变量方法解决这一问题[①]，在此基础上形成和发展了一系列解决内生性问题的方法体系。

(1) 广义矩估计方法。为解决内生性问题，可以使用矩估计方法进行模型的估计。广义矩估计方法是矩估计的一种，其将准则函数定义为包含工具变量与扰动项的矩条件，令其最小化时得到参数的估计值。广义矩估计方法还能够修正随机扰动项中存在的异方差、自相关等问题，进而得到稳健的、更为符合实际的参数估计量。

(2) 工具变量(IV)法。工具变量法实际上也是一种矩估计方法，其目标在于找到内生解释变量的一个或多个"工具"，采用工具变量将内生解释变量中与随机扰动项无关的部分分离出来，从而准确识别出解释变量对因变量的影响，得到一致的参数估计量。工具变量必须满足与内生解释变量相关、与随机扰动项不相关两个基本条件。现实中，上述两个条件往往是矛盾的，寻找合适的工具变量并不容易。另外，使用工具变量方法时，需要进行工具变量外生性检验即过度识别检验，还有弱工具变量检验等。

(3) 二阶段最小二乘(2SLS)法。当工具变量个数大于待估参数时，需要采用二阶段最小二乘法，将多个工具变量进行线性组合以构造新的工具变量，使其个数等于待估参数的个数，进而实现模型的恰好可识别，即得到唯一一组参数估计量。二阶段最小二乘法是矩估计方法和工具变量法的一种扩展形式，其估计过程分为两个阶段：第一阶段为分离出内生解释变量的外生部分；第二阶段则是采用分离出的外生部分，放入模型中进行回归，对含有原被解释变量的模型进行最小二乘估计，得到有效的参数估计量。

3. 政策评估计量经济学

传统计量方法在进行政策评估时，主要是通过设置一个政策发生与否的虚拟变量，加入目标变量的方程中进行回归；或者仅选取受影响的处理组样本，采用普通最小二乘法、工具变量法等进行政策评价；或者选取对照组样本，与处理组样本并行估计，得到结果后进行对比。上述处理方法无法有效地分离出政策的净影响，并且存在遗漏变量问题，进而导致政策评估存在偏差。近年来，政策评估计量经济方法得到了快速发展，已经成为计量经济学方法体系的重要组成部分。根据处理数据的不同或者研究方法的差异，可将政策评估计量经济学分为微观计量经济方法和动态随机一般均衡模型两大类。

(1) 微观计量经济方法。林少宫指出计量经济学在用于实验设计时，应设计不受处理的对照组或控制单元，控制住政策之外的其他变量，对历史数据充分利用以重复之前的

---

① 洪永淼，方颖，陈海强，等. 计量经济学与实验经济学的若干新近发展及展望[J]. 中国经济问题，2016(2).

经验或过程以重现结果[①]。具体而言，该类方法在控制其他因素保持不变的情形下，确定受到政策干预的处理组、没有受到政策干预的控制组之间观测结果的净差异到底在多大程度上归因于政策实施。政策评估计量经济学基于严格的数据分析和推断，从复杂的经济现象中分离出政策效应，在此基础上提出的政策建议具有较高的科学性和针对性。用于政策评估的微观计量方法主要有倾向得分匹配（PSM）方法、双重差分或倍差（DID）法、合成控制法（SCM）以及断点回归（RD）方法等。

倾向得分匹配最早由 Rosenbaum 和 Rubin 提出[②]，其在满足条件独立性假设下采用 Logit 模型估计倾向得分，在控制组中找到与处理组中单元对应的、最具匹配特征的个体构建匹配组，然后采用差分方法计算平均处理效应进而反映政策的效果。如果是否受某政策影响个体的不可观测因素不随时间变化，且同时存在多期数据，则可采用双重差分法或倍差法估计政策效果。双重差分法的基本思想是，将政策实施或冲击视为外生的自然实验，对处理组在政策前后进行差分即可得到处理效应和时间效应的组合，控制组由于不受政策影响，对其在政策实施前后差分只得到时间效应，两者再次进行差分后就可得到处理效应，即净效应可以代表政策的实施效果。需要说明的是，双重差分方法在处理截面数据方面还略显不足。

在双重差分法的基础上，合成控制法对其进行了扩展，在数据驱动下选择线性组合的最优权重对多个控制对象加权以合成控制组，实现对政策实施前处理组的精确模拟，由此可以清晰地描述"反事实"事件中处理组和控制组之间的结果差异，同时避免了过分外推[③]。断点回归法可以在没有随机性的情况下识别出政策的效果[④]，其基本思想是假定存在一个连续变量，由于变量在临界点两侧是连续的，对于个体而言，变量的取值落入临界点任意一侧是随机的，因此在临界值附近构成了一个准自然实验。按照断点处个体得到处理的概率变化，还可分为精确断点回归和模糊断点回归等。需要说明的是，基于断点回归方法仅能推断在断点处的因果关系，并不能推广至其他样本中，且现实中断点不易寻找，这也使得其应用范围有限。

（2）动态随机一般均衡模型。由于传统的计量经济模型高度依赖于数据，即其是数据驱动的，脱离了经济学理论基础，近年来计量经济模型的一个发展方向是由简约式模型向结构式模型进行过渡。结构式模型一个最大的优点是其参数具有更明确的经济学含义。动态随机一般均衡模型作为一种基于微观基础的宏观经济结构分析框架，可追溯到真实经济周期模型。

在 RBC 模型基础上，设置企业、代表性家庭、金融机构和政府等各行为主体，完善了

---

① 林少宫. 微观计量经济学中的实验设计法——期望"计量经济（学）设计与分析"的出现[J]. 统计研究，2007(2).

② ROSENBAUM P R, RUBIN D B. The central role of the propensity score in observational studies for causal effects[J]. Biometrika, 1983, 70(1): 41-55.

③ ABADIE A, GARDEAZABAL J. The economic costs of conflict: a case study of the Basque Country[J]. American economic review, 2003, 93(1): 113-132.

④ THISTLETHWAITE D L, CAMPBELL D T. Regression-discontinuity analysis: an alternative to the ex post facto experiment[J]. Journal of educational psychology, 1960, 51(6): 309-317.

产品市场、劳动力市场、金融市场等形式设定，加入了各种摩擦、扭曲、外生冲击等，形成了动态随机一般均衡模型的一般框架。在经济运行中，各行为主体面临着各种不确定性和外生冲击，DSGE 分析框架的随机属性使其具备对不确定性现象进行微观建模的能力。在模型求解时，首先求解模型均衡，然后确定模型结构参数即进行校准和参数估计，最后选择合适的求解算法。基于计量经济模型的估计可以加深对变量随机过程的认识，常见的一阶近似求解方法有 B&K 方法、Schur 方法和待定系数法即 Uhlig 方法等。

在 DSGE 模型的估计中，采用的变量大多是对数线性化形式，即变量对其长期均衡值的偏离。因此，从数据中去除趋势成分、提取波动成分则成为 DSGE 模型中数据处理的一项重要工作。当数据具有不变增长率的特征时，采用对数一阶差分的方法可以得到差分平稳序列。当数据不具有线性增长趋势时，特别是对于随机性的非趋势成分而言，可考虑采用 HP 滤波等方法提取趋势成分和波动成分，进而将其用于 DSGE 模型的估计中。DSGE 模型的形式千差万别，可根据不同的研究问题进行差异化的模型设定，但本质上是对核心方程和关键模块在不同方面的扩展。

除了上述方向之外，空间计量经济学、金融计量经济学也得到了快速发展，例如空间计量经济模型估计方法的优化、对金融危机的分析和预测、构建时变特征的资产定价模型等，都是计量经济学理论和应用的前沿问题。

14.4.3　大数据时代计量经济学的展望

大数据时代已经到来，数据的数量、形式等都发生了很大变化，出现了如高维度、多元化等形式的数据，变量之间的关系也更为复杂。计量经济方法体系也应随之改变，以更好地从新数据和大数据中提取有价值的信息①。

1. 大数据特点与机器学习方法

大数据的特点主要体现在两个方面：第一是高维度，即个体的更多信息能够被捕捉到，由此甚至会出现变量个数大于数据个数的现象，因此，对于高维数据的处理和分析应开发新的研究方法；第二是数据的形式或载体呈现多样化，之前的数据大多是以纸质或电子表格的形式存储，大数据的存储形式可能是电子表格、文本文件、图片、视频、音频以及互联网上的社交媒体数据等，需要采用特殊的处理方式，如文本挖掘、图像识别等进行数据的提取和信息的整理。在有效、科学处理高维度和多元化大数据的方法中，机器学习系列方法的地位十分重要，其与计量经济学模型的结合，将有助于拓宽和改进经济学的研究方法，并在经济学问题的分析中开拓新的领域。

机器学习方法根据其特点主要分为四类：有监督机器学习、无监督机器学习、半监督学习和强化学习。有监督机器学习是数据驱动型的，通过学习特征与标签值之间的对应关系构建出最优模型，包括套索算法、树模型、神经网络和支持向量机等；无监督机器学习方法主要处理只包含特征而没有对应标签值的样本，该方法可以从大数据集中发现特征之间存在的潜在规律，其包含聚类和降维方法，例如 K 均值聚类、主成分分析和因子分

① 汪寿阳，洪永淼，霍红，等.大数据时代下计量经济学若干重要发展方向[J].中国科学基金，2019(4).

析等；半监督机器学习方法将有监督学习和无监督学习相结合，主要解决数据中一部分包含标签值而另一部分没有标签值的情形；与上述方法不同，强化学习不只是依靠已有的数据进行学习和训练，而是在不断变化的环境中通过大量连续的试错，以探寻能够产生最佳结果的路径①。

2. 机器学习方法在经济学中的应用

机器学习方法进一步充实和扩展了传统的计量经济方法体系，是对现有计量方法的有效补充。例如，复杂的计量经济模型特别是结构模型中有非常多的待估参数，传统计量方法因数据有限在估计参数时易于出现偏误，采用机器学习算法可以实现参数的有效估计从而改进结构模型的估计效率。机器学习方法在经济学研究中的主要应用有经济预测、因果推断和非结构化数据处理等。

(1) 经济预测。经济预测是经济研究中的重要问题，尽管经济预测中伴随着很多的不确定性，但是对经济运行态势的准确预测对于政策的制定和优化至关重要。机器学习中的有监督学习方法，例如回归树、随机森林、支持向量机、神经网络等方法均可用于经济预测，已有学者将其用于经济增长率、通货膨胀率、金融市场波动等方面的预测中，结果显示部分机器学习模型的预测能力优于传统的计量经济模型，并且可以提高模型的解释力和预测的准确性。在此基础上，采用多种机器学习模型进行组合后，能够在更大程度上提高预测效果，即组合预测方法可以有效解决拟合不足和过拟合的问题，实现对经济变量走势的精准预测。

(2) 因果推断。因果推断目前是机器学习方法在经济学研究中应用的热点，机器学习可以用于估计平均处理效应、估计异质性处理效应、缓解弱工具变量问题及改善结构模型的估计效果等。例如，Athey 和 Imben 在回归树的基础上构造了因果树，将整个协变量空间合理划分为多个子空间，在子空间中计算实验组和对照组之间的平均处理效应，进而避免了分组的主观性并得到了相对合理的异质性处理效应结果②。近期的研究如 Athey et al. 在随机森林的基础上，开发了因果森林、分位数森林和工具森林等方法，进一步丰富了因果推断处理效应异质性的分析框架③。

(3) 非结构化数据处理。国内外学者已经基于文本和图像等非结构化数据分析经济问题，文本挖掘和图像处理方法如情感分析、主题模型和视觉算法等开始在经济学中得到应用。情感分析提供了一种理解文本中蕴含的态度或倾向的方法，可以用于分析消费者情绪、投资者偏好及其对经济运行的影响效应；主题模型则是对各类文档进行无监督分类的一种方法，其思想与传统的聚类方法高度近似；视觉算法主要用于图像识别和信息处理等，以期获得更多有价值的经济信息。因此，机器学习方法及其与计量经济方法的结合，在经济学问题的分析中还有很大的应用空间，值得进一步深入探索。

---

① 黄乃静，于明哲. 机器学习对经济学研究的影响研究进展[J]. 经济学动态，2018(7).

② ATHEY S, IMBENS G. Recursive partitioning for heterogeneous causal effects[J]. Proceedings of the National Academy of Sciences, 2016, 113(27): 7353-7360.

③ ATHEY S, TIBSHIRANI J, WAGER S. Generalized random forests[J]. The annals of statistics, 2019, 47(2): 1148-1178.

本章习题

1. 请问实证研究中用到的基本数据类型有哪些?
2. 请简述季节调整和趋势分解的基本思想。
3. 请简述什么是内生性,其解决方法主要有哪些。

扩展阅读 14-1　财经大数据简介

参考文献

[1] ABADIE A,GARDEAZABAL J. The economic costs of conflict: a case study of the basque country [J]. American economic review,2003,93(1): 113-132.

[2] ANTRÀS P,CHOR D,FALLY T,et al. Measuring the upstreamness of production and trade flows [J]. The American economic review,2012,102(3): 412-416.

[3] ATHEY S,IMBENS G. Recursive partitioning for heterogeneous causal effects[J]. Proceedings of the National Academy of Sciences,2016,113(27): 7353-7360.

[4] ATHEY S,TIBSHIRANI J,WAGER S. Generalized random forests[J]. The annals of statistics, 2019,47(2): 1148-1178.

[5] BAI J S,PERRON P. Estimating and testing linear models with multiple structural changes[J]. Econometrica,1998,66: 47-78.

[6] BLANCHARD O J, KAHN C M. The solution of linear difference models under rational expectations[J]. Econometrica,1980,48(5): 1305-1311.

[7] CALVO G A. Staggered prices in a utility-maximizing framework [J]. Journal of monetary economics,1983,12(3): 383-398.

[8] CAMPIGLIO E. The structural shift to green services: a two-sector growth model with public capital and open-access resources[J]. Structural change & economic dynamics,2014,30: 148-161.

[9] CELSO J, COSTA J. Understanding DSGE models: theory and applications[M]. Wilmington: Vernon Press,2016.

[10] CHATTERJEE S. Capital utilization, economic growth and convergence[J]. Journal of economic dynamics & control,2005,29(12): 2093-2124.

[11] DIXIT A K, STIGLITZ J E. Monopolistic competition and optimum product diversity [J]. American economic review,1977,67(3): 297-308.

[12] ERCEG C J,HENDERSON D W,LEVIN A T. Optimal monetary policy with staggered wage and price contracts[J]. Journal of monetary economics,2000,46(2): 281-313.

[13] FRIEDMAN M. A theory of the consumption function[M]. Princeton: Princeton University Press,1957.

[14] GALÍ J, GERTLER M. Inflation dynamics: a structural econometric analysis[J]. Journal of monetary economics,1999,44(2): 195-222.

[15] GREENWOOD J,HERCOWITZ Z,KRUSELL P. Long-run implications of investment-specific technological change[J]. American economic review,1997,87(3): 342-362.

[16] GUO J T,HARRISON S G. Tax policy and stability in a model with sector-specific externalities [J]. Review of economic dynamics,2001,4(1): 75-89.

[17] HAMILTON J D. A new approach to the economic analysis of nonstationary time series and the business cycle[J]. Econometrica,1989,57: 357-384.

[18] HANSEN G D. Indivisible labor and the business cycle[J]. Journal of monetary economics,1985, 16(3): 309-327.

[19] HANSEN M T,BIRKINSHAW J. The innovation value chain[J]. Harvard business review,2007, 85(6): 121-130.

[20] HAYASHI F. Tobin's marginal q and average q: a neoclassical interpretation[J]. Econometrica,

1982,50(1): 213-224.
[21] HODRICK R J,PRESCOTT E C. Post-war U. S. business cycles: an empirical investigation[J]. Journal of money,credit and banking,1997,29: 1-16.
[22] KLEIN P. Using the generalized schur form to solve a multivariate linear rational expectations model[J]. Journal of economic dynamics and control,2000,24(10): 1405-1423.
[23] LEONTIEF W W. Quantitative input and output relations in the economic systems of the United States[J]. Review of economics & statistics,1936,18(3): 105-125.
[24] LJUNGQVIST L,SARGENT T J. Recursive macroeconomic theory[M]. Cambridge: MIT Press, 2004.
[25] MCCANDLESS G. The ABCs of RBCs: an introduction to dynamic macroeconomic models[M]. Cambridge: Harvard University Press,2008.
[26] MONTRESOR S,MARZETTI G V. Applying social network analysis to input-output based matrices: an illustrative application to six OECD technological systems for the middle 1990s[J]. Economic systems research,2009,21(2): 129-149.
[27] OUESLATI W. Growth and welfare effects of environmental tax reform and public spending policy[J]. Economic modelling,2015,45: 1-13.
[28] ROSENBAUM P R,RUBIN D B. The central role of the propensity score in observational studies for causal effects[J]. Biometrika,1983,70(1): 41-55.
[29] ROMER P M. Endogenous technological change[J]. Journal of political economy, 1990, 98: 71-100.
[30] SMETS F,WOUTERS R. An estimated dynamic stochastic general equilibrium model of the Euro area[J]. Journal of the European Economic Association,2003,1(5): 1123-1175.
[31] THISTLETHWAITE D L,CAMPBELL D T. Regression-discontinuity analysis: an alternative to the ex post facto experiment[J]. Journal of educational psychology,1960,51(6): 309-317.
[32] TERÄSVIRTA T. Specification, estimation, and evaluation of smooth transition autoregressive models[J]. Journal of the American Statistical Association,1994,89: 208-218.
[33] TOBIN J. A general equilibrium approach to monetary theory[J]. Journal of money,credit and banking,1969,1(1): 15-29.
[34] UHLIG H. A toolkit for analyzing nonlinear dynamic stochastic models easily[M]//MARIMON R,SCOTT A. Computational methods for the study of dynamic economies. Oxford: Oxford University Press,1999.
[35] WANG Z,WEI S J,YU X D,et al. Measures of participation in global value chains and global business cycles[R]. NBER working paper,2017,No. 23222.
[36] ZHANG D,RAUSCH S,KARPLUS V J,et al. Quantifying regional economic impacts of CO_2 intensity targets in China[J]. Energy economics,2013,40(2): 687-701.
[37] 索伦森,惠特-雅各布森. 高级宏观经济学导论:增长与经济周期[M]. 王文平,赵峰,译. 2 版. 北京:中国人民大学出版社,2012.
[38] 陈磊. 中国经济周期波动的测定和理论研究[M]. 大连:东北财经大学出版社,2015.
[39] 陈婷玉. 中国制造业在世界创新网络中的多维定位与融入路径研究[J]. 数量经济技术经济研究,2019(1).
[40] 阿西莫格鲁. 现代经济增长导论:上册[M]. 唐志军,徐浩庆,谌莹,译. 北京:中信出版社,2019.
[41] 罗默. 高级宏观经济学[M]. 王根蓓,译. 3 版. 上海:上海财经大学出版社,2009.
[42] 范庆泉. 劳动力流动、征税方式转变与地区福利增进[J]. 数量经济技术经济研究,2017(11).

[43] 范庆泉，张同斌. 中国经济增长路径上的环境规制政策与污染治理机制研究[J]. 世界经济，2018(8).

[44] 范庆泉，周县华，张同斌. 动态环境税外部性、污染累积路径与长期经济增长——兼论环境税的开征时点选择问题[J]. 经济研究，2016(8).

[45] 付文利，刘刚. MATLAB 编程指南[M]. 北京：清华大学出版社，2017.

[46] 龚六堂，苗建军. 动态经济学方法[M]. 3 版. 北京：北京大学出版社，2014.

[47] 高铁梅. 计量经济分析方法与建模：EViews 应用及实例[M]. 3 版. 北京：清华大学出版社，2016.

[48] 高铁梅，陈磊，王金明，等. 经济周期波动分析与预测方法[M]. 2 版. 北京：清华大学出版社，2015.

[49] 黄乃静，于明哲. 机器学习对经济学研究的影响研究进展[J]. 经济学动态，2018(7).

[50] 洪永淼. 计量经济学的地位、作用和局限[J]. 经济研究，2007(5).

[51] 洪永淼，方颖，陈海强，等. 计量经济学与实验经济学的若干新近发展及展望[J]. 中国经济问题，2016(2).

[52] 托雷斯. 动态宏观经济一般均衡模型入门[M]. 刘斌，译. 北京：中国金融出版社，2015.

[53] 蒋中一，温赖特. 数理经济学的基本方法[M]. 刘学，顾佳峰，译. 4 版. 北京：北京大学出版社，2006.

[54] 蒋中一. 动态最优化基础[M]. 曹乾，译. 北京：中国人民大学出版社，2015.

[55] 刘斌. 动态随机一般均衡模型及其应用[M]. 3 版. 北京：中国金融出版社，2016.

[56] 刘斌. 动态随机一般均衡模型及其应用[M]. 北京：中国金融出版社，2018.

[57] 刘斌，蒋贤锋. 系统性解剖与构建 DSGE 框架[M]. 北京：中国金融出版社，2018.

[58] 刘起运，陈璋，苏汝劼. 投入产出分析[M]. 北京：中国人民大学出版社，2006.

[59] 刘树林. 数理经济学[M]. 北京：科学出版社，2008.

[60] 罗长林. 合作、竞争与推诿——中央、省级和地方间财政事权配置研究[J]. 经济研究，2018(11).

[61] 巴罗，萨拉-伊-马丁. 经济增长[M]. 夏俊，译. 2 版. 上海：格致出版社，2010.

[62] 林少宫. 微观计量经济学中的实验设计法——期望“计量经济(学)设计与分析”的出现[J]. 统计研究，2007(2).

[63] 李向阳. 动态随机一般均衡(DSGE)模型：理论、方法和 Dynare 实践[M]. 北京：清华大学出版社，2018.

[64] 李泳. 高级宏观经济学十讲[M]. 北京：中国政法大学出版社，2018.

[65] 李子奈. 计量经济学应用研究的总体回归模型设定[J]. 经济研究，2008(8).

[66] 李子奈，齐良书. 关于计量经济学模型方法的思考[J]. 中国社会科学，2010(2).

[67] 潘文卿，李跟强. 中国制造业国家价值链存在“微笑曲线”吗？——基于供给与需求双重视角[J]. 管理评论，2018(5).

[68] 汪寿阳，洪永淼，霍红，等. 大数据时代下计量经济学若干重要发展方向[J]. 中国科学基金，2019(4).

[69] 王维国，薛景，于刚. 基于结构突变和截面相关的面板协整检验[J]. 数量经济技术经济研究，2013(5).

[70] 鄢莉莉，吴利学. 投入产出结构、行业异质性与中国经济波动[J]. 世界经济，2017(8).

[71] 张同斌，陈海强，胡毅. 计量经济方法体系的动态演进与前沿展望[J]. 经济研究，2020(5).

[72] 张同斌，范庆泉，李金凯. 研发驱动高技术产业全要素生产率提升的有效性研究——基于断点检验与门限回归的结构变动分析[J]. 经济学报，2015(3).

[73] 张同斌，周县华，刘巧红. 碳减排方案优化及其在产业升级中的效应研究[J]. 中国环境科学，2018(7).

[74] 张志涌，杨祖樱. MATLAB 教程(R2018a)[M]. 北京：北京航空航天大学出版社，2019.
[75] 周县华，范庆泉. 碳强度减排目标的实现机制与行业减排路径的优化设计[J]. 世界经济，2016(7).
[76] 朱军. 高级财政学Ⅱ——DSGE 的视角及应用前沿：模型分解与编程[M]. 上海：上海财经大学出版社，2019.
[77] 赵扶扬，王忏，龚六堂. 土地财政与中国经济波动[J]. 经济研究，2017(12).
[78] 中国投入产出学会课题组. 我国能源部门产业关联分析——2002 年投入产出表系列分析报告之六[J]. 统计研究，2007(5).

后　记

在教材中很少出现后记这样一部分，之所以坚持写了后记，是因为本书的读者大多应是从事经济学分析与研究的学生、学者和研究人员，与作者从事的研究十分类似。作者从事学术研究已经12年有余了，在这样一个不短也不长的时期内，有些自己的体会或感触，此处谈四点体会，分别是：保持好的心态、用论文讲好故事、大量思考与工匠精神、细节决定成败。当然体会可能会有偏差，甚至对科学研究而言还会是"误解"，仅此简述，以供读者讨论、批评与指正。

保持好的心态。在学习和研究的过程中，保持好的心态是第一位的。好的心态体现在多个方面，首先，功利心不能强。很多同学、同事和同行在论文发表、科研项目申请时，以获得奖学金或奖金为目标，这就从根本上扭曲了学术研究的动机。在该种情形下，一般不会取得很好的研究成果，即便是取得了一些成果，也是暂时性的。相反，只有不忘初心，想想自己选择学术道路的初衷，提醒自己在研究的道路上为什么出发，才能把学术研究作为一项事业或者平常工作的一部分，在自己的知识和能力范围内尽心尽力做好，预先设定目标或过于关注结果，往往导致结果事与愿违。

要有一颗平常心。在目前国内期刊发表或者国家级项目申请中，竞争已经是十分激烈，所以论文投稿后被拒稿、项目申请没有中标是常态，毕竟能够在高水平期刊上发表论文和申请到国家级项目资助的学者仅占少数，例如国内顶级或权威期刊的投稿录用率一般都低于5%，部分期刊的录用率在3%左右甚至更低。相反，应更多地关注于学术研究的过程，在过程中做好每一步，就有可能取得较好的成果。当然，即使最后成果没有发表或者项目没有立项，在研究的过程中也积累了充分的经验，应在吸取教训的基础上反思自己在研究中的不足，为进行更深入的研究打下基础。有这样一句谚语，今天你搬起的每一块石头，或许并没有筑成高楼大厦，但都成为你登高望远的基石，这完全适用于学术研究的过程中。

不要与其他人比较，做好自己的事情。在社会科学的学术研究中，每个研究者都是相对独立的，评价标准也存在多元化的特征。例如，编辑、主编和审稿专家的判断，以及每个杂志或每类项目的要求与风格差异，都会使得同一个成果的判断结果存在异质性。加之每个人的努力程度、文字表达、成果选题与现实经济社会发展的契合程度等不同，都降低了社会科学研究者个体之间的可比性。所以，个人在进行学术研究时，应坚持做好自己的事情，以超越自己为标准或作为进步的方向，真正做到"不以物喜，不以己悲"。如果经常将自身与同学、同事和同行进行对照，会使得情绪出现波动且不利于学术研究的平稳顺利开展。

用论文讲好故事。学术研究写作不是例行的普通作业，也不是列举某一方法应用的例子，而是综合运用可得的知识以设计总体框架并讲述一个故事的过程。所谓故事就要有情节，而不是简单、直白、乏味的。对于经济学的研究而言，既不能用一个众所不知的模型去说明一个众所周知的道理，这属于故弄玄虚、过度数学化和模型化的典型，也是学术界历来所反对的；当然，也不能平淡无奇，论文像是计量模型或数理模型的一个简单应用，或研究一些无关紧要如没有任何理论意义和实际价值的选题，或从头到尾没有一点起伏波澜，这也是现在很多硕士和博士研究生在论文写作中经常出现的问题。

一篇优秀的论文肯定是一个很好的故事，一个有情节、有内涵、有层次、有深度的故事，作者娓娓道来且能让读者津津乐道的故事。事实上，这样的故事很少，但是这应该作为社会科学研究者努力的方向和目标。要讲好一个故事，需要进行三个方面的工作。

首先，应选择背景或情景，新中国成立以来特别是改革开放以来中国经济社会改革的伟大实践，为经济学和管理学研究提供了丰富的素材和资料，解释中国经济增长的特征、分析中国社会发展中的问题、对比中国与世界其他国家发展模式的差异、检验财政货币政策的有效性、讨论经典经济学理论与中国经济增长现实的不一致性等，都是具有理论和现实意义的问题。为了选好故事背景，就需要大量的阅读，对中国经济增长以及结构变迁、产业发展的历史事实有一定的了解。

其次，应该选择好切入点。“兴趣是最好的老师”，如果能够在中国经济问题中找到自己特别感兴趣的一个方面，自然是最好不过的事情；如果没有找到兴趣点，则应该选择在能力范围内可以系统了解、梳理和把握的问题。选择切入点后，还应紧密跟踪我国经济增长和社会发展的现实，要用经验和证据分析、解决现实问题，做能够利当前和惠长远的研究，要脚踏实地而不能悬浮于空中。

最后，应丰富和完善故事情节。在讲故事的过程中，一方面要有理论依据，即进行理论推演、数值模拟或机制分析，借助经济学的分析工具讲述故事的演变或状态的变迁，不仅能够让读者信服，也使得研究具有根基或基础；另一方面，在采用实际数据进行验证时，要根据所查找或收集的资料，不断修正故事情节，加入各类元素如反事实分析、历史分析、机制分析、对比分析、稳健性检验等，充实故事内容。

大量思考与工匠精神。学术论文和项目申请书的写作都不是一蹴而就的，都是在大量阅读、思考、研究的基础上凝结和提炼出来的，反复寻找问题和改进是研究（research）的最直观和最重要体现。在学术研究的过程中，切记应遵循有输入才有输出的基本逻辑，无论是什么问题，都需要按照科学的方法，在精准、大量收集高质量的文献后，有效、合理地挖掘文献中有价值的信息，不断进行思考和整合，以此为基础将吸收的知识体系化、条理化、规范化，以便于在其基础上消化吸收再创新。这一过程是费时费力的，必须反复思考、组织思路、优化设计，需摒弃快速、简捷、肤浅的学术研究态度，应坚持高效、细致、深入的科学研究和思考方式，才有可能实现创新。

关于研究范围大小孰优孰劣的争论一直存在，作者的观点是坚持小而精的研究方向。研究范围广，掌握的知识多，这自然是一件好事情，有利于做出一些交叉研究的成果，然而在研究内容上必须坚持一个相对集中的方向，如财政、金融、产业、国际贸易等。对于任何一个学科而言，其所涉及的内容都已经十分广泛，即使是全力以赴地去学习和了解，都难以达到精通的状态。作为一个普通的学生和学者，在精力和时间有限的情况下，坚持选择一个方向，经过数年甚至是数十年的研究，专心致志、心无旁骛，不断累积知识和经验形成研究专长，总会产出一些成果，而真正能够对各个学科融会贯通的大师毕竟是凤毛麟角。此外，需要说明的是，研究内容相对集中，但是研究方法和模型需要广泛了解，以能够找到与研究内容最为匹配的分析工具。

其实，学生和学者在做研究这一反复搜索与寻找的过程中，与工匠的活动性质十分接近。工匠精神的内涵有很多种体现，其中敬业、专注、精细、用心是重要的四个方面。敬业是一种美德，做研究也是完全一样的，要严肃认真对待自己的研究，特别是硕士论文和博士论文的写作，这是自己的事情或工作，必须高度重视；在密切关注于一个研究方向的同时，专注于自己所雕刻、打磨的每一项成果，要"如切如磋，如琢如磨"，不断吸收优秀的知识、反思自己的不足；作者自己对成果的要求应该是不设上限的，自己也应该身体力行、精益求精，在好的基础上思考如何能够更好；在精炼自己的作品时，只有用心打磨出的才是真正好的成果，漫不经心必然是有瑕疵的。

"好论文都是改出来的"，在写完一篇论文之后，作者需要秉承"工匠精神"，反反复复地对论文的总体结构、逻辑层次、论证充分性进行思考，对文献引用、数据准确性、格式规范等进行检查。因此，一个真正的学者就是一位真正好的工匠，其研究更耗时、更费力，其作品更为精美的同时成本很高自然价值也大。

细节决定成败。无论是"天下大事，必作于细"，还是"细节决定成败"，都突出了细节的极端重要性。很多学生和学者不注意细节，甚至认为"做大事者不拘小节"，这是完全错误的。好似一件反复雕刻成型的艺术品，其中却有明显的瑕疵，难免会有损人们对其的印象。例如，有的学生毕业论文的第一段中就出现了多处错别字、语病等问题，评委老师会以一种怎样的心态阅读其后续的内容，这是可想而知的。

例如，在论文完成后，在各个部分一般会检查如下问题。

(1) 标题和摘要是否清楚、能否精炼、是否过长。

(2) 引言是否直接引入问题，有没有拖泥带水，有没有逻辑和层次。

(3) 文献综述部分是否全面、完整，是否有条理，是否存在过多罗列，正文与文后参考文献是否一一对应。

(4) 理论模型设定是否有创新、有新意。

(5) 理论分析或机制分析是否恰当，能否与实证分析部分很好地结合。

(6) 实证模型设定和变量选取是否合理，是否给出参考依据。

(7) 实证结果描述是否规范、清楚。

(8) 实证分析是否深入，论据是否充分，例如有没有经济理论支撑，有没有参考他人研究，有没有数据支持。

(9) 结论是否言简意赅，政策建议是否切实可行，是否空洞无物。

(10) 英文题目和英文摘要的翻译是否专业。

在格式方面，通常会关注以下问题：

(1) 题目的字体大小是否适中。

(2) 摘要和关键词的字体、字号是否统一。

(3) 中图分类号和JEL分类号是否选取合理。

(4) 各级标题的对齐方式、字号大小、字体格式是否统一。

(5) 正文的首行缩进、行间距是否一致。

(6) 正文中汉字、英文的字体是否分别统一。

(7) 正文中参考文献的引用方式是否规范。

(8) 公式的大小、间距,在正文中出现的方式等。

(9) 表格的格式,如数字、线条格式等。

(10) 图形的格式,如版式、数字、线条、图例、边框、网格线、横轴和纵轴格式等。

(11) 文后参考文献的排版格式是否规范。

(12) 页面设置和页边距有无问题等。

此外,初学者论文写作规范性注意事项主要有:

(1) 多看高水平杂志上的论文,分析优秀论文提出分析、引入话题的方式以及论文的写作模式,从中体会其优点。

(2) 避免口语化,使用书面语。

(3) 不使用我、你、他(她或它),尽量少使用我们。

(4) 尽量不使用上、下、左、右,明确基于具体图和具体表的分析结论。

(5) 正确使用标点符号,尽量少使用括号、分号等。

(6) 正确使用连词,注意句子长短适度。

(7) 合理控制段落长度,注意提炼主题句。

(8) 合理安排篇章结构,引经据典、丰富论据,突出研究深度。

(9) 论述要有逻辑、有层次,不能散乱无序。

(10) 再次注意,遵循通用格式规范,不能出现错别字、语病等低级错误。

……

是为跋。

张同斌

2021年9月于东财园

教学支持说明

▶▶ 课件、习题答案申请

尊敬的老师：

您好！感谢您选用清华大学出版社的教材！为更好地服务教学，我们为采用本书作为教材的老师提供教学辅助资源。该部分资源仅提供给授课教师使用，请您直接用手机扫描下方二维码完成认证及申请。

任课教师扫描二维码
可获取教学辅助资源

▶▶ 样书申请

为方便教师选用教材，我们为您提供免费赠送样书服务。授课教师扫描下方二维码即可获取清华大学出版社教材电子书目。在线填写个人信息，经审核认证后即可获取所选教材。我们会第一时间为您寄送样书。

任课教师扫描二维码
可获取教材电子书目

清华大学出版社

E-mail: tupfuwu@163.com
电话：010-83470332/83470142
地址：北京市海淀区双清路学研大厦B座509室
网址：http://www.tup.com.cn/
传真：8610-83470107
邮编：100084